至孝至诚 图强图新

2022

孝感年鉴

中共孝感市委
孝感市人民政府 主管
孝感市史志研究中心 主编

方志出版社
Publishing House of Local Records

图书在版编目（CIP）数据

孝感年鉴. 2022 / 孝感市史志研究中心编. —北京：方志出版社，2022.12
ISBN 978-7-5144-5460-4

Ⅰ. ①孝… Ⅱ. ①孝… Ⅲ. ①孝感－2022－年鉴 Ⅳ. ①Z526.33

中国国家版本馆 CIP 数据核字(2023)第 100325 号

责任编辑：高孟君
责任校对：刘玉霞
责任印制：梅中英
出 版 者：方志出版社
地　　址：北京市朝阳区潘家园东里 9 号（国家方志馆 4 层）
邮　　编：100021
网　　址：http://www.zgfzcb.cn
发　　行：方志出版社图书营销中心（010-67110500）
印　　刷：孝感朗亿印务有限公司
开　　本：889 毫米×1194 毫米　1/16
印　　张：28.25
字　　数：967 千字
版　　次：2022 年 12 月第 1 版
印　　次：2022 年 12 月第 1 次印刷
定　　价：198.00 元

《孝感年鉴》编纂委员会

《孝感年鉴》编辑部

编辑说明

一、《孝感年鉴》由中共孝感市委、市人民政府主管，孝感市史志研究中心主编，全市各部门及中央、省驻孝有关单位共同参与撰稿，是系统记述全市自然、政治、经济、文化、社会、生态环境建设等方面情况的年度资料性文献，于1995年首次出版。

二、《孝感年鉴（2022）》以马克思列宁主义、毛泽东思想、邓小平理论、“三个代表”重要思想、科学发展观、习近平新时代中国特色社会主义思想为指导，坚持辩证唯物主义和历史唯物主义的立场、观点和方法。全面贯彻党的十九大和十九届历次全会精神，紧紧围绕市委、市政府中心工作，突出时代特征和地方特色，全面、客观、系统地记述2021年度全市各地、各部门、各行业的基本情况和各项事业发展现状，为促进孝感经济社会高质量发展提供基本资料和历史借鉴。

三、本卷年鉴除年度关注、特载、专记、大事记外，基本内容采用分类编辑法，以类目、分目、条目组成框架结构的主体部分，条目构成资料信息的基本单元。本卷共设有：特载、专记、大事记、孝感概览、中共孝感市委员会、孝感市人民代表大会、孝感市人民政府、中国人民政治协商会议孝感市委员会、中共孝感市纪律检查委员会·孝感市监察委员会、民主党派·工商联、群众团体、法治、军事、农业、工业、商贸、经济管理、财政·税务、金融、交通·邮政·通信、城乡建设和管理、科技、教育、文化·旅游·体育、卫生健康、社会民生、生态环境建设、区域协调发展、县（市、区）概况、人物、统计资料。卷首设“孝感市地图”“建党百年”“孝汉同城”“城乡交通”“乡村振兴”“工业与科技”“社会民生”“生态环境”等专题彩页，图文并茂展示2021年度孝感经济社会发展所取得的重大成就。

四、本卷年鉴记述的空间范围为孝感市，时间范围为2021年，凡未标注具体年份的记述，均为2021年的内容。

五、本卷年鉴收录的各单位领导成员原则上为2021年12月31日在任的副县级以上实职领导。

六、本卷年鉴所刊载的综合性资料、数据和图片，分别为市直各部门、各县（市、区）和中央、省驻孝有关单位提供，并经各撰稿单位审定。凡涉及全市经济与社会发展全局的数据均以市统计局提供的数据为准。凡市统计局未予统计和未予提供的，则以各撰稿单位提供的数据为准。因资料来源、统计口径等因素，各分项数据可能与总数据不尽一致。本卷原则上使用法定计量单位。考虑到实际工作需要和方便读者实际使用，有些记述中计量单位仍保留少量市制。

七、数字用法、标点符号。计量单位分别执行国家标准《出版物上数字用法》（GB/T15835—2011）、《标点符号用法》（GB/T15834—2011）、《国际单位制及其应用》（GB3100—1993）和《有关量、单位、符号的一般原则》（GB3101—1993）。考虑到社会使用习惯，全书中亩不统一换算。

八、本卷年鉴封面、封底图片系孝感市非物质文化遗产雕花剪纸作品，由孝感雕花剪纸研究所提供。封面《文昌阁》作者为孝感市非遗传承人钟鸣，封底《董永与七仙女》作者为孝感市非遗传承人胡龙章（已故）、池福新。

百年伟业 100 波澜壮阔

1921—2021

庆祝中国共产党成立100周年

热烈庆祝中国共产党建党一百周年

不忘初心·牢记使命

剪纸——庆祝中国共产党成立100周年

（剪纸作品由孝感雕花剪纸研究所提供）

演唱《江山》

演唱《中国人民解放军军歌》

孝感市庆祝中国共产党成立100周年群众歌咏会

6月29日，市文化中心大剧院内，孝感市庆祝中国共产党成立100周年群众歌咏会隆重举行。来自全市各条战线的党员群众合唱队伍齐聚一堂，以歌叙情，喜迎建党百年华诞。市委书记吴海涛、市长熊征宇等市领导与党员群众一起观看演出。

歌咏会在群众合唱团演唱《伟大的中国伟大的党》中拉开帷幕。《南湖的船》叙说党从嘉兴南湖扬帆起航，开启历史新篇章；《保卫黄河》再现全民族奋勇抗争、救亡图存的壮丽史诗；《歌唱祖国》表达对中国共产党及祖国母亲真挚的热爱和深深的祝福；《春天的故事》把观众带回春风浩荡、充满活力的改革开放年代；《江山》诠释了我们党全心全意为人民服务的宗旨和立党为公、执政为民的执政理念。

演唱《走向复兴》

（本版图片由孝感市门户网站提供）

孝汉城铁线穿越孝感东城区　　（摄影：毛峰）

孝汉城际铁路孝感东站　　（市澴川国投 供图）

2021年四季度重大项目集中开工活动——清控科创（孝感）创新基地项目现场　（市临空区 供图）

9月28日，W102路汉川至东西湖城际公交正式开通　（汉川市史志研究中心 供图）

10月16日，2021年秋季"湖北百校联动"综合专场招聘会在湖北职业技术学院举行　（市人社局 供图）

孝汉大道　（市交通运输局 供图）

建设中的董永路立交桥　（市住建局 供图）

“全国美丽乡村路”观（观音湖）双（双峰山）线
（市交通运输局 供图）

孝昌县田堂旅游公路　　（市交通运输局 供图）

双（双峰山）黄（黄陂）旅游公路　　（市交通运输局 供图）

孝昌县绿托帮苗木基地　　（市乡村振兴局 供图）

安陆市洑水镇工业园区内的鑫安电子公司繁忙的生产车间

（摄影：朱辉、魏亚先）

大悟县彭店镇田河村丰收景象　　（摄影：江红心）

孝南区朱湖三合新村　（市乡村振兴局 供图）

美丽乡村——孝昌田堂村　　（摄影：毛峰）

冬末静谧新农村——应城市郎君镇知府村
（市乡村振兴局供图）

汉川市中州农场中柱社区田间机械化作业
（市乡村振兴局供图）

云梦县红光村标准化果蔬大棚产业园
（市乡村振兴局供图）

盛夏，安陆市接官乡红卫河两岸的千亩太空莲示范基地景色怡人

（摄影：朱辉、余苗）

最美乡村——孝南区陡岗镇袁湖村（袁湖村供图）

3月28日，高新区航天重型工程装备有限公司员工在车间对363吨两轴重型矿用自卸车进行调试
（摄影：吴琨）

孝感市首个以国际科技合作为特色孵化平台的科技企业孵化器——孝感卓越科技合作创新园　（市高新区 供图）

航天重工全球首创百吨级蓄电池铲板搬运车

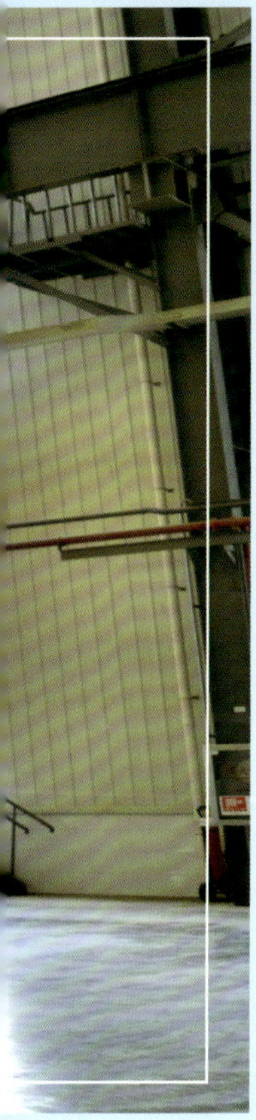

农业农村部专家组考察回盛生物兽用发酵原料药中试基地

（市科技局 供图）

（市科技局 供图）

华工科技高理公司NTC热敏电阻器产品获评国家级制造业单项冠军

（市高新区 供图）

孝感城区污水处理厂　　　（摄影：代纯）

大悟县三里镇马鞍村何湾新景
（市住建局供图）

参加2021年湖北省首届社区运动会（孝感站）柔力球比赛的队员、教练员、裁判员
（市文化旅游局供图）

孝感市生活垃圾焚烧发电项目顺利点火投运

（摄影：李文勇）

5月11日，孝感市玉泉小学开展“传承红色基因 争做时代新人”主题队会活动

（市教育局供图）

双峰山白云湖　　（双峰山旅游度假区 供图）

朱湖国家湿地公园　（孝南区史志研究中心 供图）

邓家河湿地公园　（市生态环境局 供图）

钱冲国家古银杏森林公园　　（市生态环境局 供图）

候鸟栖息汈汊湖　　　　（汉川市史志研究中心 供图）

银杏雪中醉　　　　（市生态环境局 供图）

十件大事

1. 全市热烈庆祝中国共产党成立100周年

5月，中共孝感市委组建以市委书记为组长的中国共产党成立100周年庆祝活动筹备委员会领导小组。至7月，全市通过举办座谈会、开展荣誉表彰、举办文艺演出、开展党史学习教育等系列活动，庆祝中国共产党成立100周年，系统回顾中国共产党团结带领中国人民不懈奋斗的光辉历程，不断凝聚实现中华民族伟大复兴的强大力量。

2. 孝感深入开展党史学习教育

3月5日，党史学习教育启动，全市严格按照中共中央和省委统一部署，全面贯彻党史学习教育总体要求，严格落实学习教育工作任务，坚持示范引领和全面覆盖相结合、教育党员和惠及群众相统一，主动统筹谋划，精心组织实施，有力有序推进，全市党史学习教育求实、务实、扎实，广大党员干部历史自觉、历史自信大大增强，各级党组织的创造力、凝聚力、战斗力大大提升，达到了学党史、悟思想、办实事、开新局的目的。

3. 孝感如期全面建成小康社会

7月，孝感与全国一道进入全面小康社会，累计实现减贫35.77万人，现行标准下农村贫困人口全部脱贫，503个贫困村全部出列，大悟、孝昌两个国家级贫困县摘帽，与全国同步消除绝对贫困。

4. 孝感市第七次党代会召开

12月6日至9日，孝感市第七次党代会召开。大会主题是：坚持以习近平新时代中国特色社会主义思想为指导，弘扬伟大建党精神，动员全市党员干部，践行初心使命，锐意改革创新，全力打造武汉城市圈副中心，争当全省高质量发展第二方阵排头兵，为湖北“建成支点、走在前列、谱写新篇”做出新贡献，推动全面建设社会主义现代化强市迈出坚实步伐。吴海涛代表中共孝感市第六届委员会作了题为《打造副中心 争当排头兵 为全面建设社会主义现代化强市不懈奋斗》的报告。

5. 孝感市“十四五”实现良好开局

2021年，孝感市统筹推进疫情防控与经济发展，区域发展布局成势见效，县域经济竞相发展，汉川连续两年入选全国县域经济百强，孝南、应城、大悟、安陆在全省县域经济考核中位次前移。市高新区全国排名上升11位，临空经济区园区建设大提速、大突破，双峰山纳入国家级旅游度假区创建名单，汉川经济开发区晋升国家级。2021年，孝感市生产总值(GDP)达2562亿元，目标任务超额完成，交出“全年精彩、全面精彩”圆满答卷，实现“十四五”良好开局。

6. 全力推进乡村振兴“三项行动”

2月19日，孝感市三级干部大会暨市委农村会议召开，提出以“功能镇区、和美乡村、实力产业”三项行动为抓手，全面实施乡村振兴战略，着力建设农业产业强市，加快农业农村现代化。

7. “五城同创”全面启动

5月6日，市委、市政府召开城市创建工作动员大会，定下全国文明城市、国家卫生城市、国家园林城市、国家森林城市和国家生态文明建设示范市“五城同创”目标，“五城同创”工作全面启动。

8. 孝感市入选全国海绵城市建设首批示范城市

6月，孝感市顺利通过2021年系统化全域推进海绵城市建设示范竞争性评审，成功入选全国海绵城市建设首批示范城市，并获10亿元中央资金补助。

9. 孝汉同城提档升级

5月24日，孝感市委常委会审议通过《孝汉同城化发展实施意见》《孝汉同城发展三年行动方案》等系列文件，明确提出推进孝汉交通、产业、市场要素、基本公共服务、生态环保等同城化发展，建设武汉城市圈同城化发展示范城市。签署了《武汉孝感市域（郊）铁路工程建设框架协议书》《武汉城市圈城市生态环境合作协议书》《武汉城市圈政务服务“跨市通办”协议》等一系列合作协议。

10. 云梦睡虎地秦墓入选全国“百年百大考古发现”

10月18日，第三届中国考古学大会发布“百年百大考古发现”和考古遗址保护展示优秀项目，湖北6个项目入选，其中孝感市云梦睡虎地秦墓入选“百年百大考古发现”秦汉组。

（孝感日报社、市史志研究中心）

地理标志产品

孝感资源丰富，物产丰饶。南部湖区盛产稻、棉、鱼、虾，北部低山丘陵区盛产林、果、药、茶。智慧勤劳的孝感人民在数千年的生产生活实践中，将丰富的资源物产发展积淀形成品类繁盛、闻名遐迩的地方名优特产，把资源优势转化为市场优势。从传说故事到口口相传的赞誉，从中国国际食品博览会到地理标志产品的认定，孝感名优特产在精心培育下不断创新发展。2021年，孝感市坚持将地理标志品牌建设及运用作为推进市域经济高质量发展、推动乡村振兴的重要抓手，开展地理标志孵化库大走访行动，大力推进地理标志品牌建设及运用。全市新申报地理标志产品1件（安陆白花菜），新申请地理标志商标3件（云梦虾香米、倒店西瓜、孝昌蓝莓），新核准注册地理标志商标2件（汉川河蟹、汉川龙虾）。

汉川河蟹

11月21日，汉川市渔业发展协会成功注册汉川河蟹地理标志证明商标，注册号37483895。汉川市属于典型的亚热带季风气候，夏热冬冷，四季分明，光照充足。严寒酷暑时间短，春、秋、初夏气候温和时间长，地势平坦且较低洼，境内河渠纵横，湖泊罗布，水土纯正，土地肥沃。水体呈弱碱性，属重碳酸钙镁或钙钠水，自然生态环境的适宜性，孕育了较为丰富的水生生物，这也成就了以鲜活的水生生物为饵料的 “汉川河蟹”青壳白底金毛爪、个大肉鲜味道美的特定品质。“汉川河蟹”上壳呈平滑有光泽的青灰色，底壳呈平滑的白色，蟹爪坚挺有力，带金色蟹毛；富含蛋白质、维生素、钙、磷、铁和多种游离氨基酸营养成分，尤以天门冬氨酸、谷氨酸、精氨酸、赖氨酸最为突出，其肉质细嫩，味道鲜美，营养丰富。2021年，汉川市河蟹养殖面积23.73万亩，产量4.2万吨，综合产值26.53亿元，占渔业总产值的26.6%，涉及26个乡镇场，主要分布在南河、西江、沉湖、刘家隔、二河、里潭、韩集、麻河、垌冢、马口等地。全市从事河蟹养殖、技术指导、经营销售等人员达万人以上。

汉川龙虾

11月21日，汉川市渔业发展协会成功注册汉川龙虾地理标志证明商标，注册号37491944。汉川市属于典型的亚热带季风气候，夏热冬冷，四季分明，光照充足。严寒酷暑时间短，春、秋、初夏气候温和时间长，地势平坦且较低洼，境内河渠纵横，湖泊罗布，水土纯正，土地肥沃。水体呈弱碱性，属重碳酸钙镁或钙钠水，形成了“汉川龙虾”外壳呈淡青色或淡红色，虾尾肥大，鳃丝洁白，腹部清洁透明，两只前螯粗大有力的特点。自然生态环境的适宜性，孕育了较为丰富的水生生物，这也成就了以鲜活的水生生物为饵料的“汉川龙虾”虾肉洁白细嫩，味道鲜美，具有高蛋白、低脂肪，富含虾青素、镁、锌、碘等微量元素的特点。龙虾于20世纪70年代传入汉川，90年代初开始零星分散养殖小龙虾，后逐步推广至全市。2003年，推广使用稻田养殖龙虾技术。2020年，汉川市发展小龙虾养殖面积（含虾稻综合种养面积30.8万亩）41.1万亩，产量3.4万吨，综合产值15.52亿元，占渔业总产值的34.2%，涉及26个乡镇场，主要分布在南河、西江、沉湖、刘家隔、里潭、韩集、麻河、垌冢、马口等地，是省级稻渔综合种养先进县市之一，是汉江小龙虾产业发展集群片区之一。

（市市场监督管理局）

孝感荣誉

省部级以上表彰奖励

市信访局	全国信访系统先进集体
市老干局	全国青少年普法教育先进集体
市经信局	2019—2020年度全省中小企业成长工程先进单位
市民政局	全国农村留守儿童关爱保护和困境儿童保障工作先进集体
市司法局	2016—2020年全国普法工作先进单位
市乡村振兴局	全国乡村振兴（扶贫）系统先进集体
市委机要和保密局	全省机要保密工作先进集体
市委组织部	全省脱贫攻坚先进集体
市教育局	全省脱贫攻坚先进集体；全省禁毒工作先进集体
市财政局	全省脱贫攻坚先进集体；全省就业创业先进集体
市文化和旅游局	2017—2020年度全国群众体育先进单位
市审计局	2016—2020年全国普法工作先进单位
市统计局	湖北省第七次全国人口普查先进集体
孝南区	湖北省科技创新优秀单位
安陆市	湖北省科技创新优秀单位
应城市	2017—2020年度平安中国建设示范县市；湖北省第七届城镇规划建设管理“楚天杯”创建先进单位

省部级以上创建示范

市教育局

湖北省卫生先进单位；湖北省公共机构节水型单位

市公安局

湖北省2022年公共机构生活垃圾分类示范点

市财政局

系统化全域推进海绵城市建设国家级示范城市；湖北省公共机构节水型单位；全省法治财政示范点建设单位

市生态环境局

湖北省公共机构节水型单位；生态文明建设示范市

市住建局

系统化全域推进海绵城市建设国家级示范城市；湖北省卫生先进单位

市商务局

湖北省卫生先进单位

市水利和湖泊局

系统化全域推进海绵城市建设国家级示范城市

市自然资源和规划局

湖北省卫生先进单位；湖北省公共机构节水型单位

市市场监督管理局

湖北省公共机构节水型单位；湖北省卫生先进单位；湖北省2022年公共机构生活垃圾分类示范点

市机关事务服务中心

湖北省2022年公共机构生活垃圾分类示范点

孝南区

省级法治政府建设示范区；省级创新型县（市、区）建设单位；省级全域旅游示范区创建单位

汉川市

湖北省质量强省示范市；省级公共文化服务体系示范区；省级创新型县（市、区）建设单位；2022年度省级生态文明建设示范市

应城市

全国信访工作示范县市；全国农村创业创新典型县市；全国率先基本实现主要农作物生产全程机械化示范县市；2022年度省级生态文明建设示范市；农作物病虫害绿色防控整建制推进县

云梦县

2022年度省级生态文明建设示范县；湖北省质量强省示范县；2021—2023年度湖北省民间文化艺术之乡；省级创新型县（市、区）建设单位

安陆市

2022年度省级生态文明建设示范市；湖北省森林城市；省级全域旅游示范区创建单位

大悟县

省级返乡创业示范县；湖北省森林城市；省级“两山”示范县创建单位

孝昌县

创建“四好农村路”全国示范县；2022年度美丽乡村示范片建设试点县；省级公共文化服务体系示范区争创单位；省级全域旅游示范区创建单位

（市委组织部）

数字孝感

地区生产总值：2562.01亿元

城镇常住居民人均可支配收入：38911元
农村常住居民人均可支配收入：19346元
农林牧渔业增加值：405.73亿元
粮食种植面积：353.44千公顷，总产量236.14万吨
棉花总产量：0.80万吨
油料总产量：28.47万吨
蔬菜总产量：460.76万吨
水果产量：51.78万吨
禽蛋产量：27.25万吨

工业增加值：926.42亿元

规模以上企业：1205家
省级以上专精特新“小巨人”：74家
5G基站：2654个
5G汇聚机房：172个

社会消费品零售总额：1197.60亿元

外贸进出口总额：135.0亿元
公路总里程：18074公里
邮政业务总量：22.82亿元
财政总收入：221.73亿元
本外币各项存款余额：3117.01亿元

社会民生

幼儿园：696所，在园幼儿12.25万人
普通小学：448所，在校生28.24万人
初中招生：4.67万人，在校生13.13万人
普通高中招生：2.36万人，在校生6.95万人
中等职业教育招生：1.05万人，在校生2.99万人
医疗卫生机构：506个，卫生机构人员3.64万人
旅游综合收入：176.45亿元，接待游客2862.63万人次

（市统计局、市政务服务和大数据管理局）

目　录

特　载

专　记

大事记

孝感概览

中共孝感市委员会

孝感市人民代表大会

孝感市人民政府

民主党派·工商联

群众团体

法 治

军 事

农 业

工 业

商　贸

经济管理

财政·税务

金 融

交通·邮政·通信

城乡建设和管理

科 技

教 育

文化·旅游·体育

卫生健康

社会民生

生态环境建设

人　物

统计资料

特　载

特 载

打造副中心 争当排头兵 为全面建设社会主义现代化强市不懈奋斗

——在中国共产党孝感市第七次代表大会上的报告

吴海涛

(2021年12月7日)

同志们:

现在,我代表中国共产党孝感市第六届委员会向大会作报告。

中国共产党孝感市第七次代表大会,是在“两个一百年”奋斗目标[1]历史交汇的关键节点、孝感全面建设社会主义现代化强市新征程的重要关头,召开的一次十分重要的会议。

大会的主题是:坚持以习近平新时代中国特色社会主义思想为指导,弘扬伟大建党精神,动员全市党员干部,践行初心使命,锐意改革创新,全力打造武汉城市圈副中心,争当全省高质量发展第二方阵排头兵,为湖北“建成支点、走在前列、谱写新篇”做出新贡献,推动全面建设社会主义现代化强市迈出坚实步伐。

一、砥砺奋进、顶压前行,如期全面建成小康社会

市第六次党代会以来的五年,是孝感发展史上极不平凡、极不容易、极其难忘的五年。面对错综复杂的外部环境、艰巨繁重的改革发展任务、持续加大的经济下行压力、突如其来的新冠肺炎疫情,市委坚定不移贯彻落实习近平新时代中国特色

12月7日,吴海涛代表中共孝感市第六届委员会向大会作报告

(摄影:李文勇 晏美华)

社会主义思想，在省委坚强领导下，紧紧依靠和团结带领全市各级党组织、广大党员干部群众，负重前行、攻坚克难，全面建成小康社会，实现“十三五”胜利收官、“十四五”顺利开局，各项事业开创新局面。

这是综合实力大幅提升的五年。经济在“六个发展”[2]中提质进位。地区生产总值突破2000亿元，跃居全省第5位，主要经济指标总量居全省4~6位，增幅高于全省平均水平。发展质量持续提高，地方一般公共预算收入预计达到132亿元，税收占比提高18个百分点以上。经济结构实现“二三一”到“三二一”的历史性转变。新型工业化进程加快，育新换旧规上工业企业370家，高新技术企业达到381家。服务业提档增速，新增规上服务业企业194家，AAAA景区实现翻番，现代服务业增加值占比超过50%。农业现代化稳步推进，粮食产量稳定在46亿斤以上，省级以上农业产业化龙头企业达到83家。县域经济竞相发展，汉川连续两年入选全国县域经济百强，孝南、应城、大悟、安陆在全省县域经济考核中位次前移。市高新区全国排名上升11位，临空经济区园区建设、项目入驻“双提速”，双峰山纳入国家级旅游度假区创建名单，汉川经济开发区晋升国家级。

这是改革开放不断深化的五年。活力在动能“双培”[3]中不断增强。坚持领导领衔、问题牵引，200余项中省改革试点和重大改革事项扎实推进，党政机构、放管服[4]、国企、农村等重点领域改革不断深化，澴川国投成功转型，物业管理市场化改革小切口改善大民生，路长制[5]、足球改革、乡村振兴“三项行动”[6]、砂石料保供稳价[1]、留守儿童关爱“五个到村”[2]创造“孝感经验”，孝南政务大数据管理与应用入选国家试点。创新活力充分激发，专利授权数量累计达到16697件、院士专家工作站102家，居全省前列。对外开放不断扩大，招商引资实现新突破，引进过10亿元项目217个。预计争取竞争性资金432.3亿元，外贸进出口总额达到73.3亿美元，金融机构新增贷款770亿元，利用外资16.85亿美元。孝汉同城化提速，孝汉大道全线贯通，汉十高铁、武汉城市圈环线高速建成通车，2条城际公交开通，479家汉资企业落户孝感。

这是城乡面貌显著变化的五年。城镇在“四个再造”[7]中提升能级。全市常住人口城镇化率达到61%，孝感跻身全国海绵城市建设首批示范城市，大悟入选全国新型城镇化建设示范县城。城市建设全面提速，107、316国道外迁工程建成通车，主城区外环初步形成。复兴大道、交通大道、槐荫大道新改扩建完成，黄陂东路、航空南路顺利拉通，一批背街小巷改造提升，“主动脉”“微循环”双向发力，有效破解市民出行难。城站路地下工程[3]拓展发展新空间，老澴河综合治理[4]旧貌换新颜，老旧小区改造让老居民享受“新”生活，“五城同创”[8]拆违建、补功能、理秩序惠及群众、深得民心。城镇建设步伐加快，5个特色小城镇[5]示范引领，103个功能镇区破题开篇。美丽乡村建设深入推进，农村人居环境三年整治[6]任务圆满完成。鄂北水资源配置一期[7]、引徐济安[9]工程如期建成，全市公路通车里程、路网密度和水利补短板投资跻身全省前列，孝昌获评“四好”农村路[10]全国示范县。生态环境持续改善，“四个三”重大生态工程扎实推进，污染防治阶段性目标顺利实现，静脉产业园投入运营，污水处理厂、垃圾中转站实现乡镇全覆盖，森林覆盖率进一步提高，空气质量、水质量大幅改善，孝感、应城、安陆获评国家园林城市，汉川、安陆、孝昌获评全国节水型社会建设达标县。

这是人民生活持续改善的五年。共享在民生“双保”[11]中得到彰显。民生财政支出占比75%以上，居民收入增速快于经济增速。如期全面建成小康社会，累计实现减贫35.77万人，现行标准下农村贫困人口全部脱贫，503个贫困村全部出列，大悟、孝昌两个国贫县摘帽，全国贫困县整合涉农资金现场会、驻村帮扶工作座谈会、“互联网+”社会扶贫现场观摩会在孝感召开。健全就业促进机制，城镇登记失业率处于3.5%的低位。社保体系实现全覆盖，基本养老、基本医保统筹层次和待遇水平提高，全国医保诚信体系试点改革获优秀等次，保障性住房覆盖率达27%。教育事业蓬勃发展，新建学校36所、新增学位8.3万个。划片就学、阳光招生彰显教育公平。教育信息化建设和应用居全省前列。7个县（市、区）全部通过义务教育均衡发展国家认定。湖北工程学院建设国内一流应用型大学取得新成效，湖北职院入选中国特色高水平高职学校和专业建设计划，美珈职业学院建成招生。医药卫生事业加快发展，公立医院综合改革全覆盖，疾控体系改革、公共卫生体系建设深入推进，全方位、全周期健康服务巩固提升，人均预期寿命79.23岁。县级融媒体中心改革不断深化，“城市书房”[12]建设进展顺利，孝文化名城建设取得新成效。云梦秦简入选《国家宝藏》。平安法治建设扎实推进，政法队伍教育整顿取得阶段性成果，扫黑恶、打盗抢、反电诈、斩毒害、禁赌黄、治枪爆收效明显，“七五”普法、行政执法改革、公共法律服务、矛盾纠纷多元化解工作获国家级表彰，“孝感信访123”经验[8]全国交流。安全生产、食品药品安全、防灾减灾和应急管理工作平稳有序，社会大局和谐稳定。

这是党的建设全面加强的五年。政治生态在作风“双严”[13]中不断优化。坚持用习近平新时代中国特色社会主义思想武装头脑，不断增强“四个意识”[14]，坚定“四个自信”[15]，做到“两个维护”[16]。扎实推进“两学一做”[17]学习教育常态化制度化、“不忘初心、牢记使命”主题教育[9]、党史学习教育[10]，党员干部理想信念更加坚定。以政治安全为根本，全面贯彻总体国家安全观。牢牢掌握意识形态工作领导权，主流舆论不断壮大，宣传思想阵地更加稳固。大力实施“整县推进”计划[18]和党支部提升三年行动[19]，聚焦“五问”[20]开展支部巡整和突出问题专项整治，基层党组织和党员作用充分发挥。坚持实干实绩用人导向，干部激情创业蔚然成风。坚定不移正风肃纪反腐，一体推进“三不”[21]体制机制建设，五年来共立案9715件、给予党纪政务处分9254人，市县和村级巡察监督实现全覆盖，旗帜鲜明打击滥为、鞭笞慢为、激励作为，风清气正政治生态逐步形成。

五年来，市委发挥总揽全局、协调各方的领导核心作用，支持人大及其常委会依法行使职权，立法、监督工作成效明显；支持政协建言资政和凝聚共识双向发力，社会主义协商民主实践不断丰富完善。深化与各民主党派、工商联、无党派人士的合作共事，民族、宗教、外事、侨务和对台等工作取得新成绩，大统战工作格局巩固发展。工会、共青团、妇联、科协、残联、文联、红十字会等桥梁纽带作用进一步发挥，市关工委连续五年获评全国“中华魂读书活动”先进集体，审计、统计、气象、档案、老干、公积金、机要保密、社科研究、机关事务等工作不断加强。党管武装、国防动员和后备力量建设取得新的进展，成功蝉联全国双拥模范城“八连冠”。

回顾过去五年，奋斗的历程波澜壮阔。五年来，我们始终坚持价值导向、问题导向、规律导向，不畏艰难险阻，勇于担当任事，解决了一大批多年想解决而没能解决的难题，办成了许多过去想办而没有办成的大事，推动孝感发展迎来能级之变、位势之变、风气之变。我们提站位、找方位，发展布局进一步优化。严格对标对表，深化市情认识，坚持继承创新，确立“打造副中心、争当排头兵、作出新贡献”[11]的发展定位，提出“主城崛起、两带协同、孝汉同城、多元支撑”[12]的区域发展布局，形成了上下一心、同频共振抓发展的良好氛围。我们聚合力、打硬仗，发展气场进一步升腾。坚持尽锐出战，下足绣花功夫，历史性告别绝对贫困，书写了中国减贫奇迹的孝感篇章；坚持生命至上，沉着应对疫情，科学精准防控，凝聚起众志成城、共克时艰的强大正能量，取得了“孝感战场”的重大胜利，带领全市人民从至暗时刻走向春和景明；强化底线思维，加强科学调度，连续战胜三年严重干旱、“一江三河”[22]全流域洪水，实现了江河安澜、人民安宁，在系列大战大考中交出英雄答卷，凝聚力、向心力显著增强。我们补短板、强弱项，发展瓶颈进一步破除。大力实施城市“双修”[23]，控负导正[24]规范乡村建设行为，城乡规划建设秩序显著好转。统一城区房屋征收补偿标准，拆迁难题实现突破。抢抓国土“三调”[25]“四经普”[26]机遇腾挪发展空间，一些长期困扰孝感发展的难题得以破解。我们打基础、利长远，发展支撑进一步夯实。强化“项目为王”，保持“三资一促”[27]主线不断、持续升温。注重“四看四比”[28]、“五化”管理[29]，以过程管控促责任落实。坚持“四无”要求[30]，深化“双千”活动[31]，营商环境持续优化，市场活力全面激发。

成绩来之不易，是习近平新时代中国特色社会主义思想科学指引的结果，是党中央和省委坚强领导的结果，是历届班子接力奋斗和老同志关心支持的结果，是全市广大党员干部群众拼搏奉献的结果，也离不开中、省驻孝单位、解放军和武警部队官兵的大力支持，离不开各民主党派、各人民团体和各界人士的积极参与。在此，我代表市委，向所有关心支持参与孝感发展的同志们、朋友们，表示崇高的敬意和衷心的感谢！

回顾过去五年，积累的经验弥足珍贵。我们深深体会到，办好孝感的事情，必须坚持党的全面领导，坚决做到“两个维护”，始终胸怀“国之大者”，创造性贯彻落实党中央决策部署和省委工作要求，确保各项工作始终沿着正确的方向前进。必须坚持发展第一要务，紧扣高质量发展主题，落实新发展理念，用好改革关键招，下好创新先手棋，紧盯优环境、抓项目、聚要素、强实体、兴产业，推动市域发展整体突破、换道超车。必须坚持人民至上，把改善民生作为大德、大绩、首责，始终做到牢牢植根人民、紧紧依靠人民、不断造福人民，带领人民创造幸福美好生活。必须坚持系统观念，着眼标本兼治，加强统筹协调，坚持“三个一体推进”[32]，注重“三个贯通”[33]，用改革创新的办法化解现实矛盾、破解遗留问题。必须坚持实绩导向，倡导“五个一流”[34]，完善竞进机制，强化实绩考核，注重结果运用，充分激发党员干部履职尽责的创造活力。必须坚持团结协作，在前台与后台、主角与配角相互转换中职能耦合、握指成拳，努力形成言直而和不伤、体劳而神不累的干事创业氛围。

回顾过去五年，存在的问题不容忽视。发展不平衡、不充分的矛盾仍然比较突出，主城能级不强，县域分化加剧，孝感在全省经济版图中的份额提高不快；主导产业不强，传统产业占比较高，科技创新动能不足，资源环境约束趋紧，转型发展任重道远；社会事业、民生保障还有欠账，优质公共服务供给不足、分布不均衡，与人民群众美好生活期待还有较大差距；少数党员干部政治素养、能力素质、担当精神有待提升，“起步不快、跟车不紧、行车不畅、刹车不灵”的现象仍然存在，“四风”[35]顽症特别是形式主义、官僚主义仍然屡禁不绝。对此，我们必须始终保持清醒头脑，采取更加精准有力的措施，切实加以解决。

二、站位全局、把握时势，全力打造武汉城市圈副中心

迈向新征程，奋进新时代，我们坚持“三新”[36]引领，对标省委“建成支点、走在前列、谱写新篇”目标定位，提出了“全力打造武汉城市圈副中心”的战略定位。这一定位是政治站位，体现了孝感贯彻落实党中央重大决策部署的政治自觉，体现了孝感在全省区域发展布局中主动找位、高标定位的责任担当；这一定位是路径选择，就是要坚定不移依托武汉、发展孝感，努力成为武汉功能疏解的第一选择、要素辐射的第一圈层、产业转移的第一梯次、“五个同城”[37]的第一现场；这一定位是目标导向，就是要好风借力、乘势而上，进一步提升孝感综合实力、区域影响力，着力打造武汉新外延、城市圈副中心，全面构筑建成百万人口区域中心城市的战略优势。

全力打造武汉城市圈副中心，是我们立足孝感实际，抢抓新机遇、应对新挑战作出的战略决策。从外部环境看，百年变局叠加世纪疫情，发展面临的不稳定性、不确定性显著上升；但更要看到，国内疫情总体平稳，新发展格局加快构建，“一带一路”驶入“快车道”，长江经济带发展战略深入实施，国家推动中部地区高质量发展，省委深入实施“一主引领、两翼驱动、全域协同”区域发展布局、强力推进武汉城市圈同城化发展，为我们打造副中心提供了广阔空间。从区域竞争态势看，先发地区加速奔跑，省内市州你追我赶，武汉城市圈内各城市抢道争位，孝感不进则退、慢进亦退；但更要看到，经过历届市委、市政府接力奋斗，孝感经济总量已跃居城市圈第2位，孝汉同城化发展走在圈内城市前列，已具备打造副中心的基础和条件。从孝感自身看，进入工业化、城市化加速发展阶段，资源能源、环境容量约束日益趋紧，要素成本上升压力将长期存在；但更要看到，随着孝汉一体化加速发展，两地资源配置不断优化、产业协作不断加强、功能互补不断提高，融合发展的红利加速释放，为孝感打造副中心增添了强大动能。只要我们准确识变、科学应变、主动求变，全力抢抓机遇，积极应对挑战，持续巩固和提升孝感发展竞进态势，就一定能把孝感打造成为名副其实的武汉城市圈副中心！

未来五年，全市工作的指导思想是：高举中国特色社会主义伟大旗帜，坚持以习近平新时代中国特色社会主义思想为指导，深入贯彻落实习近平总书记考察湖北、参加湖北代表团审议时的重要讲话精神，统筹推进“五位一体”[38]总体布局，协调推进“四个全面”[39]战略布局，坚持稳中求进工作总基调，立足新发展阶段，完整准确全面贯彻新发展理念，服务和融入新发展格局，以推动高质量发展为主题，以深化供给侧结构性改革为主线，以改革创新为根本动力，以满足人民日益增长的美好生活需要为根本目的，深入推进“主城崛起、两带协同、孝汉同城、多元支撑”区域发展布局，加快建设社会主义现代化强市，全力打造武汉城市圈副中心，争当全省高质量发展第二方阵排头兵，为湖北“建成支点、走在前列、谱写新篇”做出孝感新贡献。

未来五年的奋斗目标是：

——*综合实力更加雄厚*。区域发展布局成势见效，现代产业体系基本构建，主导产业支撑能力明显提升，主要经济指标增速高于武汉城市圈和全省平均水平，经济总量力争达到3500亿元，确保在武汉城市圈和全省占比不断提高，在全省位次稳步前移。主城区首位度明显提升，县域支撑能力进一步增强，常住人口城镇化率达到67%。

——*发展活力更加强劲*。市域科技创新体系和创新能力进一步提升，全社会研发经费投入年均增长7%以上，国家创新型城市基本建成。重要领域和关键环节改革取得重大进展，经济发展方式加快转变，市场主体更有活力，公平竞争制度更加健全。开放型经济加快发展，营商环境市场化、法治化、国际化水平进入武汉城市圈和全省前列。

——*文化底蕴更加深厚*。社会主义核心价值观深入人心，人民群众思想道德素质、科学文化素养明显提高，公共文化服务体系和文化产业体系更加健全，成功创建全国文明城市。传统孝文化时代价值与成风化俗功能更加彰显，中华孝文化名城影响力持续提升。

——*生态环境更加优美*。国土空间开发保护格局不断优化，主要污染物排放总量持续下降，单位GDP能耗、碳排放控制在省定指标以内。资源集约利用水平大幅提升，武汉北生态安全屏障更加牢固。成功创建国家卫生城市、国家园林城市、国家森林城市、国家生态文明建设示范市，基本建成全省生态良好绿色

发展的孝感样板。

——人民生活更加幸福。就业更加充分更高质量，基本公共服务体系不断完善，社会保障全面覆盖、更趋公平，全市人民健康意识、健康水平明显提高，乡村振兴战略全面推进，居民收入增长和经济增长基本同步，共同富裕取得积极进展。

——市域治理更加高效。党的领导更加有力，社会主义民主法治更加健全，党风政风民风进一步优化，自然灾害防御水平和突发公共事件应急处置能力明显提升，防范化解重大风险能力不断增强，市域治理体系和治理能力现代化水平显著提升，建成市域社会治理现代化示范城市。

三、干在实处、走在前列，努力争当全省高质量发展第二方阵排头兵

发展是解决一切问题的基础和关键。必须紧紧围绕打造武汉城市圈副中心，完整准确全面贯彻新发展理念，坚持“六个坚定不移”，奋力跑出高质量发展“加速度”，走在全省第二方阵前列。

（一）坚定不移深化区域发展布局。不断深化“主城崛起、两带协同、孝汉同城、多元支撑”区域发展布局，建设全省区域协调发展示范城市。做大主城能级。围绕提升主城“三区”[40]首位度，科学规划“三区”功能，提升大城素养，拓展城市外延，把主城区建成全市高质量发展的主引擎和核心增长极。坚持市区一体，强化主城担当，打破体制壁垒，厚植主导产业，促进人、城、产融合发展。深入开展“五城”同创，加快城市更新，推动“三大片区”[41]建设，实施建市30周年项目包，完成城区基础设施建设三年攻坚计划[13]。到2026年，孝南力争进入全省县域十强，市高新区力争进入国家高新区60强，市临空经济区建成全省临空枢纽经济示范区，主城区经济总量占全市比重超过20%，基本建成百万人口综合型区域中心城市。做优两带协同。贯彻落实“三百”战略[42]，支持汉川实现全国百强进位，应城冲刺全国百强，云梦跻身全省二类县市先进行列，安陆打造全省县域经济重要增长点，大悟建设大别山革命老区现代化新大悟，孝昌建设全省绿色发展示范区、山区强县，双峰山建成国家级旅游度假区。大全力推进以县城为重要载体的城镇化建设，实施县城品质提升行动[43]，推动县域人口集中、产业集聚、功能集成、要素集约，以县域经济突破性发展，抬高市域高质量发展底板。做实孝汉同城。强化“九市即一城”理念，大力实施孝汉同城化发展行动计划，扎实推进“五同”，建设武汉城市圈同城化发展示范区。坚持交通先行，加快京港澳高速改扩建、硚孝高速二期、孝汉应高速、武大高速、地铁20号延伸线等重点交通项目建设，着力打通“断头路”“瓶颈路”，推进多种交通方式无缝衔接，实现主城直通、县城畅通、全域联通，打造城市圈一小时通勤圈和一日生活圈。主动承接武汉产业转移，积极推动孝汉产业协作配套，加快武汉·中国光谷孝感产业园、湖北（孝感）日商产业园、汉孝产业园、武汉经开区汉川合作区等园区建设，形成优势互补、联动发展格局。推进武汉城市圈基本公共服务“九同”[14]工程，让人民群众真正享受到同城化红利。做强多元支撑。坚持市域一盘棋，充分调动市、县、乡、村四级积极性，强化规划、平台、要素、动能、环境容量五大支撑，发挥各类发展平台、各类市场主体、各种要素单元的能动性，形成各美其美、美美与共的发展格局。

（二）坚定不移推进产业转型升级。主动对接省“51020”现代产业体系[15]和武汉市“965”产业集群[16]，突出打造十条重点产业链[17]，着力构筑战略性新兴产业引领、先进制造业主导、现代服务业驱动的现代产业体系。以创新引领产业升级。坚持“四个面向”[44]，实施创新驱动发展战略，完善“1+2+N”科技创新政策体系，打造全省区域性创新高地。加快国家创新型城市建设，支持汉川、应城、云梦、孝南争创国家创新型县（市），安陆、大悟、孝昌创建省级创新型县（市），孝感基本建成国家创新型城市、国家知识产权示范城市。突出市场需求、产业发展、产品竞争，依托企业技术中心、院士专家工作站等创新平台，围绕产业链布局创新链，实行重大科技攻关项目“揭榜挂帅”，推动更多科技成果转化为现实生产力。强化企业创新主体地位，促进各类创新要素向市场主体集聚，到2026年，全市高新技术企业突破530家。以链群壮大产业规模。锚定中部地区制造业发展新高地目标，落实产业链“链长制”[45]，推动高端装备制造、新能源汽车及零部件、光电子信息、大健康、新材料等五大战略性新兴产业倍增发展，纺织服装、食品、盐磷化工、纸塑包装、建材等五大传统产业转型升级，到2026年，全市建成千亿元产业1个、700亿元2个、500亿元3~5个，主营业务收入过10亿元的企业60家，规上工业企业突破1500家。大力发展现代物流、跨境电商等生产性服务业，精细化、高品质发展生活性服务业，建设武汉城市圈服务业强市。发挥孝感建筑资源优势，打造“孝感建造”品牌。以项目厚植产业基础。坚持产业第一、项目为王，深入开展“三资一促”，培植更多有质市场主体。用好市场无形之手，依托十大重点产业，着力引进头部企业、补链项目，提高招商精准度、项目落地率。抓住政府有形之手，精准对接国家产业和投资

政策，策划一批管长远、打基础的重大项目。加大筑台融资力度，实施上市倍增计划，支持溳川国投打造"千亿资产、百亿产业、AAA信用"平台，全面提升投融资保障能力。以融合推动产业转型。全面推进数智孝感[46]建设，以数字经济赋能产业升级，推动工业数字化转型、服务业数字化应用、农业数字化发展。深入推进工业化和信息化融合，打造一批智能制造示范企业。加快推进先进制造业和现代服务业深度融合，支持引导园区向"服务+制造"转型、企业向"产品+服务"升级。发挥孝感军工集聚优势，做大做强航天重工装备、华中光电等军民融合[47]产业园，打造军事后勤军民融合产业示范基地。积极推进农旅融合[48]，打造覆盖全域的农旅融合示范线，建设华中地区生态康养型旅游目的地。

（三）坚定不移推进乡村振兴。坚持把全面实施乡村振兴战略作为重中之重，扎实推进功能镇区、和美乡村、实力产业"三项行动"，加快建设全省农业强市。大力发展优质高效农业。实行粮食安全党政同责，落实最严格耕地保护制度，粮食产能稳定在23亿千克以上。加快国家和省级农村创新创业园区、农业产业化示范园区、农产品加工园区、现代农业产业园建设，构建"五区八园七带"[49]现代农业发展布局。巩固拓展脱贫攻坚成果同乡村振兴有效衔接，严格落实"四个不摘"[50]要求，保持五年过渡期帮扶政策总体稳定，坚决守住不发生规模性返贫底线。大力推进农业产业化。围绕打造实力产业，扎实推进"五个一"强链工程[51]建设，提升全环节增值能力和农产品精深加工率，农产品加工业产值与农业总产值之比达到3∶1。加强政策引导，深入推进"十百千万"工程，培育引进一批农业产业化龙头企业和细分行业领军企业。大力发展村级集体经济，稳妥化解村级债务。打好区域公用品牌、企业品牌、产品品牌建设"组合拳"，扩大"两品一标"[52]规模。因地制宜打造"一县一业""一业一品"，着力实现从"卖资源"向"卖品牌"转变。大力实施乡村建设行动。坚持控负导正，落实城乡规划建设负面清单，压茬推进功能镇区、和美乡村示范创建活动，以点串线、以线带面，提升新时代美丽乡村整体风貌。实施农村人居环境整治提升五年行动，加强乡村水、电、路、气、网等基础设施建设，推动基础设施往湾组覆盖、向居户延伸；强化农村教育、卫生、文化体育、养老等保障，不断提升农村基本公共服务水平。

（四）坚定不移推进改革开放。坚持吃改革饭、走开放路，推动更深层次的改革、更高水平的开放。大刀阔斧深化改革。着眼于解决发展中的实际问题，从思想、观念、作风入手，推动有效市场、有为政府、有质主体更好结合。深化扩权赋能强县改革，探索要素市场化改革，推进国企、农村集体产权制度、农村宅基地资源配置、全域土地综合整治等重点领域改革，以改革破解发展难题。敞开胸怀对外开放。打造开放大平台，争取设立湖北自贸区协同区、保税物流中心[53]。打通开放大通道，依托天河机场，规划建设国际物流节点和国内现代物流基地，力争实现孝感货物与中欧班列（武汉）无缝对接。坚持"引进来"和"走出去"并重，实施外贸"三项工程""破零攻坚行动"[18]，建设内陆开放新高地。持续用力优化环境。全面贯彻"四无"要求，以持续提升市场环境、政务环境、法治环境、开放环境为主攻方向，以"高效办成一件事"[19]为基本路径，大力推动营商环境革命走深走实，打造营商环境新高地。以市场主体评价和群众感受为唯一标准，全面深化"一网通办、一窗通办、一事联办、跨域通办"改革，严格市场准入负面清单管理，提升信用孝感建设水平，建设覆盖市场主体全生命周期服务体系。完善投资者保护制度体系，畅通政企沟通渠道，加强和规范事中事后监管，着力构建"亲清"新型政商关系。

（五）坚定不移推进绿色发展。牢固树立"绿水青山就是金山银山"的理念，穿"新鞋"、走"绿道"，建设全省生态良好绿色发展的"孝感样板"。推进绿色低碳发展。科学制定全市碳达峰、碳中和实施方案，建立碳排放"总量管理"模式，有序推进主要污染物排污权、碳排放权、用能权交易，积极应对气候变化。严格能耗"双控"[54]管理，支持绿色技术创新，推进传统产业绿色改造，倡导绿色生活方式，推进生产和生活系统循环链接。提升生态环境质量。持续打好"蓝天、碧水、净土"保卫战，严厉打击环境污染违法犯罪行为。加强臭氧、柴油货车污染、大气面源和噪声污染治理，全面提升空气质量。统筹推进"三水共治"[55]，基本消除县级城市建成区黑臭水体，巩固提升饮用水安全保障水平。强化土壤污染防控，科学布局固废、医废、危废、生活垃圾处理设施，初步建成无废城市。认真抓好中央和省生态环境保护督察反馈问题整改，建立健全污染防治长效机制。加强生态环境治理。把修复保护长江生态环境摆在压倒性位置，严格落实长江"十年禁渔"、产业准入等机制，建立以"三线一单"[56]为基础的生态环境分区管控体系，扎实推进河湖长制、林长制，高标准打造路长制示范线，巩固铁路沿线环境整治成果，推进全域绿化提档升级，构建"两屏四廊多心"[57]的生态保护格局。

（六）坚定不移增进民生福祉。

强化宗旨意识，落实民生“双保”，探索在高质量发展中促进共同富裕的新路径，让经济发展更有情怀。兜牢民生底线。坚持以人民为中心，加强民生保障，确保民生支出比例保持在75%以上。着力提升就业质量，突出抓好高校毕业生、退役军人、城镇就业困难人员、农民工等重点群体就业。持续改善收入分配结构，有序推进城镇基本养老保险国家统筹、基本医疗保险省级统筹，强化保障性住房供给，加强各类福利康复机构建设，健全老年人、残疾人、孤儿关爱服务体系和设施，稳步提高城乡低保、特困供养、临时救助水平，织牢织密社会保障网。补齐民生短板。以促进教育公平和提高教育质量为主题，推动学前教育公益普惠发展、义务教育优质均衡发展、高中阶段教育普及多样化发展，提升职业教育质量。探索校长职级制改革。支持湖北工程学院实施“申硕、更名、创一流”三步走发展战略，支持湖北职业技术学院建设中国特色高水平高职学校，支持临空经济区建设产学研大学城。深化健康孝感建设，加快疾控体系改革和医药卫生体制改革，加快公共卫生补短板项目建设，加强区域医疗中心建设，全面提升卫生健康服务水平。提升民生品质。坚持守正创新、淳风育人，大力推进书香孝感建设，以文化滋润心灵，以孝道涵养美德。统筹推进“四馆三场两中心”[58]建设，办好市第六届运动会，申办省第十七届运动会，为人民群众提供更丰富、更优质、更有时代感的文化产品和文体活动。推动城乡公共设施适老化、适幼化改造，建设全龄友好城市。培育壮大文化产业，推动旅游与文化、体育、农业、康养等产业融合发展，丰富夜间文化和旅游消费供给，打造全域文旅产业体系。深入挖掘孝文化、红色文化时代价值，大力弘扬“至孝至诚、图强图新”的孝感精神，创新推进“五孝”[59]主题实践活动，提升孝文化论坛永久场址影响力，推进城市文明与特色文化深度融合，擦亮“孝感天下、情润山水”城市名片。

四、共建共享、夯基垒台，合力建设市域社会治理现代化示范城市

打造副中心，必须统筹发展和安全。要以推进市域社会治理现代化试点工作为牵引，优化政治、法治、德治、自治、智治“五治融合”体系，坚决维护政治安全、社会安定、人民安宁。

（一）发展更高质量的民主政治。不断丰富和拓展全过程人民民主的孝感实践，支持和保证人大及其常委会依法行使职权，加强人大对“一府一委两院”[60]的监督，建立人大民意表达平台和吸纳机制，积极推进人大协商、立法协商，扩大人民有序政治参与。支持政协发挥协商民主重要渠道和专门协商机构作用，推动协商民主广泛、多层、制度化发展，提高政治协商、民主监督、参政议政水平。完善大统战工作格局，发挥统一战线人才、智力、资源优势，全面落实党的民族宗教政策，做好港澳台侨和外事工作，凝聚各方智慧力量，调动一切积极因素，画好最大同心圆。发挥群团组织桥梁纽带作用，引领各界群众积极投身孝感经济社会发展。加强党管武装工作和国防后备力量建设，巩固和发展军政军民团结。

（二）建设更高水平的法治孝感。深入践行习近平法治思想，始终坚持依法治市、依法执政、依法行政共同推进，法治孝感、法治政府、法治社会一体建设。加强宪法和法律实施监督，保证行政权、监察权、审判权、检察权得到依法正确行使，维护社会主义法治的统一、尊严和权威。完善立法工作格局，加快重点领域立法，以良法促善治、保发展。积极开展法治政府示范创建，完善重大行政决策程序，深入推进行政执法体制改革，严格规范公正文明执法。推动政法队伍教育整顿常态化长效化，深化司法体制综合配套改革，严格落实司法责任制[61]，切实解决执行难问题，努力让人民群众在每一个司法案件中感受到公平正义。全面实施“八五”普法[62]，营造尊法崇法、循法而为的社会氛围，让市域治理始终在法治轨道上前行。

（三）实现更高效能的社会治理。做好“同题共答”文章，一体推进党建引领下的经济社会组织建设，引导各类组织有序参与社会治理，形成共建共治共享格局。不断加强治理理念、治理模式、治理手段创新，做优“一网通办”[63]，做强“一网统管”[64]，做好“一网智用”[65]，提高治理社会化、法治化、智能化、专业化水平，打造具有孝感特色的社会治理模式。深化乡镇(街道)管理体制和综合执法体制改革，健全“街道吹哨、部门报到”“社区吹哨、党员报到”机制，推动社会治理重心下移、资源下沉、力量下沉，进一步提升基层治理能力和水平。坚持以孝文化涵养社会主义核心价值观，深入推进新时代公民道德建设，广泛开展群众性精神文明创建活动，推动新时代文明实践中心建设提质扩面，强化志愿服务工作，持续推进移风易俗，进一步形成崇德向善、奋发向上的社会风貌。

（四）推进更高层次的安全稳定。全面贯彻总体国家安全观，夯实防风险、保稳定、护安全基础，深化反分裂、反暴恐、反邪教、反间谍和意识形态领域斗争，坚决维护政治安全。严格落实涉稳信息“4+N”会商研判机制[20]，强化平安建设风险隐患排查化解工作闭环，有效防范和化解各领域风险。坚持和发展新时

代“枫桥经验”，充分发挥党群服务中心、综治中心等平台作用，完善信访诉求和矛盾纠纷多元化解机制，把矛盾解决在基层。完善立体化智能化社会治安防控体系，严格落实公安“情指勤舆”[66]一体化机制，继续保持对黑恶势力和电信诈骗违法犯罪打击的高压态势，严厉打击盗抢骗、黄赌毒、食药环等违法犯罪行为，不断增强人民群众获得感、幸福感、安全感。严格落实安全生产责任制和监管制度，坚决遏制重特大事故发生。建立和完善高效应对全灾种的大应急组织管理体系，全面提升综合应急能力水平。加强疫情防控，压实“四方责任”、落实“四早”要求[21]，进一步完善立体型常态化科学精准防控机制和局部应急处置机制，坚决堵住一切可能导致疫情反弹的窟窿和漏洞，更好统筹疫情防控和经济社会发展，做到防控不松懈、疫情不反弹、发展不停步。

五、党建引领、坚守初心，着力筑牢打造副中心、争当排头兵的根本保证

实现未来奋斗目标，必须坚持和加强党的全面领导。我们要牢记打铁必须自身硬，全面贯彻新时代党的建设总要求，从党的百年奋斗重大成就和历史经验中汲取奋进力量，以永远在路上的韧劲，不断把党建设得更加坚强有力，引领和保障孝感高质量发展行稳致远。

（一）旗帜鲜明讲政治，永葆绝对忠诚之心。深入学习贯彻党的十九届六中全会精神，坚定不移把“两个确立”[67]真正转化为坚决做到“两个维护”的思想自觉、政治自觉、行动自觉，始终与以习近平同志为核心的党中央保持高度一致。要提高政治站位，胸怀“两个大局”[68]，心系“国之大者”，坚持一切工作从政治上考量、在大局下行动，坚决推动党中央决策部署在孝感不折不扣贯彻落实。自觉尊崇党章，严肃党内政治生活，严明政治纪律和政治规矩，严格落实民主集中制，增强党内政治生活的政治性、时代性、原则性、战斗性，培育积极健康的党内政治文化。强化政治责任，增强斗争精神，加强思想淬炼、政治历练、实践锻炼、专业训练，不断提高政治判断力、政治领悟力、政治执行力，坚决同破坏政治纪律和政治规矩的行为作斗争，当好党的政治建设的引领者、实践者、推动者。

（二）学深悟透强思想，熔铸理想信念之魂。坚持不懈用习近平新时代中国特色社会主义思想武装头脑、指导实践、推动工作。落实“不忘初心、牢记使命”主题教育制度，深化拓展党史学习教育成果，发挥党委（党组）理论学习中心组示范引领作用，加强基层宣传宣讲，教育引导广大党员牢记初心使命、坚定信仰信念。始终坚持正确政治方向、舆论导向、价值取向，严格落实意识形态工作责任制，牢牢掌握意识形态工作领导权、管理权、话语权。坚持内容为王，加强阵地建设，营造清朗网络空间，推动媒体深度融合发展，提高主流舆论传播力、引导力、影响力、公信力，更好强信心、聚民心、暖人心、筑同心。

（三）选人用人重实绩，激发干事创业之志。坚持新时期好干部标准，着力建设忠诚干净担当的高素质干部队伍。把政治标准放在首位，注重考察干部的政治忠诚、政治担当、政治能力。树立实绩导向，建立健全可量化、可比较、可感触的考核体系。优化考核办法，彰显“在实干中考实绩、从实绩中辨德才、凭德才用干部”的路径逻辑。强化结果运用，把“实绩突出、群众公认”的好干部用在正当时、用到关键处。落实“三个区分开来”[69]，旗帜鲜明为担当者担当、为负责者负责。不断涵养风清气正的政治生态，让想干事者有机会、让会干事者有舞台，让“躺平式干部”躺不住、让“佛系干部”没市场！

全面落实党管人才原则，坚持引育并举、以用为本，深入实施新时代人才强市战略，大力实施各类重点人才工程，优化创新创业环境，让各类人才的创造活力竞相迸发、聪明才智充分涌流！

（四）强基固本筑堡垒，夯实执政为民之基。坚持“党的一切工作到支部”，压实党组织书记抓基层党建工作第一责任人责任，建立健全上下贯通、执行有力的组织体系，增强基层党组织政治功能和组织力。加强党支部标准化、规范化建设，深化“五问”支部巡整制度，常态化开展软弱涣散村党组织整治，推动基层党组织全面进步、全面过硬。深入推进党建引领基层治理促乡村振兴，加强基层党组织带头人队伍建设，派强用好驻村（社区）第一书记和工作队，提升党建引领发展效能。坚持基层党组织和党员履职清单管理，着力解决人民群众急难愁盼的问题，进一步完善密切联系服务群众机制，不断夯实党的执政根基。

（五）反腐倡廉正风纪，守好清正廉洁之本。完善全面从严治党责任体系和工作机制，压实管党治党政治责任，将清廉建设融入经济社会发展各方面全过程，打造“好正实优”[70]清廉孝感。健全完善监督体系，强化政治监督，做实日常监督，重点加强对“一把手”和领导班子的监督，推动各类监督贯通协同。精准落实政治巡视巡察要求，确保党中央政令畅通，省委、市委决策部署落实。始终坚持“严”的主基调，锲而不舍落实中央八项规定及其实施细则精神，持之以恒纠“四风”树新风，深化基层减负工作，扎实开展重点领域专项治理，持续整治群众身

边腐败和不正之风,让新风正气不断充盈。坚持无禁区、全覆盖、零容忍,坚持一体推进不敢腐、不能腐、不想腐,始终保持惩治腐败高压态势,推动全面从严治党取得更大战略性成果。

同志们!2023年,我们将迎来孝感建市30周年。我们的城市从肇建起步,步入了努力奔跑的黄金年华。三十而立,立在当下。我们要以建市30周年为契机,系统总结宣传孝感各领域建设发展的丰硕成果,全面实施一批补短板、惠民生重大工程项目,让全市人民在30年的历史巨变和身边日新月异的变化中,进一步增强作为孝感人的获得感、幸福感、自豪感,进一步激发热爱家乡、建设家乡、奉献家乡的磅礴伟力!

同志们!蓝图催人奋进,实干铸就辉煌。让我们更加紧密地团结在以习近平同志为核心的党中央周围,以永不懈怠的精神状态和一往无前的奋斗姿态,埋头苦干、真抓实干,打造副中心、争当排头兵,为全面建设社会主义现代化强市不懈奋斗!

名词解释:

〔1〕"两个一百年"奋斗目标:在中国共产党成立一百年时全面建成小康社会,在新中国成立一百年时建成富强民主文明和谐美丽的社会主义现代化国家。

〔2〕"六个发展":指真实的发展、绿色的发展、可持续的发展、具有比较优势的发展、群众有获得感的发展、经得起历史检验和党性拷问的发展。

〔3〕动能"双培":指培优旧动能、培强新动能。

〔4〕"放管服":"放"即简政放权,降低准入门槛;"管"即创新监管,促进公平竞争;"服"即高效服务,营造便利环境。

〔5〕路长制:2018年2月,孝感在全省率先推行路长制,设立市、县、乡、村四级路长2591名,各级路长履行巡路、管路、护路、治路职责,保障公路交通环境"安全、通达、净美"。目前,全市高标准建成21条路长制示范路共计432公里。

〔6〕"三项行动":指开展"功能镇区、和美乡村、实力产业"三项行动。

〔7〕"四个再造":指空间、环境、功能、基层治理再造。

〔8〕"五城同创":市委、市政府决定,一体推进全国文明城市、国家卫生城市、国家园林城市、国家生态文明建设示范市、国家森林城市创建。第一阶段,2021年至2023年。主要目标是:夺回省级文明城市称号,取得全国文明城市提名资格,创成国家卫生城市、国家森林城市,巩固国家园林城市创建成果,巩固安陆、应城、大悟、云梦省级生态文明建设示范县(市)创建成果,力促孝昌、汉川、孝南创建省级生态文明建设示范县(市区),确保孝感市获评省级生态文明建设示范市。第二阶段,2024年至2026年,主要目标是:孝感市获评全国文明城市、国家生态文明建设示范市。支持汉川、应城、云梦、安陆争创全国文明城市(县城),支持大悟、孝昌创成省级文明城市(县城)。

〔9〕引徐济安:指从徐家河水库取水,通过输水管线,输水到安陆城区水厂,主要解决安陆市城区供水安全问题,兼顾徐家河灌区、解放山西干渠灌区内的乡镇供水。

〔10〕"四好"农村路:是中共中央总书记习近平同志提出的,要求农村公路建设要因地制宜、以人为本,与优化村镇布局、农村经济发展和广大农民安全便捷出行相适应,进一步把农村公路建好、管好、护好、运营好,逐步消除制约农村发展的交通瓶颈,为广大农民脱贫致富奔小康提供更好的保障。

〔11〕民生"双保":指保刚性政策和要求兑现,主动高效完成上级下达的重点任务;保民生任务实现,让群众有更多获得感。

〔12〕城市书房:由政府主导、社会力量参与,依托各级公共图书馆,采用自动化设备和无线射频技术,实现一体化服务,免费对外开放的场馆型自助公共图书馆。

〔13〕作风"双严":指从严管理、从严要求。

〔14〕"四个意识":指政治意识、大局意识、核心意识、看齐意识。

〔15〕"四个自信":指中国特色社会主义道路自信、理论自信、制度自信、文化自信。

〔16〕"两个维护":指坚决维护习近平总书记党中央的核心、全党的核心地位,坚决维护党中央权威和集中统一领导。

〔17〕"两学一做":学党章党规、学系列讲话,做合格党员。

〔18〕"整县推进"计划:指在县域范围内,以全面进步全面过硬为目标,以提升组织力为重点,以强化政治功能为核心,以支部建设为着力点,建强五个基本要素,坚持基层党建全地域、全领域、全要素、全功能推进的系统建设和整体建设,实现"两好三保证",即:把党组织和党员队伍建设好、把党组织和党员队伍作用发挥好,保证党的全面领导、保证党长期执政、保证党有力执政。

〔19〕党支部提升三年行动:指通过实施系列专项整治,集中三年时间,补齐支部建设"短板",深化"五个要素""五个体系"建设,推动党的一切工作落实到支部、活动落实到党员、效果落实到群众,实现党支部战斗力显著增强,党员队伍生机活力迸发,党同人民群众的血肉联系更加紧密。

〔20〕"五问":指问覆盖面、运行态、战斗力、认同度、责任网。

〔21〕"三不":指不敢腐、不能腐、不想腐。

〔22〕一江三河:指汉江、府河、澴河、汉北河。

〔23〕城市"双修":指生态修复、城市修补。

〔24〕控负导正:指实行新农村建设负面清单管理,负面约束引导,

正向规范方向，以负面清单引导乡村规划建设行为。

〔25〕国土“三调”：指第三次全国性的国土调查。

〔26〕四经普：指2018年国务院组织开展的第四次全国经济普查。

〔27〕“三资一促”：指立项争资、招商引资、筑台融资，促有效投资。

〔28〕“四看四比”：指看投资额度，比项目规模；看投资强度，比项目质量；看形象进度，比项目建设速度；看调度保障，比项目管理。

〔29〕“五化”管理：指工作目标化、目标项目化、项目工程化、工程责任化、履责考核序位化。

〔30〕“四无”要求：指硬性指标无条件落实，软性条件无限量创造，担当责任无起点考核，环境状态无差别比较。

〔31〕“双千”活动：指千名干部进千企活动。

〔32〕“三个一体推进”：指一体推进改革发展稳定民生保障工作，一体推进党建引领下的经济社会组织建设，一体推进党风政风民风优化。

〔33〕“三个贯通”：指过去、现在、未来贯通。

〔34〕“五个一流”：2020年12月19日，吴海涛在市委六届十一次全体（扩大）会议总结讲话时提出，迈入新征程，精神状态要一流；争创新业绩，工作标准要一流；迎接新挑战，能力本领要一流；开创新局面，长效机制要一流；展示新气象，作风担当要一流。

〔35〕“四风”：指形式主义、官僚主义、享乐主义和奢靡之风。

〔36〕“三新”：指新发展阶段、新发展理念、新发展格局。

〔37〕“五个同城”：指规划同编、交通同网、产业同链、科技同兴、民生同保。

〔38〕五位一体：指经济建设、政治建设、文化建设、社会建设和生态文明建设五位一体，全面推进。

〔39〕“四个全面”：指全面建设社会主义现代化国家、全面深化改革、全面依法治国、全面从严治党。

〔40〕主城“三区”：指孝南区、市高新区、市临空经济区。

〔41〕“三大片区”：指老澴河、南部新城、邓家河三大片区。

〔42〕“三百”战略：省委、省政府《关于推进“一主引领、两翼驱动、全域协同”区域发展布局实施意见》和《关于加快全省县域经济高质量发展的意见》分别提出，实施县域经济发展“百强进位、百强冲刺、百强储备”战略。

〔43〕县城品质提升行动：指省委、省政府将围绕推进以县城为重要载体的新型城镇化，在全省建成一批畅通、有序、安全、便捷、美丽、智慧的现代化县城，为将湖北建设成为中部崛起的重要战略支点提供有力支撑。

〔44〕“四个面向”：指坚持面向世界科技前沿、面向经济主战场、面向国家重大需求、面向人民生命健康。

〔45〕链长制：指全市制造业产业链实行链长制，由市委、市政府主要领导担任总链长，13位市级领导分别担任副总链长和细分产业链链长，10家市直部门牵头负责，市经信局、招商局全程参与，实施技改强链、招商补链、协作延链、服务固链，推动传统产业转型升级，战略性新兴产业倍增。

〔46〕数智孝感：指以做实“一网通办”、做细“一网统管”、做优“一网智用”为目标，以数据、算力、算法三要素为基础构建与物理城市同生共存、虚实交互的新型智慧孪生城市。到2025年，在民生服务、城市治理、生态宜居、产业融合等领域的大数据智能化升级取得重大突破，大数据“聚通用”发展水平大幅跃升，实现社会平安和谐、城市绿色宜居、产业创新发展、生活幸福便捷。

〔47〕军民融合：指把国防和军队现代化建设深度融入经济社会发展体系之中，在更广范围、更高层次、更深程度上把国防和军队现代化建设与经济社会发展结合起来，为实现国防和军队现代化提供丰厚的资源和可持续发展的后劲。

〔48〕农旅融合：指农业和旅游业融合发展。

〔49〕“五区八园七带”：指“十四五”规划纲要和农业农村专项规划提出的孝感现代农业绿色发展空间布局结构。“五区”指孝南区继续建设国家级现代农业示范区；安陆市、应城市、汉川市、云梦县打造国家级循环农业绿色发展示范区；安陆市建设国家农业科技园区核心区；汉川市打造国家级一、二、三产业融合先导区；大悟县、孝昌县建设国家级生态农业示范区。“八园”指安陆畜禽蛋产业园、汉川农产品加工园、孝南农产品全产业链物流园、孝昌苗木花卉产业园、应城糯稻产业园、大悟“两茶”产业园、高新区出口红茶产业园、麻糖米酒产业园。“七个特色产业带”分别指通过“香粳糯”的三类产业园区建设，在汉川、孝南、安陆、应城、孝昌、云梦打造孝感优质稻产业示范带；沿孝南、孝昌、大悟、安陆，布局打造孝感特色林果绿色产业示范带；沿京港澳高速布局，涵盖孝南、孝昌、大悟，打造孝感百里观光茶叶产业示范带；沿孝南、安陆、云梦、汉川布局，打造绿色蔬菜产业示范带；沿汉川、应城、安陆、孝昌布局，打造肉畜禽蛋产业示范带；沿汉川、孝南、应城、云梦布局打造特色水产健康养殖产业示范带；在孝感全域打造江汉平原农旅养融合发展产业示范带。

〔50〕“四个不摘”：指摘帽不摘责任、摘帽不摘政策、摘帽不摘帮扶和摘帽不摘监管。

〔51〕“五个一”强链工程：指对接全省农业龙头企业“十百千万”工程和十大优势农业产业链，高质量推进农业产业化，着力打造“一袋米”“一枚蛋”“一杯茶”“一头猪”“一篮菜”5个过百亿农业产业链。

〔52〕“两品一标”：是指绿色食品、有机农产品和农产品地理标志。

〔53〕保税物流中心：指封闭的海关监管区域并且具备口岸功能，分A型和B型两种。A型保税物流中心，是指经海关批准，由中国境内

企业法人经营、专门从事保税仓储物流业务的海关监管场所;B型保税物流中心,是指经海关批准,由中国境内一家企业法人经营,多家企业进入并从事保税仓储物流业务的海关集中监管场所。

〔54〕能耗"双控":是指能耗总量和强度双控。

〔55〕"三水共治":指统筹推进水污染治理、水生态修复和水资源保护。

〔56〕"三线一单":指生态保护红线、环境质量底线、资源利用上线和生态环境准入清单。

〔57〕"两屏四廊多心":"两屏"指大别山、桐柏山生态屏障;"四廊"指汉江、府河、澴河、汉北河四条主要江河及沿线区域构成的生态保护廊道;"多心"指多个围绕湖泊、自然保护区、特色农业集中区等形成的绿心。

〔58〕"四馆三场两中心":指基层图书馆、文体馆(群艺馆)、博物馆、非遗馆、剧场、文体广场、排练场、乡镇综合文化服务中心、村(社区)综合文化服务中心。

〔59〕"五孝":指孝廉机关、孝德校园、孝亲社区、孝诚企业、孝勇部队。

〔60〕一府一委两院:指政府、监委、法院、检察院。

〔61〕司法责任制:指"让审理者裁判,让裁判者负责"。即在赋予法官审理裁判案件主导权和决定权的同时,强调办案法官对裁判结果予以负责。

〔62〕"八五"普法:指法治宣传教育的第八个五年规划(2021—2025年)。

〔63〕一网通办:指通过规范政务服务办事标准、优化办事流程、整合各类政务服务数据资源、构建统一网上办事窗口等措施,全面推行政务服务事项网上办理,实现企业群众办事"一次登录、全网可办"。

〔64〕一网统管:指通过强化信息化手段在生态环境、经济调控、政府管理、法制建设、基层治理、应急救援、公共安全等领域的深度应用,推进市域治理业务和数据深度融合,依托统一的城市运行管理中心,实现"一屏观天下、一网管全城"。

〔65〕一网智用:指以"数据中台"为数据支撑,进一步推动教育、医疗、交通、文旅、就业、养老等领域智慧化转型,通过构建统一城市服务App,为企业和群众赋予唯一"城市码",实现衣、食、住、行、娱、教、医、养"一码通全城"。

〔66〕情指勤舆:指的是情报、指挥、勤务、舆情组成的一体化实战警务模式。

〔67〕"两个确立":中国共产党第十九届中央委员会第六次全体会议公报指出,党确立习近平同志党中央的核心、全党的核心地位,确立习近平新时代中国特色社会主义思想的指导地位。

〔68〕"两个大局":指实现中华民族伟大复兴战略全局和世界百年未有之大变局。

〔69〕"三个区分开来":即把干部在推进改革中因缺乏经验、先行先试出现的失误和错误,同明知故犯的违纪违法行为区分开来;把上级尚无明确限制的探索性试验中的失误和错误,同上级明令禁止后依然我行我素的违纪违法行为区分开来;把为推动发展的无意过失,同为谋取私利的违纪违法行为区分开来。

〔70〕"好正实优":指政治生态好,用人导向正,干部作风实,发展环境优。

相关说明:

(1)砂石料保供稳价:为解决建筑砂石供应缺口扩大、价格猛涨、政府投资成本增加的问题,2018年市委、市政府根据国家环保政策及绿色发展要求,按照"政府管控、国有主导、社会参与、市场运作"原则,组建国有矿业公司,统筹推进全市砂石资源综合开发利用,较好规范了市场秩序,保障了重点项目建设,降低了政府投资成本,实现了保护环境与保障发展共进,绿水青山与金山银山共赢。

(2)留守儿童关爱"五个到村":孝感市创新留守儿童关爱保护方式,全面推进阵地建设到村、机制健全到村、队伍配备到村、安全管理到村、活动开展到村"五个到村",打通服务农村留守儿童"最后一公里"。

(3)城站路地下工程:由央企北京新合作商业发展有限公司投资建设,项目位于孝感市城站路地下,南起槐荫大道,北至交通大道,全长约2100米,总建筑面积约3.8万平方米,总投资约10亿元。项目全部建成后,社会效益、经济效益、战备效益逐步显现,市政设施提档升级,城市品位得到提升。

(4)老澴河综合治理:规划面积约4.5平方公里,总投资155亿元。该工程于2018年3月正式动工,共征收房屋7038户126万平方米,征地4200亩,建设安置区9个128栋226万平方米,河道清淤9.8公里70万方,驳岸整治16.8公里,绿化景观60余万平方米,原计划5年的建设任务提前2年完成,创造了老澴河拆迁安置速度、项目建设速度、环境提升速度,沿线人居环境变化翻天覆地,赢得广大市民真心拥护和广泛支持,实现"治理一条河、改变一座城"的目标。

(5)5个特色小城镇:指汉川市沉湖镇子午线小镇、汉川市马口镇双弦小镇、孝南区杨店镇桃花驿农旅小镇、孝昌县小悟乡运动休闲特色小镇、大悟县新城镇运动休闲特色小镇。

(6)农村人居环境三年整治:是国家顺应广大农民过上美好生活期待,以建设美丽宜居村庄为导向,以农村垃圾、污水治理和村容村貌提升为主攻方向,大力推进农村基础设施建设和城乡基本公共服务均等化,促进乡村振兴的一项重要举措。

(7)鄂北水资源配置一期:鄂北地区水资源配置工程是省委、省政府从根本上解决鄂北地区干旱缺水问题的重大战略民生工程。工程以丹江口水库为水源,全线自流引水,向鄂北地区沿线3市7县482万人口供水,灌溉耕地380万亩。工程输水干线总长269.67公里，利用受水区36座水库进行联合调度，年均引水7.7亿立方米，总投资180.57亿元。该工程已于2021年1月实现首次全线试通水。

（8）“孝感信访123”经验：指织牢基层一张网、把好县城两道关、夯实全域三重基。

（9）“不忘初心、牢记使命”主题教育：根据党的十九大部署，从2019年6月开始，以县处级以上领导干部为重点，在全党开展“不忘初心、牢记使命”主题教育，深入学习贯彻习近平新时代中国特色社会主义思想，锤炼忠诚干净担当的政治品格，团结带领全国各族人民为实现伟大梦想共同奋斗。主题教育贯彻守初心、担使命，找差距、抓落实的总要求，把学习教育、调查研究、检视问题、整改落实贯穿全过程，努力实现理论学习有收获、思想政治受洗礼、干事创业敢担当、为民服务解难题、清正廉洁作表率的目标。

（10）党史学习教育：2021年是中国共产党成立100周年。为从党的百年伟大奋斗历程中汲取继续前进的智慧和力量，深入学习贯彻习近平新时代中国特色社会主义思想，巩固深化“不忘初心、牢记使命”主题教育成果，激励全党全国各族人民满怀信心迈进全面建设社会主义现代化国家新征程，党中央决定，在全党开展党史学习教育，深入学习领会习近平总书记关于党史的重要论述，紧紧围绕学懂弄通做实党的创新理论，做到学史明理、学史增信、学史崇德、学史力行，引导广大党员干部增强“四个意识”、坚定“四个自信”、做到“两个维护”，不断提高政治判断力、政治领悟力、政治执行力，为全面建设社会主义现代化国家、实现中华民族伟大复兴中国梦而不懈奋斗。

（11）“打造副中心、争当排头兵、作出新贡献”：2021年9月1日，市委六届十二次全会审议通过了《中共孝感市委、孝感市人民政府贯彻落实〈中共湖北省委、湖北省人民政府关于新时代推动湖北高质量发展加快建成中部地区崛起重要战略支点的实施意见〉的行动方案》，提出“全力打造武汉城市圈副中心，争当全省高质量发展第二方阵排头兵，为湖北加快建成中部地区崛起重要战略支点作出孝感新贡献”。

（12）“主城崛起、两带协同、孝汉同城、多元支撑”的区域发展布局。2020年12月19日，市委六届十一次全体会议审议通过了《中共孝感市委关于制定全市国民经济和社会发展第十四个五年规划和二〇三五年远景目标的建议》，明确了“打造武汉城市圈副中心”的目标定位，提出了“主城崛起、两带协同、孝汉同城、多元支撑”的区域发展布局。

（13）建市30周年项目包和城区基础设施建设三年攻坚计划：为庆祝孝感建市三十周年，让全市人民群众共享发展红利，共享建市成果，市委、市政府决定启动庆祝建市三十周年100个重大工程项目建设行动和城区基础设施建设三年攻坚计划，其中100个重大工程项目涉及城市建设、交通设施、社会民生、乡村振兴、生态环保等领域，总投资2415.6亿元；城区基础设施建设三年攻坚计划拟实施项目137个、投资426.45亿元。

（14）公共服务九同：指推进武汉城市圈教育、医疗、社保、医保、公积金、公共交通、旅游、户籍管理、养老等基本公共服务同城化发展。

（15）省“51020”现代产业体系：省委十一届九次全会上提出构建“51020”现代产业体系。即，5个万亿级支柱产业、10个五千亿级优势产业、20个千亿级特色产业集群。

（16）武汉市“965”产业集群：武汉市顺应科技革命和产业变革大势，结合本地实际，提出打造九大支柱产业、六大战略性新兴产业、五大未来产业的“965”产业集群发展思路。

（17）十条重点产业链：指高端装备制造、新能源汽车及零部件、光电子信息、大健康、新材料等五大战略性新兴产业和纺织服装、食品、盐磷化工、纸塑包装、建材等五大传统产业。

（18）外贸“三项工程”“破零攻坚行动”：“三项工程”指“骨干企业龙头工程”“成长企业壮大工程”和“开口企业实绩工程”；“破零攻坚行动”指新增外贸出口企业完成外贸出口第一单，实现“零”的突破。

（19）“高效办成一件事”：2021年元月，省委、省政府召开全省优化营商环境大会，提出要以“高效办成一件事”为目标，推进跨部门、跨层级、跨地区的业务流程再造和系统重构，把“放管服”改革搞得更实。“高效办成一件事”，不仅仅针对某一个部门的某一个环节，而应整体来看、系统来看，以企业和群众的需求为导向，破解办事中的梗阻，降低不必要的行政成本。企业所需办之事，即使涉及多部门多环节，但是对企业来说就是“一件事”。

（20）“4+N”会商研判机制：市委政法委、市公安局、市信访局、市网信办+相关单位涉稳信息每日会商研判机制。

（21）疫情防控“四方责任”和“四早”要求：“四方责任”是指属地责任、部门责任、单位责任和个人责任，“四早”要求指早发现、早报告、早隔离、早治疗。

（市委政研室）

政府工作报告

——2022年1月6日在孝感市第七届人民代表大会第一次会议上

代市长 熊征宇

各位代表：

现在，我代表市人民政府，向大会报告工作，请予审议，并请各位市政协委员和列席人员提出意见。

一、过去五年工作回顾

过去的五年，是全市上下砥砺奋进、顶压前行的五年。面对复杂多变的外部环境、突如其来的世纪疫情、艰巨繁重的改革发展稳定任务，我们坚持以习近平新时代中国特色社会主义思想为指导，在省委、省政府和市委坚强领导下，紧紧依靠全市人民，始终保持“拼抢实”的状态和作风，聚焦发展、克难攻坚，经济运行稳中竞进，各项事业全面进步，小康社会全面建成，开启了全面建设社会主义现代化强市新征程。

五年来，我们以实干创实绩，综合实力跃上新台阶。坚持以“六个发展”[1]践行新发展理念，以“八双”[2]实务落实高质量发展要求，以“三资一促”[3]强化高质量发展支撑。区域实力不断增强，地区生产总值在突破2000亿元大关的基础上，今年可超2500亿元，“四上”企业达2190家，市级以上农业产业化龙头企业达378家，粮食产量稳在46亿斤以上。发展质效不断提升，地方一般公共预算收入达134.8亿元，税收占比达78.8%，提高16.1个百分点；三次产业结构优化为15.7∶39.2∶45.1，实现“二三一”向“三二一”历史性转变。发展支撑不断夯实，签约亿元以上项目1404个，立项争资432.3亿元，金融机构新增贷款800亿元。市本级龙头作用逐渐凸显，市高新区全国综合排名升至77位；市临空区园区建设、项目入驻已见成效，落户项目53个；市双峰山纳入国家级旅游度假区创建名单，年接待游客首超百万人次。县域经济竞相发展，汉川连续两年进入全国县域经济百强，5个县(市、区)在全省县域经济考核中争先进位。

五年来，我们以先试争先进，改革创新实现新突破。坚持先行先试，以改革促创新、促开放，破解难题、培优动能。供给侧结构性改革持续深化，政府机构改革顺利推进，国有企业改革、媒体融合改革、涉农领域改革陆续完成，河湖长制、路长制、林长制相继实施，农业绿色高质高效整市制创建扎实有效，云梦获评国家农产品质量安全县。营商环境持续优化，“放管服”改革纵深推进，行政审批改革、投资便利化改革落实落细，“互联网+政务服务”连续三年获省级表彰。对外开放持续强化，外资企业达133家，利用外资16.85亿美元，外贸拓展至169个国家和地区，市高新区日商产业园入驻企业30家。孝汉同城持续实化，汉十高铁、武汉城市圈环线高速、孝汉大道建成通车，“三横四纵”铁路、“四横两纵”高速[4]连线成网，27条对接通道建成4条、在建9条，4条市域铁路进入省路网规划，孝汉“一小时通勤圈”越织越密，落户汉资企

代市长熊征宇作政府工作报告　　（摄影：晏美华）

业479家。科技创新持续催化，国家级创新平台7家，高新技术企业381家,科技型企业突破1300家,院士(专家)工作站102家，孝感国家农业科技园区成功通过考核验收。

五年来,我们以更新促焕新,城乡面貌呈现新气象。坚持践行“两山”理论,深化城乡“双融”、城市更新，城乡环境精彩蝶变，越来越干净、美丽。城市建设全面提速,统一城区土地市场,统一房屋征迁补偿标准和流程,统一控违拆违规程,统一旧城改造历史遗留问题破解政策,为城市发展立规矩、建秩序,老澴河综合治理一期全面完成,旧貌换新颜;城站路拓展地下发展空间,交通大道、槐荫大道改造升级,主城区外环基本成环;孝感、应城、安陆获评国家园林城市,汉川、安陆、孝昌获评全国节水型社会建设达标县市,大悟获批全国新型城镇化建设示范县,孝感、应城、云梦、安陆、大悟获评省级森林城市，常住人口城镇化率达61%。镇村功能加速完善，县县通高速路、乡镇有双通道、村组通硬化路，通车里程和路网密度居全省第三，农旅养融合示范线22条，AAAA级景区达8家，孝南全域村庄布局规划入选全国案例，应城获评中国乡村振兴示范市，孝昌获评“四好农村路”全国示范县;“厕所革命”持续推进,市静脉产业园、孝昌生活垃圾焚烧发电厂建成运营；乡镇污水处理厂、垃圾中转站实现全覆盖；水利补短板成效明显，“一江三河”除险加固、鄂北水资源配置一期、引徐济安等一批标志性工程建成使用。生态环境持续改善，长江大保护十大标志性战役成效明显，15家沿江化工、危化品企业关改搬转，市高新区园区循环化改造通过验收,4个合规化工园区获批认定，可再生能源装机规模全省第三；府澴河流域实行生态补偿，“三退”还湖11.31万亩,国控、省考断面水质全部达标，$PM_{2.5}$、PM_{10}平均浓度下降33.3%和30.8%,森林覆盖率19.4%。

五年来,我们以初心聚民心,人民生活增添新福祉。坚持共建共享,促进共同富裕，让发展成果更多惠及广大群众。全力战贫，尽锐出战，精准脱贫,大悟、孝昌两个国贫县摘帽退出,503个贫困村全部出列,35.77万贫困人口全部脱贫，脱贫攻坚战如期打赢，与全国同步消除绝对贫困！全力战疫，外防输入、内防扩散、人人参战,38天确诊病例“零”新增,65天住院病例全清零,孝感保卫战取得决定性成果，经受了历史性大考！全力“双保”,民生支出占比保持在75%以上，城乡居民收入快于经济增速，城镇登记失业率保持在3.5%以内,“五项社保”扩面提标,城镇职工养老金十七连增,城乡低保、特困供养应保尽保、连年提标,保障性住房覆盖率达27%;新增普惠性幼儿园214所，新建中小学校36所、新增学位8.3万个，全面改薄773所，学区化集团化办学覆盖率达84.47%，义务教育均衡发展通过国家认定,教师梯级专业荣誉评选表彰3957人,教育信息化建设和应用居全省前列，普高教育质量提升,中职教育工匠辈出;湖北工程学院入选国家产教融合试点高校，湖北职院获评国家优质高职院校，美珈职业学院一期招生；公立医院综合改革全覆盖,疾控体系改革和公共卫生体系建设全面推进，启动抗疫特别国债项目81个、总投资52.44亿元，县域医共体达13个，国家卫生乡镇10个,人均预期寿命达79.23岁;市文化中心建成运营,文化惠民提档升级，获评全国群众体育先进单位8家。全力防风险,金融、房地产、政府债务风险可控;扫黑恶、禁赌毒、打电诈、保平安，安全生产、食品药品安全、信访稳定持续加强，数智孝感、法治孝感、平安孝感建设可圈可点,群防群治体系不断完善，市域社会治理现代化试点全面展开，获评全国乡村治理示范村镇6个，应城再获平安中国建设示范县市；国防动员、军人军属和退役军人服务保障工作不断加强，孝感蝉联全国双拥模范城八连冠。

五年来，我们以有为见作为，自身建设展现新形象。坚持党的领导,认真履行“一岗双责”,保持连续性,增强创新性,重执行、抓落实。坚持以学促干,扛起政府系统全面从严治党主体责任，扎实推进“两学一做”学习教育常态化制度化，深入开展“不忘初心、牢记使命”主题教育和党史学习教育。严格落实中央八项规定及其实施细则精神，支持纪委监委监督执纪执法,加强审计、财政监督,持之以恒转作风、纠“四风”。坚持依法行政,定期向人大报告工作、向政协通报情况，办理人大建议696件、政协提案904件,“七五”普法获评全国先进。坚持规律导向,充分发挥市场决定性作用,更好发挥政府作用,抢抓“十四五”规划和国土空间规划编制、第三次国土调查、第四次经济普查、第七次人口普查等机遇,系统盘清家底;服务业培育纳统和GDP预警监测上下联动，数据“三网”支撑，展现发展新成效。坚持科学决策，“三重一大”事项集体研究、民主决策,重大项目现场办公、专题研究，重点任务清单管理、节点落实，项目“三库”联动、“五化”管理、“四看四比”,加强和改进政务督察,政府督查与纪检监察监督协作联动,典型问题及时约谈，政府执行力、落实力进一步提高。

这五年,我们与工会、共青团、工商联、关工委、文联、科协、社科联、红十字会等群团组织的联系进一步密切。关注妇女、儿童、老龄、残疾人事业健康发展。人防、气象、水文、地震、档案、史志、保密、驻外、外事侨务、民族宗教、新闻出版、广播电视、机关事务、慈善事业、老区振兴、援疆援恩、检验检测、公共资源交易等工作取得新成绩。

各位代表！刚刚过去的2021年，是“十四五”开局之年，本届政府收官之年。我们紧紧围绕“打造副中心、争当排头兵”，谋定快动，精准发力，“主城崛起、两带协同、孝汉同城、多元支撑”区域发展布局成势见效，目标任务可超额完成，交出“全年精彩、全面精彩”圆满答卷，实现“十四五”良好开局。

*一是坚持发展第一要务，全力抓部署促落实。*注重把党中央国务院的顶层设计，自觉转化为行动方案；把省委、省政府和市委的工作部署，具体细化为落实清单，抢抓机遇谋发展，议定事项快行动，定期调度促落实。区域发展布局实施意见、三年计划、年度清单密集出台，县域经济“三百”战略加快推进，各地找定位、争进位，发展气场不断升腾。科技创新坚实迈步，乡村振兴三项行动迅速铺开、进展有序；孝汉同城破题开篇，“五同”机制全面构建；“五城同创”全面启动，十大行动[5]和百日整治强力推进，生态文明建设取得新成效，基层治理现代化迈出新步伐。

*二是坚持项目第一抓手，全力抓投资促增长。*树牢“项目为王”鲜明导向，整合资源，完善机制，滚动策划项目，持续争取项目，全力招引项目，投资成为稳增长的重要支撑。孝感入选全国首批系统化全域推进海绵城市建设示范城市，老澴河综合治理成效全面显现，邓家河片区快速启动，武大、硚孝、孝汉应高速加快建设，武西高铁孝感南站获批，武汉地铁20号线延伸临空区成功签订协议，策划建市30周年100个重大项目、总投资2415亿元，谋划孝感城区基础设施三年攻坚项目137个、总投资426亿元，季度拉练检查项目129个，千芝雅纸业、长飞光电一期、三棵树涂料、中科铜箔四期等项目投产达效，泰川新材料、铭源科技、全成信电子等项目加快建设。全年新签约亿元项目368个、引资2264亿元；精准策划项目685个、投资6637.6亿元，争取竞争性资金90亿元、试点示范41项、政府债券51.3亿元，贷款净增249.8亿元。

*三是坚持创新第一动力，全力抓改革促开放。*把创新摆在重要位置，推动以科技创新为核心的全面创新，出台科技创新“黄金十五条”，申报高新技术企业220家，8家企业获评国家级示范，祥源新材登陆创业板。用改革办法创新工作举措，向主城三区下放权限146项，在全省率先启动乡镇综合执法改革，17家市直国企改制全部完成，税收征管改革加快推进，孝感城区义务教育管理体制改革全面完成，5G智慧电力入选全国典型案例。创新稳外资稳外贸方式方法，新增外商投资项目13个，利用外资3.45亿美元，外贸进出口17.9亿美元、增长12%。

*四是坚持环境第一保障，全力抓服务促提升。*坚持“四无”标准[6]，突出“高效办成一件事”、先行区示范点创建，健全“1+5+N”投诉联动机制[7]，动真碰硬、创先争优，营商环境不断优化。344项便民服务在“鄂汇办”上线，301项政务服务在城市圈“一圈通办”。坚持“三个一律”[8]，清减降专项行动深入推进，市县两级清理文件847件，审批时限综合压减率86.6%，招投标全流程电子化、不见面开标，“联合验收”规范推行，中介服务“零收费”。市工改平台与省成功对接，商标质押融资居全省第三，“互联网+不动产登记”获省政府督查激励。

*五是坚持民生第一追求，全力抓“双保”促共享。*强化抓疫情防控就是抓发展的理念，落实立体型常态化科学精准防控和局部应急处置机制，严格闭环管理，全市累计接种疫苗820万剂次以上，筑牢“防火墙”，守住了外防输入、本土“零”新增底线。把良好生态作为最普惠的民生，强力推进突出环境问题整改，空气优良率86.3%，国控断面水质优良比例达100%。把“五城同创”作为最直接的民生，改造老旧小区204个，整治背街小巷20多条，整改“六小行业”3000多家。企业职工养老保险、工伤保险省级统筹，城乡居民医保市级统筹，基础养老金第5次提标；建成开放“城市书房”10个；教育“双减”初见成效，幼儿托幼机构稳步增加；汉川人民医院新晋三甲。有效应对强降雨，汉江十年最大秋汛平安过境。

各位代表！五年艰辛之路，五年激情奋斗，走过的每一步都不容易，参与的每个人都了不起！这些成绩的取得，是党中央国务院、省委、省政府和市委坚强领导的结果，是市人大、市政协监督支持的结果，是全市上下不懈奋斗、共同努力的结果。在此，我代表市人民政府，向全市人民，向人大代表、政协委员，民主党派、工商联、无党派人士和人民团体，向驻孝部队、政法干警、抗疫工作人员和应急救援人员，向离退休老同志、广大企业家、在外人士和各行各业的劳动者，向所有关心支持孝感发展的海内外朋友们，致以崇高的敬意，表示衷心的感谢！

在总结成绩的同时，我们清醒地认识到，发展中还面临不少困难和问题：外部环境依然复杂严峻，新冠肺炎疫情影响仍将持续较长时间，经济社会高质量发展仍面临诸多挑战；区域竞争激烈，市域分化扩大，主城能级不足，主导产业不强，新动能、新增长点、大企业大项目不多；

资源要素约束趋紧，风险点、危险源依然存在，营商环境与市场感受还有落差，民生保障与群众期待还有距离。少数干部进取精神和创新能力不够，眼界不宽、行动不快，执行力不强，担当精神和能力素质有待提高。我们将直面这些问题，切实予以解决，奋力开创各项工作新局面。

二、今后五年工作展望

各位代表！进入新时代、站在新起点。今后五年，是全面开启社会主义现代化建设新征程、向第二个百年奋斗目标进军的关键时期，也是孝感推进高质量发展、融入新发展格局的战略机遇期和历史窗口期。市第七次党代会综合研判形势，明确了发展方位，吹响了激情奋进"十四五"，"打造副中心、争当排头兵"的号角。

今后五年政府工作的总体要求是：高举中国特色社会主义伟大旗帜，坚持以习近平新时代中国特色社会主义思想为指导，深入贯彻落实习近平总书记考察湖北、参加湖北代表团审议时的重要讲话精神，统筹推进"五位一体"总体布局，协调推进"四个全面"战略布局，坚持稳中求进工作总基调，立足新发展阶段，完整准确全面贯彻新发展理念，服务和融入新发展格局，以推动高质量发展为主题，以深化供给侧结构性改革为主线，以改革创新为根本动力，以满足人民日益增长的美好生活需要为根本目的，继续做好"六稳""六保"工作，深入推进"主城崛起、两带协同、孝汉同城、多元支撑"区域发展布局，加快建设社会主义现代化强市，全力打造武汉城市圈副中心，争当全省高质量发展第二方阵排头兵，为湖北"建成支点、走在前列、谱写新篇"作出孝感新贡献。

未来五年的奋斗目标是：主要经济指标增速高于全省平均水平，高于武汉城市圈平均水平，到2026年，地区生产总值超过3500亿元，地方一般公共预算收入达到180亿元，城乡居民人均可支配收入分别达到5万元和2.6万元，不断提升综合实力和区域影响力，加快建设武汉城市圈副中心，奋力谱写全面建设社会主义现代化强市新篇章。

（一）*着力夯实副中心高质量发展硬底盘*。把握产业发展趋势，培植壮大主导产业，构建现代产业体系，增实力、强支撑。对接省"51020"现代产业体系和武汉"965"产业集群，大抓工业、抓大工业，一体推进十大特色园区[9]建设，提升五大传统产业现代化水平，实施五大战略性新兴产业倍增计划，促进军地产业协同发展，新增规上工业企业500家以上，实现千亿产业集群、百亿产值企业和税收过10亿元企业"零"的突破。以工带农、接二连三，推进"三项行动"，深化农业"五个一"强链工程[10]，实施农业科技"五五"工程[11]，壮大"五区八园七带"[12]，加快推进农业产业化，培育市级农业龙头企业200家以上，农产品加工总值超过1800亿元。加快建设武汉城市圈服务业强市、建筑业强市和华中地区生态康养型旅游目的地。

（二）*着力激发副中心高质量发展原动力*。坚定不移实施创新驱动发展战略，让第一动力更加强劲，全面塑造发展新优势。用好用活关键一招，深化扩权赋能强县改革，探索要素市场化配置改革，以改革创新的办法破除障碍、破解难题，打通淤点堵点，激发整体效应。做强创新主体，完善创新体系，聚集创新要素，积极融入光谷科技创新和车谷产业创新大走廊，加快建设全省区域性创新创业高地，创成国家创新型城市、国家知识产权示范城市，"双创"孵化载体超过200家，省级以上专精特新"小巨人"达300家，高新技术企业突破530家。

（三）*着力拓展副中心高质量发展新空间*。遵循区域经济发展规律，推进区域发展布局深入实施。全面提升主城首位度，加快建设"三大片区"[13]，全力推进城区基础设施建设三年攻坚行动，支持孝南挺进全省前十，市高新区综合排名进入全国前60位，市临空区建成全省临空枢纽经济示范区，基本建成百万人口综合型区域中心城市，成功创建全国文明城市，中华孝文化名城影响力更大。全面增强"两带"协同性，市级统筹、县域主导，支持汉川百强进位，应城冲刺百强，云梦、安陆跻身全省二类县（市）先进行列，大悟建设大别山革命老区现代化新大悟，孝昌建设全省绿色发展示范区、山区强县，市双峰山建成国家级旅游度假区。全面建设武汉新外延，强化"九城是一城"理念，抢抓武汉城市圈同城化和武西高铁、沿江高铁建设机遇，对接融入城市圈市域铁路网，积极谋划汉孝城际铁路延伸线、孝汉快速化新通道、孝感南站高铁新区、高新区拓展区、临空区保税物流中心等重大项目，打造孝汉同城化示范区。

（四）*着力提升副中心高质量发展靓颜值*。坚持穿"新鞋"，走"绿道"，用环境治理留住绿水青山，用绿色发展赢得金山银山。制定"碳达峰""碳中和"时间表、路线图，减污降碳、协同增效，加快全面绿色转型。以更高标准打好蓝天、碧水、净土保卫战，深入推进长江大保护，深化河湖长制，统筹"三水共治"，县城建成区基本消除黑臭水体。推进大气污染联防联控，加强重点行业污染治理，基本消除重污染天气。强化土壤污染源头防控，扩大垃圾分类覆盖面，初步建成无废城市。全面推行"林长制"，构建"两屏四廊多心"[14]生态保护格局，市县同步争创森林城市。

(五)着力厚植副中心高质量发展真情怀。紧紧依靠人民,发展为了人民,促进共同富裕,增进民生福祉,让人民生活更加幸福。持续巩固拓展脱贫攻坚成果同乡村振兴有效衔接,强化就业优先政策,促进更高质量和更加充分就业,提高城乡居民收入。完善多层次社会保障体系,落实"三重"医疗保障,加强保障性住房建设,提升养老服务水平,织密织牢社会保障网。巩固完善应急医疗救治、基层医疗卫生服务体系,构建疫情防控与经济社会发展中长期协调机制。建成孝感奥体中心,申办省十七运会,举办市六运会。均衡配置公共文化设施,推动义务教育优质均衡发展,办好人民满意教育。支持湖北工程学院"申硕、更名、创一流",支持湖北职院建设中国特色高水平高职学校。广泛开展全民国防教育,争创全国双拥模范城"九连冠"。

(六)着力筑牢副中心高质量发展强根基。坚持抓基层、打基础,建设更高水平的平安孝感、法治孝感,创建全省法治政府建设示范地区,建成市域社会治理现代化示范城市。优化"五治融合"体系,强化"双报到、双报告"制度、"三单"服务机制[15],深化乡镇综合行政执法试点,统筹推进乡镇(街道)和城乡社区治理,推动社会治理和服务重心向基层下移。全面实施"八五"普法规划,推进科学立法、严格执法、公正司法、全民守法,建设法治政府、法治社会。着力防范化解重大风险,统筹加强安全生产和自然灾害防治,完善社会矛盾纠纷多元预防调处化解机制,常态化开展扫黑除恶斗争,维护社会大局稳定。

三、2022年工作重点

2022年,党的二十大将要召开。新一届政府在开局之年,以新业绩开启新征程,意义重大。今年的主要预期目标是:地区生产总值增长8%,规模以上工业增加值增长9%,固定资产投资增长12%,社会消费品零售总额增长10%以上,地方一般公共预算收入增长8%,城乡常住居民收入增长与经济增长基本同步,全面完成省下达的节能减排任务。我们将瞄准更加积极的工作目标,迈好第一步,跑出加速度,干出新气象。

实现上述目标,我们将重点抓好以下七个方面工作。

(一)聚焦区域布局,争当协同发展排头兵。统筹抓规划,协同建机制,强基固底板,凝心聚合力,建设全省区域协调发展示范城市。

提升主城功能。改造老城区,建好新城区,做强高新区,激活临空区,支持孝南勇当主城崛起的主力军,提升城市能级。加快槐荫大道东延伸、南城新区"三横三纵"连通、董永北路立交桥建设,完成澴川路改造、槐荫大道立面整治,城区外环全线通车。推进城市出口道路快速化、景观化改造,全面提升京港澳高速孝感东、福银高速孝感北、硚孝高速孝感南3个城区出口形象。实施海绵城市建设试点项目30个,加快老城区雨污分流改造,城区供水保障工程竣工通水。深化"五城同创",主城区改造老旧小区43个,提升一批集贸市场,新建一批停车场(楼);实施董永公园、槐荫公园、后湖公园综合提质工程,孝感创成省级文明城市。坚持整体性规划、一体化推进,高标准规划高新区拓展区、南部新城、孝感南站高铁新区,加快建设老澴河文旅小镇、滨河新区和邓家河片区。

壮大县域经济。发挥比较优势,突出产业支撑,增强"两带"协同发展合力。落实县域经济高质量发展意见,支持汉川做优主导产业,打造千亿产业集群,争创全国服装制造名城,黄龙湖片区加快建设,电厂四期加快扩建。支持应城产业焕新,加快云图控股技改升级、双环科技战略重组、富邦科技建设数字农业示范园。支持云梦产业重塑,启动建设武汉城市圈"云谷",锂电池电解液项目落地开工。支持安陆产业升级,加快神丹公司、金禄电子上市步伐,爱仕达扩大出口,盛世闻樱争创AAAA。支持大悟绿色转型,稳步发展新能源产业,四姑红叶景区争创AAAA,加快建设省级承接产业转移示范区。支持孝昌产业倍增,扩建澴西工业园,启动建设鄂北应急物流园。支持市双峰山与湖北文旅集团深度合作,加快建设"两山"创新示范基地和特色旅游小镇。

深化孝汉同城。精心编制孝汉同城化国土空间规划,精准实施"五地三区"[16]规划同城化对接,共建汉孝临界协同区。硚孝高速二期建成通车,加快武大、孝汉应高速建设,加快硚孝高速西延线前期工作,全程服务京港澳高速改扩建、武天高速、武汉枢纽直通线、沿江高铁建设。实施汉北河航道整治工程,融入长江黄金水道。对接武汉四大国家级产业基地,提升激光产业园、汉孝产业园等16个合作园区,加强产业协作配套,招引武汉亿元以上项目100个。实施科技同城专项行动,转化武汉科技成果20项以上。深化跨市域生态补偿和联防联治,加强"一江三河"水生态同治。推进教育、医疗深度融合、区域共享,开工建设武汉轻工大学临空校区,更多政务服务"一圈通办"、社保"一卡通用"。

(二)聚焦"三资一促",争当项目建设排头兵。抢抓政策机遇,大抓项目抓大项目,保持"三资一促"主线不断、温度不降,不断夯实高质量发展底盘。

开展有质引资。坚持招商引资"一号工程",领导挂帅、团队出征、市县联动、全员参与，提升招商质效。完善产业链图谱和招商重点项目库，组建专业招商小分队，开展产业链招商、平台招商、以商招商、在线招商、驻点招商，注重引进头部企业和产业链项目。围绕融入武汉、巩固粤港澳大湾区、紧盯长三角、拓展京津冀和海峡西岸，组织参加中博会、厦洽会、进博会、华创会、台湾周等经贸活动，定向定点精准招商。建立数字化招商平台，借力招商公司、基金公司，提高专业化招商水平。深入实施“亩产论英雄”，加快汉川开发区提档升级，安陆、大悟、孝昌3个省级开发区扩区调区，应城争取设立省级开发区，市临空区争取省级批复。全年签约亿元以上项目330个，协议引资2200亿元以上。

坚持有为争资。树牢系统思维，瞄准国家和省政策取向、产业导向、资金投向，聚焦产业发展、“两新一重”、乡村振兴、社会民生等重点领域，全域统筹，部门协同，强化保障，跨部门、跨地域谋划推进一批重大项目。树牢市场思维，盘清资源家底，善于借助外力，发挥政府、平台、第三方机构作用，打通策划、储备、推进三个链条，加强政策、资金、项目三个对接，精准有效策划储备项目。树牢超前思维，深化前期工作，科学精准论证，滚动策划、梯次转化，形成谋划一批、储备一批、成熟一批、实施一批的良性循环，对上争资超过100亿元。

创新平台融资。健全完善现代企业法人治理体系，加快市县平台由单一融资向投融、产融结合升级。支持澴川国投打造千亿资产、百亿产业、两百亿融资、AAA级信用。围绕产业链和战略性新兴产业设立产业基金，加强与央企、省属平台对接，积极争取国家政策性银行和国际金融组织贷款支持，用足用活政府债券，实现综合效益最大化。新增上市企业1家、“四板”企业30家。全面推进“整村授信”，全域创建金融服务乡村振兴创新示范区。做实金融“面对面”工程，新增贷款240亿元。

促进有效投资。建立健全项目落地建设全周期服务机制，完善“四张清单”[17]项目库，强力推进省级重点项目、5000万元以上项目和“五化”管理项目加快建设。围绕补短板、强功能，全力推进建市30周年100个重大工程项目、公共卫生体系补短板“十大工程”和水利基础设施补短板三年行动。围绕育主体、壮产业，加快推进孝南恒安卫品、汉川祉星纸业和百年四台、应城三棵树涂料和宏宜化工、云梦中加科技、安陆华美智造、大悟抽水蓄能、孝昌华润风电、高新区协丰产业园、临空区清控科创和恒信楚能锂电等一批投资过十亿、超百亿的重大产业项目，新开工亿元以上项目200个。

（三）聚焦实体经济，争当产业升级排头兵。坚定不移推进产业基础高级化、产业链条现代化，促进实体经济加快成长壮大。实施制造业“焕新”工程。立足建链、强链、补链、延链，强化链长责任，制定产业地图和支持政策，一链一图、一链一制、一链一策，把院士（专家）工作站建在产业链上，做优做强十大重点产业。深化“技改提能、制造焕新”行动，数字化、智慧化、绿色化改造提升传统产业，完善“两本台账”[18]，实施技改项目220个，技改投资增长12%。深化战略性新兴产业倍增计划，加快建设日商产业园、光电子产业园、高科技产业园、激光产业园、大健康产业园，促进新兴产业聚集发展。深化中小企业成长工程，建立分级分梯度推进机制，持续开展“千名干部进千企”活动，加大市场主体培育力度，推动小进规、新进规，培育专精特新“小巨人”和隐形冠军60家，新增规上工业企业100家，市场主体增长15%以上。深化品牌培育提升行动，培育国内知名品牌2件，商标申请量增长10%。

实施服务业“双五”工程。持续开展商贸主体培育、重点领域整治行动，扩容提质现代服务业，新增限上单位80家、规上服务业30家，服务业增加值增长10%以上。建强流通网络，建好农商互联供应链，首衡城·华中国际食品产业新城开业。落实促进消费的政策措施，推进商品消费与家政服务融合互动，丰富消费聚集区和网红打卡地，活跃“夜经济”，培植消费增长点。扩大电商进农村覆盖面，邮快合作站点覆盖70%的建制村。加快直播电商产业基地建设，积极申报国家级、省级电子商务示范企业（基地）。推进全域旅游工程，打造7条路长制示范线，支持安陆银杏节、孝南桃花节进入全省旅游节庆品牌，争创国家AAAA级景区1个，旅游综合收入增长10%。

实施建筑业强市工程。深化“八大行动”[19]，不断提升建筑企业对外拓展能力、经营管理能力和科技创新能力，鼓励发展装配式建筑，擦亮全国建筑劳务示范基地品牌，加快建筑业大市向建筑业强市转变。全力支持本土建筑企业走出去，练好内功、抱团发展、拓展市场，力争特级资质企业实现“零”的突破，新增总承包一级资质企业1家、专业承包一级资质企业2家，建筑业总产值450亿元。

实施数字化融合工程。推进数智孝感建设，增强数字政府效能，激发数字经济活力，促进数字技术与实体经济深度融合，推动数字产业化和产业数字化。启动“城市大脑”建设，建成市大数据中心、智慧城市运营中心，升级政务云中心，一网通办、一网统管、一网智用，让城市更聪明、更智慧。加快5G规模组网，建设5G基站1500个以上。深化电信普惠服务，加快农村偏远地区信息网络深度覆盖。推进“千企上云”工程，加快工业互联网标识解析二级节点功能完善和产业化应用，新增“两化”融合示范企业10家、上云企业200家。

（四）聚焦“三项行动”，争当乡村振兴排头兵。坚持农业农村优先发展，以“三项行动”为总牵引，全面推进乡村振兴优化功能镇区。强化集镇规划，一镇一规划、一镇一方案，加快103个“功能镇区”建设，创建示范乡镇21个。推进“擦亮小城镇”行动，以“七补齐”[20]为重点，打造一批配套完善、宜居宜业、特色鲜明的小城镇。乡镇污水管网延伸扩面，污水处理厂规范稳定运行。推进路长制“五增五减”[21]，建设“四好农村路”1000公里，改造危桥255座，全面完成“消危”任务。推进城乡客运一体化，新增一批公交线路。

建设和美乡村。深化乡村建设行动，创建和美乡村示范村423个，编制“多规合一”实用性村庄规划，安陆、孝昌开展全省美丽乡村示范片试点。实施农村人居环境整治提升行动，新建、续建10个全域国土综合整治项目，农村危房应改尽改、动态监管。完成农村户厕改造12469户。开展农村垃圾分类示范试点，农村生活垃圾处理率90%以上。启动6个农村饮水提标升级工程，创建6个移民美丽家园示范村，投资3亿元实施农村电网改造升级。推行“四议两公开”民主管理，实施“三进四代”[22]服务，建设法治乡村，文明村镇创建拓面提质。持续化解村级债务，壮大新型农村集体经济。

培植实力产业。坚持藏粮于地、藏粮于技、粮田粮用，建设高标农田35.44万亩，粮食产量46亿斤以上，主要农作物综合机械化率78.5%。全力实施“十百千万”工程，加快建设“孝感红”万吨出口茶产业园、正邦科技产业园，农产品加工业产值增长8%。开展新型农业经营主体示范创建，新增一批星级综合服务社，培训高素质农民2700人。积极对接省供销社“九大商”工程，推动粮食、蔬菜、禽蛋、林果、茶叶、水产等特色农产品走出去，做强8大区域公用品牌[23]，培育“两品一标”农产品10个。

（五）聚焦改革创新，争当赋能增效排头兵。向改革要活力、向开放要空间、向创新要动力，为高质量发展蓄势聚能。优化环境赋能。持续深化“放管服”改革，全面推进“证照分离”“照后减证”“一业一证”“证照联办”，落实告知承诺制、备案制，推行24小时不打烊、“一站式”政务服务，构建亲清政商关系。持续抓好“高效办成一件事”，推进业务流程再造与系统重构，实现更多事项一窗通办、一事联办、全省通办、掌上可办。持续开展“清减降”专项行动，推进中介服务专项清理整治，环节再减、时限再减、费用再减，能免的坚决免、能降的坚决降。全面实行“标准地”“净地”出让，开辟“拿地即开工”“五证同发”绿色通道。全面推行“双随机一公开”联合监管，推动跨部门联合检查，杜绝多头执法、重复检查，持续涵养热带雨林式的营商环境。

科技创新赋能。优化创新生态，健全完善政策体系，增加财政和企业“双投入”，形成市县互动、政企同心、产学研协同、政银企聚力的创新格局。强化人才支撑，做实“双招双引”，持续开展楚才引领、“我选湖北·立业孝感”“百名博士联百企”专项行动。建设创新平台，积极创建国家创新型城市、国家知识产权示范城市，新建研发机构30家以上、院士(专家)工作站2家以上，转化科技成果120项；推动市高新区争创国家级双创示范基地，培育各类创新载体30家，新增示范性众创空间5家。培育创新主体，申报高新技术企业230家，科技型中小企业入库650家，高新技术产业增加值增长15%以上。

改革开放赋能。深化规划管理改革，建立“多规合一”的国土空间规划体系，加强规划的前瞻性和控制性，统筹好全域整体规划、城市功能形态、单体建筑设计，健全“市区一盘棋、规划一张图、审批一支笔、监管一张网”的规划管理体系。深化项目监管改革，加强政府投资项目管理，推进招投标“评定分离”改革，突出工程质量监管，落实“四制”要求，严把工程设计关、造价审核关、审计结算关，形成制度闭环。深化重点领域和关键环节改革，推进扩权赋能强县、县直报省改革，增强县域发展活力。探索乡镇管理体制改革，巩固街道管理体制改革成果，补齐基层治理短板。完成国企改革三年行动任务，有序推进医药卫生体制、疾控体系、警务机制、综合行政执法、农村集体产权制度和农业水价综合改革，探索农村宅基地资源盘活机制，形成更多“孝感经验”。着力推进开放发展，积极争创日商国际合作园区，争取市高新区、市临空区、汉川经济开发区纳入湖北自贸区协同区，加快市临空区保税物流中心落地建设，推动汉阳海关下放全口径业务，推进优进优出，新增出口实绩企业30家，实际利用外资增长8%，外贸进出口增长10%。

（六）聚焦绿色崛起，争当生态文明排头兵。坚持生态优先、绿色发展，让秀美澴川成为孝感高质量发展的底色。

落实“双碳”行动。编制碳达峰行动方案，推进朱湖湿地公园近零碳排放试点。加快产业结构、能源结构、交通运输结构、用地结构调整，谨慎实施“两高”项目，严格落实能耗“双控”，大力发展循环经济、低碳经济。鼓励企业实施清洁化改造，建设绿色环保企业。开展整县屋顶分布式光伏开发试点，推进汉川、应城百万千瓦新能源基地建设，支持大悟建设多能互补新能源基地。推广建筑节能和绿色建筑，鼓励绿色低碳出行，深化粮食节约行动，建设节水型社会，倡导简约适度、绿色低碳生活方式。

强化污染治理。深入实施长江高水平保护十大攻坚提升行动，以大工程带动大治理。深化水污染综合治理，推进长江流域十年禁捕、汈汊湖治理、河湖“清四乱”，河湖长制向小微水体覆盖，巩固提升流域水质，国考断面水质达到国家、省定目标。深化空气污染联防联控，打好降煤、控尘、减排、禁烧、治企组合拳，加强细颗粒物和臭氧协同治理，实施工业炉窑深度治理，空气质量优良天数稳步增加。深化土壤污染综合防治，开展农药化肥减量增效示范，推进农村黑臭水体治理，受污染耕地和地块安全利用率稳定提升。实施新一轮矿山环境恢复治理。抓好中央、省级环保督察反馈问题整改落实，按期清零销号。

推动绿色转型。加快实施“三线一单”生态环境分区管控，建立完善生态保护补偿机制。深化“五级联创”，推进市高新区园区循环化改造示范试点、孝南国家循环经济示范区、应城云梦盐化工循环产业经济示范区、市双峰山“两山”实践基地建设，孝感通过省级生态文明建设示范市验收，力争2个县（市）创成省级生态文明建设示范县市。全面推行“林长制”七大行动[24]，建设绿美孝感，完成国土绿化9.5万亩，孝感、应城创成国家森林城市。

（七）聚焦民生保障，争当共建共享排头兵。以人民为中心，抓民生之本、解民生之急、除民生之忧，让发展成果惠及广大人民群众。

完善社会保障体系。盯紧“三类人口”，落实“三早”要求，做到“一摘四不摘”，坚决守住不发生规模性返贫的底线，持续巩固拓展脱贫成果。突出抓好高校毕业生、退役军人、农村转移劳动力、就业困难人员等重点群体的就业，职业技能培训3.5万人，城镇新增就业3万人以上。实施全民参保计划，基本养老参保340万人，基本医保参保430万人；落实企业职工基本养老保险全国统筹、失业保险省级统筹制度，扩大工伤保险覆盖面；健全重特大疾病医疗保险和救助制度，制定职工医保门诊统筹办法。动态调整低保、特困供养标准，加大低收入人群救助帮扶力度，开展全国未成年人保护示范县市创建。建设保障性租赁住房1055套，棚户区改造320套，支持房地产业良性循环和健康发展，公积金新增归集额32亿元。

健全公共服务体系。时刻绷紧疫情防控这根弦，坚持疫情常态化科学精准防控，做到防控不松懈、疫情不反弹、发展不停步。加快市中心医院东城院区建设，建成儿童医院东城院区、航天医院新门诊楼、市疾控中心实验楼。加强社区综合管理，深化家庭医生签约服务，推进医联体网格化、城乡急救一体化。实施“323”攻坚行动，巩固血吸虫病传播阻断达标成果，促进中医药创新发展。推动落实新的生育政策，积极应对人口老龄化。完成孝感城区学前教育、普通高中教育管理体制调整，普惠性幼儿园覆盖率80%，“双减”政策全面落地，巩固义务教育学区化、集团化办学成果，着力解决“大班额”问题，提升学生营养改善计划和饮用奶计划覆盖率。持续开展文体惠民、“五项五进”活动，开工建设孝感奥体中心，推进媒体深度融合发展，市县共建城市书房，保护传承红色文化，打造“澴川文化大讲堂”“孝礼雅塾”品牌。

夯实市域治理体系。搭建智治一网统管平台，建设智慧社区。高质量完成第一次全国自然灾害综合风险普查，提高防灾减灾救灾能力。加强应急基础工程建设，强化公共安全、消防安全、道路交通安全、食品药品安全监管，统筹防范化解重大金融风险，牢牢守住安全底线。推进公共法律服务实体平台、热线平台、网络平台有机融合，人民调解、行政调解、司法调解协调联动、有机衔接。深化多层面多领域平安创建，推进“情指勤舆”一体化，系统构建基层平安风险隐患“找、堵、防”[25]微闭环。完善退役军人服务体系，开展全国信访工作示范县市创建，打好重复信访治理、信访积案化解专项行动收官战。

各位代表！担负时代重任，不负人民重托，各级政府和政府部门要坚持政治引领，学懂弄通做实习近平新时代中国特色社会主义思想，坚持“两个确立”，做到“两个维护”，加强意识形态引导，把党的领导落实到政府工作全过程，以理论武装引领思想破冰，以思想破冰引领发展突围。坚持法治思维，依法接受人大及其常委会法律监督和工作监督，自觉接受政协民主监督，主动接受社会和舆论监督，广泛听取民主党派、工商联、无党派人士和人民团体的意见建议，强化系统观念，遵循规律办事，立足实践标准，依法决策、科学决策、民主决策，行政权力全过程公开，公共服务全流程公示，社会关切全方位回应。坚持高效理政，始终保持战略耐心、争位决心、攻坚恒心，始终保持奔跑状态、奋进姿态，以实效实绩论英雄，以民声民盼为导向，真情为民、激情干事,迎难而上、勇争一流。坚持从严治政,严字当头、全面从严、一严到底,深入推进政府系统党风廉政建设,驰而不息纠治“四风”,坚持过“紧日子”,严管厚爱结合,激励约束并重,守朴拙、戒机巧,守底线、重廉洁,言行一致、知行合一,为干事创业添锐气、增底气。

各位代表!奋斗创造辉煌,实干成就未来。让我们更加紧密地团结在以习近平同志为核心的党中央周围,在省委、省政府和市委坚强领导下,不忘昨天的奋斗成长,无愧今天的使命担当,不负明天的伟大梦想,凝心聚力、勇毅前行,奋力打造副中心、争当排头兵,为全面建设社会主义现代化强市而努力奋斗!

名词解释:

〔1〕六个发展:指真实的发展、绿色的发展、可持续的发展、具有比较优势的发展、群众有获得感的发展、经得起历史检验和党性拷问的发展。

〔2〕“八双”:项目“双增”指通过招商引资和立项争资,实现项目增量增质、投资增速增效。城乡“双融”指城乡资本融合、产业融合。动能“双培”指培优旧动能、培强新动能。城市“双修”指生态修复、城市修补。民生“双保”指保刚性政策和要求兑现,主动高效完成上级下达的重点任务;保民生任务实现,让群众有更多获得感。职责“双履”指履行好发展主责、分管职责的同时,履行好党政同责、一岗双责。政务“双提”指通过政务服务规范化、信息化、公开化,实现政务服务提速、提效。作风“双严”指从严管理、从严要求。

〔3〕“三资一促”:指立项争资、招商引资、筑台融资,促有效投资。

〔4〕“三横四纵”铁路、“四横两纵”高速:“三横”指武汉至孝感城际铁路、长荆铁路、汉宜铁路;“四纵”指京广高铁、京广铁路、汉丹铁路、武西高铁。“四横”指麻竹、福银、沪蓉、沪渝高速;“两纵”京港澳、武汉城市圈环线高速。

〔5〕十大行动:是指思想文化铸魂行动、政务服务提质行动、社会秩序保障行动、生态环境保护行动、森林覆盖扩面行动、市容市貌美化行动、市场秩序整治行动、交通秩序整治行动、全民健康卫生行动、市民素质提升行动。

〔6〕“四无”标准:指硬性指标无条件落实,软性条件无限量创造,担当责任无起点考核,环境状态无差别比较。

〔7〕“1+5+N”投诉联动机制:“1”是指市营商办,负责全市营商环境问题投诉处理工作的统筹协调;“5”是指市政务服务12345投诉平台、市信访投诉平台、市工商联非公有制企业投诉服务平台、市“双千”服务平台和市纪委监委投诉平台,负责受理跨部门的重大问题;“N”是指市直各相关部门和各县市区受理平台。

〔8〕“三个一律”:指能废止的文件一律废止、能减去的审批一律减掉、能减免的费用一律减免。

〔9〕十大特色园区:指市高新区日商产业园、安陆粮机产业园、孝南纸品产业园、孝昌电子机械产业园、汉川纺织服装产业园、汉川金属制品产业园、云梦新材料产业园、云应化工产业园、孝感麻糖米酒产业园、市高新区军民融合产业园。

〔10〕农业“五个一”强链工程:指对接全省农业龙头企业“十百千万”工程和十大优势农业产业链,高质量推进农业产业化,着力打造“一袋米”“一枚蛋”“一杯茶”“一头猪”“一篮菜”5个过百亿农业产业链。

〔11〕农业科技“五五”工程:指“十四五”期间,全省农业科技工作者突破50项农业产业发展关键核心技术,集成示范500项农业先进实用科技成果,推广50项农业可持续发展模式,建设50个农业科技引领示范村(镇),发展壮大50家农业产业化龙头企业。

〔12〕“五区八园七带”:指“十四五”规划纲要和农业农村专项规划提出的孝感现代农业绿色发展空间布局结构。“五区”指孝南区继续建设国家级现代农业示范区;安陆市、应城市、汉川市、云梦县打造国家级循环农业绿色发展示范区;安陆市建设国家农业科技园区核心区;汉川市打造国家级一、二、三产业融合先导区;大悟县、孝昌县建设国家级生态农业示范区。“八园”指安陆畜禽蛋产业园、汉川农产品加工园、孝南农产品全产业链物流园、孝昌苗木花卉产业园、应城糯稻产业园、大悟“两茶”产业园、市高新区出口红茶产业园、麻糖米酒产业园。“七个特色产业带”分别指通过“香粳糯”的三类产业园区建设,在汉川、孝南、安陆、应城、孝昌、云梦打造孝感优质稻产业示范带;沿孝南、孝昌、大悟、安陆,布局打造孝感特色林果绿色产业示范带;沿京港澳高速布局,涵盖孝南、孝昌、大悟,打造孝感百里观光茶叶产业示范带;沿孝南、安陆、云梦、汉川布局,打造绿色蔬菜产业示范带;沿汉川、应城、安陆、孝昌布局,打造肉畜禽蛋产业示范带;沿汉川、孝南、应城、云梦布局打造特色水产健康养殖产业示范带;在孝感全域打造江汉平原农旅养融合发展产业示范带。

〔13〕“三大片区”:市委、市政府把老澴河片区、南部新城片区、邓家河片区作为主城崛起新支撑、点面结合新载体、创先争优新平台,分别由3位市级领导负责,按照“高标规划、高速落子、高效调度、高质发展”要求,专班推进、全力推进。

〔14〕“两屏四廊多心”:“两屏”指大别山、桐柏山生态屏障;“四廊”指汉江、府河、澴河、汉北河四条主要江河及沿线区域构成的生态保护廊道;“多心”指多个围绕湖泊、自然保护区、特色农业集中区等形成的绿心。

〔15〕“双报到、双报告”制度、“三单”服务机制:“双报到”指市直单位党组织主要负责人代表单位党组织到驻地社区报到,在职党员到

居住地社区报到；“双报告”指单位党组织每年向上级党组织报告一次在职党员下沉社区工作、参与社区活动和履行社会责任情况，在职党员每半年向所属党支部报告一次参与社区活动情况；“三单”服务指推行“群众点单、社区派单、单位(党员)接单”服务模式。

〔16〕“五地三区”：指市临空区、孝南区、汉川市、大悟县、孝昌县与武汉黄陂区、东西湖区、蔡甸区。

〔17〕“四张清单”：省级重点项目、亿元以上项目、招商引资项目和中省预算内项目“四张清单”。

〔18〕“两本台账”：指全市工业投资1000万元以上新建项目、工业技改投资1000万元以上项目“两本台账”。

〔19〕“八大行动”：市政府出台《关于建设建筑业强市的若干意见》提出，实施“龙头企业培育、创先争优激励、建筑市场开拓、金融服务优化、行业人才引进、司法支持保障、市场行为规范、企业实力提升”等八大行动，推进建筑业高质量发展。

〔20〕“七补齐”：指补齐规划设计、公共环境、公共服务、基础设施、城镇风貌、产业发展、治理水平等七个短板。

〔21〕“五增五减”：指公路安全防护、管理服务、旅游配套设施、公路绿化、立面美化亮化不断增多；道路两侧红线范围内违法建筑、非法标牌、商业广告、违章占道、违规施工明显减少。

〔22〕“三进四代”：指推动信访权责进清单、群众工作进网络、信访工作进村居，实施“五小问题”代调、个人诉求代理、群体利益代言、公共事务代办。

〔23〕8大区域公用品牌：指孝感香米、孝感米酒、孝感红茶、应城糯米、汉川莲藕、大悟绿茶、七仙红桃、安陆白花菜。

〔24〕“林长制”七大行动：指全员护绿、全员增绿、全员创森、防灾减灾、深化改革、依法治林、能力建设行动。

〔25〕“找、堵、防”：指找窟窿、堵窟窿、防透风，市县两级平安办健全“4+N”工作机制，公安机关加强“情、指、勤、舆”建设，乡镇、街道建立“汇、研、交、办、处”工作机制，及时排查发现化解各类风险隐患。

（市政府研究室）

执行编辑：易秀云

专记

专 记

全市党史学习教育

3月5日，全市党史学习教育动员大会召开，孝感市委、市委党史学习教育领导小组严格按照党中央和省委决策部署，按照“学史明理、学史增信、学史崇德、学史力行”总要求，谋定而动，以走在前列的标准，高起点谋划、高标准开局，全面高质量推进党史学习教育，在全市形成“学党史、悟思想、办实事、开新局”的生动局面。

一、谋定而动，突出抓早争主动

按照党中央和省委统一部署安排，全市迅速行动，认真落实主体责任，用节奏快半拍、工作争上游的态度抓好每个工作细节，掌握工作主动权。

工作早部署。3月5日上午，在市委主要领导参加全国“两会”的情况下，由市委副书记、市长主持召开常委会，专题研究审议党史学习教育方案、动员大会方案。下午，紧锣密鼓地召开全市动员大会，安排部署全市党史学习教育工作。各县区、市直各单位紧锣密鼓召开党史学习教育动员大会，确保党中央和省委决策部署在孝感及时落地。针对“七一”全国庆祝大会、十九届六中全会等重要时间节点，制定方案，及早谋划庆祝活动、精神传达、贯彻落实等各项工作，进一步提升全市党员干部群众干事创业精神，持续推进党史学习教育走深走实。

3月12日，孝感市教育系统党史学习教育动员大会召开

（教育局 供图）

制度早建立。围绕工作推进、督导督办、兴办实事建章立制。市委党史学习教育领导小组建立组长负责制、定期碰头制、督办通报制等工作机制，制定工作手册，对重点工作任务实行有计划、周提示，确保全市党史学习教育高标准高质量推进落实。针对“我为群众办实事”，严格实行“一责任领导、一落实方案、一工作专班、一协调督办措施、一反馈机制”的“五个一”闭环管理机制，确保每一个实事项目落细落地。

督导早到位。组建9个市本级、46个县（市、区）督导专班，坚持严字当头、从严把关，推动党史学习教育扎实开展。围绕党史学习教育推进情况，按照“多到现场看、多见具体事、多听群众说”的现场感知方式，开展40轮次严督实导，针对行动较慢、推进迟缓的少数责任单位，进行重点督办。对实事项目联动落实情况、党员领导干部办理实事项目进展情况进行全面的督导评估，推动解决607个问题，确保完成党史学习教育既定目标。

二、以上率下，突出带头强示范

各级班子成员和领导干部发挥示范带动作用，树标杆、作表率，层层示范、层层带动，以上率下推动主题教育深入开展。

带头加压力。明确党史教育作为首要政治任务，党委(党组)书记切实担负第一责任人职责，坚持当标杆、作表率，带头抓好落实。市委党史学习教育领导小组坚持每周召开一次例会、提前制定《一周工作安排》，听取情况、发现问题、研究对策。市县常委会和领导小组及时研究党史学习教育工作59次，党委班子成员调研指导284次，制定党史学习教育推进工作文件160件，有力地推动了全市党史学习教育工作及时落地落细。

带头抓学习。抓好中心组示范引领学，市“四大家”领导制定学习计划，带头参加学习，带头参与研讨，明确具体学习内容、时间进度要求。制定党史学习教育读书班方案，将市“四大家”领导一起纳入集中学习计划，围绕学习习近平总书记“七一”重要讲话精神、六中全会精神等，开展专题学习研讨学深悟透、作好表率。市县两级开展常委会学习119次，理论学习中心组学习106次，专题学习51次，举办读书班16期，党委领导班子成员讲党史学习教育专题党课111次。

带头办实事。发挥领导干部“当尖兵、做表率、挑大梁、走前头”的示范引领作用，突出县处级以上党员领导干部重点，以“小切口、能办到、群众直接受益”的原则，市县“四大家”领导班子、市直单位党委(党组)人人肩上有担子，结合单位职能职责率先领办民生实事项目，着力解决经济社会发展中的难点、短板。市级领导领办实事项目37项，县(市、区)、市直单位领导领办952项。市委分解事关孝感高质量发展全局的30项重点工作，市“四大家”领导主动牵头挂帅，组建30个工作专班，汇聚攻城拔寨伟力。

三、燎原传播，突出重点广宣传

精心组织媒体宣传、集中宣讲、理论阐释、对外宣介，促进党史学习教育深入群众、深入基层、深入人心，引导广大干部群众增强历史自觉、意气风发走向未来。

开启燎原传播。拓宽宣传阵地、丰富宣传内容、创新宣传形式，全面烘托党史学习教育浓厚氛围。在中央报、台、网发稿424条，省级媒体采用5246条。统筹全市各类媒体，在主流媒体刊发党史学习教育新闻14811条。组织“两团多队”开展全方位宣讲。其中，32支党委宣讲团宣讲1361场次，10支青年宣讲团宣讲588场次，533支多样化宣讲团宣讲5974场次。结合地方特色，创新湖北大鼓、善书、水墨画等讲党史、传精神，让党史学习教育宣传更接地气。加强信息推送，“半条标语”被中央简报采用，省党史学习教育简报采用33期47条，其中网络“红色大V”讲党史、老干部撰楹联讲党史等典型做法被重点宣传。编发市级简报61期。

强化“两个用好”。维护升级10个红色陈展阵地，吸引8万余人参观。开辟中原突围、刘震纪念馆等20个红色旅游线路，引导86万余人沿红色足迹前行。依托本土红色历史，创作《大悟烽火》《朱道平》等大型党史现代剧，开展红色文艺剧目表演96场，16万观众在文艺节目中感受党史熏陶。编纂《孝感红色故事》《烽火澴川》等18本红色教材，拍摄《孝感革命精英口述史》《寻访红色足迹》等视频，出版“红色孝感·百年大事”等大型画册，527个文艺作品创作使党史学习教育赋予“文艺范”；邀请抗疫英雄、模范人物进社区、农村、机关、企业、学校，讲抗疫大思政课453场次。举办抗疫专题展陈，创作《云开疫散》《决胜阻击战》等系列文艺作品，向抗疫英雄致敬。编辑出版《英雄澴川——孝感战“疫”》，全方位、立体式展现孝感人民在以习近平同志为核心的党中央坚强领导、统一指挥下，在省委、省政府坚强领导和省委督导组全程指导督导下，打赢的人民战争、总体战、阻击战，此书面向全国公开发行，并向党政机关、企事业单位等赠阅4000余册，进一步凝聚起强大的精神力量。

兼顾三个群体。聚焦青少年群体，把党史学习教育融入教育教学全过程，通过国旗下学党史、主题班会、开学第一课等思想政治品牌工作，不断激发青少年学习党史知识的热情，汲取智慧力量，传承革命薪火；针对流动党员，打造网上“党史课堂”，让流动党员“学习不掉队”。引导流动党员就近就便下沉社区开展党史宣传、疫情防控等志愿服务，激励他们在服务社会、服务家乡中担当作为，让流动党员“学习见实效”。通过创新党建学习方式，增强“两新组织”党员党史学习教育针对性实效性。

四、为民谋利，全力攻坚出实效

围绕群众急难愁盼的“问题清单”，硬账硬结党员干部“实事清单”，用群众的“满意清单”检验党史学习教育成效。

实事做在群众心坎上。在群众“心”事上下功夫，着力解决群众最关心最直接最现实的利益问题。制定“我为群众办实事”实践活动实施方案，聚焦医疗、就业、教育、社保、养老、托幼、住房等领域，对标对表抓好现有各项为民实事，以啃“硬骨头”态度扎实推进实事落实和问题整治整改。全市各地各级确立实事

孝感市庆祝中国共产党成立100周年群众歌咏会

（市委宣传部 供图）

项目92234件，已落实57845件，其他实事项目将在规定时间内办结。注重上下、横向联动，23个相关责任单位形成合力，推动省“十大惠民、四项关爱”14个实事项目在孝感落实落地。

福祉建在人民眼跟前。把“我为群众实事”与民生工程紧密结合，集中精力办好事关孝感高质量发展的实事。围绕“双保”“五城同创”、深化教育卫生等重点民生领域改革，充实完善重点民生项目清单，梳理出506个重点民生任务，着力破解经济社会发展中的难点，补齐短板，让群众切实感受到新变化新成效贴近身边、就在眼前。通过推进高效办成一件事、清减降专项行动、营商环境先行区创建和工程项目审批改革等四个营商环境重点工作，实现新签约亿元以上项目221个、策划项目685个，新登记各类市场主体16349户。

使命刻在党干心目中。强化政策牵引，引导党员干部为民谋利、为民尽责。党建引领与兴办实事互促互推，以1295工作路径，提升建立物业党组织206个，党组织覆盖率达84.21%。选派389名党建指导员覆盖291家物业企业，组建业委会党支部1680个。党组织建立后，基层社会治理能力明显提升，物业行业信访同比下降21%。健全党员干部直接联系群众制度，各基层党组织以支部主题党日和“支部巡整”、党员履职清单管理、下沉社区工作报账式管理等为载体，深入推进“我为群众办实事”实践活动。

（市委宣传部）

全面深化改革

2021年，孝感市认真贯彻落实党中央各项改革决策部署和省委工作要求，坚持"四式"抓改革，一批重点领域和关键环节改革全面推进，为全市经济社会高质量发展提供了强大动力支撑。

一、加强组织领导

深刻把握全面深化改革"两个关键一招"的地位和作用，把全面深化改革工作列入市委重要议事日程。

系统学习提认识。市委常委会会议认真学习贯彻习近平总书记关于全面深化改革重要论述，及时传达学习中央和省委深改委会议精神，始终把改革作为推动高质量发展的根本动力，坚定不移地把全面深化改革工作推向深入。

科学谋划把方向。召开3次市委深改委会议，审议通过"主城崛起"、国企改革等重点改革方案，加强对优化营商环境、要素市场化、乡村振兴"三项行动"等重点改革项目的研究谋划。

扛牢责任作表率。市委深改委领导通过召开专题会议、现场调研督办等方式，带头推进"五城同创"、老澴河综合治理等一批重点改革项目落地见效。

二、完善推进机制

加强对改革工作规律性认识，谋划提出"四式"改革推进举措。

清单式谋划。制定国家和省级试点项目、市级重点项目和领导领衔项目三张清单，共确定66项年度改革重点任务，以市委深改委名义发文，指导全年改革工作。

领衔式推进。确定17项事关孝感发展全局、协调难度较大的重点改革项目，由市委深改委成员领衔推动，领衔项目成效明显。

重点式督察。对照年初制订的改革督查工作计划，共开展3次改革督查，现场查看项目进展情况，及时指出存在的问题，并加强跟踪问效，确保各项改革项目序时推进。

立体式宣传。及时总结推广改革工作成果，孝汉同城、乡镇综合执法、海绵城市建设等方面的改革经验做法，多次被湖北电视台、《湖北日报》等媒体报道；维达护理用品(中国)有限公司获评"第三届湖北改革奖(企业奖)"。

孝感市朱湖国家湿地公园获选全省近零碳排放区示范工程示范点

(孝南区史志研究中心供图)

三、提升改革质效

不折不扣抓好党中央和省委各项规定改革动作，确保上级改革要求在孝感落地生根。

改革试点加快推进。孝感国家农业科技园区、湖北省质量强省示范县等一批国家和省级试点通过验收；孝南朱湖和应城杨河全域土地综合整治国家试点工作扎实推进，《孝感市孝南区全域村庄布局规划》入选自然资源部优秀案例，并在全国推广。

营商环境持续优化。全力推进"互联网+监管"改革试点，"互联网+不动产登记""互联网+政务服务"改革获省政府督察奖励；企业开办事项"异地通办"经验做法在中国市场监管报上报道；应城"推进企业注销即到即办改革"获得常务副省长批示并在全省推广；孝南产业项目单体竣工提前验收、安陆"拿地即开工"五证同发审批改革在全省优化营商环境先行试点创建经验交流会上作典型发言。

疾控体系改革有序开展。完成149家公立医院机构(含乡镇卫生院)发热门诊(诊室)建设，建成核酸检测医疗机构25家。孝感市体育馆被确定为全省公共设施平战两用改造试点项目，汉川市人民医院成功创建三级甲等综合医院。

党建引领基层社会治理不断深化。谋划实施"1295"的"孝感路径"，"支部巡整"做法被中组部调研组充分肯定，并在全省交流发言；在全省率先推进乡镇综合执法改革试点，相关做法在中国机构编制网上宣传推介。应城获“平安中国建设示范县”，位居“2021年全国最具安全感百佳县市”第五、全省第一；湖北省“智慧矫正中心”试点建成投入运行，孝南获评首批全省法治政府建设示范地区。

要素市场化配置体制机制加速构建。孝南和汉川纳入全省集体经营性建设用地入市试点；孝感市宅基地和集体建设用地确权登记成果通过验收，经验在全省现场会上推广；汉川经济开发区升级为国家级经济技术开发区，孝南获评全省金融信用县（市、区）优秀单位、科技创新综合考评优秀单位。

四、打造特色亮点

坚持问题、目标、结果导向，小切口入手，深入推进具有孝感特色的改革创新。

融合发展持续推进。孝汉同城化发展走在武汉城市圈前列，两地签订市域（郊）铁路工程建设框架协议，孝汉半小时经济圈和市内交通小循环基本形成，基本实现公交、社保卡、医保、旅游卡、公积金等“五卡通用”；农旅养融合发展加快，大悟获评全国2021年度区域特色美丽茶乡，孝南金卉全民运动综合体成功创建国家级体育产业示范项目，孝昌小悟乡田堂村入选第三批全国乡村旅游重点村；先进制造业和现代服务业“两业融合”发展试点深入推进，孝南经济开发区入选全省首批“两业融合”试点园区。

4月，市科协系统深化改革工作现场会召开　（市科协 供图）

乡村振兴深入开展。创新实施乡村振兴“三项行动”，孝南现代农业产业园获评国家现代农业产业园，应城获评全国农业产业创新示范县市，安陆堂棣镇获批国家产业强镇示范建设项目，安陆农村危房改造获国务院激励嘉奖，大悟入选全省返乡创业示范县，孝昌入选国家乡村建设评价样本。

足球体制改革亮点纷呈。完善足球发展体制机制，28片城市社区足球场地已全部投入使用，国家体育总局副局长李建明来孝实地调研并给予了充分肯定；市足球青训中心获得“2034杯”全国少儿足球大会（湖北赛区）冠军。

生态文明体制改革成效显著。全面落实河湖长制，孝感朱湖国家湿地公园获选全省近零碳商业试点示范项目；市县乡村四级林长制体系全面建立，大悟积极创建全省“绿水青山就是金山银山”示范县，“精准灭荒”工作经验在全省推广；孝感市成功入选全国海绵城市建设首批示范城市。

公路治理运营顺畅有效。积极探索公路综合治理、运营管护体制机制改革，深入推进“路长制”，孝昌获评全国“四好农村路”示范县，安陆获评全省“四好农村路”示范县市，相关做法在省委《改革简报》上推介。

（市委政研室）

全面依法治市

2021年,孝感市坚持以习近平新时代中国特色社会主义思想为指导,深入践行习近平法治思想,贯彻落实中央全面依法治国工作会议和省委全面依法治省工作会议精神,各项工作取得明显成效。

一、法治建设"第一责任人"职责全面履行

深入贯彻习近平法治思想和上级法治建设会议精神。市委、市政府主要领导和各级各部门党政主要负责人认真学习领会习近平法治思想,贯彻落实中央全面依法治国工作会议精神;学习贯彻省委全面依法治省委员会第四次会议精神,在全省率先研究部署贯彻落实省委全面依法治省工作会议精神"六大举措",12月28日召开市委全面依法治市工作会议;市委中心理论组、政法队伍教育整顿组织习近平法治思想专题讲座各1次,市委组织部、市委依法治市办开展习近平法治思想网络专题培训,覆盖全体市管县级领导干部。

充分发挥党委领导核心作用。各级党委(党组)将法治建设工作纳入年度工作要点并督促落实,党政主要负责人履行推进法治建设第一责任人职责情况纳入年度述职述责重要内容。市委定期听取人大、政府、政协、法院、检察院工作汇报,研究解决突出问题。市委主要领导4月主持召开全面依法治市委员会第四次会议,听取工作情况报告,审议印发年度工作要点;11月、12月两次主持召开市委常委会会议专题研究法治建设工作,先后审议通过《法治孝感建设规划(2021—2025年)》《孝感市法治社会建设重点任务分工方案(2021—2025年)》《孝感市法治政府建设实施方案(2021—2025年)》《市委宣传部、市司法局关于开展法治宣传教育的第八个五年规划(2021—2025年)》,分别以市委、市政府文件和市委全面依法治市委员会文件印发各地各部门贯彻执行。

统筹推进依法治国与依规治党。健全完善党委(党组)议事决策规则,落实党委(党组)法律顾问制度;市本级党内规范性文件报备率和合法合规率均达100%,受到省委办公厅优良评价。市委依法治市办印发《关于进一步落实〈党政主要负责人履行推进法治建设第一责任人职责规定〉的通知》,创新设计工作落实清单3类模板,提出"五个加强"工作要求,实行分类指导,明确责任,形成制度。市委直属机关工委将党建工作与法治工作深度融合。

3月24日,全市政法队伍接受专题党课教育　　（市政法委 供图）

不断建强法治建设组织体系。创新建立“1+4+N”工作运行机制，强化市委依法治市办统筹协调职能，促进4个协调小组主动作为，加强重点部门落实责任。市委依法治市办统筹组织开展法治建设绩效考核、法治政府建设年度报告、督察反馈意见整改、法治政府建设示范创建、优化法治化营商环境先行区创建。扎实开展全面依法治市专项督察，覆盖各县（市、区）和所有纳入市本级目标考核管理单位，并随机抽查部分乡镇（街道、开发区）和村（社区）的法治建设情况。

健全完善党委（党组）中心组学法用法制度。市委常委会和市政府常务会坚持重大决策会前学法，市委、市政府主要领导带头讲法治党课、法治廉政课。将习近平法治思想和《中华人民共和国宪法》《中华人民共和国民法典》等内容纳入各级党委理论学习中心组、政法队伍教育整顿、党政干部学法考法、党校（行政学院）必修内容。

二、地方立法有序推进

落实“三会一公开”立法机制，地方立法质量持续提升，印发实施《市人民政府2021年立法计划》。建强立法队伍，健全专家有序参与政府规章起草、论证制度，组建孝感市行政立法专家委员会。《孝感市电动自行车管理条例》于9月29日经湖北省十三届人大常委会第二十六次会议审议批准，于2022年1月1日起施行；完成了《孝感市城市建筑垃圾管理办法》《孝感市规章制定程序规定》的起草工作，修订了《孝感市扬尘污染防治管理办法》，完成《孝感市停车场建设和管理条例》合法性审核。2021年，共审查修改规范性文件90件，向省政府、市人大常委会报送备案规范性文件12件，备案“三率”均达100%。

三、法治政府全面建设

法治政府建设高位推进。年初向省政府和市委、市人大报告2020年度法治政府建设情况；将法治政府建设纳入全面依法治市委员会年度工作要点；市政府向市第六届人民代表大会常务委员会专题报告行政执法“三项制度”推进情况；11月、12月市政府常务会议两次专题研究法治政府建设工作。

示范创建深入开展。孝感市孝南区被省委依法治省办命名为全省第一批法治政府建设示范地区。指导孝南区、大悟县分别高标准推进“建立健全调解、行政裁决、行政复议、诉讼等有机衔接机制”“优化整合公共法律服务资源机制”2个改革事项试点工作，被命名为全省2021年优化营商环境改革先行区。

政府职能依法全面履行。一是重点领域改革持续深化。深入推进“放管服”改革，以“高效办成一件事”为抓手，“一网通办”加快推进，“一事联办”巩固提升，“掌上办”迅速推广，权责清单、市场准入负面清单和政府定价涉企收费清单实现动态管理；制定《孝感市乡镇综合执法改革试点工作指导方案》，启动实施汉川、应城两地乡镇综合执法试点工作。二是事中事后监管效能大幅提升。“双随机、一公开”监管全面推行，“互联网+监管”逐步完善，监管事项认领完成率达96.35%，检查实施清单编制完成率达98.29%。三是政务服务水平不断提高。巩固企业开办“210”成果，实行线上网办，线下“一窗联办”；推行“容缺办理”和企业开办“异地通办”，持续深化证照制度改革，实现多个登记事项“一窗通办”；深入推进政务服务“一圈通办”，孝感成为“1+8”城市圈内第一家与武汉市实现自助服务“跨市通办”的城市。

行政决策民主科学。认真贯彻《重大行政决策程序暂行条例》，重大行政决策集体讨论率达到100%，落实重大行政决策公开制度。充分发挥政府专职法律顾问作用，办理市政府各类法律事务论证31件，有效服务彭家湾菜市场综合治理、槐荫大道改造工程、“五城同创”市政府重要民生工程等政府重大决策，市、县两级政府全部实现行政机关法律顾问全覆盖。编制涵盖22个部门、995项重点事项的“五城同创”执法事项清单。

行政执法监督有力。召开市委全面依法治市委员会执法协调小组会议，开展行政执法“三项制度”落实情况专题调研督导活动，编制行政执法事项下放清单，强化行政执法部门间的执法争议协调，不断完善“两法衔接”机制，组织开展培训考试和全国统一制式行政执法证件换发工作。扎实推进涉企行政执法突出问题整治，对涉企行政执法案卷进行专业评查。积极探索行政机关柔性执法试点工作，市城管执法委制定城市管理领域首次轻微违法不予处罚制度。《孝感市“两高一严”扎实推进涉企行政执法突出问题自查自纠工作》《孝感市印发重点督察情况通报直指涉企行政执法7类突出问题》被省委依法治省办推广；《孝感市行政执法案卷评查办法》《孝感市建立司法行政机关向纪检监察机关移送问题线索协作配合机制》被省司法厅推广。

行政复议功能充分发挥。制定《孝感市行政复议体制改革实施方案》《行政复议办案场所建设标准》，制发《孝感市2020年行政复议白皮书》，开展“复议为民促和谐”专项行动。印发《关于加强我市行政复议调解工作的意见（试行）》，切实发挥行政复议化解行政争议主渠道作用。2021年收到市本级行政复议申请56件，其中受理32件，作不予受理决定或告知的共24件，审结31

4月13日,孝感市法治宣传教育工作会议暨市委全面依法治市委员会守法普法协调小组第二次会议召开 (市司法局 供图)

件(2020年结转3件);办理市政府信息公开答复审查件23件,接待处理信访件20余件。

行政应诉职责认真履行。印发《关于进一步强化行政机关负责人出庭应诉工作的指导意见》。2021年,办理市政府一审应诉案件8件,二审应诉案件9件,再审案件1件,被复议案件1件,在法院审结的案件中无败诉案件;市县两级法院全年共开庭审理行政诉讼案件172件,其中行政机关负责人出庭应诉171件,出庭应诉率99.4%。

四、法治化营商环境持续优化

牢固树立"法治是最好的营商环境"理念,推进法治化营商环境建设步入快车道。印发《孝感市强化营商环境法治保障三年工作计划》《孝感市强化营商环境法治保障2021年度工作要点》,将优化营商环境法治保障工作纳入年度法治建设绩效考核重要内容;贯彻落实全省优化营商环境"清、减、降"专项行动,清理修订、废止市本级行政规范性文件18件,部门文件修订19件、废止42件、宣布失效12件,市、县两级共清理文件847件;推进减证便民,助力政务服务升级,全面梳理市本级1070项依申请事项及公共服务事项,实施告知承诺制证明事项256项;严格落实公平竞争审查制度,对2件涉及违反公平竞争、影响市场主体经营活动的市政府规范性文件进行审核纠正,全市集中办理知识产权类案件20件;推动全市律师事务所全部参与"法治体检"活动,开展法律服务"三进"50余场次;印发《孝感市园区企业公共法律服务基本项目清单(试行)》,精准对接市场主体、困难群体和社会面法律服务需求;《孝感市深入推进自助政务服务便民不打烊、服务零距离》获评全省2020年度"法治化营商环境创新案例"。

五、司法公正充分彰显

党对政法工作的绝对领导全面加强。认真贯彻落实《中国共产党政法工作条例》,严格执行到位。扎实开展政法队伍教育整顿并取得实效。市委政法委通过开展执法过程结果监督、重大案件协调,有力促进了公正司法。制定《市防范化解政治安全和社会领域重大风险工作方案》,建立健全敏感节点和重点工作预案机制,实现了"五个坚决防止"的工作硬目标。

司法责任制改革有序开展。一是加强员额法官、员额检察官等办案人员管理。深入推进市、县法检两院人员分类管理,持续深化员额制改革,全市入额领导干部办案实现常态化。完善《检察官权力清单》,印发《检察官业绩考评工作实施细则(试行)》,调整优化《检察官业绩考评指标和计分规则》。二是健全新型办案机制。市检察院贯彻"少捕慎诉慎押"的司法理念,对涉营商案件不批捕69人,不起诉111人,对23名确无羁押必要的犯罪嫌疑人依法变更强制措施;严把案件质量关,随机抽取涉市场主体检察案件136件,重点评查9类问题,列入检察队伍教育整顿专项整治内容。市中院树立谦抑审慎善意文明规范的司法理念,制订专项整改措施,对所有涉企案件建立经济影响评估机制,制定处置预案;全面建立破产府院联动机制,进一步加大破产案件清结力度,审限已超两年的破产案件在2021年6月30日前全部清结。

司法行政改革全面深化。一是统一强制隔离戒毒模式。推动建设"4111"教育模式,积极推进"五大"中心建设,抓好解戒人员社区后续照管试点工作。二是健全完善社区矫正制度。全面开展减刑、假释、暂外社区矫正对象的情况摸排,分类别建立电子台账。连续十年动员社会"五老"参与社区矫正工作,成效明显,受到市委主要领导和分管领导的批示肯定。三是强力推动公共法律服务领域各项改革政策落实。建立全市优质律师资源库,对"主城三区"和专业法律服务资源薄弱地区实行辐射式联动服务。落实法律援助经济困难告知承诺制,助力刑事案件律师辩护全覆盖;落实司法鉴定人执业能力考核制度和司法鉴定准入专家评审制度，推动实行公证事项证明材料清单制度。

六、守法普法亮点纷呈

*统筹谋划，加强指导。*编制、印发全市“八五”普法规划，印发《2021年全市普法依法治理工作要点》，持续推进“共性+个性”普法责任清单；印发《孝感市关于加强法治乡村建设的实施方案》，将法治乡村建设纳入全市乡村振兴战略“三项行动”。

*创新普法，注重实效。*深入推进落实普法责任制“4821”工作法，市政协机关广泛深入开展“法治协商在一线”活动，市中院发挥少年审判延伸功能抓好青少年普法工作，市检察院头条号获评“全国最具影响力检务头条号”，市地方金融局集中开展防范金融风险安全和防范非法集资宣传教育，市广播电视台、孝感日报社运用全媒体深度普法。组织编印7类典型案例30个，持续深化拓展全市“以案释法”大宣讲活动，开展线上线下“以案释法”大宣讲500余场次，组织旁听庭审活动近百场次，发布小视频200余条（次），印发宣传资料15万余份（册）。开展校园宣传活动500余场次，发放宣传资料10万余册，制作展播“三微”作品20余部，受教育中小学生10万余人次。组织开展“美好生活·民法典相伴”主题宣传活动，开展《民法典》普法宣传2600余场次。对接老澴河综合治理工程、城市双修、立项争资工程等重难点工作中的法律需求开展精准普法。开展“疫情防控?法治同行”主题法治宣传，开展“为群众办实事”实践活动1000余场次，发放宣传资料10万余份、宣传物品5万余件，宣传教育受众40万余人次，接受群众咨询2万余人次。常态化开展全市无纸化学法用法及考试工作。

*多元共治，化解矛盾。*深入推进市域社会治理工作，坚持和发展新时代“枫桥经验”，不断健全完善社会矛盾多元调处化解机制，指导市县乡矛调中心建设试点复制扩面，推动人民调解、行政调解、司法调解三调联动。深入宣传贯彻《湖北省公共法律服务条例》，推动律师、公证、司法鉴定、调解资源整合下沉；打造“孝感市公共法律服务平台”，开辟“民法典专题”“企业法治体检专栏”，推进“互联网+公共法律服务”全时空全业务。2021年，调解各类矛盾纠纷14737件；办理法律援助案件1638件、公证业务8638件、司法鉴定业务3694件，全市25家律师事务所、230余名执业律师下沉到2300多个村（社区）开展法律顾问服务，帮助化解涉企矛盾纠纷2000余件。

七、存在的主要问题

一是基层法治专业力量较为不足，乡镇一级行政执法司法基础相对薄弱，部分派出所、司法所、法庭硬件基础设施条件较差，法治乡村建设急需加强；二是行政执法规范化建设亟待加强，行政执法主体能力建设有待进一步提升，法治化营商环境有待进一步优化；三是普法宣传资源有效整合不够，法治文化阵地建设、社会力量参与普法工作等有待加强。

（市司法局）

优化营商环境

2021年,孝感市全面贯彻落实省委、省政府关于优化营商环境工作决策部署,在省营商办和省直相关部门的指导帮助下,紧紧围绕优化营商环境"四最""四无"工作要求,全面对标全国全省一流标准,积极谋划推进整体工作落实,紧盯重点奋力攻坚突破,取得了一定的工作成效。

一、高位统筹奋力推进

周密部署狠抓对标。市委、市政府先后多次召开全市优化营商环境推进大会,部署安排优化营商环境工作,统一思想、提振信心,对整体工作进行全面部署。从5月起,市政府每月召开一次优化营商环境专题督办会,调度推进重点工作,压实责任,确保各项任务落地落实落细。

强化力量狠抓统筹。今年4月,市政府加大组织领导力度,明确市委常委、常务副市长兼任办公室主任,1名市政府副秘书长、1名市政府办公室副主任,市发改委、市政务服务和大数据管理局、市住建局主要负责同志任副主任,将办公室工作升级为市级层面统筹。从市直有关单位选调13名骨干集中办公,充实了专班工作力量,出台了工作规则。今年以来,专班先后交(转)办重要事项120余项,开展调研督导30余场(次),督促完成整改事项40多项。

明确重点狠抓攻坚。对标省"新30条",孝感市研究制定了31项政策措施、96条具体工作任务清单,明确23个牵头单位、41个责任部门,强化统筹推进。对标省营商环境评价体系,将营商环境评价18个一级指标、98个二级指标对应的相关工作分解包干落实,强化查改提升。同时,确定了优化营商环境先行区创建、"高效办成一件事"、"清减降"专项行动和深化工程建设项目审批制度改革的"3+1"年度攻坚任务,制定了具体的工作推进方案,形成以工作制度化、体系化、常态化推进的工作格局。

二、强化举措全面落实

规范提升政务环境。深入推进"跨域通办"。主动与河南省信阳、广西玉林、河南罗山、广东顺德4地对接,实现社保卡业务办理、公司设立登记、不动产抵押登记、公积金信息查询等267项事项"跨省通办"。建立完善"武汉城市圈通办"机制,设置办事窗口,实现公积金、民政等9个部门共106项事项武汉城市圈"一圈通办",并率先完成63项自助事项孝汉"跨市通办"。推动政务服务向基层延伸。建成7处24小时综合自助大厅,其中市民之家自助大厅可办理116项自助事项。在市、县两级31个建行网点的126台自助柜员机上加载15项政务服务查询事项,方便群众就近办。着力提升纳税便利度。成立集税政、法制、征管等多部门、多环节、多事项于一体的税费服务调度中心,打造"总客服"平台,提速服务调度。平均纳税业务办理时长同比缩短60%,5分钟就可办结注销登记。加快健全政企沟通机制。实行一个号码对外,"12345"整合非紧急热线31条,2021年累计接听电话17.2万件,平均接通率97.25%。完成市、县两级政务服务大厅窗口评价App安装,实现市、县两级政务服务"好差评"评价渠道全覆盖。对差评办件督促各部门进行积极整改,差评回访整改率达100%。

营造宽松市场环境。提升企业开办注销便利度。巩固企业开办"210"成果,实行线上网办,线下"一窗联办"。推行"容缺办理",将企业变更登记时限压缩到1个工作日。优化用电用水用气服务。提高办电服务效能,实现"321"服务,供电可靠性和服务水平显著提升,全市用户

孝感市民之家　　（摄影:毛峰）

平均停电时间不超过13.7小时。实行用水“321服务”、用气“310服务”和“不见面”服务。推进证照制度改革。审批权限在市级及以下的涉企经营许可115项中，已按四种方式实施改革106项。

健全完善法治环境。统筹推进社会信用建设。推动和协调全市各行业领域落实“双公示”(行政许可、行政处罚)信息报送“全覆盖、无遗漏”，截至目前，共报送“双公示”41.9万条，全省第二。加强政务失信治理，在信用孝感网站增设政务失信归集、查询功能，机制化共享政务失信记录。创新招标投标方式。推广应用投标保证金保函保单，工程建设领域已有108家投标企业以保函替代现金缴纳投标保证金，减少现金占用3769.6万元。加强知识产权保护。在各个市场所成立知识产权维权援助工作站，在全市大型商超公布知识产权维权援助电话和制度，开展了地理标志专项整治行动。

三、聚焦重点积极突破

狠抓“高效办成一件事”落实。编制出台《孝感市推进“高效办成一件事”改革实施方案》，明确高效服务企业登记、高效办理不动产登记等13个改革事项，已全部上线运行。

全力推进改革先行试点创建。孝感市积极申报争取了6个县(市、区)11个创建任务，在省定创建任务基础上增加至17个创建事项、35个创建任务，做到县(市、区)和市高新区、临空区全覆盖，所有改革事项成果目前已全部投入应用。孝感市7个县(市、区)15个创建任务已通过省级验收，居全省前列。其中孝南区(产业项目单体竣工提前验收)、安陆市(“拿地即开工”五证同发审批)在全省先行试点创建经验交流会上进行交流，占交流县(市、区)的1/6。

全面开展“清、减、降”专项行动。在“清文件”方面，组织市县两级共清理文件847件，废止149件、修订50件、失效88件。在“减审批”方面，审批时限综合压减率达86.6%，通过已落地的18项“一事联办”事项，办理1158件，减跑动5268次、减材料18417份。在“降收费”方面，及时调整公布行政事业性收费项目标准，压减政府定价的经营性服务收费。落实市本级招商引资重大工业项目中介服务“零收费”政策，为企业减负1799万元。水电气降价2.83亿元，通信用网惠企降幅35%，企业社保费降低2291万元，发放创业担保贷款9735万元、财政贴息546万元，减免中小微企业应缴国资租金2189万元，行业协会会费削减213.9万元。2020年以来为企业减税降费金额达18.02亿元。

深化工程建设项目审批制度改革。出台了《孝感市工程建设项目审批制度改革优化提升方案》，确定了15条工作任务及路线图、时间表。同时，围绕当前孝感市工改领域存在的问题，按照市政府主要领导批示精神，向各县(市、区)、市直“三区”点对点发送问题整改交办函，限期完成整改，持续跟踪问效。目前，“一张蓝图”数据基本入库，工改平台31个事项与省成功对接，“多测合一”完成优化提升，“联合验收”已规范推行，15类项目审批流程已重新制定，豁免制、承诺制等制度已经施行，工作成效居全省前列。

四、狠抓整改促进提升

畅通营商环境问题投诉处理渠道。会同市工商联、市信访局、市政数局研究制定了《孝感市营商环境问题投诉联动处理实施办法》，明确了问题投诉渠道、解决路径和责任分工。

开展营商环境评价反馈问题整改。督促各地各单位根据省营商办反馈的2020年营商环境评价报告，对标对表认领问题，如实查找短板分析原因，迅速形成详细整改方案，明确整改责任清单。目前营商办跟踪督办工作正在持续进行，各项指标正在对标先进地区陆续整改。

积极开展重点问题交办整改。针对省委督查室、省营商办、市纪委监委交办的关于营商环境方面的重点问题线索，实行“点对点”交办，并加强协调督办、限期核查整改。今年以来，市营商办共办理各级交办、督办、专办的营商环境问题线索112件，全部按要求进行了回复。

五、加强宣传营造氛围

推进优化营商环境宣传工作。印发《孝感市2021年优化营商环境宣传工作考核办法》，强化工作宣传。前三个季度，全市在省级以上媒体刊登宣传稿件394件，孝感市推动新能源汽车车牌照申领“一事联办”、孝南区建立“外商投资项目落户”一事联办机制等6项做法被省优化营商环境简报刊发。

强化政策解读服务。印发《孝感市落实“店小二”专线服务工作机制方案》，在市、县两级政府部门设立部门“店小二”专线，实现一个号码统一对外为企业群众提供政策答疑等服务。

强化典型经验培育工作。积极做好省典型经验复制推广督促工作和孝感市经验做法上报工作。督促各地各部门学习借鉴省前三批58条典型经验，结合实际开展复制推广，“应城市推行企业注销即到即办改革”作为全省第三批典型经验之一供各地学习借鉴推广复制。

(市优化营商环境领导小组办公室)

孝汉同城化发展

推动武汉城市圈同城化发展,是省委、省政府落实“三新”要求、打造全省高质量发展主引擎的重大战略举措。“依托武汉、服务武汉、融入武汉、发展孝感”是历届孝感市委市政府的重要战略选择。省委十一届八次全会后,孝感主动对标全省区域发展布局,强化“九市即一城”理念,抢抓武汉打造“五个中心”战略机遇,落实“五同”要求,发挥孝感“一主之域、一圈之城、同城之地”地域优势和“汉孝一家亲”人文优势,提出打造“武汉城市圈副中心”战略定位,奋力推动年度各项任务落地见效,引领孝汉同城化发展工作走在城市圈前列。

一、总体工作情况

构建组织架构。将“孝汉同城”纳入事关孝感全局和长远发展的30项重点工作,印发《市委市政府关于加快推进孝汉同城化发展的实施意见》(孝发〔2021〕14号)文件,成立高规格的工作领导小组,书记市长亲自担任组长。第一时间组建孝汉同城化发展领导小组办公室,从市直单位抽调12名业务能力强的人员集中办公,并划拨专项工作经费;选派1名副县级领导干部挂职“武圈办”秘书处工作。各县(市、区)相应成立工作组织架构,落实专门人员和经费,孝感市率先在圈内建成“15341”作战体系:“1”即孝汉同城化发展领导小组及办公室,“5”即5个专题工作组,“34”即34个市直成员单位,“10”即7个县(市、区)、市直“三区”10个作战主体。

健全工作机制。市委、市政府主要领导亲自谋划推动,明确每月专题研究部署孝汉同城化发展工作,已召开市级层面工作推进会3次。市孝汉同城办认真履行职能,设立全市工作联系群,制作通讯录,同时建立对口联系机制,专班人员分别联系7个县(市、区)、市直“三区”和5个专题工作组牵头单位,形成了贯通融合、执行有力的协作体系。为进一步提升抓落实的质效,市孝汉同城办内部建立了周例会和专题会议机制,及时研学上级政策文件,会商工作举措;每个月初制定重点工作计划,每半个月在办公室内部通报工作推进情况;建立市委、市政府主要领导指示、批示精神和省区域办、“武圈办”交办事项备案销号机制,全力抓好跟踪督办;制发《工作专班管理制度汇编》和《人员分工方案》,在定岗定责的同时实现打通使用、团结协作。高质量做好全省城市群发展工作座谈会、省区域发展布局实施工作领导小组第一次全体会议、武汉城市圈同城化发展第一次联席会、武圈办第一次主任会议、武汉城市圈同城化发展座谈会等重要会议的联络协调、材料起草、会务保障等工作;参与做好武汉市委、市政府主要领导到孝感调研,武汉城市圈政协主席论坛秘书处调研组、武汉市委党校调研组、省社科联专家调研组到孝感调研等重要活动的服务保障工作。

明确发展路径。积极与省、武汉市有关部门对接沟通,紧扣孝感实际,高质量编制完成《孝汉同城化发展实施意见》《三年行动方案》和《孝汉同城化发展重大项目(事项)清单》等框架文件,共梳理2021—2023年重大项目156个,总投资3677亿元,重大事项34个,明确了“五个同城化”(基础设施同城化对接、产业发展同城化互补、市场要素同城化流动、公共服务同城化融合、生态环境同城化共治)的具体路径。按照“一年起势突破、二年乘势而上、三年成势见效”的总体思路,制定

孝汉大道　（市交通局 供图）

“2021年工作要点”，确定2021年重大项目83个，总投资2024亿元，重大事项23个，为推动孝汉同城化发展工作走深走实际谋定了时间表和路线图。截至11月底，年度重大项目完成投资额114.93亿元，占年度计划总投资的80.15%；重大事项有序推进，均取得积极成效。

密切对接交流。市委、市政府主要领导亲自挂帅出征，分管市领导主抓落实，围绕一批重大项目(事项)，多次到武汉市及省直相关部门沟通衔接、联系工作。2021年，市领导带队到武汉招商10余次，接待武汉客商20余批次。市发改、交通运输、自然资源和规划、政务服务和大数据、科技、人社、金融、生态环境、卫健、文旅等职能单位与省及武汉市对口单位定期协商沟通。孝南区、汉川市、应城市、大悟县、孝昌县分别与武汉临空港区、武汉经开区、东西湖区、黄陂区等达成系列合作协议，汉川市、安陆市与武汉经开区、临空港区、黄陂区构建了常态化联系沟通机制，截至目前，武汉经开区汉川合作示范园区、汉孝产业园等一批孝汉合作园区均取得积极进展。制定《关于与武汉市互派交流挂职工作的建议方案》，计划分三批选派县市区领导干部和相关部门负责人到武汉挂职，第一批计划选派10名。

定期督办考评。制定《孝汉同城化发展工作考评细则》，为各地各部门服务“孝汉同城化”制定标准化、可量化、表格式的工作清单，并纳入孝感市“五化”管理和重点督查事项，实行定期调度、动态跟踪、严评实考。8月份，实施了孝汉同城化发展半年实绩考核，考核结果提交市考核办运用。同时，围绕有序推进孝汉同城化发展重点项目及事项，2021年，市孝汉同城办开展了多轮次调研督办，共印发《工作简报》12期、《工作通报》3期，推动形成全市上下比学赶超良好格局。

二、主要成效亮点

规划交通全面提速。大力推进“规划同编”。积极参与编制《武汉城市圈国土空间规划》，就城市定位、职能分工、同城化措施等向省自然资源厅、武汉市自然资源和规划局提供思路建议和有关资料。专题编制“孝感中心城区至武汉同城化快速道路交通系统规划”，已形成孝感中心城区高快速路系统布局、孝汉同城化快速道路交通系统布局方案及近中远期项目清单。紧密对接武汉市相关规划加快编制《孝感市轨道交通线网规划(2021—2035)》，谋划建好“轨道上的城市圈”。加快实施“交通同网”。按照“加密、提质、立体、联通”总体思路，全力打造武汉城市新外延。5月23日，孝感市政府与武汉地铁集团签署《武汉孝感市域(郊)铁路工程建设框架协议书》。全年谋划实施孝汉同城重大交通基础设施项目27个，总投资944亿元，分别是：轨道交通3个，总投资136亿元；高速公路8个，总投资686亿元；干线公路15个，总投资118亿元；水运项目1个，总投资4亿元。目前，基本完成4个(陈天大道临空段、S112辛安渡至朱湖公路东西湖段、双峰山至木兰景区旅游公路、S109汉川至蔡甸公路汉川段)，已开工建设和即将开工9个(沿江高铁武汉至宜昌段、武大高速大悟段、硚孝高速二期、孝汉应高速公路、S244马北线农旅融合及路长制示范项目等)，正在开展前期工作的14个。当前，孝感已实现25条公路、5条铁路与武汉连接，其中，高速4条，城铁1条，国道4条，省道8条，以公路为重要支撑、轨道交通和水运为重要补充的汉孝半小时经济圈和市内交通小循环基本形成。积极放大“同网效应”。坚持“建养并进”，为15条联通汉孝的国省干线和农村公路，配备148名市县乡村四级“路长”，加强道路“巡管护治”，确保“安全、通达、净美”。坚持“建行并举”，孝感双峰山、观音湖、天紫湖等景区通过旅游公路与武汉相关景区连珠成线，两地游客畅通直达。开通汉川城区至蔡甸柏林等2条城际公交，年内可再开通1条，实现汉孝“零距离换乘”。

科技金融深度对接。建立“科技同兴协调机制”。完成高新技术企业申报206家，引进60项科技成果在孝转化；组织福星生物、祥源新材等10余家企业与华中科技大学、湖北大学等武汉高校合作建设新型研发机构，富邦科技、启利新材料等100多家企业与武汉47所大专院校(科研院所)建立产学研合作关系。深化人才引进成效。协助145家企业申报152个技术岗位需求，争取在汉院士专家36人、“科技副总”11人到孝服务。大力推动孝感市科技型企业与武汉高校及科研院所开展科技合作，新建专家工作站14家，累计建立院士专家工作站102家。推动金融对接。与深交所湖北基地、省高投联合举办祥源新材上市推广活动，协同长江证券对孝感市企业欣柔股份、龙腾电子、米婆婆生物、龙王恨渔具等一批企业开展上市培育，新引进光大银行来孝设立分支机构。截至目前，全市共有11家“新三板”挂牌企业，325家企业在武汉股权托管交易中心挂牌。

产业市场日趋紧密。夯实“产业同链”根基。根据全省16条重点产业链和武汉“965”产业集群，结合孝感实际，确立了食品、纺织服装、盐磷化工、纸塑包装、建材5条传统产业链和高端装备制造，以及新能源汽车及零部件、光电子信息、大健康、新材料5条战略性新兴产业链，初步形成了武汉电子信息和汽车零部件产业向孝南区、高新区聚集，物流企业向临空区转移，化工企业向云梦、应城地区转移，食品加工和纺织企业向汉川、安陆转移的发展格局。推动合作园区共建。全市在建孝汉合作产业园区达16个，计划完成投资55.7亿元。孝南孝汉产业园、市高新区激光产业园、长飞汉川科技园、武汉经开区汉川合作示范区、汉川百年四台智能制造工业园、大悟中南家居产业园等一批孝汉共建园区、产业转移示范区建设步伐加快，成为武汉企业在孝聚集发展的“飞地”。长飞科技园年产1.5万公里光纤项目实现18天从签约到动工、一年建成投产的“长飞速度”；规划面积27平方公里的孝汉产业园落户项目59个、已投产30个。强化孝汉协同招商。孝感市招商局与武汉市招商办签订“武汉城市圈同城化发展产业招商战略合作框架协议”，与武汉市硚口区商务局签订“战略合作框架协议”。2021年，先后举办了三次集中签约活动，武汉地区16个项目在会上签约，总投资80.9亿元。先后赴武汉参加武汉火红夏日经贸洽谈暨第二季度招商引资签约大会、第五届楚商大会、首届中国(武汉)文化旅游博览会等重大招商推介活动。截至11月，全市签约亿元以上汉商、汉企投资项目81个，占比35.6%，合同引资额546.25亿元，占比24.12%。跟踪重大项目库中，汉商、汉企项目达53个。

生态环保协同共治。建立工作机制。九市生态环境局共同签署《武汉城市圈城市生态环境合作协议书(2021—2023)》；协同建立武汉城市圈生态环境合作轮值制度，成立秘书处。深化对接协作。积极探索建立跨市流域生态补偿机制，孝汉两地生态环境和水务部门将围绕童家湖、滠水率先探索建立流域补偿机制。组织孝南区政府、市水利局、市住建局、市卫健委、市资规局与武汉市东西湖区、武汉市生态环境局、武汉市水务局等对接磋商，就支持沦河饮用水水源地保护区建设工作初步达成一致意见。孝感市水利和湖泊局主动邀请武汉市水务局来孝开展城市圈水务考察交流，双方就河湖长制工作、跨市河湖管理、跨市水利项目建设等领域工作进行了深入交流。开展联合执法。孝汉两地生态环境保护综合执法支队开展联合检查，重点对府河八一大桥至谌家矶岸线15公里范围内的金凤凰纸业、中顺洁柔、东拓水务等重点企业进行现场检查和督促整改。

公共服务共享互认。推动政务服务“跨市通办”。九市政务服务和大数据管理部门共同签署《城市圈“1+8”城市跨城通办合作协议》，发布《城市圈“跨市通办”政务服务事项清单(第一批)》共106项，公开武汉城市圈“跨市通办”窗口工作人员通讯录和孝感市县两级“跨市通办”窗口工作人员通讯录，方便异地办事群众电话咨询。推动在武汉市民之家自助服务设备正式加载孝感市职工个人参保证明查询打印、公积金账户查询等8项自助服务事项，

孝汉城际铁路孝感东站　　(市溳川国投 供图)

成为“1+8”城市圈政务服务合作协议签署后第一家与武汉市实现自助服务“跨市通办”的城市。在孝感市民之家大厅设置“武汉城市圈通办窗口”，完成职工基本养老保险参保缴费凭证开具、商品房预售许可证查询等63项武汉市自助服务高频事项的加载。推动公共资源交易互通。九市交易（采购）中心共同签署“公共资源交易互通合作备忘录”，孝感协助武汉市公共资源交易中心完成武汉城市圈远程异地评标情况调研工作。推动“人社同城化”。孝感市人社局与武汉市人社局签订《汉孝人社同城化高质量发展战略合作协议》，初步建立人社部门机关、业务科室、经办机构三级沟通机制；两地企业职工基本养老保险关系实现“三圈”无障碍转移接续。推动教育领域交流合作。孝感高中、航天高中、文昌中学等11所学校与武昌实验中学等11所学校建立“手拉手”结对共建关系。全市中职学校与武汉东湖高新开发区、黄陂、江夏等地20多家企业开展了工学结合、实习就业等校企合作。推动户籍及警务协作同城化。两地实现公安业务3本证件（居民身份证、普通护照、机动车驾驶证）异地申领、四个业务（户口迁移登记、异地驾考、机动车异地年检、违章联网办理）跨市办理。积极推动民政服务同城化。孝感市民政局与武汉市民政局就共享养老服务资源共享和专业社会工作人才队伍建设达成了初步共识。开展医学专科联盟，孝感市康复医院与武汉大学人民医院签订协作协议、建立专家团队工作室。推动公共交通服务同城化。孝感城区、汉川市、安陆市、应城市实现武汉公交卡通刷。推动文旅同城化。孝感市文化和旅游局积极与武汉市文化和旅游局对接，就共同推出“武汉城市圈文旅一卡通年卡”达成一致意见；武汉市云雾山景区在2021年中秋、国庆节期间（9月17日至10月7日）对孝感市民免门票，进至步提升了群众对同城化工作的获得感。推动卫生健康同城化。孝感市8家医院分别与武汉市6家医院、1所大学签署合作协议，确立对口支援关系；湖北航天医院与武汉中南医院组建医疗联合体；两地血液检验结果实现互认，为孝汉临床用血安全奠定了基础；全市妇幼保健机构加入孝汉妇幼专科联盟。推动医保服务一体化。推动孝感、武汉两地参保人员异地就医即时联网结算，孝汉居民持本地社保卡在两地定点医疗机构实现“就诊一卡通”。孝感市开通35家医疗机构供武汉及全省、全国参保人员异地就医直接结算，武汉市开通59家医疗机构供孝感参保人员异地就医直接结算。推动公积金互认互贷。九市住房公积金中心签订了同城化合作协议；武汉、孝感两地签订住房公积金同城化发展合作协议。2021年5月，孝感取消武汉职工在孝购房户籍上的限制。

（市政府办公室、市孝汉同城化发展工作领导小组办公室）

乡村振兴“三项行动”

为深入贯彻习近平总书记关于“三农”工作的重要论述，全面落实“坚持农业农村优先发展，全面推进乡村振兴”战略举措，市委、市政府从孝感实际出发，统筹巩固拓展脱贫攻坚成果和实施乡村振兴战略两大任务，主要领导亲自谋划、亲自部署、亲自推动，在深入调研、多方研讨、反复论证的基础上，于2020年12月创造性提出开展“功能镇区、和美乡村、实力产业”三项行动(以下简称“三项行动”)，作为孝感全面推进农业农村现代化的总牵引和总抓手，作为推进巩固拓展脱贫攻坚成果、全面实施乡村振兴战略的孝感方案。

一、谋篇布局定方向

全面对标乡村振兴战略“五大振兴”(产业振兴、人才振兴、文化振兴、生态振兴、组织振兴)目标任务和省委、省政府提出的“脱贫不返贫，振兴不掉队”工作要求，孝感先后制定印发《中共孝感市委、孝感市人民政府关于开展“功能镇区、和美乡村、实力产业”三项行动全面推进乡村振兴加快农业农村现代化的实施意见》《乡村振兴“功能镇区、和美乡村、实力产业”三项行动实施方案》，让“三项行动”的发展思路实现战略对接、理论对标、实践融合。功能镇区就是通过加快小城镇建设发展，把乡镇建成服务农民的区域中心；和美乡村就是把保障和改善民生、促进农村和谐稳定作为根本目的，推进自治、法治、德治“三治融合”，构建和谐乡村社会；实力产业就是围绕孝感市粮油、蔬菜、畜禽、水产、茶叶、林果等优势产业，实施“五个一”(“一袋米”“一枚蛋”“一杯茶”“一头猪”“一篮菜”)强链工程，着力打造5个过百亿农业产业链。

二、领导重视高位推

2021年，市委、市政府先后召开市委常委会9次、市政府常务会6次、专题会5次，研究部署乡村振兴“三项行动”。市委、市政府主要领导分别到各县(市、区)走访调研，安排部署相关工作。2月19日，召开全市三级干部大会暨市委农村工作电视电话会议，会议直达镇、村一线，市委主要领导主持会议并讲话，市政府三位分管副市长分别就规划编制、和美乡村、实力产业、功能镇区做辅导报告。6月25日，利用1天时间，在应城市召开全市乡村振兴“三项行动”现场推进会，总结上半年，部署下半年。11月26日至28日，举行乡村振兴“三项行动”“路长制”拉练活动并召开考评工作会，会前，市领导率队用两天半时间深入31个项目现场进行考评；会上，市领导对拉练考评结果进行通报、点评，市委主要领导对全力推进“三项行动”各项工作落实落地落细做安排部署。注重统筹整合中省项目资金、地方财政配套资金、发行债券、土地增减挂钩指标交易、提取土地出让金、农村产权制度改革红利、市场主体捐助、村组和农户自筹等八个方面的资金60多亿元，集中投入乡村振兴“三项行动”，破解资金难题。围绕巩固脱贫攻坚成果和乡村振兴“三项行动”，对市直部门、县(市、区)，镇、村、企开展考核，对2021年度推进巩固脱贫攻坚成果和乡村振兴“三项行动”排名靠前的县(市、区)，分别奖补120万元、90万元和60万元，功能镇区奖励前10位的示范乡镇场各50万元，和美乡村

孝南朱湖三合新村　　（市乡村振兴局 供图）

奖励前30位示范村(社区)各10万元,实力产业奖励20家优秀龙头企业各10万元,激发各地创建热情。

三、长远规划制清单

坚持系统谋划、分步实施、整体创建、年度参评,各地每年按20%的数量确定乡镇场、村(社区)参与创建,压茬推进,五年实现全覆盖。2021年,全市确定23个乡镇参与创建功能镇区、385个村(社区)参与和美乡村创建。制定《孝感市村庄规划建设负面清单》,共计41条,合理界定刚性管控要求,明底线、划红线,适度引导弹性空间,让负面清单执行起来更"接地气",更好实现"控负导正"。制定了《乡村振兴"三项行动"考核细则》,即任务清单,共计13大类47条,其中功能镇区4大类13条,和美乡村4大类16条,实力产业5大类18条,让各地、各相关部门在工作中有章可循、有据可依、有标可比,对标对表抓实抓细。

四、完善功能镇区

按照"一镇一规划、一镇一方案"的要求,全市共谋划项目941个,总投资40.3亿元。已开展项目446个,总投资约15.4亿元。已完成项目330个,完成投资约10.5亿元。充分利用自然人文禀赋,将"孝"的基调、"绿"的理念、"美"的元素,以及红色文化、乡土文化融入城乡建设中,立足镇情,围绕群众生老病死、衣食住行,以解决办事、就医、子女入学、留守老人吃住、生活设施"五个不便利"为导向,全面提升功能品味。安陆市烟店镇擦亮李白故里名片,确立"唐风古镇"特色定位,对接白兆山AAAA级景区和"五言陆色"农业观光园,按盛唐建筑风格改造集镇沿街800多间房屋,利用闲置农房改建乡村民宿,实现"村民变房东,房东变股东,股东变老板",特色旅游小镇初具规模。

五、建设和美乡村

2021年,新创建省美丽乡村示范村90个、整治村357个。村庄生活垃圾收集和无害化处理率超过90%,卫生厕所普及率达93%。通过换届调整901名村党组织书记,组织建设不断优化。农村地区安装视频探头总数达1.5万个,实现了道路节点、人员聚散地、矛盾隐患点、事故多发地全覆盖,农村治安纠纷警情同比下降2.1%。开展法治宣传活动1000余场次,发放宣传资料10万余份(册)。整体推进村级债务化解工作,全市集体收入超过10万元的行政村达到1598个,负债10万元以下的374个村全部实现债务清零。建立各类红白理事会2245个,20万余名农户评为十星级文明户,邻里关系、乡风文明有效改善,农民幸福指数有效提升。大悟县夏店镇朝阳村、云梦县城关镇西王村、安陆市洑水镇殷棚村获评第二批全国乡村治理示范村。汉川市杨林沟镇柏枝村、孝昌县花园镇冯山社区、大悟县三里城镇望山村获评第八批全国民主法治示范村(社区)。

六、壮大实力产业

着力建设主导产业突出、规模效益显著、产业链条健全、综合竞争力强的优势特色产业集群。2021年,全市新增规模以上农产品加工企业23家,创建国家级农业产业园区1个、全国农业创新创业园34个,认定省级现代农业产业园10个、省级产业联合体14个。全国"一村一品"示范村镇14个,全市"一村一品"专业村镇56个,覆盖从业农户53026户、种植面积23.9万亩、水产养殖面积14.6万亩。汉川、应城小龙虾集群已纳入国家产业集群支持项目,安陆香稻、汉川莲藕已入省产业集群后备项目库,获批国家产业强镇示范项目5个。打造了中华老字号2个、中国驰名商标6个,隐形冠军4家(神丹、爽露爽米酒、神霖麻糖、龙王恨鱼饵),培育了"二品一标"435个,孝感米酒连续2年入选央视品牌强国工程,孝感香米、孝感米酒、汉川莲藕获评省优质区域公共品牌。

七、打造孝感经验

孝感市"三项行动"创新实践经验得到省政府办公厅、省乡村振兴局肯定和推介,10月26日、11月18日,省乡村振兴局在《湖北乡村振兴简报》,省政府办公厅在《政务要情》先后刊发孝感市"三项行动"工作经验。11月16日、12月6日,湖北电视台对孝感市乡村振兴"三项行动"进行了专题采访报道。12月中旬,孝感市"三项行动"工作顺利通过省委特色目标考核,应城市获评"中国乡村振兴示范市"。与湖北电视台孝感站、《湖北日报》孝感社建立合作关系,聚焦国家、省级主流媒体重点推送孝感市"三项行动"典型人物、典型案例、典型经验,2021年在中、省各类媒体上,宣传乡村振兴"三项行动"共计194篇。

(市乡村振兴局)

推进品牌强市建设

2021年，市市场监督管理局发挥品牌强市建设联席会牵头单位职能，在市委、市政府正确领导和各成员单位的共同努力下，通过突出宣传引导，品牌提升造氛围；突出统筹协调，顶层设计聚合力；突出重点产业，精准培育提质量；突出成果转化，品牌运用增效能；突出行政指导，品牌服务促长效；突出行政保护，维护品牌打假冒，推进品牌强市建设。2021年，全市新申请注册商标8577件，同比增加11.39%，增幅居全省第1位；新核准注册商标7318件，同比增加30.45%；商标总量达38498件，居全省第6位。汉川、应城、云梦、安陆、孝南进入湖北省县（市、区）商标注册总量50强，其中汉川总量位居全省县级市第1名。新认定驰名商标1件，总量达到18件，居全省第6位。孝感商标受理窗口业务量全省排名第五，商标质押融资金额全省排名第二。

品牌培育。舆论宣传造氛围。围绕“增强品牌意识、宣传品牌效应、营造品牌氛围”目标，开展品牌宣传工作，拍摄制作《孝感市知识产权保护与优化营商环境纪实》专题片，多方式、多角度宣传全市品牌发展动态，“富邦科技”“爽露爽”等孝感知名品牌企业现身说法，介绍成功经验、做法及成效。窗口服务壮总量。通过官网，发布《国家知识产权局商标业务孝感受理窗口公告》，向社会告知商标业务受理范围、规费标准等基本信息，增强公众知晓度，提升窗口影响力。窗口全年受理各类商标咨询1000余次，办结商标申请350件，当场办结率100%。精准培育提质量。开展驰名商标大走访行动，组织开展隐形冠军、科技小巨人、农业产业化龙头企业及特色农产品资源开展摸底调查，将“爽露爽”“汉川河蟹”等47个重点培育对象分别纳入驰名商标和地理标志孵化库，实施精准培育。在此基础上，实地走访孝感麻糖米酒有限公司、湖北福星新材料科技股份有限公司等企业，宣传驰名商标保护政策，引导企业争创驰名商标。

品牌创建。顶层设计聚合力。呈请市政府调整孝感市商标战略领导小组成员，修订孝感市推进品牌强市建设工作联席会议制度，确定全市品牌建设重点目标和各成员单位具体职责，将品牌建设工作量化到18个成员单位共同推进，品牌创建合力不断增强。纵横联动抓实绩。横向上，与联席会议各成员单位信息互通，联合市农业技术推广中心走访湖北香润生态农业科技有限公司和湖北梦辰泽生态农业股份有限公司，帮助完善产品特征和区域界定，完成“孝感黄毛粘”“云梦虾香米”地理标志申报工作。纵向上，指导各县（市、区）市场监管局开展品牌创建工作，印发《孝感市品牌提升专项行动方案》，明确工程图、时间表，推进品牌创建工作。考核督办促长效。将品牌创建纳入市县营商环境考评考核体系，责任到人到岗。并以市推进品牌强市建设工作联席会议办公室名义，定期发布《全市推进品牌强市建设工作动态》，对县（市、区）知名品牌创建实行“一月一通报，一月一排名”，向当地党委政府进行通报，争取关注，推动品牌创建。

品牌运用。2021年2月，向湖北省市场监管局呈送了《关于开展商标专用权质押登记受理点的请示》，并于5月获得国家知识产权局商标局授权。2021年，先后办理湖北爽露爽食品股份有限公司等7家企业商标质押融资业务，融资额达到1.17亿元，办理流程从此前必须到北京办理，变为孝感本地可直接

地理标志产品——安陆白花菜　　（摄影：芒果）

受理，周期从此前的一个月压缩到两天，降低企业融资成本，拓宽企业融资渠道。覆盖面涉及孝感所辖各县（市、区），融资额居全省第二位。引导优势品牌企业申报国家级地理标志运用示范工程、湖北省荆楚品牌培育工程和孝感市知识产权优势企业培育工程，帮助企业争取各类项目资金，推动企业将品牌优势充分转化为生产力优势。2021年，申报荆楚品牌培育项目7个，为企业争取资金支持50万元；培育市级优势企业20个，争取资金支持100万元。

品牌保护。开展重点企业“面对面”知识产权服务行动。组织工作专班，深入湖北米婆婆生物科技股份有限公司、孝感麻糖米酒有限公司等13家重点品牌企业，开展“一对一”服务，现场解答企业就品牌培育、商标海外注册、跨省打假维权等咨询，现场解决疑难问题19个，帮助舒氏集团有限公司完成美国、德国等国际商标注册5件，帮助湖北米婆婆生物科技股份有限公司办理国际商标注册54件，降低孝感市高知名度商标被境外侵权的风险。利用孝感市推进品牌强市建设工作联席会议的统筹协调机制，与市中院等部门建立知识产权执法联动机制和定期沟通制度，联合开展知识产权保护走访，协同推进知识产权保护工作，不断优化营商环境。2021年，办结商标案件26件，案值2121万元，移交案件4件。

（市市场监督管理局、市推进品牌强市建设工作联席会办公室）

地理标志产品——孝昌草莓（孝昌县史志研究中心 供图）

“五城同创”

开展“五城同创”是市委、市政府统筹推进经济社会发展的现实需要，是改善城市环境、扮靓城市颜值的重要抓手，是打造副中心、争当排头兵的重要举措。自创建工作启动以来，市委宣传部(创建办)作为主创部门和牵头单位站位全局，主动担当、主动作为，统筹全市各级各部门，按照上马不下马、升温不降温、动真不怕硬、严考不认人的要求，上下一心、市区一体，破立并举、建管结合，全面掀起创建高潮，取得了明显成效。

一、坚持高位推进，奏响创建最强音

成立高规格指挥部。市委、市政府高瞻远瞩，统筹谋划、统一推进，成立了以市委书记任政委、市长任指挥长、相关市级领导任副指挥长、各责任单位为成员的城市创建指挥部，下设由市级分管领导挂帅的十大专项行动工作专班和创建办公室，各级各单位对应成立创建工作专班，形成市、区、街道、社区创建网络体系。

召开高规格动员会。5月6日，市委、市政府组织召开全市城市创建工作动员大会，市“四大家”全体领导、市直单位负责人、县市区党委书记、城区街道办事处主职等四级领导参加了会议。会议向全市人民做出了创建承诺，发出了创建动员令。

实施高规格调度。市级指挥部定期研究重点难点问题、定期现场调研督办，办公室充分发挥“中枢”作用，全面落实主导责任，统筹安排创建任务，协调各方整体联动，有效将各级创建力量拧成一股绳，形成了强大的创建合力。

二、注重顶层设计，做实创建路线图

中期有规划。督促十项行动专班对照《孝感市“五城同创”行动方案》和测评体系，研究制定三年行动方案，细化行动内容，明确责任单位，组建工作专班，形成了创建工作时间表和路线图。

年度有计划。坚持指导性和针对性并重的原则，对照创建标准和要求，结合创建工作实际，及时研究、认真梳理、综合决策，先后印发《百日整治行动方案》《关于开展街道办事处先行片区创建工作的通知》《“迎新春”整治行动》等10多个指导性文件，指导各级各单位对标对表、有的放矢开展各项创建工作。

近期有安排。办公室制定印发月度工作提示清单、近期重点工作通知等，确保创建工作任务具体、时间明确、操作性强，各责任单位根据计划安排，突出补短板、强弱项，正有序推进落实，做到谋定快动。

三、深入宣传发动，营造创建好氛围

整合宣传力量。积极统筹学教、防疫、创建等宣传力量，综合利用线上线下公共宣传平台，建立统一调度、统一管理、统一发布工作机制，孝感日报、孝感晚报、孝感广播电视台、孝感网以及宣传公众号开设创建专题专栏，形成全媒介、全时段、全覆盖的大宣传格局。

拓宽宣传平台。组织各街道办事处和市直单位充分利用宣传栏、电子显示屏、宣传册、宣传标语等载体，重点在市区主干道、公园、广场、车站、高速路出入口等重要位置增设1万多处户外广告，新建绿色公益围挡4500余平方米，特别是景观性户外广告，运用优秀传统文化元素以图说的形式，把社会主义核心价值观融入公园、广场、街区整体环境建设，确保创建公益广告“抬眼可见、驻足即观”。

创新宣传形式。组织包保单位、社区干部等力量，开展“敲门行动”入居户、访商户、进企业，广泛宣传“五城同创”相关知识和内容，发放《致居民的一封信》5万多张、《市民文明手册》2万多册，签订《门前四

12月9日，综合治理改造中的老澴河　　(摄影：孟畅)

包承诺书》2万余份，发动志愿者开展清洁家园、交通劝导等志愿服务活动2万余次，组织编排《幸福院》等一批文艺节目，“人人知晓、人人参与”创建氛围正在逐步形成。

四、完善工作机制，密织创建责任网

建立包保机制。全面压实“市级主导、专班主抓、区级主责、街道主创、社区主体”五级联创责任，建立“路段长制”，市、区领导包保8个片区和17条主要道路，114个市直部门分别包保一条责任路段。为推动包保部门到路、人员到岗、责任到肩，建立“五个一”机制，印发《关于实施路段长制“五个一”工作机制的通知》，市“四大家”包保领导定期调研解决路段创建具体问题，高位推动包保任务落实落地。

建立“门前四包”工作责任制。制定印发“门前四包”责任清单，组织街道、社区与临街门店、住户等签订承诺书，动员社会主体自觉履行门前包保义务。

建立考评机制。按照“周督月查季评”的要求，建立检查督办机制，实行定期督办、专题督办、随机督办、跟踪督办相结合，做到问题及时发现、及时反馈、及时解决，累计开展重点专题督办5轮次，对35家督办考评评价较差的单位进行了跟踪督办，对5家连续两次考评评价较差的单位进行了约谈，印发考评通报3期，实现“以考促创、以考促管”。建立了创建办人员考核和工作投入机制，2021年已实行办公室人员目标考核单列优秀指标，新增2022年财政预算经费3000万元，为顺利推进创建工作提供重要保障。

五、开展先行先试，积累创建新经验

试点引领。创建伊始，为积累创建经验、树立创建样板，精心选择基础差、人口多、管理难、代表性强的广场街大院社区周边2平方公里区域，开展先行片区创建活动。

重点突破。按照“市区一体、协调一致”原则，落实“街道吹哨、部门报道”要求，积极组织市区有关职能部门联合行动、合力攻坚，一举拆除水利巷、彭家湾市场几十年的违法建筑，一炮打开创建突破口，极大鼓舞了创建信心、赢得了创建民心，不断形成拆违控违高压态势和强大声势，乘势拆除了“一条龙”、汤家街、孝天路、工人街、金北路等各类违建1800多处50000余平方米，拆除旱厕324座，切实消除困扰市民多年的老大难问题。

全面推进。以点上突破，带动全面开花。7月29日，市委、市政府在广场街召开先行片区现场推进会，发出推广先进片区创建经验动员令。精心制定出台《先行片区创建工作实施方案》，督促8个街道办事处进一步提高政治站位，增强主体意识，落实主体责任，着力种好试验田、建好先行区，推动各片区创建工作比学赶超。已开了四次现场推进会，不断育点、强线、扩面，梯次推进、巩固拓展已成为创建工作的重要经验和共识。

六、聚焦民生实事，破解创建老难题

回应群众普遍关切，集中时间和力量，重点突破影响居民生产生活的“脏乱差”这个老大难问题。

补短板。各级各单位围绕群众所需所盼，建管结合强化要素保障，加快补齐基础设施短板，高标准完成宇济商贸城片区改造，集中对书院街、锦绣路、黄香路、崇文路等实施硬化、刷黑，升级了西大市场、魏站集贸市场、严桥菜场等集贸市场硬件设施，改造了园林小区、天主堂小区等一批老旧小区，新增路侧停车泊位4174个，维修破损路面48000余平方米，补植绿化20余万株。

强管理。组织各街道办事处联合城管、交管、市场、卫健等部门，以先行片区为突破口，先难后易、以点带面，全面清除背街小巷、城乡接合部、城市出入口等卫生死角垃圾24000余吨，取缔规范占道经营、游摊游贩8000余次，铲除“牛皮癣”小广告2万余处，排查整改城区“六小行业”10512家，查处各类交通违法行为2万余起，城市环境全面得到改善。

优服务。按照创建为民、创建利民理念，组织有关职能单位提高服务水平、前移服务平台、简化服务程序，加强城区“智慧停车”建设，在城区9个主干道设置18处巡游出租车临时停靠位，增加健康体检医务人员，强化日常清扫保洁，增加洒水降尘和喷雾抑霾频次，严管油烟、施工、商业噪声扰民等行为。城市环境面貌有了非常大的改观，市民群众纷纷为创建成效点赞。

（市委宣传部）

“五化”管理

孝感市探索实施政务督查信息化建设，建立重点工作、重点项目“五化”管理模型(即实行“工作目标化、目标项目化、项目工程化、工程责任化、履责考核序位化”)，以互联网重构政务督查管理流程，实现对重点工作信息化、全过程管控，有力推动了决策部署落地见效。

一、以问题为导向，着力破解政务督查之“痛”

针对政务督查工作中存在的“方向不明、抓手不实、落实不力、责任不清、考评不准”等突出问题，遵循价值导向，创新政府管理机制，以全程管理、过程管控、时间管控、节点管控、进度督导为手段，全力推进督查信息化建设，着力破解督查工作“痛点”。

以“工作目标化”破解督查工作“方向不明”问题。坚持从高从实从严设立工作目标，引导全市上下紧扣目标抓落实，切实增强工作责任感和紧迫感。将经济工作、经济指标全部细化为年度、季度、月度目标，将改革事项、社会民生、生态环保、政府工程等全部目标化，能量化的尽量量化，不能量化的按季、按月设定形象进度，使各级干部工作有目标，努力有方向。政府工作找准了方向，督查就有了明确指向，破解督查工作一贯以来“头痛医头脚痛医脚”、领导“指哪打哪”、没有督查系统思维的难题。

以“目标项目化”破解督查工作“抓手不实”问题。在工作目标化的基础上，进一步将各个目标具体化为一个个实体项目或非实体类项目，对每个项目定主体、定责任、定工期、定序位、定机制，保证人力、物力、财力向目标任务集中，向具体项目汇集，以项目管理模式推进工作落实、目标实现，使督查工作有具体项目可抓、有具体事项可查、有具体责任人可问，破解督查抓手不实、抓空抓瞎的问题。

以“项目工程化”破解督查工作“落实不力”问题。坚持遵循事物发展规律、工程建设规律，运用工程管理的思想和手段，将每项重点工作按照规划书、施工图、进度表“三位一体”要求，确定项目的具体目标、关键环节、完成时限和实施标准，科学严谨编制进度计划，全过程跟踪督办，力促重点工作一环扣一环落实。

以“工程责任化”破解督查工作“责任不清”问题。实施“工程责任化”管理，明确每一项重点工作的主责单位、协办单位、分管领导和项目联系人，着力构建“一个主体责任、多方协调配合、全程督导督查”的项目责任管控体系。在信息化管理平台上，实现每个项目分管领导和主协办单位“一班人”认领、责任“一揽子”装进。通过健全重点工作责任体系，进一步压实督查工作责任链条，确保督查明责、负责人履责。

以“履责考核序位化”破解督查工作“考评不准”问题。运用信息化手段，把督查考核考评加注在日常工作之中，建立在平时过程管理基础之上，实行全程在线督查、考评、点评，定期现场测评，及时预警提示，严格奖优罚劣，营造创先争优、激励约束的工作氛围。

二、以落实为根本，着力确保政务督查之“全”

紧扣工作主线，突出发展导向，以信息技术为支撑，以立项管理为核心，以制度建设为保障，顶层设计建设“五化”管理督查信息平台，全

“五化”平台项目节点设置现场　（市政府办 供图）

力打造工作实绩、水平和能力的展示平台。

立项管理实现督查重点全面覆盖。“五化”管理的核心是工作项目化。哪些项目进入“五化”信息管理平台？怎么进？孝感市坚持严格把关，通过系统梳理、有机集成，把各项重点工作条分缕析，再实行申报立项、筛选入库，纳入“五化”管理暨督查信息平台。截至目前，事关全局的591项重点工作纳入管理平台，实现督查重点内容全覆盖。通过“两形式、三渠道”生成项目。即采取集中立项、适时立项两种形式，自下而上、自上而下、自外而内三个渠道生成项目、筛选项目。集中立项，即年初开展重点工作“五化”管理集中立项，向社会公布项目计划。适时立项，即根据上级和全市工作部署，根据各地各单位申报，适时开展立项工作，把重点工作动态纳入平台管理。自下而上，即把向上争取到的中省试点项目全部纳入，把各地各单位申报的项目筛选纳入“五化”平台。自上而下，即把省政府下达的目标任务、市委重大决策部署事项、《市政府工作报告》、市政府常务会议、市政府专题会议、市政府决定事项，纳入“五化”管理平台。自外而内，即把招商引资签约落户的项目，分批纳入“五化”管理平台。通过“三类、四表”管理项目。“三类”即把项目分为工程建设类政府投资项目、工程建设类招商引资项目、深化改革和社会事业类项目三大类别。“四表”即立项审核表，项目调整表，时序进度表，完成报告表。在相应阶段填写相应的表格，以增强阶段性管理的针对性。通过“五级审查、清单管理”核准项目。对各地各单位申报的项目，由市“五化”办组织实行五级审核，即市政府办公室对口科室预审、分管副秘书长初审、分管副市长复审、常务副市长审核、市长审定、文件印发执行。经审定的项目，纳入政府重点工作“五化”管理库，分层分类列出项目清单，每个项目的名称、目标、主体、工期、责任，“做什么”“做到什么程度”“谁来做”“做多长时间”“谁的责任”一目了然。

信息技术实现督查进展全景展示。运用“互联网+”思维，依托“大数据中心”，建设三大平台，以信息化倒逼规范化、促进公开化，实现了政务督查信息化、智能化、无纸化、便捷化运转，通过“项目大数据视图”对重点工作一网可见、一键可查。建“五化”管理信息平台。引进第三方公司提供技术保障、运营维护，依托市民之家和政务云计算中心，建设市重点项目“五化”管理信息平台。平台主要有立项审核、进度管理、督办管理、评价管理、考核管理、统计分析及可视化展示、公示公开等9大功能，覆盖项目整个生命周期，电脑每月自动为重点工作打分，自动为单位优劣排序，逾期30天亮黄牌预警，逾期60天亮红牌告诫，实现项目入库、库中、出库情况全景展示、全程记录、全程管控。建移动办公平台。开发安卓和苹果系统两套微信小程序，可随时随地通过手机进行项目申报、项目审批、进度填报、督办、点评等操作，并支持随手拍、附件上传功能，满足移动办公需求，实现“一机在手、尽在掌握”。建社会监督平台。在电视、报纸和政府网站开辟专栏，公开“五化”管理项目计划、目标任务、责任体系、评估结果等事项，广泛接受社会监督。开通“孝感市政府重点项目‘五化’管理平台”微信公众号，同步对接“五化”管理信息平台，正逐步扩大群众参与和使用的范围，广泛接受社会监督。

依托机制保障实现督查效果全程管控。先后出台《孝感市政府重点工作“五化”管理实施办法（试行）》《孝感市政府重点工作“五化”管理量化考核评分实施细则》《市人民政府办公室关于进一步完善和加强“五化”项目管理工作的通知》《“五化”平台各类人员操作使用职责（试行）》《孝感市“五化”管理通报约谈工作办法（试行）》，着力构建机制保重点工作实施。公开预警机制。通过进度条、百分比、红黄灰绿四种颜色，实时、在线监控展示进度，每月自动统计、评分、反馈、公开，自动给逾期项目出示黄牌、红牌警示。责任单位通过平台及时上传进展情况和图片，市领导通过微信小程序进行点评和督办，“五化”办通过政务微信群及时提示提醒已预警的项目单位，避免文来文往、反复人为催办现象，提升督查效率。多方协调机制。从立项筛选到工作实施，从全程督办到完成验收，需要上下、左右协调联动。特别是实施过程中，各级各单位正确处理主角与配角的关系，当主角时主动担责，当配角时协作补位；主责单位主动协调解决实施过程中的具体难题，协助单位及时提供要素保障，市政府领导分级专题研究解决重大问题。全程督导机制。根据线上显示的问题环节，线下，分管领导及时督促、指导，市“五化”办每季度集中开展专项督查，每月抽查暗访，结果全市通报排名；市政府领导分级约谈进展缓慢、严重滞后工作的主办单位、协办单位负责人。结果运用机制。将各单位的综合评估结果，与市委、市政府年度目标考核挂钩，与产业政策、规划、项目、资金等倾斜挂钩，与年终评优资格、出国考察等公务活动、约谈问责相挂钩。

三、以实用为原则，着力实现政务督查之“效”

市级“五化”管理平台充分发挥杠杆作用，撬动县市区和相关单位将“五化”模式引入内部管理，延伸搭建子平台,形成了横向到边、纵向到底“一张网”督查落实体系。

督查平台好用。从具体运行看,“五化”管理平台设计比较科学,操作方便。简易。平台各模块设置既切合政府工作管理需要,又贴近一般用户操作习惯,对各项工作、各个流程尽可能实行数字化、可视化管理,具有“一看就懂、一学就会”的优点。快捷。在电脑管理平台之外,还建有微信小程序系统,可随时随地进行入库申报、审核审批、进度填报、督办、点评等操作,满足移动办公需要。稳定。该平台由专业公司定制开发,并在今年以来的实际运行中反复完善,已经相对成熟。

督查平台管用。从应用效果看,“五化”管理模式对于重点工作、重点项目,起到了强有力的推动作用。对市领导而言,只要拿起手机,就能随时随地了解重点工作和重点项目进展,查看现场工作实景图片或视频,及时作出批示、点评,对工作滞后的第一时间协调督办。在这过程中,不用文来文往,不用层层填表格、报材料,就可以对相关情况一目了然、一竿子插到底,实现“一网在手,一体掌控”。对督查系统干部而言,通过平台日常监控,既可督到工作要害,又可节省督查人力。对各地各部门而言,一旦相关工作纳入“五化”管理,就意味着进入了市领导视线,所有推进细节都要“晒出来”,随时接受各方监督。系统把所有因进展迟缓而预警的项目都放在平台首页,一登录就能看到,这给责任领导、责任单位、责任人强大压力,促使各级各单位倒排工期、挂图作战、全力推进。“五化”管理信息平台既是推进工作的有力抓手,也是展示干部能力和水平的公开平台,让干部干工作更有目标、更有方向、更有干劲。

督查平台实用。从推动发展来看,孝感市探索建立“五化”管理工作成效初步显现。“五化”管理最大限度激发了行政资源的内生动力,各级各单位工作作风发生重大变化,变“围绕领导转”为“围绕工作转”,变“领导督促干”为“大家主动干”。分管领导加强协调督办,主责单位和协助单位加快角色转换,审批服务及时贴心,并联审批、容缺审批、先建后验成为制度创新的内容,在国务院120天法定审批服务时限的基础上,全市备案类项目从注册到施工压减到40个工作日。水电气地等要素保障及时到位。在市高新区,总投资24亿元的协丰日资产业园项目,选址、环评、征地、施工许可各环节同步推进,创造了项目建设的“协丰速度”。落实更有质效。坚持“建为用”的实用导向,“五化”管理有计划、有部署、有落实、有检查、有反馈、有问责、有改进,将以往的目标管理、结果考核变为过程管理、全程管控,对项目全程动态干预、管控和纠偏。通过“五化”管理,实现了数据多跑腿、干部群众少跑路,办事程序简化了、环节减少了、效率提高了。总投资14亿元的“静脉产业园”和当年投资超10亿元的“老澴河综合治理”项目的主、协办单位,加快主配角转换、协同攻坚,项目建设快速推进,建设进度超预期。

四、以深化为重点,着力保证政务督查之“质”

“五化”管理纳入年终综合考核。从县市区层面看:2021年,对县(市、区)“以奖代补”的13个考核事项,奖励资金5140万元,其中“五化”管理综合绩效奖励前三名100万元、75万元和50万元,考核评分细则公开(包括平台运作得分、项目个数得分、投资规模得分、联动机制得分、问题整改力度得分、现场查看得分、正向激励得分和负面清单)、考核过程公开、考核结果公示,树立了创先争优导向,调动了基层工作积极性。从市直单位层面看:2021年,“五化”管理纳入市委、市政府对市直单位的目标考核,极大促进了抓落实工作力度。

“五化”管理工作机制和体系逐步完善。市政府办公室先后出台《孝感市政府重点工作“五化”管理实施办法(试行)》《孝感市政府重点工作“五化”管理量化考核评分实施细则》《关于进一步加强全市政务督查工作的通知》,着力构建机制保重点工作实施。与市发改委、市商务局、市经信委、市统计局开展工作联动,建立省市重点项目建设库、储备库,保持发展动力;坚持大中小项目全要,第一、第二、第三产业全招,内资外资一起上,实现全领域、全产业、全链条、全要素、全功能精准招商,保持投资活力;将所有投资项目及时“双入库”纳入统计,市政府办公室按月度、季度进行通报,督促业主单位与统计部门联动,实现应统尽统。

(市政府办公室)

执行编辑:易秀云

大事记

大事记

1月

4日 市委书记、市长吴海涛深入孝硚高速联络线、中顺纸业等重大项目建设现场调研重点项目建设推进情况，强调要坚持发展第一要务，持续优化营商环境，筑牢高质量发展根基，推动“十四五”开好局起好步。

6日 市委书记、市长吴海涛出席市委人大工作会议时强调，各级人大及其常委会要深入学习贯彻习近平总书记关于坚持和完善人民代表大会制度的重要思想，聚焦“把人民代表大会制度优势转化为治理效能”这个主题，在依法履职中彰显治理效能。市委常委，市人大常委会、市政府、市政协领导等参加会议。

同日 市委常委会召开会议，传达贯彻省委经济工作会议精神，强调要深入学习贯彻中央和省委经济工作会议精神，坚决落实省委、省政府工作安排，围绕打造武汉城市圈副中心，明确年度目标，强化发展保障，加强党的领导，全力完成好今年经济社会发展目标任务，推动“十四五”开好局起好步。市委书记、市长吴海涛主持会议并讲话。

8日 市委书记、市长、市防控指挥部指挥长吴海涛出席市新冠肺炎疫情防控指挥部指挥长会议，要求全市上下深入贯彻落实习近平总书记重要指示精神，全民动员严防输入闭环管理，坚决打好打赢防疫成果保卫战。市“四大家”领导出席会议。

11日 孝感市召开市级领导干部会议。省委组织部常务副部长张爱国出席会议，并宣布省委决定：熊征宇任孝感市委委员、常委、副书记。

11—12日 市委副书记、市政府党组书记熊征宇先后到孝南区、孝昌县调研项目建设、脱贫攻坚等工作，并深入居民社区实地指导常态化疫情防控工作。

15日 市委书记、军分区党委第一书记吴海涛出席孝感军分区党委十届三次全体(扩大)会议暨党管武装述职大会时强调，要深入贯彻落实习近平新时代中国特色社会主义思想和习近平强军思想，把牢正确方向，聚焦备战打仗，扛起使命担当，凝聚军地合力，奋力谱写军分区建设“十四五”开局新篇章。市委常委、军分区司令员周泓冰，军分区政委刘红兵；各县(市、区)人武部党委第一书记等参加会议。

16日 市委副书记、代市长熊征宇调研老澴河综合治理建设工程时强调，要践行以人民为中心的发展思想，对照目标清单，坚持“五化”管理，按照时序进度，全力推动工程建设，尽快发挥治理综合效益，让广大群众更好享受改革发展成果。

15—16日 市委副书记、代市长熊征宇到市高新区、市临空区，调研企业发展和重点项目建设情况时强调，要拓展发展空间，强化要素保障，加快重点项目建设，做强支柱产业，打造“主城崛起”的重要引擎。

17日 全省疫情防控工作电视电话会议后，市委副书记、代市长熊征宇接着主持召开视频会议，强调要坚持问题导向，树牢底线思维，慎终如始、科学精准抓好常态化疫情防控，以干部的“辛苦指数”提升群众的“幸福指数”“安全指数”。

20日 孝感市第六届人民代表大会第六次会议选举熊征宇为孝感市人民政府市长。

21日 市委书记吴海涛主持召开市委常委会会议，听取市人大常委会、市政府、市政协、市法院、市检察院党组工作汇报。吴海涛强调，要切实把全面加强党的领导贯彻到工作的全过程各方面，在市委领导下创造性地开展工作，做到在大局下思考，在大局下行动，在服务大局中见成效。

24日 2021年湖北省“两会”期间，省人大常委会党组副书记、副主任梁伟年，副省长万勇，副省长、省公安厅厅长徐文海在参加孝感代表团审议时提出，深入学习贯彻习近平新时代中国特色社会主义思想，贯彻省委十一届八次全会精神和政府工作报告部署，保持定力，增强信心，在全省区域发展布局中贡献“一主引领”的孝感力量。市委书记、代表团团长吴海涛主持审议并作了总结发言，市委副书记、市长、代表团副团长熊征宇参加审议并发言。

2月

1日 市委常委会召开（扩大）会议，传达贯彻省两会精神，部署春节期间疫情防控、一季度“开门红”等当前重点工作；传达学习省纪委十一届五次全会、省委平安稳定工作专题会、省委政法工作会议、全省持续推进党建引领基层社会治理工作座谈会精神，研究贯彻落实意见。市委书记吴海涛主持会议并讲话。

3日 市委副书记、市长熊征宇调研交通重点项目建设情况时强调，要聚焦“十四五”规划目标和区域发展布局，加快交通路网规划建设，不断提升贯通互联水平，着力打造外畅内联现代化交通体系，为孝感高质量发展提供强有力的交通支撑。

9日 市委书记吴海涛、市长熊征宇走访慰问一线干部职工，检查节前安全生产和疫情防控工作，送上新春问候和美好祝福。勉励大家坚守工作岗位，严格落实防疫举措，守牢平安稳定底线，为广大群众营造平安、祥和、欢乐的节日氛围。

19日 全市三级干部大会暨市委农村工作会议召开。会议强调，要强化思想、载体、环境、要素、机制、法纪“六大保障”，撸起袖子加油干，确保今年开局漂亮、全年精彩，确保“十四五”开好局、起好步，加快打造武汉城市圈副中心。市委书记吴海涛出席会议并讲话。市委副书记、市长熊征宇，市委副书记、政法委书记何开文分别主持会议。周先来等市“四大家”领导出席会议。

20日 市纪委六届六次全会召开。会议强调，深入学习贯彻十九届中央纪委五次全会和省纪委十一届五次全会精神，切实把“严”的主基调长期坚持下去，坚定不移推动全面从严治党向纵深发展，大力推进清廉孝感建设，为建设武汉城市圈副中心提供坚强保障。市委书记吴海涛出席会议并讲话。市委副书记、市长熊征宇，市人大常委会主任周先来，市委副书记、政法委书记何开文出席会议。市委常委、市纪委书记、市监委主任陈剑主持会议并代表市纪委常委会作工作报告。

同日 市委副书记、市长熊征宇到汉川调研生态文明建设和督办中央生态环保督察反馈问题整改工作，强调要深入贯彻习近平生态文明思想，坚决扛起生态文明建设和生态环境保护的政治责任，坚持生态优先、绿色发展，举一反三补齐短板，实现生态优化和经济发展两不误、双促进。

21日 市委副书记、市长熊征宇到市高新区调研企业春节后复工复产“开门红”工作时强调，要强化服务意识，加强要素保障，持续优化环境，提升工作效能，确保“开门红”，为全年工作奠定坚实基础。

24日 市委书记吴海涛主持召开市委常委会会议，传达学习党中央和省委系列重要会议精神，研究贯彻落实意见；听取关于市“四大家”领导联系重点工作、联系点和联系对象方案调整情况的汇报，审议《市委常委会2021年工作要点》。

25日 全市政法信访工作会议暨平安孝感建设领导小组（扩大）会议召开，总结2020年政法信访工作，安排部署2021年政法信访工作，通报2020年度县（市、区）社会治安综合治理和信访考核情况。市委书记吴海涛出席会议并讲话，市委副书记、市长熊征宇主持会议，市委副书记、政法委书记何开文作主题报告。市领导汪尧中、郭斌、武荣楚，市中级人民法院院长王秋隆、市人民检察院检察长黄达亮参加会议。

26日 全市宣传统战工作会议召开。市委书记吴海涛出席会议并讲话，指出要深入学习习近平总书记关于宣传思想工作、统一战线工作的重要思想，认真落实全国全省宣传部长会议、统战部长会议精神，紧扣中心，服务大局，为推动孝感高质量发展提供精神动力、凝聚智慧力量。市委副书记、政法委书记何开文主持会议。市领导江浩、张汉平、吴婕、刘敏出席会议。

同日 市委书记吴海涛，市委副书记、市长熊征宇调研老澴河综合治理建设工程，强调要按照“六个到位”的要求，巩固拓展建设经验成果，坚持质量为先，加快建设进度，不断提升城市品质。

27日 全市一季度重大项目集中开工活动在市高新区、市临空区和7个县（市、区）同时举行，共开工重大项目146个，总投资673亿元，年度投资251亿元。

3月

4日 市委副书记、市长熊征宇调研加快推进“两带协同”工作时强调，要认真贯彻市委六届十一次全会精神，围绕构建“主城崛起、两带协同、孝汉同城、多元支撑”区域发展布局，积极探索生态优先、绿色发展新路子，努力建设好大别山绿色产业高质量发展带。

5日 全市党史学习教育动员大会召开。会议强调，要深入学习贯彻习近平总书记在党史学习教育动员大会上重要讲话精神，按照中共中央和省委决策部署，学党史、悟思想、办实事、开新局，做到学史明理、学史增信、学史崇德、学史力行，为打造武汉城市圈副中心提供智慧和力量，以优异成绩迎接建党一百周年。受市委书记吴海涛委托，市委副书记、市长熊征宇出席会议并讲话。

同日 全市政法队伍教育整顿动员部署会召开。会议强调，要以习近平法治思想为指导，全面落实全国、全省和全市党史学习教育动员大会精神以及全国、全省政法队伍教育整顿动员会议各项要求，提升政治站位，抓实关键举措，全力落实目标任务，奋力推动政法工作高质量发展。受市委书记吴海涛委托，市委副书记、市长熊征宇出席会议并讲话。市委副书记、政法委书记何开文主持会议。市领导陈剑、李端阳、余德芳、吴琼、郭斌，市法院院长王秋隆、市检察院检察长黄达亮出席会议。

8日 市政府召开“数智孝感”建设专题会。会议强调，要深入学习贯彻习近平总书记关于网络强国、数字中国的重要论述，按照市委、市政府决策部署，坚持“整体谋划、统筹推进，先补短板、夯实基础，分步实施、强化保障”思路，稳步推进“数智孝感”建设，不断提升政务服务效能和城市治理水平。市委副书记、市长熊征宇出席会议并讲话。

10日 全市民政工作会议召开。市委书记吴海涛作出批示，市委副书记、市长熊征宇出席会议并讲话，副市长张志敏作工作报告。会议总结了过去五年全市民政工作，部署了当前和今后一个时期的民政工作，表彰了全市民政工作先进单位、先进个人。

11日 市委副书记、市长熊征宇调研加快推进“两带协同”工作时强调，要认真贯彻市委六届十一次全会精神，围绕全市区域发展布局，紧盯发展定位，明晰发展思路，聚焦优势产业，做大做强做优特色产业集群，加快建设汉江经济制造业高质量发展带。

12日 省政法队伍教育整顿第九指导组与孝感市政法队伍教育整顿领导小组举行见面会。省第九指导组组长张桂华出席见面会并讲话，市委副书记、市长熊征宇代表市委发言。省政法队伍教育整顿第九指导组副组长郭睿、王波及相关同志；市领导何开文、陈剑、李端阳、郭斌，市中级人民法院院长王秋隆，市人民检察院检察长黄达亮等参加见面会。

15日 市委全面深化改革委员会召开第八次会议。市委书记、市委全面深化改革委员会主任吴海涛主持会议并强调，要深入学习贯彻习近平总书记关于全面深化改革重要论述，落实中央和省委全面深化改革委员会会议精神，强化思想认识、难题破解、人民立场和责任落实，推动新发展阶段改革取得更大突破。

16日 市委副书记、市长熊征宇出席孝汉同城化工作推进会时强调，要贯彻省委决策部署，落实市委六届十一次全会工作安排，深入实施孝汉同城发展战略，为全力打造武汉城市圈副中心提供有力支撑。

19日 市委副书记、市长熊征宇出席市环委会2021年第一次全体(扩大)会议时指出，深入贯彻习近平生态文明思想和习近平总书记视察湖北、考察长江重要讲话精神，持续打好污染防治攻坚战，加快补齐生态短板，全力推进生态文明示范市创建，以生态环境高水平保护助推孝感经济高质量发展。

同日 市委副书记、市长熊征宇出席全市应急管理、消防工作会议暨市安委会第二次全会时强调，要深入学习习近平总书记关于应急管理、安全生产系列重要论述精神，检视短板弱项，突出重点领域，坚持标本兼治，切实保障人民群众生命财产安全，为建设武汉城市圈副中心提供安全的社会环境。

20—21日 市委副书记、市长熊征宇出席全市领导干部金融素养提升培训班开班式时指出，要深入学习贯彻中共十九届五中全会精神、全国金融工作会议精神，落实全市三级干部大会要求，学金融、懂金融、用金融，全面提高驾驭金融工作、服务经济发展的能力，提高防范和化解金融风险的能力，为孝感加快打造武汉城市圈副中心提供有力金融支撑！

22日 市委书记吴海涛主持市委党建工作领导小组会议暨全市考核工作动员部署会时强调，要贯彻新时代党的建设总要求和新时代党的组织路线，落实省委党建工作领导小组会议精神，坚持以高质量党建推动高质量发展，充分发挥考核指挥棒、风向标、助推器作用，引导各级党员干部求真务实、真抓实干，为“十四五”开好局、起好步，全力打造武汉城市圈副中心提供坚强政治保障、组织保障。市领导陈剑、李端阳、邓道伟、张汉平、汪尧中、余德芳、吴琼参加会议。

同日 全国、全省新冠病毒疫苗接种工作电视电话会议后，市疫情防控指挥部接着召开会议进行安排部署。市委副书记、市长熊征宇出席会议并讲话，市委副书记、政法委书记何开文主持会议。会议强调，要认真贯彻落实习近平总书记关于疫苗接种的重要指示精神和全国、全省电视电话会议精神，按照省防控指挥部疫苗接种方案的部署要求，精心组织、精准安排，提升能力、优化服务，确保疫苗接种工作安全有序推进。

23日 全市县处级主要领导干部学习贯彻党的十九届五中全会精神专题研讨班开班，市委书记吴海涛出席开班式并作专题辅导报告。吴海涛强调，要深入学习贯彻中共十九届五中全会精神，认真贯彻习近平总书记在省部级专题研讨班开班式上的重要讲话精神和全省厅局级专题研讨班精神，落实省委十一届八次全会部署，加快实施“主城崛起、两带协同、孝汉同城、多元支撑”区域发展布局，全力打造武汉城市圈副中心，确保“十四五”高质量发展开好局、起好步，以优异成绩迎接建党100周年。会议还就常态化疫情防控工作作了部署安排。会上，省委党校（行政学院）教授姜涛以“坚持协调发展推动实现高质量发展目标——学习贯彻党的十九届五中全会精神”作了专题授课。

24日 市委书记、市政法队伍教育整顿领导小组组长吴海涛在为全市政法队伍讲专题党课时强调，要深入学习贯彻习近平法治思想，落实习近平总书记关于加强政法队伍建设的重要指示批示和训词精神，强化对标对表，落实整顿要求，更好服务中心大局，打造绝对忠诚、绝对纯洁、绝对可靠的政法铁军，为全力打造武汉城市圈副中心提供强大法治保障。市委副书记、政法委书记何开文主持党课，副市长、市公安局局长郭斌，市中级人民法院院长王秋隆，市人民检察院检察长黄达亮等参加党课。

同日 市委书记吴海涛参加市委办党的十九届五中全会精神专题研讨班暨支部主题党日及组织生活会时指出，要围绕学习贯彻党的十九届五中全会精神，落实省委十一届八次全会部署，聚焦服务中心大局，加快推进“主城崛起、两带协同、孝汉同城、多元支撑”区域发展布局，带头讲政治、履职责、重实干、树形象，为加快打造武汉城市圈副中心作出新的贡献，与支部党员交心谈心。市委副书记、政法委书记何开文，市委常委、市委秘书长汪尧中参加活动。

23—24日 省文化和旅游厅厅长雷文洁来孝就公共文化服务、文物保护利用和旅游品牌创建等工作进行调研。市领导吴海涛、熊征宇等参加调研。

25日 省委书记应勇深入孝感市孝昌县的农业专业合作社、产业园等，调研巩固拓展脱贫攻坚成果同乡村振兴有效衔接。应勇强调，要深入贯彻落实习近平总书记关于“三农”工作的重要论述和考察湖北、参加湖北代表团审议时的重要讲话精神，大力弘扬脱贫攻坚精神，以全面推进乡村振兴统揽“三农”工作，扎实做好巩固拓展脱贫攻坚成果同乡村振兴有效衔接。副省长柯俊，市委书记吴海涛，市委副书记、市长熊征宇，市领导汪尧中、吴琼参加有关调研。

26—27日 市委书记吴海涛在参加一季度全市“三区”项目“四看四比”活动暨总结会时指出，认真贯彻落实省委十一届八次全会精神，落实市委六届十一次全会和全市三级干部大会精神，围绕发展中心，坚定“两资一促”信心决心，为推动孝感疫后重振和高质量发展提供有力支撑，确保开局漂亮、全年精彩，确保“十四五”开好局、起好步。市委副书记、市长熊征宇出席会议并讲话。

30日 市委书记吴海涛会见了来孝访问的白俄罗斯驻华大使尤里·先科一行。吴海涛对尤里·先科率领的代表团一行表示热烈欢迎，表示希望双方继续加强沟通交流，拓展务实合作，加深业已形成的传统友好关系，让友谊之树万古长青。尤里·先科对孝感战疫、战洪、战贫和疫后重振取得的成绩给予高度评价，表示将根据两国领导人达成的共识，继续致力于拓展两国间的全方位合作、深化两国人民之间的传统友谊。省委外办副主任陈汉华，航天三江集团总会计师李东峰，市委常委、常务副市长邓道伟参加会见。

同日 市委书记吴海涛在调研市委党校新校区建设时指出，要深入学习贯彻习近平总书记关于党校办学治校系列重要指示精神，提高政治站位，整合优化功能，提高办学水平，全面开创孝感市党校工作新局面。市领导李端阳、王建华参加调研。

4月

1—2日 中国人民银行原行长戴相龙深入孝昌县、汉川市农业专业合作社、农业产业化龙头企业、农业产业基地，调研新型合作经济组织建设、金融服务乡村振兴等工作。市委书记吴海涛参加有关调研。中国人民银行武汉分行党委书记、行长林建华，市委常委、副市长查成伟，市人大常委会副主任、孝昌县委书记吴琼分别参加调研。

6日 党史学习教育省委宣讲团孝感宣讲报告会暨市委理论学习中心组集体学习(扩大)会议举行。省委宣讲团成员、省委原副秘书长、省委政研室原主任吕东升作宣讲报告。市委书记吴海涛主持报告会并讲话。熊征宇、周先来、何开文等市“四大家”领导出席报告会。

同日 孝感市科技创新暨创建国家创新型城市推进大会召开。会议强调，要深入学习贯彻习近平总书记关于科技创新的重要论述，全面贯彻落实中共十九届五中全会、全国科技工作会议和省委十一届八次全会、全省科技创新大会精神，坚持把科技创新摆在全市发展全局的核心位置，统筹贯通，补齐短板，合力攻坚，加快推进国家创新型城市创建，为打造武汉城市圈副中心提供有力的科技支撑。

7日 市委书记吴海涛深入孝南区部分乡镇、村庄、产业基地和重点企业，调研抓“三项行动”促乡村振兴实施情况，强调要深入贯彻落实习近平总书记关于“三农”工作的重要论述，以“功能镇区、和美乡村、实力产业”三项行动为载体，聚焦重点，明确标准，强化保障，久久为功，激活乡镇动能，推动乡村全面振兴。

9日 市委书记吴海涛主持召开市委常委会(扩大)会议，学习贯彻习近平总书记重要讲话精神，传达贯彻全省政法队伍教育整顿推进会精神，研究推进主城崛起、五城同创、乡村振兴“三项行动”等工作。

12日 全市政法队伍教育整顿工作推进会召开。会议贯彻落实全国全省第一批政法队伍教育整顿工作推进会精神，对全市政法队伍教育整顿查纠整改环节工作进行安排部署。省第九指导组组长张桂华，市委书记、市政法队伍教育整顿领导小组组长吴海涛出席会议并讲话。

13日 市委书记吴海涛主持召开市委常委会会议，传达贯彻习近平总书记重要讲话精神，传达学习全省疫情防控工作电视电话会议精神，审议中国共产党成立100周年庆祝活动孝感实施方案，研究部署推进两带协同、建立健全城乡融合发展体制机制、招商引资等工作。

同日 市委书记、市委全面依法治市委员会主任吴海涛主持召开市委全面依法治市委员会第四次会议，深入学习贯彻习近平法治思想，传达学习中央全面依法治国工作会议精神和省委全面依法治省委员会第四次会议精神，听取全市全面依法治市工作情况报告，审议市委全面依法治市委员会2021年度工作要点，研究部署下阶段重点工作。

14日 市政府党组赴大悟县开展学党史红色实践教育活动。市委副书记、市长、市政府党组书记熊征宇带领市政府党组成员、班子成员和市政府办公室班子成员，到鄂豫边区革命烈士陵园，缅怀革命先烈、传承红色基因、汲取奋进力量。

20日 副省长杨云彦在孝感调研民政事业高质量发展情况，督导公共卫生补短板项目建设和新冠疫苗接种等工作。省民政厅厅长柳望春，市委副书记、市长熊征宇，副市长张志敏陪同调研。

同日 全市招商引资工作会议召开。会议贯彻落实全省招商引资工作会议精神，动员全市上下聚焦发展，真抓实干，精准招商，推动全市招商引资工作迈上新台阶，为实现“开局漂亮、全年精彩”提供有力支撑。市委书记吴海涛主持会议并讲话。市委副书记、市长熊征宇出席会议并作主题报告。

21日 全国总工会副主席、书记处书记、党组成员江广平到孝感调研劳动关系领域政治安全工作。省总工会党组书记、常务副主席董永祥，省总工会党组成员、副主席刘富国，省经贸工会主席彭敏，市委常委、统战部部长、市总工会主席江浩参加调研。

同日 市委退役军人事务工作领导小组召开2021年度第一次全体(扩大)会议。会议深入学习贯彻习近平总书记关于退役军人工作重要论述，安排部署孝感市今年退役军人工作。市委书记、市委退役军人事务工作领导小组组长吴海涛主持会议并讲话。市委副书记、市长、市委退役军人事务工作领导小组副组长熊征宇出席会议。

同日 市委书记、市委网信委主任吴海涛主持市委网络安全和信息化委员会第三次会议时强调，要深入学习贯彻习近平总书记关于网络强国的重要思想，牢牢掌握网络意识形态工作的领导权主动权，以信息化为引领，助推全市高质量发展。市委副书记、市长、市委网信委副主任熊征宇出席会议。

22日 市委书记吴海涛在汉川市调研抓“三项行动”、促乡村振兴实施情况，强调要深入贯彻落实习近平总书记关于“三农”工作的重要论述，落实市委统一部署，明确价值取向，坚持问题导向，把握工作标准，把“三项行动”项目化、具体化，加快推进乡村全面振兴。

同日 新发展格局下中部崛起投资峰会在汉川举行。100多名国内知名企业家代表、专家学者云集汉川，共同探讨投资发展话题，推动政银企互利共赢。市委书记吴海涛，中国农业银行私人银行部总裁孙宁出席会议并致辞。全国政协参政议政人才库特聘专家、华夏新供给经济学研究院院长贾康应邀作专题讲座。市委常委、副市长查成伟，中国农业银行湖北省分行副行长顾城等参加相关活动。

25日 市委理论学习中心组暨贯彻落实省委、省政府重要决策部署专题研讨会举行。会议围绕贯彻落实全省区域发展布局暨县域经济工作推进会、沪苏浙考察总结交流暨市州党委书记座谈会精神，以及《中共湖北省委 湖北省人民政府关于推进“一主引领、两翼驱动、全域协同”区域发展布局的实施意见》等三个重要文件，落实市委六届十一次全会和全市三级干部大会精神，聚焦主题、聚焦目标、聚焦措施，结合全市党史学习教育，对发展目标定位、落实举措进行再对标、再梳理、再深化、再细化，进一步知方位、懂全局、担使命、促发展，不断推动高质量发展，创造高品质生活，实现高效能治理。市委书记吴海涛主持会议并讲话。市委副书记、市长熊征宇参加研讨并讲话。

26日 省委常委、武汉市委书记王忠林，武汉市委副书记、市长程用文率队到孝感考察对接，共商推动武汉城市圈同城化发展，助力构建全省“一主引领、两翼驱动、全域协同”区域发展布局，带动长江中游城市群协同发展，推动中部地区加快崛起。市委书记吴海涛，市委副书记、市长熊征宇参加考察活动。

27日 副省长宁咏到孝感调研资本市场建设、县域金融等工作，强调进一步提高政治站位，持续优化金融营商环境，加大对企业上市和县域经济的金融支持力度。省地方金融监管局局长段银弟，市委书记吴海涛，市委副书记、市长熊征宇，市委常委、常务副市长邓道伟分别陪同调研。

28日 市委书记吴海涛出席老澴河综合治理建设工程专题会时强调，要紧紧围绕项目建设，聚焦规划、建设、组织三大重点，进一步加强统筹，耦合职能，紧扣节点，完善功能，保质保量推进老澴河综合治理工程建设。市委副书记、市长熊征宇主持会议并讲话。

同日 市委书记吴海涛主持全市防汛抗旱工作电视电话会议时强调，要深入学习贯彻习近平总书记关于防灾减灾救灾的重要论述，落实全省防汛抗旱工作电视电话会议精神，增强忧患意识，绷紧思想之弦，抓紧防汛备汛，压实政治责任，确保人民群众生命财产安全。市委副书记、市长熊征宇出席会议并讲话。

29日 市委副书记、市长熊征宇出席全市加快推进“两带协同”工作会议时强调，要认真贯彻市委六届十一次全会精神，围绕行动方案确定的目标任务，强化落实、主动作为，比学赶超、争创一流，以“两带协同”推动县域经济提档升级，为建设武汉城市圈副中心提供坚强支撑。市政协副主席袁华江解读《孝感市加快推进“两带协同”三年行动实施方案（2021—2023年）》。

5月

6日 市委书记吴海涛出席全市城市创建工作动员大会时强调，要认真学习贯彻习近平总书记关于城市工作和文明城市创建工作的重要指示精神，组织动员全市广大干部群众，举全市之力、集全民之智，上马不下马，升温不降温，动真不怕硬，严考不认人，迅速掀起城市创建热潮，确保如期实现既定目标。市委副书记、市长熊征宇主持会议。

10日 市委书记吴海涛到市高新区调研时指出，要认真贯彻落实市委六届十一次全会安排部署，紧扣目标，强化责任，优化服务，推动市高新区高质量发展，做大做强主城区龙头，推进“主城崛起、两带协同、孝汉同城、多元支撑”区域发展布局深入实施。

11日 市委书记、市“五城同创”指挥部政委吴海涛到联系包保的孝南区广场街道办事处调研，强调要进一步统一思想，坚持问题导向，聚焦群众关切，把握标准、责任、考核三个关键，勇于攻坚克难，补齐功能短板，提高城市治理水平，不断提升群众获得感幸福感。

13日 省政协主席黄楚平在孝感市调研时强调，要认真贯彻落实党中央、省委“十四五”时期优化区域发展布局、加快新型城镇化发展的部署要求，从党史学习中汲取奋进力量，抢抓机遇、奋发作为，加速汉孝一体化建设，加快市域、县域经济发展，为推动武汉城市圈同城化发展，构建“一主引领、两翼驱动、全域协同”区域发展布局，打造全国重要增长极添助力聚合力。省政协秘书长翟天山，市领导吴海涛、余德芳分别参加调研。

14日 市委书记吴海涛到市临空区调研时强调，要围绕全面推进“主城崛起、两带协同、孝汉同城、多元支撑”区域发展布局，向实践学习、向主城赋能、向问题聚焦，主动作为，优化服务，破解难题，奋力推动临空区高质量发展。

16日 市委副书记、市长、市防汛抗旱指挥部指挥长熊征宇出席市防汛抗旱指挥部指挥长会议时强调，要认真贯彻落实上级党委政府关于防汛救灾的批示精神，深入分析当前防汛形势，认真总结经验教训，坚持人民至上、生命至上，坚持问题导向，进一步强化思想认识、指挥体系、预报预警、分析调度和防汛纪律，坚决推动防汛抗旱各项措施落实落地，确保安全度汛和人民群众生命财产安全。

18日　市委理论学习中心组(扩大)集中学习会举行，邀请党史学习教育中央宣讲团成员，中共中央党史研究室原副主任冯俊教授作专题辅导报告。市委书记吴海涛主持会议并讲话。冯俊围绕“学好党的百年历史，树立正确的党史观”这一主题，分别从全面了解党的百年光辉历程和历史性贡献、传承弘扬党的百年光荣传统优良作风革命精神、树立正确的党史观三个方面进行深入讲解和辅导。

20日　市新冠肺炎疫情防控指挥部召开常态化疫情防控工作会议，传达贯彻习近平总书记重要指示精神，落实省防控指挥部会议部署，进一步紧思想，补短板，压责任，强督导，慎终如始抓实抓细常态化疫情防控，以实际成效保障高质量发展。市委书记、市防控指挥部指挥长吴海涛主持会议并讲话。市委副书记、政法委书记、市防控指挥部常务副指挥长何开文通报检查督导有关情况并作工作安排。

21日　市委书记吴海涛在孝南区检查防汛抗旱工作时强调，要深入贯彻习近平总书记关于防灾减灾救灾工作的重要论述，认真落实全省全市防汛抗旱工作电视电话会议要求，牢固树立底线思维，强化指挥体系，加强工程建设，落实防汛责任，确保安全度汛、确保人民生命财产安全。

23日　武汉市副市长刘子清率团到孝调研考察，强化项目对接，并出席武汉孝感市域(郊)铁路工程建设框架协议签约仪式。市委副书记、市长熊征宇出席调研和签约活动。市委常委、常务副市长邓道伟与武汉地铁集团党委书记、董事长张军签署《武汉孝感市域(郊)铁路工程建设框架协议书》。

24日　市委书记吴海涛主持召开市委常委会会议，传达贯彻习近平总书记在中央政治局第二十九次集体学习时的重要讲话精神，加强生态文明建设；审议完善要素市场化配置体制机制、推进孝汉同城、强化多元支撑、提升传统产业推动战略性新兴产业倍增发展等方案，加快推动高质量发展；听取全国政法队伍教育整顿中央第十督导组下沉孝感市调研督导情况和打治电诈、重复信访事项专项治理等工作情况汇报，研究贯彻落实意见。

26日　全市优化营商环境工作推进会召开。市委副书记、市长熊征宇出席会议并讲话。会议强调，要深入学习贯彻习近平总书记关于优化营商环境的重要论述，认真落实省市优化营商环境系列会议精神，坚持问题导向、市场导向、目标导向，对标一流、补齐短板、重点突破、精准推进，擦亮营商环境“金字招牌”，为促进全市经济社会高质量发展、打造武汉城市圈副中心提供强力支撑。

27日　市委书记、市委机构编制委员会主任吴海涛主持市委机构编制委员会第二次会议，强调要切实提高政治站位，优化资源配置，打造过硬队伍，为全市经济社会高质量发展提供坚强体制机制保障。市委副书记、市长、市委机构编制委员会副主任熊征宇出席会议。

28日　省党史学习教育第十一巡回指导组进驻孝感指导工作，并召开工作会听取孝感市党史学习教育情况汇报。省巡回指导组组长、湖北长江广电传媒集团党委委员、副总经理晏治林出席会议并讲话，市委书记、市党史学习教育领导小组组长吴海涛作汇报。

31日　全市市县乡领导班子换届工作会议举行。市委书记吴海涛出席会议并强调，要认真落实习近平总书记关于换届工作重要指示精神，切实把思想和行动统一到中共中央决策部署和省委工作要求上来，深入贯彻新时代党的建设总要求和新时代党的组织路线，绘出好蓝图、选出好干部、配出好班子、树立好导向、形成好气象，把市、县、乡领导班子建设成为忠实践行习近平新时代中国特色社会主义思想的坚强领导集体，打造政治生态好、用人导向正、干部作风实、发展环境优的“孝感样板”，为加快打造武汉城市圈副中心提供坚强组织保证。市委副书记、市长熊征宇主持会议。

同日　市委书记吴海涛一行专程到市实验小学、市直机关幼儿园走访慰问，祝全市少年儿童节日快乐，并向广大教师和少儿工作者致以诚挚问候。

6月

1日　全市城市创建工作专题会议召开。市委书记吴海涛出席会议并强调，要切实深化认识，直面工作短板，围绕难题破解，抓重点、抓常态，谋定快动，协同推进，不断增强群众获得感幸福感。市委副书记、市长熊征宇主持会议并讲话。

3日　省人大常委会党组副书记、副主任梁伟年率调研组到孝感，就打击治理电信网络诈骗犯罪工作开展专题调研。市委书记吴海涛，市人大常委会主任周先来参加调研。

2—3日　省公共资源交易（采购）中心主任胡俊明一行到孝感市、孝南区、孝昌县开展公共资源交易和政府采购调研工作，了解孝感市在机构建设、平台整合共享、优化营商环境和服务“十大工程”项目建设、推进远程异地评标常态化等重点工作情况。市委副书记、市长熊征宇，孝感市委常委、常务副市长邓道伟陪同调研。

4日　全市开展“三个规定”大宣讲和党政领导干部严格执行“三个规定”公开承诺行动电视电话会议召开。会议强调，要进一步深化顽瘴痼疾专项整治成效，全面树立保障公平正义鲜明导向。省政法队伍教育整顿第九驻点指导组组长张桂华作宣讲，市委书记吴海涛主持会议并讲话。熊征宇、周先来、何开文等市“四大家”领导，市中级人民法院院长王秋隆、市人民检察院检察长黄达亮围绕宣讲内容和“三个规定”，结合工作实际逐一发言、作出承诺并签订公开承诺书。

同日　市委书记吴海涛深入孝感市部分考点检查高考准备工作，强调要坚决落实全国全省做好高考安全工作的部署，压实工作责任，坚持问题导向，抓实抓细各项服务保障工作，全力以赴确保高考平安有序顺利进行。

同日　在省政府第四次廉政工作电视电话会后，市政府接着召开电视电话会议。市委副书记、市长熊征宇在会上强调，要高站位、扛主责、守规矩、敢担当、当表率，保持永远在路上的执着和韧劲，推动政府系统党风廉政建设和反腐败斗争向纵深发展，为孝感高质量发展提供坚强保障。

7日　市长、市总河湖长、汉江汉川段河长熊征宇调研督导汉江河长制和防汛抗旱工作时强调，要认真贯彻落实习近平生态文明思想和习近平总书记关于防汛抗旱指示精神，全面落实河长责任，坚持“防”和“治”两手抓，坚决打赢打好防汛抗旱主动仗，持续改善水环境生态质量，为全市经济社会发展提供优质水资源保障。

9日　省委常委、政法委书记王艳玲带队来孝检查防汛抗旱工作时强调，要认真贯彻习近平总书记关于应急管理和防灾减灾重要指示精神，认真落实全国、全省防汛抗旱工作电视电话会议和长江防总指挥长会议工作部署，迅速进入临战状态，全力以赴做好防汛抗旱各项工作。市委书记吴海涛，市委副书记、市长熊征宇，市委副书记、政法委书记何开文分别参加调研或座谈。

11日　孝感市供销社系统汉川市四梅种养殖专业合作社、孝感市双毫雨露茶叶花卉苗木专业合作社、大悟县河口镇富民农机农民专业合作社3家农民专业合作社被农业农村部等评为2020年度国家级“农民合作社示范社”。

13日　在全省安全生产紧急视频会议后，市委书记吴海涛主持召开全市安全生产紧急视频会议，强调要认真贯彻落实习近平总书记重要指示精神，落实中共中央国务院决策部署和省委、省政府工作要求，统筹发展和安全，闻警而惕，防患未然，深刻吸取教训，全面深入做好安全隐患排查整治，切实保障人民群众生命财产安全，为建党100周年营造安全稳定环境。市委副书记、市长熊征宇出席会议并作工作安排。

15日　省换届风气第三巡查组进驻孝感，对市县乡换届风气及监督工作进行监督检查，召开与市“四大家”领导班子见面会。省巡查组组长、省人大常委会办公厅一级巡视员周友明出席会议并讲话，市委书记吴海涛主持会议。

16日　市委、市政府召开孝汉同城化发展工作第二次推进会议。市委书记吴海涛出席会议并强调，要坚决落实全省“一主引领、两翼驱动、全域协同”区域发展布局要求，围绕市委六届十一次全会部署，深化认识，创新方法，严实作风，加快推进孝汉同城化发展，为打造武汉城市圈副中心提供有力支撑。市委副书记、市长熊征宇出席会议并讲话。

18日　上半年路长制示范路创建拉练活动暨总结大会召开。市委书记吴海涛出席会议并讲话，强调要进一步深化思想认识，强化履职尽责，推进综合执法，优化空间布局，提升建管水平，发挥综合效益。市委副书记、市长熊征宇主持会议并讲话。

22日　市委书记吴海涛深入孝南区检查安全生产工作，强调要深入贯彻落实习近平总书记关于安全生产的重要论述，按照省委、省政府部署要求，绷紧安全生产之弦，全面排查整治隐患，锁紧责任链条，抓实抓细安全生产各项工作，确保人民生命财产安全和社会大局平安稳定。

25日　全市乡村振兴“三项行动”暨城区建设现场推进会在应城市召开。市委书记吴海涛出席会议并强调，要系统谋划、一体推进、全域行动、贯通落实，进一步推动“三项行动”落地、成势、见效。市委副书记、市长熊征宇主持会议并讲话。

29日　孝感市“两优一先”表彰大会在市会议中心召开。市委书记吴海涛出席会议并讲话，指出站在新的历史起点上，全市各级党组织和广大共产党员要从党的奋斗历史中汲取前进力量，不忘初心，牢记使命，勇挑重担，砥砺前行，加快打造武汉城市圈副中心，为湖北建成中部地区崛起重要战略支点贡献孝感力量。市委副书记、市长熊征宇主持会议。

30日 市委书记吴海涛组织召开政法队伍教育整顿反馈会，省政法队伍教育整顿第九指导组组长张桂华反馈对孝感市政法队伍教育整顿工作的意见，吴海涛主持会议并作表态讲话。

7月

2日 全市河湖长制联席会议召开。市委副书记、市长、市总河湖长熊征宇出席会议并讲话，强调要提高政治站位，强化组织领导，聚焦工作重点，加强督办考核，扎实推进碧水保卫战“净化行动”，不断提升孝感市生态文明建设水平。

5日 全市环保督察重点问题整改督办会召开。市委书记吴海涛出席会议并讲话，强调要深入贯彻落实习近平生态文明思想，强化对标对表，坚持问题导向，闻警而惕、举一反三，把握时效、盘底交账，以“朝受命、夕饮冰，昼无为、夜难寐”的精神，持之以恒抓好生态环保督察整改，切实担负起生态文明建设政治责任，推动高质量发展。市委副书记、市长熊征宇主持会议并讲话。

同日 市委组织部机关干部大会召开。市委书记吴海涛出席会议并讲话，强调要深入贯彻落实新时代党的建设总要求和新时代党的组织路线，保持发扬优良传统，进一步履行党建工作责任，树立正确用人导向，加强部门自身建设，为推动孝感开局“十四五”、奋进新征程提供坚强组织保证。会上宣读了省委和省委组织部关于杭莺任职的通知。市委常委、组织部部长杭莺出席会议并讲话。

6日 民革、民盟、民建、农工党孝感市第六次代表大会召开。民革省委会专职副主委陈邦利，民盟省委会副主委叶春松，民建省委会副主委李燕萍，农工党省委会副主委万晓红等到会祝贺。市委书记吴海涛出席开幕式并致辞。市委副书记、市长熊征宇，市领导陈剑、江浩、邓道伟、张汉平、汪尧中、查成伟、杭莺、余德芳、喻辉、万忠鑫；民革孝感市第五届委员会主委冯雨民，民盟孝感市第五届委员会主委肖建海，民建孝感市第五届委员会主委陈鸿杰，农工党孝感市第五届委员会主委戴杰群，各民主党派老领导方晓莉、罗鲁祥、买信敬、陈旭东、钱波东等出席会议。会议期间，各民主党派分别召开代表大会，听取工作报告，并分别分组进行了讨论，选举产生了各民主党派孝感市第六届委员会领导班子。

同日 市政府与省农业科学院签订战略合作框架协议。市委副书记、市长熊征宇，省农业农村厅党组成员、省农业科学院党委书记刘晓洪出席并见证签约。副市长张志敏、省农科院副院长余锦平代表双方签订战略合作框架协议。

7日 市委书记吴海涛，市委副书记、市长熊征宇与农发行湖北省分行党委书记、行长陈志猛一行座谈交流。吴海涛对陈志猛一行到孝感考察调研表示热烈欢迎，对农发行湖北省分行长期以来给予孝感经济社会发展特别是“三农”事业的大力支持表示衷心感谢。陈志猛表示，农发行湖北省分行将发挥政策性金融“当先导、补短板、逆周期”作用，加强项目策划，创新融资模式，支持实体经济，服务乡村振兴，助力孝感高质量发展。农发行湖北省分行副行长曹运柏，市委常委、副市长查成伟参加座谈。

8日 副省长肖菊华在孝感实地督导检查校园安全工作，强调安全就是生命，责任重如泰山，必须进一步压实责任，强化措施，消除隐患，确保安全。市委副书记、市长熊征宇，副市长吴婕陪同调研。

同日 全市政法队伍教育整顿工作总结暨英模事迹报告会召开。会议深入学习贯彻习近平总书记关于加强政法队伍建设的重要指示和训词精神，全面总结全市政法队伍教育整顿工作，部署下阶段“回头看”工作，进一步巩固深化教育整顿成果，确保教育整顿收尾不收场，不断提升政法队伍良好形象。市委书记吴海涛出席会议并讲话，向受到表彰的政法英模和先进个人表示热烈祝贺，向全市政法干警致以崇高敬意。

9日 “数智孝感”建设领导小组第二次工作例会召开。市委书记吴海涛出席会议并讲话，强调要认真学习贯彻习近平总书记关于数字中国的重要论述，进一步深化思想认识，优化提升规划，聚焦重点项目，完善机制建设，深入推动“数智孝感”建设。市委副书记、市长熊征宇出席并讲话。

同日 市委副书记、市长熊征宇出席市政府海绵城市建设专题会议时强调，要对标全国示范城市标准和要求，树牢海绵城市理念，优化规划设计，彰显孝感特色，强化协调配合，高标准推进项目建设，打造全国一流的海绵城市建设示范城市。

12日 市委书记吴海涛，市委

副书记、市长熊征宇在孝感城区调研槐荫大道综合改造项目建设情况时强调，要切实站位发展全局，加强统筹调度，抢抓工期进度，合力破解难题，保质保量推进项目建设。

同日 市委书记吴海涛，市委副书记、市长熊征宇与省体育局党组书记、局长胡功民，中建三局党委书记、董事长陈卫国一行就对接孝感“十四五”规划，助力孝感高质量发展开展座谈。省体育局副局长骆启义，中建三局副总经理樊涛生、李成强，市委常委、常务副市长邓道伟参加座谈。

13日 市委书记吴海涛，市委副书记、市长熊征宇调研老澴河综合治理建设工程时强调，要坚决贯彻落实市委、市政府决策部署，站位大局，拧紧思想，强化执行，保证时序，提升质效，全力推进工程建设，促进城市更新；要狠抓控制性、卡脖子工程建设，促进路网早日贯通；要敞开空间，多做减法，优化布局，抓好绿化、设施与周边环境有效衔接。

同日 湖北省文化和旅游厅印发通报，天屿湖旅游度假区、应城国家矿山公园·爱漫文旅小镇通过国家AAAA级旅游景区景观质量评审，被正式列入国家AAAA级旅游景区创建名单。

14日 市委副书记、市长熊征宇到大悟、孝昌调研乡村振兴“三项行动”和“两带协同”时强调，要认真贯彻落实习近平总书记关于“三农”工作重要论述和市委、市政府部署要求，整体谋划、找准路径、精准施策，深入推进乡村振兴，促进农业高质高效、乡村宜居宜业、农民富裕富足。

16日 省人大常委会副主任刘雪荣就新型农业经营主体和区域高质量发展情况到孝感开展调研。省人大农业与农村委员会主任委员肖伏清，市委书记吴海涛，市人大常委会主任周先来、副主任陈鸿杰、秘书长李明辉参加有关调研。

同日 市政府召开第三次项目策划推进会议，专题研究孝感城区基础设施三年攻坚行动计划。市委副书记、市长熊征宇出席会议并讲话，要求市区一体，整体谋划，科学组织，注重效益，统筹推进城区基础设施建设，完善城市功能，提升城市形象，不断满足人民群众生产生活需要。

20日 市纪委监委机关干部大会召开。市委书记吴海涛出席会议并讲话，强调要深入学习贯彻习近平总书记在十九届中央纪委五次全会上的重要讲话精神，牢牢把握纪检监察机关在全面从严治党中的职责定位，牢牢把握高质量发展这个主题、建设清廉孝感这个主线、实现“好正实优”这个目标，深入推进党风廉政建设和反腐败斗争，为全力打造武汉城市圈副中心提供坚强保障。会上宣读了省委关于江浩同志任职的决定。市委常委、市纪委书记江浩出席会议并讲话。

同日 市委副书记、市长熊征宇调研督办城区重点项目建设，强调要树牢以人民为中心的发展思想，坚持质量第一、效益优先，在保证质量安全的基础上，进一步加快建设进度，力争早日建成投入使用，让广大群众尽快受益。

20—22日 中国农业龙头企业协会央联食品保障分会组织30余家国家机关、中央企业会员单位，贯彻习近平总书记“搭把手、拉一把”的重要指示精神，到孝感开展优质农产品采购对接活动，巩固脱贫成果、助力乡村振兴、助推孝感农业农村现代化。中国农业龙头企业协会副会长刘英杰，央联食品保障分会会长金其洪，省委农办主任、省农业农村厅厅长、省乡村振兴局党组书记吴祖云出席对接活动。市委副书记、市长熊征宇出席采购对接会并致辞。副市长张志敏主持采购对接会。会员单位负责人考察了汉川、大悟、孝南的农业生产基地和企业。中国农业龙头企业协会央联食品保障分会分别与市农业农村局、市扶贫馆签订战略合作协议、采购协议。

21日 市委书记吴海涛，市委副书记、市长熊征宇在孝南区调研静脉产业园项目建设时强调，要进一步深化认识，对标建设初衷，强化履职尽责，优化营商环境，加快静脉产业园项目建设，推动绿色低碳循环发展。

24日 二季度全市“三区”项目“四看四比”活动总结会举行。市委书记吴海涛主持会议并强调，要认真贯彻落实全省市州党委书记座谈会精神，不断提高把握新发展阶段、贯彻新发展理念、构建新发展格局的政治能力、战略眼光、专业水平，聚焦发展中心，狠抓“三资一促”，深化“五化管理”，强化多元支撑，树立实干导向，为加快建设武汉城市圈副中心提供有力支撑。市委副书记、市长熊征宇出席会议并讲话。

同日 第二季度招商引资项目集中签约活动举行。市委书记吴海涛出席签约活动并致辞。市委副书记、市长熊征宇主持签约。市人大常委会主任周先来以及江浩、邓道伟、张汉平、汪尧中、杭莺、余德芳、程涛等市领导和项目签约客商出席活动。此次活动共签约38个项目，总投资370亿元。投资过10亿元的项目共9个，其中华港（空港）国际产业园项目计划投资过百亿元。

26日 省人大常委会党组书记、

常务副主任王玲率调研组到孝感，就县乡人大换届选举工作及“湖北省选民登记信息系统”运行情况开展调研。市委副书记、市长熊征宇，市人大常委会主任周先来参加调研。

29日 全市“五城同创”工作现场推进会召开。市委书记吴海涛出席会议并强调，要深入贯彻习近平总书记关于城市工作和文明城市创建工作的重要指示精神，坚决落实“上马不下马、升温不降温，动真不怕硬、严考不认人”要求，对比先进，强化保障，市域联动，确保“五城同创”目标必达。市委副书记、市长熊征宇主持会议并讲话。

30日 市委书记吴海涛在市高新区调研科技创新工作时强调，要深入学习贯彻习近平总书记关于科技创新的重要论述，坚持把科技创新摆在全市发展全局的核心位置，优化创新创业生态，激发科研机构、科技企业、创新人才的积极性创造性，推动创新链产业链深度融合，加快创建国家创新型城市，为打造武汉城市圈副中心提供有力的科技支撑。

近日 在中国人民解放军建军94周年即将到来之际，市委书记吴海涛，市委副书记、市长熊征宇，市人大常委会主任周先来，市委副书记陈惠霞等市“四大家”领导走访慰问驻孝部队官兵，共话军民鱼水深情，凝聚推动高质量发展强大合力。

8月

2日 全省新冠肺炎疫情防控工作电视电话会议召开后，市委书记吴海涛接着主持召开视频会议，强调要深入贯彻落实习近平总书记关于疫情防控工作的重要指示批示精神，落实省委、省政府工作部署，强化工作举措，筑牢防控阵地，为实现“全年精彩”目标创造安全稳定环境。市委副书记、市长熊征宇出席会议并讲话。

同日 市新冠肺炎疫情防控指挥部指挥长工作会议召开。市委副书记、市长、市疫情防控指挥部指挥长熊征宇出席会议并讲话。市委副书记、市疫情防控指挥部常务副指挥长陈惠霞安排部署防控工作。会议通报了全市疫情防控工作情况及全市新冠病毒疫苗接种情况，强调要严格按照省防指和市防指《通知》要求，时刻保持高度警觉，始终绷紧疫情防控这根弦，把疫情防控作为当前头等大事，以严防输入为重点严防反弹，切实做到防控不松懈、疫情不反弹、发展不停步。省驻孝指导组组长阮祥庆，市领导余德芳、郭斌，各县市区、市直“三区”指挥部第一指挥长和市指挥部成员单位主要负责人等参加会议。

3日 学习贯彻习近平总书记“七一”重要讲话精神省委宣讲团孝感宣讲报告会暨市委理论学习中心组集中学习(扩大)会议举行。省委宣讲团成员、省政府研究室党组书记、主任覃道明作专题辅导报告。市委书记吴海涛，市委副书记、市长熊征宇，市人大常委会主任周先来出席会议。

5日 市委书记吴海涛，市委副书记、市长熊征宇调研城市外环出口及城区基础设施建设补短板三年攻坚行动重点项目时强调，要切实增强责任感紧迫感，强化统筹调度，把握时序进度，严把工程质量，加快推进重大基础性骨干项目建设，确保早日建成受益，努力让人民生活得到新改善、城市形象实现新提升。

7日 市委副书记、市长熊征宇在汉川调研疫情防控、转供电改革工作时强调，要坚持两手抓、两不误，统筹抓好疫情防控和经济社会发展，坚决做到防控不松懈、疫情不反弹、发展不停步。

10日 市疫情防控指挥部指挥长会议召开。市委书记、市防控指挥部指挥长吴海涛主持会议并强调，深入贯彻落实习近平总书记关于疫情防控的重要指示精神，落实省委部署要求，认清防疫形势，把握工作要求，聚焦短板问题，科学精准施策，坚决守牢底线，把疫情防控各项措施抓实抓细抓落地。市委副书记、市长、市防控指挥部指挥长熊征宇出席会议并讲话。

11日 全省新冠肺炎疫情精准防控视频调度会召开后，市疫情防控指挥部接着召开会议。市委副书记、市长、市疫情防控指挥部指挥长熊征宇出席会议并讲话，强调要认真贯彻落实全省新冠肺炎疫情精准防控视频调度会精神，克服麻痹侥幸思想，压紧压实“四方”责任，精准精细落实防控措施，坚决守牢守住疫情防线。

13日 全省防汛视频调度会议后，市委书记吴海涛对全市防汛抗灾救灾工作作出部署，要求深入贯彻落实习近平总书记关于防汛抗洪救灾重要指示精神，认真贯彻落实省委书记应勇对做好气象灾害防御工作批示精神和省防指工作部署，拧紧思想“螺丝”，深化认识，落实责任，紧盯水库、山洪地质灾害、中小河流、城市易涝点等重点部位和重点工作，明确应对措施，统筹抓好疫情防控、防灾减灾和经济社会发展，维护人民群众生命财产安全，确保社会大局平安稳定。市委副书记、市长熊征宇参加会议。

16日 市委书记吴海涛在孝南区调研“三资一促”工作时指出，要深入贯彻落实习近平总书记重要讲话精神，落实省委、省政府工作部署，坚持发展第一要务，强化防疫底板意识，统筹推进疫情防控和经济社会发展，有效防范化解各类风险，加快推进主城崛起，推动区域发展布局成势见效，确保完成全年目标任务。

同日 市委副书记、市长熊征宇出席党外人士半年情况协商通报会暨优化营商环境专题协商座谈会，就“优化营商环境”问计各民主党派、工商联和无党派人士。

17日 市委书记吴海涛在孝感城区调研督导“五城同创”工作时强调，要把“五城同创”作为中心工作、民心工程，突出背街小巷整治提升，依法拆违、建管结合，统筹谋划、完善功能，不断满足群众对美好生活的需要；要在加强拆违整治同时，充分考虑停车、餐饮、菜场、医疗等公共服务和便民设施规划，合理布局、加强管理、常态长效，不断巩固拓展整治成果。

同日 市委副书记、市长熊征宇主持召开全市优化营商环境工作推进会时强调，要知重负重，落细落小，保持久久为功的恒心、一点一滴的耐心，补齐短板，创先争优，整体提升营商环境。

同日 市委副书记、市长熊征宇主持召开全市重大项目策划储备工作推进会时强调，要提高认识，放开思路，压实责任，强化保障，确保项目策划储备工作取得实效。市委常委、常务副市长邓道伟作工作安排。

18日 市委书记吴海涛在城区调研教育工作和学校疫情防控工作时要求，深入学习贯彻习近平总书记关于教育的重要论述和关于疫情防控的重要指示精神，压实责任，完善措施，守牢底线，巩固防疫成果，确保广大师生身体健康和校园安全，确保如期正常开学；要加快改革创新，提升教育质量，办好人民满意教育。

同日 市委副书记、市长熊征宇在应城、汉川调研督导乡村振兴“三项行动”、县域经济高质量发展和疫情防控工作时强调，要点面结合，建管并重，积极推进乡村振兴“三项行动”。调研期间，熊征宇还实地督导了疫苗接种情况，要求压实工作责任，加强便民服务，安全有序推进疫苗接种，加快构筑全民免疫屏障。

20日 市委书记、市委审计委员会主任吴海涛主持召开市委审计委员会第四次会议，传达学习习近平总书记关于审计工作的重要讲话和重要指示批示精神，落实中央审计办有关会议和省委审计委员会第五次会议精神，审议2020年度孝感市本级预算执行和其他财政收支情况的审计报告。

同日 全省新一轮强降雨防范应对工作视频调度会后，市防汛抗旱指挥部接着召开会议，传达贯彻习近平总书记关于防汛抗洪救灾重要指示精神，认真落实省委书记应勇关于切实做好新一轮强降雨防范应对工作的批示精神和全省视频调度会议部署，要求强化底线思维风险意识，坚持生命至上、避险为要，闻汛即动、快速响应，以大概率思维应对小概率事件，切实维护人民群众生命财产安全。市委副书记、市长、市防汛抗旱指挥部指挥长熊征宇出席会议并讲话。

21日 全省新冠病毒疫苗接种视频调度会后，市疫情防控指挥部接着召开会议。市委副书记、市长、市疫情防控指挥部指挥长熊征宇强调，要坚决落实全省疫苗接种视频调度会部署要求，进一步认清形势，压实责任，定向挖潜，精准施策，全力以赴加快疫苗接种速度，打好打赢疫苗接种的人民战争。

26日 市“五城同创”指挥部专题会议召开，市委书记吴海涛出席会议并讲话，强调要坚持以人民为中心的发展思想，锚定创建目标，强化问题导向，树立标准意识，坚持持续用力，补齐功能短板，不断增强群众的获得感幸福感。市委副书记、市长熊征宇主持会议并讲话。

同日 市委副书记、市长熊征宇在大悟现场调研督导生态环境问题整改工作时强调，要认真学习贯彻习近平生态文明思想，坚持生态优先、绿色发展，统筹保护和发展，强力推进生态环境问题整改，实现生态保护、绿色发展、民生改善相统一。

27日 市委书记吴海涛在调研全域国土综合整治工作时指出，要站位发展全局，抢抓政策机遇，强化规划引领，优化再造空间，做实做好做快项目，发挥项目综合效益，加快推进农业农村现代化，推动孝感高质量发展；要紧盯建设质量，加快建设进度，发挥示范作用，在实践中创造好经验好做法，深入推动全市国土综合整治，促进乡村全面振兴。

30日 “数智孝感”建设领导小组第三次工作例会召开。市委书记吴海涛出席会议并强调，要认真学习贯彻习近平总书记关于数字中国的重要论述，压实主体责任，聚焦工作重点，坚持问题导向，加强调度，稳扎稳打，充分发挥大数据支撑作用，更好服务领导决策，赋能高质量发展。市委副书记、市长熊征宇出席并讲话。

本月 中央文明办发布2021年7月“中国好人榜”，“湖北省三八红旗手”、航天三江万峰公司电装车间印制板组组长刘建波作为“敬业奉献好人”光荣上榜。

本月 经全省各地各部门申报推荐，中共湖北省委宣传部组织综合评审，“荆楚楷模”2021年度5—6月上榜人物名单揭晓，孝感市孝南区疾病预防控制中心防治艾滋病科科长王胜勇荣获“荆楚楷模”荣誉称号。

9月

1日 中国共产党孝感市第六届委员会第十二次全体会议召开。全会通过《中共孝感市委、孝感市人民政府贯彻落实〈中共湖北省委、湖北省人民政府关于新时代推动湖北高质量发展 加快建成中部地区崛起重要战略支点的实施意见〉的行动方案》《关于召开中国共产党孝感市第七次代表大会的决议》和《中共孝感市委六届十二次全体会议决议》，明确了新时代推动孝感高质量发展的定位和主要目标。

同日 全市党风廉政教育暨清廉孝感建设工作推进会召开。市委书记吴海涛出席会议并讲话，强调要深入学习贯彻习近平总书记“七一”重要讲话精神和关于全面从严治党重要论述，深入落实全省警示教育暨清廉湖北建设工作推进会精神，扎实开展全市党风廉政建设宣传教育月活动，保持奋斗激情，弘扬新风正气，坚守清廉本色，强化示范引领，推动打造“好正实优”的清廉孝感，为“打造副中心、争当排头兵、作出新贡献”提供坚强纪律作风保障。市委副书记、市长熊征宇主持会议并讲话。

同日 市委书记吴海涛在市委全会上传达贯彻中央第三生态环境保护督察组督察湖北省工作动员会会议精神，并就配合中央督察组工作作出部署。吴海涛指出，要扎实做好中央环保督察迎检工作，全市各级各部门务必强化政治自觉，迅速对标对表，切实抓好上一轮中央环保督察反馈问题的整改，强化对重点企业的监督管理，抓好重点信访件的办理，全力以赴解决问题，补齐短板，确保以最佳效果迎接中央督察组的检阅。市长熊征宇主持召开专题会议，部署相关工作，要求各地各部门、各服务专班负责人要把主要精力“专”起来，主动作为、强化沟通、密切配合，做到思想一致、行动一致、步调一致，以实际成效向中央环保督察组和全市人民交上一份满意的答卷。

2日 市疫情防控指挥部指挥长会议召开。市委副书记、市长、市疫情防控指挥部指挥长熊征宇出席会议并讲话，强调要认真落实省委、省政府工作要求，对标对表省疫情防控指挥部最新精神，补齐短板，精准施策，聚焦重点，严格管控，压实责任，检查督导，做到“四伞并举、常急兼备、精准施策、统筹均衡”，推动立体型常态化科学精准防控机制和局部应急处置机制有机结合。

5日 国务院发展研究中心党组成员、办公厅主任余斌一行到孝感调研武汉城市圈国土空间规划实施情况。市委副书记、市长熊征宇陪同调研并介绍孝汉同城情况。

7日 省委书记应勇到云梦、应城调研县域经济发展和农业产业化工作。应勇强调，要深入贯彻落实习近平总书记“七一”重要讲话和习近平总书记考察湖北、参加湖北代表团审议时的重要讲话精神，努力探索以县城为重要载体的城镇化建设之路，刻不容缓推进农业产业化，推动县域经济突破性发展，抬高湖北全域高质量发展的底板。要坚持党建引领，提升县域治理现代化水平，持续优化营商环境。要坚持生态优先、绿色发展，建设美丽湖北、实现绿色崛起，加快“建成支点、走在前列、谱写新篇”。市委书记吴海涛，市委副书记、市长熊征宇等参加调研。

同日 省委常委、常务副省长李乐成在汉川市检查调研时强调，要认真贯彻省委、省政府决策部署，落实全省优化营商环境推进会要求，更好统筹发展和安全，扎实做好汉江防汛、投资和重大项目建设、县域经济高质量发展、信访积案化解工作，以实干实绩实效提升人民群众获得感幸福感安全感。李乐成实地检查了马鞍乡新横堤险段防汛工作，考察了祥源新材料等重点企业，现场接待了信访群众。市委书记吴海涛，市委副书记、市长熊征宇等参加相关调研。

8日 市委书记吴海涛在大悟县调研督导黄麦岭生态环境问题整改工作时要求，要扛牢生态环境保护政治责任，坚持生态优先、绿色发展，严格标准、立行立改、全面整改，确保整改取得实效，守护好良好生态环境这个最普惠的民生福祉。吴海涛现场察看了黄麦岭公司尾矿库环境问题整改现场、污水处理站，详细了解企业污染治理、环境问题整改落实情况。省联投集团党委书记、董事长刘俊刚，副总经理雷宗江，副市长叶华参加调研。

同日 市委书记吴海涛在参加城市重点片区建设集中调研督办活动时强调，要深入贯彻落实中共中央关于城市工作的决策部署，站位全局、履职尽责，完善功能、强化支撑，不断深化区域发展布局，推动孝感高质量发展。市委副书记、市长熊征宇出席并讲话。

同日 市委副书记、市长熊征

宇看望慰问优秀教师代表，向全市广大教育工作者致以节日问候，指出尊师重教是中华民族的传统美德，广大教师要不忘教育初心，牢记育人使命，在各自岗位上继续拼搏、再创佳绩，以实际行动赢得全社会尊重，为建设教育强市贡献智慧力量，为“打造副中心、争当排头兵、作出新贡献”提供人才智力支撑。

9日 市委书记吴海涛，市委副书记、市长熊征宇在城区调研交通重点项目建设时指出，增强工作责任感紧迫感，强化统筹调度，压实各方责任，严把时序进度，确保交通项目早日贯通，发挥综合效益，推动孝感高质量发展。

同日 市委书记吴海涛，市委副书记、市长熊征宇与省农信联社党委书记、理事长李亚华一行座谈交流。政银双方就创新金融产品，支农支小支微，助力孝感产业发展和乡村振兴开展座谈。

10日 为贯彻落实省委十一届七次、八次、九次全会精神和省推进区域发展布局实施工作领导小组第一次会议精神，武汉市政协副主席、武汉市停车场及新能源汽车配套设施建设工作指挥部指挥长千小明率队来孝，就支持湖北三江航天万山特种车辆有限公司新能源重卡推广应用考察调研，并出席战略合作框架协议签约活动。市委书记吴海涛，航天三江集团党委书记、董事长冯杰鸿参加签约活动。

14日 市委书记吴海涛调研常态化疫情防控、校园食品安全等工作时指出，要深入贯彻落实习近平总书记关于疫情防控和食品安全的重要指示批示和讲话精神，持续贯彻落实省委十一届七次、八次、九次全会精神，始终绷紧疫情防控之弦，压紧压实“四方责任”，扎实推进疾病预防控制体系改革和公共卫生体系建设；严格落实“四个最严”要求，强化安全监管，为师生守护好“舌尖上的安全”。

15日 市委书记吴海涛到大悟县调研“三项行动”，深入乡村振兴联系点，围绕持续推进乡村振兴，听取基层干部群众意见建议，强调要深入贯彻落实习近平总书记关于“三农”工作重要论述，坚持农业农村优先发展，进一步巩固拓展脱贫攻坚成果，夯实基层基础，推动资源要素向农村倾斜，激发乡村振兴新动力。

23日 市委书记吴海涛出席市委党校2021年秋季学期主体班开学典礼时强调，要深入学习贯彻习近平总书记在中央党校（国家行政学院）中青年干部培训班开班式上的重要讲话精神，珍惜学习机会，始终胸怀大局，践行对党忠诚，强化担当作为，提升能力水平，严守规矩底线，努力争创一流工作业绩。

24日 新合作商贸连锁集团和孝感深化合作恳谈签约活动举行。市委书记吴海涛，中国供销集团有限公司专职党委副书记、董事郝彦领出席并讲话，市委副书记、市长熊征宇主持恳谈签约活动。

同日 市委副书记、市长熊征宇调研督导粮食工作时强调，要认真贯彻落实习近平总书记关于粮食安全的重要论述，坚决扛稳粮食安全重大政治责任，巩固提升粮食安全保障能力。

25日 中国红十字会党组书记、常务副会长王可一行到孝感调研。副省长、省红十字会会长杨云彦，省红十字会党组书记、常务副会长涂明珍，市委书记吴海涛参加调研。

27日 省委第十专项巡视组对孝感市开展涉粮问题专项巡视见面沟通会举行，巡视组组长周应佳出席会议并讲话，市委书记吴海涛主持会议并作表态发言。省委第十专项巡视组副组长周华、刘兆雄及有关同志，市委副书记、市长熊征宇等参加会议。

28日 市委、市政府召开“五城同创”工作现场推进会。市委书记吴海涛出席会议并强调，深入贯彻习近平总书记关于城市工作和文明城市创建工作的重要指示精神，进一步树牢标准，对标先进，压实责任，严督实考，持续深入推进“五城同创”，不断满足群众对美好生活的需要。市委副书记、市长熊征宇主持会议并讲话。

29日 市委副书记、市长熊征宇督办检查中央环保督察反馈问题整改进度，并主持召开整改督办会，研究制定整改方案，强调要深入学习贯彻习近平生态文明思想，对标对表中央生态环保督察整改要求，闻令即动、闻过即改，扎实整改、全面整改，以实实在在的整改成效向全市人民交出满意答卷。

30日 烈士纪念日向烈士敬献花篮仪式在孝感烈士陵园隆重举行。市委书记吴海涛，市委副书记、市长熊征宇，市人大常委会主任周先来，市委副书记、政法委书记陈惠霞等市“四大家”领导，唐玉金等市老领导出席仪式。湖北工程学院、湖北职院党委主要负责人，各民主党派孝感市委会主要负责人，孝南区、市直“三区”和部分市直单位主要负责同志，以及解放军和武警部队官兵代表，烈属、老战士、劳模、先进人物代表，机关干部、企业职工、学生代表等参加纪念活动。

同日 市委书记吴海涛在孝感城区医院、企业、车站、商超等地，检查督导安全稳定、疫情防控等工作，看望慰问一线工作人员，对大家的辛勤付出表示感谢，强调要深入学习贯彻习近平总书记关于安全生产和疫情防控的重要讲话和指示批示精神，时刻绷紧安全这根弦，始终坚持人民至上、生命至上，毫不放松抓好安全稳定和疫情防控各项工作，确保群众度过一个平安健康欢乐祥和的节日。要统筹抓好发展和安全，扎实做好节日期间安全生产和疫情防控各项工作，强化值班值守，落实防疫、消防、交通、防汛等各领域安全措施，坚决做到守土有责、守土尽责。要加强“体验式”调研检查，坚持问题导向，及时补齐短板，堵塞管理漏洞，织密织牢安全防护网。

本月 工信部公布了第三批专精特新“小巨人”企业名单，湖北祥源新材料科技股份有限公司、大禹电气科技股份有限公司、湖北恒大包装有限公司、湖北锐邦光电科技有限公司、湖北安心智能科技有限公司、孝感市易生新材料有限公司、湖北华欣有机硅新材料有限公司等7家企业上榜。

10月

10—11日 省住建厅党组书记李昌海来孝调研中央环保督察反馈问题整改、老旧小区改造、海绵城市建设等工作。市委副书记、市长熊征宇，副市长叶华参加调研。

12日 省委常委、组织部部长李荣灿赴大悟调研乡村振兴和党支部联系点时强调，要深入贯彻落实习近平总书记关于实施乡村振兴战略的重要论述精神，总结运用抓党建促脱贫攻坚经验，深入推进党建引领乡村治理促进乡村振兴。市委书记吴海涛，市委副书记、市长熊征宇等分别参加调研。

13日 团省委书记周森锋一行到孝感调研共青团和少先队工作。市委书记吴海涛，市委常委、市纪委书记、市委统战部部长江浩分别参加调研，实地了解全市县域共青团基层组织改革试点、少先队改革、非公企业团建、共青团阵地建设、青年参与科技创新等工作开展情况，并对青年创业就业、少先队组织阵地建设以及共青团在基层改革试点推进、团课推广、基层团青工作开展等方面的重难点问题进行了指导。

18—19日 市委副书记、市长熊征宇调研孝感城区重点项目建设，强调要抢抓四季度黄金施工期，强化工程监管，保证工程质量，全力加快重点项目建设，确保项目早日建成使用，不断提升群众获得感、幸福感。

19日 市委书记吴海涛在城区调研停车秩序、交通秩序等“五城同创”专项整治工作时指出，要坚持以人民为中心发展思想，强化价值导向、问题导向，精准定位，疏通堵点，点面结合，合力攻坚，常态长效，不断增强群众获得感幸福感。

20—21日 省人大常委会党组成员马国强就水利补短板工程建设情况开展专题调研。市委书记吴海涛，市人大常委会主任周先来、副主任陈鸿杰分别参加调研。

20日 市委副书记、市长熊征宇调研电力及能源安全保供工作时强调，要把建设坚强电网、服务经济高质量发展和优化电力营商环境、改善社会民生作为工作出发点和落脚点，抓实项目、做优服务、保障安全，为孝感高质量发展提供优质能源支撑。

25日 市委书记吴海涛主持召开市委常委会会议，传达贯彻习近平总书记重要讲话精神，审议全面推行林长制工作行动方案、进一步减轻义务教育阶段学生作业负担和校外培训负担的实施方案、推进金融业高质量发展的实施意见等文件。

27日 城区基础设施建设补短板三年攻坚行动推进会召开。市委副书记、市长熊征宇出席会议并强调，要深化认识，聚焦重点，勇担使命，发扬“拼抢实”精神，迎难而上，锲而不舍，加快推进项目建设，确保一年开好局、两年见成效、三年结硬账，以良好的市容市貌迎接建市三十周年。

11月

2日 全市金融业高质量发展会议召开。市委书记吴海涛出席会议并讲话，强调要深入学习贯彻习近平总书记关于金融工作的重要论述，坚持问题导向，强化系统思维，进一步解放思想、找准载体，加快补短板、强弱项，发挥金融要素支撑作用，以金融业高质量发展助力孝感经济社会高质量发展。市委副书记、市长熊征宇主持会议并讲话。

同日 全市全面推行林长制工作动员会召开。市委书记吴海涛出席会议并讲话，强调要深入践行习近平生态文明思想，落实中共中央决策部署和省委工作要求，深化思想认识，强化政治责任，形成长效机制，厚植生态优势，为高质量发展提供有力生态支撑。市委副书记、市长熊征宇主持会议并讲话。

同日 加压奋进全力冲刺四季度努力实现“全年精彩”推进会召开。市委副书记、市长熊征宇出席会议并讲话，强调要贯彻落实全省市州党委书记座谈会、全省县(市、区)委书记工作交流会和全省奋力冲刺四季度努力实现“全年精彩”推进会精神，按照省委、省政府部署要求，紧盯目标、加压奋进，大干六十天、决战四季度，确保实现“全年精彩”“全面精彩”。

3日 全市“五城同创”工作现场推进会召开。市委书记吴海涛主持会议并讲话，强调要进一步统一思想，凝聚意志，整合力量，直指目标，攻坚克难，跑出加速度，干出新业绩，展现城市新形象。市委副书记、市长熊征宇出席会议并讲话。

5日 全市巩固脱贫攻坚成果专题工作会议暨行业部门述职工作会议召开。市委书记吴海涛主持会议并讲话，强调要深入贯彻落实习近平总书记关于“三农”工作重要论述，强化政治担当，坚持标准引领，守牢工作底线，切实做好巩固拓展脱贫攻坚成果同乡村振兴有效衔接工作，让脱贫基础更加稳固、成效更可持续。

8日 副省长杨云彦在大悟督导常态化疫情防控，调研为群众办实事落实情况时强调，要充分认识当前疫情防控严峻形势，坚决扛起政治责任，筑牢外防输入屏障，守好入鄂“北大门”，统筹做好疫情防控与民生保障工作，增强群众幸福感、获得感、安全感。市委副书记、市长熊征宇，副市长吴婕陪同调研。

9日 市政府与中石化湖北公司签订战略合作框架协议。双方将围绕产业链供应链转型升级、新能源新业态项目建设、成品油领域数字税收监管等方面开展深入合作。市委书记吴海涛，中石化湖北公司党委书记于海平出席签约活动并讲话。市委副书记、市长熊征宇主持签约，中石化湖北公司总经理向浩萍出席活动。

12日 市委书记吴海涛，市委副书记、市长熊征宇在城区调研城市重点片区建设时强调，全市上下要深入贯彻落实中共中央关于城市工作的决策部署，站位发展全局，聚焦片区建设，深化“五化”管理，强化要素保障，不断完善城市功能，推动孝感高质量发展。

19日 市委理论学习中心组（扩大）集中学习会举行，邀请国家信息中心信息化和产业发展部主任单志广围绕智慧城市建设作专题辅导报告。市委书记吴海涛，市委副书记、市长熊征宇，市人大常委会主任周先来，市委副书记、政法委书记陈惠霞等市领导出席会议。

25日 市委书记吴海涛，市委副书记、市长熊征宇在孝感城区调研南部新城项目规划工作时强调，要站位孝感全域，着眼长远，规划设计好南部新城建设，助力主城崛起，推动孝感高质量发展。

26—28日 乡村振兴“三项行动”“路长制”拉练活动暨考评工作会召开。市委书记吴海涛出席会议并讲话，强调要把学习贯彻中共十九届六中全会精神与抓好“三项行动”“路长制”结合起来，耦合标准，契合规划，统合监管，融合治理，整合产业，结合推进，做到“四个强化”，以全面推进“三项行动”“路长制”的成果，为圆满完成年度目标任务、实现“全年精彩”作出更大贡献。

29日 市委召开老干部通报会，向老干部通报市第七次党代会有关情况并征求意见建议。市委书记吴海涛出席会议并讲话。市委副书记、市长熊征宇主持会议。

12月

7日 全国、全省疫情防控工作电视电话会议后，市疫情防控指挥部接着召开会议。市委副书记、市长、市疫情防控指挥部指挥长熊征宇出席会议并强调，要严格落实全国、全省疫情防控工作电视电话会议部署要求，闻令而动、迅速行动，严防死守、精准防控，坚决打好打赢今冬明春疫情防控攻坚战。

7—9日 中国共产党孝感市第七次代表大会举行。大会应到代表493名，实到487名，符合有关规定。大会通过的报告《打造副中心 争当排头兵 为全面建设社会主义现代化强市不懈奋斗》，确定了未来五年全市工作的指导思想，未来五年的奋斗目标。大会以无记名投票方式，选举出由55名委员、10名候补委员组成的中国共产党孝感市第七届委员会，选举出由35名委员组成的中国共产党孝感市第七届纪律检查委员会。

9日 中共孝感市委七届一次全会选举吴海涛、熊征宇、陈惠霞、江浩、杭莺（女）、余德芳、程涛、刘红兵、吴琼、刘敏（女）、贺卫东为市委常委，选举吴海涛为市委书记，熊征宇、陈惠霞为市委副书记；通过了市纪律检查委员会第一次全体会议选举结果。

同日 省人社厅党组书记、厅长刘艳红到孝感调研零工驿站建设运行情况。市委书记吴海涛参加调研。刘艳红实地察看了汉川市零工驿站规划布局、设备配备、驿站运行等情况，强调要聚焦群众需求，拓宽服务范围，将更多临时、零散、灵活的务工形式纳入零工驿站服务范畴；要提高服务质效，维护好零工的劳动权益，切实将其打造成“用工放心、就业安心、群众省心”的灵活就业人员用工务工平台；要建设、管理、运行好零工驿站，主动为灵活就业人员创造更多就业的机会、为用工主体提供更便利的招工渠道、为县域经济高质量发展做出更多贡献。

15—16日　省自然资源厅党组书记、厅长张猛来孝调研自然资源和规划工作。市委副书记、市长熊征宇参加调研。张猛一行先后到安陆市、云梦县调研“标准地”出让、拿地即开工“五证同发”“我为群众办实事”工作等工作情况。张猛强调，要认真学习、准确把握中共十九届六中全会的核心要义和精神实质，在生态保护、保障发展和服务群众中体现过硬本领和历史担当，通过加强要素保障能力，不断提升项目规划水平，在充分挖掘和传承地方特色、历史文化的基础上，进一步推进文旅融合项目创新发展。

20日　市委书记吴海涛主持召开市委常委会会议，学习贯彻习近平总书记重要讲话精神，传达学习省委全面依法治省工作会议精神，审议孝感市法治政府建设实施方案、关于开展法治宣传教育第八个五年规划和实施“澴川创新创业人才计划”的若干措施等文件，研究部署贯彻落实措施。

同日　市委书记吴海涛，市委副书记、市长熊征宇在孝南区调研孝感老城古迹保护工作，强调要加强统筹谋划，强化规划引领，充分尊重民意，正确处理好开发和保护的关系，让老城焕发新活力。

21日　全市“五城同创”工作现场推进会召开。市委书记吴海涛出席会议并强调，要进一步统一思想，正视现实，明确方向，加大力度，一抓到底，满足群众期待，塑造城市新形象。市委副书记、市长熊征宇主持会议并讲话

24日　市委人才工作会议召开。市委书记吴海涛出席会议并讲话，强调要深入学习贯彻习近平总书记关于人才工作的新理念新战略新举措，全面贯彻落实中央人才工作会议和省委人才工作会议精神，坚持党管人才原则，站位全局、融入大局抓好人才工作，加快推动人才强市建设，努力形成“孝感成就人才，人才成就孝感”的生动景象，为加快“打造副中心、争当排头兵、作出新贡献”提供坚实人才保证。

27日　市文学艺术界联合会第六次代表大会、市科学技术协会第六次代表大会、市红十字会第三次会员代表大会、市社会科学界第三次代表大会在孝开幕。省文联党组书记、常务副主席邓长青，省科协党组书记、副主席叶贤林，省红十字会党组书记、常务副会长涂明珍，省社科联党组书记、常务副主席喻立平，市委书记吴海涛出席并讲话。

28日　市委全面依法治市工作会议召开。市委书记吴海涛出席会议并讲话，强调要坚持以习近平新时代中国特色社会主义思想为指导，深刻领会、精准把握习近平法治思想的核心要义和实践要求，站位发展全局，联系岗位实际，强化履职尽责，在抓学习、增质效、强创建、优环境、促治理、提形象上狠下功夫，努力建设更高水平的法治孝感、平安孝感，为“打造副中心、争当排头兵”提供坚强法治保障。市委副书记、市长熊征宇主持会议。

29日　“数智孝感”建设领导小组第四次工作例会召开。市委书记吴海涛出席会议并讲话，指出要认真学习贯彻习近平总书记关于数字中国的重要论述，深化认识，扛实责任，加强统筹，精准发力，合力攻坚，为孝感高质量发展提供强大动力支撑。市委副书记、市长熊征宇出席并讲话。

31日　市委书记、市防控指挥部指挥长吴海涛主持召开指挥长会议，分析研判疫情形势，研究部署元旦、春节期间疫情防控工作。吴海涛强调，要深入贯彻落实习近平总书记关于疫情防控工作的重要指示精神，贯彻落实中共中央、国务院和省疫情防控指挥部部署要求，绷紧思想之弦，树牢底线意识，自加压力、同频共振，强化措施、织密网络，为经济社会发展营造安全稳定环境。

同日　全省安全生产工作电视电话会议暨省安委会第五次全体会议后，市安委会接着召开第五次全体（扩大）会议，市委副书记、市长、市安委会主任熊征宇出席会议并强调，要全面贯彻习近平总书记关于安全生产重要论述，认真落实全省安全生产电视电话会议部署要求，牢固树立不抓安全是失职、抓而不实是渎职的理念，增强隐患就是事故、麻痹就是灾害的意识，强化群众过节、干部过关的思想，压实安全生产责任，抓实安全生产排查整治，强化源头管控，有力保障人民群众生命财产安全。

（市史志研究中心）

执行编辑：李永来

孝感概览

孝感概览

自然条件

【地理位置与面积】 孝感市位于湖北省东北部,地理位置北纬30°23′~31°52′,东经113°19′~114°35′。地处桐柏山、大别山之南,长江以北,汉江以东,南与武汉市东西湖区及仙桃市毗邻,北与河南省信阳市交界,西接随州、荆门、天门,东连黄冈市红安县与武汉市黄陂区。全境南北长约163公里,东西宽约122公里。市域总面积约为8904平方公里。

(市自然资源和规划局)

【地形地貌】 境内地势北高南低,由大别山、桐柏山向江汉平原过渡呈坡状地貌。山地面积占全市土地面积的21%,丘陵面积占全市土地面积的41%,平原湖区面积占全市土地面积的38%。市域北部为低山区,主要分布在大悟、孝昌和安陆北部,山峰高度一般400 ~ 800米,最高山峰为位于孝昌县与武汉市黄陂区交界的双峰山,海拔高程873.7米。中部为丘陵地带,主要分布在安陆、孝昌南部及孝南、应城、云梦北部,地面高程50~150米。南部为平原湖区,主要分布在汉川及孝南、应城、云梦南部,地面高程在海拔50米以下,最低点(河床底部未统计)为孝南区的童家湖,海拔17.5米。

(市自然资源和规划局)

【地质构造】 市域地质构造跨越秦岭褶皱系和扬子准地台两个Ⅰ级大地构造单元。市域出露地层由老至新共计有12个系,包括5个相当于系或统的岩群或群和22个组级地层单位。前震旦系主要分布于大悟境内,孝昌北部以及安陆北部地区均属秦岭区,分别划归桐柏山变质杂岩、红安岩群、随县群等地层单位,均属区域变质岩系。域内岩浆岩主要出露于北部地区,南部的应城、汉川、云梦及孝南等地基本未见岩浆岩出露,其形成时代大致分为大别期、晋宁期、燕山期及喜马拉雅期四个时期。

(市自然资源和规划局)

【河流湖泊】 孝感市地处长江以北,大别山、桐柏山脉以南,位于长江流域中下游流域,素有"洪水走廊"之称。境内共有大小河流40多条,全长1761公里(孝感境内大小河流总长度4812.6公里,5公里以上中小河流196条),过去均属古老的汈汉湖水系。大的水系有"一江三河",即汉江、府河、澴河、汉北河。流域面积在100平方公里以上的中小河流25条,流域面积在1000平方公里以上的有汉江、汉北河、府河、澴河、大富水等。

湖泊集中分布在南部,面积5平方公里以上的较大湖泊有汈汉湖、王母湖、野猪湖、龙赛湖、东西汊湖、老观湖6个,以及与黄陂跨界的童家湖。全市共有31个湖泊纳入湖北省湖泊保护名录,汉川市15个,孝南区6个,应城市5个,云梦县4个,市临空区4个,其中老观湖、东西汊湖、野猪湖3个湖泊为跨县湖泊。跨市湖泊4个,跨县湖泊3个,城中湖泊4个,1平方公里以上湖泊有14个,1平方公里以下湖泊17个,全市湖泊水面面积共165.26平方公里。

(市水利和湖泊局)

【一江三河】 孝感市境内较大的河流主要有汉江、汉北河、府河、澴河。中华人民共和国成立后,按流域规划进行综合治理,开挖汉北河和实施澴河改道工程,形成现今的府澴河、汉北河两大水系,河网密度0.626公里/平方公里。

汉江。又名襄河,是长江最大的支流,发源于秦岭南部。其干流流经陕西、湖北两省,于武汉市汇入长江。全流域面积15.9万平方公里,河道全长1577公里。

汉江横贯汉川市,自芦林口入境至新沟出境,境内全长93.7公里。在庙头以上,河道比较平直,堤距一般在500~700米,庙头以下,九曲回肠,汉川城关一带堤距宽只有400

米左右。汉江为孝感市防洪任务最大的河流，一般年份，3~5次洪峰，最多达11次、持续时间长达100天左右。汉江河道极为蜿蜒曲折，弯道多（14处），迎流顶冲险工多（16处）。河床断面窄深，最窄处仅290米（汉川城关码头）。允许安全泄量为8600立方米/秒，小于上游来量。易受长江水位顶托，水位高，时间长。涵闸多（55座，封闭5座实际现有涵闸50座，其中低水闸36座、高闸14座），堤基不良地段多（约20公里），无滩堤段长（55.631公里）。秋季洪水流速快，对堤防破坏性大。

汉北河。汉北河是1969年冬至1970年天门河下游改道开挖的一条人工河，流域总面积6304平方公里。上游主要支流有天门河、皂市河、大富水等。干流全长242公里，其中上段自河源至天门万家台称天门河，长145公里，河道坡降0.58‰；下段从天门万家台至汉川新沟闸长97公里（孝感市境内河长56公里，河道坡降0.22‰），经新沟闸、东山头闸分别排洪注入汉江、府河。汉北河自西向东经汉川、应城、云梦、东西湖至新沟流入汉江。其支流经沦河流入府河。

汉北河流经孝感市境内长56.233公里，两岸堤线长124.493公里（包括沦河）。其中右堤从新沟至七星贯长56.208公里；左堤郭家湾至肖严湖52.535公里。沦河左岸堤防从沦河口至东山头闸13.8公里，右岸从沦河口至铁路桥，接武汉市东西湖围堤，堤长仅1.95公里。

府河。史称涢水，发源于随州大洪山北麓，是长江中游北岸一级支流，干流发源于随州市大洪山北麓，经随州、广水、安陆、云梦、应城、孝南、黄陂，于武汉市谌家矶注入长江。全长349公里，流域面积为14769平方公里。

府河自安陆市洑水镇、孛畈镇入境，经安陆、应城、云梦，在孝南卧龙潭与澴水汇合称府澴河，在太平山出境。府河在孝感市境内堤线长96.48公里，其中，左岸从孝南北径咀至云梦管李村，全长50.78公里；右岸从东山头起至应城伍家山，全长45.7公里。民堤全长190.64公里（含漳河民堤和孝南小河堤）。府河与澴河原来各分其流，府河流入汈汊湖，澴河流入长江，1959年实施府澴河改道工程，将府河撇出汈汊湖，改入长江，澴河改入府河，从此府河、澴河成为同一条水系。府澴河流域面积15208平方公里，全长349公里，在孝感境内全长166公里。

澴河。发源于河南省灵山，干流全长150.8公里。澴河经大悟、广水、孝昌、孝南四县（市、区），于卧龙潭汇入府河流域面积3618平方公里。花园以上共分3支：东支为大悟河、中支为广水河、西支为应山河。花园以下经孝南在卧龙入府河。流域内建有大、中型水库9处，拦截流域面积391.7平方公里，占总面积的11.5%。1959年澴河下游改道，1975年又进行涂河改道。新河道从澴河口至中心闸，堤距400米。支堤左岸从澴河口起至中心闸长17.9公里，右岸从澴河口至河口大桥长7.55公里；民堤左岸从中心闸起至陆山挡水墙19.2公里，右岸从河口大桥至沈家榨22.6公里，左右岸民堤全长41.8公里。

（市水利和湖泊局）

【气候】 2021年，孝感市气温异常偏高，多站列历史同期最高第一位。全市年平均气温为17.7℃，与常年同期相比偏高1.4℃（见图1），2021年，全市平均气温排名历史最高第一位。各站年平均气温为16.3（大悟）~18.3（汉川）℃，较常年同期偏高0.5℃~1.7℃，2021年，各站平均气温多站列历史同期最高第一位（见表1）。

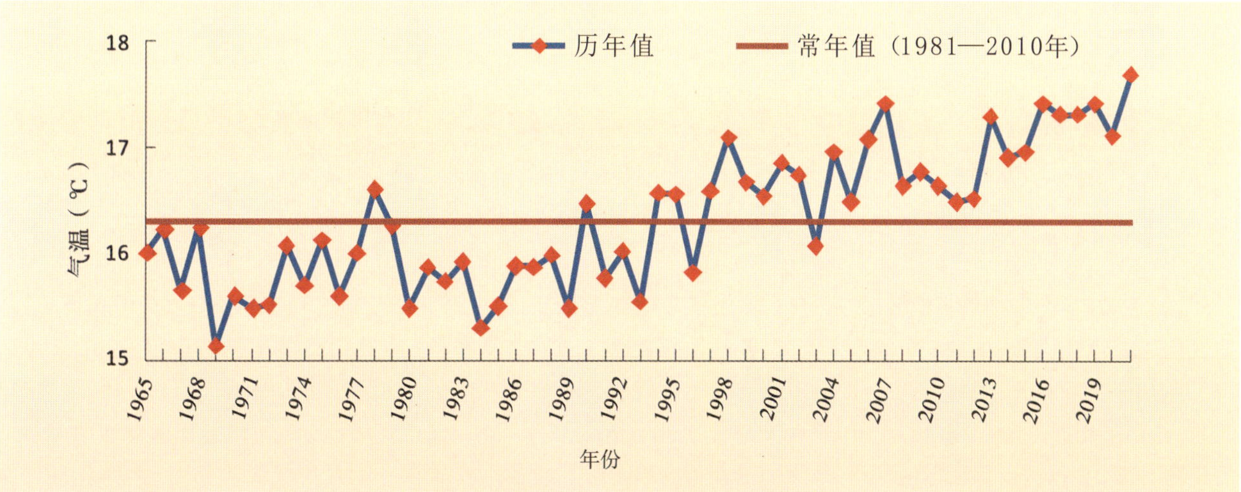

图1 孝感市年平均气温逐年变化图

表 1　2021 年孝感市各站平均气温历史排位表　单位:℃

地区	平均气温	同期排位
大悟	16.3	第十(第一:2007 年 17.0)
安陆	17.9	第一(第二:2019 年 17.7)
云梦	17.8	第一(第二:2007 年 17.7)
应城	17.8	第一(第二:2017 年 17.6)
孝感	17.9	第一(第二:2017 年 17.6)
汉川	18.3	第一(第二:2019 年 17.9)
孝昌	17.6	建站以来第一(第二:2013 年 17.5)

表 2　2021 年秋季孝感市各站平均气温历史排位表　单位:℃

地区	平均气温	同期排位
大悟	17.2	第十二(第一:1998 年 18.4)
安陆	19.1	第三(第一:2019 年 19.4)
云梦	19.0	第三(第一:2019 年 19.5)
应城	19.0	第二(第一:2019 年 19.1)
孝感	19.1	第二(第一:2019 年 19.2)
汉川	19.7	第一(第二:2019 年 19.6)
孝昌	18.8	建站以来第二(第一:2019 年 19.2)

2020/2021 年冬季全市各地区平均气温为 5.5℃(大悟)~7.3℃(汉川),与历年平均相比,偏高 1.4℃~2.3℃,全市平均气温 6.5℃,较历年平均偏高 1.8℃;根据暖冬等级标准,孝感市 2020/2021 年冬季为强暖冬;春季全市各地区平均气温为 15.4℃(大悟)~17.2℃(汉川),较历年平均相比,除大悟较常年偏低 0.4℃之外,其余各站偏高 0.5℃~0.8℃;夏季全市各地区平均气温为 26.4℃(大悟)~28.3℃(汉川),与历年平均相比,除大悟偏低 0.2℃外,其余各站偏高 0.7℃~1.0℃;秋季全市各地区平均气温为 17.2℃(大悟)~19.7℃(汉川),与历年平均相比偏高 0.6℃~2.3℃,秋季平均气温异常偏高,多站列历史同期最高前三,其中汉川站为历史最高第一位(见表 2)。全年 4 月、5 月气温大部偏低,7 月、8 月、10 月气温大部偏高,其他各月各站平均气温均偏高(见图 2)。

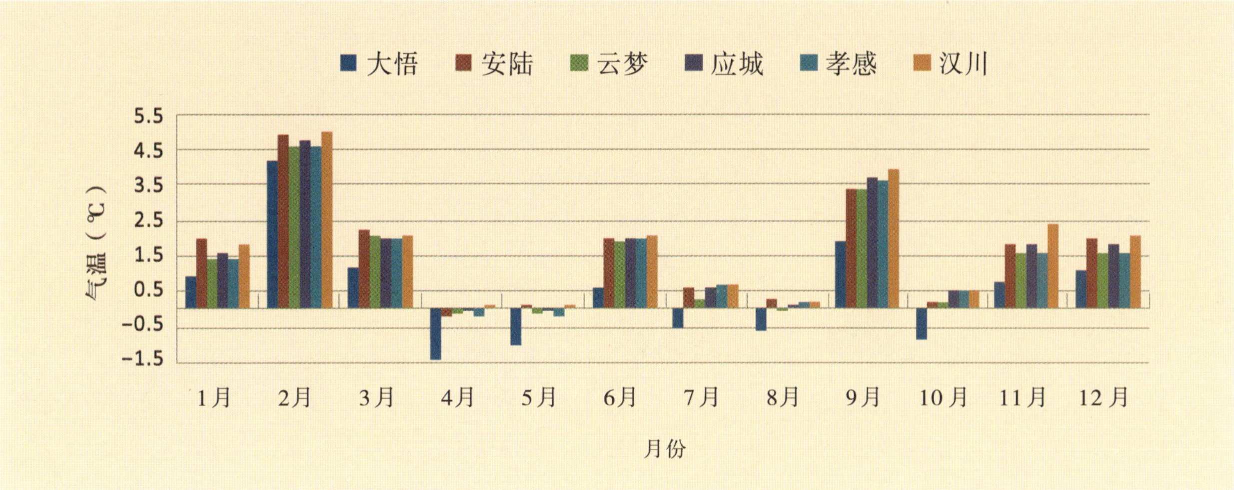

图 2　2021 年孝感市各月气温距平柱状图

2021 年，全市极端最高气温为 37.8℃，8 月 1 日出现在应城站；极端最低气温为 −10.2℃，1 月 8 日出现在大悟站。2021 年 1 月平均气温最低，7 月最高。

降水。2021 年，全市年平均降水量为 1146.5 毫米，与历年平均相比基本持平（见图 3）。2021 年各站年降水量为 981.7（汉川）～ 1404.9（孝感）毫米，与历年平均相比，孝感、安陆、云梦偏多 2%～ 22%，其他地区偏少 3%～ 22%。

孝感市 2020/2021 年冬季降水量合计为 62.3（安陆）～ 96.8（汉川）毫米，与历史同期相比，各站偏少 19%～ 33%；春季降水量合计为 327.2（大悟）～ 535.7（孝感）毫米，较历年平均相比，偏多 14%～ 54%；夏季降水量合计为 316.2（汉川）～ 683.6（孝感）毫米，各站较历年同期相比，安陆、应城、汉川偏少 2%～ 39%，其他站偏多 7%～ 38%；秋季降水量合计为 99.4（大悟）～ 152.6（孝昌）毫米，与历年同期相比偏少 41%～ 48%。

年内降水分布不均，各站降水较历年平均均偏少的月份出现在 1 月、4 月、7 月、9 月、10 月、11 月、12 月，2 月、6 月大部偏少，3 月、5 月、8 月均偏多；12 月降水量最少，8 月降水量最多（图 4）。月最大降水量 418.3 毫米，于 8 月出现在孝感站，月最小降水量 3.9 毫米，于 12 月出现在大悟站；全市暴雨（24 小时降水≥50 毫米）日数为 2（汉川、应城）～ 5（大悟、孝昌、孝感）天；全市大暴雨（24 小时降水≥100 毫米）日数为 0（大悟、汉川、孝昌）～ 2（孝感）天；全市最大日降水量为 199.6 毫米，于 8 月 12 日出现在云梦站。

全市各地区年降水日数为 113（孝昌）～ 130（孝感）天，较历年同期相比，偏多 1 ～ 17 天。

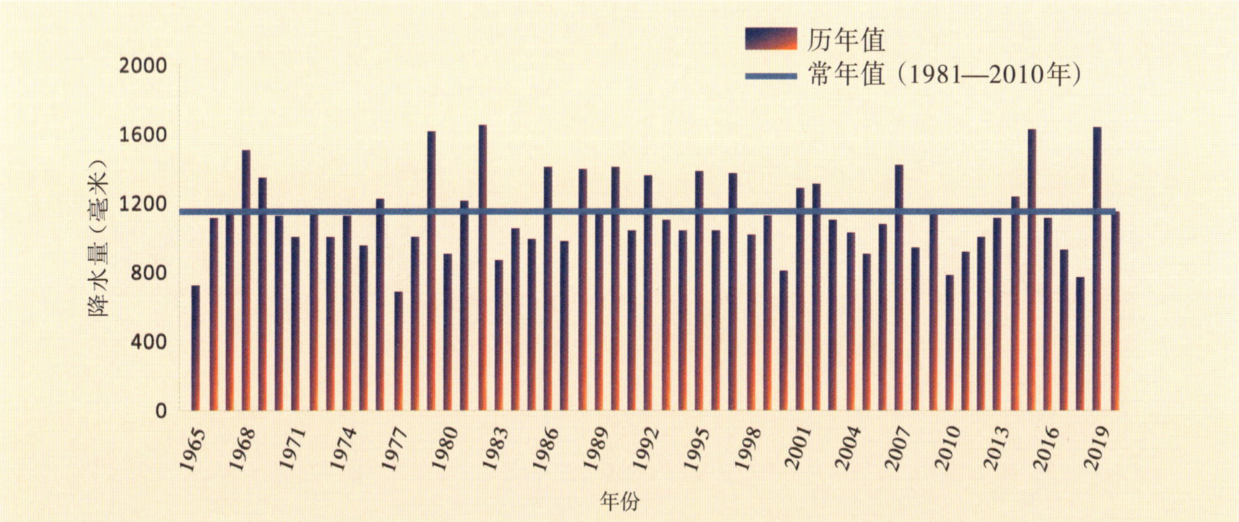

图 3　孝感市年平均降水量逐年变化图

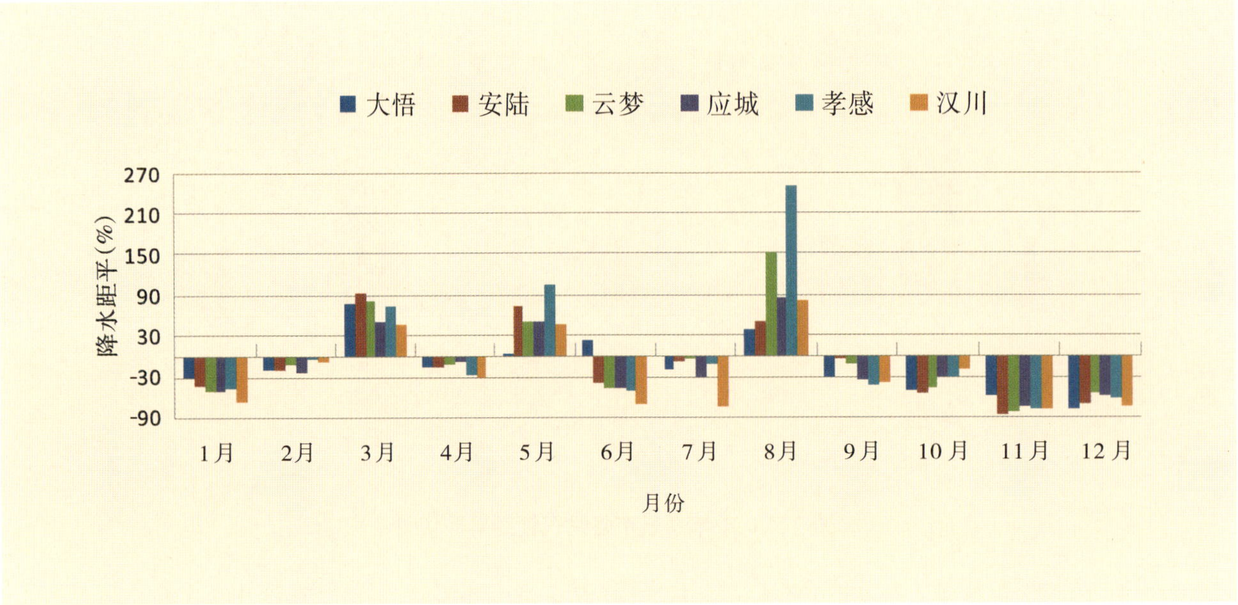

图4 2021年孝感市各地区各月降水距平柱状图

日照。2021年，全市年平均日照时数为1696.2小时，与历年平均相比偏少8%。2021年全市各站总日照时数在1560.2(孝昌)~1776.0(大悟)小时，与历年平均相比，各站偏少3%~12%。

2020/2021年冬季全市总日照时数合计在332.7(孝感)~440.6(云梦)小时，与历年同期相比，除孝感站偏少4%之外，其余各站偏多9%~34%；春季全市总日照时数合计在249.3(孝昌)~326.0(大悟)小时，与历年同期相比偏少30%~41%，春季日照时数异常偏少，各站均排历史同期倒数前3位，除应城站第二之外，其他站均突破历史极小值(见表3)；夏季全市总日照时数合计在362.8(孝昌)~473.1(应城)小时，与历年同期相比，偏少16%~30%，孝感和安陆站为历史同期最少(见表3)；秋季全市总日照时数合计在480.2小时(云梦)~582.8小时(大悟)，与历年同期相比偏多7%~22%。从2021年各站各月日照时数分布来看：4月日照最少，全市平均值为86.6小时；9月日照最多，平均为231.8小时，月日照时数最多为243.1小时，9月出现在汉川站，月日照时数最少为70.1小时，4月出现在孝感站(图5)。

(市气象局)

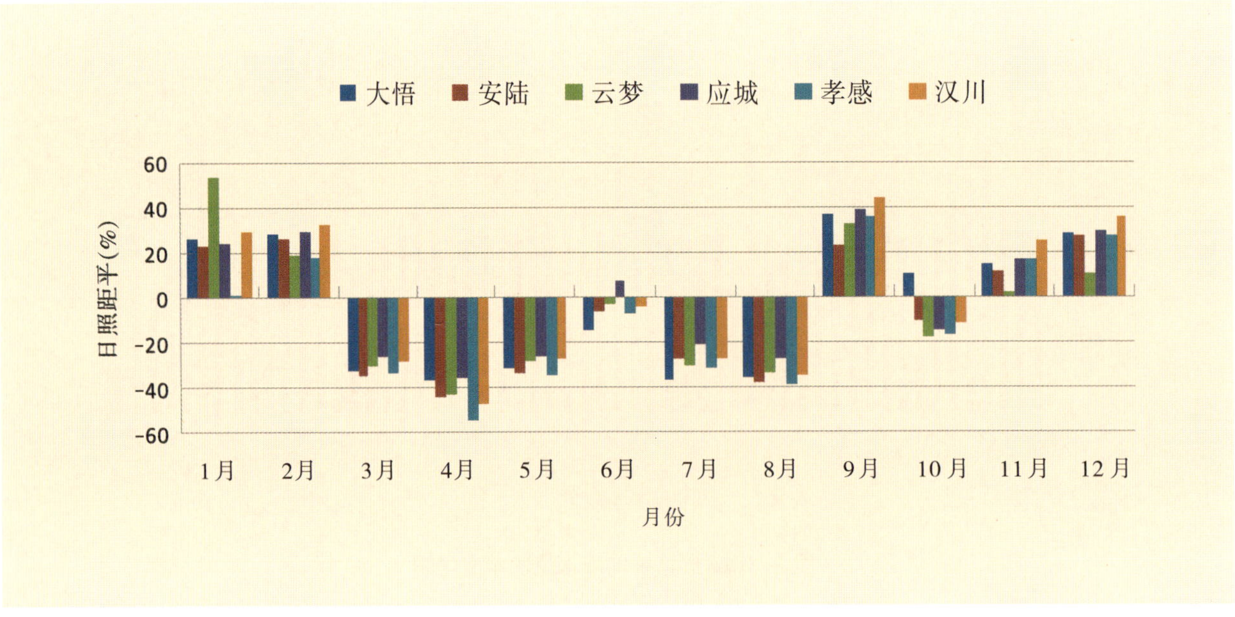

图5 2021年孝感市各地区各月日照时数距平柱状图

表 3　　2021 年春季、夏季孝感市各地区日照时数历史排位表　　单位：小时

地区	春季日照时数	历史排位	夏季日照时数	历史排位
大悟	326.0	第一(第二:2003 年 380.8)	411.9	第二(第一:1982 年 331.5)
安陆	301.8	第一(第二:1977 年 344.6)	457.0	第一(第二:1982 年 469.7)
云梦	293.5	第一(第二:1961 年 341.8)	446.1	第四(第一:1982 年 397.6)
应城	305.1	第二(第一:1991 年 172.1)	473.1	第七(第一:1991 年 398.8)
孝南	267.3	第一(第二:1991 年 320.2)	430.8	第一(第二:2020 年 435.9)
汉川	286.1	第一(第二:1966 年 326.2)	444.8	第四(第一:1982 年 362.5)
孝昌	249.3	建站以来第一(第二:2016 年 406.2)	362.8	建站以来第一(第二:2020 年 408.7)

【土地资源】 根据第三次全国国土调查数据显示，孝感市总面积890445.55公顷。其中，湿地4843.26公顷，占全市总面积的0.54%；耕地386946.95公顷，占全市总面积的43.46%；种植园用地25104.55公顷，占全市总面积的2.82%；林地161463.74公顷，占全市总面积的18.13%；草地7290.27公顷，占全市总面积的0.82%；城镇村及工矿用地106270.25公顷，占全市总面积的11.93%；交通运输用地22029.60公顷，占全市总面积的2.47%；水域及水利设施用地165577.63公顷，占全市总面积的18.60%；其他土地10919.30公顷，占全市总面积的1.23%。

在全市农用地中，耕地分布较均衡。汉川市、安陆市、应城市、大悟县面积稍多，分别占全市耕地总面积的18.69%、15.56%、15.48%、15.30%；耕地面积最少的为云梦县，占全市耕地面积的9.21%。园地面积主要分布在大悟县，占全市园地面积的62.29%。林地面积主要分布在北部山地丘陵区，大悟县林地占全市林地比例达55.75%。牧草地的96.10%分布在大悟县。

全市建设用地分布较多的是汉川市、孝南区、安陆市。结构上看，城乡建设用地占建设用地的86.13%，交通水利设施用地占建设用地总面积的13.87%。其中，城镇工矿用地34013.18公顷，占土地总面积的3.82%；农村居民点用地面积77423.33公顷，占土地总面积的8.69%；交通运输用地和水利设施用地17112.12公顷。

全市未利用土地中，水域及滩涂土地面积32869.56公顷，占土地总面积的3.69%；自然保留地14517.81公顷，占土地总面积的1.63%，主要分布在北部山地丘陵区，仅大悟县分布量就占全市总量的47.11%。

（市自然资源和规划局）

【水资源】 2021年，孝感市水资源总量41.64亿立方米，产水系数0.422，产水模数46.8万立方米/平方公里。地表与地下水资源不重复计算量1.44亿立方米，水资源总量比多年平均增加6.6%，比2020年减少45.3%。人均水资源占有量975立方米，比多年平均增加30.0%，亩均水资源占有量664立方米，比多年平均减少36.8%。

地表水。地表水资源量40.20亿立方米，折合径流深451.6毫米，与多年平均比较增加6.9%，与2020年比较减少46.3%。

地下水。孝感市平原区计算面积4033平方公里，其他均为山丘区及浅丘区。地下水资源量12.10亿立方米，比2020年减少10.5%。其中，平原区地下水资源量6.96亿立方米，山丘5.64亿立方米，平原区与山丘区地下水重复计算量0.50亿立方米。

出入境水。孝感市入境水总量53.1亿立方米，其中，汉北河入境水量26.9亿立方米，府澴河入境水量20.0亿立方米，汈汉湖入境水量6.2亿立方米。出境水量102.2亿立方米，其中，汉北河出境水量36.1亿立方米，府澴河出境水量48.4亿立方米，汈汉湖出境水量17.7亿立方米。

（市水文局）

【矿产资源】 孝感矿产资源以化工原料、冶金辅助原料、有色金属、黑色金属、地热及水气、建材及其他非金属矿产为主。根据《孝感市矿产资源总体规划(2016—2020年)》,截至2019年末,全市共发现地热、铁矿、锰矿、钒矿、钛矿、铜矿、铅矿、锌矿、镍矿、钼矿、金矿、银矿、铌矿、稀土矿、硫铁矿、云母、芒硝、石膏、重晶石、萤石、石灰岩、白云岩、石英岩、砂岩、天然石英砂、脉石英、含钾岩石、页岩、高岭土、其他黏土、蛇纹岩、玄武岩、辉绿岩、花岗岩、大理岩、片麻岩、盐矿、磷矿、矿泉水、地下水各类矿产40种,占全省已发现矿种的27.3%。其中,查明资源储量的矿产矿有钒、铜、铅、锌、镍、金、银、钼、磷、硫铁矿、云母、重晶石、石膏、萤石、含钾岩石、脉石英、蛇纹岩、花岗岩、盐矿、芒硝、地下水、矿泉水,占全省已查明资源储量的矿种的23.5%。

市内优势矿产石膏、盐、磷、芒硝、蛇纹岩、镍、地热等资源较为丰富,其中岩盐、芒硝、蛇纹岩、镍等矿产资源储量居全省第一位;石膏、地热、磷矿产资源储量分别位列全省第二、四、六位;饰面用石材及建筑石料矿产资源潜力较大;矿泉水、地下水总量较丰富;萤石、硅石、重晶石、绢云母、镍、金、铜等矿产有一定潜力。

(市自然资源和规划局)

【动植物资源】 孝感森林植被类型主要有亚热带常绿针叶林、亚热带落叶阔叶林、亚热带落叶阔叶—常绿针叶混交林和灌丛四类。根据1990年《湖北省孝感地区林木种质资源普查资料汇编》,全市森林植物103科、288属、722种。其中,木本植物共79科、206属、435种。木本植物中,裸子植物4科、7属、10种,被子植物75科、199属、425种。国家一级重点保护树种2种(银杏、香果),国家二级重点保护树种6种(刺楸、闽楠、杜仲、楠木、椴树、榉树),省级珍贵树种31种(三尖杉、中国粗榧、凹叶厚朴等)。

孝感市动物地理区划属东洋界—中印亚界—华中区—东部丘陵平原亚区。全市记录分布的野生动物4纲、27目、85科、289种。其中两栖动物2目、5科、10种,爬行动物2目、7科、19种,兽纲7目、12科、20种,鸟纲16目、61科、240种。其中一级重点保护动物5种(白鹤、白鹳、黑鹳、朱鹮、白冠长尾雉),二级重点保护动物38种(白琵鹭、鸿雁、棉凫、小天鹅、鸳鸯、黑鸢、普通鵟、水雉等)。

(市自然资源和规划局)

建置沿革与区划

孝感位于华夏腹地,是中原和荆楚大地的接合部。早在5000多年前,先民就在此繁衍生息,门板湾、陶家湖等新石器时代遗址,留下先民与大自然搏斗的足迹。

孝感因孝子众多而得名。汉代的“黄香温衾”和“卖身葬父”、晋代的“孟宗哭竹”三大孝子故事,被载入《二十四孝》之中。随着近代社会的迅速发展,清末修建的平汉铁路贯穿孝感县境,民国时期修建的襄(樊)花(园)公路和汉(口)宜(昌)公路通车,均经过孝感境内,孝感逐渐发展成为辐射周边的重要经济交通枢纽,并取代安陆为本地区行政、经济中心。

2000—2021年,孝感市辖孝南区、云梦县、大悟县、孝昌县,代管汉川市、应城市、安陆市,所辖管7个县(市、区)历史建置区域由古安陆县析割分置。

【建置沿革】 夏商时,域内属古荆州之域;周时,属郧国地;春秋时,属楚地;战国时,楚置安陆县。

秦一统,分楚为4郡,安陆县属南郡。

两汉时分南郡置江夏郡(治所在今云梦县东南),辖安陆、西陵等14县;三国时为魏吴边邑,初属魏,后属吴江夏郡。

南朝宋孝建元年(454),分江夏郡立安陆郡(治所在今安陆市),析安陆东境置孝昌县(今孝南区、孝昌县),析安陆南境置应城县;南朝梁天监元年(502),在南境汉江之滨置甑山县(今汉川市);西魏大统十六年(550),析安陆南境置云梦县。

隋初废诸郡,改安陆郡为安州,孝昌属荆州。炀帝初废安州,置荆州安陆郡,安陆、孝昌、应阳(605年改应城为应阳县)、云梦、应山等县属之。甑山县属沔阳郡。

唐武德四年(621),改孝昌县置澴州及澴阳县,属安州。改甑山县为汉川县。贞观元年(627),以安州属淮南道,安陆、孝昌、应阳、云梦、应山等县属之。元和三年(808),省孝昌入云梦,汉川县属江南西道鄂州江夏郡。咸通年间(860—874),复置孝昌县。

五代后唐同光二年(924),改孝昌县为孝感县,改应阳县为应城县;汉川、孝感、应城等县均属安远军安州。北宋建隆元年(960),孝感、安陆、应山、应城、云梦等县属荆湖北路德安府;改汉川县为义川县(977年又改义川县为汉川县),属荆湖北路汉阳军。

元至元十六年(1279),孝感、安陆、应城、云梦、应山等县属荆湖北路宣慰司德安府;汉川县属湖广行中书省汉阳府。

明洪武十三年(1380),孝感、安陆、应城、云梦、应山等县属湖广布政使司德安府;汉川县属湖广布政使司汉阳府。

清康熙三年(1664),分湖广为湖北、湖南二省,孝感、安陆、应城、云梦、应山等县属湖北布政使司汉黄南道德安府;汉川县属湖北布政使司汉阳府;雍正七年(1729),孝感县改属湖北布政使司汉黄南道汉阳府。

1912年,废府设道。孝感、汉川隶湖北省江汉道,应城、云梦、安陆属鄂东道。1913年,孝感改属鄂东道。1927年,废道。1932年,设行政督察区,孝感、安陆、云梦、应城、应山等县属湖北省第五行政督察区(1936年改属第三行政督察区)。汉川县属第六行政督察区(后改属第三、第四行政督察区)。1933年1月,析湖北省孝感县、黄陂县、黄安县以及河南省罗山县4个县接壤区域设置礼山县(今大悟县),属第四行政督察区(后改称第二行政督察区)。

1931年,共产党领导下的鄂豫皖特区(省)苏维埃政府成立,陂孝北县、安应县、云孝县、汉孝陂县、礼山县苏维埃政府相继建置。

1949年5月,湖北省委、省政府、湖北军区在孝感县花园镇成立;孝感行政区专员公署(简称孝感专署)在礼山县河口镇成立,辖孝感(今孝南区、孝昌县)、礼山(今大悟县)、应山(今随州市广水市)、安陆、云梦、应城、黄陂(今武汉市黄陂区)、黄安(今黄冈市红安县)、随县(今随州市曾都区)9个县,辖区面积20971平方公里。

1951年7月,沔阳专署所辖的汉川、汉阳两县划属孝感专署,同时设立应城矿区人民政府(县级),辖区面积23728平方公里。1952年1月,大冶专署所辖的咸宁、武昌、蒲圻、嘉鱼、崇阳、通山、通城7个县划属孝感专署。同年6月,随县划属襄阳专署。8月,撤销应城矿区人民政府。9月,黄安县更名为红安县划属黄冈专署;同时,经中南军政委员会批准,礼山县更名为大悟县。孝感专署辖咸宁、武昌、蒲圻、嘉鱼、崇阳、通山、通城、孝感、云梦、应城、安陆、应山、汉川、大悟、黄陂、汉阳共16个县,俗称江南7县江北9县,辖区面积26977平方公里。

1955年5月,孝感行政区专员公署更名为孝感专员公署。1959年11月,孝感专署撤销,所辖16个县并入武汉市。1961年4月,地市分治,恢复孝感专署。1965年7月,咸宁、武昌、蒲圻、嘉鱼、崇阳、通山、通城7县划属新设置的咸宁专署,孝感辖区面积14943平方公里。1966年8月,孝感专员公署更名东风专员公署。1968年1月,成立东风地区革命委员会。1969年3月,更名为孝感地区革命委员会。1970年5月,孝感专署改称孝感地区。1975年12月,汉阳县划属武汉市。1978年11月,撤销孝感地区革命委员会,建立孝感地区行政公署(简称孝感行署)。

1983年8月,黄陂县划属武汉市。同时,撤销孝感县,设县级孝感市。1986年5月,撤销应城县,设应城市。1987年9月,撤销安陆县,设安陆市。1988年10月,撤销应山县,设广水市。

1993年4月10日,国务院批准撤销孝感地区,设立地级孝感市,同时撤销县级孝感市,分设孝昌县和孝南区。1997年3月,撤销汉川县,设汉川市。2000年7月,广水市划属随州市。至2020年,孝感市辖孝南区,领导大悟、云梦、孝昌3个县,代管汉川、应城、安陆3个市,全市面积8910平方公里,约占湖北省总面积的4.8%。

中共孝感市(地)委、市人民政府(专署、行署)治所经历6次迁移。1949年5月,中共湖北省孝感地方委员会(简称孝感地委)、孝感行政区专员公署(简称孝感专署)在礼山县(今大悟县)河口镇成立。1949年5月下旬,专署迁至黄陂县城关;1949年7月,专署迁至孝感城关中山街考棚旧址及仁济医院(今孝感市第一人民医院院址)。1951年,专署迁至孝感城关一宫草鞋店南。1954年4月,中共孝感地委机关回迁考棚旧址及仁济医院,孝感专署迁至孝感城关书院街天主堂(今孝南区人民武装部东北侧)。1956年,孝感地委、专署迁至孝感城关北门外(今城站路71号)。2012年,孝感市委、市人民政府迁至孝感市复兴大道123号。

(市史志研究中心)

【行政区划】 2021年年末,孝感市辖孝南区和云梦、大悟、孝昌3个县,代管应城、安陆、汉川3个市,下设市高新技术开发区、双峰山旅游度假区、市临空经济区。全市下设13个街道、72个镇、23个乡,共108个乡级政区;领导社区居民委员会337个、村民委员会2109个。社区(村)下设置居民小组2508个、村民小组17200个。

孝南区辖8个镇、4个街道、2个乡、2个办事处及1个省级开发区。

汉川市辖2个街道办事处、1个经济开发区(新河镇)、6个乡、14个镇、4个国营农(养殖)场。

应城市辖5个街道办事处、10个镇、1个良种场、1个经济开发区。

云梦县辖3个乡、9个镇、2个经济开发区。

安陆市辖9个镇、4个乡、2个街道和1个省级开发区。

大悟县辖3个乡、14个镇、1个经济开发区、1个高铁新区、1个生态文化旅游度假区。

孝昌县辖8个镇、4个乡、1个省管经济开发区和1个国家AAAA级生态旅游区。

(市史志研究中心)

人口与民族宗教

【人口】2021年年末，孝感市常住人口419.13万人，其中城镇人口256.59万人，城镇化率达到61.22%。年末全市户籍总人口503.64万人。全年出生人口3.07万人，出生率6.06‰；死亡人口3.44万人，死亡率6.80‰，人口自然增长率为−0.74‰。

【民族】孝感属于少数民族散杂居地区，现有47个少数民族，散居少数民族人口1万余人，占全市总人口的0.19%，没有民族村、民族乡等聚集少数民族区域，超过千人的少数民族有土家族、回族和壮族。另外，从甘肃、青海、新疆等地到孝感市务工经商少数民族流动人口约5000人，主要是回族和维吾尔族。

（市委统战部）

【宗教】全市有佛教、道教、天主教、基督教、伊斯兰教，现有信教人数8.4万余人，其中，佛教5万人、道教1.2万人、天主教1.1万人、基督教0.8万人、伊斯兰教0.3万人；登记宗教活动场所171处，其中，佛教133处、道教7处、天主教15处、基督教15处、伊斯兰教1处；备案宗教教职人员184人，其中，佛教154人、道教4人、天主教10人、基督教14人、伊斯兰教1人；宗教团体15个，其中，市级3个（市佛协、市基督教协会、市基督教“三自”爱国运动委员会），县级宗教团体12个（孝南区佛协、孝南区道协、孝南区伊协、汉川市基督教协会、汉川市佛协、云梦县基督教协会、云梦县佛协、安陆市道协、安陆市基督教协会、大悟县基督教协会、大悟县基督教“三自”爱国运动委员会、孝昌县佛协）。

（市委统战部）

环境质量

【概况】2021年，孝感市通过开展环保宣传、大气污染专项治理、黑臭水体专项治理、优化城市噪声环境和健全环境监测体系等措施，全面推动环境质量建设，全市生态环境质量状况保持稳中向好，连续两年为“良”级别。全市环境空气质量总体良好，孝感城区空气总监测天数365天，质量达到优良的天数为309天，占全年的84.7%，主要污染物是细颗粒物（$PM_{2.5}$）、可吸入颗粒物（PM_{10}）和臭氧（O_3）。全市地表水主要水体监测断面，水质符合Ⅱ~Ⅲ类标准的占83.3%，与2020年相比有所提高；全市7个县级以上集中式饮用水源地全年水质符合Ⅰ~Ⅲ类标准的占100%，部分水源地水质达到Ⅱ类标准，与2020年相比持平。全市未出现酸雨的情况。全市区域环境噪声较2020年有所上升。道路交通噪声2020年与2021年均为“好”，基本保持稳定。

【水环境质量】2021年，全市主要地表水水质符合Ⅱ类水质6个，Ⅲ类水质14个，Ⅳ类水质4个。24个监测断面（点位）中水质符合Ⅰ~Ⅲ类的断面数为20个，所占比例为83.3%，劣Ⅴ类水质断面数为0个。汉江、滠水、竹竿河、漳河水质总体为优；澴水、汉北河、大富水水质总体为良；府河水质为轻度污染。野猪湖、汈汊湖水质总体为为良；东西汊湖水质总体为轻度污染。孝感市地下水环境质量总体较好，存在部分工业园区点位地下水污染超标问题。孝感市所辖的7个县市区共有10个集中式饮用水水源地，其中，1个地级以上城市集中式生活饮用水水源地，9个县级城镇集中式生活饮用水水源地，城市集中式饮用水水源水质总达标率为100%。

【空气环境质量】2021年，孝感市城区空气质量总体上与2020年相比有所下降，全年实际有效监测天数为365天，其中达到《环境空气质量标准》二级以上的天数为309天，空气指标优良率为84.7%。其中空气质量优天数为99天，良天数为210天，轻度污染为52天，中度污染为4天，分别占全年的27.1%、57.5%、14.2%、1.1%。超标56天中，26天以臭氧（O_3）为首要污染物，24天以细颗粒物（$PM_{2.5}$）为首要污染物，6天以可吸入颗粒物（PM_{10}）为首要污染物。

【声环境质量】2021年，全市区域环境噪声质量等级“一般”，较2020年有所上升；道路交通噪声2020年与2021年均为“好”，基本保持稳定。2021年，孝感市城区共设置区域环境噪声监测点位165个，城市区域环境噪声范围在47.4~72.7dB(A)之间，总体点位达标率为55%；城区道路交通声环境质量等级均为“好”。城市交通干线噪声范围在62.2~73.0dB(A)之间，年平均值为67.6dB(A)，总体点位达标率为85%。

（市生态环境局）

国民经济和社会发展

【概况】2021年，全市实现地区生产总值2562.01亿元，按可比价格计算，比2020年增长13.4%。其中，第一产业增加值381.97亿元，增长8.7%；第二产业增加值1008.65亿元，增长15.5%；第三产业增加值1171.39亿元，增长13.2%。三次产业结构由2020年的15.7∶38.3∶46.0调整为14.9∶39.4∶45.7。人均地区生产总值为60556元，按可比价格计算，比2020年增长14.5%。价格运行保持平稳。全年全市居民消费价格指数同比上涨0.6%。分类别看，八大类的商品价格指数呈“三升五降”的态势。其中，交通和通信、教育文化和娱乐、衣着类商品价格环比分别上涨3.6%、3.1%、2.5%；其他用品和服务、食品烟酒、医疗保健、生活用品及服务、居住类商品价格环比分别下降2.3%、0.8%、0.6%、0.2%、0.1%。市场主体不断发展。全市各类市场主体总数达36.40万户，全年新登记市场主体6.26万户，其中，新登记私营企业1.03万户，新登记个体工商户5.15万户。就业形势基本稳定。全年全市城镇新增就业6.22万人，超额完成全年目标任务。年末全市城镇登记失业率为3.35%。

【农业】 全年全市实现农林牧渔业增加值405.73亿元，按可比价格计算，比2020年增长9.3%。全年全市粮食总产量236.14万吨，比2020年增长1.5%，连续9年稳定在200万吨以上；种植面积353.44千公顷，增长1.5%。全年全市棉花总产量0.80万吨，比2020年增长9.1%；油料总产量28.47万吨，增长6.4%；蔬菜总产量460.76万吨，增长5.2%；水果产量51.78万吨，增长3.0%。全年全市生猪出栏287.34万头，比2020年增长52.1%；家禽出笼8383.77万只，下降15.2%；禽蛋产量27.25万吨，增长3.6%。全市水产品产量43.28万吨，比2020年增长3.0%。

【工业和建筑业】 全年全市全部工业增加值926.42亿元，同比增长16.2%。全市1205家规模以上工业企业增加值同比增长18.0%。其中，国有企业增长2.9%；股份制企业增长18.7%；外商及港澳台投资企业增长18.4%；其他经济类型企业下降18.8%。轻工业增长17.1%；重工业增长19.1%。分门类看，采矿业下降1.1%，制造业增长18.0%，电力、热力、燃气及水生产和供应业增长22.9%。全年全市高技术制造业增加值同比增长41.2%，占规模以上工业增加值的比重为5.2%。全年全市规模以上工业销售产值同比增长23.6%，产品销售率为96.8%，出口交货值比2020年下降1.8%。全市食品饮料、纺织服装、盐磷化工、纸塑包装、建材、高端装备制造、新能源汽车及零部件、光电子信息、大健康、新材料等十大重点产业实现增加值同比增长17.7%，占规模以上工业增加值的比重达84.7%。全年全市规模以上工业企业实现营业收入2971.78亿元，比2020年增长21.1%；实现利润123.27亿元，增长12.3%。营业收入过10亿元企业65家，过20亿元企业14家。全年全市具有总承包和专业承包资质建筑企业完成总产值400.51亿元，比2020年增长14.7%；全年新签合同额657.60亿元，增长28.3%。

【固定资产投资】 全年全市完成固定资产投资（不含农户）比2020年增长24.5%。按产业划分，全市第一、二、三次产业投资分别增长70.8%、33.0%和16.9%。分领域看，基础设施投资、工业投资和房地产开发投资分别增长15.6%、33.0%和27.6%。民间投资增长35.5%。补短板强功能建设加快推进，工业技术改造投资增长39.9%，高技术制造业投资增长7.4%。全年全市商品房销售面积455.22万平方米，比2020年增长21.1%；商品房销售额247.48亿元，增长24.8%。全年全市亿元以上新开工项目241个，亿元以上项目完成投资比2020年增长20.3%。

【国内贸易】 全年全市实现社会消费品零售总额1197.60亿元，比2020年增长22.1%。按经营地分，城镇消费品零售额911.97亿元，增长23.3%；乡村消费品零售额285.63亿元，增长18.3%。按消费类型分，商品零售1058.14亿元，增长21.8%；餐饮收入139.46亿元，增长24.0%。

【对外经济】 全年全市外贸进出口总额135.0亿元，比2020年增长22.3%。其中，外贸出口115.0亿元，增长25.1%；进口20.0亿元，增长8.0%。新批外商投资企业14家，合同外资1.64亿美元，下降6.4%。实际利用外资3.59亿美元，增长22.7%。

【交通运输与邮电通信】 年末全市公路总里程18074公里，比2020年增长0.9%。其中高速公路475公里，一级公路385公里，二级公路1428公里，三级公路827公里，四级公路14959公里。全年新（改）建等级公路162公里。全年全市邮政业务总量22.82亿元，比2020年增长26.0%。其中，快递业务量1.42亿件，快递业务收入12.71亿元。全市电信业营业收入28.52亿元，增长6.6%。

【财政、金融和保险】 全年全市实现财政总收入221.73亿元，比2020年增长32.7%。地方一般公共预算收入134.77亿元，增长34.5%。其中，税收收入106.24亿元，增长36.4%。地方一般公共预算支出405.30亿元，下降4.7%。年末全市金融机构本外币各项存款余额3117.01亿元，比年初增加251.87亿元。其中，住户存款2355.86亿元，比年初增加270.54亿元。金融机构本外币各项贷款1850.50亿元，比年初增加248.62亿元。全年全市保险行业实现保费收入83.46亿元，比2020年下降0.5%。其中，产险保费收入20.46亿元，增长4.6%；寿险保费收入63.00亿元，下降2.0%；赔款及综合给付金额

24.72亿元,增长17.6%;赔付率及综合给付率29.6%,提高4.5个百分点。

【教育和科学技术】 全市共有幼儿园696所,在园幼儿12.25万人;普通小学448所,招生4.66万人,在校生28.24万人,毕业生4.67万人;初中招生4.67万人,在校生13.13万人,毕业生3.88万人;普通高中招生2.36万人,在校生6.95万人,毕业生2.13万人;中等职业教育招生1.05万人,在校生2.99万人,毕业生0.65万人。九年义务教育巩固率为99.9%,高中阶段毛入学率为97.4%。年末全市共建有10家省级以上工程研究中心(工程实验室),含国家级工程研究中心(工程实验室)2家;30家省级以上企业技术中心,含国家级企业技术(分)中心4家。全市共有检验检测机构77个,省级以上质检中心2个。颁发有效认证证书3144张,获认证证书组织1255家。建立社会公用计量标准144项,全年强制检定计量器具3.08万台件。全市地震基本站5个,地震烈度仪(一般站)26套。全年全市高新技术产业实现增加值406.38亿元。全年共登记科技成果23项。全年共签订技术合同1377项,技术合同成交金额55.29亿元,合同金额比2020年增长17.4%。认定高新技术企业189家,高新技术企业总数达到465家,科技型中小企业评价入库633家。

【文化旅游、卫生和体育】 全市共有8个图书馆、8个文化馆(群艺馆)、14个博物馆;有120个乡镇级综合文化服务中心,2362个村级综合文化服务中心。全年送戏下乡896场,戏曲进校园459场,公益电影放映3.25万场。新增AAA级景区2家、农旅养融合示范点8个。全年全市共接待游客2862.63万人次,比2020年增长32.0%,旅游综合收入176.45亿元,增长30.0%。全市共有医疗卫生机构506个。其中:医院81个,社区卫生服务中心(站)48个,乡镇卫生院113个,门诊部29个,诊所、卫生所、医务室189个,其他卫生机构46个。全市共有卫生机构人员3.64万人,其中卫生技术人员2.86万人、执业(助理)医师1.01万人,注册护士1.26万人。全市共有卫生机构床位2.87万张,其中医院1.98万张。全年总诊疗人次2015万人次,出院人数74.06万人。全市共有6个公共体育场、7个公共体育馆。全市社会体育指导员12793人,其中国家级89人。全年全市运动员在各类全国比赛中,获冠军7项次、亚军5项次、季军6项次;在各类全省比赛中获冠军29项次、亚军40项次、季军35项次。

【社会生活和社会保障】 全年全市城镇常住居民人均可支配收入38911元,比2020年增长10.0%;农村常住居民人均可支配收入19346元,增长13.2%。全年全市参加城镇职工基本养老保险87.16万人,其中,在职职工57.16万人,离退休人员30.00万人;参加城乡居民养老保险266.99万人;参加职工基本医疗保险41.71万人;参加城乡居民基本医疗保险381.72万人;参加工伤保险33.39万人;参加生育保险27.01万人;参加失业保险人数24.52万人,年末领取失业保险金人数0.16万人。全年全市城镇居民最低生活保障对象2.85万人,农村居民最低生活保障人数14.43万人。国家抚恤、补助各类优抚对象4.15万人,年末全市养老机构144家(不含军休所),城乡社区养老服务设施覆盖率分别达到93.4%和70.7%。

【资源和环境】 全年全市国有建设用地供应总量2.92万亩,比2020年增长2.1%。其中,工矿仓储用地1.12万亩,下降5.6%;房地产用地0.36万亩,下降38.6%;基础设施用地1.31万亩,增长41.9%。全年全市完成造林面积15.33万亩。其中人工造林7.01万亩,占全部造林面积的45.7%。森林抚育面积22.83万亩。全年全市孝感市中心城区PM_{10}年均浓度58毫克/立方米,$PM_{2.5}$年均浓度33毫克/立方米,空气质量优良率达到84.7%。全市纳入国家考核的13个地表水断面累计全部达标,水质优良比例达100%。全年全市平均气温为17.7℃,比2020年增长0.6℃。

(市统计局)

孝感名胜

【孝感市董永公园】 董永公园位于孝感市城区槐荫大道,国家AAA级景区。公园占地面积75亩,建筑风格以江南园林式仿古建筑为主,是展示董永与七仙女传说故事的主题公园。园内主要景点有:瑶池仙境、槐荫古树、理丝桥畔、鸳鸯楼台、孝子祠、饭山等。

一入园内,模拟孝感古八景“双峰瀑布”的一座假山迎面而立,相传董永曾在双峰山砍柴、渔猎。穿过假山,进入槐荫岛,亭台楼阁映入眼帘,槐荫岛上有颗槐荫树,古干虬枝。孝感民俗曰:天上无云不下雨,地下无媒不成婚。相传董永与七仙女陌路相逢,素不相识,幸亏槐荫树开口作媒,促成这对天造地设的神仙眷属。园内有梭形图案的路径,曰天梭路,讲述的是七仙女向织女借天梭织锦还债的故事。越过理丝桥,进入“孝子祠”,中间矗立着董永和七仙女挽臂携手的玉白色雕像,有百孝图、董永生平横匾等。出孝子祠,来到二十四孝长廊,这个长

董永公园鸳鸯楼　　（摄影：代纯）

廊里浓缩了中国二十四孝的故事。其中，董永卖身葬父、黄香扇枕温衾、孟宗哭竹生笋这3个孝子故事都发生在孝感。

出祠往北是一座马鞍形的山，攀登“百步梯”，就到山顶的“升仙台”，传说七仙女在这里被迫升天离开人间。经升仙台，再过小桥，即入“遥池仙境”。池中岛上，7个亭亭玉立、姿态袅娜的仙女塑像，容颜互照。遥池对面是一座“鸳鸯楼”，传说是董永和七仙女婚后居住的地方。此楼依水而建，楼上有一对亭台相互依偎。与楼相对的是一座米粒形的“饭山”，山周围还有董永碑、理丝桥、清风亭、烟雨亭等小景点。

【大悟宣化店革命旧址群景区】 国家AAAA级景区，位于县境东北部，距县城50余公里，是鄂豫相交的边界镇。这里山清水秀，水陆交通便利，倚大胜、墨斗二关之险，扼南北交通之咽喉，既是南北商品的集散地，又是兵家必争之战略地。该景区是依托中原军区旧址群建立的红色旅游景区，有中原军区司令部旧址群、中原突围史陈列馆、国防教育园和周恩来同志与美蒋代表谈判旧址等景点。中原军区旧址是全国重点文物保护单位、全国爱国主义教育示范基地、全国百个红色旅游经典景区，国家AAAA级旅游景区。

中原军区司令部旧址位于宣化店镇中心街南西侧，坐西向东，占地面积645平方米，面阔五间，两进，砖木结构，四合院式。前厅与中厅之间两侧各有厢房一间，中厅和后厅之间各有两厢房。

中原军区首长旧居坐东朝西，面阔三间，砖木结构，为两进四合院式，穿斗式梁架，占地面积255平方米，南北长14.37米，东西长10.02米。1946年1月，中原军区部队移驻宣化店，李先念司令员等中原军区首长居住于此。1946年5月8日，周恩来抵达宣化店后，曾在此通宵达旦同中原军区领导人研究部署中原突围方案。

宣化店谈判旧址位于竹竿河西岸，原名“湖北会馆”。该馆建于清道光元年（1821），坐北朝南，2进5间，左右厢房3间，门窗均套格雕花，工艺精细，古色古香。厅外柏翠花红，庄严静谧；国共美代表谈判厅内陈列有当时谈判的三方代表席位及有关图片、文字资料，厢房内原样保持周恩来睡过的门板和办公用过的桌、椅、梓油灯等文物。

【大悟白果树湾新五师司令部旧址】
新四军第五师司令部旧址，位于大悟县芳畈镇境内，国家AAA级景区，景区山水环抱，丛林茂密。1941—1945年，新四军第五师司令部设于此。下设作战处、情报处、秘书处、参谋处、军需处、医务处、经济处、管理处等。

新四军第五师司令部旧址位于白果树湾之南，砖木结构，外间为正厅，中央一天井，上房为司令部办公室，下房为会客厅。天井后部为任质斌同志宿舍，其左侧内间上房为李先念休息室，下间为办公室，右侧为警卫人员宿舍。周边建有印钞厂，弹药厂、印刷厂、造纸厂、卷烟厂等一系列行政、军事、经济机关。司令部占地面积100平方米，司令部北部建有纪念馆，陈列大量有关抗战时期的图片和说明以及一些文物，并采取高科技手段再现当年战争时期的情景。

【安陆钱冲古银杏森林公园】 位于湖北省安陆市西部的王义贞镇，地处荆门、孝感、随州三市“金三角”腹地，306国道与汉十高速公路纵横其境，属亚热带常绿落叶阔叶混交林地带，环境幽静，风景悠然。金秋银杏叶黄之时，各地游客纷至沓来。

银杏素有“活化石”之称，钱冲村有华中地区最大的古银杏群落。千年以上的古银杏48株，500年以上的1468株，百年以上的达4683株。定植银杏240万株，银杏数量之多、年代之久为全国之最，被誉为“中华银杏第一村”。钱冲的银杏，形态各异，相映成趣，极具观赏价值和情趣。有夫妻树、情侣树、公树、母子树；有的笔直如桦，直插云霄；有的张开似伞，荫及千余平方米。其中一棵“银杏王”历经3000多年风雨，仍然枝繁叶茂，巨冠参天，虬枝繁多，树干需6个人合抱，每年产果实

钱冲秋色图 (摄影:池云华)

近500公斤,价值1万多元,是钱冲当之无愧的镇山之宝。

走进钱冲银杏谷,感觉像在看巨幅水墨画卷:松柏森森,流水潺潺,鸟鸣嘤嘤。钱冲的古银杏群处于深山之中,独自绿了黄,黄了绿,叶黄的时候,满山遍野,层林尽染,黄得气势逼人,美得让人沉醉。

钱冲不仅自然风光堪称一绝,人文资源也十分丰富。东晋张昌、元末陈友谅两位农民起义领袖在此安营扎寨,现留有蜜蜂寨、太平寨等多处遗址。1939—1941年,李先念曾率部在此战斗三个春秋。新四军挺进纵队司令部旧址等一大批红色建筑依然青砖瓦砌,古风古貌。

“四壁峰山,满目清秀如画,一树擎天,圈圈点点文章。”秀美的自然风光,深厚的文化积淀,为钱冲村发展旅游业提供了得天独厚的条件。随着十几届全国银杏年会在安陆市召开,钱冲古银杏生态旅游风景区向集古银杏生态观光、红色革命寻踪、康体娱乐、养生度假等功能于一体的高等级生态旅游区发展。

【汤池温泉景区】 汤池温泉景区位于应城市以西22公里处的汤池镇,占地面积2000亩,国家AAAA级景区,到孝感市中心城区直线距离近60公里,距武汉市110公里。汤池原名玉女汤,传说玉皇大帝之女常常下此间洗温泉浴而得名。

汤池温泉储量丰富,温泉水温达71.4℃,日出水量10400立方米,居全国温泉之首,富含硫、钙、镁、钾等48种有益人体健康的矿物质微量元素,宜于洗浴并可治疗多种心血管疾病。温泉池区设有功能各异、风格奇特的128个温泉池,拥有温泉养生馆、文化池区、特色池区、情侣池区、生态池区、儿童池区、游泳馆等多个别具特色的功能区,令游人随心所“浴”。

景区环境幽雅宁静、空气清新,周围树木葱茏,花草繁茂,丘陵起伏,流水潺潺,景色宜人。27000多棵树木郁郁葱葱簇拥左右,1000多株百年古树苍翠挺拔点缀其间。

景区人文底蕴深厚,唐代大诗人李白游历汤池时,留下“神女殁幽境,汤池流大川”的诗篇佳句。抗日战争时期,陶铸于此举办农村合作事业指导员训练班(简称汤池训练班),培训抗日干部,从“汤池训练班”走出来的学员共600多人,革命火种遍布湖北32个县。为此,李先念亲笔题词:“汤池是鄂豫边区抗日战略支撑点之一,为民族的解放事业作出了贡献!”著名数学家陈景润也曾在汤池休养度假,并与汤池女护士由昆相恋、结合,留下一段美好佳话。2006年,在鄂中革命烈士纪念馆、陶铸纪念馆(建筑群20000多平方米)、数学家陈景润纪念馆等基础上建立红色教育基地,拓展增添红色旅游新内容。

【双峰山旅游度假区】 双峰山位于孝感市东北部,距市区29公里,距武汉市70公里,是国家森林公园、国家AAAA级景区、省级旅游度假区。双峰山是鄂东北森林公园中景点最多,面积最大的国家森林公园,森林覆盖率为88.2%,海拔888米。景点达54处,不仅有唐代农民起义领袖黄巢屯兵打仗、王仙芝屯兵聚粮堪称湖北第一寨的白云古寨,清代乾隆南巡路过双峰山亲笔玉赐的“天下第一泉”手迹。

奇峰竞秀,峻岭横屏。双峰主峰由两个对峙的山峰组成,四周有21座海拔500米以上的山峰簇拥。登临主峰凭高远望,眼底千里丘陵、横桥沃野,脚下“河流如束带,田舍若棋盘”“峻岭横屏晓雾开”“千壑谷静向杜鹃”。

异石林立、仪态万方。双峰山自然景观奇特,山林怪石众多,其中肖李万兽山似各种飞禽走兽,形神兼备的怪石群最具规模;主峰西北坡的“凤凰石”展翅欲飞,茅庵背后的“观音渡”如乘风欢浪的竞渡船帆,双峰阎王殿、石壁群一字排开,气势逼人。

溶洞达海,高深莫测。位于双峰山风景区文家冲的天然溶洞——青龙洞,青龙洞洞中套洞,径道曲折幽深,至今无人穷其尽头,已经探明的主道长1000米,公里处有一条地下河可听到下面的流水声,当地传说地下河与东海相通。洞合3个大厅,4个小厅,最大的面积200平方米,其中龙王宫最具特色,宫中有定海神针、群龙朝拜、水帘龙床等岩溶景观。

飞瀑流泉，碧水含秀。双峰山风景区现有“两瀑(双峰、白云瀑布)两泉(第一、第二泉)三潭(白龙、青龙、乌龙潭)三库(白云、滑石、凉亭水库)”。双峰瀑布自天来，奇石林立，水清澄澈，居孝感古八景之首。

【观音湖生态文化旅游度假区】 位于孝昌县东北部，与京珠高速小河互通口相连，国家AAAA级景区。景区内群山连绵、溪水环绕、钟灵毓秀、气候宜人，是一片“玉笼青纱人未识”的风水宝地。有山水一色，碧波千顷，风光旖旎的观音湖；有巍峨挺拔、奇峰峭壁、怪石嶙峋的大悟山；有颇具影响的佛教圣地九龙寺、观山禅寺；有革命先辈李先念、陈少敏等创建的大、小悟山抗日指挥中心和刘震将军故居等红色旅游资源；有极具农家特色和风味的农家乐旅游休闲场所，真可谓是“游山游水游古迹，赏花赏果赏农庄”。2012年，被评为湖北最美景区。

观音湖风景区分为三大景区：柳林探幽、观音览胜、月潭风光。坐上游艇，穿行在青山绿水之间，每当就要“船到尽头欲问津”时，猛然发现峡谷深渊，别有洞天，循山绕水复又豁然开朗，微风拂过，波光粼粼，仿佛树在湖中摇，云在水中流，山在波中晃，真可谓“观音千顷动，小悟万峰开”。

核心景区观音湖水域面积2.6万亩，库容1.4亿多立方米，流域面积83平方公里。整个湖泊镶嵌在大悟山、小悟山、四方山之间，湖水明澈如镜，湖岸曲折幽深。俗云:九岛十八汊，处处有神话。湖中有观音显圣、慈航善渡、二龙戏珠、佛光普照、海豚高褉、天山人间等10余处景点。

金盆湖建成于1952年，时任省委书记的李先念任工程指挥长。水域面积8700亩，流域面积27平方公里，大小半岛7个。有莲台迎客、又见澴西、小观山寺、东篱山居、情定金盆等景点，还有被评为“湖北省农业旅游示范点”的大片农业生态果园，资源奇特，景色优美，游客在此可尽享农村田野生活之乐，又可以回归自然，畅游山水，修身养性，陶冶情操。

【安陆白兆山李白文化旅游区】 白兆山又名碧山，位于安陆城西14公里处，主峰太白峰海拔383米。白兆山地势险峻，崖壑幽深，层峦叠翠，林木茂盛，气候宜人，和涢水相映成趣，古人曾有“涢水浓于酒，碧山俏似诗”的赞语。

白兆山李白文化旅游区占地面积804公顷，是国家AAAA级旅游景区。景区内有碧山湖休闲度假区和祖师殿宗教活动区，主要景点有入口牌坊、李白塑像、李白故居、李白纪念馆、祖师殿、白兆寺、洗笔池、诗长廊等。

白兆山因李白“酒隐安陆，蹉跎十年”而驰名中外。李白在安陆白兆山十年栖居期间，即以白兆山为活动中心，娶妻生子，读书制作，以文会友，干谒求仕，写下了《静夜思》《山中问答》《安陆白兆山桃花岩寄刘侍御绾》等百余首不朽诗篇，留下了白兆寺、桃花岩、李白读书台、太白堂、太白林、绀珠泉、洗脚塘、洗笔池等18处遗址遗迹。历代许多文人墨客，如韩愈、杜牧、刘长卿、欧阳修、曾巩、秦观等，都曾来白兆山，畅游观光，吟诗作赋。

【汈汊湖风景区】 位于江汉平原东部，汉水之滨，汉川市西13公里，距武汉市63公里。汈汊湖水面约14万亩，是全国第一个封闭式湖泊，是湖北省十大湖泊之一，素有“江汉明珠”之称。

景区湖水清澈，碧波荡漾，自然环境优美、宁静、空气清新。春天，林木葱郁，水杉垂柳，郁郁葱葱；夏天，万亩荷花盛开，姹紫嫣红；秋天，莲子硕硕，水欢鱼跃；冬天，白雪皑皑，冰冻湖面，大雁、野鸭栖息……四季分明，景色如画，风情万种的汈汊湖是游览观光、休闲娱乐场所的好去处。传说汈汊湖中有一蚌精，每当雨后天晴，蚌精便亮衣晒壳，腹中珍珠放射奇光，顿时天虹地彩，给汈汊湖披上了一件美丽的锦衣。如今传说已为现实。汈莲是全国六大名莲之一，不仅可供观赏，而且有极高的药用价值。

【悟峰十八潭】 湖北十八潭景区，国家AAA级旅游景区，是悟峰山生态旅游区的核心部分，位于湖北大悟

观音湖　　(摄影:韩绍)

县三里城镇，北与河南信阳市接壤，西与湖北广水市毗邻，景区内最高山峰——金顶海拔830米，与四大避暑胜地之一的鸡公山隔山相望。景区南距大悟县城22公里，距武汉130公里；西南距孝昌60公里，孝感100公里；北距信阳60公里；西距随州100公里。距京广高铁孝感北站28公里，距京港澳高速大新出口9公里，区位优势明显、交通便捷。湖北十八潭景区由海南京都汇银集团旗下子公司——湖北汇银十八潭旅游文化有限公司，投资26亿元，按AAAAA级标准精心打造。景区总规划面积51.29平方公里，一轴为人文山水景观轴。两翼指北翼高山茶场休闲度假区和南翼生态保护区。五大板块包括银河小镇、野生动物世界、房车露营地、山水观光体验区、高山湿地度假区。

【大别山(大悟)红叶景区】 位于鄂东北大别山脉西段的大悟县四姑镇北山村，总面积6.5平方公里。周边高铁、高速纵横交错，距武汉100公里，京广高铁孝感北站30公里，京港澳高速大悟出入口35公里，麻竹高速大悟出入口10公里，属武汉市“一小时生活圈”范畴，有武汉后花园之美称。

乌桕红叶是景区主要自然特色，有天然生乌桕红叶树万余株，古朴苍劲，形态各异，一树一景、一年一形。远看万山红遍，层林尽染，美不胜收；近看千姿百态，娇艳欲滴，婀娜多姿。景区花卉品种众多，四季交织，月月有花、季季有景，争奇斗艳。春有百花争宠，夏有荷花相伴，秋有红叶相拥，冬有梅花相随。有气势雄伟的红四方面军西征出发集结纪念广场，有革命先辈生死相依的红军洞，有为革命英勇献身的英雄纪念碑，有“文化大革命”时期知青生活营地“知情记忆”，更有再现革命年代战争场景和丰富学生科普知识的研学体验基地。有造型各异、豪华舒适的高端野奢部落度假酒店群；有恋人婚纱摄影、见证婚姻典礼的西方教堂。既能让游客充分体验野外居住的奢华野趣，又能让新婚恋人见证婚姻的圣洁，留下美丽的倩影。

【曲阳河公园】 曲阳河公园由黄香大道、曲阳河(下段为女儿港)及中间的绿化景观带三者呈平行状组成，总面积约1200余亩。公园北起子文路，南至伍洛寺女儿港，全长8957米、宽80～100米。曲阳河(女儿港)边置有50～80余米宽的绿化景观带、历史名人和当代荟萃展示段(景)。主要有斗子文文化区、秦简文化区、黄香文化区、吴禄贞将军台、市民中心广场、云梦皮影戏石刻群和现代执手亭廊等景区。

曲阳河公园以建设东路三湖大桥为中分线，分为南北两个部分。北端以古文化为主题，南端以现代文化为主题。北端的古文化由斗公苑、秦简苑、黄香园、吴禄贞将军组成。4个子园的西南正中间，是面积约200亩的“黄香湖公园”。“黄香湖”之西北500米处，就是占地面积百余亩的“云台山寺”仿古建筑群。

曲阳河公园由三湖桥西南岸拾三级台阶而上，向西北望去的第一个景点，就是清末新军第六镇统制吴禄贞“将军台”。过了将军台园就到了黄香园，可以看到黄香手捧奏章在向皇帝陈述治国纲要，满朝百官倾身聆听等石像石雕。黄香铜像前面有一大石碑，碑的正面有一茶社，茶社四壁绘有黄香行孝尽忠的壁画。由此走过一段厚实玻璃小道，就到了展现云梦睡虎地出土、震惊中外的秦代竹简“秦简苑”和“斗公苑”。自三湖桥往东南，景观点依次为梦泽湖、湖心岛百步塔、规制宏大的“祥山博物馆”、楚盛堂、中心广场和云梦皮影雕刻。整个公园把仿古建筑与现代建设相结合，把古文化与现代生活相结合，使人们在休闲之余感受中华文化之博大精深。

【云梦涢水国家湿地公园】 位于云梦县县城附近，北起云梦与安陆涢水河道交界处，南至云梦与应城涢水河道交界处，公园总面积为1150公顷。云梦涢水国家湿地公园于2015年12月获批建设，并于2016年获批国家级试点。2022年1月17日，在湖北省暨武汉市2022年世界湿地日活动上，云梦涢水国家湿地公园通过国家湿地公园验收，被正式授牌。公园内生境多样，是多种濒危物种的栖息地、繁殖地或停歇地。其中，国家Ⅱ级重点保护鸟类白琵鹭、小天鹅、白头鹞、游隼、斑头鸺鹠、长耳鸮、短耳鸮、褐翅鸦鹃、红隼共计9种。经过几年的建设，云梦涢水国家湿地公园在维持涢水河道保护与恢复功能不变的同时，将生态展示、科普教育、生态体验及管理服务功能的合理利用区调整到环城水系，现已建成涢水翘嘴鲌国家级水产种质资源保护区和宜居县城生态文明建设核心区域。

【大唐生态观光园】 孝昌县大唐生态观光园是国家AAA级旅游景区，位于孝感市东部，地处双峰山、云雾山两个国家AAAA级景区之间，孝感市农旅融合示范带王杨线中段，交通区位优势明显，距武汉市70公里，距孝感市40公里，距天河机场50公里，距京珠高速周巷互通口仅6公里。园区总面积500亩，总投资8800万元。2013年10月，投资建设月季园、荷山池、李世民石像、假山巨石等园林式景观景点20余处。大唐生态观光园已发展成为一家集生态农业开发区、生态园林建设为一体的综合型旅游园区，成为孝昌县乃至孝感市的一道靓丽旅游名片。园区先后被评为省级休闲农业示范点、十大旅游示范园区、湖北乡村旅游“十佳示范点”。2018年，园区共接待游客量42万人次，实现旅游综合收过千万元。

园区拥有100多种植物，其中银杏为国家一级重点保护树种，还有楠木、杜仲等国家二级重点保护树种。园区规划设计紧紧围绕农业生产和旅游设施建设，充分利用田园景观，深入挖掘当地的民族风情和乡土文化，在体现自然生态的基础上依地依势建成极具特色的亭台楼阁、特色别墅、农家庭院、假山巨石，处处果木林立、芳草茵茵、鸟语花香。园区融现代农业，乡村体验，观光旅游、餐饮娱乐、农家生活体验等功能于一体，供游客进行观光、游览、垂钓、采摘、度假、科考、拓展等多项活动。既是极具特色的“农业观光体验园”，又是极具现代特色的新型生态旅游项目。

金卉庄园　　（摄影：毛峰）

【金卉庄园】 位于孝南区朋兴乡，国家AAAA级旅游景区，总占地面积1600亩，总投资2.33亿元，是一个集“农业科普教育观光、四季花海展示、新奇特果蔬采摘体验、乡村特色美食、田园会议住宿、户外培训拓展、运动娱乐健身、水上游乐、生态环保节能技术推广、婚纱摄影及婚庆文化活动举办”为一体的生态休闲旅游度假庄园。主要具备“五大”功能区。

生态度假休闲区。建设有乡村民俗风情古街、特色美食餐饮、亲水客房、田园剧场、篝火广场、自助烧烤、草坪婚礼、自行车绿道等设施，打造具有湖北特色的乡村旅游度假示范基地；建设有月老桥、爱情博物馆、心心相映广场等浪漫主题景观，营造浪漫交友、绿色运动、生态休闲、婚庆会展于一体的爱情文化主题公园。

花卉观赏展示区。园区以樱花观赏为核心，打造世界级的樱花观赏园，共培植和收集国内外46个樱花品种，樱花观赏将持续达到70天时间；园区结合郁金香花海、薰衣草花海、向日葵花海、芝樱花海为主题，打造11个功能分区的四季花卉观赏植物园；将96个科属560余个植物品种引入园区，分科分类，充分展示植物的多样性，做到四时有景，季季有花。

绿色田园采摘区。建设绿色无公害果蔬自主采摘区、亲子果蔬自助种植区、无公害果蔬个人认种区，让游客亲身体验种植乐趣；利用基地循环水系，按国家级垂钓比赛要求，打造为特种养殖基地，申办和组织各类国家级、省级垂钓比赛活动。

企业文化创意功能区。园区以花卉观赏资源为基础，融合中外先进拓展培训理念，开展企业员工“身”“心”拓展培训；整合企业商务资源，发展总部经济，打造华中地区商务旅游的组织中心；以孝文化为核心，打造具有创作、展演与欣赏文化艺术作品等人文氛围的文化创意产业园。

户外运动拓展功能区。建设以户外拓展、水上游乐及球类运动为特色的武汉周边地区最大的体育运动公园，同时打造青少年校外社会实践活动中心、爱国主义教育中心，让市民、学生、游客在活动中了解和体验农耕文化、民俗传统文化，同时加强爱国主义及国风、家风、学风教育。

（市史志研究中心、市文化旅游局）

执行编辑：仰炳丞

中共孝感市委员会

中共孝感市委员会

综　述

【概况】 2021年，中共孝感市委坚持以习近平新时代中国特色社会主义思想为指导，全面贯彻落实中共十九大和十九届历次全会以及省委十一届八次、九次、十次全会精神，更好统筹疫情防控和经济社会发展，全市经济运行呈现出持续恢复、高开稳走的良好态势，如期全面建成小康社会，高质量完成市县乡村四级换届工作，一体推进改革发展稳定民生保障，一体推进政治经济社会组织建设，一体推进党风政风民风优化，交出了“全年精彩、全面精彩”的圆满答卷，实现了“十四五”良好开局。

【推动高质量发展】 立足新发展阶段，完整准确全面贯彻新发展理念，积极服务和融入新发展格局，奋力推动孝感高质量发展。据统计，2021年全市实现地区生产总值2562.01亿元，按可比价格计算（下同），比2020年增长13.4%，1205家规模以上工业企业增加值同比增长18.0%；固定资产投资增长24.5%，社会消费品零售总额增长22.1%；全市财政总收入221.73亿元，比2020年增长32.7%，地方一般公共预算收入134.77亿元，比2020年增长34.5%，其中税收收入106.24亿元，税收占比达到78.8%。深入实施区域发展布局。主动对接国家层面关于促进中部地区高质量发展的重大战略决策和湖北省“建成支点、走在前列、谱写新篇”战略定位，谋划召开市委六届十二次全体会议，审议通过《贯彻落实〈中共湖北省委　湖北省人民政府关于新时代推动湖北高质量发展加快建成中部地区崛起重要战略支点的实施意见〉的行动方案》，加快实施“主城崛起、两带协同、孝汉同城、多元支撑”区域发展布局，全力打造武汉城市圈副中心，争当全省高质量发展第二方阵排头兵。围绕主城崛起、孝汉同城，强化孝南区、市高新区、市临空经济区一体化发展，推进孝汉“规划同编、交通同网、科技同兴、产业同链、民生同保”，加快与武汉全方位对接，武大、硚孝、孝汉应高速和首衡华中国际食品产业城、市高新区激光产业园等一批重点项目加快建设。围绕两带协同、多元支撑，全力打造汉江经济制造业高质量发展带和大别山绿色产业高质量发展带，强力推进5条传统产业链和5条战略性新兴产业链强链、补链、延链、固链工程，加快实施“三百”战略，推动县域经济高质量发展。狠抓“三资一促”。持续提升招商引资、立项争资、筑台融资质效，千方百计促进有效投资，全年全市新签约亿元项目368个、引资2264亿元，新增规上工业企业110家，工业技改投资增长39.9%。孝感入选全国首批系统化全域推进海绵城市建设示范城市，老澴河综合治理成效全面显现，邓家河片区建设快速启动，武西高铁孝感南站获批，武汉地铁20号线延伸临空区取得积极进展，策划庆祝建市30周年100个重大项目、总投资2415亿元，谋划孝感城区基础设施三年攻坚项目137个、总投资426亿元，季度拉练检查项目129个，千芝雅纸业、长飞光电一期、三棵树涂料、中科铜箔四期等项目投产达效，泰川新材料、铭源科技、全成信电子等项目加快建设。精准策划项目685个、投资6637.6亿元，争取竞争性资金90亿元、试点示范41项、政府债券51.3亿元，贷款净增249.8亿元。大力推进改革开放创新。用改革的办法创新工作举措，向主城“三区”下放权限146项，在全省率先启动乡镇综合执法改革，17家市直国有企业改制全部完成，税收征管改革加快推进，孝感城区义务教育管理体制改革全面完成，5G智慧电力入选全国典型案例。进一步强化开放意识，做大开放平台，拓宽开放通道，全年全市外贸进出口总额135.0亿元，比2020年增长22.3%，实际利用外资3.59亿美元，增长22.7%。把创新摆在重要位置，推动以科技创新为核心的全面创新，出台科技创新“黄金十五条”，申报高新技术企业220家，8家企业获评国家级示范，获评制造业单项冠军4个，国家级创新平台达到7家，科技型企业突破1300家，院士专家工作站102家，高技术制造业增加值同比增长41.2%，占规模以上工业增加值的比重达到5.2%。持续优化营商环境。坚持“硬性指标无条件落实、软性条件无限量创造、担当责任无起点考核、环境状态无差别比较”，突出“高效办成一件事”、先行区示范点创建，健全“1+5+N”投诉联动机制，动真碰硬、创先争优，营商环境不断优化。344项便民服务在“鄂汇办”上线，301项政务服务在城市圈“一圈通办”。坚持“三个一律”，清减降专项行动深入推进，市县两级清理文件847件，审批时限综合压减率86.6%，招投标全流程电子化、不见面开标，“联合验收”规范推行，中介服务“零收费”。市工改平台与省成功对接，商标质押融资居全省第三，“互联网+不动产登记”获省政府督查激励。

【庆祝建党100周年】 认真贯彻落实党中央关于开展中国共产党成立100周年庆祝活动的决策部署，按照省委工作要求，市委研究制定了《中国共产党成立100周年庆祝活动孝感实施方案》，加强统筹协调，充分发动群众，创新方式方法，精心策划，成功举办了庆祝中国共产党成立100周年群众歌咏会、曲艺大赛、音乐党课、书画摄影展、抖音拍摄等65项主题活动，系列活动安全有序、隆重热烈、务实节俭，取得了良好的政治、社会效果。统筹全市各级各类媒体，开设“奋斗百年路，启航新征程”“百年孝感”“党旗在基层一线飘扬”等专题专栏，公开发布专题视频《党史上的孝感记忆》，规范使用庆祝活动标识和宣传内容，大力营造了“党的盛典、人民的节日”浓厚氛围。扎实开展党史学习教育，按照“学党史、悟思想、办实事、开新局”的要求，加强组织领导，明确目标任务，细化工作方案，层层压实责任，通过领导带头示范学、线上线下同步学、专题宣讲辅导学、实地参观感受学、交流思想领悟学等方式，深入开展“四史”学习教育，重点围绕学习贯彻习近平总书记在党史学习教育动员大会上的讲话、“七一”重要讲话以及党的十九届六中全会精神，开展2轮巡回督导，组织各类宣讲7000余场，受众达70余万人，全市县处级以上领导干部完成“我为群众办实事”项目918个，5.1万余名党员干部下沉社区办实事、解难事1.3万余件。

【巩固脱贫攻坚成果】 把巩固拓展脱贫攻坚成果作为“十四五”规划时期全市“三农”工作的重要任务，严格落实“四个不摘”要求，研究制定《关于推进实现巩固拓展脱贫攻坚成果同乡村振兴有效衔接的实施方案》《建立健全防止返贫动态监测和帮扶机制的实施方案》，全市2862户8933人消除返贫致贫风险，推动解决432个集中安置点稳定入住、就业就学、社区融入等方面的问题，坚决守住不发生规模性返贫的底线。坚持以“功能镇区、和美乡村、实力产业”三项行动为抓手，全面实施乡村振兴战略，市、县两级及时组建推进乡村振兴“三项行动”办公室，按照“系统谋划、分步实施、整体创建、年度参评”的要求，在全市范围内确定23个乡镇、385个村(社区)先期启动功能镇区、和美乡村创建工作，大力实施农村人居环境整治，新创建省级美丽乡村示范村90个。深入推进党建引领乡村治理促进乡村振兴，抓细抓实村“两委”换届工作，调整党组织书记946名，健全选派“第一书记”长效机制，市县共选派2046名干部、组成682支驻村工作队。建立各类红白理事会2245个，20余万农户被评为十星级文明户，大悟县夏店镇朝阳村、云梦县城关镇西王村、安陆市洑水镇殷棚村获评第二批全国乡村治理示范村。大力推进农业产业“五个一”强链工程，出台激励市场主体奖补办法，推动财政衔接资金主要用于支持产业发展，创建全国“一村一品”示范村镇14个、全市“一村一品”专业村镇56个，覆盖从业农户5万余户，不断完善农业产业联农带农机制。

【落实民生“双保”】 牢记“防疫是1、其他都是0”，严格落实常态化科学精准防控和局部应急处置机制，全市累计接种疫苗820万剂次以上，筑牢“防火墙”，守住了外防输入、本土“零”新增底线。坚持把良好生态作为最普惠的民生，强力推进突出环境问题整改，空气优良率86.3%，国控断面水质优良比例达100%，集中式饮用水水源水质100%达标，重金属减排、受污染耕地安全利用率完成省定目标。深入开展“五城同创”，改造老旧小区204个，整治背街小巷20多条、马路市场1200处，整改“六小行业”3000多家。在全省率先推行“路长制”，成功打造“全国美丽乡村路”孝昌县“观双线”等14条高质量示范线。就业形势稳步向好，全年全市城镇新增就业6.22万人，登记失业率为3.35%。社保水平稳步提升，城镇职工养老保险、工伤保险省级统筹，城乡居民医保市级统筹，基础养老金第5次提标。义务教育学校改薄271所，孝感城区4所学校建成开学，教育“双减”初见成效，幼儿托幼机构稳步增加。疾控体系改革和公共卫生体系建设全面推进，东城医院加快建设，汉川人民医院新晋三级甲等。《百年孝感》巡回展出、编印出版，《孝·感天地》成功首演，建成、开放“城市书房”10个。扎实做好防汛救灾工作，汉江十年最大秋汛平安过境。安全生产专项整治三年攻坚行动取得明显成效，有效遏制重特大事故发生。深入践行习近平法治思想，坚持法治孝感、法治政府、法治社会一体建设，先后制定出台《法治孝感建设规划（2021—2025年）》《孝感市法治政府建设实施方案（2021—2025年）》《孝感市法治社会建设重点任务分工方案（2021—2025年）》，全面启动“八五”普法工作，各地各部门运用法治思维和法治方式深化改革、推动发展、维护稳定的能力不断提升。围绕建设更高水平的平安孝感，持续巩固深化政法队伍教育整顿成果，坚持从严治警、从优待警、素质强警、数智兴警，打击“黄毒赌”“盗抢骗”等突出违法犯罪、处置化解非法集资风险等工作位居全省前列，全市政治社会大局保持稳定。

【加强党的建设】 实现新老班子交接。在省委的坚强领导下，在省委换届巡查组和省委换届指导组的指导下，12月6日至12月9日中国共产党孝感市第七次代表大会胜利召开，会议客观总结了六届市委五年来的工作，科学分析了孝感当前面临的新形势新任务，明确提出了“全力打造武汉城市圈副中心”的战略定位和未来五年的奋斗目标，487名正式代表以无记名投票方式，选举出由55名委员、10名候补委员组成的中国共产党孝感市第七届委员会，选举出由35名委员组成的中国共产党孝感市第七届纪律检查委员会。加强党的创新理论武装。坚持和完善党委（党组）“思想引领、学习在先”机制，市委常委会坚持把学习贯彻习近平总书记重要讲话、重要指示批示精神以及中共中央和省委重要会议、文件精神作为第一议题，全面系统学、及时跟进学、深入思考学、联系实际学，在全市起到了良好示范带动作用。注重用好“学习强国”学习平台，组织开展学习贯彻中共十九届六中全会精神知识竞赛活动，坚持用习近平新时代中国特色社会主义思想武装头脑、指导实践、推动工作。加强党的基层组织建设。全面推动党的组织和工作有形覆盖、有效覆盖、有力覆盖，成立13个街道“大工委”、209个城市社区“大党委”，2825个小区组建了党支部、1.2万个楼栋组建了党小组，城市住宅小区业委会组建率、物业服务覆盖率分别提升到71.8%、100%。出台《关于进一步坚持和完善“支部巡整”制度加强党支部标准化规范化建设的实施方案》，全市评定先进党支部1651个、整顿后进党支部293个、提升软弱涣散党组织123个。建强基层治理队伍，出台社区工作者履职管理办法，对23名社区书记实行事业岗位管理。新增财政预算1.3亿元，保障村干部待遇和村级组织运转经费。将总建筑面积1.6万平方米的公共服务用房移交12个社区，新改扩建党员群众服务中心91个。深入推进全面从严治党。市委认真履行全面从严治党主体责任，加强组织领导，细化履责清单，研究制定党风廉政建设考核实施办法，及时出台《关于加强对“一把手”和领导班子监督的若干措施》，组织开展落实全面从严治党主体责任专题调研督导，推动形成“明责、履责、督责、考责、问责”工作闭环。认真贯彻中央巡视工作方针，大力推进政治监督具体化常态化精准化，高质量完成六届市委巡察工作全覆盖目标任务，对历次巡察反馈问题整改落实情况开展大起底、大督查，确保整改销号、清仓见底。严格落实中央八项规定及其实施细则精神，持续纠治“四风”问题，突出抓好整治形式主义为基层减负工作，全年共问责410人，给予党纪政务处分335人。对标省委、省纪委关于清廉湖北建设的决策部署，市委常委会第一时间专题研究部署清廉孝感建设工作，制定出台《关于推进清廉孝感建设的实施方案》，部署21项具体任务、7大载体建设，召开全市党风廉政教育暨清廉孝感建设工作推进会，市委主要负责人带头讲廉政党课，扎实有效开展党风廉政建设宣传教育月活动。2021年，全市共立案1705件，结案1783件，给予党纪政务处分1723人。

（撰稿：鲁俊、彭颖）

重要会议

【中共孝感市第六届委员会第十二次全体会议】 9月1日，中国共产党孝感市第六届委员会第十二次全体会议召开。出席这次全会的市委委员44人、候补委员9人。有关方面负责人列席会议。全会的主题是坚持以习近平新时代中国特色社会主义思想为指导，全面贯彻中共中央和省委关于新时代推动中部地区高质量发展的决策部署，审议《中共孝感市委、孝感市人民政府贯彻落实的行动方案》，研究市第七次党代会有关工作，深化“主城崛起、两带协同、孝汉同城、多元支撑”区域发展布局，奋力打造武汉城市圈副中心。全会由市委常委会主持。受市委常委会委托，市委书记吴海涛就《行动方案（讨论稿）》起草情况作说明并讲话。市委副书记、市长熊征宇出席会议。全会审议通过了《中共孝感市委、孝感市人民政府贯彻落实

12月3日,中国共产党孝感市第六届委员会第十三次全体会议召开
(市委办 供图)

〈中共湖北省委、湖北省人民政府关于新时代推动湖北高质量发展加快建成中部地区崛起重要战略支点的实施意见〉的行动方案》《关于召开中国共产党孝感市第七次代表大会的决议》《中共孝感市委六届十二次全体会议决议》。

【中共孝感市委第六届委员会第十三次全体会议】 12月3日,中国共产党孝感市第六届委员会第十三次全体会议召开,出席这次全会的有市委委员41名。全会由市委常委会主持,市委书记吴海涛通报市第七次党代会筹备工作情况。全会讨论审议通过六届市委向市第七次党代会的报告,讨论市六届纪委向市第七次党代会的工作报告,决定将这两个报告提交中国共产党孝感市第七次代表大会审查。全会强调,市第七次党代会是在"十四五"开局之年召开的一次承前启后、继往开来的重要会议,是全市全体党员和广大人民群众政治生活中的一件大事,肩负着重要的历史使命。开好这次会议,必将对孝感市未来五年乃至今后一个时期经济社会发展产生重大影响。各级党组织和广大党员干部要进一步提高政治站位,统一思想认识,扎实做好各方面工作,为市第七次党代会胜利召开作好充分准备。

【中国共产党孝感市第七次代表大会】 12月7日,中国共产党孝感市第七次代表大会在市会议中心礼堂开幕。出席大会的代表应到493名,实到487名。

大会主题:坚持以习近平新时代中国特色社会主义思想为指导,弘扬伟大建党精神,动员全市党员干部,践行初心使命,锐意改革创新,全力打造武汉城市圈副中心,争当全省高质量发展第二方阵排头兵,为湖北"建成支点、走在前列、谱写新篇"做出新贡献,推动全面建设社会主义现代化强市迈出坚实步伐。

会议由熊征宇主持,吴海涛代表中共孝感市第六届委员会作了题为《打造副中心、争当排头兵,为全面建设社会主义现代化强市不懈奋斗》的报告。报告共分五个部分:砥砺奋进、顶压前行,如期全面建成小康社会;站位全局、把握时势,全力打造武汉城市圈副中心;干在实处、走在前列,努力争当全省高质量发展第二方阵排头兵;共建共享、夯基垒台,合力建设市域社会治理现代化示范城市;党建引领、坚守初心,着力筑牢打造副中心、争当排头兵的根本保证。

大会印发了中共孝感市第六届纪律检查委员会工作报告,与市委报告一并提交全体代表讨论审查。

【中共孝感市委常委会议】 1月6日,市委常委会召开会议,传达贯彻省委经济工作会议精神,强调要深入学习贯彻中央和省委经济工作会议精神,坚决落实省委、省政府工作安排,围绕打造武汉城市圈副中心,明确年度目标,强化发展保障,加强党的领导,全力完成好今年经济社会发展目标任务,推动"十四五"开好局起好步。

1月14日,市委常委会召开会议,讨论拟提请市六届人大六次会议审议的《政府工作报告》、"十四五"规划纲要等文件;研究加快推进社会治理现代化,建设更高水平平安孝感。

1月21日,市委常委会召开会议,听取市人大常委会、市政府、市政协、市法院、市检察院党组工作汇报。

2月1日,市委常委会召开(扩大)会议,传达贯彻省"两会"精神,安排部署春节期间疫情防控、一季度"开门红"等当前重点工作;传达学习省纪委十一届五次全会、省委平安稳定工作专题会、省委政法工作会议、全省持续推进党建引领基层社会治理工作座谈会精神,研究贯彻落实意见。

2月7日,市委常委会召开会议,传达学习省委农村工作会议和省委一号文件精神,研究全市贯彻落实意见;部署以市场主体需求为导向打造一流营商环境;研究加强禁毒工作。

2月24日,市委书记吴海涛主持召开市委常委会会议,传达学习党中央和省委系列重要会议精神,研究贯彻落实意见；听取关于市“四大家”领导联系重点工作、联系点和联系对象方案调整情况的汇报，审议《市委常委会2021年工作要点》。

3月5日，市委常委会会议召开，传达学习习近平总书记在2021年春季学期中央党校（国家行政学院）中青年干部培训班开班式上的重要讲话等系列重要讲话精神和2月26日中央政治局会议、全国脱贫攻坚总结表彰大会、全国政法队伍教育整顿动员部署会议精神，传达贯彻全省政法队伍教育整顿动员部署会议、省委党史学习教育动员大会精神，审议《全市政法队伍教育整顿工作方案》《关于在全市开展党史学习教育的实施方案》。

3月15日，市委常委会召开扩大会议，传达学习习近平总书记重要讲话精神，传达学习贯彻十三届全国人大四次会议、全国政协十三届四次会议精神。

3月29日，市委常委会召开会议，深入学习贯彻习近平总书记重要讲话精神，传达贯彻省委书记应勇来孝调研讲话精神，研究贯彻落实意见；传达学习全省组织部长会议、全省老干部工作会议精神，审议坚持和完善“支部巡整”制度，加强党支部标准化规范化建设的实施方案等文件。

4月9日，市委常委会（扩大）会议召开，学习贯彻习近平总书记重要讲话精神，传达贯彻全省政法队伍教育整顿推进会精神，研究推进主城崛起、五城同创、乡村振兴“三项行动”等工作。

4月13日，市委常委会召开会议，传达贯彻习近平总书记重要讲话精神，传达学习全省疫情防控工作电视电话会议精神，审议中国共产党成立100周年庆祝活动孝感实施方案，研究部署推进两带协同、建立健全城乡融合发展体制机制、招商引资等工作。

4月21日，市委常委会召开会议，传达贯彻习近平总书记重要讲话精神，传达学习沪苏浙考察总结交流暨市州党委书记座谈会和全省脱贫攻坚总结表彰大会精神，研究贯彻落实意见。

5月24日，市委常委会召开会议，传达贯彻习近平总书记在中央政治局第二十九次集体学习时的重要讲话精神，加强生态文明建设；审议完善要素市场化配置体制机制、推进孝汉同城、强化多元支撑、提升传统产业推动战略性新兴产业倍增发展等方案，加快推动高质量发展；听取全国政法队伍教育整顿中央第十督导组下沉孝感市调研督导情况和打治电诈、重复信访事项专项治理等工作情况汇报，研究贯彻落实意见。

6月1日，市委常委会召开会议，传达贯彻习近平总书记重要讲话精神，审议推进实现巩固拓展脱贫攻坚成果同乡村振兴有效衔接、贯彻落实省级环保督察“回头看”反馈意见整改、乡镇综合执法改革试点、党委（党组）意识形态工作责任制等文件，研究贯彻落实意见。

6月15日，市委常委会召开会议，传达贯彻习近平总书记关于安全生产的重要指示精神，落实省委安排部署，研究进一步加强安全生产工作，全面深入推进安全隐患排查整治；审议市人大常委会党组关于做好县乡两级人大换届选举的实施意见，扎实推进县乡人大换届选举工作。

6月23日，市委常委会举行扩大会议，深入学习贯彻习近平总书记关于安全生产重要讲话和指示精神，集中观看《生命重于泰山——学习习近平总书记关于安全生产重要论述》电视专题片，传达学习全国全省安全生产电视电话会议精神，进一步强化底线思维，抓实抓细安全生产；传达贯彻省委十一届九次全会精神，研究贯彻落实意见。

7月7日，市委常委会会议暨市委理论学习中心组集中学习研讨会召开，学习贯彻习近平总书记在庆祝中国共产党成立100周年大会上的重要讲话、在参观“不忘初心、牢记使命”中国共产党历史展览时的重要讲话、在中央政治局第三十一次集体学习时的重要讲话精神等，研究部署贯彻落实措施；集中观看《警钟长鸣——严肃换届纪律教育警示录》警示教育片，严明换届纪律要求；传达学习习近平总书记关于统计工作的重要指示精神，强化依法治统，提升数据质量；研究推进金融业高质量发展、农业产业强链建设、加强和改进意识形态工作等议题。

8月4日，市委常委会会议暨市委全面深化改革委员会第九次会议召开，传达贯彻习近平总书记重要讲话精神，传达学习中央深改委、省委深改委有关会议精神，研究推进市、区两级教育管理体制改革；部署常态化开展扫黑除恶斗争、健全乡村振兴帮扶工作机制、党建引领物业管理全覆盖等工作。

8月20日，市委常委会召开（扩大）会议，深入贯彻落实习近平总书记重要讲话和指示批示精神，传达贯彻党中央和省委关于贯彻新发展理念、构建新发展格局、推动高质量发展的系列重要文件精神，审议贯彻落实省委、省政府关于新时代推动湖北高质量发展、加快建成中部地区崛起重要战略支点的实施意见的行动方案，进一步对标检省，增强思想自觉行动自觉，深化“主城崛起、两带协同、孝汉同城、多元支撑”区域发展布局，促进市域经济高质量发展。

9月3日，市委常委会召开会议，传达贯彻习近平总书记重要讲话精神,研究加强孝感市红色资源保护、传承和利用工作;传达学习中央生态环境保护督察工作领导小组会议精神和中央第三生态环境保护督察组督察湖北动员会精神,研究贯彻落实意见;传达省纪委监委对仇平贵的处分决定,坚定不移推进全面从严治党;听取关于中蒙俄万里茶道城市合作会议有关情况的汇报。

9月23日,市委常委会召开(扩大)会议,学习贯彻习近平总书记关于国家粮食安全的重要论述,研究推进粮食购销领域腐败问题专项整治和配合做好涉粮问题专项巡视工作;传达贯彻中央七部委《关于进一步加强家庭家教家风建设的实施意见》,深化家庭家教家风建设;传达学习全国全省关于村(社区)“两委”换届工作的有关精神,选优配强村(社区)“两委”班子,夯实党的执政基础;听取庆祝建市30周年100个重大工程项目清单编制和孝感城区基础设施建设三年攻坚行动计划项目情况汇报;传达学习省委书记应勇在全省县(市、区)党政主要负责同志视频座谈会、县(市、区)委书记专题研讨班开班式和在云梦应城调研时讲话精神,深化扩权赋能强县改革,推动县域经济高质量发展。

10月15日,市委常委会召开会议,传达贯彻习近平总书记重要讲话精神,传达学习中共中央和省委关于加强对“一把手”和领导班子监督的有关文件精神,研究贯彻落实措施;听取关于举办孝感市第六届运动会及申办湖北省第十七届运动会的情况汇报,推进全民健身,促进健康孝感建设;审议孝感市贯彻落实《党委(党组)网络意识形态工作责任制实施细则》分工方案和新时代公民道德建设、新时代爱国主义教育实施方案。

10月25日,市委常委会召开会议,传达贯彻习近平总书记重要讲话精神,审议孝感市全面推行林长制工作行动方案、进一步减轻义务教育阶段学生作业负担和校外培训负担的实施方案、推进金融业高质量发展的实施意见等文件。

11月10日,市委常委会召开会议,传达贯彻习近平总书记重要讲话精神,传达学习省纪委监委推进政治监督具体化常态化精准化等有关文件精神,传达贯彻省委常委、省纪委书记、省监委主任侯淅珉来孝调研时讲话精神,深化作风建设;传达学习全国加强换届风气监督工作电视电话会议精神,严肃换届纪律;研究加强市人大对政府债务审查监督,听取关于市级群团组织换届工作情况汇报,研究部署下步工作。

11月15日,市委常委会(扩大)会议召开,传达学习中共十九届六中全会精神和省委常委会(扩大)会议精神,部署孝感市贯彻落实工作。

11月24日,市委常委会召开会议,深入学习研讨中共十九届六中全会精神,学习贯彻习近平总书记重要讲话精神;传达学习全省宣传系统学习宣传贯彻中共十九届六中全会精神电视电话会议、全省党委政法委平安稳定工作会议精神,研究贯彻落实意见;听取关于全市2022年经济社会发展主要指标分析、召开市第七次党代会和人大、政协“两会”情况的汇报;审议2021年“以奖代补”考核奖励工作、深化扩权赋能强县改革工作实施方案等文件。

12月10日,市委常委会召开会议,传达学习省委十一届十次全会、武汉城市圈同城化发展座谈会、省委人才工作会议精神,研究贯彻落实意见;听取干部人事工作汇报;研究市委常委分工和市委常委班子自身建设工作。

12月20日,市委常委会召开会议,学习贯彻习近平总书记重要讲话精神,传达学习省委全面依法治省工作会议精神,审议孝感市法治政府建设实施方案、关于开展法治宣传教育第八个五年规划和实施“澴川创新创业人才计划”的若干措施等文件,研究部署贯彻落实措施。

12月24日,市委常委会召开会议,深入贯彻落实习近平总书记重要讲话精神和中央经济工作会议精神,传达学习省委经济工作会议精神,讨论拟提请市七届人大一次会议审议的政府工作报告、计划报告、预算报告等有关文件;研究推进土

12月6日至12月9日,中国共产党孝感市第七次代表大会召开
(市委办 供图)

地集约高效可持续利用、加强人才发展激励促进科技创新等工作。

12月30日，市委常委会召开会议，传达学习习近平总书记重要讲话、重要指示批示精神，研究贯彻落实措施；审议市委七届二次全会暨市委经济工作会议方案、材料；研究党的二十大代表候选人推荐提名、党史学习教育专题民主生活会、全面深化改革、高校党建、重大金融风险防范化解、市工商联换届、开发区建设腐败问题专项整治“查改治”等工作。

（撰稿：鲁俊、彭颖）

重大决策

【关于开展“功能镇区、和美乡村、实力产业”三项行动，全面推进乡村振兴，加快农业农村现代化的实施意见】为贯彻落实中共中央和省委有关文件精神，巩固拓展脱贫攻坚成果，3月19日，中共孝感市委、孝感市人民政府印发《开展“功能镇区、和美乡村、实力产业”三项行动（以下简称“三项行动”），全面推进乡村振兴，加快农业农村现代化的实施意见》。市委要求，牢牢守住底线，实现巩固拓展脱贫攻坚成果同乡村振兴有效衔接；着力“实力产业”，加快农业产业强市建设；着力“功能镇区”，全面启动乡村建设行动；着力“和美乡村”，提升乡村善治水平；全面加强党的领导，优先发展农业农村。

【关于以市场主体需求为导向打造一流营商环境的实施方案】根据《中共湖北省委、湖北省人民政府印发〈关于以市场主体需求为导向打造一流营商环境的若干措施〉的通知》（鄂发〔2020〕23号）精神，孝感坚持以市场主体需求为导向，以降低制度交易性成本为抓手，积极释放“制度红利”，通过持续努力把孝感市打造成为审批事项最少、办事效率最高、投资环境最优、企业获得感最强市州之一，以一流营商环境加快推进孝感高质量发展、打造武汉城市圈副中心，2月11日，中共孝感市委孝感市人民政府印发《关于以市场主体需求为导向打造一流营商环境的实施方案》。市委要求，更大力度优化市场环境，推动“非禁即入”政策落实，提升企业开办注销便利度，推进证照制度改革，推进跨境贸易便利化，促进创新人才集聚，优化招投标服务。更大力度提升政务服务质效，深入推进“一网通办”“一窗通办”“一事联办”“跨省通办”，推动政务服务向基层延伸，深化工程项目审批改革，优化登记财产服务，优化用水用电用气服务。更大力度减轻企业负担，拓展企业融资渠道，深化金融产品和模式创新，提高金融服务便捷性，降低企业融资成本，提升纳税服务质效，降低物流成本，规范中介服务收费，降低用水用能成本。更大力度加强信用法治保障。推进社会诚信建设，推进信用信息安全共享应用，提高监管效能，加强市场主体司法保护和服务，加强知识产权保护，推进“立审执”提速增效，强化对涉市场主体司法活动的监督。更大力度狠抓优化营商环境措施落地见效，狠抓对标对表，狠抓政策落实，狠抓督办整改，狠抓宣传引导，狠抓考核评价。

【关于建立健全推进“主城崛起”体制机制的实施意见】为深入贯彻落实市委六届十一次全会精神，更大力度优化营商环境，加快推动孝南区、市高新区、市临空经济区（以下简称“主城‘三区’”）一体化建设和高质量发展，做大做强主城综合实力，提升主城龙头地位和辐射带动作用，打造建设武汉城市圈副中心强大新引擎，4月12日，中共孝感市委、孝感市人民政府印发《关于建立健全推进“主城崛起”体制机制的实施意见》。

基本原则。便捷高效原则、必要可行原则、依法依规原则、权责一致原则。

运行机制。健全完善行政审批机制、健全完善市区两级政务服务互通互认机制、健全完善市区一体的综合行政执法机制、健全完善要素保障机制、健全完善财政支持机制、健全完善“三区吹哨、部门报到”机制、健全完善项目协同机制、健全完善松绑减负机制、健全完善问题解决会商机制、健全完善选人用人机制、健全完善督办检查考核机制、健全完善考核结果运用机制、健全完善容错纠错机制。

支持主城“三区”发展事项清单。按照依法依规、必要可行、精简高效、应放尽放、权责一致的原则，下放一批市级经济社会管理权限到主城“三区”。市直有关部门要针对下放的权限，开展业务培训，加强业务指导，加强过程监管，防止出现管理缺位。对没有下放的行政审批、执法、管理权限，市直部门直接行使，主动服务，体现支持。对主城“三区”共下放经济社会管理权限108项，其中孝南区14项、市高新区55项、市临空经济区39项。适时对市级经济社会管理权限下放目录实施情况进行评估。

【孝感市加快推进“两带协同”三年行动实施方案（2021—2023年）】为加快推进“两带协同”，做大做强县域经济、块状经济，加快形成“由点及面、连线成片、两带齐飞”的发展布局，提高县域经济发展核心竞争力，4月19日，中共孝感市委、孝感市人民政府印发《孝感市加快推进“两带协同”三年行动实施方案（2021—

2023年)》。

基本原则。坚持县域主导、市级统筹。坚持有效市场、有为政府。坚持系统贯通、分类指导。坚持重点突破、全面推进。坚持立足当下、着眼长远。

重点工作。抓载体建设,夯实“两带”基础。打造“两带”协同示范带。加快交通基础设施建设。加快产业承载平台建设。加快产业项目配套设施建设。抓产业发展,壮大“两带”实力。突出产业重点和特色,改造提升传统产业,加快发展战略性新兴产业,推动制造服务业发展,持续推进绿色产业和农业产业化发展,不断增强县域经济实力。实施推动制造业服务发展行动方案,以高质量的服务供给引领制造业转型升级和品质提升。抓有效投资,增强“两带”后劲。狠抓招商引资。狠抓争资融资。狠抓项目落地。抓环境优化,强化“两带”支撑。培育一流创新环境。争创一流营商环境。优化一流生态环境。

【孝感市“五城同创”行动方案】 为统筹推进文明、卫生、园林、森林、生态城市创建工作,根据《全国文明城市(地级以上)测评体系》《国家卫生城市标准》等创建标准,5月2日,中共孝感市委、孝感市人民政府印发《孝感市“五城同创”行动方案》。

工作目标:举全市之力,先大干苦干三年,孝感城区取得全国文明城市提名城市资格和国家卫生城市荣誉称号。“五城同创”行动分为两个阶段:2021年至2023年,突出基础设施大建设、城市管理大升级、市民素质大提升,重获省级文明城市荣誉称号,取得全国文明城市提名资格,创成国家卫生城市、国家森林城市,巩固国家园林城市创建成果;2024—2026年,建成和谐宜居、富有活力、具有特色的现代化城市,取得国家生态文明示范市、全国文明城市荣誉称号。支持汉川市、应城市、云梦县、安陆市积极争创全国文明城市(县城),支持大悟县、孝昌县创成省级文明城市(县城)。

主要任务:开展思想文化铸魂行动、政务服务提质行动、社会秩序保障行动、生态环境保护行动、森林覆盖扩面行动、市容市貌美化行动、市场秩序整治行动、全民健康卫生行动、市民素质提升行动。

【关于加快推进孝汉同城化发展的实施意见】 为贯彻落实省委十一届八次全会和市委六届十一次全会精神,加快推进孝汉同城化发展步伐,打造武汉城市圈副中心,促进全市经济社会发展向更高水平和更高质量迈进,5月27日,中共孝感市委、孝感市人民政府印发《关于加快推进孝汉同城化发展的实施意见》。

基本原则:坚持主动对接、共谋发展。坚持突出重点、全面对接。坚持市级统筹、全域推进。

发展目标:围绕打造武汉城市圈副中心,全力推进孝汉交通、产业、市场要素、基本公共服务、生态环保等同城化发展,努力建设武汉城市圈同城化发展示范城市。到2025年,孝汉同城化发展走在武汉城市圈前列,地区生产总值跨越3000亿元台阶,经济总量稳定在武汉城市圈第2位,城镇化率达到64%,在积极融入“便捷、创新、开放、共享、绿色、活力”现代化都市圈建设中取得实质性进展。到2035年,基本实现孝汉基础设施布局完善、互联互通,科创产业协同创新、配套互补,要素流动自主有序、配置高效,基本公共服务共建共享、便捷均衡,区域环境联防联治、和谐共生,在武汉城市圈同城化发展中发挥显著作用,成为同城化发展标杆城市。

主要任务:突出基础设施同城化对接,打造武汉城市新外延;突出产业发展同城化互补,打造协作配套首选地;突出市场要素同城化流动,打造圈域协同开放新引擎;突出公共服务同城化融合,打造优质民生福祉共享地;突出生态环境同城化共治,打造孝汉绿色合作示范区。

【关于推进清廉孝感建设的实施方案】 8月31日,为全面推进清廉孝感建设,推动全面从严治党向纵深发展,营造风清气正政治生态,根据《中共湖北省委关于推进清廉湖北建设的意见》(鄂发〔2021〕21号)精神,中共孝感市委印发《关于〈推进清廉孝感建设的实施方案〉的通知》。

总体目标:到“十四五”末,全市各级党组织落实管党治党责任的意识更加自觉,一体推进不敢腐、不能腐、不想腐的体制机制更加完善,党员干部守纪律、讲规矩的意识显著增强,政治生态持续优化,权力运行规范透明,政务服务高效便捷,执法司法公正文明,市场竞争公平有序,党风政风、社风民风持续向上向善,社会整体清廉程度显著提升,人民群众的满意度不断提高、获得感不断增强。

主要任务:构建良好政治生态、坚持正确用人导向、严实干部纪律作风、持续优化发展环境。

建设重点:推进清廉机关建设、推进清廉学校建设、推进清廉医院建设、推进清廉村居建设、推进清廉家庭建设、加强清廉文化建设。

【贯彻落实《中共湖北省委、湖北省人民政府关于新时代推动湖北高质量发展加快建成中部地区崛起重要战略支点的实施意见》的行动方案】 9月9日,为深入贯彻党中央、国务院关于新时代推动中部地区高质量发展的决策部署,认真落实《中共湖北省委、湖北省人民政府关于新时代推动湖北高质量发展加快建成中部地区崛起重要战略支点的实施意见》（鄂发〔2021〕19号）精神，中共孝感市委、孝感市人民政府关于印发《贯彻落实〈中共湖北省委、湖北省人民政府关于新时代推动湖北高质量发展加快建成中部地区崛起重要战略支点的实施意见〉的行动方案》的通知。

发展定位：聚焦新时代推动孝感高质量发展，着力构建“主城崛起、两带协同、孝汉同城、多元支撑”区域发展布局，全力打造武汉城市圈副中心，争当全省高质量发展第二方阵排头兵，奋力实现“七大建设目标”，为湖北打造全国重要增长极贡献力量。

主要目标：坚持质量效益优先，力争主要经济指标增速高于全省平均水平和武汉城市圈平均水平，力争主要经济指标总量在全省占比和位次稳步提升，到2025年，全市GDP跨越3000亿元台阶。创新动能更加强劲，完善区域创新体系，构筑核心创新优势，为经济社会高质量发展提供坚实科技支撑。产业基础更加坚实，新型工业化、信息化、城镇化、农业现代化加快推进，经济结构不断优化，支撑高质量发展的现代产业体系基本形成。区域发展更加协调，“主城崛起、两带协同、孝汉同城、多元支撑”区域发展布局基本形成，孝汉同城化走在武汉城市圈前列。生态环境更加美好，国土空间开发保护格局得到优化，生态环境持续向好，生态安全屏障更加牢固。市域治理更加高效，居民人均可支配收入与经济增长基本同步，基本公共服务均等化水平明显提高，党建引领基层社会治理体系基本形成，市域社会治理现代化试点通过国家验收。到2035年，经济实力、科技实力、综合实力大幅跃升，新型工业化、信息化、城镇化、农业农村现代化基本实现，现代化经济体系基本建成，人均GDP达到中等发达经济体水平，在中部地区率先基本实现社会主义现代化。

主要措施：大力推进科技创新，积极创建国家创新型城市；加快产业转型升级，构建以先进制造业为主导的现代产业体系；优化区域布局，建设全省区域协调发展示范城市；以“三项行动”推进乡村振兴，建设全省农业强市；构筑武汉北生态屏障，建设全省生态良好绿色发展的孝感样板；建设高水平交通和市场网络，积极融入新发展格局；着力保障和改善民生，建设更高生活品质的幸福城市；深化重点领域和关键环节改革，以思想破冰引领发展突围。

【关于加快全市县域经济高质量发展的若干措施】 10月21日，为全面贯彻落实《中共湖北省委、湖北省人民政府关于加快全省县域经济高质量发展的意见》（鄂发〔2021〕11号）精神，加速推动全市县域经济高质量发展，中共孝感市委、孝感市人民政府印发《关于加快全市县域经济高质量发展的若干措施》的通知。

通知要求，以“三百战略”引领县域争先进位；以区域布局统揽县域协同发展；以科技创新激发县域发展活力；以“链长制”加快县域产业提升；以“三项行动”促进县域乡村振兴；以城乡统筹提升县域城镇化水平；以“三资一促”夯实县域发展底盘；以园区升级增强县域产业承载能力；以改革创新优化县域发展环境；以真评实考激励干部担当作为。

【法治孝感建设规划（2021—2025年）】 11月13日，为贯彻落实《法治中国建设规划（2020—2025年）》和《法治湖北建设规划（2021—2025年）》，中共孝感市委印发《法治孝感建设规划（2021—2025年）》的通知。

总体目标：到2025年，党对法治建设的领导进一步加强，地方立法质效进一步提高，依法行政能力进一步提升，执法司法监督机制进一步完善，法治化营商环境进一步优化，各级党政主要负责人履行推进法治建设第一责任人职责意识和全民法治观念进一步增强，法治建设走在全省前列，为到2035年基本建成法治孝感、法治政府、法治社会奠定坚实基础。

工作要求：坚持依法治市“锚定总体目标”切实推进法治孝感建设提档升级；坚持宪法至上“维护宪法权威”切实履行宪法法律赋予的职责；坚持科学立法，崇尚良法善治，切实提高地方立法质效；坚持依法行政，优化营商环境，切实推进法治政府建设；坚持公正司法，强化司法责任，切实推进司法体制机制改革；坚持全民守法，加强基层治理，切实推进法治社会建设；坚持全面监督，规范权力行使，切实增强法治监督实效；坚持全面保障，汇聚支撑力量，切实筑牢法治孝感建设基础；坚持依规治党“加强制度建设”切实推进党内法规制度实施；坚持依法执政“加强党的领导”切实发挥党委总揽全局协调各方作用。

【孝感市法治政府建设实施方案（2021—2025年）】 12月27日，为深入学习贯彻习近平法治思想，认真落实《法治政府建设实施纲要（2021—2025年）》《湖北省法治政府建设实施方案（2021—2025年）》《法治孝感建设规划（2021—2025年）》，全面建设职能科学、权责法定、执法严明、公开公正、智能高效、廉洁诚信、人民满意的法治政府，积极创建全省法治政府建设示范地区，努力实现法治政府建设走在全省前列的目标，中共孝感市委、孝感市人民政府印发

《孝感市法治政府建设实施方案(2021—2025年)》。文件要求:

依法履行政府职能:优化政府机构职能、打造宽松便利的市场环境、打造规范高效的政务环境、打造公平完善的法治环境。

科学制定政府规章:完善政府立法工作机制、制定重点领域政府规章、坚持立改废释并举。

高效实施行政决策:强化领导干部依法决策意识、严格落实重大行政决策程序、加强行政决策执行、评估。

创新推进严格规范公正文明执法:深化行政执法体制改革、加大重点领域执法力度、规范行政执法行为、创新行政执法方式。

不断完善应急管理体制机制:提高突发事件预防处置能力、加强社会应急力量建设和管理。

有效化解行政争议:扎实做好行政调解工作、有序推进行政裁决工作、加强和改进行政复议工作、规范和提升行政应诉工作。

持续强化行政权力制约监督:切实增强监督合力、提升政府督查工作实效、强化行政执法制约监督、强化行政规范性文件监督管理、全面主动落实政务公开。

加快建设数字诚信政府:加快建设信息化平台、有序推进政务数据开放共享、深入开展"互联网+"监管执法、加快推进政务诚信建设。

全面加强法治政府建设组织保障:加强党对法治政府建设的领导、完善法治政府建设推进机制、切实加强依法行政能力建设。

表4　2021年市委重大决策一览表

时间	文件名	文件号
2月11日	中共孝感市委、孝感市人民政府印发《关于以市场主体需求为导向打造一流营商环境的实施方案》的通知	孝发〔2021〕3号
3月19日	中共孝感市委、孝感市人民政府关于开展"功能镇区、和美乡村、实力产业"三项行动全面推进乡村振兴加快农业农村现代化的实施意见	孝发〔2021〕1号
4月12日	中共孝感市委、孝感市人民政府关于建立健全推进"主城崛起"体制机制的实施意见	孝发〔2021〕9号
4月19日	中共孝感市委、孝感市人民政府关于印发《孝感市加快推进"两带协同"三年行动实施方案(2021—2023年)》的通知	孝发〔2021〕10号
5月2日	中共孝感市委、孝感市人民政府关于印发《孝感市"五城同创"行动方案》的通知	孝发〔2021〕11号
5月27日	中共孝感市委、孝感市人民政府关于加快推进孝汉同城化发展的实施意见	孝发〔2021〕14号
8月31日	中共孝感市委印发《关于推进清廉孝感建设的实施方案》的通知	孝发〔2021〕18号
9月9日	中共孝感市委、孝感市人民政府关于印发《贯彻落实〈中共湖北省委、湖北省人民政府关于新时代推动湖北高质量发展,加快建成中部地区崛起重要战略支点的实施意见〉的行动方案》的通知	孝发〔2021〕19号
10月21日	中共孝感市委、孝感市人民政府印发《关于加快全市县域经济高质量发展的若干措施》的通知	孝发〔2021〕21号
11月13日	中共孝感市委关于印发《法治孝感建设规划(2021—2025年)》的通知	孝发〔2021〕24号
12月27日	中共孝感市委、孝感市人民政府关于印发《孝感市法治政府建设实施方案(2021—2025年)》的通知	孝发〔2021〕25号
12月27日	中共孝感市委孝感市人民政府转发《市委宣传部、市司法局关于开展法治宣传教育的第八个五年规划(2021—2025年)》的通知	孝发〔2021〕26号

督办督查

【概况】2021年,孝感市委始终坚持政治督查站位,推动习近平总书记重要讲话、指示批示精神和中共中央决策部署在孝感的贯彻落实,对习近平总书记重要指示批示,即来即收、快速流转,交办、督办、问效形成工作闭环,全年共办理习近平总书记重要指示批示8件,做到了件件有落实、事事有回音。开展《中国共产党重大事项请示报告条例》贯彻落实情况专项督查,进一步严肃政治纪律和政治规矩,坚决维护党中央权威。持续深入开展"整治形式主义为基层减负"工作,全市督检考事项全部纳入清单管理,文件、会议较2020年分别减少5.6%、5.2%。牢固树立督查工作"始终在大局下行动、处处为大局服务”的理念，按照分类施策、精准督办的原则，采取重点任务重点督、批示件督办定期督、突发事件即时督等措施，提升督查工作实效，推动贯彻落实常态化、制度化。

【重点任务督查】 市委办印发《孝感市贯彻落实2021年省委、省政府重点工作任务责任分解及督办落实方案》，开展专题督查调研，推动省委、省政府和市委、市政府重点工作任务快速有力推进、高质高效落实。聚焦“主城崛起、两带协同、孝汉同城、多元支撑”，梳理市委、市政府30项重点工作，细化分解责任，明确工作清单，印发三年行动方案、年度工作计划；起草印发《关于推动主城崛起、加快城市重点片区建设的工作方案》，谋划推进4个重点片区建设；每季度组织开展“三区”项目“四看四比”拉练活动，服务市领导调研“五城同创”“三资一促”等工作，积极参与“汉孝同城化”发展有关工作，编印《市委专题会议纪要》13期、印发重点事项交办清单7期，推动市委中心工作任务落地落实。配合省委办公厅开展常态化疫情防控督查、全省安全生产专项督查，推动疫情防控方面三个问题、安全生产方面102条问题隐患彻底解决。统筹开展意识形态责任制落实情况督查、国企改革三年行动方案落实专项督查，一体推进中央和省委巡视反馈问题整改，服务环保督查、涉粮巡视、安全巡查等工作，以督查传导压力，推动问题整改落实和长效机制建立。

【专项督查】 开展《中国共产党重大事项请示报告条例》贯彻落实情况专项督查，进一步严肃政治纪律和政治规矩，坚决维护党中央权威。持续深入开展“整治形式主义为基层减负”工作，制定市级层面督查检查考核计划，每季度汇总上报全市文件会议情况和接受中央、省督查检查考核情况，全市督检考事项全部纳入清单管理，文件、会议较2020年分别减少5.6%、5.2%。10月中下旬，市委办公室、市政府办公室组建四个督查组对“五化”管理平台使用、逾期项目进展、工程建设类项目进展、招商引资集中签约项目落地等情况开展了专项督查。

【批示件督办】 把省委、市委主要领导的批示件作为日常督办的主要业务工作，逐条逐项实行台账管理、跟踪管理、动态管理、销号管理。办理省委书记批示件38件，督各地、各地各单位贯彻落实后，向省委办公厅报送贯彻落实情况报告36件。对市委书记批示件实行分类管理，对某项工作给予肯定、表扬的，转发后列为存档件；提出具体办理意见的列为督办件限期办结，对办理周期相对较长、时间跨度相对较大的，列为跟踪督办件持续督办。每月初对上月书记批示办理情况进行梳理、催办，汇总整理成册送书记阅示。2021年以来，共办理市委书记批示件553件、信访件65件，审核人民网书记留言板留言回复354件。

【突发事件督查】 根据市委领导的安排，积极参与突发事件调查、处置工作，督办各地各单位迅速处置、客观报告，举一反三、抓好整改。8月初，武汉建筑工地出现疫情后，迅速对城区建筑工地疫情防控和疫苗接种情况进行抽查摸排，督促市住建局和建设单位压紧压实各项防疫措施，加快建筑行业从业人员疫苗接种进度。8月12日，孝感遭遇强降雨，城区道路积水严重，督查室连夜派出督查组，奋战至13日上午8时，摸排城区积水点、督促积水抽排工作。10月，云梦县瑞能华辉公司项目落地难被内参曝光后，迅速派出调查组调查核实相关情况，并积极引导云梦县依据事实、依法依规应对处置。

【“五化”管理平台运行及项目推进情况专项督查】 10月中下旬，市委办公室、市政府办公室组建4个督查组，对“五化”管理平台使用、逾期项目进展、工程建设类项目进展、招商引资集中签约项目落地等情况开展了专项督查。

“五化”管理平台使用情况。从实地抽查、调取后台登录数据、个别演示操作等督查情况看，市“四大家”领导、各县（市、区）、市直相关单位使用“五化”管理平台总体情况较好，市级“五化”管理平台活跃用户共有200人。其中，市“四大家”领导充分发挥示范引领作用，全部做到了经常性登录运用“五化”管理平台；各县（市、区）、市直部门人员中近两个月登录超过30次的有18人，超过10次的有60人。从现场抽查情况看，孝南区、应城市使用情况好，安陆市、大悟县使用情况较好，孝昌县回应领导点评、整改落实较为积极。

“五化”管理项目进展情况。全市上下形成了“五化”管理抽项目、季度拉练比项目、集中签约促项目、经济分析谋项目、以奖代补考项目的广泛共识。截至今年10月28日，各县（市、区）、市高新区、市临空区、市直部门共有纳入市级“五化”平台管理的项目446个，总投资2598.84亿元，年度计划投资661.32亿元。其中，已开工项目422个，开工率94.62%；累计完成投资1139.48亿元，占项目总投资的45.42%；1—9月，完成投资402.64亿元，占年度计划投资的62.95%，对固定资产投资支持作用进一步加大。孝南区、汉川市、应城市、安陆市、市高新区实际到资额总量大，对全市贡献率大。市高新区、安陆市2021年1—9月实际投资完成率好、与计划吻合度高。

“五化”管理项目纳统情况。经全面核查，各县(市、区)和市高新区、市临空区、市直部门446个工程建设类项目中，已纳统项目340个，纳统率76.23%。未纳统项目中，进度正常未达到纳统条件项目58个，进度不正常应统未统项目20个，正在申报纳统项目20个，取消标记项目8个。市临空区、大悟县、应城市、安陆市、孝南区“五化”管理项目纳统率高于全市平均水平。

集中签约项目推进情况。各县(市、区)、市直三区2020年四季度至2021年二季度，共集中签约项目92个，总投资747.8亿元。截至10月，已注册项目81个，已开工项目57个；累计完成投资34.39亿元，占开工项目总投资的10.04%；其中，已纳统项目17个，仅开工未达到纳统条件的项目40个。从各县(市、区)对比情况看，云梦县集中签约项目开工率最高，为100%；应城市集中签约项目纳统率最高，为75%。

(撰稿：鲁俊、彭颖)

政策研究

【概况】2021年，在市委坚强领导下，市委政研室始终以政策研究为基础，以文辅政为根本，将文稿质量作为衡量政研工作水平的核心指标，全力为市委提供优质的决策咨询服务。深入开展调查研究，开展专题调研11次，重大课题调研116个。处分发挥统筹作用，组织召开市委财经委第三次会议，讨论印发《2021年财经工作要点》，联合市直部门开展年度财经委十大专题调研。

【文稿服务】坚持模块管理、团队协作、先期介入等办法，以精益求精的工匠精神和敢打硬仗的顽强作风，精心起草把关各类讲话、文件等文稿300余篇，为党代会、市委全会、三级干部会、经济工作会等重要会议提供优质服务，较好发挥以文辅政作用。其中：起草印发《关于建立健全推进“主城崛起”体制机制的实施意见》，认真落实市直单位服务主城“三区”工作情况月报制度，推动主城“三区”强势崛起；起草的孝感市第七次党代会报告，进一步明确打造武汉城市圈副中心的战略目标。

【调查研究】发挥市委政研室主导作用，对全市经济、政治、文化、社会、生态文明和党的建设方面的重大问题组织专题调查研究11次，为市委决策提供参考。统筹各方力量组织开展全市2021年度116个重大课题调研工作，大调研工作格局进一步巩固优化。申报完成湖北省重大调研课题《湖北省农村消费潜力问题研究》，向省争取到课题经费4万元。

【对外宣传】紧贴市委中心，认真总结推介全市经济社会发展先进典型，多形式立体化宣传孝感的经验和亮点。坚持党刊定位，紧紧围绕市委中心，注重刊物品质和内容建设，《孝感通讯》出刊6期，相继推出“党史学习教育”“学习贯彻市第七次党代会精神”“五城同创”多个新专栏，为全市打造武汉城市圈副中心营造积极向上舆论氛围。服务市委阶段性重点工作，围绕主城崛起、党外人才队伍建设、农村消费潜力研究等焦点内容，高质量编发《决策参考》4期。在《湖北日报》等省级报纸杂志、党政内网内刊各种平台发表文稿13篇，大力宣传孝感的经验和亮点。

【财经工作】积极服务全市经济社会发展大局，全面履行经济宏观谋划、重大问题研究、财经参谋服务等职能。发挥统筹作用。组织召开市委财经委第三次会议，讨论印发《2021年财经工作要点》，联合市直部门开展年度财经委十大专题调研。做好咨询参谋。定期组织全市经济形势分析专班会议，编撰《孝感市季度经济社会发展情况》4期，系统分析市场主体数量、社保基金、信贷供求、政府债务增减变化趋势。紧盯市委重点工作，定期报送“三资一促”“六稳”和重大项目建设等月度报表，为市委财经委决策提供参考。提供文稿服务。起草、把关市委主要领导在全市经济工作会议上的讲话等财经有关文件、讲话，做好市委招商引资有关文稿服务工作。

(撰稿：刘小双)

市委巡察

【概况】2021年，完成六届市委第十二轮巡察，至此累计完成对市委管理的80家市直单位党组织的常规巡察，实现六届市委巡察全覆盖政治任务。全面指导县(市、区)党委完成对575个县直单位、乡镇和2442个村(社区)党组织的巡察全覆盖，累计发现问题24894个，有效发挥政治监督作用，首次实现市县巡察全覆盖。高效完成全市涉粮问题专项巡察，发现面上问题196个、问题线索12件。全面推进巡察整改和成果运用，推动出台《市委组织部与市委巡察机构加强工作协调协作暂行办法》《市委巡察机构与市纪委监委有关部门协作配合机制(试行)》等制度机制，探索政治巡察与司法巡查协作路径。部署开展大调研、大盘点活动，全面总结盘存六

4月29日，市委巡察办开展"巡察利剑我来铸 红色基因代代传"党史学习教育参观学习活动
（市委巡察办 供图）

届市委巡察工作、规划新一届党委巡察，编印《孝感市委巡察工作纪实（2016—2021）》《寻巡之路》《巡察整改典型事例选编》等书籍。

【第六届市委第十二轮巡察】 3—5月，市委巡察组分别对市委办公室、市政府办公室、市中级人民法院、市人民检察院4个单位党组织进行了巡察，并同步开展选人用人、意识形态工作责任制落实专项检查。本轮巡察共发现贯彻落实党的路线方针政策和中共中央决策部署、群众身边腐败问题和不正之风、党组织软弱涣散、组织力欠缺等方面问题56个。相关问题线索按照有关规定分类移交到纪检监察机关、组织部门和有关职能部门办理，重点问题专题反馈意见分类移交到行业主管部门和有关职能部门监督整改。

【涉粮问题专项巡察】 按照省委巡视工作领导小组统一部署，全市采取"市委统筹、提级巡察、全域交叉"方式，专门组建8个专项巡察组，高质量完成对全市涉粮问题的专项巡察，发现面上问题196个、问题线索12件，向市委报送综合报告1份、专题报告2份，有力促进涉粮问题综合治理。

【巡察整改和成果运用】 组织开展全市巡察反馈问题"大起底"，严格实行"一户一档"，并专门组建2个回访督查组，对六届市委第十轮、十一轮、十二轮巡察反馈的987个问题逐一"回头看"；对六届市委前九轮巡察反馈的1558个问题，在以往压茬开展回访督查基础上，建立被巡察党组织、职能部门、派驻纪检监察组三方销号制度，逐一挂账、限期销号，督促被巡察党组织整改销号1536个，整改完成率达98.6%；督促追责问责65人次，修订完善制度1007项，清退违规资金269.9万元。

（撰稿：戴昌龙）

组织工作

【概况】 2021年，全市组织系统以习近平新时代中国特色社会主义思想为指导，深入贯彻落实新时代党的建设总要求和新时代党的组织路线，大力弘扬伟大的建党精神，在大局大事中踔厉奋发、笃行不怠，圆满完成全年工作任务。理论武装有力有效，线上线下培训党员干部3万余人次；集中换届完成，调整市直单位567人次、市县区领导班子成员367人次、乡镇领导班子成员1050人；实干实绩导向鲜明，一批实绩考核优秀的干部走上重要岗位；基层基础持续巩固，在全省率先开展乡镇综合执法改革试点，打造了基层社会治理的"孝感样板"；人才工作创新发展，在全市营造了识才爱才敬才用才的良好氛围。

【基层党建】 2021年，孝感市紧扣治理抓党建，不断提升党建引领城乡基层治理水平。持续推动基层党建工作标准化规范化建设，完善"支部巡整"制度，出台10个领域党支部巡整"五问"指导书，积极探索党支部标准化规范化建设的管用路径，孝感市"五问"支部巡整做法受到中组部调研组充分肯定。压紧压实基层党建责任，严格党委（党组）书记抓基层党建工作述职评议考核。

党建引领城市基层治理。围绕"1295"路径深化党建引领城市基层治理，持续答好省委"一号课题"，街道管理体制改革、社区工作者队伍建设、党员干部下沉等任务全部完成，城市住宅小区"红色物业"服务管理覆盖率大幅提升，超过84%，下沉党员干部在防疫情、连民心、办实事、创五城等工作中发挥了重要作用，打造了基层社会治理的"孝感样板"，市委书记吴海涛接受湖北广电融媒体专访。

党建引领乡村治理。聚焦乡村振兴"三项行动"，在全省率先推进乡镇综合执法改革试点，挂牌成立36个乡镇综合执法中心，提升基层治理能力。圆满完成村（社区）"两委"换届工作，2015个村（社区）共调整党组织书记949人，调整面达

46.9%,选出“两委”班子成员11155人。评定1651个先进党支部,整顿提升123个软弱涣散村(社区)党组织,建成6个“红色美丽村”,3个村获评“全国乡村治理示范村”。指导各地明确建设标准、强化经费保障,扎实推进乡镇“五小”和周转房建设。提档升级村(社区)党员群众服务中心91个,推进孝南区老澴河沿线党建引领社区治理示范带和高新区孝天办事处“1+6”党建示范带建设。巩固拓展脱贫攻坚成果同乡村振兴有效衔接,全市共选派驻村第一书记1057人、工作队700支、2101人继续开展驻村帮扶,市委组织部被评为全省脱贫攻坚先进集体。

其他领域基层党建。抓好机关、国有企业、高校、两新组织、公立医院等各领域基层党建,成立市委教育工委、市委卫健工委,理顺在孝两所高校党组织领导和管理关系,督促指导45家具备条件的国有企业健全和规范国有企业党组织议事程序,将党的领导融入国有企业改革发展各领域、全过程。深入开展“携手共建、助力重振”活动,推动5个高校院系党委为5家企业开展技术诊断、咨询服务34次,解决实际问题20个,开展员工培训461人次,直接产生经济效益1236万元。

党员队伍建设。严把党员发展入口关,加大在产业工人、青年农民、高知识群体、大学生、“两新”组织从业人员等重点群体和薄弱领域中发展党员力度,全年发展党员5858人。组织开展党员教育培训市级重点培训班16期。统筹做好党费收缴使用管理、流动党员党委换届、党内统计等工作。

【干部管理】 深入实施习近平新时代中国特色社会主义思想教育培训计划,加强党的创新理论武装。围绕市县乡领导班子、新时代年轻干部成长工程,不断加强高素质干部队伍建设。加强干部宏观管理,强化干部监督,建立健全干部实绩考核体系,完善干部担当作为的激励保护机制。

市县乡领导班子换届工作。严格按照中央、省委、市委要求,建立领导体系、完善政策体系、明确责任体系。统筹人事安排,推荐提名、选举协商产生市县乡代表委员21097人。成功组织召开市第七次党代会,圆满完成市人大、市政协换届选举任务。调整市直单位567人次、县市区领导班子成员367人、乡镇领导班子成员1050人,8家群团组织换届调整32人,县乡换届工作完成。严明“十严禁”换届纪律,将思想政治工作贯穿换届始终,加强换届风气监督检查,从严从快查办违反换届纪律问题,营造风清气正的换届环境。

干部实绩考核体系建设。召开全市考核大会,出台目标考核和市管领导班子及领导干部考核评价工作实施方案,理顺考核组织架构,完善考核工作机制,重塑“1+N”实绩考核体系,强化考核结果运用,对251名专项考核实绩明显、26名招商引资成效突出、57名疫情防控表现优秀的干部提拔重用或晋升职级,及时奖励59个集体和141名个人,以正确用人导向引领干事创业导向。

12月29日,全市2021年度述职评议大会召开　（市委组织部 供图）

干部宏观管理。深入贯彻落实2019—2023年全国党政领导班子建设规划纲要和湖北省实施意见,不断提高领导班子建设质量。拓宽选人用人渠道,从“五方面人员”中选拔乡镇领导班子成员97人,充实乡镇力量。出台加强市直事业单位人才队伍建设和规范人事管理的有关规定,盘活用好事业单位人才资源。做好县以下事业单位管理岗位职员等级晋升工作,积极推进干部互派交流挂职。

干部队伍治理能力建设。深入实施领导干部专业化能力提升计划和新时代基层干部主题培训行动计划,举办市级专业化能力提升班11个,不断提高各级领导班子和领导干部适应新时代新要求抓改革、促发展、保稳定水平和专业化能力。加强干部教育培训阵地建设,市委党校新校区建成使用,成功获批湖北红安干部学院孝感分院、中原突围干部教育基地。

新时代年轻干部成长工程。落实孝感市大力发现培养选拔优秀年轻干部的实施意见,健全和落实日常发现、动态管理、跟踪培养、及时使用、日常补充的工作机制,市、县两级动态储备优秀年轻干部2070人。创新组织公开比选,采取比选择优、综合研判的方式提拔市直优秀“80后”干部20人,探索了优秀年轻干部脱颖而出的有效路径。加强

7月19日，2021年市直新任驻村第一书记和工作队员动员培训班开班

（市委组织部 供图）

年轻干部跨地区、跨条块、跨领域交流，从全市范围内择优选拔4名85后、7名90后干部担任乡镇党政正职，县市区党政领导班子中“80后”干部配备达到30人，乡镇领导班子中35岁以下年轻干部配备达到353人。

干部监督。聚焦“两个维护”强化政治监督，会同有关部门出台关于加强“一把手”和领导班子监督的若干措施。强化选人用人全程监督、结果监督，认真落实“凡提五必”、任前“十要素”审查、党委（党组）书记和纪委书记“双签字”、全程纪实节点把关等制度，把牢选人用人的底线和关口。做深做细干部日常监督，严格执行个人有关事项报告“两项法规”，推动发挥审计监督作用，精准审慎实施提醒函询诫勉。基本完成干部人事档案“健康体检”工程，提升干部人事档案工作质量。

干部激励保护机制建设。坚持正向激励主基调，推动孝感市激励关爱乡村干部的28条措施等政策落实到位，充分调动干部干事创业积极性。坚持“三个区分开来”，用活用好容错纠错机制，旗帜鲜明地为担当者担当、为负责者负责，对3名提拔晋升时受到不实信访举报的市管干部继续予以使用，为1名市管干部进行澄清正名。认真执行《湖北省受处理处分干部教育管理使用暂行办法》，对22名处理处分影响期满、表现优秀的市管干部重新任用，切实为担当作为的干部撑腰鼓劲。

【人才工作】 围绕打造武汉城市圈副中心，全面对接省重大人才工程，争取“科技副职”4人、“院士专家”36人、“科技副总”11人、“博士服务团”成员7人等共计58名高端人才来孝服务，吸引实习实训高校大学生1.4万余人，推动转化科技成果100项，解决爽露爽食品发酵材料高效利用、启利新材料粮库外涂层产品研发等一批技术难题。实施一村多名大学生（中职生）计划和返乡创业致富带头人计划，培养1482名学员成为村“两委”成员或致富带头人，新招录农民大（中）专生696人，授牌返乡创业扶持项目30个，鼓励引导人才向基层一线流动。一村多名大学生（中职生）计划被《乡村干部报》、湖北广播电视台垄上频道专题报道，获评全省党建工作优秀案例。深化人才发展体制机制改革，强化机制创新，出台“澴川创新创业人才计划”、进一步激发全市科技创新活力的若干措施、创建国家创新型城市工作方案等人才政策，开辟“绿色通道”服务企业专项职称评审363人，新认定10家技能等级认定评价机构，新增高技能人才1097人，切实为人才“放权、松绑、减负、清障”。持续优化人才创新创业环境，在全市积极营造识才、爱才、敬才、用才的良好社会氛围。发挥校地、校企、产学研等人才平台载体作用，推进湖北省盐产业技术研究院、富邦亚太联合研发中心等创新研发载体建设，新增院士专家工作站14家，累计建成102家。

【公务员管理】 深入推进公务员分类改革，巩固综合管理类公务员职务与职级并行制度成果，修订完善市直机关公务员职级晋升操作规程，有序推进司法人员分类管理，探索推进行政执法类公务员职级制度。加强公务员队伍建设，招录选调生（引进生）46人、公务员437人，市直机关遴选公务员53人，培训公务员8000余人，进一步优化队伍结构、提高人员素质。

（撰稿：易文杰）

宣传工作

【概况】 2021年，市委宣传部认真学习中共十九届五中、六中全会精神，加强思想建设，推动习近平新时代中国特色社会主义思想深入人心。深入开展“四史”宣传教育，全面铺开党史学习教育。开设“奋斗百年路，启航新征程”等专题专栏，组织开展庆祝建党100周年系列活动。持续加强新闻导向管理，创新策划重大主题宣传，用活用足新媒体宣传，宣传推广孝感红色资源和改革发展取得的巨大成就。着力加强网络舆情管理，积极打造“研、交、办、督、结”舆情处置闭环链条。坚持文化自信，全面启动纪录小康工程，编印《百年孝感 · 1921—2021》画册和《孝感红色故事》《孝感抗疫故事》等书籍，推动文化事业文化产业繁荣发展。狠抓文明创建，开展“道德模范”“荆楚楷模”“新时代好少年”等典型评选活动，大力弘扬社会主义核心价值观。

【党史学习教育】 2021年，市委组建了市委主要负责人为组长的党史学习教育领导小组和工作专班，以学史明理、学史崇德、学史增信、学史力行为着力点，灵活运用“五学”(领导带头示范学、线下线上同步学、专题宣讲辅导学、实地参观感受学、交流思想领悟学)方式，深入开展“四史”宣传教育，全面铺开党史学习教育。围绕习近平总书记动员会讲话精神、“七一”重要讲话精神、十九届六中全会精神，组织开展2轮巡回督导，开展各类宣讲7000余场，受众70余万人。全市主流媒体开设专题专栏，共刊播党史学习教育文稿4200多篇(条)，在“学习强国学习平台”刊发稿件11条，在中央台《新闻直播间》等栏目播发稿件8条。编发简报60多期，学习动态在全省上稿数量居前列，其中老旧小区改造的工作成效，被省党史学习教育办公室作为办实事典型案例批示，并在全网推送了孝感的经验做法。

【庆祝建党100周年系列活动】 2021年，市委宣传部统筹全市各级各类媒体，开设“奋斗百年路，启航新征程”“百年孝感”“党旗在基层一线飘扬”等专题专栏，形成“长流水、不断线，大浪头、周周有”的良好势头。“七一”期间，在湖北省政府网推出专题视频《党史上的孝感记忆》，被省级媒体大量转发；集约入驻的68家网站制作推出了庆祝建党100周年宣传背景图片；协调各地各单位广泛悬挂庆祝活动标识和宣传内容，共同为党的百年生日送上祝福。举办庆祝中国共产党成立100周年主题群众歌咏会、曲艺大赛、音乐党课、书画摄影展、抖音拍摄等65项活动。

【舆论引导】 2021年，孝感市加强新闻导向管理，建立新闻阅评工作机制，完善重大主题宣传联席会议机制，加快推进媒体融合。

重大主题宣传。围绕2021年全市重大主题宣传报道工作安排，定期召开重大主题宣传报道策划会，对全市经济社会发展确定新闻报道主题，提升新闻宣传的针对性和影响力。开展了“喜迎党代会 媒体看孝感”中省媒体集中采访活动，全面展示孝感五年来发展成就。围绕主城崛起、汉孝同城等开展专题采访，协调市级媒体联动报道。毫不放松抓好疫情防控宣传，持续制作推出常态化防控知识要点、疫苗接种等为主题的宣传作品，打通防控宣传“最后一公里”，全面提升了群众疫情防控意识。

新媒体宣传。优化整合市直主流媒体新媒体平台。积极协调中省网络媒体资源，宣传推广孝感红色资源和改革发展取得的巨大成就。组织“E路心向党、百年赞辉煌”网络大V寻访荆楚(孝感站)集中采风活动，组织全市40余家自媒体，开展“沿着高速看孝感”采访活动，围绕乡村振兴创作一批优秀短视频作品，全网播放量2000多万次。策划推出“百年孝感”抖音专辑，创作发布近百个短视频，“孝感网宣”抖音号半年增加粉丝16.8万人。

【意识形态工作】 2021年，孝感市坚持党对意识形态工作的管理权，制定意识形态工作责任制相关制度，定期召开意识形态工作联席会议，开展意识形态领域风险研判，建立意识形态工作人才库。常态化开展巡察督查，举办意识形态工作专题培训班，加强“扫黄打非”，强化阵地管理，压紧压实意识形态工作责任。深入开展“清风行动”“指尖上的形式主义”等专项行动，组织开展网络攻防演习、国家网络安全宣传周活动，清理排查属地3830家备案网站，清理微博微信等各类账号550多个，确保网络意识形态总体安全。

城市书房　　（市委宣传部 供图）

【新闻单位导向管理】 2021年，孝感市委出台新闻单位导向管理办法，每季度抽查市县主流新闻媒体落实导向管理和“三审三校”情况，对落实不力的要求限期整改到位。建立了新闻阅评工作机制，督促媒体学习整改。继续坚持和完善重大主题宣传联席会议机制，加快推进媒体融合，全市县级融媒体中心均按机构改革的要求挂牌运行，新闻报道数量较融媒体中心成立前增长约2倍。

【文艺创作项目管理】 为鼓励文艺工作者积极创作更多优秀作品，提升孝感文化软实力，市委宣传部与市财政局联合制定出台《孝感市重点文艺创作项目扶持办法》，使项目扶持更加制度化、规范化。该办法以加强文艺创作导向管理和提升文艺创作质量为理念，坚持全面规划、突出重点、奖补结合、注重效益的原则，把以往创作项目和成果奖励两条扶持途径合二为一，以扶持原创文艺项目为主线，兼顾获得省级以上奖励作品，实行项目制管理，每年度扶持一次，按照指令性、原创性、奖励性三个方向、8个艺术门类，变“自由创作被动扶持”为“主动引导重点扶持”。

【精神文明创建】 开展“道德模范”“荆楚楷模”“新时代好少年”等典型评选活动，当选中国好人6人、湖北省第八届道德模范1人、湖北省“新时代好少年”1人、“荆楚楷模”3人；获评孝感市第六届道德模范20人，“孝感楷模”22人、孝感市“新时代好少年”10名，开展了“最美卫健人”等行业领域的先进典型评选。实施新时代公民道德建设十大工程，设置了一批社会主义核心价值观景观及两处荆楚楷模文化长廊。全面清查20家爱国主义教育基地，新增“全国爱国主义教育基地”1家。开展讲文明树新风活动，印发《孝感市民文明行为规范》，开展“我的邻居是党员”、“画”文明讲礼仪、文明健康有你有我、文明礼仪进社区、“注重家教家风、建设最美家庭”等活动，推进文明餐桌、文明交通行动。深化农村精神文明建设工作，持续开展移风易俗行动，全市行政村普遍建立了红白理事会。制定全市未成年人德育工作意见，深入开展“扣好人生第一粒扣子”主题活动，在全省“童心向党·党的故事我来讲”学党史演讲活动中，获1个二等奖、4个优秀奖。开展乡村学校少年宫成果展，积极推进复兴少年宫示范点建设。

【志愿服务】 组织开展文化科技卫生“三下乡”示范活动，出台了《孝感市志愿服务激励嘉许办法（试行）》，制定28条激励措施，支持志愿服务队伍和志愿服务事业发展。开展志愿者培训，提升志愿组织孵化能力，全市注册志愿服务团体3540个，专业志愿服务组织32家，注册志愿者 76 万多人。各地文明实践中心（所、站）基本实现全覆盖，积极开展政策宣讲、便民服务、扶贫帮困等志愿服务活动，组织全国文明单位结对共建文明实践中心，1个志愿服务项目获评全省志愿服务大赛银奖。

（撰稿：罗 丹）

统战工作

【概况】 2021年，孝感市委坚持以习近平新时代中国特色社会主义思想为指导，高度重视统战工作，党管统战意识进一步强化，组织各民主党派开展中共党史学习教育等主题教育活动。注重发挥统一战线法宝作用，以“党派建设巩固年”为抓手，协助各民主党派加强自身建设，支持各民主党派围绕市委、市政府中心工作开展参政议政、民主监督和社会服务。以民营企业服务年活动为契机，加强对民营企业的日常联系走访。强化党外知识分子思想政治引领，推动全市党外知识分子和新的社会阶层人士工作再上新的台阶。进一步夯实统战工作基础，聚焦服务发展，为推动全市高质量发展做出积极贡献。

【民主党派工作】 支持各民主党派开展中共党史学习教育等主题教育活动，切实筑牢思想共识。把握建党100周年重大历史节点，在《孝感日报》开辟专栏，商请各民主党派市委会主委以“同心跟党走，迈向新征程”为主题，撰写纪念文章。组织各民主党派机关干部赴随州新五师革命旧址开展“传承红色基因、砥砺责任担当”为主题的革命传统教育。开展加强自身建设约谈协商、换届有关人事协商等5次政党协商。协助各民主党派做好市级组织和基层支部换届工作，重点做好各党派市委会主委、专职副主委的选配工作，选优配强班子成员。调整充实民主党派代表人士数据库，切实做好储备工作，更新完善159名代表人士数据库。组织参政议政，开展调查研究，建言献策。各民主党派共形成调研报告51篇，提出提案、议案、建议66份，社情民意信息170篇，其中42条（篇）被采用。支持各民主党派发挥界别特色，围绕乡村振兴、基层社会治理等中心工作，整合优势资源，开展社会服务。支持各民主党派围绕长江生态环境大保护开展民主监督工作，支持民盟市委会开展长江“十年禁渔”后水产养殖发展问题调研。

【党外知识分子及新的社会阶层人士工作】 加强和改进新时代党外知识

分子和新的社会阶层人士思想政治工作,组织30余名会员代表参加中共十九届五中全会精神心得交流会,党史学习专题教育讲座,学习贯彻习近平总书记在庆祝中国共产党成立100周年大会上的重要讲话精神宣讲报告会,《中国共产党统一战线工作条例》报告会等,积极发言交流心得体会。深化联谊交友制度,建立市委常委、党员副市长联系全市党外知识分子代表人士,统一战线领导小组成员单位班子成员联系系统内党外知识分子,市委统战部班子成员联系市知联会班子成员,市知联会、新联会会长列名联系10个会员的联系机制,开展经常性走访座谈、线上互动。成立了市知联会市中心医院分会,吸纳市中心医院优秀党外知识分子会员120人。以中国共产党成立100周年为契机,增强党外知识分子和新社会阶层人士对新时代爱国奋斗精神、党和国家奋斗目标的思想认同和情感认同。充分发挥了党外知识分子和新的社会阶层人士的作用与力量,按照“月月有活动,人人有舞台”的理念,组织开展每月主题活动9次,其中开展了“送春联下乡”“税法知识进企业”“智力扶贫之快乐英语教与学”“书法进校园”等服务社会活动,打造了“知新讲堂之《民法典》合同编”“知新讲堂之宇宙的奥秘”“与城市共美好·中秋读月分享会”等知识分享交流活动。按照“一县(市、区)一亮点、全市多亮点”标准,共打造新的社会阶层人士统战工作实践创新基地25个,党外知识分子统战工作示范点15个,其中市直新的社会阶层人士统战工作实践创新基地4个、党外知识分子统战工作示范点5个。高标准打造了中国移动孝感分公司、孝感华工高理电子有限公司、湖北工程学院、市中心医院、湖北职业技术学院5个市级党外知识分子示范点。

【党外代表队伍建设】 做好党外代表人士政治安排和实职安排,积极推荐1958名党外代表人士担任市、县两级人大代表、政协委员。市、县两级人大、政府、政协领导班子配备党外干部34人;市、县直单位配备党外正职23人、副职64人;配备副乡(镇)长22人。加强党外干部培养选拔使用工作,与党内干部同步培养、同步选拔。建立统战部门与组织部门的党外干部工作联席会议制度,推动党外干部选拔培养使用规范化、制度化。依托市社会主义学院,全年培训党外代表人士949人次。

【基层统战工作】 大力开展“基层统战提升年”活动,开展培训32次、培训800余人。及时调整、配强市、县、乡、村(社区)工作人员,确保层层有人抓、级级有人管、事事有人做。围绕“结合实际建、建章立制管、服务大局用”要求,深入推进统战组织和阵地建设,全年新增基层统战组织713个,各地知联会、新联会实现全覆盖;新增基层统战阵地418个,建设基层统战工作示范点107个。

【服务民营企业】 制定市委统战部2021年“民营企业服务年”活动方案,对企业加强日常联系走访。走访中南家居产业园、长江埠污水处理厂等20多家民营企业,重点掌握企业在生产经营、疫情防控方面的具体困难,调研优化营商环境和项目建设工作,积极协调相关职能部门解决具体问题。严格按照评选程序,推荐5人当选为2021年湖北省优秀中国特色社会主义事业建设者,推荐6名民营企业家获湖北省“光彩之星”荣誉称号,加大对参与光彩事业、乡村振兴和社会公益事业的民营经济人士表彰力度,树立正面典型。开展“万企兴万村”工作,动员企业对口帮扶巩固拓展脱贫攻坚成果。

(撰稿:刘黄薇)

外事工作

【概况】 2021年,孝感市外事工作坚持以习近平新时代中国特色社会主义思想和习近平外交思想为指导,认真贯彻中共中央对外方针政策和省委、市委工作部署,准确把握国内外发展大势,服从服务国家总体外交大局,聚焦构建“主城崛起、两带协同、孝汉同城、多元支撑”区域发展布局,认真谋划,扎实推进,各项工作取得积极进展。

【外事考核机制建设】 筹备召开市委外事工作委员会第三次全体会议,深入贯彻习近平外交思想,传达学习省委外事工作委员会第四次全体会议精神,研究部署全市2021年外事工作。起草制定《孝感市外事工作目标考核考评细则》,继续将外事工作纳入县(市、区)党政领导班子工作目标考核内容,以外事工作目标考核引领各县(市、区)对外工作平衡发展。

【医疗援外】 孝感市中医医院、汉川市人民医院、云梦县人民医院积极参与国际抗疫合作,3名医务人员赴阿尔及利亚执行2年援外医疗任务,高效办理因公出国手续,做好服务保障工作。

【外事活动】 先后组织白俄罗斯驻华大使、埃塞俄比亚驻重庆总领事、英国和韩国驻武汉总领事到孝感参观访问,开展交流合作事宜,拓展合作领域,深化传统友谊。积极参加

11月11日，市委书记吴海涛会见到孝感访问的韩国驻武汉总领事姜承锡

（市委外事办 供图）

上合组织民间论坛活动，拓宽了对外交流合作渠道。

【对外宣传】 推荐大悟县宣化店周恩来与美蒋代表谈判旧址（湖北会馆）纳入外交部“外事红色教育课堂”目录，借机推介孝感红色资源。参加外交部湖北全球特别推介活动，面向全球推介孝感米酒、孝感麻糖、马口窑茶具等地方特色产品。向外交部驻外机构服务中心推荐孝感市5类50个品种的优质物资，争取部分优质产品和供应方纳入外交部驻外机构服务中心外交物资及合作伙伴资源库，拓宽孝感市优质产品销售渠道。

【发展国际友城关系】 争取省委外办将孝感市与日韩发展友城关系列为重点支持事项。利用韩国驻武汉总领事访孝契机，重启孝感市与韩国忠州市发展友城关系，双方就发展友城关系进行积极对接。

【服务区域发展布局】 围绕市委六届十一次全会提出的构建“主城崛起、两带协同、孝汉同城、多元支撑”区域发展布局，在全力服务“主城崛起”上下功夫。结合外事部门职能，制定出台服务主城崛起的政策措施，推进孝南区、市高新区、市临空经济区进一步扩大对外开放。2021年，高效办理孝南区3家企业邀请外籍技术人员到孝感市邀请函手续11人次、市高新区5家企业邀请外籍技术人员到孝感市邀请函手续20人次，解决企业发展技术难题，服务企业高质量发展。

【服务日商产业园】 将孝感日商产业园纳入省委外办支持的重点涉外事项，加大外事工作服务力度，推进孝感日商产业园建设。积极向外交部、省委外办宣传推介孝感日商产业园，提出给予相关外事政策、外事资源支持和倾斜的意见建议，支持产业园建设。邀请省委外办副主任冯细国专程到孝感市调研日商产业园，实地考察日资企业经营情况，对企业提出的优化外事服务的意见和建议给予现场答复和解决。

【服务涉外企业】 围绕优化营商环境，聚焦全市外向型企业（项目）发展需求，组织专班深入企业（项目）调研，宣讲疫情防控状态下入境到孝感人员政策规定，跟踪搞好对接服务。根据企业（项目）发展需要，高效办理企业（项目）邀请外籍技术人员到孝感市邀请函手续。2021年，为全市14家企业办理62人次外籍技术人员到孝感市邀请函手续。协调解决韩资企业湖北菱永电子材料科技有限公司项目建设中的困难和问题，跟进做好服务保障，项目进展顺利，预计2022年4月正式投产。

【外事品牌创建】 认真制定《孝感市外事工作“一地一品”建设方案》，稳步推进湖北（孝感）日商产业园和汉川市黄龙湖马口陶文化传承基地品牌建设，力争通过3~5年的创建，培育壮大一批在国内国际具有较大影响力的对外品牌，使外事工作“一地一品”建设成为促进孝感外事转型发展的助推器，全方位提升孝感对外开放水平。

（撰稿：王国林）

侨务工作

【概况】 2021年，孝感市委统战部在省委统战部的关心支持和孝感市委市政府的坚强领导下，认真贯彻落实省、市委决策部署，积极组织侨界代表人士参加《习近平谈治国理政》第三卷和中共十九届五中、六中全会精神等主题宣讲，《习近平关于侨务工作论述》专题研讨；组织侨界代表人士25人开展党史专题宣讲、参观鄂豫边区革命烈士陵园、新四军第五师司令部旧址等红色教育基地等活动，并赠送《中国共产党简史》。积极组织开展涉侨招商引资，团结引领广大华侨华人、归侨侨眷积极参与孝感市经济社会建设，各项工作取得较好成效，完成年初制定的工作目标。

12月31日,孝感市侨联召开六届五次全委会议　（市侨联 供图）

【重要会议】 4月28日，市侨联六届四次全委(扩大)会议在市会议中心召开。市委常委、统战部部长江浩出席会议。会议深入学习了中共孝感市委六届十一次全会精神，研究了具体落实意见。通报表彰了全市侨界抗击新冠肺炎先进个人，研究和部署了全市侨界庆祝党的100周年华诞系列活动，向全市归侨、侨眷及海外侨胞发出了“我为孝感打造武汉城市圈副中心献一计”的倡议书。12月31日，孝感市侨联召开六届五次全委会议。会议学习了十九届六中全会精神和孝感市第七次党代会精神，审议通过了《孝感市第六届五次全委会议增补委员、主席、副主席的选举办法（草案）》《孝感市侨联六届五次会议总监票人、监票人、计票人建议名单(草案)》，选举陈娟为市侨联第六届委员会主席，陈霜红为副主席，增补王娟、周露两人为委员。

【涉侨招商引资】 6月3日，孝感市接待了天津市宝坻区侨联主席吴锦泽率领的在津侨领代表团来孝开展联谊考察，重点介绍了孝感市历史文化、产业发展和招商政策等情况。考察团成员表示孝感文化底蕴深厚、区位优势明显、发展潜力巨大，将进一步为孝感招商引资、招才引智牵线搭桥，努力推动相关合作项目落户孝感。11月17日，孝感市政府副市长帅逊带队参加第二十一届华创会。会上，宣传推介孝感市经济社会发展大好形势和招商引资、招才引智相关政策。通过华创会官网发布拟对接重点招商项目23个、海外人才项目8个。邀请并组织多名华侨华人参加主会场项目签约及相关分会场活动。在本届华创会上，孝感市签订招商项目4个，总签约金额33.35亿元。

【侨务外宣】 5月12日，孝感市组织开展“故事里的孝感”等主题活动。通过书信向海外亲友深切表达殷殷关爱之情，生动讲述孝感抗疫斗争的精彩故事，进一步提升海外华侨华人对“中国共产党为什么能，中国特色社会主义为什么好”的认识。组织高中生参加世界华人作文竞赛活动，在第二十一届世界华人学生作文大赛中孝感市获奖24篇，17位老师获“优秀指导老师”荣誉称号。10月，根据侨界新生代的特点，开展“线上寻根”“网上夏令营”活动，制作了《魅力孝感“侨”过来》专题宣传片，进一步宣传中华文化、家乡发展，增进血脉亲情，增强中华民族凝聚力。

【侨界交流】 孝感市深化“两个并重”，强化“两个拓展”，充分挖掘新侨资源。3月10日，组织孝南区、汉川市、大悟县等侨联赴武汉市侨联学习，并与武昌区、蔡甸区、黄陂区侨联缔结为友好侨联，两地侨联组织以这次缔结友好关系为新起点、新纽带、新平台，进一步增强“汉孝一家亲”理念，在海外联谊、招才引智、侨资源共享和新侨工作方面开展务实合作，在以侨为桥促进孝汉同城，为孝感建设武汉城市圈副中心汇聚侨界力量。5月21日，武昌区侨联在区委常委、统战部部长胡勇的带领下到孝感、大悟交流调研，市委常委、统战部部长江浩参加活动。江浩介绍了孝感市当前经济社会发展情况，希望两地以侨为“桥”，不断拓展交流平台，加强联谊互动，使亲戚越走越亲热，越走越紧密，越走越长久，共同为武汉城市圈高质量发展展现侨界新作为。6月23日，武汉市侨联副主席徐祥忠一行到孝感考察交流。徐忠祥一行先后考察了孝南区三里社区“侨之家”、侨资企业中顺纸业股份公司。他希望，两地能实现侨资源共享，携手为彰显“一主引领”作用、促进汉孝同城发展贡献侨界独特力量。12月2日，武汉大学侨联到孝感开展了为期两天的“重走中原突围路，侨看祖国新面貌”主题教育活动。

【为侨服务】 2021年因疫情原因导致的侨胞生活困难，孝感市侨联争取资金近10万元用于帮扶困难侨眷。自1月14日开始，对孝感市及各县市区侨胞进行了慰问和走访，切实帮助他们解决了实际问题。2021年春节，孝感市侨联共走访慰问了侨界人士70多户，发放慰问金18万余元。同时，慰问了6名外派教师家属，使他们切身感受到党和政府的关爱和温暖。7月18日，特大暴雨期间，侨资企业圣贤优农因暴雨受灾严重，市委统战部、市侨联现场组织救灾，并向省侨联争取帮扶资金3万元。全年共接待侨胞来访2次，积极协调相关单位和部门解决侨胞合理诉求，做到了“件件有回音，事事有答复”。10月13日，在门户网站公示《市政府侨办在华侨回国定居证办理、华侨归侨侨眷身份认定和归侨、华侨子女、归侨子女考生身份认定事项中推行告知承诺制》，进一步简化涉侨政务审批流程。

（撰稿：程传瑞）

对台工作

【概况】2021年，孝感市加强对台工作政治引领，先后组织开展党史国史专题宣讲、老区行、赠阅《中国共产党简史》书籍“三个一”活动和“迎中秋、叙乡情、畅未来、谋发展”茶话会。联合省黄埔军校同学会开展“学党史、铭初心、担使命”党史学习教育等系列活动。着力健全组织架构，完成市台协换届工作，召开了孝感市第三届台协换届大会，选举产生了新一届理事会、监事会，同时，成立了台湾青年工作委员会。深入开展“我为台企台胞办实事”专项服务活动，服务台企发展。开展春节前走访慰问活动，上门看望慰问台胞及台属代表人士、台籍人士、黄埔会员及其亲属代表，深化对台联络交流。

【服务台企】开展“我为台企台胞办实事”专项服务活动，协调解决美珈职业技术学院项目建设推进难、荣成环保签订协议难、部分台企招工难等问题。及时印发《关于切实加强台资企业安全生产工作的紧急通知》，同步开展实地走访，指导台企开展防洪抗灾和安全生产工作。2021年，申报4家台企项目获得省奖扶资金154万元。指导孝感台商工业园和云梦农创园通过省复查调研。

【对台联络交流】开展春节前走访慰问活动，上门看望慰问台胞及台属代表人士、台籍人士、黄埔会员及其亲属代表11人，送去慰问金11000元和节日问候。关爱黄埔老人，上门为黄埔同学魏振华欢庆百岁生日，送上生日祝福和慰问金。加强新冠疫苗接种工作的宣传和协调，实现在孝感市常住台胞免费接种疫苗全覆盖。通过微信加强与在台重点台胞、陆配、陆生的日常交流。做好赴台陆生管理工作，及时掌握12名陆生在台学习、生活情况。全年向省台办报送联络专报5篇，省采用1篇，超额完成省台办下达全年报送4篇的工作任务，位居市州台办系统第4名。

【开展“三个一”活动】6月24—25日，组织全市台胞台商代表开展“三个一”活动。组织一次专题宣讲，结合当前党史学习，邀请侨联副主席陈娟为参会人员进行一次党史、国史专题宣讲。组织一次“老区行”，结合市台协“美丽孝感行”活动，组织台胞台商代表参观鄂豫边区革命烈士陵园、徐海东大将纪念馆、新四军第五师司令部等教育基地。赠阅一本书，向台胞台商代表赠送《中国共产党简史》，帮助他们了解中国共产党，理解中国共产党的执政理念和方针政策，进一步增进共识。

【召开孝感市台资企业协会换届大会】7月15日，孝感市台资企业协会换届大会召开，湖北兴杰农业科技股份有限公司董事长褚云杰当选市台协第三届会长。省台办主任庄光明出席会议并讲话，武汉市台协会长萧永瑞应邀出席并致辞，市委常委余德芳出席会议。会议选举产生了新一届理事会、监事会，成立了市台协青年工作委员会。

【开展中秋联谊活动】9月16日，组织在孝感市的台胞台商代表举办2021年度港澳台代表人士“迎中秋、

7月15日，孝感市台资企业协会第三届会员大会召开　（市台办 供图）

叙乡情、畅未来、谋发展”茶话会活动。市委常委、市纪委书记、市委统战部部长江浩参加活动。

【开展“学党史、铭初心、担使命”党史学习教育活动】 10月14日—15日,湖北省黄埔军校同学会、孝感市委统战部联合开展“学党史、铭初心、担使命”党史学习教育活动。先后参观了中原突围纪念馆、徐海东大将及亲属烈士纪念馆、鄂中革命烈士纪念馆(汤池训练班旧址)和许白昊烈士纪念馆,举办宣讲会,开展交流座谈。

(撰稿:周楠)

机关党建

【概况】 2021年,在市委的正确领导下,市委直属机关工委坚持以习近平新时代中国特色社会主义思想为指导,认真践行新时代党的建设总要求和党的组织路线,深入贯彻落实《中国共产党党和国家机关基层组织工作条例》,围绕市委、市政府中心工作,推进市直单位基层党组织标准化规范化建设,推动市直机关党的建设工作取得新成效,为孝感“全力打造武汉城市圈副中心”提供了坚强保证。2021年,市直4名党员、2名党务工作者、1个党支部被推荐参加中央评选表彰,2名党员、1名党务工作者、1个党支部被省委表彰为“两优一先”,12名党员、12名党务工作者、9个基层党组织被市委表彰为“两优一先”,54名党员、35名党务工作者被表彰为市直机关“两优”。结合换届,调整基层党组织书记34人。

【政治建设】 市委直属机关工委强化政治机关意识,深入学习贯彻习近平总书记关于机关党建的重要论述,不折不扣贯彻落实中共中央决策部署和习近平总书记重要指示批示精神。印发《2021年市直机关党建工作要点》《市委直属机关工委2021年全面从严治党主体责任清单》,指导督促市直单位党组(党委)、机关党委(党总支)、党支部制定《机关党建工作项目清单》。逐月下发《机关党建重点工作提示》,明确工作重点。指导机关党委(党总支)组织召开基层党组织书记述职评议大会,压实党建责任。制定并完善《2021年度市直机关党建工作目标考核细则》及《评分细则》,开展半年考核和年终考核,下发《机关党建工作通报》1期,约谈半年考核中排名靠后的3家单位有关负责人。严肃党内政治生活,指导市直单位基层党组织召开组织生活会和开展民主评议党员,召开党史学习教育专题组织生活会,督促党员领导干部落实双重组织生活制度。要求市直单位基层党组织将“三会一课”纳入年度工作计划,将落实情况作为基层党组织书记抓党建工作述职评议考核重要内容。开展“严肃换届纪律、做好换届工作”主题党日,指导市直68个选举单位选举产生市七次党代会代表143人,市直9个选区选举产生孝南区七届人大代表9人。

【组织建设】 推进支部巡整。做好公立学校、医院和事转企单位党组织和党员转隶,将市直531个党支部全部纳入巡整。订立并下发市直7个领域巡整“五问”具体标准,指导督促市直单位党组(党委)落实支部巡整主体责任,严格按“覆盖面、运行态、战斗力、认同度、责任网”推进巡整。建立市直单位巡整进展统计表和台账,市直109个党支部完成示范建设。将支部巡整纳入机关党建工作目标考核、基层党组织书记抓党建工作述职评议考核重要内容,促进支部标准化规范化建设。规范党员发展教育管理。精准分解年度发展党员计划,加强月调度,举办发展对象培训班2期,培训市直单位、市高新区、中省在孝金融机构发展对象300多人。指导市直单位发展党员115人,同比增加29.2%。指导市直单位基层党组织开展形式多样的新党员入党宣誓活动。严格

9月17日,市直机关涉企关键岗位党员干部集中廉政教育活动

(市委直属机关工委 供图)

落实《中国共产党党员教育管理工作条例》，开展违规发展党员问题排查2次，指导有关单位依规稳妥整改党员未及时转正问题2个、停止失联党员党籍1人。

【党风廉政建设】 开展“抓党建促优化营商环境”活动。组织市直单位深入学习贯彻习近平总书记关于优化营商环境的重要论述及省、市相关精神。对接市“双千”办，推进“五进”调研走访。会同市税务局等联合举办“优化营商环境我先行”演讲比赛。推动形成“抓党建也是抓营商环境、一流党建也是一流营商环境”的鲜明导向，推动市委、市政府相关决策部署有效落实。推进“清廉机关”建设。会同市纪委监委机关等联合印发《关于推进清廉机关建设的实施方案》，将清廉机关建设纳入机关党建工作目标考核、基层党组织书记抓党建工作述职评议考核重要内容，以高质量机关党建引领清廉机关建设。开展党风廉政宣教月活动，组织有涉企行政审批、收费、处罚等职能的35家市直单位的94名党员干部，开展集中廉政教育，通报破坏营商环境典型案例，观看警示教育片，进行法纪知识测试，增强党员干部法纪意识、服务意识。巡察督查。对云梦县涉粮问题专项巡察；对全市意识形态责任制落实情况专项督查；对党史学习教育巡回督导2轮次，督导有关单位和地方开展“我为群众办实事”实践活动，特别是省“十大惠民、四项关爱”实事项目推进情况；常态化疫情防控暗访督查4轮次，覆盖105个村（社区）。督促市直有关单位抓好巡视（巡察）反馈基层党组织建设问题整改，建立长效机制，确保问题清零。

【宣传教育】 抓好创新理论学习。落实“思想引领、学习在先”机制，指导督促市直单位采取“党组（党委）中心组引领学、教育基地实践学、支部集中深入学、在线平台自主学”等方式，深入学习十九届六中全会，省委十一届九次、十次全会，市委六届十二次、十三次全会和市第七次党代会精神。举办市直机关学习贯彻习近平总书记在庆祝中国共产党成立100周年大会上的重要讲话精神、学习贯彻党的十九届六中全会精神专题宣讲报告会4场。抓好党史学习教育。指导市直单位制定党史学习教育实施方案，开展专题学习、红色教育和“清明祭英烈”活动，组织党员干部赴红色教育基地开展现场教学6000多人次。向在职县级干部赠阅《中国共产党简史》879册。组织市直单位向党龄达50周年、符合条件的1149名老党员颁发“光荣在党50年”纪念章，组织有关媒体对抗美援朝老战士王清珍、健在党龄最长老党员王光彦的初心故事进行采访报道，营造学先进、学典型的浓厚氛围。抓好意识形态工作。督促市直单位党组（党委）每半年研究报告1次意识形态工作。指导市直单位基层党组织落实党员思想动态半年分析报告制度，做实思想政治工作。开展“党员不得信仰宗教”专题教育，指导市直单位基层党组织开展2轮信教党员排查。

【社区治理】 会同市委组织部联合印发《市直机关企事业单位党员干部下沉主城区社区工作考核办法》，建立健全下沉工作实绩评价体系。聚焦“防疫情、连民心、办实事、创五城”重点任务，推动下沉“机关化”、形式主义问题整改到位。深化结对共建，33名市直队长兼任社区“大党委”第一书记，108个单位同社区签订共建协议，80个单位同社区联合开展主题党日，63名单位党组织负责人到社区讲党课。组织市直单位广泛开展“党史学习教育进社区”活动，到社区讲党史、送资料、访民情、送温暖。下沉党员广泛联系居民家庭，结对帮扶特殊群体2647人。组织工作队、下沉党员全面参与重点地区来（返）孝感人员排查、居民加强免疫接种、全员核酸检测演练等常态化疫情防控工作，参与“十项行动”“迎新春”整治攻坚行动、督促临街单位落实“门前四包”责任等“五城同创”工作。组织工作队协助社区成立小区居民自我管理组织592个，推动193个小区建立“三方联动”工作机制。

（撰稿：陈飞）

机构编制工作

【概况】 2021年，市委编办深入学习贯彻习近平新时代中国特色社会主义思想，坚决落实党中央、省委决策部署和省委编委工作要求，在市委和市委编委坚强领导下，履职尽责，担当作为，为全市高质量发展提供了坚实的体制机制保障，各项工作取得了良好成效。2021年度荣获全省机构编制工作考评二等奖；顺利通过省一级档案工作目标管理等级考评复查；获评2020年度平安建设综治优胜单位、脱贫攻坚优胜单位和优胜工作队；荣获孝感市无烟机关（单位）称号；市委编办和2名干部受到中央编办政务和公益机构域名注册中心通报表扬；2人受到市委招商引资及时奖励；2人分别获评市级优秀党员和市直机关优秀党员。

【乡镇综合执法改革】 建立街道职权清单。建立街道赋权事项承接运行确认制度和街道职责准入制度。指导4个县（市、区）中的13个街道编制权责清单，将涉及街道发生频率

8月11日，孝感市乡镇(街道)综合行政执法改革试点督导评估部署会

(市委编办 供图)

高、与人民群众日常生活关系密切、基层治理迫切的且能有效承接的11个领域10类行政权力精准赋权街道，平均每个街道权责事项261项，其中省赋权承接事项平均认领率72.1%。巩固街道管理体制改革成果。组织专班对4个县(市、区)、13个街道和孝感高新区街道管理体制改革情况进行现场督导评估，持续巩固街道管理体制改革成果。11月，通过省委编办对孝感市街道管理体制改革调研评估。推进乡镇综合执法改革试点。率先在全省开展乡镇综合执法改革试点工作。按照“确权委派、乡镇统筹、上下联动”工作机制，明确乡镇执法权限，强化乡镇执法力量配置，建立乡镇统一指挥、管理综合执法体制机制，实现乡镇“一支队伍管执法”。全市38个试点乡镇综合执法中心已挂牌成立，并逐步开展执法活动。推进扩权赋能强县改革。先后两次集中征求市直相关部门和7个县(市、区)意见建议，结合孝感市县域实际，形成扩权赋能放权事项建议清单。推进开发区管理机构清理规范工作。全面梳理开发区机构编制现状，立足孝感实际拟定机构调整方案，稳妥推进市县开发区清理规范工作。

【机构改革成果巩固】 完善优化部门职能体系。整合市商务局招商工作职能、市委军民融合办相关职能，组建市招商局；将原市招商引资信息服务中心从市商务局调整到市招商局，更名为市招商服务中心，加强市级招商工作力量。整合“市目标办”和“市考核办”职能职责，将目标考核管理职能统一交市委组织部承担，提升目标考核管理工作效率。将市住建局城市燃气市政公用设施规划和建设管理职能全部划转到市城管委，加强燃气监管职能。统一调整市县两级扶贫机构设置，设立乡村振兴局。理顺贸促会孝感支会的管理体制，单设市贸促会孝感支会。优化县域经济发展职能配置，将县域经济发展职能由市经信局调整到市发改委承担。调整优化部门内设机构设置。根据部门工作任务变化，按照优化协同高效原则，为市卫健等5个部门增设6个内设机构，为部门建立分工合理、运转高效的组织架构。调整优化领导职数设置。根据市委工作部署和部门工作实际，参照省和相关市州作法，先后调整市教育局等36个部门领导职数配备，共增设部门副县级领导职数55名、正科级领导职数11名、副科级领导职数204名。协同推进专项领域改革。全面完成环保垂管体制改革机构“三定”、人员调整等后续工作。完成中央、省环保督察整改反馈事项销号工作。协同相关部门推进森林公安管理体制改革、市区两级教育管理体制改革、医疗保障制度改革、培训疗养机构改革、市级自然资源领域系统改革、中小学教师“县管校聘”管理改革、疾控体系改革和公卫体系建设。助推“数智孝感”建设。规范县(市、区)计划生育协会机构设置，明确列入群团组织机构序列。

【事业单位改革】 分类解决经营类事业单位改革遗留问题。协调相关职能部门解决涉改单位经费欠缺、人员安置问题，推进改革方案落实落地。持续深化公益类事业单位改革。按照“先急后缓”“成熟一家完成一家”原则，分领域推进公益类事业单位改革。优化市交通运输系统事业单位，将市交通运输系统内6个事业单位整合为2个(市港航事业发展中心、市道路运输发展中心)，规范机构编制和职能，有效解决了交通系统所属事业单位公益职能较为分散的问题。强化市发改委在宏观经济管理、能源管理、信用体系建设等方面技术支撑和公益服务职能，积极向上争取，整合组建的市发展改革服务中心(副县级)。调整理顺市县公积金中心管理体制，优化做实市本级公积金中心机构编制和职能配备，明确县级办事处机构编制管理权限。

【优化编制资源配置】 坚持机构编制瘦身与健身相结合，促进统筹使用、优化编制资源结构，提高使用效率，推动编制资源向重点领域、基层一线倾斜，更好地服务保障全市经济社会发展需要。2021年，增加7个市直部门行政编制共33名，增加市直群团机关事业编制7名，核减市商务局等3个部门行政编制7名。增加市招商服务中心事业编制8名。对市自然资源和规划局、市卫健委所属事业单位编制调整实行内部挖潜、统筹调剂。

【机构编制法治化建设】 认真贯彻落实《中国共产党机构编制工作条例》。严格执行动议、论证、审议决定、组织实施四个关键环节的程序要求，规范机构编制审批管理。建立健全机构编制法制审查制度，扎实开展规范性文件合法性审查，今年以来共审查各类文件50余份。扎实开展机构编制监督检查。动态更新机构编制问题台账，全年整改问题7个，做到改一减一、销号处理。开展编委会决定事项落实情况督办，对4次市委编委会研究决定的26个事项落实情况进行督办，逐项落实到位。全面推进机构编制核查。有序推进机构编制核查，做好与组织、人社、财政三部门数据对比工作，全面摸清全市机构编制、人员底数。

【重点领域编制管理】 纵深推进重点领域体制机制改革，优先保障重点领域用编需求。支持民生和经济建设等重点领域专业人才队伍建设，引导人才队伍向基层一线集结。对医疗一线专业人员用编需求"满额批复、应招尽招"，核准市卫健委所属事业单位用编56名，核准县（市、区）基层医疗卫生专业技术人员专项公开招聘用编549名，核准市县学校用编1403名。

【优化机构职能体系】 按照"依法下放、能放则放、应放尽放"的原则，将与居民生活密切相关的审批服务事项下放"三区"。为孝南区街道增加行政编制26名，为高新区增加事业编制106名。推动落实高新区办事处事业编制人员配备，通过招考、转隶等方式，增加丹阳、槐荫、孝天办事处事业编制人员共77人，有效充实高新区工作力量。建立市直部门与市高新区及各办事处协调配合的监管执法长效机制和信息通报制度，通过组建联合执法队、轮值牵头、下派挂职等形式，开展联合执法。

（撰稿：张鸿庭）

信访工作

【概况】 2021年，孝感市信访工作坚持以习近平新时代中国特色社会主义思想为指导，深入贯彻习近平总书记关于信访工作的系列重要指示批示精神，紧紧围绕年度中央、省系列决策部署和目标要求，着眼市域社会治理试点、党建引领基层治理、优化营商环境、"十四五"良好开局等中心工作，扎实开展重复信访治理和信访积案化解攻坚，不断完善信访工作机制，全市信访形势呈现"四下降一上升"态势，信访"五率"水平在全省持续领先，首批专项治理重复信访全部清零。坚持"以案说法、以案说责、以案说文、以案说由"方式，由点及面、举一反三，不断提升信访事项办理质量。全年组织信访案例分析研讨会5期，分析信访案例7件，涉及相关法律法规和政策14个。年度信访工作被省委、省政府评为全省信访工作目标管理优胜单位，应城市被中央信访工作联席会办公室、国家信访局评为2021年度全国信访工作示范县（市、区）。

【信访工作制度改革】 2021年，全市信访部门持续推进信访法治化建设，常态化开展逐级走访、诉访分离、分类处理、律师"三进"工作，扎实开展复核信访事项依法有序退出省级试点，制定出台《孝感市信访事项依法终结有序退出工作实施细则（试行）》，全市信访复查（复核）工作质量明显提升，通过信访复查（复核）息访率达90%以上。积极推进矛盾纠纷多元化解。督促指导各地大力加强基层社会矛盾纠纷调处化解综合平台建设，孝感市及7个县（市、区）社会矛盾纠纷调处中心全部建成并实质运行。

8月31日，市领导到孝南区汤家街开展"带案下访"行动，现场勘察改造情况、研究群众反映的问题

（市信访局 供图）

【信访工作主体责任制建设】 2021年，市委以“两办”1号文件印发《关于落实信访工作责任制完善信访工作机制的意见》，坚持实行信访工作党政同责、一岗双责、失职追责。市、县两级构建信访工作“五人小组”统筹抓，信访政法领衔一体抓，有权责任部门具体抓，相关职能部门协同抓的“5+2+1+N”信访工作责任体系。对标省年度工作重点和信访考核细则，细化信访考核方案，考核结果纳入市委、市政府对各地各部门年度目标考核以及全市综治平安建设考核重要内容，与评先表彰、干部任用挂钩。落实《孝感市工作责任追究暂行办法》，对阶段性信访问题突出的乡镇或部门，坚持实施信访工作重点管理，对重大信访案件实行“一案双报”。

【信访事项办理】 2021年，全市群众到市及以上信访总量9537件次，其中，走访2219批次4747人次，来信890件次，网上信访6428件次。全市应受理信访事项9537件次均按期受理，及时受理率为100%；信访事项到期应办结9129件，全部办结，按期办结率为100%；信访部门参评率97.64%、满意率99.22%，责任部门参评率96.69%、满意率99%。推行暖心信访服务，全年共办理涉及营商环境信访事项26件，已按期办结24件，按期办结率100%。将涉贫涉乡村振兴领域信访事项录入阳光信访信息系统办理，办理情况每月通报，全年共办理涉贫信访事项25件，办结率100%。服务防范打击非法集资、扫黑除恶、生态环境保护工作。加强环保领域信访案件办理，排查处理涉金融信访问题11件，环保、扫黑类问题200件。

【疑难复杂信访问题化解】 制定出台《关于化解疑难复杂信访问题的指导意见》《关于信访诉求合理性认定的工作办法》，指导各地科学有效化解信访问题。首批专项治理重复信访全部动态清零。围绕上级交办593件重复信访事项，已全部化解上报。坚持市、县两级“四大家”领导干部值周接访、带案下访解决重大复杂信访问题，各地以开展党史学习教育活动为契机筛选一批突出信访问题，作为各级领导干部“我为群众办实事”内容，营造了领导干部大接访、信访事项大化解的浓厚氛围。2021年，市、县两级领导干部接访下访472次，解决问题485件，其中市级领导干部接访下访46次，解决问题46件。坚持“四元三函三式”督查推动“事心双解”。采取市级领导领衔督、部门专班联合督、督查专员专门督、信访局长综合督，提示函、督办函、约谈函和清单式、即时式、驻点式督查方式，推动每件重点信访事项案结事了、事心双解。

（撰稿：黄鸿利）

老干部工作

【概况】 2021年，在市委、市政府的领导下，以习近平新时代中国特色社会主义思想和中共十九大、十九届四中、五中、六中全会精神为指导，深入贯彻落实习近平总书记关于老干部工作的重要指示精神，坚持精准服务理念，扎实推进老干部工作信息化精准化规范化建设，抓好离退休干部党的建设、服务管理、发挥作用等工作，积极履行党建、党风廉政建设主体责任，统筹法治、综治、意识形态等工作，通过老干部工作会、微信工作群、老年大学课程体系等渠道，结合“线上演示+线下培训”的形式，大力推广应用“湖北省老干部”App信息管理平台，不断提升老干部工作效率和为老服务水平。

【离退休干部思想政治建设】 扎实推进离退休干部党史学习教育。举办离退休干部党史学习教育读书班。以党史百年、习近平总书记“七一”重要讲话精神为主题，举办了4期读书班，市直离退休干部党支部书记、老干部代表等600余人参加。组织离退休干部收听收看网上专题报告会。在“孝感老干部”微信公众号推送预告，同步推送4期报告会视频。开展红色传承主题摄影活动。在全市优选了44个三代或三代以上的党员家庭作为拍摄对象，在《孝感日报》开辟《奋斗百年路 启航新征程》专栏刊发。营造离退休干部开展党史学习教育氛围。市委老干部局被中国老年报社授予“全国涉老工作部门庆祝建党100周年暨党史学习教育宣传工作”优秀奖。“湖北老干部”微信公众号、《孝感日报》《党史学习教育工作简报》、《孝感党建》等媒体报道15次。“学习强国”、《湖北日报》刊载孝感市离退休干部党史学习教育宣讲团开展“我看建党百年新成就”等活动信息。

【离退休干部党建】 印发4期专题支部主题党日通知和提示。以畅谈建党百年新成就、习近平总书记“七一”重要讲话精神、十九届六中全会、孝感市第七次党代会精神等为主题，收到离退休干部感想体会文章130余篇，座谈、访谈原始记录30余份。开展离退休干部支部巡整工作，修改完善《孝感市离退休干部职工党支部巡整“五问”指导书》。建立了离退休干部党支部“支部巡整”进展台账，已开展支部巡整的有105个，其中91个支部开展了自评，基层党委评定11个为先进党支部，79个为中间提升党支部，1个为后进党

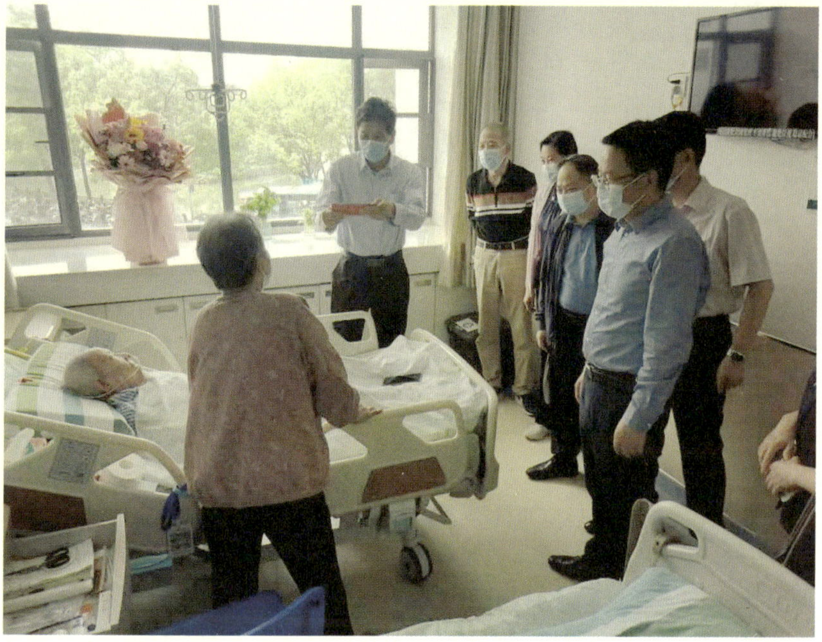

市政府办、市委老干局领导探望离休老干部

（市委老干局供图）

支部。发放140名离退休干部党支部书记补贴。组织开展省级离退休干部“示范党支部”复核工作，分级组建专班，经复核，全市共26个省级示范支部，国网大悟县供电公司离退休第二党支部因社会化管理撤销，其余25个均保持了省级示范党支部的创建标准。

【引导离退休党员干部参与城乡社区治理】制定2021年度工作计划，落实工作责任，通过开展调研督导、组织各类活动，引导离退休党员干部在参与城乡社区治理工作中发挥作用。探索建立离退休党员干部参与城乡社区治理示范点，坚持示范点社区先行先做，以点带面，起到带动效应。全市共建立了13个示范点，其中市直2个（市政协、市公安局），县（市、区）共11个。涉老团体协会到社区开展“文化六进”活动590多场（次），1100多名五老志愿者下沉社区，累计与1800多名35周岁以下青少年服刑人员结成对子，成功解矫970余人。组建了全市“五老”党史宣讲团，开展“百人千场”宣讲活动。《关于引导离退休干部参与城乡社区治理的实践和探索》被省委老干部局评为2021年度调研报告三等奖。

【离退休干部服务管理】先后制定离退休干部荣誉退休、生病住院慰问及丧事办理意见、市直老干部特殊困难帮扶机制实施办法等文件，为做好新形势下老干部服务工作打好基础。对特困老干部帮扶工作慰问标准进行了细化，对困难情况、程度进行分类，集体研究制定慰问标准，确定全市216名特困老干部和老干部遗属为帮扶对象，惠及率达65%。制定《建国前参加革命工作的部分离休干部医疗待遇有关标准》，确保老同志的待遇精准化落实。推广“湖北省老干部”App信息管理平台。健全完善离退休干部信息库建设，对全市离休干部、厅级、县级、科级及以下退休干部信息库“四库”以及离退休干部党建信息库的信息进行了全面的更新，盘清了离退休干部“底数”。

【老年教育工作】建好学习阵地。在疫情防控常态化形势下，市老年大学坚持线上与线下相结合和小班制的方式开展教学，2021年，共开设23个专业、109个班，有学员5000人次。新增联城社区和社会福利院2个教学网点，延伸教学网络，满足老同志学习需求。老干部活动中心全年接待老干部开展活动11万人次。协调指导各涉老团体开展文艺展演赛活动。协助涉老团体协会开展以“庆祝中国共产党成立100周年”为主题的系列展演活动83场次，参加人数16142人次。

【打造关心教育下一代工作品牌】抓好组织建设，形成横向到边、纵向到底的关工委工作格局。努力打造学习型、服务型、创新型“三型”关工委组织，开展部门“五好关工委”系统创建、重点乡镇关工委创建活动。全市建立关工委组织2839个，3万余名“五老”志愿者在关心关爱青少年事业中发挥余热。以党建带“关建”，不断创建关工委特色品牌。常态化开展“中华魂”读书教育、“孝行月”实践教育活动，涌现出近千名“最美孝德青少年”“最佳五老志愿者”。创新开展“五老”志愿者参与社区矫正工作，动员、组织“五老”志愿者积极配合司法行政部门参与创新社会治理工作，参加社区矫正对象结对帮教活动。通过“八大员”队伍持续开展为青少年办好事办实事。建立一支3300余人的“八大员”队伍，推动模范带领当好革命传统教育宣讲员、法制教育宣传员、网吧义务监督员等“八大员”活动。建好“孝德网”网站。以传承优秀孝文化、践行核心价值观为主线，立足为“一老一小”服务为宗旨，致力打造网上关工委平台。市委、市政府领导多次就关工委矫正帮教活动作出批示；10月14日，《孝感日报》头版刊发长篇通讯，总结推广“五老志愿者”参与社区矫正成功经验。新华网、“五老情”公众号（中国关心下一代工作委员会办公室）、《湖北日报》、省司法厅等国家、省级重要媒体纷纷进行了宣传报道。

（撰稿：冷建红）

史志工作

【概况】2021年，全市史志工作机构围绕省委、市委党史地方志事业发展规划要求，聚焦主责主业，开展党史编研、志鉴编纂、史志宣教等工作，编纂出版《英雄澴川——孝感战“疫”》《中共孝感市委领导工作实录》，编纂完成《孝感年鉴》《孝感市纪检监察志(1921—2021)》《中共孝感市组织史资料（第六卷）》《湖北脱贫攻坚口述史(孝感卷)》等史料书稿。围绕庆祝中国共产党建党100周年，开展党史宣讲，编写制作《为有牺牲多壮志——新民主主义革命时期的孝感武装斗争》等17篇党史专题课件，在孝感日报开设《党史百年天天读》《永远的丰碑——孝感英烈谱》等专栏，联合孝感日报社开展“奋斗百年路 启航新征程——初心的追寻”大型采编活动。围绕市委、市政府中心工作，守正创新、主动作为，充分发挥“以史鉴今、资政育人”职能作用，不断开创史志事业发展新局面。

【党史编研】完成《中共孝感历史》（第三卷）编撰工作，并结合省委党史研究室专家的审读意见进行修改完善。《孝感组织史资料》(第六卷）送审稿已交付出版社进入出版程序。完成《中共孝感市委领导工作实录(2021)》的编撰，形成50余万字的资料汇编，重点记述2020年孝感市抗击新冠肺炎疫情以及完成脱贫攻坚工作的情况。创新开展《湖北脱贫攻坚口述史》孝感专题征编，完成汉川《方家村的蝶变》、孝昌《一个国贫县的嬗变》、安陆《档案记载 见证脱贫历程》、大悟《驻村帮扶助群众走上脱贫致富路》，及时高效完成专题编写、资料审读把关和上报任务。

【志鉴编纂】继续保持“一年一鉴”的“两全目标”要求，编纂完成《孝感年鉴(2021)》120余万字的送审稿，该书稿全面系统记述了孝感市自然历史和政治建设、经济建设、文化建设、社会建设、生态文明建设等方面情况的年度资料性文献。完成《孝感纪检监察志（1921—2021）》校勘版，在市纪委的大力支持下，抓紧查漏补缺、修改完善，志书终校有序开展。完成《湖北年鉴(2021)》《武汉城市圈年鉴(2021)》孝感部分等共计10余万字编纂供稿任务。

【史志宣教】围绕庆祝中国共产党成立100周年，开展党史学习教育，负责组建由领导干部、市委党校教授、高校教授、业务骨干组成的党史学习教育市委宣讲团。编写制作《为有牺牲多壮志——新民主主义革命时期的孝感武装斗争》等17篇党史专题课件，为市直机关、企事业单位、高等院校和基层单位提供点单式宣讲、专题宣讲、集中宣讲130余场(次)。按市委理论学习中心组学习安排，邀请党史学习教育中央宣讲团成员，中央党史研究室原副主任、中共党史学会原常务副会长冯俊为市委理论学习中心组(扩大)集中学习会议开展党史专题辅导。向全市党政机关、企事业单位、社区、学校等赠阅《中国共产党孝感历史》一、二卷，《中国共产党孝感历史简明读本》等史志书籍3000余册。在《孝感日报》开设《党史百年天天读》《永远的丰碑——孝感英烈谱》等专栏，联合孝感日报社开展“奋斗百年路 启航新征程——初心的追寻”大型采编活动，连载宣传孝感的党史知识和党史故事。配合市委宣传部编纂出版《百年孝感》大型画册，联合市文联编纂出版《孝感红色故事》，联合孝感市门户网站开设党史宣教专栏，在中央、省级报纸杂志上发表关于党史学习教育的学习体会、理论文章等。

（撰稿：胡 昊）

党校工作

【概况】2021年，党校在市委的坚强领导下，坚持以习近平新时代中国特色社会主义思想为指导，围绕市委、市政府中心工作，认真履行党校职能，充分发挥干部培训、思想引领、理论建设、决策咨询作用，全面落实从严治党主体责任和党风廉政建设责任制规定，扎实推进党校各项工作。

【干部教育培训】按照市委2021年度干部教育培训工作的要求，结合疫情防控需要和党校办学实际条件，科学制定工作方案和应急预案，严格落实各项防控要求，采取全封闭式管理，小班制单人单桌，标间单住，错峰就餐等措施，保障了2021年主体班培训顺利开学复课。全年共开设县级干部进修班、年轻干部专题培训班、科级干部进修班、女干部、党外干部等主体班次11个，培训学员550人。承办各类短期培训班19批次，培训学员2800余人。

【教学工作】市委党校围绕学习贯彻中共十九届六中全会及省委十一届九次、十次全会、市委六届十二次全会精神，深入研究孝感疫后经济复苏和脱贫攻坚与乡村振兴有效衔接等理论和实践热点难点问题，开辟了一批新的教学专题。组织开展全市党校系统精品课评选活动，评选出8门精品课、2门特色课，并积极参加全省党校系统精品课评选，获省级精品课2门，位居市州党校前列。落实领导干部上讲台制度，按照不低于20%的课程比例要求，外请市级领导和市直单位领导干部34人次授课合计85课时，占课总时的23%，其中市级领导11人次。市委书记出席秋季学期主体班开学典礼并讲话，组织部部长、党校校长与秋季学期主体班年轻干部学员座谈。

【科研咨询】 积极申报课题立项。2021年，成功申报全省党校系统调研课题、合作课题5项，武汉城市圈区域协同发展党校论坛合作课题2项，市社科联重点课题立项3项。举办全市党校系统庆祝中国共产党成立100周年和学习“七一”重要讲话精神理论研讨会暨师资培训班。组织全市党校系统开展对“十三五”时期在各类刊物发表或入选各类研讨会的49项科研成果评选表彰。重视和鼓励学员参与科研决策咨询，组织学员围绕优化营商环境、市域治理现代化、乡村振兴战略、红色资源开发保护等工作开展专题调研。

【理论宣讲】 把研究宣传习近平新时代中国特色社会主义思想作为重要政治任务，贯彻中共十九大和十九届四中、五中、六中全会精神，落实省委十一届九次全会、市委六届十二次全会精神。选派12名骨干教师作为党史学习教育市委宣讲团成员，广泛开展宣讲。《孝感学刊》出刊四期96篇文章；《孝感日报》出版“党校论坛”15期。组织中青年教师，及时组建宣讲小分队，深入全市机关企事业单位、村社区积极开展“两进一讲”活动，2021年，开展面对面宣讲百余场次，受众达4500余人。选派1名校领导和2名教授参加市委组建的十九届六中全会精神宣讲团，开展宣讲15场次。

【新校区揭牌】 9月23日，孝感市委领导吴海涛、江浩、杭莺和市人大领导王建华在市委党校教学楼前，共同为中共孝感市委党校、孝感市行政学院、孝感市社会主义学院、中原突围干部教育基地新校区揭牌。

【市级党校办学质量评估】 10月19日至20日，省委党校副校长、党校办学质量评估组组长王洲洋一行对孝感市委党校（市行政学院）进行办学质量评估，通过现场查阅资料、访谈交流、实地查看等形式，对党校各方面工作进行了全方位评估，办学质量获评优秀，孝感市委党校列入“全省党校系统第一方阵”。

（撰稿：刘翠艳）

中共孝感市委党校新校区　　（市委党校 供图）

档案工作

【概况】 2021年是档案馆搬迁年，市档案馆以搬迁文化中心新馆为契机，强化安全、做好服务，档案馆综合业务水平得到显著提升。档案管理和服务条件显著提高。新馆安装了智能档案密集架150列共1050组，配备独立空调、去湿机、空气净化器等设备，安装了高压细水雾消防系统、新风系统、监控报警系统、门禁系统、库房智能管理系统、库房环境监测系统、库房臭氧消毒系统、库房温湿度自动调控系统8大系统，档案消毒、去酸、修裱、仿真设施设备齐全，库房“九防”落实到位。

【档案安全监管】 为了更好履行职能，强化安全，搬迁前增添了设备，提升安全监控技防水平。增添监控探头、监控主机、存储硬盘，满足监控保存6个月的要求；在一楼办公楼入口及四楼档案库区加装门禁系统，在四楼接待大厅安装金属探测门，实现档案库区相对封闭管理；建立库房出入管理制度，强化管理措施，实现库房管理自动化、科学化。

【档案利用】 印制了《孝感市档案馆查档指南》折页，将查档流程、所需证件以及如何委托查档、预约查档、常用民生档案查阅地点和电话号码印制成册，摆放在市民服务中心、大院社区和档案馆接待利用大厅，方便市民使用，提高服务质效，让市民少跑路、让信息多跑路。适应新时期档案查阅新需求，启动了异地查

文化中心档案新馆　　　　　　（市档案馆 供图）

档办理工作,满足本地群众本馆申请,即可查阅省档案馆、武汉城市圈档案馆保存的档案,全年办理5例。全年共接待现场查阅1237人次,电话咨询查阅278人次,累计调阅档案3681卷次、1178件次,较好满足广大人民群众利用需求。

【档案征集工作】 2021年,全市征集到《永远的旗帜——庆祝中国共产党成立100周年》书法作品展的书画作品共计94件;征集到中心医院谢志斌全国抗击新冠肺炎疫情表彰先进个人荣誉证书、奖章,全国优秀共产党员证书、奖章共4件。

【孝感档案事业"十四五"规划出台】 10月20日,市委办公室、市政府办公室印发了《"十四五"孝感市档案事业发展规划》(以下简称《规划》)的通知,这是孝感市第一次以两办名义印发的档案事业发展规划,对于"十四五"规划期间全市档案事业高质量发展具有重要意义。《规划》是市档案馆、市档案局协作完成的,档案馆承担了调研、汇总了全市档案事业"十三五"工作情况、分析了"十四五"期间档案面临的机遇与挑战、提出了"十四五"期间工作目标,在《规划》向市发改委、财政局等部门征求意见时的解释说明工作。

【档案馆整体搬迁到文化中心新馆】 11月20日,档案馆从大院社区整体搬迁到市文化中心。搬迁前制定了档案搬迁方案,组建了由市管领导任组长的4个小组,分别负责档案出库、押运、入库和办公室设备搬运等方面的工作,搬运中严格按要求做好登记、粘封、签字、交接等手续。历时35天,确保了搬运过程中档案的绝对安全。

【新冠肺炎疫情档案整理进馆】 在做好疫情防控档案收集征集的基础上,对市本级新冠肺炎疫情档案进行了分类整理,共整理45775件,其中纸质、电子档案21049件、照片17545张、音视频954段、实物61件;完成了纸质档案数字化扫描和图片处理、刻盘保存工作,共扫描图片10.7万幅。

【建立全市疫情档案和脱贫攻坚档案目录数据库】 举办了全市疫情档案和脱贫攻坚档案专题目录报送工作集中业务指导,开展了全市脱贫攻坚档案整理工作现场业务指导,收集汇总了全疫情档案和脱贫攻坚档案目录,共建立了疫情档案专题目录数据库13.1万条,脱贫攻坚档案专题目录数据47.9万条。

【启动馆藏档案开放鉴定工作】 馆藏档案开放鉴定工作列入年度工作计划,到省馆、荆州和仙桃馆调研学习档案开放鉴定工作,制定了档案鉴定工作实施方案。8月,全员参与,分组实施,共完成3个全宗526卷馆藏档案开放鉴定工作。

【馆藏纸质档案数字化率约达97%】 接续开展馆藏纸质档案数字化四期工作,完成了95.8万幅纸质档案数字化扫描及配套前处理、后还原等工作,馆藏档案数字化率达到96.77%。

【数字档案馆建设】 数字档案馆建设项目列入政府投资计划,投资总概算406.81万元,是孝感市馆单项投资最大的项目。当年完成项目立项、技术审定、方案设计、造价审计、公开招标、合同签订和启动实施工作。

【档案科研项目获奖】 与武汉大学、社会档案服务机构合作承担的《纸质档案液相脱酸自动化装置设计与实现》获得国家档案局优秀科技成果三等奖,这是全省2021年唯一获奖的科技成果。

（撰稿:付朝晖）

市关工委

【概况】 在省关工委的及时指导和孝感市委的有力领导下,孝感市关工委努力克服疫情影响,坚持因地制宜、就地取材、小型分散、灵活多样，尽力而为、主动作为，扎实地开展了关心下一代的各项工作，取得了较好的成绩。

【党史学习教育活动】 举办“万名五老答百题”党史学习教育知识竞赛。评选出党史知识竞赛单位优秀组织奖40个、优秀个人奖600名。组建全市“五老”党史宣讲团，开展“百人千场”宣讲活动。宣讲团成员围绕百年党史辉煌和孝感本地革命故事，把党史学习宣讲向机关、学校、社区和企业延伸。组织市县关工委领导班子成员和部分“五老”志愿者，分成7个调研组，以建党精神为指引，带着专题深入基层进行调研，形成了4万余字的8篇调研文章。市关工委民乐分会组织成员创作编排歌颂共产党、歌唱新时代的文艺节目21个，深入乡村、社区、企业、学校演出29场次，观众达9万余人，深受群众欢迎喜爱。

【青少年“中华魂”读书教育活动】 读书活动经费列入政府年度预算，以“请党放心，强国有我”为主题，给青少年赠送习近平总书记“七一”重要讲话单行本6万多册。全市“五老”志愿者在读书活动中“一对一”“面对面”，辅导青少年学，引导青少年写，指导青少年讲；县（市、区）组织的演讲大赛，市关工委、市教育局关工委领导到现场观摩指导；读书征文直接发送到“孝德网”，由“五老”和专家进行筛选评定。坚持原创，保证读书活动的各个环节不走过场。“中华魂”读书活动不仅使青少年丰富了知识、增长了见识、拓宽了视野，还提升了热情、提升了气质、提升了才能，极大地唤起了青少年的责任感、使命感、光荣感。一批又一批“腹有诗书气自华”的时代新人，在“中华魂”读书活动中成长起来。

【青少年“孝行月”实践教育活动】 青少年“孝行月”实践教育活动每年由市关工委、文明办、教育局、共青团、妇联五部门联合发文，进行部署安排。市县两级分别组织主题鲜明、影响较大的“孝行夏令营”启动仪式。是各级各类学校在暑假前给每个学生布置暑假孝行作业，发放暑假“孝行月”实践活动报告单，并在开学时进行回收比评。鼓励学生在家庭做好“五个一”，即读一本孝德书、做一项孝爱公益事、干一件孝心家务活、写一篇孝行体会文、填一份“孝行月”实践活动成绩报告单。五部门联合举办总结表彰会。全市每年评选表彰100名最美孝德青少年、100名最佳“五老”志愿者、50名最优班主任、50名最好家长。大孝爱国、中孝敬业、小孝持家，新时代孝文化的新内涵在青少年心田生根、开花、结果。在“最美、最佳、最优、最好”的引领示范作用下，“日行小善成大孝、月施薄爱积厚德”已成为孝感青少年追求的新风尚。

11月30日，孝感市青少年第十六届“中华魂”主题教育汇报演讲暨第八届“孝行月”实践教育总结大会（市关工委 供图）

【青少年社区矫正对象帮教工作】 全市推行“双认领”“一加一”帮教模式，将某个青少年社矫对象最需要帮的难点和一位“五老”志愿者最具优势的特点相对接，组织牵线搭桥，双方认教领责，登记造册，张榜公布。“双认领”的五老志愿者和社区矫正对象，在“中华魂”读书活动中“一帮一”，辅导学、指导写、引导讲。在“孝行月”实践教育活动中“一带一”，一起参加公益劳动。在节前教育中“一对一”送教上门。平日时常“一月一次”电话或短信联络。这项工作已开展10年，历任市、县两级关工委主任、副主任人人带头，1100多名“五老”志愿者参加结对，共计结对1800多名35岁以下的社矫对象。截至2021年，有1000余名矫正对象解矫。

【“八大员”队伍建设】 全市各级关工委建立了一支3300多人的“八大员”队伍。树立了全市“八大员”标兵。他们长期活动在基层，工作在青少年身边。有利用红色资源开展革命传统教育的宣讲员、有“关爱明天、普法先行”法制教育的宣传员、有参与网吧监督的网吧义务监督员、有关注留守儿童的留守学生关照员，还有校车安全监管员、农业科技传播员、农家书屋辅导员、帮困助学协调员。这支“五老”志愿者队伍活跃在孝感城乡，为青少年办好事、办实事，得到了社会的肯定，获得了群众的好评，被省关工委领导称为孝感关心下一代品牌工作。

【"孝德网"建设】 "孝德网"以传承优秀孝文化、践行核心价值观为主线，立足为"一老一小"服务为宗旨。开通8年多来，国内国外访问总流量达300余万人次，"孝德网"致力于打造网上关工委平台，与时俱进创新了关工委宣传的方式方法，更贴近青少年，贴近"五老"志愿者。扩大了孝感市关工委工作的宣传途径和范围，辐射效果更加广泛。始终保持"孝德网"与新时代同步、与青少年同行。

（撰稿：关工委办公室）

市老龄委

【概况】 孝感市第七次人口普查数据显示，孝感市已进入中度老龄化社会。市委、市政府把"建设中华孝文化名城"定位为城市建设战略目标，相继出台高龄津贴、老年人免费乘坐公交车、免费体检等惠老政策，率先在全省出台了为老年人购买人身意外伤害保险、重度失能老年人救助政策，既擦亮了"中华孝文化名城"名片，又提高了市老年人的获得感和幸福感。坚持将"敬老月活动"与市委、市政府举办的中华孝文化旅游节活动结合起来，先后开展了中国·孝感孝文化国际研讨会、全国孝廉文化研讨会、重阳与亚洲孝道文化国家论坛等10多次大型活动，编写了《孝感新孝子》《孝感孝文化》等10多本专著，每年"敬老月"期间，"四大家"领导带头走访慰问贫困、空巢、高龄和百岁老人，并组织开展系列敬老活动，对涉老服务窗口开展"切实解决老年人运用智能技术困难"大调研、大督查活动。每年开展一次"敬老模范车(岗)"表彰活动，孝感城区有100多辆公交车被授予"敬老模范车"。全市有15个敬老服务集体和21名个人被国家卫健委(全国老龄办)授予"全国敬老文明号"和"全国敬老爱老助老模范个人"。连续评选表彰了十二届"十大孝子"和八届"十大孝亲敬老小天使"，开展市、县、乡、村四级"孝感楷模""道德模范""好媳妇""好邻居"等评选活动，在全社会营造了向善向上、孝老助老的浓厚氛围。1人荣获"全国孝老爱亲道德模范"、2人荣获"中华十大孝亲敬老楷模"、3人4次荣获"中华十大孝亲敬老楷模提名奖"、8人荣获"荆楚十大孝亲敬老楷模"。

【惠老政策】 2021年，全市各级政府共出资2231.44万元为60岁以上老年人购买老年人人身意外伤害保险，惠及全市92.4594万老年人。孝感城区及市直"三区"共救助重度失能老人800人，救助金额70.68万元。城区老年人持敬老卡乘坐公交车共刷卡659.6641万次，市、区两级财政刷卡补贴共计791.5969万元。将惠老政策及《湖北省实施〈老年法〉办法》落实情况纳入老龄系统"双随机、一公开"检查内容，通过加大检查督办力度，引入政策落实第三方评估机制，强化社会监督力度。同时，充分利用电视、报纸、宣传单、新媒体等形式立体化宣传，开展惠老政策大宣传活动，提高政策知晓率。

【老年人健康服务】 孝感被纳入国家第二批安宁疗护试点城市，市财政每年列支20万元配套支持试点工作。试点单位市康复医院和孝感市第一人民医院2021年服务安宁疗护患者213人，提高生命终末期老年患者的生命质量，让生命有尊严地谢幕。2021年，全市共有102家非基层和基层医疗机构参与全省老年友善医疗机构创建，73家医疗机构获评为全省首批老年友善医疗机构，并被省卫健委授牌。积极推进乡镇卫生院与农村幸福院"两位一体"和村卫生室与日间互助照料活

10月14日，开展"情暖重阳 关爱老人"主题文艺演出活动

（市卫健委 供图）

动中心“两室联建”的医养结合服务模式。加强老年人健康管理服务，做好家庭医生签约服务，推进基本公卫的老年健康与医养结合服务项目，为辖区65岁以上老年人提供医养结合服务，上门为失能老年人提供健康评估与健康服务，服务信息在相关信息平台“应录尽录”，及时更新、上报。加强中医医院康复科建设，通过加挂牌子等形式，市级设立三级老年医院、县（市）设立二级老年医院或护理院（中心）、社区医院一定比例床位开展为老服务。

【老年友好型社会建设】 在老年群体间大力倡导“在服务奉献中养老”“在经验传承中养老”“在价值创造中养老”等积极养老观，组织老年志愿者、老年科技工作者参与经济社会发展，为老年人参与社会发展提供便利可及的渠道和机会。2020年，全市29个社区（村）被评为孝感市老年宜居社区（村）。2021年，孝南区广场街道大院社区、晒书台社区，应城市四里棚街道栗树村，高新区丹阳街道汉光社区4个社区荣获“全国示范性老年友好型社区”，受到国家卫健委和全国老龄办的表彰。组织开展丰富多彩的老年文体活动。在2021年省卫健委组织的中老年人才艺大赛中，孝感市直老年书画研究会组织了100多幅作品参赛，取得了优异的成绩。其中孝感市直老年书画研究会荣获优秀组织奖，书法类作品有10人获奖，美术类作品1人获奖，诗词类作品2人获奖。

（撰稿：程艳君）

执行编辑：仰炳丞

孝感市人民代表大会

孝感市人民代表大会

【概述】 2021年，市人大常委会在市委的坚强领导下，深入学习贯彻中共十九大和十九届历次全会精神，全面贯彻落实省委十一届九次、十次全会精神和市第七次党代会精神，坚持党的领导、人民当家作主、依法治国有机统一，围绕中心、服务大局，依法履职、担当作为，较好完成市六届人大六次会议确定的各项任务，为全市经济社会高质量发展和民主法治建设做出积极贡献。从严从实抓好党建工作，打造“好正实优”的良好政治生态，选派2名党员驻扎结对社区参与基层治理，组织机关72名党员干部下沉到22个社区开展志愿服务活动，选派3名干部到孝昌县周巷镇青山村驻村开展乡村振兴。实施机关中青年干部履职能力水平提升行动计划，组建以中青年干部为骨干的调研专班，对全市主城崛起、优化营商环境、高新区和临空区高质量发展情况进行深入调研，形成调研报告。把意识形态工作纳入常委会党组重要议事日程，纳入基层党建述职内容，纳入年度绩效管理考评，纳入党组成员民主生活会、党员领导干部参加支部组织生活会和述职报告的重要内容。制定人大机关宣传工作考评办法，在《中国人大》《湖北日报》等中央、省媒体刊发稿件20多篇，市级媒体播发新闻200多条。制定《孝感市人大常委会执法检查工作实施办法》，提高执法检查的针对性、实效性。全年，市人大常委会共召开常委会会议9次、主任会议10次，就立法、决定、换届选举等重要工作向市委请示报告8次，听取审议专项工作报告19个，对6部法律法规进行检查，开展专题调研4次、专项视察3次，依法对市政府18件规范性文件进行备案审查，向省人大常委会报备4件，依法任免国家机关工作人员96人次，全市五级代表开展434次活动，提出意见建议292条，共接待督办人民群众来信来访47批次。

【市六届人大六次会议】 1月18日—20日，孝感市第六届人民代表大会召开第六次会议。会议表决通过市六届人大六次会议关于政府工作报告的决议、关于孝感市国民经济和社会发展第十四个五年规划和2035年远景目标纲要的决议、关于孝感市2020年国民经济和社会发展计划执行情况与2021年计划的决议、关于孝感市 2020 年预算执行情况和2021年预算的决议、关于市人大常委会工作报告的决议、关于市中级人民法院工作报告的决议、关于市人民检察院工作报告的决议。会议选举熊征宇为孝感市人民政府市长。

【市人大常委会会议】 1月13日，市六届人大常委会召开第三十二次会议。会议听取和审议市六届人大常委会代表资格审查委员会关于个别代表的代表资格的报告，市六届人大六次会议议程（草案）、日程（草案），市六届人大六次会议主席团和秘书长名单（草案），市六届人大六次会议列席（特邀）人员名单（草案），审议通过市人大常委会工作报告（审议稿）和有关人事任免事项，接受吴海涛辞去孝感市人民政府市长职务的请求，报孝感市人民代表大会备案。任命熊征宇为孝感市人民政府副市长、并决定其为代理市长。印发市六届人大常委会各工作委员会 2020 年度工作总结和 2021 年度工作要点。

2月24日，市六届人大常委会召开第三十三次会议。会议传达省十三届人大五次会议精神，听取和审议市人大常委会法工委关于2020年度规范性文件备案审查工作情况的报告，审议通过市人大常委会2021年度工作要点和有关人事任免事项，作出关于修改《孝感市住宅小区物业管理条例》的决定。

4月22日，市六届人大常委会召开第三十四次会议。会议传达十三届全国人大四次会议精神，听取和审议市政府关于 2020 年度全市环境状况和环境保护目标完成情况暨长江流域生态环境保护和修复工作情况的报告，市政府关于全市劳动就业工作情况的报告，市人大常委会执法检查组关于检查《湖北省开发区条例》实施情况的报告，市人大常委会关于接受刘其东辞去湖北省第十三届人民代表大会代表职务请求的决议(草案)；审议《孝感市电动自行车管理条例(草案二审稿)》；表决通过有关人事任免事项；印发关于全市农业科研支撑农业高质量发展情况的调研报告、市政府落实市人大常委会有关审议意见的情况报告和市人大相关专工委审核意见。

6月24日，市六届人大常委会召开第三十五次会议。会议听取和审议市政府关于着力构建孝感区域发展布局、学校安全、全面推行行政执法“三项制度”等工作情况的报告，市中级人民法院关于涉市场主体案件办理情况的报告，市人民检察院关于检察建议工作情况的报告；审议《孝感市电动自行车管理条例(草案三审稿)》；表决通过《市人大常委会规范性文件备案审查工作办法》和有关人事任免事项等，作出关于着力构建孝感区域发展布局的决定。

8月4日，市六届人大常委会召开第三十六次会议。会议听取和审议市六届人大常委会代表资格审查委员会关于个别代表的代表资格的报告。

8月24日，市六届人大常委会召开第三十七次会议。会议听取和审议市政府关于今年以来全市国民经济和社会发展计划执行情况、2020年市本级财政决算和2021年1月至7月全市预算执行情况、2020年度市本级预算执行和其他财政收支审计工作情况报告，市人大常委会执法检查组关于检查《中华人民共和国安全生产法》《湖北省安全生产条例》实施情况的报告；表决通过《孝感市电动自行车管理条例》，市人大常委会代表资格审查委员会关于个别代表的代表资格的报告和有关人事任免事项；批准2020年市本级财政决算。

10月29日，市六届人大常委会召开第三十八次会议。会议学习贯彻中央人大工作会议精神；审议市政府关于全市乡村振兴工作情况、2020年度全市国有资产和国有自然资源资产管理情况的报告，市人大常委会执法检查组关于检查《固体废物污染环境防治法》实施情况的报告；对《孝感市停车场建设和管理条例(草案)》进行一审；批准2021年市本级预算调整方案。会议决定匡茂华为市人民检察院副检察长、代理检察长，表决通过其他有关人事任免事项。

12月16日，市六届人大常委会召开第三十九次会议。会议传达学习党的十九届六中全会、市第七次党代会精神；听取和审议市政府关于2020年度市本级预算执行和其他财政收支审计查出问题整改情况、市六届人大六次会议代表建议办理情况的报告；表决通过市人大常委会代表资格审查委员会关于市七届人大代表的代表资格的审查报告，依法确认439名市七届人大代表的代表资格有效；表决通过有关人事任免事项；决定于2022年1月召开市七届人大一次会议。会议对市六届人大六次会议代表建议办理情况开展满意度测评，经常委会组成人员表决，测评结果为“满意”等次。

12月27日，市六届人大常委会召开第四十次会议。会议学习贯彻省委人大工作会议精神；审议市七届人大一次会议议程草案，日程草案，主席团和秘书长名单草案，议案审查委员会和计划、预算审查委员会组成人员名单草案，市六届人大常委会工作报告(审议稿)，决定将议程草案和各项名单草案提请市七届人大一次会议预备会议表决或选举，日程草案提请大会主席团第一次会议决定，常委会工作报告提请大会审查。会议审议通过有关人事任免事项和市七届人大一次会议列席人员名单，接受有关省人大代表辞去代表职务，并补选3名省人大代表。

8月2日，《孝感市电动自行车管理条例(草案三审修改稿)》立法论证评估会召开

(市人大 供图)

7月26日，省人大常委会党组书记、副主任王玲到孝感调研县乡人大换届选举
（市人大 供图）

【立法工作】坚持良法善治，深入推进科学立法、民主立法、依法立法，发挥地方立法引领保障作用。《孝感市府澴河流域保护条例》正式施行。《孝感市电动自行车管理条例》已完成审议和报批，于2022年1月1日起施行。完成《孝感市住宅小区物业管理条例》修改，《孝感市停车场建设和管理条例（草案）》完成一审，开展《孝感市居家养老服务条例》立法调研。首次听取审议规范性文件备案审查工作情况的报告。

【监督工作】实施正确监督、有效监督、依法监督，增强监督实效。听取审议构建孝感区域发展布局、国有自然资源资产管理、劳动就业、学校安全、乡村振兴、全面推行行政执法"三项制度"等18项工作报告，开展《中华人民共和国固体废物污染环境防治法》《中华人民共和国安全生产法》《湖北省安全生产条例》《湖北省开发区条例》等6部法律法规实施情况检查，开展全市农业科研支撑农业高质量发展、打击治理电信网络诈骗犯罪、贯彻实施《宗教事务条例》《湖北省宗教事务条例》情况等4项专题调研，组织开展孝感城区重大城市建设项目暨老旧小区改造、全市重点水利工程补短板项目建设、老澴河综合治理3项视察活动，通过有力有效监督，助推"十四五"开局漂亮。

【换届选举工作】加强对换届选举工作的组织和指导，会同有关部门做好市人大代表名额分配和提名推荐工作，协同有关方面强化对换届选举全过程的监督，市、县、乡三级人大代表换届选举完成，依法选举产生市级人大代表439名，县级人大代表1954名，乡镇人大代表6964名，实现选举工作风清气正，选举结果人民满意。

【讨论决定重大事项】依法作出关于着力构建孝感区域发展布局等多项决议决定，有力推动市委工作部署落实见效。围绕市委确定的区域发展布局，组织开展"主城崛起"专题调研，为打造武汉城市圈副中心提出意见建议。

【人事任免工作】坚持党管干部与人大依法行使任免权相统一，依法任免国家机关工作人员96人次，保证市委人事安排意图圆满实现和国家机关有序运转。落实宪法宣誓制度实施办法，组织新任命人员进行宪法宣誓，增强国家工作人员尊崇宪法、忠于宪法、维护宪法的意识。

【代表工作】加强和改进代表工作，发挥代表主体作用。深化拓展"两个联系"，常委会组成人员走访联系代表135名，收集意见建议39条，及时转交市政府研究办理；加强常委会同代表的联系，邀请代表156人次参与执法检查、专题调研等活动。发挥519个代表小组载体作用，畅通代表与群众联系渠道，引导代表深入了解民情、反映民意、解决民忧。听取审议市政府关于代表建议办理情况报告，开展代表建议办理情况满意度测评。常委会主任会议成员领衔督办重点建议12件，市长、副市长领办56件，市六届人大六次会议66件代表建议全部办结。组织代表开展"护您平安，向人民报告"大走访和"一恳谈四走访"活动，围绕平安建设和矛盾纠纷开展调研，收集反馈社情民意，全市五级代表开展434次活动，提出意见建议292条，充分发挥代表推动市域社会治理现代化的作用。

（撰稿：刘川）

执行编辑：易秀云

孝感市人民政府

孝感市人民政府

综　述

【概况】 2021年，孝感市政府坚持以习近平新时代中国特色社会主义思想为指导，团结带领全市人民，紧紧围绕“打造副中心、争当排头兵”目标定位，全面贯彻落实党中央、国务院和省委、省政府和市委的决策部署，主动作为、加压奋进，统筹疫情防控和经济社会发展取得明显成效，区域发展布局成势见效，较好完成全年目标任务，实现“十四五”良好开局。主要经济指标全面恢复到2019年同期水平，实现生产总值2562.01亿元，同比增长13.4%；规上工业增加值、固定资产投资、社会消费品零售总额、地方一般公共预算收入，分别增长18.0%、24.5%、22.1%、34.5%，交出“全年精彩、全面精彩”答卷。

【发展布局】 注重把中共中央、国务院的顶层设计，自觉转化为行动方案；把省委、省政府的工作部署，具体细化为落实清单，定期调度督办，区域发展布局纵深落实，县域经济“三百”战略加快推进，乡村振兴“三项行动”迅速铺开，科技创新、改革开放实现新突破，全市上下发展气场不断升腾。突出“主城崛起”。向孝南区、市高新区、市临空区下放经济社会管理权限146项，规划建设邓家河、老澴河、南部新城“三大片区”，一体开展“五城同创”，槐荫大道、城南大道、孝感北出口、澴川路改造等工程加快实施，一批断头路加快打通，改造老旧小区204个，整治背街小巷20多条、马路市场1200处，整改“六小行业”3000多家。市高新区全国综合排名升至77位，市临空区园区落户项目达53个；市双峰山年接待游客首超百万人次。深化“两带协同”。落实扩权赋能强县改革，汉川再次获评全国县域经济百强，应城跻身中部地区县域经济百强，各地找定位、争进位，县域经济竞相发展，发展气场不断升腾，汉江经济制造业高质量发展带和大别山绿色产业高质量发展带协同并进。促进孝汉同城。4条市域（郊）铁路进入省线网规划，27条断头路、瓶颈路建成4条、在建9条，孝汉应高速、硚孝高速二期建设加快，新开通3条孝汉城际公交线路；签约汉资项目117个、429.9亿元，转化武汉科技成果112项；汉江常态化联合巡查，府河生态环境联合执法；公积金互贷互认，公交、旅游、医保结算“一卡通用”，城镇基本养老、工伤、失业等社会保险转移接续畅通。做强“多元支撑”。聚焦30项事关全局的重点工作，班子领衔、专班推进，致力完善协同高效的保障体系。深化规划管理改革，建立“多规合一”的国土空间规划体系，强力推进全域国土空间综合整治，累计报批征地面积将达4.3万亩左右，创历史新高；争取10个全域国土整治项目，孝南朱湖、应城杨河2个全域国土整治部级试点项目新增耕地面积11870亩。深化能耗总量和强度“双控”考核，淘汰落后产能，腾挪能耗容量，保障重点项目需求，全年共为祉星纸业、金凤凰、新都化工等16个项目申报能耗232.62万吨标准煤，已获批140.08万吨标准煤。推进乡村振兴。启动“功能镇区、和美乡村、实力产业”乡村振兴“三项行动”，完成102个“功能镇区”规划编制，23个示范镇规划通过专家评审；新增省级农业产业化龙头企业17家，孝感优质农副产品搭上进京“直通车”，“孝感红”进入乌克兰、委内瑞拉市场，孝感米酒再次入选品牌强国工程；省、市、县700支工作队、357名第一书记进驻到村。新建路长制示范线7条144公里；13个乡镇、151个村实施垃圾分类试点。

【三资一促】 树牢“项目为王”鲜明导向，强化“三资一促”主线，坚持季度集中签约、季度集中开工、季度现场拉练，滚动策划项目，持续争取项目，全力招引项目，投资成为稳增长的重要支撑。高质高效招商引资。

全年签约亿元以上项目368个，总投资2264.48亿元，其中投资10亿元以上项目44个，亿元以上工业项目299个，推进了投资450亿元的恒信楚能锂电池、173亿元的祉星纸业、124亿元的大悟抽水蓄能电站、80亿元的汉川电厂四期等一批重大项目加快签约。精准精细立项争资。分类推进、纵深推进，策划包装项目685个、总投资6637.6亿元，争取上级竞争性资金90亿元、试点示范41项；孝感成功入选全国首批系统化全域推进海绵城市建设示范城市，获中央财政补助10亿元。京港澳高速改扩建、孝汉应高速、武西高铁孝感段、沿江高铁汉川段、汉川电厂四期等一批投资过百亿项目即将开工建设。拓宽渠道筑台融资。4场政银企对接助企融资284.1亿元；祥源新材登陆创业板，中一科技成功过会；新增政府债券51.3亿元，贷款净增249.8亿元。支持澴川国投、高创投、丰翔公司等国有投融资平台做强做优，澴川国投获评AA+信用等级，融资授信87.27亿元。倒逼推进重大项目建设。坚持项目“三库”联动、“五化”管理、“四看四比”，季度拉练检查“三区”项目129个，谋划推进建市30周年100个重大项目、孝感城区基础设施三年攻坚行动137个项目，总投资2841亿元。注重大抓项目抓大项目，新开工亿元以上项目213个，17个省级重点项目超额完成年度计划。千之雅纸业、长飞光电一期、三棵树涂料、中科铜箔四期等一批投资过亿元产业项目投产达效。

【产业支撑】 对接省“51020”现代产业体系和武汉“965”产业集群，推进强链、补链、延链，发展实体经济，壮大产业体系。全市新登记市场主体62883户、总数达36.42万户，“四上”企业达2190家，市级以上农业产业化龙头企业达378家。实施重点产业链长制。建立健全5条传统产业链、5条战略性新兴产业链、5条农业产业链，“五个一”模式推进技改强链、招商补链、协作延链、服务固链。实施中小企业成长工程，加大“小进规”“新进规”和政策激励力度，扎实推进转供电改革，深化“双千”活动，新增规上工业企业110家、达到1205家，新增4家国家级专精特新“小巨人”，全市专精特新企业达80家，8家企业获评国家级示范。实施服务业提升行动。坚持从源头抓起，做实基础台账，实行动态管理，新增规上服务业企业30家、限上单位80家；发放消费券9225万元，大悟十八潭获批AAAA级景区，推荐3条红色旅游精品线路，服务业增加值增长12%，孝感获评全省服务业发展贡献市、“与爱同行·惠游湖北”先进市。全力稳外资稳外贸，实际利用外资3.58亿美元，增长22.65%，外贸进出口17.9亿美元，增长12%。实施创新驱动战略。高规格召开科技创新大会，出台科技创新“黄金十五条”，构建创新“湿地”生态。全力争创国家创新型城市、国家知识产权示范城市，国家农业科技园通过验收，发放科技创新奖补资金5665万元，新申报高新技术企业225家，高新技术企业总数达381家；国家级创新平台达到7家，新增院士(专家)工作站14家、总数达102家，科技型企业突破1300家，8家企业获评国家级示范。实施要素保障行动。争取全域国土整治项目10个，汉川市全域试点可新增耕地1.28万亩；为祉星纸业、新都化工、维达等18个项目申报能耗262.57万吨标准煤，已获批155.66万吨标准煤；争取二氧化硫746.61吨、化学需氧量1473.91吨、氮氧化物1449.768吨，解决了祉星纸业、葛化华祥等98家企业的排污总量来源。

【环境优化】 把优化营商环境作为疫后重振的重要抓手、提高竞争力和增强吸引力的重要举措，出台落实清单和评价方案，健全“1+5+N”问题投诉联动机制，坚持每月一次督办推进会，一项一项抓关键、抓落实，动真碰硬、创先争优。狠抓“高效办成一件事”。全市上线运行“高效办成一件事”24项，累计办件1189件。建成鄂汇办孝感旗舰店，上线便民服务344项；301项事项实现“一圈通办”；“好差评”系统省市对接，市县乡村四级全覆盖，差评回访整改率100%。狠抓先行区示范点创建。先行区示范点创建实现县(市、区)和市高新区、临空区全覆盖，18个创建事项全部投入运行。狠抓“清减降”专项行动。坚持“三个一律”(能废止的文件一律废止、能减去的审批一律减掉、能减免的费用一律减免)，市、县两级共清理文件847件，审批时限综合压减率86.6%；零跑动事项4187项，“最多跑一次”事项8511项；及时调整公布行政事业性收费项目标准，整顿梳理涉企保证金，压减政府定价的经营性服务收费，中介服务实现“零收费”，累计减税降费8.28亿元。狠抓改革创新。扎实推进工程建设审批改革，市工改平台31个事项与省成功对接，“多测合一”优化提升，“联合验收”规范推行，豁免制、承诺制全面施行，在全省率先将审批时间压缩为“60、40、30”。孝感“互联网+不动产登记”改革、“互联网+政务服务”改革获省政府督察奖励。在全省率先启动乡镇综合执法改革，17家市直国企改制全部完成，孝感城区义务教育管理体制改革全面完成，宅基地和集体建设用地确权登记通过验收，直供电改革完成省定目标，5G智慧电力入选全国典型案例。

【社会民生】 紧扣共建共享、共同富裕，改善民生，兜好底线，让发展成果更多惠及广大群众。精准落实常态化疫情防控。强化抓疫情防控就是抓发展的理念，立体型常态化科学精准防控机制和局部应急处理机制有机统一，严格闭环管理，加强疫苗接种，巩固防疫屏障，设立定点医院9家、后备医院12家、发热门诊（诊室）149家，累计接种疫苗约800万剂次，守住了外防输入、本土“零”新增底线。持续打好污染防治攻坚战。认真迎接中央生态环保督察，实施生态环境突出问题及涉环保信访件“大起底、大排查、大整改”，以扎实整改促生态改善。高标准打好碧水、蓝天、净土保卫战，13个国控断面全部达标，超额完成省定的优良率92.3%的年度目标，为全省贡献一个优良断面，劣Ⅴ类水体全部消除黑臭。近三年环境空气质量持续改善，2021年8月，环境空气质量进榜全国20强。重金属减排、受污染耕地安全利用率均完成省定目标。孝感市、安陆市、应城市、汉川市、云梦县获评“湖北省生态文明建设示范市（县、区）”。全面提速民生项目建设。一体开展“五城同创”，完成老旧小区改造204个。义务教育改薄271所，新建成开学义务教育学校4所，幼儿托幼机构稳步增加；全市启动建设抗疫特别国债项目81个、总投资52.44亿元，已完工项目55个，东城医院加快建设，汉川人民医院新晋三级甲等。建成开放“城市书房”10个。全面兑现民生承诺。建成9家零工驿站服务居民灵活就业，城镇新增就业6.7万人；孝感城区义务教育管理体制改革全面完成；城镇职工养老保险、工伤保险实现省级统筹，城乡居民基础养老金第5次提标，城乡居民医保实现市级统筹，兜底保障困难群众20多万。有效应对强降雨，汉江十年最大秋汛平安过境。安全事故同比下降38.77%，社会大局保持稳定。

（撰稿：方向明）

重要会议

【市政府六届六次全体（扩大）会议暨全市政府系统党风廉政建设工作会议】 2月19日，市政府六届六次全体（扩大）会议暨全市政府系统党风廉政建设工作会议召开。会议强调要加强全市政府系统执行力建设，全面把握执行力的内涵、导向和标准，不断提高政府系统工作效能，确保市委、市政府决策部署落实落地。市长熊征宇出席会议并讲话。

会议指出，要深刻领会执行力的“三大内涵”，在把准方向、不偏航向中坚守政治自觉，在聚焦主业、担当主责中坚守发展自觉，在不忘初心、赢得民心中坚守民生自觉，以思想自觉引领执行自觉。要遵循执行力的“三个导向”。要把握执行力的“三个标准”。要强化执行力的“三个保障”。会议强调，要守牢廉洁底线。思想上要再对标，自觉把思想和行动统一到中共中央、省委、市委关于党风廉政建设和反腐败斗争的科学判断和决策部署上来，以更加坚定的决心和扎实有力的举措推进清廉政府建设。制度上要再完善，严格按政策、制度、规矩和程序办事，从制度上铲除滋生腐败土壤，进一步构建拒腐防变制度体系。作风上要再深化，以“拼”“抢”“实”的精神和状态抓工作、干事业。

【市政府常务会议】 1月13日下午，市委副书记、代市长熊征宇主持召开市政府六届三十六次常务会议，学习湖北省实施中华人民共和国中小企业促进法办法；审议政府工作报告、“十四五”规划纲要、2020年经济和社会发展计划执行情况的报告，自然资源资产产权制度改革实施方案；听取全国全省根治欠薪冬季专项行动动员部署电视电话会议精神、第七届政府质量奖评审等情况的汇报，安排部署当前工作。会议还就常态化疫情防控、困难群众走访慰问、安全生产、节日保供稳价、应急值守和今年开局起步等工作作部署。

2月5日，市长熊征宇主持召开市政府六届三十七次常务会议，学习国务院《政府督查工作条例》《湖北省生产安全事故应急实施办法》，传达省委农村工作会议精神，研究贯彻落实意见；审议《关于加强政府督查工作提高政府系统执行力的实施方案（试行）》《关于全面落实省委、省政府以市场主体需要为导向打造一流营商环境若干措施的实施方案》《孝感市禁毒重点整治工作责任考评细则》《禁毒工作方案（2021—2022年）》等事项。

3月8日，市政府召开“数智孝感”建设专题会，强调要深入学习贯彻习近平总书记关于网络强国、数字中国的重要论述，按照市委、市政府决策部署，坚持“整体谋划、统筹推进，先补短板、夯实基础，分步实施、强化保障”思路，稳步推进“数智孝感”建设，不断提升政务服务效能和城市治理水平。

3月12日，市长熊征宇主持召开市政府六届三十八次常务会议，传达学习《湖北省生态环境监察工作规范》、湖北省科技创新大会精神，审议水、大气、土壤污染防治和生态环境问题整改有关方案，审议“功能镇区、和美乡村、实力产业”三项行动实施意见、社会救助对象家庭经济状况评估认定办法、医保基金市级统筹实施办法，研究科技创新和国家创新型城市创建工作。

4月12日，市长熊征宇主持召开市政府六届三十九次常务会议，传达学习全省优化营商环境相关会议精神,研究贯彻落实意见;审议招商引资工作方案、建立健全城乡融合发展体制机制和政策体系的若干措施工作方案、中心城区声环境功能区划等工作。

5月11日,市长熊征宇主持召开市政府六届四十次常务会议,传达学习《中华人民共和国长江保护法》及省人大常委会的《决定》、省环保督察"回头看"情况反馈会议精神,研究贯彻落实意见;审议孝汉同城、多元支撑、完善要素市场化配置体制机制、提升传统产业推动战略性新兴产业倍增发展等有关方案和文件。

5月31日,市长熊征宇主持召开市政府六届四十一次常务会议,传达学习习近平总书记在中央政治局第二十九次集体学习时重要讲话精神、省十三届人大六次会议和武汉城市圈同城化发展联席会第一次会议精神,研究贯彻落实意见;解读《中华人民共和国乡村振兴促进法》;审议巩固拓展脱贫攻坚成果同乡村振兴有效衔接、环保督察"回头看"反馈意见整改、"三线一单"生态环境分区管控等实施方案。

7月2日,市长熊征宇主持召开市政府六届四十二次常务会议,审议行政规范性文件专项清理、稳外贸稳外资、农业产业强链建设、"整村授信"金融服务等有关工作决定、意见和实施方案。

9月6日,市长熊征宇主持召开市政府六届四十四次常务会议,专题学习习近平生态文明思想,部署中央第三生态环境保护督察组督察配合工作,听取生态环境"大起底、大排查、大整改"、实施"碳达峰、碳中和"行动、严控"两高"项目以及黄麦岭磷化工公司生态环境问题调查处理和整改等情况汇报,研究贯彻落实意见。

9月22日,市长熊征宇主持召开市政府六届四十五次常务会议,学习贯彻习近平总书记关于粮食安全系列重要讲话和重要指示批示精神,传达学习省委书记应勇在全省县(市、区)党政主要负责同志视频座谈会、县(市、区)委书记专题研讨班开班式和在云梦应城调研时讲话精神,以及全省深化扩权赋能强县改革工作视频会精神,听取庆祝建市30周年100个重大工程项目清单编制、主城区基础设施建设三年攻坚行动计划项目情况汇报。

11月16日,市长熊征宇主持召开市政府六届四十七次常务会议,传达学习习近平总书记关于食品药品工作指示批示精神,部署全年工作收官、明年工作谋划,专题研究法治政府建设、对口援疆工作,审议城区优先发展公共交通实施意见等文件。

12月17日,市长熊征宇主持召开市政府六届四十八次常务会议,传达学习中央、省有关会议和文件精神,研究经济发展、生态环保等工作,审议政府工作报告、计划报告、预算报告,听取国土空间规划、实体经济培育等情况的汇报。

政务服务

【概况】2021年,在省政务管理办的正确指导下,在市委、市政府的坚强领导下,孝感市紧紧围绕"高效办成一件事",全面优化营商环境,抓好各项改革举措落地见效,着力推进政务服务创新,有力服务了孝感高质量发展。

【审批事项办理】 按省政务管理办要求,7个县、市区审批事项均精减至574项以下,合计减少子项1353项;对标深圳、杭州、广州、南京四个先进城市,市、县两级对213项高频政务服务事项审批时限进行压减,10416个政务服务事项承诺时限达到四个先进城市标准,审批时限综合压减率87.41%,高于省定75%标准;政务服务事项办事指南提交材料总数比2020年压缩6.97%、高于省定5%的标准,完成51本高频电子证照"免提交"标注,电子签章率实现100%,涉及113186个事项、25743份材料;孝感注册"鄂汇办"用户108万人,建成了"鄂汇办"孝感旗舰店,接入便民服务事项344项。推进统一受理平台应用,完成通用审批、住房、不动产、公积金等自建系统与省统一受理平台的对接改造,实现市县乡村四级政务服务事项的统一受理;全面启动"综窗"改革,合理设置综合窗口,实现跨部门、部门跨门类受理办理比例达50%以上,超过省定标准。按照一个主题一个专班一套方案,指导各地成立了高规格的推进专班、优化业务流程,实现"关联事项、一表申请、一次办理",目前全市26项"高效办成一件事"累计办件1532件,减跑动7317次、减材料26872份、减填写46399项。推进全程网办,市县两级全程网办事项11566项,全程网办率97.74%;开展"跨省通办"对接,与河南省信阳市、广西玉林、河南罗山、广东顺德4地实现社保卡业务办理、公司设立登记、不动产抵押登记、公积金信息查询等267项事项"跨省通办";实现武汉城市圈通办,完成涉及公积金、民政等17个部门共301项事项"一圈通办"。

【"放管服"改革】规范市、县、乡、村四级公共服务事项,拟制、下放"三区"权力清单108项,配合扩权强县改革,梳理县级权力清单。逐步完善"事中事后监管",完成全省"互联网+监管"试点,梳理完成市县乡三级监管事项，规范行政执法、风险预警、联合监管、扫码监管行为，同时积极推进“互联网+监管”系统应用。通过科学设置窗口、加强人员管理、完善监管体系等方式，统筹推进“市民之家”提质增效，2021年，孝感市民之家办理业务401.12万件（网办件279.24万件）、接待办事群众65万余人；市、县两级24小时自助政务服务大厅全覆盖，建成12处24小时综合自助大厅，云梦24小时自助服务得到省委主要领导肯定，孝南区、云梦县两地依托自助政务服务打造“15分钟便民利企服务圈”，获评全省优化营商环境先行区；便民服务实现“一号响应”，整合29条热线，2021年，累计接听来电18.8万件。

【“数智孝感”建设】 成立市“数智孝感”建设领导小组及办公室、市大数据中心、湖北数智城市建设运营有限公司，形成了覆盖“数智孝感”建设“规、管、建、运”全过程的“一办、一中心、一平台公司”的工作架构。编印《“数智孝感”顶层设计规划》，组织各层级业务培训工作，不断夯实“数智孝感”建设“强基、智理、优政、善治、惠民、兴业”六个方面的理论武装与工作能力。形成孝感市“城市大脑”建设路径，完成经济调节、城市能耗等8个城市数据看板和市容管理、智慧交通等12个城市治理应用场景设计，推动市政府与中科大脑公司签订孝感“城市大脑”战略框架协议。统筹政务信息化项目管理，强化云数资源服务管理，开展重点信息化项目建设，全年纳入政务信息化项目储备库的新建项目34个，总投资5.03亿元，迁移上云国家、省级应用49个、市县级应用185个，归集人口、法人等领域5.28亿条政务数据，提供数据调用1.03亿次。

【政务公开】 制定年度政务公开工作要点和考评方案，进一步明确了任务分工、考评细则；组织两轮交叉读网检查和季度政府网站检查，对7个县（市、区）检查出的198个问题、34个市直单位（含市直“三区”）检查出的268个问题进行了通报、整改；组织完成34家市直单位主动公开基本目录编制及发布工作，实现主动公开规范化。开展信息公开平台日常维护，清理问题外链36000多条，及时处理依申请办件234条；完成全市347个信息公开平台IPv6改造，收集整理了省级28个单位130个发文字号增添到后台，方便各单位转载上级相关政策文件及解读。

（撰稿：程 林）

市民之家税务窗口工作人员为前来办业务的市民答疑解惑　　（摄影：石玲）

政府督查

【概况】 2021年，市政府共开展各类综合政务督查60余次，督办落实市委、市政府重大决策部署和主要领导签批事项1359项，办理群众诉求346件，督办建议提案182件，制发《督查通报》25期，发送工作督办函26件，组织政府约谈8轮共29人次，向纪委监委移送问题线索37条。在促进政令畅通、提升政府效能、推动经济社会高质量发展、增进民生福祉上发挥了积极作用。

【决策部署督查】 2021年，市政府始终牢牢抓住发展第一要务这条主线，持续跟踪问实效，做到“决策部署到哪里，督促检查就跟进到哪里”。

推动全市综合目标全面完成。全面对标国家、省级层面对孝感市49项考核目标、国务院和省、市《政府工作报告》263项具体工作，多频次开展综合督查抓调度，每月开展一次重大项目、营商环境、招商引资工作督查，每季度开展一次综合经济运行调度，及时分析研判目标进度、全省位次，提出针对性措施，做到以月保季，以季保年，推进综合目标完成。四季度以来，市政府先后召开4次高质量发展专题调研座谈会、2次冲刺四季度加压奋进推进会，对冲刺四季度、完成全年目标作出部署，为实现“全年精彩”打下坚实基础。

推动重大决策部署贯彻实施。聚焦市政府常务会议、市政府专题会议、市政府重点工作双周调度会议议定事项，市政府领导亲自带队

市“四大家”领导在“四看四比”拉练现场督查项目工程进度

(市政府办 供图)

开展督查,推动落实见效。如市政府常务会议议定的加快推进孝汉同城事项,市政府主要领导先后3次召开工作推进会,围绕打造武汉城市圈副中心,聚焦规划同编、交通同网、科技同兴、产业同链、民生同保等重点内容,争创城市圈同城化发展示范城市。

落实领导指示批示。坚持“台账式管理、分类别督办、按时限反馈”标准,全力抓好市委、市政府主要领导指示批示办理落实,确保政令畅通、决策落地见效。一年来,跟踪督办指示批示件49期1064件,推动“五化”管理项目、国土空间规划、老旧小区改造、城市基础设施建设等一大批具体问题解决。如10月中旬,根据市委、市政府主要领导批示,组成督查专班,对孝感市“十三五”规划期间垃圾焚烧发电项目申报问题开展调查并形成报告,为政府系统举一反三、吸取教训起到了重要作用。

【重点工作督查】 2021年,市政府突出高质量发展、民生福祉改善和发展难题破解等重点工作开展督查,督促各项工作扎实有效向前推进。

项目建设督查。把省级重点项目、亿元以上项目、“五化”平台管理项目建设作为政府督查工作的重中之重,以“三区拉练”“四看四比”“五化”管理倒逼项目建设加速,督查推进了孝汉应高速、武大高速、硚孝高速(二期)、老澴河综合治理(二期)、邓家河片区综合利用等一批投资额度大、拉动作用明显的重大项目建设,系统抓好孝感市庆祝建市三十周年100个重大工程项目和城区基础设施建设三年攻坚行动计划推进实施,全过程服务五洲特纸、恒安卫品、新发地农批等一批投资超100亿元的重大项目引进落地。

营商环境督查。围绕“高效办成一件事”、先行示范点创建、“清减降”专项行动、工程建设项目审批改革四项重点工作开展督查,督促出台落实清单和评价方案,健全投诉联动机制,动真碰硬、创先争优,推动344项便民服务在“鄂汇办”上线,301项政务服务在城市圈“一圈通办”,市县两级清理文件795件,着力构建起“亲、清”新型政商关系。

民生福祉督查。办好民生实事。2021年,市政府深入践行“一线工作法”,共承办省级建议提案7件,市本级建议提案182件,推动城市基础设施更新、公共卫生体系建设、“五城同创”等一批代表委员关注和群众最关心、最直接、最现实的利益问题解决。关注民生热点。多渠道收集问题线索,定期分析研判,加强跟踪督办,推动问题解决。一年来,办理国务院“互联网+督查”2件,省长留言板24件,市长留言板268件,荆楚网52件,群众满意或基本满意率100%,孝感市政府办公室被“荆楚网”评为湖北网络问政优秀回复单位。聚力民生“双保”。坚持把民生“双保”作为重要抓手,保刚性政策落实、保民生承诺兑现,系统谋划、强力督办。如市政府将义务教育“双减”纳入民生“双保”事项,市政府领导高位推动,市政府教育督导室联合多部门开展治理,出台工作方案,严管培训机构,减少作业布置,开展课后托管,切实减轻学生和家长负担。

社会稳定督查。狠抓安全生产、信访维稳、社会治理、打击犯罪等工作督查,推动开展了30余批次集中清查排查、规模执法行动,排查各类安全隐患1万余处、破获各类刑事案件6100余起、推广安装反电诈App80多万人次,为庆祝中国共产党成立100周年营造了平安稳定的环境。

问题整改督查。坚持底线思维,对上级环保督察、审计督察、统计督察、涉粮专项巡视查出问题整改情况进行梳理,将问题清单化、条目化交办,逐条督查整改到位。督重大矛盾化解。确保将问题化解在基层一线、解决在苗头状态。多次就润达壹号广场复工、凤凰天仙城开放营业、孝感宾馆危房拆除、云梦瑞能华辉落户纠纷等重大矛盾开展督查,以督查促关键问题化解,截至目前均取得阶段性进展。

【督查机制建设】 2021年,孝感市积极探索领导重视、部门支持和全社会广泛参与督查工作的新思路、新机制、新办法,强化结果运用,树立督查权威。构建大督查工作机制。树牢“大督查”理念。改变督查室“单打独斗”工作模式，坚持“三位一体”（市级领导+分管部门+市县两级督查室）协作督查，出台孝感市《关于加强政府督查工作提高政府系统执行力的实施方案（试行）》和《市政府办公室关于建立健全大督查工作机制的方案》，形成以政府办公室为主导、各地各部门为责任主体的督查工作格局，形成横向到边、纵向到底的督查工作网络。坚持问题导向。市政府办公室联合市纪委监委机关出台《关于加强政府督查与纪检监察监督协作联动的暂行办法》，将政府督查工作与纪检监察监督贯通联动，让督查真正“长牙齿”。2021年，就营商环境突出问题、政府投资工程质量问题等向纪委监委移送问题线索，推动问责22人次，形成强大震慑力。坚持贯通督查。坚持市县一体、部门联动抓督查，形成工作合力。为做好常态化疫情防控工作，上下齐心、左右互动，全市政府系统形成多个督查组深入县（市、区）、乡镇（场）、社区（村）和医院、商超、车站、工地等疫情防控一线，开展日常和暗访督查，认真排查存在的薄弱环节，督促整改到位，取得了显著成效，2021年全市无本土病例发生。双向发力提质效。“五化”管理提质效。通过定期查看进度、领导在线点评、逾期预警告诫等督查方式，倒逼各地强化招商引资、加快工作节奏、狠抓问题整改，确保过程管控与目标实现相统一。拉练活动增动能。市政府共开展项目建设、乡村振兴、路长制拉练7次，采取现场督查与专班考核相结合，对优胜地方颁发流动红旗，开展总结会经验交流；对排名末位的地方采取表态发言，进行鞭策激励，竞进提升各县（市、区）真抓实干的主观能动性。“以奖代补”强激励。2021年，市政府拿出5140万元，对7个县（市、区）的县域经济、综合经济指标、“三资一促”、优化营商环境等十三个大项进行考核奖励，通过真评实考，树立干事创业导向。考核评价促提升。与市考核办充分对接，将政府督查与市年度目标考核统筹结合，建立动态督查考核机制，将日常的督查情况作为评分依据，计入年终考核得分，以督查结果直接作用于各地各部门目标考核、班子评价和干部使用，树立督查权威。强化督查结果运用。制发通报强警示。2021年，制发涉及营商环境、生态环保、重大项目等督查通报25期，通报不回避矛盾，见人见事见细节，敢于揭短亮丑，推动问题解决。如2021年5月，市政府对市东城医院电力迁改工作严重滞后问题进行了通报，随后，市卫健委、市供电公司、市高新区加强协作，强力推进，在7天内迅速解决问题。工作约谈促整改。针对工作开展不力，造成不良影响的地方和单位，由市政府约谈相关负责人，并将约谈记录转市纪委监委、市委组织部、市考核办，作为领导干部个人和单位年度考核的重要参考。一年来，市政府就生态环保问题，约谈6个县（市、区）；就违法用地整治问题，约谈孝南区、汉川市、大悟县；就营商环境问题，约谈市自然资源和规划局、市水利和湖泊局；就主管工程质量问题，约谈市城管执法委、市住建局。被约谈后，相关地方和部门担当作为意识明显提高，整改工作进展明显加快。长效机制固成果。采取督方案制定、督整改时限、督举措到位、督完成效果等方式，推动形成工作机制，巩固工作成果。如吸取“6·13”十堰燃气爆炸事故教训，督促理顺燃气“建、管”工作机制，参考省内外经验，将燃气“建、管”职责整体划转至市城管执法委，并推动各县（市、区）参照执行。

【督查队伍建设】 2021年，市政府高度重视督查工作队伍整体提升，强化政治意识，提高能力素质。深化政治理论学习。将《习近平关于狠抓落实做好督查工作论述摘编》、国务院《政府督查工作条例》列为中心组学习内容，组织政府领导、部门负责人和督查干部深入学习。每次督查工作前，开展督查业务专题培训，准确把握督查重点和方法，提高督查干部应对复杂工作的能力和水平。

强化专业队伍建设。加强政府督查力量，选配政治素质好、政策水平高、文字功底强、工作作风正的干部到督查工作岗位，将督查系统干部外派至武汉市政府等单位，跟班学习外地先进督查工作理念。各部门也相应设立督查工作岗位，配备专兼职督查工作人员，配备与职能任务相适应的工作力量、办公条件和工作经费，为督查工作提供有力保障。

规范政务督查行为。优化方式方法，大力推行“带着线索去、跟着问题走、盯着问题改”的线索核查法和“四不两直”暗访工作法，积极开展“互联网+督查”，形成多措并举、贯通协调的督查落实工作机制。强化程序意识，按照确定督查事项、制定督查方案、作出督查结论、核查整改情况、运用督查结论等规范程序，提高依法督查、规范督查的能力水平。

（撰稿：方向明）

人事人才

【人才引进】 2021年，孝感市加强人才引进，高频次开展各类专项招聘；实施招才引智，吸引大学生来校就业创业；实施柔性引才，开展“专家院士企业行”活动，推动全市人才引进工作快速发展。

人才招聘。抢抓疫后中央支持

湖北扩大政策性招录机遇，扩大事业单位公开招聘和“三支一扶”招募规模，高频次开展各类专项招聘，有效缓解全市事业单位人才缺口，2021年，共发布公开招聘计划2661个，已招聘事业单位工作人员1443人、市直669人。

招才引智。持续实施“我选湖北·立业孝感”计划，吸引大学生来孝实习实训和就业创业。2021年，全市共吸纳实习实训大学生14450人，其中市直2891人。密集走出去招才引智，依托省内外公益招聘会、全国大中城市联合招聘会、重点人才专场招聘会，并借助孝感公共招聘网等网络平台，为企业招揽人才1873人。

柔性引才。大力实施柔性引才，开展“院士专家企业行”活动，在全市广泛征集69家企业待解决科技难题76个，积极向省争取，确定了36名院士专家支援孝感市企业发展。2021年，解决技术难题数33个，促成科技成果转化数14个，为企业培训1590人次，引进人才63人，达成的项目协议数35个、协议资金911.17万元，推动共建平台数19个。

【人才培育】 加强技能人才培育。2021年，全市开展职业技能培训52358人，落实培训补贴资金6135.676万元，其中市直开展职业技能培训22331人、落实培训补贴资金3404.33万元。建立考评员队伍，共组织23个职业(工种)154名考评员参加培训并取得考评员证卡。建立考评员队伍，共组织23个职业(工种)154名考评员参加培训并取得考评员证卡。深入推进技能人才评价制度改革，全市备案技能等级评价企业5家、技工院校4家、社会培训评价组织10家。全市共评价技能人才7088人，新增高技能人才4498人，其中高级工4254人。同时，坚持以赛促评，累计组织参加省级竞赛5次，获优秀组织奖3次，参赛选手获个人优秀奖3人次，集体获优秀奖1次。加强专技人才培育。不断完善专业技术人员继续教育在线学习平台，参学23635人，参学率达到98%。组织开展2021年省特级专家、突出贡献中青年专家和省政府专项津贴专家推荐选拔，共推荐省特级1人，中青年专家1人、省政府专项津贴专家5人。推荐申报湖北省“青年拔尖人才培养计划”人选5名，推荐申报“湖北省杰出人才奖”人选1名。加强创业人才培育。举办湖北省“创立方”创业创新大赛孝感赛区活动，从征集的30余个项目中遴选8个创业、创新项目参加省级复赛角逐，其中“New View Eye”新视觉盲人智能出行辅助设备项目成功进入全省总决赛。会同市委组织部、市财政局出台“返乡创业致富带头人”扶持政策，鼓励“一村多名大学生(中职生)”回乡创业，全市评选认定30个返乡创业项目，兑现奖励资金60万元。

【人才机制建设】 出台人才激励政策措施。会同市委组织部提请市委、市政府印发了《关于实施“澴川创新创业人才计划”的若干措施》(孝办发电〔2021〕79号)，在重点引进和支持产业创业人才、企业创新人才、事业单位创新人才3类人才，在引进、培育、留用、激励、服务等方面，加大了政策支持力度。优化技能评价模式。深入推进技能人才评价制度改革，全面推行社会化职业技能等级认定。全市备案技能等级评价企业5家、技工院校4家、社会培训评价组织10家。2021年，全市共评价技能人才7088人，新增高技能人才4498人，其中高级工4254人。深化职称评审改革。围绕下放权限、倾斜基层、优化服务，持续深化职称评审制度改革，鼓励民营机构或社会流动人员申报职称，对全职引进的高层次人才和企业人才，开辟评审“绿色通道”，极大激活人才活力。2021年，卫生技术、中小学教师、工程等系列职称评审工作全面完成，其中卫生技术共申报364人，评审通过285人；中小学教师申报1158人，评审通过正高9人，副高403人，中级511人；工程等中级职称评审通过577人，初级412人。

(撰稿：张　虎)

调研咨询

【概况】 2021年，市政府研究室在市委、市政府的坚强领导下，紧紧围绕全市中心工作和各项目标任务，认真履行参谋辅政职责，尽心尽力做好本职工作，较好地完成了各项工作任务。

【政治建设】 始终把政治建设放在首位，认真学习贯彻习近平总书记重要指示批示精神，深入学习中共十九届五中、六中全会精神、习近平总书记考察湖北重要讲话精神，定期开展政治教育和学习研讨，着力锤炼绝对忠诚的政治品质。持续深化“学理论、重实践、锻造过硬政研本领”活动，通过支部主题党日、科室论坛、每天半小时阅读工程、推荐书目、在线学习、共享读书笔记、微信公众号荐学等形式，引导大家“沉浸式”学习，争做“图钉式”政研干部。结合党史学习教育，积极组织开展“清明祭英烈”、到孝昌县开展红色实践教育活动，引导全室党员干部传承红色基因，高扬奋斗之旗。全年室党组理论学习中心组共开展集中学习12次，组织支部主题党日、周四学习日、集中交流研讨等活动20余次。全室干部在线学习均达到规定标准。

【文稿服务】 始终聚焦主业、扛牢主责，扎实做好文稿服务各项工作。一年来，全室共承担起草各类文稿200余篇、80余万字，较好履行了以文辅政、以研资政职能。高质量完成了《政府工作报告》、市政府全会、经济工作会议等各类文稿起草工作，积极服务3次“三区”项目“四看四比”总结会议、3次招商集中签约活动等文稿起草工作，认真参与优化营商环境、孝汉同城化、疫情防控、五城同创、三资一促、海绵城市创建、市七次党代会等文稿起草把关工作，做到在重大文稿服务任务面前“招之即来、来之能战、战之能胜”。积极抽调人员和组派专班，参与孝汉同城、区域发展布局、“三资一促”、巡视整改等重点工作，受到市领导充分肯定。

【调查研究】 围绕领导关心的重点、群众关注的热点、改革发展的难点，常态化开展调查研究。撰写的《加强诉前监督、维护公共利益》《新模式推进微治理、小落点契合大课题》等调研文稿获市领导批示，《十大举措推进县域经济突破性发展》被推介省政府研究室刊物刊发，《办税服务一站式、优化环境小切口》被省、市营商环境办刊发。牵头组织全市政府系统重点课题调研活动，评选出2020年度全市优秀调研成果40篇，征集2021年度市政府系统重点调研课题109个，促进了全市政府系统调研工作能力水平提升。高质量完成省政府研究室、宁夏回族自治区政府研究室等到孝感调研活动3次。

【决策咨询】 紧扣“十四五”开局之年，围绕“主城崛起、两带协同、孝汉同城、多元支撑”的区域发展布局，深入开展决策性、政策性、对策性研究，为市委、市政府科学决策提供参考。切实把政府政研工作放到“国之大者”中去找准坐标，围绕中央、省重大政策研究，申报的《湖北省农旅养融合发展调查与建议》已成功结题，孝感市政策研究室成为全省市州中唯一连续7年中标省政府智力成果采购项目的单位，多篇成果获评省政府发展研究奖。

【信息宣传】 注重搭建宣传平台，把牢政策导向，全年高标准高质量编发《发展研究》期刊6期，及时刊发《领导参阅》《政务动态》12期，获市政府领导批示3期，积极宣传全市中心工作，及时转化有关调研成果。紧扣市委、市政府中心工作，认真梳理特色和亮点，不断提炼总结孝感改革发展“孝感经验”“孝感模式”，在《咨询与决策》等省级刊物上刊发文章4篇。全年把关市政府主要领导新闻稿100余篇，没有出现任何失误。

【从严治室】 深入学习贯彻市纪委六届六次全会、市政府六届六次全会暨全市政府系统党风廉政建设工作会议等有关精神，认真落实《党委（党组）落实全面从严治党主体责任规定》，全面加强机关党风廉政建设，着力打造“忠诚、严谨、自律、奉献”的政研队伍。严格落实廉政风险排查和谈心谈话制度，紧盯重要节点加强廉政警示教育，建立健全廉政档案，在人事、财务等方面自觉接受市政府纪检组监督。认真贯彻执行民主集中制、“三会一课”、民主评议党员等制度，支部书记讲党课3次，开展支部主题党日活动12次、党史学习教育专题组织生活会1次。班子成员带头尊法学法守法用法，全员在线学法考试位居优秀等次。认真执行“三短一简一俭”，紧扣“四言”（言为心声、言之有物、言之有理、言之有文）改文风，紧扣“四子”（扑下身子、摆正位子、发现例子、找到法子）转作风，持之以恒纠“四风”树新风。认真践行领导干部直接联系服务群众制度，3名班子成员带头领办为民办实事事项3件，年内全部完成实事项目任务。大力弘扬“团结协作、吃苦耐劳、锐意创新、不懈追求、拼搏奉献”的政研精神，在室人手紧张的情况下，全室上下团结协作，忠诚履职，拼搏奉献，营造了“人人揽活、个个争先、上下齐心、干事创业”的浓厚氛围，全面展示了忠诚可靠、顾全大局的政治面貌。

（撰稿：张扬、郝淑娟）

应急管理

【概况】 2021年，在市委、市政府的正确领导下，全市应急管理系统坚持勇争一流，安全生产和自然灾害形势保持平稳，连续2年未发生较大及以上事故，取得森林“零”火灾的历史性成绩，成功抗御府澴河超警洪水和汉江近十年来最大洪水，危险化学品、非煤矿山、烟花爆竹等直管行业监管有力，地震地质防治体系不断完善，以项目建设为抓手，投资近1000万元，基本完成市应急指挥中心建设，投资近5000万元全面启动森林防灭火能力建设，推动综合应急能力信息化融合提升，“智慧应急”试点成效初显，应急救援能力不断提升。孝感市在2021年度全省安全生产、消防和防灾减灾救灾考核中综合排名全省第4，在2021—2022年度全省应急管理工作会议上进行先进典型发言。工贸监管、执法办案、防汛抗洪、风险普查、教育培训等多项工作先后在全省作经验交流。市应急管理局获评全市防汛救灾集体三等功，救灾和物资保障科获评全省防震减灾工作先进科室，1人被评为“荆楚楷模·最美应急人”提名人。

【安全生产管理】 2021年,接受应急管理部门自成立以来全省第一次安全生产巡查,总体情况好,组织满意、领导满意;统筹开展安全生产专项整治三年行动和安全生产大检查、隐患大排查大整治百日攻坚行动,孝感在全省会议上受到点名表扬;首次编发《安全生产和自然灾害统计简报》,建立月评价情况通报机制,推动形成共建共治共享的"大应急"工作格局;采取"执法+普法"模式,积极推进新"安全生产法"执法普法,加大日常监管执法力度,创新开展"执法攻坚月"行动,市县两级共检查企业164家,发现问题隐患1065条,立案查处非事故行政处罚案件56起,综合平均立案率为34%,孝感市全年执法办案数量和处罚额度全省排名第一;完善"四不两直"监督检查机制,并向其他行业领域推广,监督检查成效明显,实现重点时段"零事故"。

【防灾减灾救灾】 2021年,应急系统提前高质完成全市第一次全国自然灾害综合风险普查调查任务,全市灾普工作一体推进,孝感市全面调查工作水平位居全省第一方阵,并在全省普查推进会上作典型交流发言;综合防灾减灾救灾工作持续推进,受灾群众幸福感、满意度增强;坚持落实责任、管住火源、加大宣传,2021年,取得森林"零"火灾的历史性成绩;有力应对"5·14""8·12""8·20"等多轮强降雨袭击,成功抗御府澴河超警洪水和汉江近十年来最大洪水,取得了防汛抗洪斗争决定性胜利;狠抓灾后救助,争取上级下拨冬春救助资金3420万元,确保全市受灾群众冬春基本生活,因灾倒损房屋全部修建完工;以孝感市地震科普馆为宣传主阵地,扎实开展"5·12"全国防灾减灾日宣传周、"10·13"国际减灾日等活动,全市发放宣传资料12万余份,发送公益短信43万余条,参与防灾减灾活动7.4万余人次,受益群众33万人次;全市8个社区和12个应急系统精准扶贫村成功创建省级综合减灾示范社区(村)。

【综合应急】 应急救援体系和能力建设力度加大,应急物资、能力保障水平增强。全市共储备应急物资和装备5大类160个品种280余万件。将310人的市直民兵应急营纳入市直应急队伍统一管理调度;出台专家管理办法,建立146人的专家库;将12支社会应急救援队伍纳入应急救援体系,通过领用方式为社会化救援队伍提供必要装备保障,在全市建立10个航空应急救援临时起降点;与军队、武警、消防等建立健全应急联动机制,"三委三部"以及"六办"工作机制进一步理顺,统筹协调作用得到进一步发挥,应急调度指挥更加科学有序高效;多次调度社会救援力量和救援装备驰援河南,成功转运灾区受困群众近2000人,其中一人被表彰为河南省防汛救灾优秀志愿者;《孝感市应急体系"十四五"规划》纳入孝感市重点专项规划并如期发布,孝感市应急救援能力建设和提升已纳入全省应急体系"十四五"规划总体布局,湖北省应急体系"十四五"规划共谋划10个重点工程,涉及孝感的就有6个;"一个灾种、一个预案、一个指挥部、一套指挥体系"的"四个一"的预案体系和指挥体系正在形成。

3月19日,孝感市应急管理、消防工作会议暨市安委会第二次全会召开

(市应急管理局 供图)

【服务中心】 不断优化营商环境,以深入推进"三项岗位高效办成一件事"为抓手,持续加强从业人员教育培训,全市"三项岗位人员"考核数和发证数同比增长60%以上,全市8000余人享受电子证照免费"秒打"服务,受到湖北日报宣传报道;安全技能培训班开班502班次,培训各类劳动者12170人,落实补贴资金826.995万元,在全省应急管理教育培训工作座谈会上作经验交流;湖北省高危行业领域全技能提升培训专项调研汇报会在孝感召开;完成招商引资工作年度目标,引进项目2个分别落户高新区、临空区。"五城同创"工作位列全市第一方阵。

【基层基础建设】 2021年,孝南区制定"1+9"(燃气重点整治和其余9个

12月3日，全市应急管理能力提升专题培训班开班　（市应急管理局 供图）

重点整治）重点任务，为全区重点企业建立“安全健康档案”，受到省委督查组肯定。汉川市典型执法案例报送率和合格率均达到100%，同时成功抵御汉江流域近十年以来最大秋汛。应城市建立化工园区应急指挥平台，所有化工园区及化工企业均纳入平台实现实时在线监控。云梦县面对汛情科学预警、主动避险，转移避险群众456户、1039人，集中安置298人。安陆市在全市率先开展新修订的《中华人民共和国安全生产法》学习宣贯，同时创新宣传模式，组织6场次的安全文化下乡活动，深受群众好评。大悟县规范执法、动真碰硬，立案数、处罚金额和单起立案处罚金额综合排名前列。孝昌县大力开展烟花爆竹损害群众利益问题专项整治，安全仓推广实现全覆盖，受到省、市媒体宣传推介。高新区不断充实机构人员，安全监管能力显著提升。临空区将普查与“数智临空”结合，整合资源，提高了自然灾害综合风险普查工作效率。双峰山主动作为防控森林火灾，实现零火情、零火警、零火灾的“三零”目标。

（撰稿：韩庆玲）

机关事务服务

【概况】 2021年，市机关事务服务中心在市委、市政府的正确领导下，坚持以习近平新时代中国特色社会主义思想为指导，全面贯彻中共十九大和十九届历次全会精神，树牢“四高三致”工作理念，深入实施“一统四化”发展战略，有力推进新时代机关事务工作高质量发展，实现“十四五”精彩开局。

【行政中心疫情防控】 筑牢织密疫情防控防线，做到外入必检、谨慎流动、及时协查，加强重点人群的管控服务，确保无输入疫情。按照“五有三严”要求，加强对机关食堂、会议中心、市民之家等各类“哨点”建设和管理，精准防控疫情。持续抓好爱国卫生运动，定期组织疫情应急演练，大力开展防疫教育宣传，进一步压实疫情防控相关责任。

【行政中心重点项目建设】 完成市行政中心周转房项目建设。在市政府坚强有力的支持和协调督促下，进一步加快项目恢复施工，按“五化”管理要求，全面完成行政中心周转房项目建设和周转房室外景观绿化带建设。积极推动市行政中心环境整修。协助澴川国投加快推进文化中心主入口绿化景观施工图设计，参与施工图纸会审和技术交底、施工等建设工作；为庆祝中国共产党成立100周年，扎实开展党史学习教育，2021年7月组织实施行政中心文化石吊装安装工程。

【践行“一抓三实”】 以合同（协议）甲方履职为抓手，以服务对象满意为标准，践行“三团”，推行“三法”，形成“六个一”，按照“1+2+N”工作机制，切实抓牢合同（协议）甲方履职，2021年，中心30份合同（协议）全部正常履行。大力实施“回应干部呼声办实事”工程。以“让市委、政府放心，让干部职工满意”为目标，积极回应干部呼声，突出服务质量提升。推进冬季“暖手工程”，针对机关干部反映冬季洗手困难的问题，充分借鉴兄弟市州先进做法，在行政中心主楼、会议中心等办公区洗手间洗手台加装热水设备，24小时为干部职工提供热水“暖手”服务，不断增强干部职工的获得感和幸福感；着力解决疑难问题，积极协调相关部门解决了一批不动产转移登记、土地分割等历史遗留问题，积极配合老大院周转房加装电梯，完成大院原房改房屋面防水维修补贴资金筹措；主动服务干部群众，组织专班多次从行政中心超市抽取商品，到市内大型超市进行同类商品价格和质量调研，确保机关超市商品物美价廉，对行政中心理发室进行整修，在原洗发、剪发的基础上，增设烫

7月1日，市机关事务服务中心与武汉华工后勤管理有限公司联合主办"庆祝建党100周年美食节"活动　（市机关事务服务中心 供图）

发、染发等项目，理发价格从18元/次降至12元/次，自2020年8月开始，"市民之家"生态停车场对来办事群众实行免费停车，对老大院60多个化粪池进行清理，对大院"风雨长廊"进行翻新，对美食广场二楼卫生间排水系统进行改造。2021年度中心系统"回应干部呼声办实事"共50件次，成为提升机关干部满意度的有力支撑。大力践行"四高三致"工作理念。会议服务保障优质高效，一年来，高质量服务保障各类会议活动860余场次，特别是在市第七次党代会、群团组织换届会议、市"两会"期间，提前制定工作预案，有序安排人员，全面防控突发事件，为会议顺利进行提供了优质、高效服务保障；设施设备管理精准细致，对市行政中心所有设施设备进行登记造册，建立完善设施设备运行保障机制，细化责任，定期做好设施设备运行检查并建立维修台账，一年来，共维修市行政中心公共部分各类公共设施20余处，修复开裂路面4800余米，更换地板500余平方米，组织物业、食堂等外包服务单位人员进行消防灭火演练2次，全年无消防安全事故发生；竭力提升食堂服务品质，狠抓食品安全和营养健康，注重菜品质量，有效降低成本，杜绝浪费；努力做好机关安全保卫工作，严格落实平安建设各项要求，全力做好行政中心信访秩序维护和重要会议活动安全保卫工作，启动实施行政中心出入口智慧管理系统升级改造工程，营造"安全、文明、有序"的机关办公环境；积极创设以幼儿为本的文化环境，构建以德育为核心的"生活、阅读、节日"三位一体的园本课程，荣获"2021年孝感市教育科研先进单位"称号。

（撰稿：张维）

驻京工作

【招商推介】 驻京联络处充分发挥驻京"前台"优势，加强与国家部委的紧密联系沟通，及时掌握"前端"信息，将发改、工信、科技、自然资源、生态环境等部委年度工作目标中涉及推进经济社会发展的重大举措、年度重点支持项目和临时调整重点项目情况，适时摘要编发《政策参考》等资料供市领导和各单位决策参考；该处在锚定央企重点招商的同时还通过借力协会联合招商、对接产业定向招商等形式拓宽招商渠道；通过密切关注北京提升首都功能，周边区域产业转移的政策，打乡情牌，唱招商戏，广度宣传推介孝感优势，努力搭建招商平台。招商工作取得成效：促成总投资4.95亿元的应城市大富水综合整治工程成功入围国家2020—2021年水系连通和农村水系综合整治试点，中央财政补贴1.3亿元；2021年7月，孝感市获批海绵城市试点城市，中央财政分三年补贴10亿元，当年到位1.8亿，为此该处一名干部获得及时奖励；还促成2021年5月10日"中国品牌日"主会场主推孝感。

【驻京联络与宣传】 为讲好孝感故事，驻京联络处在北京郑常庄和纪家庙两处驻地，设立孝文化墙，张贴孝文化贴画，利用电视、电子显示屏播放孝感招商和文化旅游宣传片，与省驻京办及各市州驻京联络处、北京湖北企业商会、北京孝感企业商会及分会合作，定期不定期组织联谊活动，多场合、多渠道宣讲"孝感四孝故事、孝感'十四五'规划、孝感地理区位优势、孝感招商故事、孝感模范故事、孝感名人故事、孝感红色故事"，宣传推介孝感。还在北京部分区微信公众号和网站上开设孝感窗口，宣传推介孝感概况、招商政策，让京孝两地企业尝试开展合作，共谋发展。

驻汉工作

【概况】 2021年，市驻汉办紧紧围绕市委、市政府中心和重点工作，深入贯彻落实中共十九届五中、六中全会、省委十一届九次、十次全会、市

中康集团方绪清等一行到孝南区实地考察　（市驻汉办 供图）

委六届十一次全会精神，充分发挥“桥头堡”作用，“三资一促”、孝汉同城、国有资产管理、政务服务等重点工作稳步推进。

【驻省信访工作】 认真贯彻落实《孝感市赴省上访接待处置工作方案》，按照孝感市赴省信访总量稳中有降的总体原则和“四个不发生”的要求，年初即制定了《市驻汉办2021年信访工作方案》，有针对性地做好省“两会”、全国“两会”、中共十九届六中全会、省委十一届九次、十次全会、央巡组巡查期间、庆祝建党100周年等重要时间节点和重大活动期间的驻汉信访保障工作。同时，通过进一步完善与省、市信访部门及各县（市、区）信访部门常态化联动机制，强化对共享信息的研判和带案下访督导等多种举措，有效提升了驻省信访工作的实效。

【对接“两资一促”】 认真贯彻中央和省委经济工作会议、省优化营商环境大会精神，落实市委经济工作暨优化营商环境会议安排部署，系统研究政策对接，用足后疫情时代中央支持湖北一揽子政策，抢抓全省区域发展战略新一轮机遇，结合汉办工作实际，年初即制定了《2021年市驻汉办“两资一促”工作方案》，立足武汉，拓展招商面和渠道，大力宣传孝感市营商环境。同时，积极利用在汉异地商协会、校友会等开展对汉和对省外招商。截至12月底，收集新招商引资项目信息15条，赴省外招商7次，重点跟进项目5个，邀请客商到孝考察30批次。新增武汉万力威数控科技有限公司等4家企业入驻高新区激光产业园，2021年，新增到资5282万元。开拓思维，积极与省、武汉市相关部门联系，争取到湖北省2021年基层科普能力建设资金25万元。

【助推孝汉同城】 认真贯彻落实市委《2021年加快推进孝汉同城化工作要点》《关于加快推进孝汉同城化发展的实施意见》和孝汉同城化发展工作推进会议精神，研究推进孝汉同城化工作思路，制定了《市驻汉办2021年推进孝汉同城化工作方案》和《关于孝汉同城化工作思路和重点项目的报告》，进一步明确了各阶段的任务目标。开展常态化对汉走访联络工作，持续与武汉市重点园区联系对接，积极获取承接园区企业外溢、外迁项目信息。深入挖掘武汉市产业结构优化升级中的合作机遇，开展对汉招商引资10批次，获取新项目信息7条，分别为台湾复格集团、武汉市拓美环保科技有限公司、中投华鹰航空（湖北）有限公司、武汉塔子湖集团、惠尔康集团、武汉迈信电气技术有限公司、武汉柒贰柒商业投资股份有限公司等。围绕推进孝汉政策要素对接衔接、基础设施同城同建、科创产业同城同链、公共服务同城同享、生态环保同城同治五个领域，主动走访联系省直部门和武汉市直部门、产业园区、商会协会等20批次。加强孝汉金融合作，吸引在汉金融机构来孝感设立分支机构、开展投融资业务。走访楚商融合基金、宁波华慈资本等多家商、协会和基金公司，恒丰银行、农业发展银行、兴业银行武汉分行、中信银行、国信证券等金融机构，拓展产业发展融资渠道，推动中信银行解决激光产业园融资需求。并按照市委、市政府主要领导安排，分领域、多层面在汉开展同孝感籍知名人士的“共叙乡情”活动。对接省、武汉市部门20家，重点产业园区5家，在汉金融机构10家，在汉异地商会10家以上，大专院校或科研院所5所。

【代管国有资产保值增值】 按照“打造副中心、争当排头兵、全面建设社会主义现代化强市”的奋斗目标，立足汉办实际和工作职责，奋力打造

"三资一促"桥头堡，深入践行"店小二"精神，积极为市领导、县市区、市直部门、在汉商会以及孝感市在汉务工人员在武汉公务、对接、工作等提供服务。履职尽责、主动作为，进一步加强服务意识和协调联络，不断拓展对接联络的深度和广度，形成内外联系紧密，全力打造孝感市驻省政务服务第一品牌。同时，在受疫情影响的情况下，办事处代管资产承租户经营业绩严重下滑，房租缴纳出现一定难度，为进一步盘活现有代管资产（宇济天仙大厦、江汉路上海邨），及时组建工作专班，在落实上级有关减免政策的基础上，积极与承租户沟通协商，提出了合理分割出租的方法，既减轻现有承租户的房租压力，同时也能用分割的房屋寻求新的承租户。在确保资产安全的情况下，通过稳定原承租户和比选新承租户，进一步提升代管资产的收益，做到房屋出租收益最大化，并及时将房屋租金上缴国库。根据省接访处置新要求和实际的需要，完成了群众工作窗口新址的选定和装修工作，进一步提升了群众工作窗口应急处理的硬环境。依托群工流动党员党支部不断强化了对孝感市县（市、区）流动党员和团员的管理，积极为孝感市到汉群众提供服务，及时有效做好涉民族宗教事务的应急处置工作。以加强孝感市各县（市、区）在汉商会党建工作的指导为契机，不断强化与孝感市在汉商会的对接联系，积极组织党建活动，邀请企业家和商会党员代表参加办事处庆祝建党100周年系列活动、宪法宣讲活动、革命传统教育和党史学习教育等，进一步加强了与商会、企业家和群众的对接联络。

（撰稿：徐国栋）

执行编辑：易秀云

中国人民政治协商会议
孝感市委员会

中国人民政治协商会议孝感市委员会

综述

【概述】 2021年,政协孝感市委员会积极开展党史学习教育活动,认真履行各项职能,为孝感高质量发展作出了积极贡献。全年召开1次全体委员会议、6次议政性常委会会议、4次双月协商会议以及多次对口协商、界别协商和提案办理协商会议。共提交提案119件。促成武汉市停车场及新能源汽车配套设施建设工作指挥部与万山公司签订战略合作框架协议。

【住孝省政协委员视察孝汉同城交通基础设施体系建设】 11月12日,市委常委、市纪委书记、统战部部长、住孝省政协委员活动召集人江浩率住孝省政协委员视察孝汉同城交通基础设施体系建设。视察团一行实地察看砑孝高速、陈天大道建设情况,召开座谈会,听取了市交通局、市发改委等市直单位和市临空经济区有关情况汇报,就加快孝汉交通同城需要省级层面解决的问题进行了协商讨论。视察团充分肯定了孝汉同城交通设施建设工作,表示将主动作为,积极在省政协通过大会发言、提案等形式,为孝汉交通同城争取政策支持。

【开展送科技、文化、卫生"三下乡"活动】 4月28日,市政协会同市直有关部门、应城市政协,组织相关界别政协委员及专家,到应城市杨河镇开展送科技、文化、卫生"三下乡"活动。此次"三下乡"活动是市政协党史学习教育"我为群众办实事"的实践活动。在活动现场,市政协、应城市政协医卫界委员和卫计、食药专家开展义诊、健康咨询等服务,并向群众赠送药品;文艺新闻出版界委员为群众送去图书;科技科协、农业界委员及专家开展农林种植、病虫害防治、养殖等服务,并赠送相关资料和树苗、肥料等物资;社科界委员及专家开展法律咨询、打假、防电信诈骗、"协商在一线"等服务,并赠送普法宣传等资料;相关方面还开展了企业用工信息就业服务,受到群众欢迎和好评。

【举行"光荣在党50年"纪念章颁发仪式】 6月25日,市政协机关举行"光荣在党50年"纪念章颁发仪式,为6名党龄50年以上的退休老党员颁发"光荣在党50年"纪念章。市政协原副主席鲁华容、朱志祥等老党员戴上"光荣在党50年"纪念章,老党员们怀着激动的心情,用手触摸着纪念章,脸上写满骄傲。现场年轻党员们表示,在中国共产党成立一百周年之际颁发"光荣在党50年"纪念章,是一种致敬,更是一种激励。要学习传承好老一辈共产党员的光荣传统和优良作风,在新时代实现新作为、展现新气象,为孝感高质量发展贡献力量。

【走访市各民主党派、工商联】 12月20日,市政协党组书记张汉平到市各民主党派、工商联宣讲中共十九届六中全会精神,征求对政协常委会工作报告及政协工作的意见建议。张汉平希望市各民主党派、工商联在政协平台积极履职尽责,多建诤言、多献良策,市政协机关要为各民主党派、工商联履行职能提供好服务。

参政议政

【政协孝感市六届五次全体委员会会议】 六届五次会议于1月17日至19日

9月27日，市政协常委视察团视察平安孝感建设情况 （市政协办公室 供图）

在孝感召开，中共孝感市委书记吴海涛，市委副书记、代市长熊征宇等领导同志到会祝贺，并参加联组讨论，听取大会发言，与委员们共商发展大计。政协孝感市第六届委员会常务委员会分别向大会作政协常委会工作报告和提案工作情况报告。会议宣读了表彰优秀提案的有关决定。与会委员列席市人大六届六次会议，讨论并赞同市政府工作报告及其他报告。各位委员和列席人员紧扣市委、市政府中心工作协商议政，共提交提案119件，分别围绕孝感主城崛起、盐化工产业发展、孝汉同城发展、做好碳达峰工作、当前疫情防控、振兴孝感种业、激发市场主体活力、提升基层社会治理法治化水平等内容作了大会发言。会议通过了有关决议。

【常务委员会会议】 第28次常委会会议于1月18日上午在孝感召开。会议审议通过了《孝感市政协常委会工作报告决议（草案）》《孝感市政协提案工作情况报告的决议（草案）》《孝感市政协六届五次会议政治决议（草案）》，决定提交各委员组审议。

第29次常委会会议于1月18日下午在孝感召开。会议审议通过了政协孝感市第六届委员会第五次会议有关决议（草案）。会议决定将上述事项提交全会表决。

第30次常委会会议于3月2日在孝感召开。会议传达学习省政协十二届四次会议精神，学习全市三级干部大会暨市委农村工作会议精神，审议通过市政协常委会2021年工作要点和协商监督工作计划，印发《关于深入开展“协商在一线·委员三进议事厅”工作实施方案》。

第31次常委会会议于6月2日在孝感召开，聚焦“推进孝汉同城”建言献策。市政府通报了孝汉同城化发展工作有关情况。8名委员分别就发挥汉川比较优势推动孝汉同城、分层分类加强对接推进孝汉深度融合、加强孝汉产业对接、发挥临空区交通区位优势、推动孝汉交通规划布局和连通贯通、加快推进孝汉公共服务、科技创新同城化发展等作了大会发言。市长熊征宇通报了孝汉同城化工作，肯定了会议建言成果，并就转化好落实好成果提出了明确要求。

第32次常委会会议于9月8日在孝感召开，聚焦“推进城乡社区治理，助推市域社会治理现代化”建言献策。会议传达学习了中央和省、市重要会议精神，通报了全市党建引领基层社会治理工作情况，8名委员分别围绕推进城乡社区治理、党建引领城乡基层社会治理、加强乡村治理、加快推进孝感“智慧社区”建设、完善城乡治理规划、推进党员下沉社区常态化、深化志愿服务工作、构建老旧小区共建共治共享新格局等作了大会发言。

第33次常委会会议于12月23日在孝感召开。市政协党组书记张汉平出席会议并讲话，市政协副主席周千亮主持会议。会议传达学习中共十九届六中全会、省委十一届十次全会和市第七次党代会精神，听取市政府关于市政协六届五次会议提案办理工作情况、双月协商座谈会建议办理落实情况的通报。会议协商通过召开政协孝感市第七届委员会第一次会议的决定，决定2022年1月5日召开政协孝感市第七届委员会第一次会议，通过政协孝感市第七届委员会委员建议名单；审议政协孝感市第七届委员会第一次会议有关事宜，审议政协孝感市委员会常务委员会工作报告和提案工作情况报告。会议还协商通过了有关人事事项。

【双月协商座谈会】 第19次双月协商座谈会于3月25日在孝感召开，聚焦“推进楚剧传承发展”开展专题协商。8名市政协委员和有关方面代表分别就加强孝感楚剧研究、加强楚剧非遗保护、落实楚剧院团基本保障、理顺院团体制激发院团活力、加强楚剧人才队伍建设、办好楚剧“青苗班”、打造楚剧精品剧目、推进楚剧进社区进农村进校园等进行了专题发言。会议还听取了网络议政情况报告。市政府有关领导及市委宣传部等6个部门负责人到会听取意见和建议，市文化和旅游局、市人力资源和社会保障局、市财政局负责人现场回应委员关切。

第20次双月协商座谈会于6月24日在孝感召开，围绕推进“和美乡村”建言献策。8名委员先后就构建基层社会治理新格局、大力促进产业发展、补齐基层公共文化服务短板、深入实施村庄清洁行动、整治废旧农房、抓好“厕所革命”、加强基层组织建设进行专题发言。市农业农村局、市住建局、市民政局负责人现场回应委员关切。

第21次双月协商座谈会于7月30日在孝感召开，围绕推进“打造特色城镇助力多元支撑”建言献策。市住建局通报了孝感打造特色城镇相关情况，8名委员分别围绕适应人口发展变化、加快推进功能镇区建设、因地制宜编制镇区规划、建立完善镇区长效管理机制、形成工作合力、加强公共环境建设、加快推进特色城镇建设、打造镇区特色文化风貌先后发言。市政协提案委报告网络议政情况。市委编办、市自然资源和规划局、住建局负责人现场回应委员关切。

第22次双月协商座谈会于8月25日在孝感召开，聚焦“大力发展中医药”建言献策。市政协科教卫体委员会作《关于我市发展中医药情况调研报告》的综合发言；8名委员先后就加强中医药服务体系建设、加强孝感市中医重点专科建设、加强中医药人才队伍建设、实施中医药“三堂一室”、健全中医药医保管理措施、健全中西医协同疫病防治、加强中药材质量、建设孝感市级龙头中医院发言。市卫健委、医保局、人社局等部门负责人现场回应委员关切。

民主监督

【生态环保责任落实情况专项民主监督】 4月15日，市政协开展生态环保责任落实情况专项民主监督活动。监督组一行实地查看了水木清华、后湖冲沟、蓝盾之星、华中马瑞利、佳兆业房地产项目、金凤凰纸业等处，详细了解生态环保责任落实情况。并召开座谈会，听取有关县市区生态环保责任落实工作情况汇报。市县两级政协组织和政协委员围绕生态环保责任落实工作深入开展调研，通过查找难题、探索成因、研讨措施，提出务实科学管用的对策建议，全力助推打好防治污染攻坚战。

【平安孝感建设专项民主监督】 9月27日，市政协常委视察团视察孝感平安孝感建设情况。视察团一行实地察看了市公安局反电诈体验馆、车站街车站社区“五户联勤，十户联防”工作、孝南区矛盾纠纷调处化解中心、市公安局指挥中心。随后召开座谈会，听取平安孝感建设相关工作情况介绍。市政协常委视察团对孝感平安创建工作给予充分肯定，部分市政协常委就智慧平台、宣传教育、调解队伍建设等提出意见建议。

【优化营商环境专项民主监督】 10月21日，市政协召开优化营商环境专项民主监督座谈会。自8月以来，市政协成立民主监督工作组，先后开展了调研、视察、暗访等工作，掌握第一手资料，广泛征求意见，研究形成专项监督报告，指出当前优化营商环境过程中存在的短板弱项和亟待解决的问题，并提出相应对策建议。座谈会上，集中向有关部门通报情况，听取部门回应发言，力促孝感优化营商环境工作再上新台阶，以优质的营商环境推进孝感经济社会高质量发展。

9月27日，市政协常委视察团视察平安孝感建设情况　（市政协办公室 供图）

专门委员会工作

【提案委员会】 认真做好提案的基础性工作，加强提案征集引导，做好全会集体提案的策划培育，六届五次全会共立(并)案119件，其中集体提案达59件。“两会”结束后，主动联系市委、市政府督查机构，进行提案移交。起草《重点提案遴选与督办办法(试行)》，并遴选确定25件市级领导领办督办的重点提案。

11 月 12 日，驻孝省政协委员视察孝汉同城交通基础设施体系建设

（市政协办公室 供图）

对市委第一巡察组反馈的涉及提案工作的有关问题，全部认领，举一反三，整改完成。到丹阳办事处理丝社区开展“协商在一线”，帮助社区协调引进物业公司和解决路灯通电，为群众办实事协商。积极配合省政协到孝感调研工作。围绕公共卫生应急物资保障体系建设开展委员视察活动。承办第 21 次双月协商座谈会。持续开展书香政协活动，组织委员参加读书活动。服务分管副主席开展乡村振兴、“五城同创”、信访化解等工作。

【经济委员会】 扎实开展党史学习教育，参加庆祝建党 100 周年各项活动。组织召开推进孝汉同城议政性常委会。服务市政协六届五次全会会务工作，组织委员围绕加快推进孝汉同城发展、持续优化营商环境、抢抓 5G+工业互联网新机遇等开展调研，提交调研报告，完成全会参与的材料组、发文组、安保组工作。接待宜昌政协来孝考察。组织委员就新老基建项目建设进展情况开展视察活动。积极参与市政协中心工作，服务分管副主席抓好联系高端装备制造产业链、招商引资、孝汉应高速重点项目、“五城同创”、乡村振兴、防汛抗旱和河（湖、库）长制等工作，做好机关联系企业“双千”活动。积极参与推进“两带协同”，协助研究制定“两带协同”三年行动计划和年度工作方案。

【人口资源环境和城市建设委员会】 积极投入市政协六届五次全会服务工作，完成全会的大会发言、发文和重点提案策划等工作。参与大悟县常态化疫情防控督导。围绕生态环保责任落实开展专项民主监督，市县联合，明察与暗访结合，详细了解生态环保责任落实情况，形成专项民主监督综合报告，以各界反映形式报市委、市政府。参加市委换届办巡察工作。组织委员视察建筑业转型升级，配合省政协视察“鄂北地区水资源配置工程”项目建设实施情况。协调服务分管副主席联系包保的“五城同创”、临空区防汛抗旱、脱贫村乡村振兴、新能源汽车及零部件产业链和武大高速、硚孝高速建设工作。到孝南区书院街书院社区开展“协商在一线”和委员“三进”活动。积极参加党史学习教育活动和委员读书活动。

【科教卫体委员会】 完成市政协六届五次全会疫情防控组工作，完成全会简报、委员大会发言工作。承办“发展中医药”双月协商座谈会。组织委员就加快孝汉科技创新同城化发展开展调研，并在市政协议政性常委会发言。配合完成省政协议政性常委会“深入推进科技体制改革创新”协商子课题工作。组织相关界别政协委员和专家，到应城市杨河镇开展送科技、文化、卫生“三下乡”活动。到孝南区车站街道民主社区开展“协商在一线 · 委员三进议事厅”实践活动，协商推进解决社区路灯照明、路段下水道问题。服务分管副主席联系督导的重点项目、信访包保、疫情防控、五城同创、防汛、企业、招商引资、社区工作、乡村振兴，做好联系点协调、督导、综合等相关服务活动，协调推进服务业“双五工程”、发展现代服务业工作。参加云梦县常态化疫情防控督导工作。

【社会和法制委员会】 组织开展“协商在一线 · 委员‘三进’议事厅”工作，起草市政协实施方案，设计统一 Logo，开展调研督办，推动常态化长效化开展。承办“推进城乡社区治理，助推市域社会治理现代化”议政性常委会。做好市域社会治理现代化试点工作，制订市政协工作计划，建立台账资料，做好机关年度普法工作。做好政协六届五次全会大会发言、提案提交、交通安全、疫情防控、有关界别联组讨论等工作。做好市政协机关及第四招商团队招商引资信息收集报送工作，协助跟踪洽谈重点项目，特医特膳食品研究和营养健康产品检测两个项目签约。服务分管主席调研督导疫情防控、走访慰问困难群众、乡村振兴等工作，协助推进纺织服装产业链发展。配合省政协社法委到孝感开展“加快推进县级特困供养服务机构建设”监督性调研活动。

【文化文史和学习委员会】 做好文史资料编纂工作，会同市史志研究中心、大悟县政协和大悟县史志研究中心，共同完成了《光荣流血——徐海东和他的英烈亲属》文史专辑的编纂工作，完成《孝感人》文史专辑的编印，参与《黄鹤腾飞——湖北国有烟草企业改革创新实录》专题图书(大悟卷烟厂)的编撰工作。组织召开“推进楚剧传承发展”双月协商座谈会。编辑内部刊物《槐荫大家庭》。结合党史学习教育，制定2021年度委员读书活动计划，推送阅读书目。组织委员围绕革命旧址保护利用情况开展视察。组织开展“协商在一线”活动，为三里社区解决车辆占道停放及人车混行等问题。积极参与中心工作，服务分管副主席联系重点项目、“五城同创”、河(湖)长制巡察、信访案件化解等。参与和服务市政协六届五次会议。

【港澳台侨、外事和民族、宗教事务委员会】 完成市政协六届五次全会参与的抽调人员摸底邀请、工作组方案制定、部分会议材料起草、报到委员疫情况防控、到会通知等工作，组织专委会转化履职成果，形成4篇集体提案提交大会。就优化营商环境开展专项民主监督，建言孝感“十四五”，就打造老龄产业之都开展调研。走访慰问孝南、云梦部分困难少数民族群众和宗教人士，开展“美丽家乡行、聚力促发展”主题界别活动。服务分管领导督导联系点乡村振兴工作，开展“五城同创”、信访包保案件化解，开展“大健康产业”调研，参与拟定“推进大健康产业发展三年行动方案”等。积极参与“三资一促”工作，协助分管领导定期召开招商工作推进会，到北京无锡等地开展招商洽谈。在高新区丹阳办事处桂桥社区开展“协商在一线”，解决4个村组、770余户“水改”问题。

【委员工作委员会】 参与市政协六届五次全会筹备及会议服务工作。推荐委员担任优化营商环境观察员、参与政法队伍教育整顿活动征求意见，列席有关重要会议等。统筹安排全年委员视察活动。在市高新区槐荫办事处东杨社区就推进“城市中央广场周边交通环境整治”开展“协商在一线”活动，改善了周边市容秩序。服务住孝省政协委员参加省政协全体会议，到大悟宣化中原突围纪念馆开展委员主题教育活动，组织视察孝汉同城交通基础设施体系建设。根据委员调整变动情况，及时更新维护委员基础信息。完善委员履职档案，拟定委员评优工作方案。扎实做好巡察整改和制度建设有关工作。结合孝感政协实际，起草了《关于强化政协委员责任担当的实施意见》文稿。做好分管副主席到所联系的社区走访、重点企业、产业链专题调研和五城同创等工作。

【农业和农村委员会】 围绕“农旅养融合发展示范线建设”，组织委员开展委员视察。成功承办“和美乡村”双月协商座谈会，8名常委、委员围绕会议主题作了大会发言，市农业农村局、市住建局、市民政局负责人现场回应委员关切。做好市政协机关脱贫攻坚工作，梳理总结机关2020年脱贫攻坚工作，整理相关资料台账，做好考核迎检基础性工作。协调服务分管副主席抓好乡村振兴、五城同创、重点企业、防汛抗旱等联系包保工作。在孝南区万福社区推进“协商在一线”工作，开展“我为群众办实事”活动。参加汉江流域城市政协联系协作会第十二次会议，提交《建设双水双绿工程，打造汉江流域优质农产品示范带》发言材料。配合省政协到孝感就“完善与乡村振兴相适应的农业科技研发和推广体制”开展调研。

(撰稿：胡厚宝)

执行编辑：易秀云

中共孝感市纪律检查委员会·
孝感市监察委员会

中共孝感市纪律检查委员会·孝感市监察委员会

综　述

【概述】 2021年,是中国共产党成立100周年,是“十四五”规划开局之年,是市县乡领导班子集中换届之年。市委站位全局,扛牢责任,以政治建设为统领,坚持严的主基调,深入推进全面从严治党,反腐败斗争压倒性胜利不断巩固,党风政风持续向好,政治生态持续优化。在省纪委监委和市委坚强领导下,全市纪检监察机关坚持稳中求进总基调,坚持实事求是、守正创新,破冰提质效,实干务大局,各项工作取得新进展新成效。2021年,全市纪检监察机关受理信访举报总数、检举控告类信访举报数、省纪委转送信访举报件数同比分别下降38.2%、10%、24%。

【市纪委六届六次全会召开】 2月20日,市纪委六届六次全会召开。全会审议通过了市委常委、市纪委书记、市监委主任代表市纪委常委会所作的《加快推进纪检监察工作高质量发展为把孝感建设成武汉城市圈副中心提供坚强保障》工作报告。全会指出,2021年全市纪检监察工作要牢牢把握高质量发展这个主题、建设清廉孝感这个主线、实现“好正实优”这个目标,坚持稳中求进工作总基调,围绕中心、服务大局,实事求是、守正创新,一体推进不敢腐不能腐不想腐、一体推进规范化法治化专业化,充分发挥监督保障执行、促进完善发展作用,把“严”的主基调贯穿工作始终,为把孝感建设成武汉城市圈副中心提供坚强保障,以优异成绩庆祝中国共产党成立100周年。

【政治建设】 扎实开展党史学习教育,把学习习近平总书记最新重要讲话和指示批示精神作为纪委常委会第一议题,集中传达学习、研讨交流27次,围绕学“四史”、学纪检监察史、学中共十九届六中全会精神开展专题辅导、寻根探源等活动,成功举办庆祝建党100周年廉政晚会,组织编纂《孝感纪检监察志(1921—2020)》,为联系社区和驻点村办实事、解难题,多种形式砥砺初心使

2月20日,中国共产党孝感市第六届纪律检查委员会第六次全体会议召开
(市纪委监委机关 供图)

命，增强政治“三力”。

【队伍建设】 完成市、县、乡三级纪委班子换届，出台市纪委监委机关干部队伍建设三年规划，组建机关“文稿组”，建立审查调查“人才库”，举办各类培训班79个。着力解决空编缺员问题，市本级空编率从16.1%降至3.45%。进一步深化纪检监察体制改革，优化机关职能配置、人员配备，为改革再深化、职能再优化奠定基础。出台《加强新时代纪检监察干部监督工作的实施意见》，坚持刀刃向内，处理处分纪检监察干部19名。

党风廉政建设

【清廉孝感建设】 围绕“好正实优”目标，出台清廉孝感“1+7”实施方案，加强跟踪指导督办，突出七大载体建设，促进清廉孝感建设从“顶层设计”向“具体落实”迈进。常态化开展廉政教育，拍摄《理想丢弃 贪噬人生》警示教育片，举办全市廉政教育日、党风廉政建设宣教月、廉洁文化作品创作展播等活动，清廉建设氛围日益浓厚。深化以案促改促治，全市发出纪检监察建议书1340份。落实“三个区分开来”，为118名党员干部澄清正名，对31名受处理处分干部开展考核评价，及时向组织部门反馈回复意见。

【举办“520 · 我爱廉”廉政教育日活动】 5月20日，全市“520 · 我爱廉”廉政教育日活动举行。会议集中观看了专题片《孝感监察“第一次”》和警示教育片《理想丢弃贪噬人生》。听取了市纪委书记、监委主任以《一刻不停推进党风廉政建设和反腐败斗争》为题讲授专题党课，并对114名新任县级领导干部及家属进行集中廉政谈话。廉政教育日活动期间，还组织开展了“我宣誓、我倡议”、党纪法规知识测试、纪念签名等活动。

9月1日，全市党风廉政教育暨清廉孝感建设工作推进会举行

（市纪委监委机关 供图）

执纪检查与行政监察

【政治监督】 对习近平总书记重要指示批示精神贯彻落实情况开展集中督查，对“三新一高”等重大决策部署落实情况开展专项检查。统筹压实主体责任、监督责任、协助职责，落实市委《关于加强对“一把手”和领导班子监督的若干措施》，与县（市、区）委书记开展谈心谈话，在汉川、云梦、孝昌建立政治生态分析研判工作联系点。跟进配合中央环保督察、统计督察，高效完成涉粮问题专项巡察，提前实现巡察全覆盖，中央巡视移交的116件信访件全部办结。

【优化营商环境】 聚焦中央支持湖北一揽子政策、惠企政策落实等情况强化监督检查，市本级发现问题75个，处理86人。出台助力优化营商环境“九条措施”，督促15家职能部门公开政策措施清单，对19家单位开展优化营商环境访谈，对调研走访、突击暗访、监督检查发现的问题，通过电视问政、协作联动等方式推动整改。

【纠风肃纪】 深入开展整治形式主义、官僚主义问题6个专项治理，在“三为”专项行动中开展8轮次“一季一主题、一月一暗访”，查处“四风”问题298个，问责410人，党纪政务处分337人。紧盯不担当、不作为问题，对重大基础设施建设、重点招商引资项目中的问题及时跟进监督。严格换届风气监督，成立专班赴县（市、区）监督检查，全市回复党风廉政意见45013人次，出具暂缓或否定性意见317人次。

惩治腐败

【惩腐除恶】 2021年，孝感市纪检监察机关处置线索4718件，立案

5月20日，全市“520·我爱廉”廉政教育日活动在行政会议中心举行

（市纪委监委机关 供图）

1705件，处分1723人，依法采取留置措施21人；全市查处各级“一把手”33人。深入推进供销系统腐败问题专项治理，发现问题线索41件，党纪政务处分23人；扎实开展粮食购销领域腐败问题专项治理，处置问题线索24件，立案查处5人、组织处理7人；积极助力政法队伍教育整顿，立案211人，党纪政务处分140人，留置12人。

【专项整治】 聚焦群众身边腐败和作风问题，协同相关部门扎实开展九个领域专项整治，立案77人，问责352人。运用“乡村振兴和民生领域政策落实监察系统”开展监督检查，提高问题线索查实率、问责率。扫黑除恶“打伞破网”处置问题线索25件、查处47人，“沙霸”“矿霸”等四大重点行业领域整治扎实推进。深入开展巡回下沉遍访和信访积案化解工作，督促解决群众合理诉求117个。

（撰稿：吴 雷）

执行编辑：易秀云

民主党派·工商联

民主党派·工商联

民革孝感市委员会

【概况】2021年，民革市委会高举习近平新时代中国特色社会主义旗帜，深入学习贯彻中共十九大和十九届二中、三中、四中、五中、六中全会，民革中央十三大和十三届五中全会以及中共省委十一届九次、十次全会，中共孝感市七次党代会精神，深入贯彻落实《中共中央关于加强中国特色社会主义参政党建设的意见》等三个文件精神，坚持从中国共产党百年非凡历程中汲取奋进力量，不断增强“四个意识”，坚定“四个自信”，坚持“两个确立”，做到“两个维护”，积极践行“四新”“三好”要求，聚焦市委、市政府中心工作部署，充分发挥民革特色优势，积极建言献策，忠实履行参政党地方组织的职能，较好完成了各项工作任务。市委会先后被评为“民革全国助力脱贫攻坚工作先进集体”“民革全省参政议政工作先进集体”。

【思想建设】强化理论学习。民革孝感市委会坚持把思想政治建设放在首位，把学习贯彻习近平新时代中国特色社会主义思想作为首要政治任务，与学习贯彻中共中央总书记习近平视察湖北重要讲话精神相结合，与学习习近平总书记“七一”重要讲话精神相结合，第一时间召开全体党员大会学习中共中央十九届六中全会精神，及时传达中共湖北省委、孝感市委历次重要会议精神，民革中央、民革省委会重要会议精神，坚定政治信念，强化使命担当，筑牢信仰之基，补足精神之钙，把稳思想之舵，不断加深对习近平新时代中国特色社会主义思想的理解，全年共召开民革市委会中心理论小组学习4次，引导民革党员增强“四个意识”、坚定“四个自信”，坚持“两个确立”，践行“两个维护”，不断增强对中国共产党领导和中国特色社会主义的政治认同、思想认同、理论认同、情感认同，始终保持同中国共产党同心同德、团结奋斗的政治本色，以提高履职能力，改进工作作风，务实进取，不断提升新型政党制度效能，为“十四五”开好局、起好步，助推孝感高质量发展不懈奋斗。丰富学习的内容和形式。以庆祝中国共产党成立100周年为契机，开展“学党史、跟党走”学习教育，不断提高政治站位，巩固和扩大思想政治共识，激励广大民革党员不断提高政治判断力、政治领悟力、政治执行力，深入践行“四新”“三好”要求，展现新时代民革风采，做到学史明理、学史增信、学史崇德、学史力行。组织党员参加民革中央组织的“百年中国梦，风雨同舟情”庆祝中国共产党成立100周年网络知识竞赛，155名党员参加，综合平均分为93.566，在民革全省各市州中排名第一，选送诗歌朗诵《学党史、跟党走》参加民革中央开展的庆祝中国共产党成立100周年线上文艺会演，组织全体党员到孝南区朋兴乡王新亭将军纪念馆参观学习，参加湖北省委统战部、民革湖北省委会、市政协举办的纪念中国共产党成立100周年征文活动，报送理论文章3篇，集中观看党史教育影片《半条棉被》《永不消逝的电波》，民革孝南支部赴随州市九口堰新四军第五师革命纪念馆开展“不忘合作初心、缅怀革命先烈”红色主题教育活动，举办学习“七一”讲话座谈会，以多种文艺形式，讴歌中国共产党百年奋斗历程和建立的不朽功勋，抒发对中国共产党的无限热爱，表达民革坚定不移跟党走，携手谱写新征程的信念与决心。编印学习资料做好宣传工作。选送作品《醉美孝感、民革共建》参加民革中央组织的“记录身边美好生活——民革短视频大赛”并荣获优秀奖，充分利用《团结报》、民革中央网站、民革省委会网站、市委统战部微信公众号、民革微信公众号等舆论宣传阵地，报道民革大活动，宣传市民革组织和党员先进事迹，不断做好党员的教育引导和思想工作，2021年发布微信信息35条，民革省委会网站采用40余篇。编印《孝感民革》2021版和《参政议政成果集》。民革孝感市委会被团结报社评为2021年度团结报宣传发行工作优秀奖。

【作风建设】 开展廉洁自律宣传教育活动。市委会中心理论学习小组及时传达市纪委监委有关文件精神，学习《关于推进清廉孝感建设的实施方案》《中华人民共和国公职人员政务处分法》等文件精神。开展主委与领导班子成员、机关干部之间廉政谈话活动，严肃换届纪律，严格遵守相关规定，坚持正确用人导向，确保换届工作平稳进行。各支部组织党员开展理想信念和宗旨教育，党风党纪和法制教育，诚信和从政道德教育，教育引导党派成员树牢“四个意识”，坚定“四个自信”，坚持“两个确立”，做到“两个维护”，筑牢拒腐防变思想防线。开展党风廉政建设宣传月活动，组织机关干部积极参加市委统战部深化“纪法同行”专题“联学”活动和组织观看警示教育片活动，按要求征订报纸杂志《中国纪检监察报》等，引导机关干部正确处理公与私、亲与情、情与法的关系，从严治家、廉洁齐家，廉洁用权，增强机关干部自觉在制度和规矩下工作生活的意识。全力配合支持派驻纪检监察组工作。市委会机关开展集中清理监督外包情况，对领导干部岗位调动带上家乡工程队问题、违规操办“升学宴”“谢师宴”、严禁擅自以庆祝名义从事商业谋利活动开展自查，对“窗口腐败”及“吃空函”问题、老年人“办事难”问题开展整治，对形式主义、官僚主义开展集中整治，开展政治生态分析研判，节假日落实中央八项规定。内部监督工作机制得到完善。7月31日，市委会根据工作程序成立监督委员会，选举李雪飞为主任的7人监督委员会，强化日常监督，列席领导班子民主生活会、述职和民主评议，加强对实职干部履职廉政警示教育。认真贯彻落实民主集中制。坚持重大事项召开民革市委会集体研究决策，召开民主生活会，开展批评与自我批评，互相学习，共同提高。市委会主委、副主委带头参加所在支部的组织生活会，了解党员的思想动态，听取支部党员的意见和建议，查找自身不足，不断改正，达到凝聚共识、增进团结、推动工作的效果。开展作风建设年活动，机关作风呈现新面貌。以“强基础、重服务、转作风、谋实效”为目标，建立完善机关规章制度，严格按照制度和程序办事，紧扣“规范、标准、精细、周到”服务理念，全面查找办文、办会、办事过程中容易出错环节，坚持“高效、热情、细致、温馨”工作理念，调研轻车简从，简化接待，改进工作作风，优化工作程序，提高工作效率。机关干部精神面貌焕然一新，办公室副主任祝翠芳被民革中央评为“民革全国机关工作先进个人”。

【组织建设】 贯彻落实《中共中央关于加强中国特色社会主义参政党建设的意见》等3个文件精神，深入践行“四新”“三好”要求，以换届为契机，进一步加强基层组织建设，提升五种能力，把领导班子建设成为政治坚定、作风民主、勤奋廉洁，能够团结带领民革党员更好履行参政党地方组织职能，开创民革工作新局面的坚强集体，市委会机关具体负责组织工作的祝翠芳被民革中央评为“民革全国组织工作先进个人”。换届工作完成。根据民革省委会和中共市委统战部有关文件精神，加强对换届工作的领导，主动思考谋划，提前沟通协商，坚持选人用人的政治标准和德才标准，截至2021年7月，5个基层组织和市委会圆满完成换届工作，顺利实现了政治交接，一批政治可靠、能力突出、党员信任、热爱党派工作的年轻人进入领导班子，班子的战斗力和凝聚力进一步增强。组织发展质量进一步提高。坚持质量与数量并重的原则，主动寻找适合发展的优秀人才，严把入口关，全年发展党员6名，其中硕士学历1人，本科学历5人；正科级干部1名；“三农”领域1名，“社会和法制”领域1名；政府机关3名，教育1名，国企1名，新阶层1名，进一步优化了组织结构，提升了组织的活力。党员参加学习培训积极踊跃。全年组织1名党员参加省社会主义学院培训，2名党员参加民革省委会举办的参政议政培训、2名党员参加新党员培训、1名党员参加基层组织负责人培训，6名党员参加市社会主义学院培训，多层次的立体式培训学习，全面提升了党员的综合素质。代表人士队伍力量进一步加强。通过各种学习培训锻炼，市委会成员的综合素质得到全面提升，多名成员本职工作岗位有了新进步，吴新洲被提拔为应城市人民政府副市长，张璟被任命为孝昌县人民政府副县长，张影华被提拔为孝南区招商局局长。充分发挥民革党员的专业特色和行业优势，积极向市委推荐优秀党员进入人大代表和政协委员队伍，19名党员担任市政协委员，4名担任市人大代表。党员之家环境更优化。为充分发挥党员之家的作用，建设学习型政党，打造书香民革，培养党员读书学习的习惯，营造“人人在读书、处处有书香”的良好氛围，市委会为党员之家购买1万元书籍，积极与相关单位沟通，支持支部开展活动，促使支部活动场所固定化，党员之家的环境进一步优化。

【参政议政】 市委会认真谋划参政议政“一把手工程”，紧扣经济社会发展建言献策，调查研究亮点纷呈，协商建言成效显著，参政议政纵向深入，信息工作质量提升。民革孝感市委会荣获2020年度民革湖北省委员会参政议政工作先进集体一等奖、反映社情民意信息工作先进集体二等奖。吴新洲荣获2020年度民革湖北省委员会参政议政工作先进个人一等奖；李雪飞、林华清荣获2020年度民革湖北省委员会参政议政工作先进个人三等奖。胡宇彬荣获2020年度民革湖北省委员会反映社情民意信息工作先进个人一等奖，冯雨民、严黎明、林华清、程静荣获2020年度民革湖北省委员会反映社情民意信息工作先进个人三等奖。政治协商有质量。市委会主要负责人率先垂范，亲自带队到基层调研，其他市委会成员也按要求完成了调研任务。8月31日，中共孝感市委召开党外人士半年情况协商通报会暨优化营商环境专题协商座谈会，冯雨民主委、李雪飞副主委先后作了《加强法治政府建设 优化我市营商环境》《把握诉讼三环节 助力法治化营商环境建设》等高质量调研发言，为市委、市政府决策提供依据。重点调研有成果。民革市委会充分发挥人才荟萃、智力密集的优势，围绕提高基层组织社会治理能力、人民群众普遍关心的问题，扎实开展调研，务实提出意见和建议，全年共完成调研报告26篇，其中1篇被民革省委会采用，作为省政党协商发言材料，中共孝感市委专题协商采用1篇，市政协常委会采用3篇，市政协双月协商座谈会采用2篇。2021年市政协六届五次会议上，民革市委会提交了6件集体提案，2件被评为市领导重点督办提案，1件被评为优秀提案。信息工作有进步。保持同人民群众的密切联系，关注群众的愿望和呼声，想群众之所想，急群众之所急，解群众之所忧，把群众的所期所盼化成履职的动力，围绕“疫情防控”“社会管理”“互联网规范经营”“经济发展”“教育改革”“法治化建设”等重点领域，积极反映社情民意信息，全年共报送社情民意信息24篇，其中被省民革采用15篇，被转报转送省委、省政府3篇，被报送全国政协4篇。民主监督有实效。专项民主监督有影响。7月22日，民革中央对口湖北省开展长江生态环境保护民主监督工作启动会在武汉市举行。民革孝感市委会作为第七监督调研小组成员单位，积极参加孝感市支持保障长江生态环境保护民主监督工作协调会，就建立联络协调机制、信息通报机制和成果转化机制等具体工作与相关单位进行了初步协商，为民革中央的民主监督做好提前准备工作，切实履行民主监督职责。9月22日，台盟省委会到孝感就长江生态环境保护开展民主监督联合调研，民革市委会参加调研座谈，就相关问题作交流发言。10月底，民革中央第七监督调研组来孝开展长江生态环境保护民主监督联合调研，市委会主动联系对接协调，充分沟通协商，为民革中央在孝开展专项民主监督做好协调联络和服务保障。日常监督有作为。市委会成员分别深入一线调研，说实话、谏诤言，进一步提高民主监督的水平。市委会负责人，民革党员中的人大代表、政协委员和被聘请为监察员、监督员、审计员和督导员的同志，对市委、市政府重要工作的贯彻落实、干部选拔任用、党风廉政建设、市直部门的行风评议和测评开展监督，促进了重点工作的落实和部门行风的改善。8月11日，民革党员魏婉、何爱军作为代表人士应邀参加市检察院召开的公益诉讼听证会，听取槐荫大道综合改造工程项目k5+560，k5+600路段施工质量问题及整改情况，并提出相关意见。

【社会服务】 同心科技下乡和同心法律援助持续开展。市委会赴孝南区陡岗镇白莲村开展同心科技下乡活动，赠送农资产品1万余元。2021年，民革党员中的律师参与办理接待法律援助案件18件。民革党员律师易华平常年坐班市信访局，为来访群众作出法律解释和法律咨询。6名律师每周四到孝感市中级人民法院开展法律咨询和法律援助值班。助力推进乡村全面振兴。坚持与中共市委同心同行，发挥特色，凝聚力量，整合资源，助力安陆市烟店镇黄棚村巩固脱贫攻坚成果，积极开展乡村振兴帮扶，通过“扶贫爱心购”“以买代帮”等形式，组织动员广大党员认购和帮助销售黄棚村虾稻米、兴山县橙子、纳雍县农产品，助力脱贫攻坚取得实效，民革孝感市委会被民革中央评为“民革全国助力脱贫攻坚工作先进集体”。服务基层治理。市委会组织民革党员中的医疗专家赴胡邱社区、孝昌县陡山乡易地扶贫搬迁安置点金山新村开展免费义诊送药下乡活动，切实为群众办好事、办实事、解难事，与孝昌县陡山乡中心小学达成持续帮扶意向，深化基层教育服务力度，引导党员参与基层社会治理，服务困难群众。民革孝南支部动员党员踊跃捐款9000元支持河南灾后重建，民革孝昌支部开展送文化进社区活动，支部党员丁惠玲、齐晓霞等一直坚守在疫情防控一线。

【祖国统一工作】 祖国统一工作是民革的特色和重点工作之一。组织民革党员深入学习贯彻习近平总书记对台工作的重要论述，密切关注台海形势，充分发挥民革组织的优势，组织党员中的医疗专家赴孝南区肖港镇看望原国民党抗战老兵魏振民，走访台资企业，为推动两岸经济社会融合发展、促进两岸同胞的心灵契合做贡献。

（撰稿：祝翠芳）

民盟孝感市委员会

【概况】 2021年，民盟孝感市委会坚持以习近平新时代中国特色社会主义思想为指导，深入学习贯彻中共十九大和十九届历次全会精神，准确把握新发展阶段科学内涵，不断提高政治把握能力、参政议政能力、组织领导能力、合作共事能力和解决自身问题能力，各项工作再上新台阶。同时，市委会紧紧围绕市委、市政府中心工作和“建设副中心，争当排头兵”战略布局，找准着力点和切入点，积极建言献策，为孝感市高质量发展贡献了民盟智慧和民盟力量。

【思想建设】 2021年是中国共产党建党100周年，也是中国民主同盟成立80周年，民盟市委会以开展“学党史、跟党走”学习教育活动为主线，不断引导广大盟员思想上向党、语言上颂党、行动上跟党。学习重要讲话。7月15日，市委会在机关会议室召开理论学习中心组（扩大）会议，专题学习中共中央总书记习近平在庆祝中国共产党成立100周年大会上的重要讲话精神。各基层组织也通过不同形式，开展了“七一”重要讲话专题学习。开展党史教育。11月9日，民盟市委会组织新阶层专委会盟员，开展了以“学党史、悟思想、办实事、开新局”为主题的党史学习教育交流活动，会上，民盟市委会传达了“七一”讲话精神，为特

12月2日，民盟孝感市委会到孝昌县小河镇中心小学开展2021年“烛光行动”

（民盟孝感市委员会 供图）

园建设捐款的盟员企业家代表颁发证书，与会盟员围绕党史教育、盟组织建设、社会服务等工作热点开展交流，建言献策，会后，与会人员参观了王新亭将军纪念馆，听取了革命先辈的事迹介绍。举办演讲比赛。4月27日，来自各基层组织的11名选手参加了民盟市委会举办了“学党史、跟党走”主题演讲比赛，各选手以发扬革命精神，传承红色基因，统筹做好党史学习教育和自身岗位工作为演讲内容，精心准备，积极备讲，展示民盟风采。

【组织建设】 做好两级组织换届。按照市委统战部安排，市级组织换届工作由市委会制定换届方案，对市级组织换届筹备情况进行调研，召开会议，对换届工作程序、纪律、会风等方面进行具体安排，市委会换届于7月完成。在充分调研的基础上，盟市委还制定了基层组织换届工作方案，7个基层组织认真领会方案精神，广泛开展换届宣传，积极进行工作部署，基层组织换届工作上半年顺利完成，52名政治素质好，业务水平高、热爱盟务工作的优秀盟员进入各级领导班子，增强了组织活力。开好民主生活会。按照民盟省委部署，3月4日，市委会召开2020年度领导班子民主生活会。民主生活会前，市委会班子成员进行了专题学习研讨，广泛征求意见建议，深入开展谈心谈话，对照5个方面认真查摆问题，撰写对照检查材料，为民主生活会的召开打下了坚实的基础。会上，通报了2019年度民主生活会整改措施落实情况。主委代表领导班子作对照检查，并带头作个人对照检查，其他班子成员进行批评帮助。随后，班子成员逐一进行对照检查，相互开展批评。全体班子成员在发言中直奔主题、直面问题，达到了统一思想、增进团结、改进工作的目的。民盟省委委员、监督委员会委员、民盟湖北音乐学院主委余皓、民盟省委组织部三级主任科员田野和市党派办主任雷娟到会指导，并高度肯定民主生活会质量。走访盟内老领导。7月8日，新一届民盟市委会主委李晚霞带领班子成员到老领导罗鲁祥、熊熊家中走访、慰问。与老领导亲切交谈，并汇报了市委会换届工作情况和班子构成，听取了老领导对新一届市委会工作的意见和建议。

【参政议政】 民盟市委会把深入学习贯彻中共十九大精神与履行参政党职能相结合,更好地建言献策、履职尽责。紧紧围绕地方党委和政府中心工作,发挥盟内界别优势,选择合适的课题,深入基层、社区进行广泛的调查研究,收集有价值的调研信息,制定调研方案,做深做透调研课题,撰写高质量的调研报告。2021年,市人大建议、市政协集体提案、反映社情民意信息采用率提高,市人大采用建议4件,市政协采用个人提案21件,市政协采用集体提案7件,提交大会发言稿2篇。《长江"十年禁渔"后水产养殖发展问题调研》获民盟省委2021年度支持立项课题。王芳荣获民盟中央、民盟省委2020年度反映社情民意信息工作先进个人。马文可荣获2020年度民盟湖北省委理论研究与学习工作委员会先进个人。熊秀红荣获2020年度民盟省委妇女工作委员会先进个人。民盟孝感市委会获得民盟湖北省委2020年度反映社情民意信息工作先进单位。

【社会服务】 民盟孝感市委会充分利用盟内优势资源,积极开展并参与各类社会活动,社会服务工作受到上级肯定,并荣获民盟省委社会服务优秀活动奖。参与重大活动。5月8日,市委会选送的音乐剧《在此》登上民盟省委会庆祝建党100周年、民盟成立八十周年庆祝大会舞台。该剧反映了孝感市民盟各级组织和广大盟员积极投身抗疫,以实际行动不忘合作初心,继续携手前进,践行中国特色社会主义参政党的使命担当。是由湖工总支张青教授亲自导演,市委会多位领导参与演出,并经过了一个多月的精心策划、编排而成。节目演出效果良好,获得领导和盟员一致好评。5月27日,民盟省委会在武汉举办"学党史、跟党走"主题演讲比赛,市委会选送二支部盟员赵曼参加了比赛,并荣获二等奖。开展系列慰问。7月29日,在"八一"建军节来临之际,市委会主委李晚霞带领盟员企业家,走访慰问驻孝武警支队官兵,为部队送去价值2万元的防暑降温物资,送上全市盟员对驻孝子弟兵节日祝愿。9月10日,市委会看望了优秀盟员教师代表梁君、熊珊、何娜、余丽等老师。并通过他们向全市盟员教师致以节日的问候。同时,市委会通过公众号,向全市盟员教师发送了慰问信,送去了节日问候。9月14日,民盟市委会又到湖北职院医学分院看望慰问了教师代表,赠送了价值2万元的慰问物资。支持郑州抗洪。7月22日,中心医院支部20名盟员在得知郑州遭遇特大暴雨引起重大灾害后,自发捐款3000元,并在民盟市委会帮助下联系到郑州大学教育发展基金,帮助该校购买损毁的医疗教学设备。组织健康义诊。9月17日,为进一步推进"党史学习教育"活动做深做实,充分发挥民主党派资源优势,切实参与基层社区治理,服务广大基层群众。民盟市委会组织部分盟员到高新区丹阳办事处理丝社区开展"知行合一学党史我为群众办实事"健康义诊活动。发放宣传手册200余份,并免费发放急救箱50个,让430余名居民在家门口就享受到优质的医疗服务。

(撰稿:夏凯)

民建孝感市委员会

【概况】 2021年,民建孝感市委会坚持以习近平新时代中国特色社会主义思想为指导,深入学习贯彻中共十九大和十九届历次全会精神,认真贯彻落实民建中央关于开展履职能力建设年活动的安排和部署,充分发挥民建的特色和优势,在凝聚共识和建言资政上双向发力,将自身建设和履职实践融合推进,为打造武汉城市圈副中心贡献了智慧和力量。

【思想建设】 开展"学党史、跟党走"学习教育。发放党史学习的相关资料。购买《论中国共产党历史》《中国共产党简史》《习近平新时代中国特色社会主义思想学习问答》等党史学习教育必读本,并发放给市委会委员及支部主委。召开一次中心组理论学习,学习习近平《论中国共产党历史》中"知史爱党,知史爱国""学习党史、国史是坚持和发展中国特色社会主义的必修课"等文章。积极参加省委会组织的系列活动,选送姚保林、陈传红、池东红等三名企业家会员参与"与党同行·为会添彩——百名会员企业家风采展示"专题宣传活动,展示企业家会员爱国、爱党、爱会、爱学的良好形象;推荐孝昌会员刘娟参加省委会组织的"学党史、跟党走"为主题的演讲比赛,获得三等奖;会员毛道宽书法《庆百年华诞 创千秋大业》和郑谷顺书法《录长征诗2首》入选《奋斗百年路,启航新征程"百年华诞·同心同行——湖北党外人士庆祝中国共产党成立100周年美术作品展"》。举办一场以"红歌传唱心向党"为主题的"学党史、跟党走"学习教育暨纪念民建成立76周年文艺会演,会员们通过自编自导10余个节目,表达了热爱祖国、坚定拥护中国共产党领导的炽热情感。加强宣传和理论研究工作。积极向民建省委和市委统战部、市政协报送宣传信息,宣传会内重大活动、组织换届、重点课题调研和开展社会服务等特色亮点工作,确保信息的时效性,不断提高信息质量。2021年,民建市委会共报送宣传信息54篇，其中被省委会采用45篇。民建孝感市委会被民建省委评为新闻宣传工作三等奖。编撰会刊2期，其中一期为换届专刊，记录了市委会及各支部换届工作情况。理论研究课题分配到人，经常督办，按时提交报告，2021年，共提交4篇理论研究文章，其中，陈鸿杰的《“两个大局”下的中国新型政党制度》被湖北省委统战部评为中国共产党建党100周年多党合作理论研讨会优秀论文奖，陈鸿杰的《“两个大局”下的中国新型政党制度》、甘家梁的《新时代民建基层组织如何增强参政党的组织凝聚力问题研究》、高春玲的《新时代民建在推进社会治理中的实践与探索》被民建省委评为2021年重点理论研究课题优秀成果二等奖，民建孝感市委会也再次获评优秀组织奖。

【组织建设】 完成换届工作。民建市委会严格换届纪律，与民建省委、市委统战部、孝南区委统战部、孝昌县委统战部充分沟通协商，深入细致地做好换届期间思想政治工作，遵照组织程序，先后完成了候选人民主推荐、组织考察等工作，换届工作得到了广大会员的大力支持和关心关注，会风会纪良好，会议圆满完成了换届选举工作，组成了新一届的支委会和市委会班子，新的班子在代表性、年龄结构、知识结构、岗位分布等方面更加优化合理。第六届市委会由11人组成，有1名主委、4名副主委、6名委员。新成立孝南总支，下设两个支部，优化了支部数量，方便了支部活动开展。各专委会也相继进行了换届，组建了新的班子，增强了班子活力，新成立法制工作委员会，发挥会内法律工作者的优势，为会的发展和法治孝感建设贡献力量。做好会员发展工作。以“提高质量、稳定速度、优化结构”为目标，严把入会标准和工作程序，坚持发展与巩固相结合，建设政治素质高、社会形象好、代表性强、热爱民建事业的会员队伍。2021年，共发展新会员8名，6名为大学以上学历，其中一名为博士研究生，经济界人士6人，占比75%。加强队伍建设。加强领导班子建设，自换届以后，新一届民建市委会委员相继参加了由民建中央和民建省委组织的培训和学习，提高了新一届班子的履职能力。12月初，民建市委会又组织新一届市委会、支部及专委会班子在大悟金岭教育培训中心开展了为期3天的培训，培训内容包含党史、会史、多党合作史及社情民意信息撰写技巧等，提高了参训人员的政治理论水平和参政履职能力。重视新会员队伍建设，将近两年入会的会员集中培训，并开展座谈交流，新会员们围绕“民建是什么”“加入民建为什么”“我为民建做什么”谈感受谈体会，提高了新会员对会的认识，激发了爱会热情。推动会员之家建设。2021年，市直3个支部的“会员之家”均完成了申报及建设工作，并举办了揭牌仪式，开展了支部活动。下一步，各个支部将在如何更好地发挥“会员之家”作用上着力，进一步凝聚支部力量，建设高素质参政党基层组织。支部和专委会充满活力。孝南总支开展“学党史、感党恩、跟党走”活动，赴朋兴乡王新亭将军红色教育基地参观学习；高校支部开展教师节庆祝活动，学习市委六届十二次全会精神；市直一支部召开党史学习交流会，分享学习心得体会；市直二支部开展“学党史悟思想办实事开新局”活动，向高新嘉园社区服务中心捐赠400多册图书；孝昌支部赴襄阳市樊城区，与民建樊城总支开展支部交流活动。妇委会向烟店镇黄鹏村村委会捐赠广场舞服装和道具，支持村委会开展文娱活动；文体委召开“学党史，跟党走”读书分享会，从党史学习中汲取奋进新征程的勇气和力量；企业委资助贫困学子，为考取中国人民大学的胡娇送去学费5000元；老龄委赴朋兴乡王新亭将军红色教育基地和孝昌中原突围磨山纪念馆开展“九九重阳　感念党恩”活动；调研委积极开展调查研究，向政党协商会议、市政协大会及议政性常委会、双月协商座谈会提交调研报告6篇；宣传委编印会刊2期，及时报道会内信息，扩大了党派影响力。

7月5—6日，民建孝感市第六次代表大会在孝感市会议中心召开

（民建孝感市委员会 供图）

【履职能力建设】 开展履职能力建设年活动。2021年是民建履职能力

建设年,民建孝感市委会制定了《民建孝感市委会履职能力建设年活动方案》,成立了由市委会主委为组长,副主委为副组长的领导小组。按照“讲政治、识大局、严要求、善履职”的具体要求,靶定增强履职能力的目标任务,提高紧扣大局履职能力、凝聚共识能力、集智聚力能力、调查研究能力、人才支撑能力、制度保障能力,推动民建市委会履职能力实现新提升。积极参政议政。围绕政党协商课题“优化我市营商环境”,民建孝感市委会组织调研组在主委蔡凤珍的带领下深入企业和相关部门开展调研,提交了《关于围绕“高效办成一件事”持续优化营商环境的建议》,得到了市长的充分肯定和批示。组织会员开展推进楚剧传承发展、建设和美乡村、打造特色城镇助力多元支撑等课题调研,向市政协全会、常委会会议、双月协商会提交调研报告5篇,其中,黄红平《关于加快推进孝感老旧小区改造的建议》、肖桂清《关于加强孝感楚剧研究的建议》、戴琴荣《关于因地制宜编制镇区规划的建议》、张承志《关于加快推进特色城镇建设的建议》、张立胜《关于加快推进我市“智慧社区”建设的建议》等5篇在会上发言。在2021年两会上,民建市委会共提交提案建议案共计10份(含集体提案7份)。张承志的《关于因地制宜科学划定停车位的建议》、彭志伟的《关于加强我市优秀历史民居保护利用的建议》、黄红平的《关于促进我市低效用地再开发利用的思考与建议》被评为优秀提案。会员们积极建言献策,撰写社情民意信息110篇,其中被省委会采用75篇。2021年,民建孝感市委会被民建省委评为反映社情民意信息工作三等奖。投身社会服务。支持扶贫点脱贫攻坚,市委会向安陆市烟店镇黄棚村村委会捐赠了价值约2000元的广场舞服装和道具,用于支持村委会开展文娱活动,丰富村民的文化生活。市委会还组织会员购买黄棚村扶贫产品虾稻米2400千克,金额达3万余元。孝南支部看望慰问困难群众和福利院老人。开展扶贫助学活动,民建孝昌支部在4月23日世界读书日当天,向小悟乡林业中学思源班捐赠价值近4000元的图书和1万元助学金,向观音湖旅游度假区管委会汤砦航天希望小学捐赠价值2300多元的书包。民建孝感市委会企业委主任池东红为考取中国人民大学的胡娇送去学费5000元,并表示愿意持续资助胡娇同学大学四年的学费。会员胡志峥组织伟才幼儿园的教职员工重阳节到福利院,为老人们送去价值约1.8万元的御寒棉衣、棉服、棉帽、棉鞋,并为老人们准备了一场丰富多彩的文娱节目。助力乡村振兴,民建市直一支部主委张立胜购买10箱蜜蜂赠与脱贫户,并聘请养蜂场场长作为长期免费技术顾问对其进行技术指导。

【作风和制度建设】 开展作风建设。端正思想作风,推进学风建设,巩固政治共识,强化责任担当;改进工作作风,深入支部、深入基层、了解会情,倾听会员诉求,关心会员企业疾苦,转变机关作风,倡导爱岗敬业、争干实事,建设团结高效的服务型机关。强化制度建设。坚持用制度管权管事管人。依照孝统文〔2019〕10号文件《关于进一步加强民主党派机关工作经费使用管理的意见》及《民建孝感市委会工作经费支出管理制度》,不断规范财务行为,强化机关财务管理。按照《孝感市各民主党派制度汇编》,认真落实学习制度、领导班子述职和民主评议制度、民主生活会制度等11项工作制度,进一步规范了市委会各项工作。严格纪律要求。把纪律和规矩挺在前面,强化纪律教育,增强纪律意识、红线意识,强化纪律执行,加强日常管理和内部监督,营造风清气正的良好环境。严格会议纪律要求,尤其是大会,任务到支部到人,到会率列入支部评优选项。在走访会员企业时,要求企业家会员遵纪守法,诚信经营,做到不踩红线,不打擦边球,不搞利益输送。

(撰稿:蒋宝利)

农工党孝感市委员会

【概况】 2021年是中国共产党成立100周年,是实施“十四五”规划和全面建设社会主义现代化国家开局之年。2021年,农工党市委会在农工党省委会和中共孝感市委领导下,深入学习贯彻习近平新时代中国特色社会主义思想,抓紧抓实中共党史学习教育,切实履行参政党职能,加强自身建设,广泛凝聚共识,振奋精神,乘势而上,各项工作取得新进展,为奋力开创全面建设社会主义现代化强市新征程、打造武汉城市圈副中心履行农工党职责。

【开展中共党史学习教育活动】 召开了中共党史学习教育动员会,深入学习贯彻中共中央总书记习近平在党史学习教育动员大会上的重要讲话精神,学习传达农工党省委、孝感市委统战部关于中共党史学习教育相关要求,讨论通过《农工党孝感市委会开展中共党史学习教育实施方案》,发放了学习资料和笔记本。5月28日上午,市委统战部机关支部、老干支部联合各民主党派市委会机关赴随州市新四军第五师建军地九口堰纪念馆开展党史学习教育活动。农工党孝感市委会机关干部参加了此次活动。市委会机关干部参加市委统战部党史学习教育活动和市委统战部学习习近平总书记"七一"重要讲话精神读书班。

【庆祝中国共产党成立100周年】 组织4名党员参加农工党省委会"学党史，跟党走"演讲比赛视频初赛，其中：万娜、崔传义荣获二等奖，徐丹、黄晓丹荣获三等奖，市委会荣获优秀组织奖。许奇书法作品入选农工党中央"光辉的历程"美术作品现场展，钱波东等3人书画作品入选省委统战部"百年华诞 同心同行"美术作品展。向农工党中央报送10篇"庆祝中国共产党成立100周年"征文，张兵的《学史明理永葆初心 崇德力行继续前进》、李凤英的《同以共筑中国梦 携手续写新华章》荣获优秀征文三等奖。报送李凤英的扶贫故事，以亲历、亲见、亲闻之事为基础，讲述扶贫感人故事，为庆祝中国共产党成立100周年营造浓厚氛围。报送2个最美统战人，李凤英的事迹在荆楚统战微信平台展出。

【换届工作】 协助基层5个支部完成换届选举工作，共28名委员候选人顺利当选，支部领导班子配备更趋合理，结构进一步优化，整体功能进一步增强。7月5—6日，农工党孝感市委会第六次代表大会召开，听取并审议了戴杰群代表农工党孝感市第五届委员会所作的工作报告，审议通过了中国农工民主党孝感市第六次代表大会政治决议，选举产生了农工党孝感市第六届委员会。戴杰群当选为农工党孝感市第六届委员会主委，张兵、屠向明、胡锦、朱洁当选为农工党孝感市第六届委员会副主委，孙仁刚、万红梅、王洪涛、宋园堂当选为农工党孝感市第六届委员会委员，完成市级组织换届。

【组织建设】 按照"三审"程序发展8名新党员。组织3名新党员参加省委会第43期新党员培训暨中共党史学习班、6名党员参加省委会参政议政培训班、3名党员参加党务工作培训班、1名党员参加主委培训班；1名党员参加省委统战部举办的民主党派市州级组织领导班子成员培训班；1名党员参加中央统战部第45期全国民主党派干部进修班；2名党员参加农工党党内监督网络培训班学习并考试合格；组织全体党员积极参加农工党中央面向全国农工党党员在线参政议政培训班。基层组织创优工作取得成效，建成5处"农工党党员之家"。

【参政议政】 在省政协十二届四次会议上，提交《关于增加药品及医用耗材集中带量采购覆盖面的建议》等提案4篇，《完善公共卫生应急管理体系，扎实推进健康湖北建设》作了发言材料（并案）。在市政协六届五次会议上，朱洁代表市委会作了《关于抢抓国家战略机遇 振兴孝感种业的建议》的大会发言。沈易娟提出的《关于打造新型营商环境的建议》、陈平提出的《创新近视防控模式，打造近视防控新局面》、朱洁提出的《如何防治人畜共患传染病》、乐子华提出的《促进茶产业发展巩固扶贫成果助力乡村振兴》、王洪涛提出的《关于加强我市公众急救能力建设的建议》在联组会议上进行了发言。朱洁的《关于大力发展休闲观光农业助推我市农旅养融合发展的建议》获市政协六届四次会议以来优秀提案。市人大代表晏进辉、张小舟、万银珍等提出的建议，得到相关职能部门的高度重视。政协委员王洪涛、邹琴等接受新闻媒体采访。全体代表、委员认真参会，积极履职，资政建言，共谋发展，集体提案5件，代表、委员建议案、提案若干件。

市委会围绕县域经济、优化营商环境、推进孝汉同城、和美乡村、打造特色城镇、发展中医药等，组织党员开展一系列调研，形成12篇调研报告。其中，沈易娟的《举全省之力整合打造湖北农业大品牌助力县域经济高质量发展》在省委政党协商会议上发言，宋园堂的《强化要素保障，打造优良营商环境——以孝感市孝南区为例》在市委政党协商会议上发言，朱洁的《关于把孝感打造成武汉农产品供应基地的建议》在市政协六届第三十一次常委会议书面发言，邹琴的《提高基层防病治疫和健康管理能力》、胡玉的《乡村振兴须补齐公共文化建设短板》、乐子华的《促进孝感市茶产业发展，巩固扶贫成果助力乡村振兴》在市政协双月协商座谈会上发言。朱洁的《加强乡村治理 助推乡村振兴》、胡锦的《关于推进社区文化培育 发挥德治教化作用的建议》在市政协六届第三十二次常委会上发言。

【征文活动】 开展"我为孝感建成武汉城市圈副中心建良言"征文活动。根据国家、湖北省和孝感市中心工作、群众关心的热点问题，及时转发省委会社情民意信息参考选题，报送社情民意信息30余篇，李凤英的3篇被省政协采用报全国政协。在省委会参政议政培训会上，沈易娟的《提高我省农业科技推广效率的建议》、宋园堂的《强化要素保障，打造优良营商环境——以孝感市孝南区为例》荣获优秀调研报告二等奖，胡玉的《乡村振兴须补齐公共文化建设短板》、王小冰的《完善乡村消防安全，助力乡村振兴战略》荣获优秀调研报告三等奖，市委会荣获优秀组织奖。

【民主监督】 4月7日，戴杰群带领机关干部到大悟县黄站镇同乐村调研“村庄清洁日”活动开展情况。6月15日，农工党脱贫攻坚民主监督工作表彰大会在北京召开，会议表彰了一批农工党脱贫攻坚民主监督工作先进集体和先进个人。农工党孝感市委会荣获“农工党脱贫攻坚民主监督工作先进集体”称号，张兵同志荣获“农工党脱贫攻坚民主监督工作先进个人”称号。戴杰群作为农工党脱贫攻坚民主监督先进集体代表参加了此次会议，并上台领奖。农工党孝感市委会还荣获“农工党脱贫攻坚工作先进集体”称号。

【社会服务】 6月4日，市委统战部联合各民主党派组成医疗专家组赴市高新区孝天办事处胡邸社区开展“我为群众办实事，义诊进社区”服务活动。9月10日，孝南支部组织党员志愿者到祝站镇鲁集小学开展公益助学活动，为全校6名教师送上节日祝福和慰问品，为孩子们送去书包、文具等价值6000元助学物资。10月20日，农工党孝感市委员会联合湖北津铭建筑工程有限公司到孝昌县王店镇敦厚小学开展捐建与义诊活动，农工党孝感市委会为敦厚小学“农工书屋”捐赠价值3万元图书，党员张焕红为敦厚小学捐赠校园建设资金15万元，学生校服170套。孝感爱尔眼科医院为全校师生开展健康讲座和视力检查，邹琴为全校师生开展健康素养科普讲座《科学补碘 健康一生》，发放健康教育宣传物资250份。11月22日，农工党湖北职院支部到孝昌县王店镇中心小学开展“同心助学，名师送教”活动，捐赠价值5000元的文具和书包以及根据孩子心愿准备的各种学习用品。

（撰稿：王丹华）

孝感市工商联

【概况】 2021年，孝感市工商联在市委、市政府的正确领导下，认真贯彻落实中共十九大，十九届二中、三中、四中、五中、六中全会精神，围绕中心服务大局，充分发挥职能优势，突出加强民营经济人士思想政治引领，全力帮助民营企业纾困解难，奋力推进“万企兴万村”助力乡村振兴，持续推动优化营商环境建设，协同推进工商联组织建设，以巡察整改为契机加强工商联机关建设，促进“两个健康”工作取得显著成效。民营企业调查点工作被全国工商联评为“2021年度先进示范单位”；市工商联在省联宣教工作会上作交流发言；非公投诉注册工作在省工商联执委会上作交流发言。

【思想信念教育】 认真落实习近平总书记关于新时代民营经济统战工作的重要指示，持续深化理想信念教育，加强思想政治引领，引导全市民营经济人士切实把思想和行动统一到中央和省委、市委的决策部署上来。以理论学习提升政治站位。落实“思想引领，学习在先”机制，发挥党组“头雁”领学促学作用，把深入学习贯彻习近平新时代中国特色社会主义思想作为首要政治任务，巩固“不忘初心、牢记使命”主题教育成果，严格落实党组中心组、支部主题党日等学习制度，在全市非公经济领域认真学习贯彻中共十九大及十九届历次全会精神，习近平总书记在企业家座谈会上的重要讲话精神以及关于加强新时代民营经济统战工作要求，不断增强“四个意识”，坚定“四个自信”，做到“两个维护”。以党史教育坚定“四个自信”。抓好中国共产党成立100周年这一重要时间节点，紧紧围绕“两个健康”主题，最大限度团结服务、引导教育全市民营经济人士，通过组织开展全国孝感异地商会互学互促活动、“学党史 感党恩 铭初心 勇担当”专题座谈会、青年企业家县市区红色游、全省民营企业家红色教育培训班和年轻一代民营经济人士理想信念教育培训班等活动，增强对中国特色社会主义的信念、对党和政府的信任、对企业发展的信心、对社会的信誉，坚定民营经济人士听党话、跟党走的信心和决心。以楚商精神增进价值认同。对孝感市在主动参与光彩事业、“千企帮千村”精准扶贫行动、抗击疫情、抗灾救灾、环境保护、吸纳就业、公益慈善等方面做出了突出贡献的100家民营企业进行了通报表扬。结合庆祝中国共产党成立100周年，编撰《楚商孝感篇》，于2021年7月由新华出版社出版发行，并被中国国家图书馆收藏。通过对楚商精神的弘扬、宣传，引导民营企业家增进对中国共产党和中国特色社会主义的政治认同、思想认同、情感认同，做优秀中国特色社会主义事业建设者。

【服务民企】 线上线下打造投诉平台。为更精准的服务帮助民营企业解决发展难题，用更有效的举措维护企业合法权益，市工商联建立非公有制企业投诉服务中心线上线下两个平台。线上通过“联企e站”App设立诉求受理平台，征集民营企业、商会的意见建议。线下平台聘请法律顾问和兼职副主席（副会长）定期轮值办公，同时，与市纪委、公检法司以及涉企经济职能部门深入企业、商会走访座谈，建立沟通联系机制，打通沟通联系渠道。截至12月，投诉中心通过市县联动累计注册22584家企业，入驻514名政务人士、21家商会和51名律师。通过线上线下收集各类问题63件，通过主动沟通、积极协调，均做到了事事有回音、件件有着落。孝感市工商联及孝南区、汉川市、应城市、孝昌县工商联获得"2020年度全省投诉服务平台注册推广工作突出单位"表彰。尽职尽责优化营商环境。建立信息联享机制，及时向企业、商会传达全省推进营商环境建设大会精神，宣传省、市委关于优化营商环境的政策措施，认真开展"民营企业服务年"和"双千"活动，及时将收集的意见建议反映给市委、市政府及"双千办"等有关部门，帮助企业协调解决。"亲清"政商座谈会暨省直部门走进孝感活动成功举办，省高院、省交通运输厅、省地方金融监管局等3家省直部门有关负责人就民营企业家代表提出的发展诉求进行回应，并宣传解读了企业家关心的涉企政策。与地方金融工作局联合开展孝感市金融"面对面"工程——民营企业政银企对接专场，签约贷款28500万元，市委常委、副市长查成伟为企业家做题为《服务企业 优化营商环境 用足金融力量助推企业高质量发展》的专题辅导报告。优化法治环境建设，与市纪委联合召开民营企业优化营商环境座谈会，针对企业的难点、堵点问题进行联合调研，开展"电视问政"和"媒体访谈"工作；配合省纪委监委驻省委统战部纪检监察组开展优化营商环境走访调研；与市检察院联合开展"法律进商会"活动，举办了"民营企业刑事法律风险防控"专题讲座，并联合出台了《关于加强工作衔接积极服务保障民营经济发展的实施办法》；与市中院联合出台《关于建立健全人民法院与工商联沟通联系机制的实施办法》；与司法局开展民营企业"万所联万会"活动，联合市司法局、律协印发了《关于建立万所联万会机制的通知》，全市51名律师入驻网上平台，市县两级工商联和11家商会与律师事务所建立联系；与市税务局联合出台《2021年助力小微企业发展"春雨润苗"专项行动方案》，与市环保局联合出台《关于深入贯彻落实〈关于支持服务全省民营企业绿色发展的实施意见〉的通知》，建立常态化沟通协调机制，帮助企业解决实际困难。

【基层组织建设】 重点抓好商会正规化建设。全面落实中央和省、市关于促进工商联所属商会改革发展的决策部署，推进有关乡镇街道商会登记管理工作的文件精神落地。加大所属商协会组建力度和指导力度，指导商协会配合开展专项整治工作，推动所属商协会健康有序发展。建立"四大家"领导联系异地商会工作机制，指导异地商会开展党建工作。2021年指导完成了孝感青年企业家联合会，重庆孝感商会，孝感市驻成都流动党委、驻昆明流动党委换届工作，新组建成立了厦门湖北商会孝感分会、孝感市高新企业联合会。成功举办孝感市全国异地商会互学互促活动，建立了孝感市异地商会秘书长联盟，进一步为孝感籍民营企业家合作发展搭好平台，实现域外孝感倍增构想，打造孝感高质量发展重要增长极。狠抓基层工商联建设。以"五好"县级工商联创建促县级工商联发展，7个县（市、区）工商联全部达到了"一个设立、五个有"的"硬结账"要求，均被评为全省2020—2021年度"五好"县级工商联，6个县（市、区）工商联被评为全国2020—2021年度"五好"县级工商联。接待全国政协副主席、工商联主席高云龙，全国工商联第八联系调研组第五组到孝感调研基层工商联建设。服务企业人才发展。开展市域范围内的全省经济专业高级职务任职资格评审申报工作，推荐15名民营经济管理人才获评高级经济师。

【参政议政】 齐心协力建言献策。积极发挥工商联职能作用，开展企业家副主席（副会长）轮值，组织参政

6月25—26日，孝感市全国异地商会互学互促工作会议在上海召开

（市工商联 供图）

议政专门委员会、工商联界别委员、副主席、常执委围绕优化营商环境、参与乡村振兴、民营经济人士思想状况、民营补链强链、基层商会建设、武汉城市圈等重点工作开展调研。形成了提案《关于以改革创新思维全面推进乡村振兴的建议》;与市纪委联合开展优化营商环境调研,形成调研报告《浅析当前民营企业的“烦愁盼”》,报送《关于银行向中小微企业发放多年期贷款的建议》《关于在民营企业诉讼保全中“活封活扣”的建议》《关于规范面向企业的慈善资金募集工作的建议》3篇社情民意。始终把民营企业调查点作为调研工作中的重要内容,积极动员企业注册,第一时间组织企业填报问卷,第一时间发放劳务费,适时对企业库进行清理。2020年11月至2021年9月,系统9份问卷共填报1138份,入库企业259家。

12月24日,由省委统战部、省工商联举办的“亲清”政商关系座谈会暨省直部门走进孝感活动举行 (市工商联 供图)

【社会服务】 围绕“三资一促”开展招商引资工作。召开了异地孝感商会招商推介会,先后赴上海、浙江、陕西、重庆、福建、武汉等地开展招商考察。做好知名民企湖北行和第五届楚商大会邀商活动,均有项目在活动上签约。精心做好由市工商联引进总投资3.5亿元的永怡护理品项目跟踪服务工作,顺利签约总投资4亿元的宁波东拓集团RFID物联网智能托盘项目。强力推进“万企兴万村”工作。召开全市“万企兴万村”工作动员会,向全市商(协)会、民营企业发出倡议,号召市县两级工商联迅速行动,充分发挥光彩事业在“万企兴万村”行动中的重要作用,探索民营企业参与乡村振兴的新模式。据不完全统计,2021年以来,巩固拓展“万企帮万村”行动成果新增投资86441万元,新增公益捐赠243.09万元,开展回报家乡专项行动12家企业新增投资1618万元,29家企业共追加投资16313万元,8家企业共无偿捐赠277.15万元。其中富邦股份捐赠价值200万元可供2万亩稻田施用的微量元素肥料,湖北香润生态农业科技公司与孝南区陡岗镇朝阳村在2021湖北农业博览会同期举办的全国楚商“万企兴万村”对接活动上开展“村企结对”现场签约。发掘参与精准扶贫工作的先进典型,积极向省、市推荐,湖北悦尔牡丹农业科技有限公司、湖北七仙红园区管理服务有限公司获评湖北省脱贫攻坚先进集体,湖北香润生态农业科技有限公司吴斌获评湖北省脱贫攻坚先进个人。湖北富邦科技股份有限公司、湖北永和安门业有限公司、湖北龙王恨渔具集团有限公司、湖北圣贤优农生态农业有限公司、湖北悟丰五艾药材制品股份有限公司获评民营企业助力乡村振兴工作标兵。

(撰稿:孙 静)
执行编辑:易秀云

群众团体

群众团体

孝感市总工会

【概况】 2021年,在市委和省总工会坚强领导下,孝感市总工会以习近平新时代中国特色社会主义思想为指导,以庆祝建党100周年为主线,以满足职工美好生活向往为根本目标,在服务大局中提升政治站位,在服务职工中彰显为民情怀,重点工作取得新成效,整体工作实现新发展。荣获全省工会工作“职工说了算”考评优胜单位和产业工人队伍建设改革、新就业形态劳动者权益维护和入会工作专项考评优胜单位。全国总工会副主席、书记处书记、党组成员江广平到孝感就劳动关系领域政治安全工作开展调研,并给予高度评价。连续四年荣获全国“书香三八”读书活动“优秀组织奖”,全市近18万名女职工参与读书活动。推荐全国级荣誉7个、省级荣誉27个。在全省相关会议上交流发言3次。承办省总工会举办“一句话讲家风”宣讲交流活动,得到省总工会主要领导批示;承办全省工会女职工工作干部培训班,省总工会经审主任舒琼、副主席杨辉作开班讲话授课并调研孝感女工工作;举办“中国梦·劳动美——永远跟党走 奋进新征程”全市职工网络宣讲比赛、“中国梦·劳动美——致敬劳动者 奋进新时代”庆祝“五一”国际劳动节暨全国劳模事迹宣讲活动,职工参与度高、社会反响好;成立孝感市家政行业工会联合会并召开第一次会员代表会议,实现全市家政行业建会“零”突破;组织动员43家企业(项目)参加孝感市第四届“工友杯”职工创业创新大赛,9个项目入围省级复赛;3个重点工程劳动竞赛入选2021年省级引领性劳动竞赛,并获12万元专项资金补助。

【职工思想政治工作】 突出庆祝中国共产党成立100周年这一重大历史主题,扛牢政治责任,强化职工思想政治引领,深化党史学习教育,举办“中国梦·劳动美——致敬劳动者 奋进新时代”为主题的庆祝“五一”国际劳动节暨全国劳模事迹宣讲活动,举办“中国梦·劳动美——永远跟党走 奋进新征程”全市职工网络宣讲比赛活动,累计在线观看100万余人次。学习贯彻习近平总书记“七一”重要讲话经验在省总工会十三届六次全会(扩大)会议上作交流发言。持续开展“书香三八·智慧启航”女职工读书征文活动,连续4年荣获全国“书香三八”读书活动“优秀组织奖”,作品数量、质量和获奖数量全省第一。

【服务党政中心大局】 突出“建功十四五、奋战新征程”主题,广泛开展特色鲜明、县市协同推进、职工参与度高的劳动竞赛和技能竞赛,3个项

4月28日,孝感市庆祝“五一”国际劳动节暨全国劳模事迹宣讲会现场

(市总工会 供图)

目入选2021年省级引领性劳动竞赛。以职工双创大赛为抓手，在全省率先举办项目回访、大赛启动仪式和初赛培训，组织动员43余家企业参加初赛，9个项目入围省复赛。组织动员广大职工参与“五小”活动，4个项目被评为2021年“我为建设美丽生态灵秀湖北做贡献”“五小”优秀成果。筹集资金525万元，开展“爱心消费助农兴农”活动，补助企业266家，涉及职工3万余人。

【职工维权帮扶】 持续唱响做实工会“四季歌”，筹集资金520万余元，帮扶省部级困难劳模181人次，慰问困难职工家庭367户，慰问临时困难职工、劳模工匠、一线职工1356人次，慰问高温作业和户外职工1.16万人次，资助困难职工家庭437户；筹集资金34.1175万元，开展“暖心三送”活动，为1810名外地留孝过年职工提供暖心服务；组织270家单位21115人参加第五轮武汉城市圈职工重大疾病医疗互助，向37名患病职工发放互助金42.6万元；对标“五城同创”总目标，大力开展户外职工“爱心驿站”、职工子女托管班等便民项目创建，为户外职工提供避暑取暖、餐食加热、手机充电等暖心服务。深入开展农民工维权月、“尊法守法·携手筑梦”、“法律知识小讲堂”活动，高度重视劳动领域政治安全工作，全国总工会副主席、书记处书记、党组成员江广平赴孝感调研并给予高度评价。

【工会自身建设】 切实履行从严治党管会主体责任，巩固深化“不忘初心、牢记使命”主题教育成果，扎实开展党史学习教育，联合省总工会举办“一句话讲家风”演讲比赛活动，推动工会系统全面从严治党向纵深发展。“一句话讲家风”清廉孝感建设活动得到省总工会领导充分肯定并在市纪委网站刊登。加强货车司机、快递员等新就业形态劳动者建会入会和服务工作，并在全省新就业形态劳动者工会工作现场推进会上做交流发言。2021年12月30日，湖北省总工会在孝感市举办“工会进万家·携手社会组织开展新就业形态劳动者温暖行动”专卖活动，时任省总工会党组书记、常务副主席董永祥出席活动并讲话，80名新就业形态劳动者代表现场宣誓入会。探索开展模范职工之家“结对共建”试点活动，在全市范围内开展市级“模范职工之家”和“模范职工小家”创建活动，评选市级模范职工之家39个位、模范职工小家17个。召开孝感市家政行业工会联合会第一次会员代表大会，选举产生了第一届孝感市家政行业工会联合会委员，涵盖全市家政企业26家，发展会员600余人，实现孝感市家政行业工会组织“零”突破。召开孝感市工会第六次代表大会，选举产生新一届工会领导班子，为工会工作注入了新活力。

（撰搞：黄志伟）

共青团孝感市委员会

【概况】 2021年，共青团孝感市委员会认真落实省委、市委和团省委工作部署，加强思想政治建设，切实履行全面从严治党主体责任。全力做好青少年思想政治引领，不断提升服务大局的贡献度，加强团的基层组织建设，服务青年成长发展，落实全面从严治团等重点工作，在做好本职工作中彰显青春作为。

【青少年思想政治建设】 组织开展庆祝建党100周年系列主题活动。开展庆祝建党100周年暨纪念五四运动102周年“五四”特别主题团日活动，市委书记吴海涛出席活动并为青年和团干部代表作党史学习教育专题辅导报告。“五四”“六一”期间，全市各级共青团、少先队组织围绕“学党史、强信念、跟党走”主题，开展主题团队日活动、入团入队仪式500余场次，覆盖青少年6万余名。强化实践引领，组织开展了清明祭英烈、“重走红色革命路 青春奋进新征程”寻访红色足迹、“孝感的故事我来讲”主题演讲比赛、“青春心向党 放歌新征程”红歌传唱等各类主题实践活动200余场次。组织各级团干部和全市青少年深入学习习近平总书记“七一”重要讲话精神，“请党放心 强国有我”主题团日活动实现全覆盖。

加强青少年理论武装。组建市、县两级185人的党史学习教育青年宣讲团，深入基层一线开展党史主题宣讲活动356场次，覆盖青少年4.9万余人，打造了“蒲young青年宣讲团”工作品牌；以“三会两制一课”为载体，全市4886个团支部在“智慧团建”系统录入党史学习教育开展情况；动员团员青年80万余人次参加“青年大学习·一起学党史”网上主题团课学习；组织各级团组织开展党史知识竞赛、主题征文活动15场。

落实意识形态工作责任制，加强网络新媒体建设。组织召开了全市共青团意识形态工作调研培训暨“青年大学习”工作推进会，加强风险点排查管控，压实各级团组织意识形态工作主体责任。在新媒体平台开设了党史学习教育专栏，整合本地网络大V资源，联合制作《妈妈教我一支歌》《少年》《我们都是追梦人》等文化产品10部。加强青年典型选树和宣传，10余名个人和集体荣获全国、全省表彰。

6月26日,中国少年先锋队孝感市第四次代表大会召开 (团市委 供图)

【服务大局】主动融入“市区一体、主城崛起”工作布局。以《服务科技强省建设十条措施》为总揽,动员广大青年服务经济社会发展。组织50余名湖北省优秀青年企业家来孝感开展经贸考察,开展招商宣传推介活动。积极服务青年创业就业,申报各类创业扶持项目43个,扶持资金82万元,实施第二批“青创贷”项目46个,发放贷款985万元。通过实地走访和考核验收,评选2019—2020年度市级青年文明号33家,开展青年文明号集体走访交流活动,助力优化营商环境。深入落实中长期青年发展规划,开展青年人才沙龙系列活动。实施第十批“博士服务团”服务项目,安排7名博士到孝感工作,2名博士被评为先进个人。

组织引导青年投身基层社会治理。发挥社区团组织动员能力,组织1200余名青年志愿者开展返乡人员摸排、扫码测温、政策宣传等志愿服务。组织志愿者800余人次,参与全市新冠疫苗方舱接种点志愿服务。深化“孝小青”社区志愿服务品牌,累计开展志愿服务活动550余场次。在新媒体平台开设“孝感正青春”专栏,报道全国抗疫先进个人李丹等10名青年参与基层社会治理的典型事迹。探索考评机制,对20个试点社区开展网络评议,在网上晒出社区“成绩单”,组织发动社区居民、下沉党员2.2万余人次参与。

积极参与乡村振兴战略。认真落实《乡村振兴青春建功行动十条措施》,广泛动员青年投身“功能镇区、和美乡村、实力产业”三项行动。着手摸排农村青年致富带头人情况,成立农村青年致富带头人联盟,举办创业交流培训活动20场。助力“一村多名大学生(中专生)”计划,举办2021年孝感市青年创业先锋训练营5期,培训村两委青年骨干310人次。开展“建设希望厨房 助力乡村振兴”项目,争取上级资金23万元,建设希望厨房5个,拍摄希望厨房专题宣传视频,开展社会募捐,每个县新建不少于1个希望厨房。发布《团聚青年力量、共建和美乡村》倡议书,开展“保护母亲河”“育青苗,益成长”“五城同创”等各类志愿服务活动500余场次。

【基层团组织建设】发挥群团社会治理专班督办推动作用,推动全市178个城市社区团组织建强阵地、优化队伍、丰富活动。以换届为契机,指导和推动各地配齐配强乡镇(街道)团委班子,积极推进村(社区)团组织换届工作。联合市教育团工委,推进小学、幼儿园团组织建设,对符合建团条件的开展集中攻坚。深化行业系统建团和社会组织建团,推进新兴青年群体“筑梦计划”,新建“筑梦空间”3家。依托“智慧团建”系统,加强团员发展和升学衔接、学社衔接工作。

【少先队工作】认真贯彻落实中央《中共中央关于全面加强新时代少先队工作的意见》和省委《关于全面加强新时代少先队工作的实施意见》,将《关于全面加强新时代少先队工作的实施意见》和省第七次少代会精神向市委常委会作了专题汇报,以市委办公室名义印发《孝感市全面加强新时代少先队工作责任清单》。成功召开了少先队孝感市第四次代表大会,选举产生了第四届市少工委,深化团教协作机制。以“红领巾心向党”为主线,组织观看“红领巾爱学习”、《党史十课》等网上系列主题队课,开展争做“红领巾讲解员”活动,覆盖少先队员10万余名。实行“红领巾奖章”争章机制,已完成二星章评选,下发了三星章实施方案。加强辅导员职业能力建设,9月28—29日,举办了全市优秀少先队辅导员风采大赛活动。

【改革与试点】共青团改革工作取得新突破。深入推进共青团基层组织改革,推动汉川市列入团中央县域共青团基层组织改革试点,并将试点工作纳入2021年全市深化改革重点项目,联合市改革办开展工作指导和督导。成立孝感市学生联合会,筹备召开孝感市学联第一次代表大会。下发了《关于进一步推进中学团校建设的通知》,在中学团校建设、中学共青团改革方面进行攻坚,完成了191所中学的团校建设和改革任务。健全联席会议制度,督促7个县(市、区)召开青年工作联席会议，实现全覆盖。指导应城市实施全国第二批中长期青年发展规划试点，探索形成“353”工作经验，应城市在团中央2021年中长期青年发展规划县级试点研讨培训班上作了交流发言。发挥青年工作联席会议办公室作用，加强各成员单位之间协调配合，定期开展指标整理分析工作，形成青年发展监测报告。

【维护青少年合法权益】 加强“12355”青少年服务台建设，联合孝感市康复医院和湖北锡爱律师事务所，开设“12355”青少年服务云呼叫热线3条，积极开展法律援助和心理咨询服务。实施“希望伴飞计划”，摸排454名孝感市特定家庭中未成年人心理状况，联合市康复医院、孝昌阳光社会服务中心等机构，积极开展相应帮扶行动。开展“轻松备考 · 12355与你同行”“青春自护 · 暑期安全”、预防校园欺凌、打击校园贷、禁毒宣传、法治宣讲进校园等青少年自护教育活动82场，覆盖1.9万余人。

【关爱重点青少年群体】 开展“希望微心愿——让留守儿童春节不孤单”公益活动，筹资21.59万元，发放微心愿大礼包2159份。开展“腾讯春暖行动”、助学圆梦行动、希望护航项目，关爱困境青少年1070名，资助金额139.5万元。实施“蒙牛营养普惠计划”，捐赠全市5所特殊学校416名建档立卡学生饮用奶1万盒。开展留孝过年青年走访慰问活动，慰问快递行业青年、新疆籍留孝职工等外地留孝青年1000余人，慰问物资折合人民币15万余元。实施关爱留守儿童“希望家园”项目，开班115个，服务留守儿童5000余人次。

（撰稿：艾亮波）

6月18日，开展“荆楚妇女学四史 百家联动颂党恩”主题活动 （市妇联 供图）

孝感市妇女联合会

【概况】 2021年，孝感市妇联以习近平新时代中国特色社会主义思想为指导，认真贯彻落实省委十一届八次九次十次全会精神和市第七次党代会精神，紧紧围绕“巾帼心向党 奋斗新征程”主题，突出庆祝中国共产党成立100周年主线，聚焦妇女思想政治引领、巾帼建功动员、妇女儿童权益维护、参与基层社会治理、妇联组织自身建设等方面持续发力，团结引领广大妇女为孝感建设武汉城市圈副中心贡献智慧和力量。

【助力乡村振兴】 围绕巩固脱贫攻坚成果同乡村振兴有效衔接，推进“2(手工、家政)+N”特色产业发展，为农村妇女送技术、送项目、送服务，促进增收致富。开展手工、家政、电商、农村实用技能等各类培训158期，培训妇女7070人，直接或间接帮助3067名妇女就业。开展直播带货12场，帮促销金额33.8万元。动员组织30名农村妇女参加省创业富民培训班学习，举办乡村振兴巾帼人才培训班一期。培育3个楚风优品“两进”示范点，组织示范点8户商家参加“楚风优品进乡村进社区”示范活动线下展销会。面向全市妇女发出“巾帼助力人居环境提升，共建共享和美乡村”倡议，通过发放宣传品、组织参与“村庄清洁日”活动等方式，引导农村妇女全面参与和美乡村建设。举办巾帼健康大讲堂，关爱基层妇女群众健康。扎实开展关爱农村留守妇女活动，全市留守妇女共6247人，实现关爱帮扶全覆盖。

【助力基层社会治理】 坚持以志愿服务和家庭工作为抓手，不断提升妇联组织参与基层治理的有效性。广泛开展巾帼志愿服务，以24个巾帼阳光志愿行动联系点为主阵地，因地制宜开展巾帼志愿服务活动25场，为基层送政策、送温暖、送服务。加强结对社区共建，为结对社区赠送儿童书柜和书籍，完善社区妇女之家功能。围绕“五城同创”工作部署安排，组织巾帼志愿者到责任路段开展卫生大扫除和环境卫生秩序巡查，体现组织担当。面向全市妇女发出倡议，引导妇女和家庭参与爱国卫生运动、垃圾分类、制止餐饮浪费等活动，共建共享美丽孝感。

【创新妇女思想引领】 高位推进党史学习教育，市妇联将党史学习教育作为一项重大政治任务,切实担负起主体责任,注重把“四史”学习教育与“巾帼心向党 奋斗新征程”主题宣传教育活动相结合,与红色教育实践活动相结合,与庆祝党的百年华诞群众性文化活动相结合,与妇联的各项业务工作相结合,在全市妇联干部和妇女群众中掀起学习热潮。广泛开展群众性宣传教育活动,组织举办“学党史 铭初心 共奋进”网络知识答题、“巾帼红 云宣讲”党史故事接力、“荆楚妇女学‘四史’百家联动颂党恩”群众性主题宣传教育活动、“颂党恩 传家风”——孝感市“最美家庭”事迹宣讲会、全市妇女党史知识竞赛、“少年儿童心向党 红星闪闪耀荆楚”主题活动等系列丰富多彩的活动,传承红色精神,弘扬家国情怀。积极选树先进女性典型,12名个人(集体)获评“湖北省三八红旗手(集体)”,推荐1名女性上榜“中国好人榜”7月榜单。深化“三八红旗手工作室”创建,创建工作室5个,形成辐射带动效应。组建巾帼宣讲队伍11支,广泛开展十九届五中六中全会精神宣讲,覆盖群众近万人次。

【巾帼建功行动】 推动实施科技创业创新巾帼行动,搭建女性就业平台,组织参与“春风行动”,连续10天推出庆“三八”女性专场抖音招聘活动,为城乡妇女就地就近就业和企业用人搭建桥梁。提升女性就业创业能力,组织1万多名妇女参加家政、月嫂等各类技能培训。开展女性农业科技人才征集活动,征集5名女性高级农艺师适时服务基层。寻找申报“巾帼勇创业 奋进新时代”湖北省百名优秀创业女性人才7人。扎实开展城乡妇女巾帼建功行动,推选3个集体(个人)获评全国巾帼建功先进集体(个人),大力宣传巾帼建功先进集体、个人的典型事迹,激励各行各业女性岗位建新功奋进新征程,开展百千万职业女性风采宣传展示征集活动,推荐1个全国巾帼文明岗、1个全国巾帼建功标兵线上申报。

【依法维护妇女儿童权益】 推进源头化维权,履行市委平安孝感建设领导小组维护妇女儿童权益暨“平安家庭”建设组组长单位职责,推动召开专项组成员单位联席会议和工作推进会,完善工作机制,明确工作职责,加强工作协同。密切与公安、法院、检察院、司法局等部门的沟通联动,增强维权合力,3个集体(个人)获评全国维护妇女儿童权益先进集体(个人)。坚持“依法维权+心理疏导+社会工作方法”结合的信访工作方法,耐心做好妇女群众来信来访,市妇联机关接待来电来访103件,处理率100%。充分发挥家调委矛盾纠纷“调节器”“解压器”作用,以平安家庭促平安孝感建设,市家调委受理咨询735件次,成功调解55件。推动实施“两个规划”,组织开展“两个规划”终期评估,启动编制新一轮“两个规划”。推进社会化维权,常态化开展法治宣传,利用“三八”妇女节、“6 · 26”国际禁毒日等契机,面向基层妇联干部和妇女群众举办普法宣传活动6次,发放各类宣传资料和宣传用品3000余份。推动实施2021年儿童安全自护(防性侵)教育进家庭进学校项目,举办讲座70场,覆盖儿童8975人,赠送儿童防性侵读本8975本。

【家庭文明建设】 常态化寻找“最美家庭”,在寻找推荐过程中大力弘扬新时代家庭文明风尚,2户家庭获评2021年全国最美家庭,4户家庭获评2021年荆楚最美家庭。持续实施“百场家庭教育进乡村(社区)”项目,在村(社区)组织开展家庭教育知识宣讲和指导活动,共举办家庭教育讲座40场,惠及2000余户家庭。持续组织收看省妇联大型在线直播公益家庭教育课堂“家爱学院”,引导妇女家庭学习家庭教育知识,共组织收看36期。

【关爱帮扶行动】 持续推进“两癌”查、治、救工作,组织实施“两癌”免费检查项目,完成检查27880例,超额完成省政府下达孝感市的26000例目标任务。组织实施“低收入妇女‘两癌’救助”项目,主动参与99公益日“一元爱心‘两癌’救助”项目网络众筹,争取全国“低收入妇女两癌救助专项基金”及奖励资金104万元,救助104名低收入患病妇女。积极开展生殖系统癌症患者救助,为692名患病困难妇女申请救助款69.2万元。真情关爱留孝过年员工和家庭,联合市总工会、团市委为孝感矢崎公司、孝棉集团留孝员工和家庭送去价值4万余元生活物资。组织实施“金凤工程 让梦飞翔”助学行动,为12名经济困难家庭女大学新生申请资助6万元。组织开展爱心妈妈结对关爱留守儿童活动,招募爱心妈妈1170名,开展“五个一”关爱活动67场,受益儿童1431名。积极参与“恒爱行动——百万家庭亲情一线牵”活动,组织爱心家庭、爱心人士编织毛衣、围巾、帽子、手套等绒线编织品15公斤,为孤困儿童送温暖。

【组织建设】 按期推进市妇联换届,组织召开孝感市第六次妇女代表大会,选举产生六届妇联执委39名、常委13名、主席1名、专(挂、兼)副主席6名,打造了一支以专职干部为骨干力量、挂职、兼职干部为重要支撑、适应妇女工作特点、充满生机活力的市妇联机关干部队伍。建强县级妇联组织,持续实施“破难行动”，推进县级妇联组织进一步明确定位、转变职责，更好发挥作用，推荐大悟县妇联为全国妇联系统先进集体。选优配强县市区妇联主席，一批年轻的新鲜血液进入妇联组织。积极推进女性进村（社区）“两委”，实现妇联主席100%进村（社区）“两委”，村（居）委会中女性成员比例31.8%，其中主职246名，占比12.2%。同步推进基层妇联组织换届，全市108个乡镇（街道）、2015个村（社区）启动妇联组织换届工作。积极探索新领域新群体妇联组织建设，继续推进在经济开发区、工业园区非公企业、商务楼宇等新领域和妇女集中地、广场文体团队等新群体中建立区域化妇联组织。

【组织功能优化】 加强妇联干部能力建设，分级分层开展专挂兼职妇女工作者和执委履职培训，组织100余名妇联干部参加全省妇联组织建设培训班、村（社区）妇联干部示范培训班。大力推进妇女人才工作，推选4名优秀女性成为湖北省妇女人才促进会会员和湖北省妇女理论研究会会员。积极争取省妇联示范“妇女之家”项目建设，协调推动项目实施单位为10个项目点提供儿童安全自护教育、家庭教育服务、幸福家庭建设等多类服务课程，举办讲座60场次。

【孝感市第六次妇女代表大会】 2021年12月29—30日，孝感市第六次妇女代表大会召开，来自全市各行各业的300名妇女代表汇聚一堂，共谋孝感妇女事业美好蓝图。

大会坚持以习近平新时代中国特色社会主义思想为指导，认真学习贯彻习近平总书记关于群团工作重要论述，团结和动员广大妇女同胞，积极投身新时代妇女事业，助力孝感高质量发展，为加快“打造副中心、争当排头兵”贡献巾帼力量。

30日上午，大会举行开幕式，市委书记吴海涛出席并讲话，市委副书记、市长熊征宇主持开幕式，省妇联党组成员、副主席傅江浩代表省妇联向大会的召开表示祝贺，市社科联党组书记、副主席张莉代表群团组织致贺词，少先队员代表献词。市妇联党组书记蔡桂红代表市妇联第五届执委会作题为《奋进新时代 砥砺新征程 团结带领全市妇女在全面建设社会主义现代化强市中贡献巾帼力量》的工作报告。300名参会代表以无记名投票方式选举产生孝感市妇联第六届执行委员会委员，万蓓等39人当选。孝感市妇女联合会第六届执行委员会召开第一次全体会议，选举产生市妇联第六届常务委员会委员，主席、副主席。市委常委、组织部部长杭莺出席会议并讲话。

（撰稿：王淑芬）

孝感市社会科学界联合会

【概况】 2021年，全市社科工作要坚持以习近平新时代中国特色社会主义思想为指导，全面贯彻落实中共十九大和十九届二中、三中、四中、五中、六中全会精神，紧紧围绕市委六届十一次全会决策部署，立足新发展阶段，贯彻新发展理念，构建新发展格局，扎实开展理论学习、课题研究、社科普及、学会管理等工作，努力为构建“主城崛起、两带协同、孝汉同城、多元支撑”区域发展格局，打造“武汉城市圈副中心”提供理论服务与智力支持。深入学习贯彻《中国共产党宣传工作条例》《党委（党组）意识形态工作责任制实施办法》，加强社科类社团党组织建设，推动业务社团成立功能型党支部，建立完善相关制度，开展相应活动，压紧压实主体责任，提高管党治党的能力水平。组织召开市社科联第三次会员代表大会，建强配齐领导班子，搞好社科联换届工作。

【科学理论普及】 组织社科骨干和青年志愿者深入基层、深入农村，依托爱国主义教育基地、新时代文明实践中心、基层党群服务中心等平台载体，面对面宣传党的创新理论和最新成果。要扎实开展“社科专家回乡宣讲志愿服务活动”，做好“是这个理”电视专题片相关工作，扩大理论宣传的影响力和覆盖面。

【热点难点问题调研】 围绕“主城崛起、两带协同、孝汉同城、多元支撑”区域发展格局，打造武汉城市圈副中心，推动孝感高质量发展这一主题，聚焦“十四五”规划的全面实施，突出“三资一促”“产业发展”“五城同创”“乡村振兴”“基层治理”组织广大社科工作者开展调查研究，推出了一批有分量的研究成果，编印成册，服务发展大局。

【重点课题研究】 抓好市级课题项目立项、中期评估、结项审批工作，强化过程管理。组织动员广大社科工作者积极申报人文社科项目，加强选题策划与调研指导。以孝感市改革发展中的重大理论和现实问题为抓手，选择一批重大应用对策研究课题，面向湖北工程学院、湖北职业技术学院、市委党校社科工作者参与重点课题研究，凝聚发展智慧，破解发展难题，提高服务决策的能力水平。

【社科专家基层行活动】 围绕地方经济发展大局，聚焦改革发展难点，有针对性地组织专家为地方党委、政府提供决策咨询与理论服务。其中汉孝同城化发展获得市委、市政府主要领导签批。

【科普教育基地功能】 以"澴川文化讲堂""科普活动周"为载体,以基地为依托,组织开展报告讲座、政策咨询、文艺下乡、图片展览、知识竞赛、电影展播等活动,传承现代文明,普及科学知识。

【社团管理服务】 认真贯彻执行《孝感市社科类社团管理办法》,严格把关年审、变更、活动等重大事项,逐步完善引导、激励、淘汰机制。抓好教育培训,强化管理服务,持续推进社科组织规范化建设。

【延安精神"六进"活动】 培植1~2个延安精神进校园、进农村活动示范点。开展纪念中国共产党诞辰100周年理论研讨活动,编辑出版《孝感红印》一书。

(撰稿:程万波)

孝感市科学技术协会

【概况】 2021年,在省科协的有力指导下,在市委、市政府的坚强领导下,市科协坚持以习近平新时代中国特色社会主义思想为指导,深入贯彻落实习近平总书记关于科协工作、科技创新、群团改革和人才工作的重要讲话和指示批示精神,切实履行"四个服务"工作职责,大力开展科学普及,积极助力科技创新,圆满完成了2021年既定的各项工作目标任务。

【科学谋划《纲要》工作】 全面总结十三五孝感市公民科学素质工作,截至2020年年底,孝感市公民具备公民科学素质比例达到10.5%,居全省第5位。紧扣孝感实际,科学谋划十四五孝感市公民科学素质目标任务,确定到"十四五"末孝感市公民具备科学素质的比例达到14%的目标,并报省科协备案。

【特色科普活动】 联合市委宣传部、市教育局、市科技局、市农业农村局制定《关于举办2021年孝感市全国科普日活动的通知》,明确开展科普教育基地联合行动、科技助力乡村振兴等10项重点活动。在市本级组织开展2021年孝感市全国科普日启动仪式、大型科普剧《浮出水面》孝感巡演两项重点活动,7个县市区同步开展科普日系列活动,营造了浓厚的科普工作氛围。据统计,科普日活动期间,孝感市共举办大型科普活动37场,中国流动科技馆参观人数2.3万人次,送科技下乡16次,发放科普宣传资料3万余份,受益公众总人数达12万人。市科协获2021年全国科技活动周先进集体、省科协科普日优秀组织单位表彰。

【助力公众科学素质提升】 新建"孝感市公共检验检测中心、孝感市爱尔眼科医院、圣贤优农生态农业湖北有限公司、湖北爽露爽食品股份有限公司"4家市级科普教育基地。持续推动科普主阵地建设。积极向上争取2021年科技馆免费开放项目资金130万元;新建孝南区、汉川市、大悟县3个校园科技馆;推动市科技馆国庆节正式全面免费开放;协调流动科技馆在安陆、汉川、应城、云梦等地进行巡展,在孝感电视台开辟《科普大篷车》栏目,利用城区科普橱窗进行科普宣传。上半年,先后组织安陆市实验小学等3所学校参与太空种子种植活动,大悟一中等3所高中30名学生参与湖北省高校科学营活动。孝感市科协获2020年湖北省青少年科学调查体验活动优秀组织单位。

【科技活动周】 5月28日,市科协联合市科技局、市气象局在应城市青少年校外活动中心实训基地开展气象科普进校园活动,在基地新建了1所校园气象观测站。在城区8个科普橱窗、26个科普E站开展"百年回望,中国共产党领导科技发展"科技周主题宣传。4—7月,在安陆、汉川开展流动科技馆巡展活动,为1万多名青少年、社区居民提供了一套科普大餐。

【科普项目管理】 成功争取到2021年省特色产业科普示范基地、科普惠民社区、科普示范学校等各类科普项目资金240万元;12月,成功争取到2022年省特色产业科普示范基地、科普惠民社区(村)、科普示范学校等科普项目15个,省科协已公示;扎实完成省第三方项目评估反馈问题整改工作。积极组织县市区创建全国科普示范县(市、区),孝南区、安陆市成功获批2021—2025年度第二批全国科普示范县(市、区)创建单位。

【科技志愿服务】 积极组织动员广大科技工作者和热心科普人员参与科技志愿活动共注册科技志愿者1707人。积极组织孝南区科普志愿服务队申报中国科协、中央文明办首届科技志愿服务项目展评。

【科技建言献策】 紧紧围绕中心、服务大局,围绕热点、焦点和重大问题,依托学会,组织广大科技工作者深入开展调查研究,以《科技工作者建议》的形式建言献策。编印的《孝感市茶产业情况调查与建议》《后疫情时代加快孝感工业高质量发展的建议与对策》《公共检验检测机构发展现状与建议》获得市委、市政府主要领导批示。积极做好省科协科技工作者状况调查站点的建设工作，已报送3篇有效信息。新建孝感市公共检验检测中心调查站点，调研课题已结项。

【学会队伍建设】 组织孝感超声医学工程学会、孝感市电机工程学会、孝感市烟草学会等开展年检。为4家学会赠送智能机器人。开展全市学会党建工作调研，完成学会党建工作调研报告。积极推动市直学会开展学术交流活动。

【院士专家工作站建设】 新建专家站14家，累计建站达102家。完成院士工作站摸底甄别、核查清理等工作。积极推动市本级院士专家工作站申报“创新平台”奖，“楚航电子”专家工作站获奖补资金8万元。参与“千名干部进千企”活动，不定期到相关公司开展调研，及时协调解决有关问题。组织三江航天江北机械工程有限公司、湖北神丹健康食品有限公司参加2021年中国创新方法大赛湖北赛区比赛。联系“科创中国”中的省科协所属学会专家到安陆四家企业开展技术需求对接，并成立了省机械工程学会、金属学会安陆工作站。

【孝汉同城一体化发展】 开展引进国外高层次人才和技术项目需求调研，在科技型企业中征集技术需求13条。组织县市区、高新区企业参加“科创中国”“海智”专家专场、省科协组织的“海智”专家线上对接（生物医药专场）、2021年中国（武汉）海外人才创新创业项目大赛国内分赛区线上分赛等活动，积极推动孝感市企业与海外专家对接。到市公共检验检测中心、爱尔眼科、长才机电、瑞奕照明、东方红粮机、源源食品等公司开展调研，了解企业技术和人才需求。与武汉轻工大学等高校对接，推动孝感市高新技术企业与在武汉的专家合作，建立了14家专家工作站。

【科技人才举荐】 将在全市科技助力精准扶贫工作中表现突出的先进团队、先进个人积极向省科协推荐，1个团队（湖北白鹤乡村文创科技有限公司）、2名个人（湖北孟宗生态茶叶有限公司技术厂长周金云、大悟县科学技术协会二级主任科员艾松）获省表彰。经省科协向中国农技协推荐，湖北孟宗生态茶叶有限公司技术总监周金云荣获2021年中国农技协最美科技工作者称号，为全国表彰的16人之一。

【科协系统改革】 积极推进改革试点工作，联合市卫健委、农业农村局、教育局印发《关于进一步发挥“四长”等科技工作者作用的实施意见》，在安陆市召开全市科协系统深化改革试点现场会，交流经验，推进各项改革任务落实；完成改革经验探索专报、深度调研报告、典型案例撰写、视频拍摄等工作，顺利通过中国科协改革中期评审，获第二批奖补资金15万元。

【市科协“六大”成功举办】 精心谋划、认真筹备市科协第六次代表大会。12月26—27日，市科协“六大”会议成功举办，圆满完成了各项预定议程，选举产生了市科协六届委员会领导机构。大会开得民主热烈、团结和谐、催人奋进，大会对于团结和动员全市广大科技工作者，为孝感全力打造武汉城市圈副中心，争当全省高质量发展第二方阵排头兵，全面建设社会主义现代化强市，推动孝感市科协工作迈上新台阶都具有重要意义。

（撰稿：王祖军）

孝感市文学艺术界联合会

【概况】 孝感市文联现有团体会员20个，含7个县市区文联和13个市级文艺家协（学）会。2021年，孝感市有县级文艺家协（学）会会员10000余人，市级协（学）会会员3000余人，省级协（学）会会员1400余人，国家级协（学）会会员100余人。

【主题性文艺活动】 出版“三本书”。2021年3月，先后组织市作协、市音协优秀文艺骨干赴各县市区、医院、社区、农村、剧团等实地采写、征集红色故事、抗疫故事、本地歌曲，成立专班负责作品的整理、编辑工作。9月，《孝感红色故事》《孝感抗疫故事》《孝感百年百首优秀原创歌曲作品集》出版。

汇编“三本集子”。为庆祝建党100周年，展现新时代孝感文艺成果，市美协、市书协、市诗词学会汇编出版了《孝感画家画孝感》画册、《孝感书法资源探源》《庆祝建党100周年诗词作品集》。

举办“三场展览”。2021年，市文联协助举办了“永远的旗帜”——孝感市庆祝中国共产党成立100周年书法作品展；7月24日，《孝感时代印象展》在武汉婚纱城开展，展出摄影作品40余幅，以真挚的情感，真实的写照，真诚的表达，展示孝感市政治、经济、社会、文化和武汉城市圈同城化发展所取的巨大成就。10月，市文联、市美协以线上展览的方式举行“永远的旗帜·庆祝中国共产党成立100周年”孝感市美术作品展。

组织“三场展演”。2021年，市文联组织举办了“送欢笑下基层”暨孝感市第三届“槐荫书会”曲艺大赛活动，“赓续红色血脉，诗歌祝福祖国"——2021孝感市迎国庆诗会。

为大力弘扬中华优秀传统文化，加强和改进新时代学校美育教育，市剧协参加2021年孝感市中小学音乐市区中心教研组戏曲专项能力提升培训，为中小学教师讲授戏曲知识，并亲身示范。培训内容分为戏曲唱腔、戏曲身训、学画脸谱等，并邀请戏曲专家重点讲授戏曲基础知识、教授经典名段、指导参训人员绘画与制作戏曲脸谱。孝感市戏曲家协会副主席鲁云华，梅派艺术家醉丽君传人申小慧，为参训人员进行了京剧《苏三离了洪洞县》的唱腔培训。两位戏曲艺术家用质朴的表演形式、优美动听的唱腔，带领参训人员领略戏曲的独特魅力。后期，学员以组为单位，进行了戏曲节目汇报演出。

6月28日，孝感市第三届"槐荫书会"曲艺大赛举行 （市文联 供图）

【群众性文化活动】 在春节、中秋、国庆等节日期间，开展富有孝感特色的主题文艺活动，由孝感市文联、市作家协会主办的李俊勇长篇小说《富水河畔》首发式在孝感市行政会议中心举行；举办了"国色丹青·大美初心"——黄明珠美术工作室作品专题文化展、国庆诗会、"槐荫书会"曲艺大赛、"用镜头记录孝感"——移动杯摄影大赛、"进红门·送文化"等活动，持续增强人民群众的文化获得感、幸福感；"八一"建军节来临之际，市委宣传部、市文联组织《孝感红色故事》图书发行暨送文化进军营活动，走进武警孝感支队，开展赠送书画作品、宣讲红色故事活动。

【文艺惠民活动】 春节前，组织荆楚"红色文艺轻骑兵"孝感市文联小分队到各地开展10场"送春联、送福卡、送年画、送全家福照片"文艺志愿服务活动；组织"荆楚红色文艺轻骑兵"孝感市摄影小分队走进晒书台社区为"光荣在党50年"老党员拍照留影；开展"学党史、增四力——文艺名家机关行"活动，先后到市人大、市水利和湖泊局、市妇联等单位举办14场活动；毛峰、黄明珠获第六届湖北省"优秀文艺志愿者"称号。市摄协、市书协获市委宣传部通报表扬。

市文联助力城东社区"澴川书房"建设。城东社区"澴川书房"是由市(区)委宣传部、文旅局、文联、城东城区等相关单位联合打造。走进"澴川书房"，浓郁的书香气息扑面而来，一幅幅浓墨重彩的书画作品映入眼帘，这些书画作品由孝感市书画家刘子安、左剑桥、陆舍无、刘千书、陈谷栋、许奇、张文斌亲自创作。在揭牌仪式上，熊德琪还向城东社区现场赠送了书画作品，受到了社区居民的热烈欢迎。

【文艺宣讲】 2021年，市文联开展"学党史 增四力——文艺名家机关行"活动；组织孝感市楹联学会开展进机关、进社区活动；组织孝感市诗词学会举办"学毛主席诗词讲党史"讲座；组织开展学习宣传中共十九届六中全会精神文艺演出走进陆洼村活动；组织开展孝感文化进万家文艺宣讲走街串巷等活动，让干部群众深刻领会党百年奋斗伟大成就、伟大意义和伟大经验。

【文艺人才培养】 育文艺名家。通过培训、展览、大赛、研讨等形式发掘文艺人才，繁荣文艺创作。举办了"用镜头记录孝感"——"移动杯"摄影大赛、红色荆楚——"黄龙湖马口陶杯"摄影大赛、"智华杯"青少年儿童美术作品展、"澴酒杯"文学作品征文大赛，激发文艺工作者的创作热情，发现优秀文艺人才；推荐文艺家参加省级文艺研修班学习，举办冲刺第九届湖北省书法篆刻展看稿点评会，举办报告文学创作讲座，开展荆楚"红色文艺轻骑兵"下基层美术创作辅导(孝感行)暨2021年"孝感画家画孝感——美丽乡村行"写生创作活动，承办湖北省新时代文明实践文艺志愿骨干培训，多层次搭建学习平台，提升队伍专业素养。孝感市新晋省级会员45人。云梦诗人范小雅、大悟诗人燕七录取到鲁迅文学院中青年作家高研班学习。市美协会员熊胜利、黄晓霞入选第三批湖北省美术人才培养工程。祝大光、张长明、张应明、熊尉东、李铁团等10人获湖北楹联文化"先进个人"等多项荣誉称号。

推文艺名作。注重政策扶持，2021年，共推荐5部文艺作品参加湖北省签约制文艺作品扶持项目、2部文艺作品参加省委宣传部重点文艺创作扶持项目、13部作品参加孝感市重点文艺创作项目扶持等项目评选。市文联扶持2部文艺作品——《孝感书法资源探源》和长篇小说《人生无愧》编辑出版。

加强作品推介，举办李俊勇长篇小说《富水河畔》、李伯华长篇小说《山若有情》、张正义诗集《轨迹》、汪梦芬散文集《以梦为马趁年华》作品研讨会；举办电视剧《觉醒年代》、电影《毕业之前说再见》文艺评论会，推出新人新作、精品力作。充分发挥新媒体作用，"孝感文学"公众号编辑130余期，推出新作300余篇（首），与《孝感晚报》联合主办槐荫文苑副刊，一周5期，推出文学作品近300篇（首）。

【文艺成果】 文学类：孝感作者累计在《长江文艺》《诗刊》等地市级刊物发表小说、散文、诗歌、评论近1000篇（首）次，多部作品获奖，还有作品被选入中英文精选本。累计出版长篇小说单行本2部、散文集4部、诗歌集5部、报告文学集3部。燕七诗集《鲸鱼安慰了大海》、李俊勇长篇小说《富水河畔》、纪实文学《楚商·孝感篇》等6部作品获孝感市重点文艺创作扶持。美术类：熊胜利油画作品《集市》获湖北省第十一届屈原文艺奖；黄明珠美术作品《红色记忆》获第四届湖北艺术节楚天群星奖；冯弘作品《生命线·2020》在第二届全国美术教育教师作品展获奖；周梅元油画《祥光》在"时代之光——第五届中国油画展"中获奖。书法类：许奇、沈右铭书法作品入展第九届中国书坛新人新作展；吴定安作品入展"中国书法·年展"篆书、隶书、篆刻作品展；李文涛、张海东、王建鸿等23人书法作品入展湖北省第九届书法篆刻展。摄影类：王飞作品《祁连山下的羊圈》入展中国第18届国际摄影展览，作品《铮铮铁骨壮山河——抗战老兵肖像》荣获第五届京东摄影金像奖最佳肖像奖；王小平作品《老兵》入围第28届全国摄影艺术展；晏美华作品《战疫夫妻和他们的2021》获第四届湖北艺术节"楚天群星奖"；王小平作品《抗美援朝老兵》、桂华田作品《育雏》、李维亮作品《夏季赶海》获第29届湖北省摄影艺术展纪录类收藏奖。戏剧类：楚剧《大将军吴禄贞》获湖北省第十一届屈原文艺奖；北路子花鼓戏《大悟烽火》亮相第四届湖北艺术节，获楚天文华奖提名奖；小楚剧《赶会》代表孝感市参加中部赣湘豫湖北对外宣传推荐活动。音乐类：《膏矿号子》代表孝感参加中国武汉（首届）文化旅游博览会；诗词、楹联类：大悟县、汉川市楹联学会获湖北省楹联工作先进单位。大悟县《红叶诗联》和《汉川诗联》获湖北省"楹联优秀刊物"；杨小华格律诗《七律·村里安装太阳能路灯》获第三届"美丽中国·乡村振兴"全国农民诗歌邀请赛一等奖。

【孝感市文学艺术界联合会第六次代表大会召开】 12月26—27日，孝感市文学艺术界联合会第六次代表大会在孝感召开。来自各条文艺战线的260名代表参加了会议，省文联党组书记、常务副主席邓长青、市委书记吴海涛、市领导周先来、陈惠霞、张汉平等出席开幕式。开幕式由市委副书记、市长熊征宇主持，团市委书记陈祥代表群团组织致贺词，省文联党组书记、常务副主席邓长青代表省文联向大会召开表示热烈的祝贺，向全体代表并向全市广大文艺工作者表示诚挚问候。市委书记吴海涛代表市委向大会召开表示热烈的祝贺，向全体代表致以诚挚问候。

27日下午，市文联第六届委员会第一次全体会议召开，市委宣传部常务副部长傅晓波主持会议，会议选举产生了新一届市文联领导机构。市委常委、宣传部部长、市人大常委会副主任吴琼出席会议并讲话，他希望新一届文联全体委员要勇担新使命，坚持培根铸魂，在强化政治引领上提升新高度；要坚持履职担当，在服务中心上展现新作为；坚持人民至上，在深化为民服务上奉献新成果；坚持党的领导，在团结服务上开拓新思路。会议审议通过了市文联第六届委员会主席团选举办法，选举王顺利为市文联第六届委员会主席。

【主办"永远的旗帜"——孝感市庆祝中国共产党成立100周年书法展】 深入学习贯彻习近平新时代中国特色社会主义思想，用书法艺术形式展示中国共产党领导人民进行革命和建设的辉煌成就。由中共孝感市委宣传部、市文联主办，市书法家协会、市图书馆承办，壹为美术馆协办的"永远的旗帜"——孝感市庆祝中国共产党成立100周年书法作品展于6月24日在孝感市文化中心D座二楼市图书馆展厅亮相。该次展览共展出100名书法作者的书法作品100件，这些作品主题突出、特色鲜明、有较高的艺术性，既有诗词名篇、也有名言名句还有自作联赋，充分表达了全市广大书法工作者热爱党、热爱祖国、热爱社会主义、热爱人民的家国情怀，向全市人民奉上了一份别样的艺术盛宴，向建党100周年华诞献上美好的祝福！

【举办"送欢笑下基层"暨孝感市第三届"槐荫书会"曲艺大赛活动】 6月28日晚，孝感市文化中心大剧院灯火通明，省文联"送欢笑下基层"暨孝感市第三届“槐荫书会”曲艺大赛在这里精彩上演。相声表演艺术家陆鸣，国家一级演员付群刚、许勇等省文联曲艺家登台，与孝感曲艺工作者一道，为现场观众献上了一场文艺盛宴。本次活动由省文学艺术界联合会、省曲艺家协会、孝感市委宣传部主办，孝感市文联、市民间文艺家协会承办，分两阶段进行。第一阶段为各县(市、区)参赛作品角逐阶段，在钢镰大鼓《撸起袖子加油干》的唱词声中拉开序幕。随后，湖北大鼓《光辉旗帜耀孝昌》《百年党庆齐歌唱》、小品《孝道》《坏习惯》、湖北道情《农家书屋助脱贫》、相声《打油诗》《说软道硬》、善书《打碗记》等节目轮番上演，尽展曲艺文化的鲜活与魅力。此次参赛的9个曲艺节目，均来自各县(市、区)“文艺轻骑兵”在常年扎根基层、服务基层群众的实践中所创作的优秀作品，围绕建党百年、脱贫攻坚、全面小康、生态环保、孝文化等主题，编排巧妙，讲述了群众故事，反映了群众心声。第二阶段为省、市曲协曲艺作品表演阶段。陆鸣、付群刚、许勇等曲艺家登台，带来相声《出口成章》、湖北大鼓《万众一心》、小品《扶贫到位》《不是跟你吹》等节目，生动活泼、诙谐有趣，将现场气氛一次次推向高潮。经过角逐，湖北大鼓《百年党庆齐歌唱》、小品《坏习惯》分别斩获表演一等奖、创作一等奖。

【举办“赓续红色血脉，诗歌祝福祖国”——2021孝感市迎国庆诗会】 9月30日上午，“赓续红色血脉，诗歌祝福祖国”——2021孝感市迎国庆诗会在市图书馆1楼多功能厅举行。本次诗会由市文联、市文化和旅游局共同主办，孝感市图书馆、孝感广电传媒集团承办，旨在弘扬和传承中华民族传统文化，用经典诗歌诵读抒发爱党爱国情怀。活动在开场舞表演《汉宫秀》中拉开序幕，紧接着，朗诵《祖国，感谢您》《祖国一首唱不完的恋歌》、民乐小合奏《春江花月夜》《我的祖国》等12个精彩节目轮番登场，活动以诗歌朗诵为主，结合民乐表演、汉唐舞蹈、歌曲等形式，既注重传统文化浸润，又突出弘扬爱国主义家国情怀，营造出喜庆温馨的节日气氛，令现场观众沉浸其中。朗诵诗《我爱这土地》，朗诵者醇厚的嗓音和富有感染力的伴舞，传递出浓浓的赤子之心爱国之情，催人泪下；张青《唐诗里的中国》诠释了唐诗的魅力，爱唐诗更爱中国，深情饱满，触人心扉；朗诵剧《秋谨》更是将活动推向高潮，演员声情并茂、慷慨激昂的表演展现了参演者深厚的朗诵功底，仿佛身临其境，对革命先烈的敬仰之情、爱国之情油然而生。

【“国色丹青 大美初心——黄明珠美术工作室作品专题文化展”盛大开幕】 10月31日上午，“国色丹青 大美初心——黄明珠美术工作室作品专题文化展”在孝感城市文化客厅盛大开幕。黄明珠女士引导各位领导及观众进入展厅，详细介绍本次展览及作品的相关情况，很多观众在喜欢的作品前面合影留念。观众中有白发耄耋的老人，也有活泼富有朝气的小学生，大家纷纷表示，喜欢观看家门口的展览，作品很美，色彩美、内容美、意境美，是一场传播美传递温暖的文化盛宴。本次展览的作品有50余幅，主要为黄明珠及学员的作品，持续至11月16日，展览旨在讴歌党的光辉历程，传承和弘扬中华优秀文化，倡导社会主义核心价值观，体现当代美术工作者的使命和担当，更是通过艺术独特视角展示孝感市文艺事业繁荣发展的缩影。

【举办李俊勇长篇小说《富水河畔》首发式】 7月30日下午，由孝感市文联、市作家协会主办的李俊勇长篇小说《富水河畔》首发式在孝感市行政会议中心举行。湖北省作协副主席、著名评论家刘川鄂，省作协党组成员、秘书长沈小群，《湖北日报》高级记者、作家易飞，市委宣传部副部长晏鹏，市文联党组书记、主席熊德琪出席会议并讲话。省作协创研室副主任谢铮、市文联党组成员、副主席沈腊梅一同出席，孝感市作协主席团成员、秘书处成员以及来自全市的作家代表30余人参加了首发式。

【举办孝感作家进企业采风暨“澴酒杯”文学作品征文大赛】 6月12日上午，由孝感市作家协会与湖北生龙清米酒有限公司联合举办的“孝感作家进企业采风暨‘澴酒杯’文学作品征文大赛启动仪式”在孝感宇济大酒店举行，来自全市文学界、学术界、新闻媒体和企业界等30多名代表出席了活动。启动仪式上发布了《孝感“澴酒杯”文学作品征文大赛征稿启事》。活动前期，部分作家代表还深入该企业进行了现场采风。

【举办“用镜头记录孝感”——移动杯摄影大赛】 为庆祝中国共产党成立100周年，充分展示孝感市政治、经济、文化、社会和生态文明建设的成果，展现孝感市城市建设、美丽乡村、城市美好形象及市民的美好生活。4月16日上午，庆祝中国共产党成立100周年“用镜头记录孝感”——移动杯摄影大赛活动启动仪式在孝感市乾坤国际大酒店隆重举行。利用摄影独特的记录、呈现与创作的艺术特点，以“图片及短视频”等优秀作品，讲述孝感大地的红色故事。

【举办"我们的中国梦"——文化进万家暨荆楚红色文艺轻骑兵孝感市文联小分队送福送春联活动】 2月2日下午，"我们的中国梦"——文化进万家暨荆楚红色文艺轻骑兵孝感市文联小分队送福送春联活动在市行政中心12楼开展。来写春联的人络绎不绝，地上摊开的一副副红色喜庆的对联和饱含祝福、各式各样的福字，占满了整个走廊，现场充满着新春喜庆气息。很多人慕名而来，特地想要某个书法家写的春联，宁愿排队等候，满载着真诚祝愿的"福"字、春联在书法家的笔下瞬间挥就，大家手捧书法家现场书写的春联和"福"字，满心欢喜。

【举办荆楚"红色文艺轻骑兵"走进晒书台社区活动】 荆楚"红色文艺轻骑兵"走进晒书台社区为"光荣在党50年"老党员拍照留影。在中国共产党迎来100岁生日之际，为纪念这个特殊的日子，6月29日，荆楚"红色文艺轻骑兵"摄影小分队来到孝感市孝南区广场街晒书台社区，开展文艺惠民活动，参与"奋斗百年路 启航新征程"晒书台社区庆祝中国共产党成立100周年颁奖暨文艺晚会活动，并为"光荣在党50年"老党员们拍照留念，记录最美瞬间。

【举办"红色文艺轻骑兵"工作推进会暨"我们的中国梦"文化进万家活动】 10月30日，孝感市"红色文艺轻骑兵"工作推进会暨"我们的中国梦"文化进万家活动在孝感市人民广场举行。本次活动由中共孝感市委宣传部、孝感市文化和旅游局、孝感市文联联合举办，以线上线下互动的形式举行，其中，线上直播观看人数9万多，获赞4.4万次。推进会上，62个荆楚"红色文艺轻骑兵"小分队获命名，17个小分队受到通报表扬并授旗。这些队伍一专多能、小型多样，兼具演出、宣传、辅导、服务等职责，推动"我们的中国梦"文化进万家等活动深入开展，为建设武汉城市圈副中心贡献不竭的文艺力量。活动现场，荆楚"红色文艺轻骑兵"孝感市书法家、美术家、摄影家等小分队现场为市民送字画、送图书以及摄影打卡，还有孝感市图书馆小分队为群众送图书、办会员卡等活动。

【举办"名家校园行"系列专题讲座活动】 "名家校园行"系列专题讲座活动在湖北职业技术学院开讲。为进一步贯彻落实国家对高校校园文化建设的要求，积极引导大学生弘扬中华优秀传统文化，提高艺术和文化素养，促进大学生各项素质全面发展。10月14日，湖北职业技术学院、孝感市文联主办的"名家校园行"系列专题讲座活动在湖北职业技术学院玉泉校区西区文博馆报告厅开讲。湖北省硬笔家书法协会主席柳长忠应邀担任主讲嘉宾，孝感市文联党组成员、副主席、三级调研员沈腊梅，湖北职业技术学院党委宣传部负责人曾少武等多名老师参加了活动。

【开展"学党史 增四力——文艺名家机关行"活动】 市文联开展"学党史 增四力——文艺名家机关行"活动。9月15日下午，在孝感市文联一级调研员熊德琪，市文联党组成员、副主席、三级调研员沈腊梅的带领下，孝感市书法家协会、美术家协会"红色文艺轻骑兵"小分队志愿者走进市水利和湖泊局，开展"学党史 增四力——文艺名家机关行"活动，受到机关干部的热烈欢迎。活动前期，市文联组织书法家、美术家根据单位职能特点及工作要求创作了45幅书画作品，装扮机关文化走廊，营造机关浓厚的特色水利文化及廉政文化氛围。活动现场，文艺家根据干部需求，提供个人定制服务，结合个人爱好及工作特点创作书画作品，文艺家高超的创作技巧引发观众的阵阵赞叹，书法家刘子安、刘千书、陈谷栋挥毫泼墨，"一身正气为人，两袖清风处世"；"风狂雨骤处，立得脚稳；柳深花艳处，守得住魂"，倡导崇尚廉洁。美术家黄明珠、周梅元创作的墨竹、荷花、牡丹等蕴含着修身守正、洁身自好等美好期许，给机关干部上了一堂富有文艺范儿的"廉政课"。

【组织孝感市楹联学会开展进机关、进社区活动】 6月10日，由孝感市人大机关党委主办，孝感市楹联学会协办的"利用楹联文化 宣讲百年党史"活动在市人大常委会举行。由中国楹联学会会员、孝感市楹联学会顾问、市人大机关退休老干部祝大光结合自己精心创作的32副楹联作品，用楹联书法的形式展示出来，向机关全体党员干部讲述党史中的光辉事迹。市人大常委会主任周先来、副主任陈鸿杰、杨军安、王建华、喻辉、吴琼，秘书长李明辉，市正厅级老领导王智灿、赵定炼、张新润等出席活动。

【组织孝感市诗词学会举办"学毛主席诗词讲党史"讲座】 5月15日，孝感市诗词学会以一种特殊的形式，开展"学党史、颂党恩、话伟业、跟党走"活动，在大院社区党员群众服务中心会议室举办了"学毛主席诗词讲党史"讲座，由湖北省中华诗词学会副会长、孝感市诗词学会会长姚金雷主讲。

【学习宣传党的十九届六中全会精神文艺演出走进陆洼村】 2021年12月1日，"宣传全会精神 助力乡村振兴"孝感市学习宣传党的十九届六中全会精神文艺惠民演出走进云梦县倒店乡陆洼村。活动通过群众喜闻乐见的湖北大鼓、歌舞、独唱、戏剧等文艺形式和现场问答的方式，让全会精神“飞入寻常百姓家”。活动内容丰富多彩，村民像过节日一样看大戏：湖北大鼓《六中全会精神大放光芒》、湖北慢板《使命》将全会精神、宪法知识表现得深刻、透彻、易懂。歌舞《芒种》、楚剧《推车赶会》、川剧《变脸》等节目，弘扬了中华传统文化，现场观众看得津津有味。活动中，孝感市文联党组成员、副主席、三级调研员沈腊梅代表孝感市文联向倒店乡陆洼村赠送一台电脑，助力乡村振兴。

【开展孝感文化进万家文艺宣讲走街串巷活动】 为深入学习宣传中共十九届六中全会精神，推进党史学习教育做深做实，12月22日上午，孝感市委宣传部、孝感市党史学习教育活动领导小组办公室、孝感市文联在孝感市高新区胡邱社区，联合举办“弘扬建党精神 勇毅开创未来”学习贯彻党的十九届六中全会精神文艺宣讲活动。活动现场热闹非凡、暖意融融。上午10点半，“红色文艺轻骑兵”小分队以“理论+文艺+问答”形式，面向社区群众宣讲党的十九届六中全会精神，让群众深刻领会党百年奋斗伟大成就、伟大意义和伟大经验。活动现场宣传氛围浓厚，设计制作了党的十九届六中全会精神宣传展板，“一个号召”“两个确立”“十个明确”“十个坚持”等重点内容清晰明了、浅显易懂。同时，还邀请了3名书法家、美术家现场挥毫泼墨，为社区群众送新春“福”卡、新春对联、新春画卡共计80多幅作品。

【开展湖北省新时代文明实践文艺志愿骨干培训】 12月9—10日，湖北省新时代文明实践文艺志愿骨干培训在孝感市委党校举行，来自随州市、孝感市新时代文明实践中心（站、所）的179名文艺志愿骨干参加了此次培训。湖北省文联组联部一级调研员黄权、组联部副主任何学英，孝感市委宣传部副部长湛卫锋、孝感市文联一级调研员熊德琪、孝感市文联党组成员、副主席、三级调研员沈腊梅出席了此次活动。

【开展荆楚“红色文艺轻骑兵”下基层美术创作辅导(孝感行)暨“孝感画家画孝感”写生创作活动】 荆楚“红色文艺轻骑兵”下基层美术创作辅导(孝感行)暨“孝感画家画孝感”写生创作活动在云梦县开展。11月11日上午，由湖北省文联、湖北省美术家协会、孝感市文联、孝感市美术家协会主办，云梦县文联、云梦县美协承办的荆楚“红色文艺轻骑兵”省美协小分队下基层美术创作辅导(孝感行)暨2021年“孝感画家画孝感”写生创作活动在云梦县城关镇西王村拉开帷幕。省美协秘书长刘春冰、孝感市文联一级调研员熊德琪、市文联党组成员、副主席、三级调研员沈腊梅、孝感市美协主席陈军、云梦县副县长汪文伟、云梦县委宣传部副部长李长明、云梦县文联主席张赤平等领导及孝感地区45名骨干美术家参加了开班仪式。

为期4天的现场参观、写生活动中，文艺家的足迹遍布了云梦县全国文明村城关镇西王村、百年古镇胡金店镇、云梦母亲河清明河乡桂花潭、云梦文旅景区祥云湾，真正立足现实，走乡村、看民情、体民意、绘民风，画家们用手中的画笔描绘出一幅幅充满田园风情，反映乡村和美、农家兴旺、村民富裕的作品。为进一步提高创作水平，加强交流，晚上召开作品点评会，请省美协专家对写生作品把脉问诊，讲授创作技巧，提升学员创作水平。学员纷纷表示这次活动安排得非常充实，真正深入生活，边走边创作，边学习边进步，受益匪浅，理论与实践结合得非常好，本次活动共创作100余幅“美丽乡村行”主题作品。“孝感画家画孝感”活动已连续举办4届，培养了众多优秀的美术人才，推出了很多精品力作，多名美术家写生作品在省级展览中入展并获奖。该活动旨在立足人民、立足生活，提升孝感市美术工作者的脑力、笔力、眼力、脚力，有序规划孝感美术重点项目，创作一批展示乡村振兴重大成就、反映当代群众精神风貌的优秀美术作品，用文艺的独特方式助推乡村振兴，为全市美丽乡村建设鼓与呼。

【组织省青年书协、孝感市书协成功举行冲刺九届省展看稿点评会】 为冲刺湖北省第九届书法篆刻展览，展现全市书法近五年来最新创作成果，3月19日，湖北省青年书法家协会、孝感市书法家协会在孝感鸿博大酒店举行了投稿作品看稿点评会。全市90余名书法爱好者携带作品参加了会议。看稿会邀请了省青年书协副主席兼秘书长王勇、湖北省青年书协副秘书长胡飞、湖北篆刻院研究员葛振亮等专家莅临现场点评。孝感市书协主席刘子安，副主席陆舍无、左剑桥、刘千书、许奇等参加会议，并在现场开展点评辅导。

【组织孝感市作家协会举办报告文学创作讲座暨创作笔会】 3月28日，由湖北省报告文学学会和孝感市作家协会联合主办的“报告文学创作讲座暨创作笔会”在孝感市举行，湖北省报告文学学会会长、著名报告文学作家王汉清(寒青)做了题为《报告文学创作》的精彩授课。会议由市作家协会主席方东明主持。省报告文学学会副会长明德运、秘书长梁小琳一行及来自全市的30多名作家和创作骨干出席会议。

（撰稿：王海桥）

10月21日，市残联为困难听力残疾儿童免费适配助听器　　（市残联 供图）

市残疾人联合会

【概述】 2021年是中国共产党成立100周年，也是“十四五”开局之年。在市委、市政府正确领导下，在省残联的精心指导下，孝感市残联紧紧围绕“巩固残疾人脱贫攻坚成果同乡村振兴有效衔接，持续满足残疾人多样化需求”的目标，强化责任担当，聚焦重点难点，务实求新、真抓实干，稳步推进残疾人事业发展，较好地完成了年度工作任务。

【残联改革】 7个县（市、区）《改革方案》全部印发，在全省率先完成省定任务。对照《全省基层残联改革重点任务清单》，加强相关制度建设，先后出台《孝感市政办关于调整市政府残疾人工作委员会组成人员的通知》《孝感市政府残疾人工作委员会成员单位职责分工》《孝感市政府残疾人工作委员会工作规则》《孝感市残联主席团委员提案办理制度（试行）》《孝感市残联理事会工作规则》。结合基层换届工作，重点完善健全乡镇、村专职委员配备。全市各级残联机关共有7名残疾人干部，乡（镇）、街道残联106个，村（社区）残协2008个，配备专职委员2575人。全市40个各类专门协会工作经费列入预算保障，4家集中安残企业组建了残疾人协会；残疾人志愿者队伍不断壮大，4000多名助残志愿者活跃在广大城乡；建成残疾人县、乡、村三级组织工作网络，形成横向到边、纵向到底的服务网络。

【残疾人帮扶】 对全市已脱贫的37649名建档立卡残疾人，严格落实“四个不摘”要求，强化责任落实，持续落实帮扶政策，进一步巩固残疾人脱贫成果。积极抢抓机遇，巩固拓展残疾人脱贫攻坚成果同乡村振兴有效衔接，将残疾人工作纳入乡村振兴工作大局。健全防止残疾人返贫致贫监测和帮扶机制，对全市1135名持证残疾人“三类”重点对象（584名边缘易返贫持证残疾人、547名脱贫不稳定持证残疾人、4个存在致贫返贫风险的新增持证残疾人）开展常态化监控，加大帮扶力度，实行动态清零。

【残疾人康复】 深入贯彻落实《残疾预防和残疾人康复条例》。开展残疾预防宣传与筛查工作。组织专家在全市范围内开展残疾儿童筛查，全市筛查各类患儿750名。结合残疾预防日，围绕“加强残疾预防，促进全民健康”主题，开展残疾预防宣传现场活动8场次，印发宣传海报5000多张，宣传手册3000多册。与市卫健委联合印发《孝感市残疾人家庭医生签约服务工作实施方案》，为全市16645名残疾人提供个性化家庭医生签约服务。加强定点康复机构管理，会同卫健部门对申报残疾儿童康复救助定点机构的单位进行评审。实施重点康复项目。全市为854名残疾儿童开展康复训练救助；为30名残疾人安装假肢；为1259名精神残疾人提供门诊服药补贴服务；为困难残疾人发放普及型辅助器具3970件。全市残疾人康复需求服务覆盖率达94%，基本实现“人人享有康复服务”的目标。

【残疾人教育就业】 积极与教育部门协调，严格落实控辍保学要求，落实各项教育扶助政策，义务教育阶段经鉴定符合入学条件的残疾儿童全部入学。鼓励残疾学生不断提高受教育程度，对2021年29名高考录取大学生按相应标准发放一次性奖励补助。对应届毕业残疾大学生进行跟踪服务，实行“一人一档”管理，全市应届毕业残疾大学生52人，就业率达86.84%。广泛开展残疾人职业技能和实用技术培训，举办培训班39期，培训残疾人1966人。依法多形式、多途径开展残疾人就业创业工作。以保障金征收为着力点，促进残疾人分散按比例就业，全市分散安置残疾人1106人。联合市人社局开展“就业援助月”活动，积极开展就业援助服务帮助残疾人实现企业就业122人，通过公益性岗位安排残疾人就业420人，39家企业集中安置残疾人821人，其中安置达100人以上企业2家。加大扶持残疾人自主就业创业力度,开展市级残疾人创业示范基地及自主创业个人评选10家;申报省级品牌基地1家,省级自主个人创业3家;“双百工程”(农家小店主70人、城镇小老板70人)。

【残疾人权益保障】 将残疾人信访工作列入政府考核目标,融入大信访格局。网上信访纳入了信访部门“阳光信访信息系统”,全国残疾人服务热线“12385”纳入了市长热线电话“12345”统筹安排。全市残联配备专兼信访人员、信访接待室和完善的信访制度,依法依规做好残疾人来信来访登记、处理工作。各级残联聘请法律顾问,常年为残疾人提供法律咨询服务。充分发挥残疾人专门协会作用,各专门协会在开展帮扶活动、消除矛盾方面发挥了重要作用。2021年共接待处理各类信访事项140余件次,无进京、赴省非法上访事件。

【惠残政策】 全市城镇残疾职工依法参加基本养老、基本医疗、失业、工伤和生育等社会保险。城镇残疾人医疗保险和养老保险参保率达100%,农村残疾人医疗保险和养老保险参保率均在98%以上。各级政府为困难和重度残疾人代缴个人基本医疗、养老参保费,对纳入建档立卡的残疾人家庭代缴50元/年的住房财产保险费。将符合条件的残疾人家庭及时纳入最低生活保障范围;低收入家庭中成年重度困难残疾人单独纳入最低生活保障,全额发放最低生活保障金;对纳入最低生活保障范围的重度残疾人按不低于本地最低生活保障标准的20%比例增发补助资金;对符合特困人员供养范围的残疾人,按规定纳入特困供养范围。落实困难残疾人生活补贴提标政策,2021年享受困难残疾人生活补贴5万多人;重度残疾人护理补贴6.5万多人。开展重点扶助,残联对680名重度残疾人给予居家托养补贴;417名残疾人机动车主发放燃油补贴;544户残疾人家庭进行无障碍改造;616名0~6岁残疾儿童家庭发放康复训练生活补助。修订残疾儿童康复救助,坚决落实残疾人免费乘坐市内公交车优待政策、残疾人辅助器具适配补贴制度,相关部门对低保残疾人家庭生活用水、电、气、通信等费用,给予优惠或补贴。

【残疾人办证】 严格规范办证工作流程,全力做好残疾人证的核发和换发工作。全年共换发残疾人证14928人。全市自6月起残疾人证办理实行“跨省通办”。为解决全市行动不便的重度残疾人出门办理残疾人证困难问题,将为残疾人上门办证纳入“我为群众办实事”项目之一,全市各级残联累计开展下乡上门办证活动89次,为1724名行动不便的重度残疾人上门办理残疾人证工作,使他们及时享受到各项助残惠残政策。

(撰搞:姜方新)

市红十字会

【机构改革】 市委、市政府高度重视“市红十字会系统改革”,纳入2021年“双保”事项清单,实施“五化”管理,出台改革方案。2021年12月26日,召开孝感市红十字会第三次会员代表大会,依法设立理事会、监事会,完善新型治理结构。

【“三救”工作】 人道救助有进展。开展“红十字博爱送万家”活动,对困难群众、“三献”志愿者以及在疫情防控期间表现优秀的志愿者进行慰问,全市发放家庭包340个,棉被249床,发放慰问金7.95万元。支援老区卫生室购买医疗器械,合计价23.25万元,受益困难家庭754户。全市动员人道资源募集款物共905万元,定向捐赠已全部执行到位。救护培训工作有成效。结合“学党史办实事”,开展应急救护培训“五进”工作,全市培训救护员2341人,培训救护师资64人,应急救护普及人数达到10877人。救灾工作有行动。防汛抗涝期间,向上级红十字会争取四批救灾物资,包括家庭包、毛毯、棉被、冲锋衣等价值合计47.9万元,赈济孝南、云梦、应城、安陆、大悟部分受灾群众。

【“三献”工作】 优化造血干细胞采集工作。协调配合市中心血站,专人专班宣传动员,全年完成557人份采集任务。2021年6月,市红十字会“三献”办负责人在2021年全省造血干细胞工作会议作经验交流发言。规范人体器官捐献流程。贯彻落实《湖北省人体器官捐献条例》,选派红十字会干部和人体器官捐献业务人员参加省红十字会人体器官捐献协调员培训,学习政策、业务,进一步规范全市人体器官捐献管理工作。2021年,全市新增网络人体器官捐献志愿登记3579人,实现体器官捐献13人,共捐献人体器官44个,眼角膜捐献7例。献血工作争先创优。争取党委、政府重视,建立以市中心血站为龙头,各县市区为支撑的献血联动机制。充分调动志愿献血积极性,全年献血量达到10吨。2021年11月,市委文明办、市妇联、市卫健委、市红十字会、市献血办联合举办孝感市第二届“爱心献血家庭”评选活动,对20个无偿献血家庭进行表彰。

12月26日，孝感市红十字会第三次会员代表大会举行　（摄影：毛小飞）

【基层组织建设】 加强基层组织建设，扩大红十字基层组织覆盖面。应城市试点实施红十字基层组织建设全覆盖工作，与应城市组织部、宣传部联合发文强力推进，已建成154个基层组织。在云梦县黄香小学、孝昌县第二高级中学、大悟县行健学校新建3个学校红十字会。完成孝昌县陡山乡周山村博爱家园项目及花西乡吴店村博爱卫生站项目建设。

【志愿服务】 全市招募志愿者7054名，94支志愿服务队伍涵盖应急救护、社区服务、人道传播、无偿献血等领域，活跃在城乡社区。持续开展“三老”志愿服务项目，2021年投入资金3万元，发放护理垫856人份。“5 · 8”博爱周期间，市、县两级红十字会围绕“关爱生命、救在身边”和“学党史、办实事”两个主题，开展了救护培训、急救知识普及、社区志愿服务等活动。市红十字会举办第二届心理救援志愿服务培训班，各小分队结合工作实际在社区、学校、医院、乡镇开展心理知识普及志愿服务，文昌中学分队加入孝南区三里棚社区“爱心成长项目”。

【红十字青少年工作】 结合“世界急救日”主题活动，开展面向各类学校、面向不同年龄段学生的应急救护培训、生命健康知识普及教育、爱眼护眼知识宣讲及视力检测等活动。推进学校红十字青少年工作示范基地建设，共新建3个示范基地，每个示范基地学校建成了1个以上的特色志愿服务队，完成学校红十字会建立、会员注册及志愿者招募数量要求，在校内开展了救护员培训、生命健康教育等活动，培训救护员299人、应急救护知识技能普及培训6861人、培训校医（保健教师）170人。4月，组织发动红十字青少年工作示范基地的学校参与总会报刊社主办的2021年红十字应急救护知识竞赛。10月，大悟县红十字会联合10余名医疗专业志愿者赴县实验小学为450余名小学生检查视力、普及健康知识和科学用眼知识。

【疫情防控】 积极主动参与疫情常态化防控，各级红十字会组织干部和志愿者参与社区“包楼”、新冠疫苗接种、疫情防控知识宣传等工作；向全市93个社区红十字服务站发放医用外科口罩、隔离衣、酒精、消毒液、额温枪等新冠肺炎疫情常态化防控物资13万余元。

（撰搞：宋　欢）

执行编辑：易秀云

法治

法 治

政法综述

【概述】 2021年，全市政法机关坚持问题导向、目标导向、效果导向，紧扣建党百年安保维稳主线，以政法队伍教育整顿为契机，不断深化党对政法工作的领导，全方位推进政法各项工作，为孝感高质量发展创造安全的政治环境、稳定的社会环境、公正的法治环境、优质的服务环境。

【扫黑除恶斗争】 扫黑除恶专项斗争圆满收官，全市共侦办黑社会性质组织案件15件，恶势力犯罪集团案件30件，涉恶犯罪团伙案269件，孝感市扫黑除恶专项斗争领导小组被授予全省扫黑除恶专项斗争先进单位一等奖，孝感市公安局等9家单位被授予先进单位，孝感市中院扫黑办等8个集体、11人被省扫黑办和省人社厅授予先进集体和先进工作者。根据中央、省委关于常态化开展扫黑除恶斗争的决策部署和工作要求，印发《关于常态化开展扫黑除恶斗争的实施意见》，健全扫黑除恶斗争组织领导机构，健全完善防范整治、举报奖励、依法惩处、督导督办、考核评价、组织领导“六项机制”，扎实推进电信网络、自然资源、交通运输、工程建设四大行业领域整治。

【公正司法建设】 推进执法监督各项措施，组织对19件涉法涉诉重点信访案件进行集中交叉评查，随机抽选全市政法单位30件“有案不立、压案不查、有罪不究”等线索开展专项评查；对检察机关落实适用认罪认罚从宽制度进行专项检查，组织开展违规违法办理“减假暂”案件专项清查、羁押必要性审查活动。组织开展涉法涉诉信访突出问题专项治理，清查、评查292件重点案件（积案），省委政法委交办的60件涉法涉诉信访积案全部化解；完成市本级司法救助52件次140万元，有效维护当事人合法权益，保障社会公平正义。

【政法领域改革】 全面开展“法治化营商环境建设年”活动，出台优化法治化营商环境系列政策意见，推动全市政法机关加强法治化营商环境建设工作，全市执行合同、司法程序质量等营商环境评估指标继续保持向好，1件案件被省院评为优化营商环境典型案例。深入推进司法责任制改革，健全有序放权、科学配权、规范用权、严格限权的审判权力运行及制约监督体系，深化案件繁简分流改革，司法质效提升明显。

【政法队伍教育整顿】 根据《中共中央关于开展全国政法队伍教育整顿的意见》《全省政法队伍教育整顿实施意见》要求，强势开展全市政法队伍教育整顿，围绕学习教育见真功、自查自纠说真话、组织查处动真格、专项整治见真招、总结提升见真效“五真要求”，聚焦学习教育、查纠整改、总结提升“三大环节”和筑牢政治忠诚、清除害群之马、整治顽瘴痼疾、弘扬英模精神“四项任务”，着力打造党和人民信得过、靠得住、能放心的政法铁军。全市共开展党委书记、政法委书记、纪委书记讲党课16场、作廉政报告8场，组织政治轮训140场、警示教育大会58场、英模事迹报告会27场，“科所庭队部室”共组织学习会1600余场；排查整改顽疾问题900余个，出台《孝感市市直政法单位党组（党委）和县级党委政法委员会向市委政法委员会请示报告制度》等制度机制257项。公正司法建设扎实推进，清理、调查重点积案292件；深入推进政法领域改革，营商环境评估指标持续向好。

（撰稿：蔡立）

地方立法

【概况】 2021年度，市人大法制委员会、常委会法制工作委员会（以下简

6月3日，省人大常委会副主任梁伟年到孝感调研打治电诈工作

（市人大机关 供图）

称“委员会”)在市人大及其常委会的领导下，紧紧围绕常委会年度工作部署和立法计划，认真履行法规统一审议职责，切实做好立法服务保障工作，与有关专门委员会协作配合，协助常委会审议通过地方性法规1件，修改地方性法规1件，提请审议1件，开展立法前期调研1件。

【制定出台《孝感市电动自行车管理条例》】 2021年4月22日、6月24日，市六届人大常委会第三十四次、第三十五次会议先后对《孝感市电动自行车管理条例(草案)》进行了二审、三审；8月24日，市六届人大常委会第三十七次会议表决通过该条例；9月29日，该条例经省十三届人大常委会第二十六次会议审查批准，将于2022年1月1日起施行。

【修改《孝感市住宅小区物业管理条例》】 根据省人大常委会办公厅《关于开展民法典涉及地方性法规专项清理工作的函》的要求，委员会经过认真对照和全面梳理，针对条例中的部分条款存在与《民法典》的有关规定不一致的情形，作出了15处修改。

【起草《孝感市停车场建设和管理条例》】 《孝感市停车场建设和管理条例》被列为2021年度新增审议项目后，委员会积极协助做好条例草案的起草工作，保证法规项目依法及时推进。

统筹协调。指导组建法规项目领导小组和法规起草工作专班，研究提出法规起草工作方案，对条例草案的调研、起草、审议、修改等作出安排，明确职责分工、重要节点、完成时限、保障措施等具体要求。

调研论证。指导法规起草单位依托专业研究力量，对条例框架结构、重点难点问题和主要制度设计进行调研论证，形成课题研究报告，作为条例草案起草的重要基础和依据。

跟踪指导。通过参与市人大城乡建设与环境资源保护委员会组织召开的条例草案起草工作推进会、汇报会、座谈会，了解掌握立法进展情况，及时跟进给予指导服务，提出相关意见建议。

联系沟通。对于条例草案起草过程中涉及的重点难点问题、影响立法进度事项，注重加强与法规起草参与各方的联系沟通，共同做好立法相关工作，促使条例草案按照立法程序和时间节点及时提请常委会会议审议。2021年10月29日，市六届人大常委会第三十八次会议对《孝感市停车场建设和管理条例(草案)》进行了一审。

【编制2022年度立法工作计划】 根据有关法律法规规定，委员会于9月启动2022年度立法计划的编制工作。按照省人大常委会关于市州立法选题“聚焦大局所需、群众所盼、问题所在”和“小切口”的总体要求，委员会根据孝感市的具体情况和实际需要，新增《孝感市居家养老服务条例》作为立法审议项目，同时将《孝感市海绵城市建设管理条例》《孝感市户外广告和招牌设置管理条例》列为立法调研项目，并据此提出了市人大常委会2022年度立法计划草案，为统筹推进全年立法工作奠定了良好基础。

【备案审查规范性文件】 委员会协助常委会依法履行法律监督职责，坚持有件必备、有备必审、有错必纠，积极开展规范性文件备案审查工作，切实维护国家法制统一。

上报备案地方性法规2件、规范性文件2件。地方性法规、规范性文件向社会公告后，严格按照规定格式和程序，将相关资料收集汇总，形成电子文档，及时向省人大相关工作机构上报备案，确保做到报送及时、材料齐全、格式规范。

对市政府报送备案的18件规范性文件及时进行了初步审核和备案登记。对于报备的规范性文件，按照相关程序及要求，委员会在做好预审的同时，根据“业务归口、统一反馈”的原则，结合人大专门委员会的职责分工和规范性文件的内容，函请有关专门委员会从专业角度提出审查意见，共同把好备案审查质量关。

加强对县(市、区)人大规范性

文件备案审查工作的督促指导。对汉川市人大常委会报送备案的2件规范性文件及时进行了初步审核和备案登记，注重加强对县（市、区）人大法制委员会的日常联系和工作交流，在督促按时报备规范性文件的同时，及时了解情况、发现问题、提出意见，促进各地规范性文件备案审查工作依法开展，有效提升全市备案审查工作的整体水平。

（撰稿：刘川）

平安建设

【维护稳定】 坚持把维护国家政治安全置于首位，圆满实现全国两会、建党100周年、中共十九届六中全会等重要敏感节点安保维稳任务。创新构建平安建设风险隐患“汇研交办处”排查处置机制、公安机关“情指勤舆”一体化实战化运行机制，集中开展矛盾纠纷化解专项行动，全市累计调解各类矛盾纠纷14752件，调解有效率达98.2%。

【综治工作】 2021年，聚焦提升群众安全感满意度，启动“三项提升行动”，开展大宣传、大走访、大整治，将每年5月、11月确定为平安建设宣传月活动，提升平安孝感建设知晓率、参与率。深入推进“平安早市”“平安夜访”等基层创安，广泛开展“护您平安、向人民报告”大走访、“一恳谈四走访”，宣传平安创建成效。以“十百千”微平安创建为载体，深化“平安学校”“平安医院”“平安家庭”等10类微平安创建，9所中小学被命名为省级示范“平安学校”。着力加强基层平安建设力量，全市348个社区、2033个村全面落实“一社区（村）一警（辅警）”，建成“五户联勤、十户联防”示范街道60个，组建联防队伍80支，参与联防巡逻队员2600余人。以“四季严打”为牵引，从严从快打击“刀爆枪、盗抢骗、黄赌毒、食药环”等影响群众安全感满意度的突出违法犯罪，突出抓好全市命案防控工作，全市刑事、治安警情发案率持续下降，56%的城市社区、95.6%的乡镇农村实现电信诈骗“零发案”，社会治安大局持续向好。市公安局主导破获“4·14”偷越国边境全国性大案，被公安部记一等功。

【市域社会治理现代化试点】 按照中央政法委、省委政法委关于推进市域社会治理现代化的决策部署，采取市级主导、全面铺开、同步实施、整体推进的方式，有序推进市域社会治理现代化试点各项任务。将88项具体任务和6项特色指引，细化分解到56家市直单位，实行“五化管理”；将孝南、汉川列入全国第2批创建示范单位，分别确定各县市区和市直“三区”的市域治理试点项目；广泛开展“双十”（推进十大创新举措、着力十大重点任务）争创活动，集中攻坚“防范化解政治安全风险”“发挥德治教化作用”两个重点项目，提升市域社会治理知名度和影响力。持续推进“智慧平安小区”建设，累计建成“智慧平安小区”112个，基层治理“智慧化”水平不断提升。

（撰稿：蔡立）

法治政府建设

【概况】 2021年，孝感市政府坚持以习近平新时代中国特色社会主义思想为指导，深入践行习近平法治思想，大力推进法治政府建设，为孝感“打造副中心、争当排头兵”提供了坚实法治保障。市委常委会会议审议通过了法治孝感建设“一规划两方案”和“八五”普法规划。市政府年初向市委专题报告2020年度法治政府建设情况。市政府主要负责同志带头尊法学法用法，认真落实年终述法工作制度，全年召开专题会议、听取工作汇报11批次，签批法治建设重要文件、请示、报告等30批次，组织开展或直接参与法治调研、法治督察活动3批次，推动建立了全市政府系统会前学法常态化机制。将党政主要负责同志履行推进法治建设第一责任人职责和法治政府建设情况列为全市法治建设专项督察重点内容和法治建设绩效考核重点项目，以考核倒逼落实成效，孝南区成功创建全省第一批法治政府建设示范地区，孝南区、大悟县成功创建全省优化营商环境改革先行区。

【优化法治化营商环境】 规范提升政务环境。出台《孝感市推进“高效办成一件事”改革实施方案》，13个改革事项全部线上运行。建立完善“武汉城市圈通办”机制，63项自助事项孝汉“跨市通办”。成立税费服务调度中心，打造“总客服”平台，纳税便利度大幅提升。实行一个号码对外，整合31条热线到“12345”，政企沟通机制不断健全。营造宽松市场环境。严格落实企业开办“210”标准，实行线上网办、线下“一窗联办”，企业变更登记只需1个工作日。推进证照制度改革，审批权限在市级及以下的涉企经营许可115项中，已完成改革106项。健全完善法治环境。开展社会信用建设，“双公示”（行政许可、行政处罚）信息实现“全覆盖、无遗漏”。加强知识产权保护，开展地理标志专项整治行动，知识产权维权援助工作站全覆盖。落实公平竞争审查制度，审核纠正行政规范性文件3件。推进减证便民，市本级公布实施告知承诺制事项256项，数量居全省前列，权责清单、市场准入负面清单和政府定价涉企收费清单实现动态管理。

【推进科学立法】 立法机制不断完善。建强立法队伍，组建孝感市行政立法专家委员会，打造“三会一公开”（听证会、专家论证会、协调会，公开征求公众意见）多层次立法听取意见大平台。重点领域立法不断加强。《孝感市电动自行车管理条例》于2022年1月1日起施行，《孝感市扬尘污染防治管理办法》修订完成，《孝感市城市建筑垃圾管理办法》《孝感市停车场建设和管理条例》《孝感市规章制定程序规定》立法工作有序推进。“立改废释”更加规范。政府规范性文件应审必审，审修率100%。清理市、县两级各类文件847件，其中，废止149件、修订50件、失效88件。向省政府、市人大常委会报备规范性文件12件，备案“三率”均达100%。

【提高依法决策水平】 严格落实《重大行政决策程序暂行条例》，市县两级政府实现行政机关法律顾问全覆盖，2021年度29件重点事务全部实行法律论证，五大法定程序全部落实到位，重大行政决策集体讨论率100%，确保决策结果经得起法律法规检验。

【规范行政执法】 制定《孝感市乡镇综合执法改革试点工作指导方案》，启动实施汉川、应城两地乡镇综合执法试点，推动执法重心下移。积极探索柔性执法试点，市城管执法委制定轻微违法不予处罚制度。全年对8904名行政执法人员开展了行政执法培训，组织9817人次参加行政执法资格考试，市县两级法院共受理行政案件632件、结案614件，涉企执法问题专项整治和涉企行政执法案卷评查活动被省委依法治省办推介。

【行政权力制约监督】 主动依法公开政务信息，做到“应公开尽公开”。严格实施审计监督，依法依规向纪检监察机关移送问题线索11条。有序推进行政复议改革，案件纠错率34.2%。自觉接受市人大常委会监督，提请听取行政执法“三项制度”工作情况，认真落实有关审议意见。

【社会治理法治化】 厚植法治信仰。全面贯彻实施《宪法》《民法典》，深入推进普法责任制“4821”工作法，开展普法宣传3100余场次、“以案释法”大宣讲1000余场次。建成全省首家反电诈体验中心，组织庭审旁听活动近百场次，组织国家工作人员无纸化学法参考率达100%，优秀率达到95%，政府部门拟任职人员任前法律知识考试、依法行政公开承诺和宪法宣誓制度得到有效落实。强化公共法律服务。打造“孝感市公共法律服务平台”，开辟“民法典专题”“企业法治体检专栏”，提供“7×24小时”综合性公共法律服务。开展民营企业“法治体检”和法律服务进园区、进社区、进学校活动，全市25家律所987人次深入民营企业1430批次，帮助企业化解矛盾纠纷773件，出具法律意见书1024份，审查合同1416份，办结“为民办实事”事项59件。夯实基层基础。加强基层司法力量，出台《关于基层司法所辅助人员配备的指导意见（试行）》。坚持和发展新时代“枫桥经验”，制定《关于进一步加强新时代调解工作的指导意见》，积极打造县、乡、村三级“矛调中心”，为群众提供“一站式”调解服务，全年调解各类矛盾纠纷案件14737件，调解成功率98%。

（撰稿：蒋浙成）

3月17日，全市政法系统举办政治轮训暨习近平法治思想专题讲座

（市委政法委 供图）

公　安

【概况】 2021年，孝感公安机关在市委、市政府和省公安厅领导下，围绕建党100周年安保维稳主题主线，以“情指勤舆”一体化、打击整治、强基攻坚、教育整顿正规化、“孝警支点”创建“五个专班”为牵引，一体推进“打防管治建”各项工作，全力防风险、护稳定、守平安、促发展，实现社会大局持续平稳向好。全市

8月1日，孝感市反电诈教育体验馆正式开馆　（市公安局 供图）

共破获各类案件5727起、同比上升57.4%，综合破案率突破30%，破现案率31.7%、同比增长6个百分点，命案、"两抢"实现快破全破，"4·14"偷越国边境案获评全国经典案例，得到部、省领导点赞，并申报公安部记一等功。

【打击刑事犯罪】 聚焦打击整治主责主业，依托"情指勤舆"一体化，构建市县"捆绑作战"、警种"案上合成"、内核"数智驱动"的"大侦查"格局，打击效能实现大提升。打击"黄赌毒"犯罪。共抓获嫌疑人2000余人、处罚整改行业场所3000余家；破获省督"6·11"色情直播、汉川卫某团伙赌博、孝昌陈某开设赌场等系列大案；打掉"黄赌假"窝点110余个、团伙80多个；升级毒品治理，先后侦破部督、省督大案4起，缴获各类毒品30余公斤。

打击电信网络犯罪。成立全省首家电信网络新型犯罪侦查支队，与市反诈办公室一体运行，深化党政主导、数据赋能、全域治理格局。破案挽损均同比上升3倍多，100万元以上案件破案率达60%；共止付账户1.28万个，资金5.7亿元，均同比上升24%以上。建成全省首个反诈防骗体验馆和主题步行街，聚合禁毒教育基地等宣教资源开通"孝感公安公益旅游公交专线"，动员85万余名群众安装反诈App，电诈发案连续呈现环比下降趋势。推行"双推双控双评估"涉诈重点人管控机制，打处"两卡"210人、关停"两卡"3000余张，刑拘偷渡缅北人员100余人，持续巩固"低输出"良好态势。

聚力突破积案大案。启动"全警战雷火、双一提能效"，领导包保破积案、机关支援破大案，共破积案800余起、同比上升1.5倍；组建10多个市县一体化攻坚战队，发动"4·14"偷越国边境、"9·17"网络赌博、"2·22"帮信、"11·9"虚开增值税专用发票等系列全国性集群战，共破案件1600余起、打掉黑产团伙20余个、涉案资金流水超过50亿元。固化常态化扫黑除恶，共打掉涉恶犯罪集团1个、涉恶犯罪团伙4个，破案67起、刑拘195人；深入推进长江大保护，严格落实长江"禁渔令"，共打处非法捕捞人员121人、收缴渔具300余件。

【重大风险防范】 统筹发展与安全，强化万无一失的底线思维，坚决防止矛盾升级、隐患放大、风险扩散。实行全域找堵防。紧盯影响社会安全稳定的重点因素，启动"找窟窿、堵窟窿、防透风"专项行动，全面高效开展"窟窿"隐患大排查、大起底、大整治。并将公安"情指勤舆"一体化向党政拓展、向基层延伸，在安全稳定上着力构建市县两级党政"大闭环"、公安"纵闭环"、基层乡镇街道"微闭环"相交融的"丰"字形"找堵防"工作体系，切实筑牢社会安全稳定壁垒。

实行立体化巡防。深化立体化治安防控体系建设，升级公安武警联勤、汉孝临孝警务协作，建立城区"9+6"快反机制，建成30支快反队、骑警队；与新疆和田、河南信阳、武汉及临孝市县签订警务合作协议，筑牢"环鄂环汉环孝环城"四级巡防封控圈；全市共建成118个智慧平安小区，新建前端感知设备智能化率达到80%以上，城镇及农村重点部位视频监控基本全覆盖，全市盗窃等可防案件发案率环比下降6.3%。

实行常态化疫情防控。以"公安大数据"为核心，建成疫情防控态势感知平台和疾控+公安+N"市县乡"三级流调队，实时动态核实国内外数据信息10万余条次，高效完成12万多名重点对象流调排查工作。

【安保维稳工作】 坚持稳字当头，安字为要，以万全举措守点、控人、防大事。出台《孝感市公安机关市县"情指勤舆"一体化作战实施意见》，聚合15个警种职能实体化运转"情指勤舆"一体化办公室，对各类风险隐患实行"研交办督结"闭环管理，完成"两节""两会"、中高考、"7·5"、中秋、国庆等20多场次安保维稳任务，特别是在中国共产党成立100周年庆祝大会期间，全市实现涉政涉稳事件"零发生"。

全面管控重点领域。深化与部门的联勤联动，聚合"人事物地网"

要素，深入开展隐患大排查、大整治，做实项目企业、河湖、道路安全、学校、医院、森林“六大警长制”，加强对枪爆刀、散装汽油、寄递物流等重点物品安全管理，强化重点单位、重点区域、重大活动及人员密集场所显性用警，加大隐患排查、落实安全防范措施。2021年，共排查整改行业内各类安全隐患2189个，共收缴各类非法枪支19支、子弹2932发、雷管90枚，管制刀具190把。

持续推进交通管理。积极对接“五城同创”，深化校医周边、道路交通秩序整治，巡查整改交通隐患、治安乱点3000余处，开展交叉执法查处突出现行违法行为4800余处、劝导教育不文明交通行为1.2万余起；加强疏堵保畅，提前完成265个农村平交路口改造，建设公路“生命防护工程”1449.5公里，对天仙路等13个重要路段进行智慧交通升级，拥堵路段畅通率提升28%以上，亡人交通事故起数及死亡人数分别同比下降11%、9%；由公安推动的《孝感市电动自行车管理条例》已被省人大常委会审议批准施行，从立法层面有效解决了电动车事故频发问题。

9月29日，孝感市公安局电信网络新型违法犯罪侦查支队成立

（市公安局 供图）

【基层治理工作】 坚持依靠群众，全力推进落实省委关于“情指勤舆”一体化、党建引领乡村治理系列文件精神，聚合内外资源全力除隐患、优治理。创新基层治理机制。紧盯不放心的人、不托底的事，从“最基层”着眼，从“小漏洞”着手，推动出台《关于建立乡镇（场、街）平安建设风险隐患“汇研交办处”排查处置机制的意见》（孝平安办〔2021〕17号），加强对各类风险隐患的源头治理，早期控制，切实把小矛盾小问题解决在基层、大问题大风险解决在市域。

探索本土枫桥模式。推动市委平安办出台联防共治、命案防范、电诈宣传系列方案机制，创建200多支“五户联勤、十户联防”“网友义务巡逻队”等群防队伍，参与劝阻业主聚访、邻里冲突300余起；联合开展重症精神障碍患者、刑满释放人员、扬言报复社会等人员数据“大清洗、大起底、大管控”，精准防范极端肇事肇祸案事件，从源头减少民转刑、刑转命，命案同比下降22%。

深化矛盾纠纷化解。开发应用“警长”“警辅通”App，深化机关+基层“乡镇村村见警、社区月月恳谈”，搭建公安+网格+N治理体系，统筹群防力量下沉走访、多方调解1万多场次，农村治安纠纷同比下降2.1%，盗窃等可防性案件同比下降6.3%，信访积案化解经验在全省推介，对口帮扶安陆殷棚村获评“全国乡村治理示范村”，有效探索了现代基层治理之路。

【深化警务建设】 坚持改革强警、科技兴警，以“警鹰展翼”第一个三年行动计划为牵引，重构流程提升警务效能、搭建平台高效为民服务。深化现代警务建设。积极对接融入孝感“数智城市”建设，一体化建设智慧城市运营管理中心、智慧指挥中心，加速警鹰孵化池等86个“孝警支点”项目建设，布建136套电子围栏系统，系全省（除武汉）布点最多、覆盖最广的市州之一。抓紧配套机制建设，建立“数据警员、数据警长、高级数据警长”三级赋能机制，200多个平台账号“市县所”共享共用，依托一体化办和扁平化指挥平台，着力打造“接警、破案、应急、维稳”的一体化作战勤务体系。

深化系列警务改革。推动市政府办出台《进一步加强新时代公安派出所工作实施意见》，全面支援推动“派出所、社区、小区”警务建设，新建改建17个数字化派出所，“一居一警”“一村一辅”覆盖率达100%。完善市县涉案财物管理中心运转机制，建成全省首家“公检法”一站式“执法监督管理综合体”和配套制度，深化公检法数据对接，推进办案一体监督、高效流转，规范化办案效率提升30%，被公安内参专题推介。大力推进公安机构改革，科学调整交警、森林等警种编制，组建生态环境犯罪侦查支队、高速警察支队、新型犯罪侦查支队、大数据警察支队，圆满完成“两个序列”职务套改晋升。

深化法治化营商环境建设。先后出台优化营商环境26条意见、“一次办好”10条意见、“我为群众办实事”30条措施，侦办侵企案件70多起、挽回直接经济损失2.8亿元，成立首家涉外警务室；推行办证窗口“中午不停休”、绿色通道紧急办证服务，公安8类常用证照网办率达100%，新能源车购置上牌“一事联办”被省委简报推介。

（撰稿：董敏）

检　察

【概况】2021年，市检察机关扎实开展“助力打造一流营商环境”专项检察活动，依法起诉侵犯知识产权、故意损害商业信誉、强迫交易、职务侵占等侵害市场主体合法权益犯罪166人。对涉嫌犯罪的企业负责人、科研骨干和关键岗位人员，在法律界限内依法不批捕60人、不起诉117人，大力营造包容审慎的司法环境。全力投入平安孝感建设，批准逮捕各类刑事犯罪嫌疑人2289人，提起公诉3922人。以常态化扫黑除恶为抓手，起诉故意杀人、强奸、放火等暴力犯罪91人，起诉抢劫、抢夺、盗窃等多发性侵财犯罪475人。积极净化社会治安环境，起诉“黄赌毒”犯罪504人。积极防范化解金融风险，起诉电信网络诈骗、非法集资、洗钱等犯罪1271人。继续做好一线驻村和包保工作，市院18名干部进行结对帮扶；向88名扶贫对象发放救助金91.6万元，助力巩固拓展脱贫攻坚成果，助推乡村振兴。

【践行司法为民宗旨】全力守护美好生活。全面履行检察职能，以干在实处解决群众急难愁盼问题。聚焦“舌尖安全”，从严打击制售有毒有害食品和假药劣药犯罪，办理相关案件10件。聚焦“头顶安全”，加强对高空抛物、飞线充电等综合治理，督促消除此类安全隐患48处。聚焦“脚底安全”，依法办理槐荫大道路面施工建设、窨井盖安全隐患等领域公益诉讼案件13件。聚焦“薪资安全”，强化对拖欠农民工工资等案件监督，起诉拒不支付劳动报酬犯罪9件12人，助力为农民工讨回被拖欠工资460余万元。

全面助推社会治理。坚持和发扬新时代“枫桥经验”，以“12309”检察服务中心为平台，为群众提供“一站式”服务，依法及时办理群众信访件1335件。充分发挥检察建议促进社会治理功能，认真落实市人大常委会对检察建议工作的审议意见，立足监督办案做深做实做细诉源治理，提出完善管理、健全制度检察建议80件，促进社会治理效能提升。

用心呵护未成年人健康成长。起诉侵害未成年人权益犯罪163人，起诉未成年人严重犯罪110人，对涉嫌轻微犯罪的未成年人依法不起诉76人。持续推进“一号检察建议”落实，督促开展入职查询，落实问题人员从业禁止7人。深化“法治进校园”活动，选派156名员额检察官担任法治副校长，举办法治专题授课117场次。严格依法办理校园欺凌案件，市检察院对周某故意伤害案提请抗诉后获法院改判，被最高检作为典型案例刊发。

【强化新时代法律监督】刑事检察更加能动。强化刑事诉讼监督，监督立案166件，监督撤案72件，对认为确有错误的刑事裁判提出抗诉49件。汉川市院对一起23年前涉嫌故意伤害（致人死亡）未被追究的案件监督立案，被告人最终被判处有期徒刑12年。开展剥夺政治权利罪犯刑罚执行专项检察，督促15名被判处剥夺政治权利刑罚的罪犯列入监管。深入推进“纸面服刑”专项检察，督促收监执行39人。积极参与反腐败斗争，受理监委移送审查起诉38人，已提起公诉36人；对司法工作人员徇私枉法等职务犯罪直接立案查办5人。大力降低“案—件比”，全市刑事检察“案-件比”由2020年的1.75降至1.11。贯彻“少捕慎诉慎押”刑事司法政策，对轻微刑事犯罪嫌疑人依法不批捕582人、不起诉863人。全面落实认罪认罚从宽制度，认罪认罚案件适用率达到90.84%，量刑建议采纳率达到99.2%，一审服判率为96.88%。

民事检察更加精准。审结民事检察案件173件，对认为确有错误的裁判、调解，提出抗诉和再审检察建议5件，法院采纳6件；对民事审判、执行活动中的问题提出监督纠正意见92件，法院采纳率为100%。加强虚假诉讼监督，监督纠正虚假民事诉讼4件。树立精准监督理念，发挥典型案件对类案的指导作用，孝南区检察院针对部分民事案件逾期利率计算不规范的问题，依法提出检察建议，促进了裁判标准和尺度的统一。

行政检察更有实效。审结行政检察案件81件，其中，监督纠正行政审判、执行活动不当62件。继续深化行政争议实质性化解，化解行政争议30件，努力实现案结事了政和。孝昌县院针对一起冒名婚姻登记案，依法督促相关部门注销错误婚姻登记信息，使持续20年的行政争议得到实质性化解，用司法温度还当事人清白。

公益诉讼检察更有力度。认真履行公益诉讼职责，立办公益诉讼案件547件。坚持把诉前实现维护公益目的作为最佳司法状态，92.8%公益诉讼案件通过诉前检察建议得到解决；用好诉讼手段，向法院起诉11件，已判决11件，判决支持率100%。办理了一批有影响的公益诉讼监督案件，2件案件入选2021年全省检察公益诉讼典型案例。市检察院针对张某、许某等人以低档酒假冒“飞天茅台”酒，侵犯众多消费者合法权益的行为，支持省消费者委员会提起民事公益诉讼，合力保护消费者权益。孝南区院在办理澴河水域非法捕捞橄榄蛏蚌水产品案件中，提起首例长江重要支流生态保护刑事附带民事公益诉讼。汉川市院针对黄龙湖生态城项目填湖占湖问题，督促相关部门履行湖泊管理和保护职责，完成整改任务，被《检察日报》《湖北日报》等多家主流媒体报道。

【打造过硬检察队伍】 学思践悟习近平法治思想，认真贯彻《中国共产党政法工作条例》，坚持党对检察工作的绝对领导，确保了检察工作正确政治方向。扎实开展党史学习教育活动，举办政治轮训班、读书班、专题研讨、主题演讲等22场次；开展“以政治说办案、讲工作”活动46场，让检察业务工作更深更实体现政治要求。强化意识形态工作，落实党组织和党员干部“双报到”制度，促进党建工作与检察业务深度融合，市检察院被评为市直机关党建工作先进单位。加强队伍素能建设，组织开展业务培训5000余人次，建立青年干警案例研讨制度，举办“琢玉学堂”等活动12期，夯实检察工作发展根基，全市检察机关4个集体、12名个人获得市级及以上荣誉。

【全面推进从严治检】 压紧压实全面从严治党主体责任，健全党风廉政建设分析研判机制，落实市检察院党组与驻院纪检监察组定期会商制度，自觉接受监督。防控司法办案廉政风险，梳理出79个廉政风险点，落实源头防控措施，清廉机关建设取得实效。深入开展检察队伍教育整顿，确定“6+1+1”顽瘴痼疾整治重点，建立17项长效机制，法律监督专项检察做法被省院肯定。积极配合、参与市县党委巡察工作，持续做好巡察整改后半篇文章。坚持刀刃向内，严肃处理全市违纪违法干警，教育警醒干警知敬畏、存戒惧、守底线。

（撰稿：李玉玲）

法　院

【概况】 2021年，孝感市中级人民法院坚持以习近平新时代中国特色社会主义思想为指导，紧紧围绕“努力让人民群众在每一个司法案件中感受到公平正义”目标，坚持服务大局、司法为民、公正司法，忠实履行宪法法律赋予的职责，各项工作取得新成效。2021年，全市法院共受理各类案件54555件，办结54305件，结案率99.54%，其中市中院受案5488件，办结5727件，结案率104.35%。

【健全审判工作制度】 出台《关于优化营商环境建立涉企案件绿色通道提升司法服务的工作方案》，两级法院一体建设涉市场主体案件绿色通道，实现立案环节“最多跑一次”；印发《执行工作十项便民利民措施》，通过强化信息推送、压减执行时间、开展专项行动、清理执行案款等方式，提升人民群众满意度；联合孝感市妇联印发《关于进一步加强孝感市妇女儿童权益司法保护工作的实施方案》，共同推进妇女儿童合法权益保障工作；制定《关于加强完善法院管理特别是审判执行管理的意见》《关于加强法院人员、案件、事项风险隐患排查化解 强化两个责任落实的办法》，强化对重点人、重点案、重点事的精细管理，提升法院管理效能。

【打击各类刑事犯罪】 全市法院审结一审刑事案件2787件，二审刑事案件364件，判处罪犯4106人。依法严惩非法集资、集资诈骗等涉众型经济犯罪案件，严厉打击犯罪分子非法侵占企业财产的行为，保护民营企业的合法权益；严厉打击影响人民群众安全感的两抢一盗、聚众斗殴、寻衅滋事等犯罪案件，办结了一批具有一定影响的职务犯罪案件，如刘可森挪用资金案、吴金林受贿、巨额财产来源不明、行贿、职务侵占案；审结涉黑恶案件25件74人，审

7月1日，孝感中院组织全体干警参加“七一”主题党日活动　（摄影：李洁）

11月5日，孝感中院为2020年以来任命的员额法官举行宪法宣誓仪式
（摄影：冷文杰）

结率92%，涉黑恶财产执结率达100%，累计执行到位金额9.82亿元。

【打造法治化营商环境】 2021年，市中级人民法院积极参与旧城改造遗留问题法治化化解，协同为主城区2000余万平方米商住房办证扫清障碍，系统性解决由此引发的不稳定问题和隐患；建立落实涉营商环境投诉、意见汇集及快速处理反馈机制，及时解决市场主体反映的突出问题49个，修订完善规章制度12个；与市工商联联合制发文件，建立11项联动机制，协同服务和促进民营经济发展；建立破产处置府院联动机制，1个法院设立破产费用专项资金，为破产费用不足或"无产可破"企业有序退出市场提供保障；开展涉民生、金融、拖欠民营企业账款等专项执行行动，有财产可供执行案件法定期限内结案率达95.63%，无财产可供执行案件终结本次执行程序的合格率达100%。

【促进法治政府建设】 2021年，全市法院新收行政案件606件，审结511件，结案率84.32%，共开庭172次，行政机关负责人出庭数171次，行政机关负责人出庭应诉率99.4%。

【建立解决执行难长效机制】 加大执行资源配备，根据前一年执行案件与审理案件的比例，充分考虑执行案件难度更大等因素，按照人案比调配执行工作人员，优化执行队伍的年龄、学历、能力结构；将强制措施适用情况作为对县市区综治考评的重要依据，倒逼各法院依法拉满用足执行强制性；建立"一表、一调、一考"管理机制，每天记录执行局员额法官和执行员工作实绩，每周进行调度，每月组织考试，严格落实对执行人员和执行行为的监督管理。

【推动多元解纷机制建设】 主动融入党委、政府领导的矛盾纠纷多元化解大格局，协同构建交通事故、劳动争议、婚姻家庭、医疗、保险等多元解纷平台，办理司法确认330件，立案前委派调解成功5713件，民商事案件调撤率、生效裁判自动履行率分别上升5.2和3.7个百分点；建立特邀调解员制度，邀请200余名退休法官、检察官、律师、公证员等参与诉前调解；应用、推广人民法院调解平台，受理在线调解17032件；推行"中心法庭+巡回审判"服务模式，设立法官工作室、巡回审判点81个，深入田间地头巡回办案1093件，指导调解组织调处纠纷5000多件。

【践行司法为民宗旨】 不断优化诉讼服务，全面推广应用移动微法院，做到立案、送达、审理、保全、鉴定、缴费、申诉信访等诉讼业务网上进行、跨域进行；与团委、妇联、关工委等部门联合帮扶服刑青少年、"问题"青少年和留守儿童，与市人社局建立治理欠薪协作机制，全力保护弱势群体合法权益；严格实行信访维稳领导责任制，化解信访积案39件，信访总量、重复访、越级访同比分别下降10.5、19、21个百分点；努力构建开放、动态、透明、便民的阳光司法机制，裁判文书上网率、庭审直播数、审判流程信息有效公开率等稳居全省最前列。

【开展队伍教育整顿】 深入开展政治教育、党史教育、警示教育、英模教育，强化理论武装，促进学思践悟，筑牢思想根基；广泛深入开展谈心谈话，统筹推进顽瘴痼疾整治、"八查"等工作，共排查整改各类问题264个，评查线索案件322件，166名干警主动说明问题和不足，处理处分152人，立案调查20人，留置3人；不断深化为群众办实事活动，花大力气、出硬措施推动解决群众反映强烈的"门难进、案难办、执行难"等问题，针对工作中的薄弱环节和管理漏洞，健全完善各类制度50项。

【落实普法责任制】 扎实开展"法官四进"活动，到中小学校举办拒绝毒品、远离校园贷、防性侵、防范校园欺凌等法治讲座50余场，深入乡村开展巡回审判、就地审理、以案说法等共计70余场次，院领导带头走访重点企业40余场次；打造新媒体宣传平台,以微信公众号为主阵地,及时发布法院工作动态、法治信息、司法案例等,打好主动仗、传播正能量、唱响主旋律,2021年,全市法院共撰稿1710篇,其中中央媒体采用102篇次,省级媒体采用383篇次,市级媒体采用2360篇/次,市中院连续三年被评为“全国法院司法宣传先进单位”。

【接受社会各界监督】 主动接受人大、政协监督,及时向人大及其常委会报告、向政协通报法院工作,向人大常委会、政协常委会专题报告工作14次,邀请代表委员视察、座谈、旁听庭审1675人次,向代表委员推送法院手机报172期1650篇;依法接受检察机关法律监督,公正审理抗诉案件,认真办理检察建议,及时纠正存在的问题;认真听取律师意见建议,与律协建立常态化联席沟通机制,自觉接受新闻舆论监督和社会公众监督;进一步加大司法公开力度,推进裁判文书、庭审、流程信息依法依规全面、全程、全域公开,以公开促公正。

(撰稿:王海龙、冷文杰)

司法行政

【概况】 2021年,市司法局紧紧围绕市委、市政府中心大局,充分发挥“一个统筹、四大职能”,全面贯彻落实中共中央和省委、市委决策部署,对标全国、全省依法治国(省)及司法行政工作要求,以政法队伍教育整顿为契机,全力推进全面依法治市和司法行政事业创新发展,年度工作任务圆满完成、成效明显。制定《孝感市重点人群服务管理组组成、职责及运行规则》,推动孝感监狱、社区矫正和各级安置帮教机构建立对接机制。制定《孝感市强化营商环境法治保障三年工作计划》,开展“清、减、降”专项行动,法治化营商环境进一步优化。积极参与平安建设和市域社会治理,抓好禁毒、反电诈等联系点督导。服务“五城同创”工作,优质高效办理“五城同创”涉法事务。严格重点场所的疫情防控管理。出台防止干预司法“三个规定”等9个制度文件,兴办实事1240件。动员党员干部开展乡村振兴工作、下沉社区一线锻炼提能。市司法局获评2016—2020年“全国普法工作先进单位”;《孝感:党政主要负责人履行“第一责任”实行项目化、清单式管理》等做法被省委全面依法治省办专报推广;市司法局获评全市法治建设考核优秀单位、全市平安建设考核优胜单位、全市信访工作目标管理考核优胜单位、全市党建工作考核优胜单位。

【全面依法治市】 召开市委全面依法治市委员会第四次会议和市委全面依法治市工作会议,制定孝感市“一规划两方案”和党政主要负责人履行推进法治建设第一责任人职责清单,开展全面依法治市专项督察和法治政府示范创建,多项作法获省委全面依法治省办积极评价。《孝感市深入推进自助政务服务便民不打烊、服务零距离》获评全省2020年度“法治化营商环境创新案例”评选活动创新案例。

【政府重大立法】 印发实施《市人民政府2021年立法计划》,组建孝感市行政立法专家委员会,落实“三会一公开”立法机制,政府规章《孝感市扬尘污染防治管理办法》经修订出台。审查修改规范性文件90件,审核修改11件海绵城市建设相关配套文件,助力孝感市成功入选示范市,获市委、市政府嘉奖,备案“三率”均达100%。

【行政复议与应诉】 推动行政复议改革,部署开展“复议为民促和谐”专项行动、行政复议咨询服务点试点工作,制发《我市行政执法机关依申请履行法定职责中存在的问题及改进建议》,指导县(市、区)行政复议办案场所规范化建设。全年共收到行政复议申请59件,受理33件,案件纠错率为34.2%,高于全国的14.6%。承办市政府应诉案件20件,法院审结的案件中无败诉案件,行政机关负责人出庭应诉率为99.4%。

【社区矫正】 社区矫正委员会普遍设立,刑事执行专项整治等多项活动相继开展,执法不严格、不规范问题得到全面整改。组织开展“中华魂”主题教育读书活动,举办全市社区矫正业务培训,开展安全调研督导,指导孝南区高标准建成“智慧矫正中心”。全年共接收社区矫正对象1240人,累计解矫1175人,正在接受社区矫正的1749人,社区矫正对象再犯罪率远低于省定1%的控制指标。

【行政执法监督】 健全完善行政执法协调监督机制,开展行政执法“三项制度”落实情况专题调研,编制行政执法事项下放清单,完善“两法衔接”机制,制发《关于建立司法行政机关向纪检监察机关移送问题线索协作配合机制的通知》《关于进一步明确综合行政执法部门与相关行政管理部门职责边界及建立协作配合机制的指导意见》,开展行政执法人员培训考试和证件换发工作,积极探索柔性执法试点路径,配合开展街道管理体制改革,探索推进乡镇综合执法改革。开展涉企执法问题专项整治,规范性文件备案审查率达100%。

【守法普法】 普法责任制“4821”工作法逐步铺开，运用民法典专题辅导讲座、以案释法宣讲、“疫情防控·法治同行”“美好生活·民法典相伴”等载体宣传法治化营商环境等三大主题，推进法治乡村建设与乡村振兴“三项行动”的深度融合，法治乡村建设指导力度不断加大，完成无纸化学法任务，组织县处级以上国家工作人员通过现场或网络旁听庭审700余人次。“七五”普法圆满收官，“八五”普法规划顺利出台。

【公共法律服务】 宣传贯彻《法律援助法》《湖北省公共法律服务条例》，推进“互联网+公共法律服务”零距离全时空全业务，优化“12348”公共法律服务热线平台服务，依托“孝感司法行政”公众号打造“孝感市公共法律服务平台”，开辟“民法典专题”“企业法治体检专栏”，提供“7×24小时”综合性公共法律服务。开通企业法治体检线上服务功能，开展公共法律服务走进高新区、临空区专项活动。推动公证、司法鉴定改革，加强律师行业监管，法律服务质效得到强化，法考连续19年“零差错”。

【人民调解】 建立健全调解、行政裁决、行政复议、诉讼等有机衔接机制，进一步深化矛盾纠纷调处化解“最多跑一地”改革。制发《关于进一步加强新时代调解工作的指导意见》《关于基层司法所辅助人员配备的指导意见（试行）》。持续推动1+8武汉城市圈联防联调工作，指导开展村（社区）人民调解委员会换届工作。年度开展矛盾纠纷排查2775次，调解各类矛盾纠纷案件14737件，调解成功率98%，调解协议履行率99%。“精准化解社区纠纷”“化得开事故积怨”“一揽子调处化解矛盾纠纷”等3项做法在省部级刊物刊载。

12月2日，孝感市2021年“宪法宣传周”活动启动　（市司法局 供图）

【强制隔离戒毒】 推进司法行政戒毒工作改革，统一戒毒工作基本模式提质升级。严格落实疫情防控警务执勤模式和“平安戒毒所建设”刚性举措，开展“安全生产专项整治三年行动集中攻坚”“百日护航”和“安全生产月”等活动，加大重大活动、重大节日安全大检查、安全隐患排查等行动，持续推进“五大中心”和戒毒干警能力对称性建设，场所安全和康复戒治质量稳步提升，圆满实现“六无”安全工作目标。

（撰稿：蒋浙成）

执行编辑：易秀云

军事

军 事

驻 军

【概况】 2021年，军分区党委坚持以习近平新时代中国特色社会主义思想和习近平强军思想为指导，深入贯彻上级各项决策部署精神，着力铸魂育人，狠抓备战打仗，聚力主责主业，强化后装建设，巩固基层基础，凝聚工作合力，圆满完成年度各项任务，被军委国防动员部表彰为军事训练先进单位，市征兵工作荣获全省第1名，军分区全面建设呈现向上向好态势。军分区召开党委第十届三次（扩大）会议。会议传达学习了中部战区、军委国防动员部和省军区党委（扩大）会议精神；听取并审议通过政治委员刘红兵代表党委所作的“振奋精神、真抓实干、担当作为，奋力开创军分区全面建设新局面”、军分区纪委所作的“深入贯彻全面治党要求，奋力开创军分区党风廉政建设新局面”两个工作报告；通报表彰了年度先进单位和先进个人。市委书记、军分区党委第一书记吴海涛出席会议并讲话。

【征兵工作】 1月21日，孝感市召开全市征兵工作会议。市委常委、市政府常务副市长邓道伟，市委常委、军分区司令员周泓冰大校，军分区政治委员、市政府秘书长李少锋及市征兵领导小组成员单位负责人参加会议。会议传达了全国全省征兵工作电话电视会议精神，总结全市2020年征兵工作，对2021年“一年两征”工作进行部署。会上，对孝昌县、孝南区、云梦县等年度征兵先进单位进行了表彰。2月9日，市委副书记、市长熊征宇到市征兵办调研春季征兵工作。市长熊征宇对2020年征兵军地同心合力取得的优异成绩给予充分肯定，要求继续发扬优良作风，真抓实干，推动2021年征兵工作再上新台阶。随后，市长熊征宇查看了市民兵应急营部及装备器材仓库建设，他要求要按照“平时服务、及时应急、战时应战”标准建设好市民兵应急营部和市民兵装备器材仓库，做好遂行应急应战任务各项准备。4月12日，湖北省2021年征兵宣传进校园巡回宣讲会走进湖北工程学院，200余名师生现场聆听宣讲。宣讲会由省征兵办、省教育厅主办，孝感市征兵办、湖北工程学院承办。宣讲中，来自湖北工程学院、中国地质大学、湖北师范大学的退役大学生代表分享了自己的军旅生活和感悟，鼓励青年学子到军营中用青春热血实现人生价值。11月24日，2022年全国征兵业务培训会议召开，市委宣传部、市卫健委、市公安局、市交通运输局、市教育局及市直“三区”、湖北工程学院、湖北工程新技术学院、湖北职业技术学院相关人员参加培训会议。各县（市、区）相关单位通过视频形式同步参加培训。

【战备训练】 3月21日至4月23日，孝感军分区在全市范围内遴选参谋尖子和民兵教练员参加省军区组织的合成参谋和民兵骨干大比武、大练兵活动，取得团体综合成绩全省第1名、合成参谋个人成绩全省第2、3名，民兵“四会”教练员全省第3名的好成绩，为培养民兵教练员队伍和业务骨干发挥了重要助推作用。11月26日，湖北省第一防空区人防指挥综合演练拉开序幕。此次演练，共有来自市民兵应急营和应城市、云梦县人武部的部分民兵分队参加，市委、市政府，武汉市人防办、咸宁市人防办及孝感市有关部门负责人参加现场观摩。9月上旬，军分区及各人武部开展夏秋季预定新兵役前训练，主要开展政治教育、队列训练、体能训练、心理辅导等训练内容。根据疫情防控要求，在“双码”联查和核酸检测的基础上，采取全封闭式集中训练。9月，为贯彻全国全省秋冬季森林草原防灭火工作会议精神，扎实做好森林防火准备，军分区召集应急、消防、林业、气象、公安、交通、卫生等部门180多人开展森林灭火军地联合实兵演练,共动用各类车辆装备360余件(套),设置火场侦察、先期应急处置、分队灭火战术、高压水泵野外接力取水、挖设隔离带、紧急避险及伤员救护等10多个重难点课目,构设上山火、树冠火、急进草原火3类常见森林火灾背景,并随机导调机具故障排除、远程通联指挥、火场紧急转移等情况处置,有效提升了遂行任务能力。11月1日至17日,军分区、市委组织部和市人力资源和社会保障局组织专武干部开展集训和资格认证,此次集训共设置军事理论、基本技能、业务工作、组织指挥、体能训练、参观见学等课目。集训期间,参训人员认真学习理论知识,积极参加体能训练,系统学习掌握了新时代国防动员工作知识。集训结束后,通过闭卷理论测试、逐人流水作业、集体评判打分等方式进行资格认证考核,参训的专武干部全部通过考核。

【抗疫防汛期间驻军行动】 1月19日,省军区少将副司令员带工作组到孝感军分区检查指导新冠肺炎疫情防控工作。工作组先后到军分区机关、孝感干休所、云梦县人武部等进行实地检查。副司令员对军分区疫情防控工作给予肯定,要求军分区全体人员紧绷疫情防控之弦,持续抓牢营院疫情防控各项措施,做好防疫物资储备,严把营门等重点部位关口,对营区流动人员和返孝人员进行登记排查,确保全区安全稳定。4月28日,孝感市召开全市防汛抗旱工作电视电话会议。市委常委、军分区司令员周泓冰大校就驻孝部队和民兵预备防汛抗旱工作进行部署。各县(市、区)人武部参加会议。9月16日至17日,省军区少将司令员带工作组到汉川市汉江邬龙冲闸段调研防汛工作。调研期间,司令员详细了解民兵应急力量参与防汛抢险的情况,对在汛情和疫情"双情"叠加下,军分区、汉川市人武部高效组织抗洪抢险工作给予充分肯定。司令员要求,各级要按照省军区部署要求,紧密结合汛情、疫情实际,配齐备强民兵应急分队,遇有突发情况第一时间组织民兵参与救援。

【政治巡察】 4月23—30日,军委国防动员部党委巡察组在大校组长郑华雄带领下,到孝感军分区开展政治巡察。工作组先后深入军分区机关、孝南区、汉川市、安陆市人武部及孝感干休所等地,围绕年度军事训练、安全保密、兵员征集、组织宣传、纪检保卫、人力资源、装备仓库、营房财务8个方面开展全面巡察,省军区少将副政治委员随同巡察。

【后勤保障】 2月1日,孝感军分区召开资产大清查专项任务工作部署会。会议对全区资产大清查工作进行了部署,明确了时间节点,提出了工作要求。会上,军分区大校司令员周泓冰强调,全区人员要严格按照习近平主席"盘活、用好"军队资产的要求,"细而又细、严而又严、零差错"开展好资产大清查工作,进一步摸清家底,当好管家,盘活资产。6月7日,中部战区总医院"百年心向党、百名军医回老区"巡诊小分队一行6人走进孝感干休所、军分区机关,为离休老干部、离休老干部遗孀及官兵开展心血管知识讲座、问诊送医药活动。对出门不方便的老干部及遗孀,小分队专家上门服务。6月24日,市委常委、孝感军分区司令员周泓冰大校带领机关干部到孝感市国家高新区、孝南区走访慰问在党50年以上家庭困难的老党员及烈士家属。

【荆楚"红色文艺轻骑兵"开展书画进军营活动】 2月8日,荆楚"红色文艺轻骑兵"孝感市文联小分队到军分区开展书画进军营活动。中国书法家协会会员柳长忠、刘千书、陈谷栋和中国美术家协会会员黄明珠4名书画家泼墨挥毫为部队官兵书写60余幅歌颂中国共产党、歌颂人民军队、歌颂军民鱼水情的书画作品,为官兵送上一场精美的文化艺术"大餐"。活动现场,军分区大校政治委员对文艺小分队进行了感谢,并表示,书画进军营丰富了军营文化,有力地促进了军地文化协作,希望以此次活动为契机,进一步加强军队文化建设,共同促进军地文化的提升和发展。

【圆满完成神舟十二号载人飞船应急搜救兵力备勤】 6月14日至9月17日,按照省军区神舟十二号载人飞船地面应急搜救任务要求,军分区结合实际,迅速制定本级应急搜救方案,设地面搜救回收分队和外围警戒分队。其中,地面搜救回收分队由孝南区人武部从基干民兵抽组40人组成;外围警戒分队由其他人武部分别抽组20人组成。为保障搜救任务,军分区预征吊车、载重汽车、运输车和救护车,全天候待命,随时参与搜救任务。经过近百日的跟踪备勤,圆满完成载人飞船搜救备勤任务。

(撰稿:马世超)

人防工作

【概况】 2021年,孝感市人民防空办公室深入贯彻总体国家安全观,强力推进人防重点项目建设,大力落实人防工程"应建必建"要求,人防指挥通信建设争创一流,人防审批执法不断规范，人防宣传教育深入推进，人防干部队伍素质不断提升，圆满完成了年度各项工作任务，被省人防办评为2021年度目标考核优秀单位。

【人防指挥通信】 市本级完成了人防专业队伍的整组和人防直属专业队的岗位练兵工作；完成了人防信息系统项目建设并通过验收；完成了重要经济目标目录管理工作。落实全市人防卫星、电台、视频会议系统每周联调联训，防空警报设备鸣响率达100%，城区警报覆盖率达到98%以上。2021年度，市本级安装完成了5台电声警报及二次报警系统，县市新增警报器7台，警报预警能力进一步增强。9月18日，在孝感城区成功组织了防空警报试鸣和人防宣传活动。9月底，市本级联合三水厂开展了重要经济目标伪装防护和应急救援综合训练演练。坚持依纲施训，市、县两级积极参加省、市组织的“三楚”训练，取得了优异的成绩。汉川市邵小荣、云梦县王威代表孝感市参加全省“楚越”电台专项比武竞赛取得全省第一名，汉川市邵小荣、大悟县熊晓台参加全省“楚越”卫星专项比武竞赛分别取得第一、第二名。2021年11月26日，武汉、孝感、咸宁城市群人防指挥综合演练在孝感举行。孝感市人民政府副市长叶华担任指挥长，孝感、武汉、咸宁市人防办领导及有关人员分别担任“一中心三部门”指挥角色，省人防办党组成员、总工程师张恒强带队一行4人对演练活动进行指导并作演练讲评，对本次演练给予了高度评价，认为演练实战氛围浓、演练流程顺、科目设置全、通信手段多、装备技术精、协调配合好。

【人防审批执法】 围绕“高效办成一件事”，制定了《市人防办关于2021年优化营商环境具体落实方案》和《孝感市人防办支持孝南区、市高新区、市临空经济区发展的工作方案》；市县两级持续推进行政审批制度改革，逐步实现运行流程标准化、公开化；市县两级人防政务服务事项全面实现网上办理，将“人民防空工程平时使用登记审批”和“报废人民防空工程审批”两项，由原来承诺的5个工作日，压减为1个工作日办结；聚焦企业反馈的问题，制定下发了《孝感市城区结合民用建筑修建防空地下室报建规范》，对报建条件、配建标准、结建要求、易建规定等进行了细化规范；按照工程改革要求，将消防、人防、技防图审工作合并为施工图设计文件审查，真正做到惠企、便企。

【人防法治宣传教育】 大力推进人防知识宣传进机关、进学校、进企业、进社区、进网络的“五进”活动。结合“5·12”“9·18”等重要节点，通过广播、电视、报纸、短信、广告屏等多种途径，大力开展人防宣传教育活动。2021年9月，市本级与孝感广播电视台联合举办了“勿忘国耻、心系人防”征文比赛；12月，联合市教育局在全市8所初中开展了人防知识竞赛；在《孝感日报》开展了“9·18”人防专版宣传；联合孝感主流媒体制作推送了多篇微信公众号文章；到东苑、三里社区开展了防空防灾知识社区宣传活动，发放人防宣传品3000余份。应城市以人防教育馆为宣传阵地，宣传讲解人防政策法规，并到蒲阳中学、四里棚中心学校开展人防知识宣讲活动。云梦县组织部分留守儿童、五年级学生、社区工作人员以及全市基层人武部长参观了云梦县防空防灾科普馆。孝昌县举办了“人防与企业同行”宣传活动。安陆市利用“5·12”防灾减灾日、“9·18”警报试鸣日、国家宪法日在公园广场开展集中宣传教育。大悟县邀请政府领导调研人防工作并指导御景湾小区人防工程。汉川市分别在汉川微信公众号、汉川新闻网等多家新媒体开展宣传，将人防知识以群众喜闻乐见的形式“短平快”发送。

【人防机关建设】 坚持“一岗双责”，全面落实从严治党主体责任，认真开展了“党风廉政建设宣传教育月”、“纪法同行”主题党日、“清廉文化”进机关等创廉活动，开展了公职人员廉政教育，建立了人防干部廉政档案。坚持学创结合，扎实开展党史学习教育，在干部职工中牢固树立“学习、实干、进步”的基本理念。坚持为民服务，深入开展“我为群众办实事”实践活动。积极参加基层社区治理，与孝南区三里社区签订了共建协议，在社区组建成立了“下沉党员突击队”，开展各类服务帮扶活动近百次；组织党员干部积极参加社区治理各项活动，人防办刘进先、张贸龙两人获得社区先进荣誉称号。组织召开了市人防办中层干部述学述职述廉大会，进一步深化关键岗位干部学习意识、廉洁意识、公仆意识和自觉接受监督意识。加强人防财务管理，严格易地建设费管理使用，主动对接税务部门，建立入库台账，并定期核对入库情况，加强单位内控审查，健全人防财务管理规定并严格执行，确保了人防资金的使用安全。坚持党建引领，构建文化支撑，突出工作实效，强化作风保障，大力开展人防“能力提升、执法为民、优质工程、宣传增效、协同演练”五大行动，推动人防工作高质量发展。

（撰稿：张 利）

执行编辑：易秀云

农业

农 业

综 述

【概述】 2021年，全市粮食种植面积530.15万亩，产量236.14万吨，蔬菜174.7万亩，产量460.76万吨；茶园40万亩，产量1万吨。生猪出栏287.34万头，禽蛋产量27.25万吨。水产品产量43.3万吨。争取水利建设项目投资9.6亿元，治理水土流失面积56.91平方公里。完成国土绿化14.87万亩，占年度计划的100.3%。全市争取到中央农机购置补贴资金6232.15万元，农机总动力288.6万千瓦，主要农作物耕种收综合机械化水平达78%。农村常住居民人均可支配收入19346元，增长13.2%。

【农产品加工业】 2021年，规模以上农产品加工企业518家，从业人员近20万人，1—12月，农产品加工生产总值1622亿元，同比增加21.6%，全年农产品加工业主营业务收入达到1299.26亿以上，同比增加18.7%以上。培育市级以上农业产业化龙头企业378家（国家级6家，省级83家，其中2021年新增国家龙头企业1家、省级龙头企业17家、市级龙头企业83家）。

【农业机械化】 全市农机管理部门着力主攻薄弱环节机械化，着力推广先进适用农机化装备技术，着力调优农机装备结构布局，着力完善新型农机社会化服务体系、公共服务体系和科技创新体系，依托国家农机购置补贴等惠农政策的强力驱动，全市农机装备水平、作业水平、安全水平和社会化服务水平等得到了稳步提升。

9月8日，科技助力全省十大重点农业产业链建设暨农业科技“五五”工程现场推进会召开 （市农业科学院 供图）

【国土绿化】 市政府将国土绿化工作纳入了“五化”管理和“双保”事项，实行每月调度分析、年终任务结账。2021年，全市统筹国土绿化与“两山”示范县创建、森林城市创建、乡村振兴等工作，共完成国土绿化14.87万亩，占年度计划的100.3%。其中，通道绿化0.52万亩；江河湖库岸线绿化0.71万亩；基地造林、退化林修复和封山育林6.63万亩；油茶低产低效林改造5.27万亩、城乡绿化1.74万亩。

【水利建设】 防汛抗旱能力明显增强，经受住汉江10年最大秋汛的考验。水利项目规划及建设居全省前列，全市全年共争取水利投资9.6亿元，共治理水土流失面积56.91平方公里，河湖水生态面貌有效改善。

种植业

【概况】 2021年，全年粮食面积530.15万亩，增长1.53%，粮食总产236.14万吨，增长1.47%。蔬菜及食用菌面积174.7万亩，比2020年增长3.1%；产量460.76万吨，比2020年增长5.2%。全市茶园面积预计45.8万亩，比2020年新增0.3万亩，茶产量1.25万吨。

【种植业结构调整】 坚持粮食面积稳定在520万亩以上，稳定水稻面积，恢复小麦、油菜面积，保障蔬菜供给，发展“香粳糯”优质稻和“菜果茶”特色产业，提升种植业质效。在油菜轮作试点和小麦高质高效创建项目带动下，2021年小麦收获面积122.81万亩，增9.33万亩，油菜收获面积117.98万亩，增长10.7万亩。重点推广广两优香66、鄂香2号、丰两优香1号、甬优4949、鄂晚17等优质品种，安陆、孝南、孝昌、应城等地“香、粳、糯”优质稻面积达到185.2万亩，占水稻面积的49.61%。蔬菜以水生蔬菜、露地蔬菜、设施蔬菜为重点，打造汉川莲藕、孝南肖港小香葱、云梦白合花菜、安陆南乡萝卜、汉川杨林沟芋头等特色小板块。桃子突出上市早、品质优的特色，孝昌、孝南等地种植有大红袍桃、天仙红、春雪桃、中油系列、油蟠桃、锦绣黄桃等，形成早、中、晚搭配，油、毛、蟠、黄桃种类齐全，红、白、黄风味独特的产业布局。

【绿色示范种植】 全面推进农业绿色高质高效整市制创建，汉川、大悟、孝南分别开展部级水稻、花生、蔬菜绿色高质高效创建项目，孝南区在肖港、卧龙乡、祝站建设速生蔬菜绿色高质高效示范区，云梦县在义堂、伍洛等地建设8000亩早稻“一种双收”示范片，应城在随应线周岗和陈王片等地举办了糯稻高产创建示范样板。全市累计建成绿色高质高效辐射区水稻220万亩、小麦70万亩、油菜40万亩、蔬菜30万亩、

大悟县茶叶绿色生产模式示范基地　　（市农业农村局 供图）

桃10万亩、茶叶20万亩。

水　产　业

【概况】 孝感是湖北重要渔区之一，是全省水产大市。为完成“提质增效、减量增效、绿色发展、富裕渔民”总目标，严格落实养殖水域滩涂规划基本制度，稳定和保护水产养殖发展空间，全市池塘水产养殖面积稳定在90万亩以上。全面提升渔业综合生产能力，规范提升稻渔综合种养产能，有序推进大水面生态增值渔业发展，全年水产品产量43.3万吨，同比增长3%。加强水产品有效供给，水产品市场行情稳中有升，渔业经济形势总体运行良好。

【“十年禁渔”目标】 围绕打击非法捕捞、建设天网工程、构建网格化管理、保持退捕渔民稳定、加强部门协同常态执法、开展交叉水域治理等重点工作，圆满完成了全年禁捕各项目标任务，实现了全市“十年禁渔”的良好开局。非法捕捞势头得到有效打击，全年清理取缔涉渔“三无”船舶75艘，查办违法违规案件55件，司法移送21件39人，举报线索查处办结率达到100%。全市完成12个重点禁捕水域的监控。网格化管理取得阶段性成效，全市组建104名禁捕协助巡护员，306名岸线长上岗履职，全方位提升禁渔执法长效监管能力。联合执法部门协同实现常态化，搭建省域交叉水域联合打击平台，签订市域执法共管协议，部门联合开展禁渔打非断链执法行动，实现了禁捕水域“四清四无”目标。退捕渔民保持稳定，退捕政策全部落实，全年举办专场招聘会场28次，落实退捕渔民免费职业技能培训3次，实现有就业意愿和能力的退捕渔民“零就业”动态清零。

【水产养殖】 持续推进水产健康养殖，通过集中办点示范，新增池塘养殖尾水治理及设施渔业面积1.5万亩，建设工厂化循环养殖2000平方米、“零排放”圈养12个、陆基高位圆池20个、流道养殖5条、水质在线监测面积0.6万亩。全市新创国家首批水产健康养殖和生态养殖示范区1家，争取全省首批渔业发展补助资金支持5000亩连片养殖池塘标准化改造和尾水治理项目1个，有序纳入全省首批湖库增值渔业资源利用试点1处，完成全国首次水产养殖种质资源普查工作，受到省级表扬。

【水生生物保护】 严格落实水生生物保护举措，积极开展渔业增殖放流，强化水生生物资源及渔业水域环境监管，水生野生动物保护工作取得显著成效。各地连续开展“渔政亮剑”“清风”“中秋国庆春节水生生物保护”等专项执法行动，严厉打击各类涉渔违法行为。持续开展水生野生动物保护科普宣传月活动，全面落实水生野生动物栖息地摸底保护。持续加强对水产种质资源保护区的管理，组织开展针对性执法检查，严格落实生态补偿措施，督促落实在建工程项目完成影响论证，并在实施过程中监管落实保护措施。持续组织禁捕水域水生生物资源恢复调查效果评估，全年重点水域增殖放流各类鱼苗2700万尾，有效恢复了长江流域重点水域水生生物资源。

畜 牧 业

【概况】 2021年，全市生猪出栏287.34万头、生猪存栏152.67万头、能繁母猪14.53万头，同比分别增长52.1%、16.7%、11%；2021年，家禽出笼8383.77万只，同比下降15.2%，存笼4511.23万只，同比增长6.6%；2021年，肉类总产量35.22万吨，同比增长20.67%；2021年，禽蛋产量27.25万吨，同比增长3.55%。超额完成了省下达孝感市生猪存栏143.39万头的目标任务，连续两年（2019年、2020年）获省政府奖励资金共计400万元。家禽出笼和禽肉产量居全省第一，家禽存笼、禽蛋产量居全省第三。其中“神丹”商标被认定为“中国驰名商标”。据中国商业联合会统计数据，神丹蛋品综合市场占有率连续多年全国第一。

【打造“畜禽产业链”】 制定了《孝感市生猪产业链（“一头猪”工程）三年行动方案》《孝感市禽蛋产业链（“一枚蛋”工程）三年行动方案》，联合撰写了《孝感市生猪产业链调查报告》《孝感市禽蛋产业链调查报告》。湖北正邦食品有限公司（大悟县）生猪屠宰及肉食品加工、云梦明达食品有限公司生猪联合体纳入2021年全省生猪产业链加工奖补项目，分获生猪产业链奖补资金500万元、50万元；神丹蛋品加工纳入全省禽蛋产业链，获奖补资金500万元；神丹、欣华禽业进入全省畜禽主要种业企业名录，分获奖补资金150万元、20万元。另外，神丹公司2021年获省财政厅、省农业农村厅贷款贴息450万元，用于神丹公司新产品开发和启动4万套“神丹6号”绿壳蛋种鸡扩能建设。

对接省生猪、家禽产业链。初步确定了大悟正邦、安陆傲农和神丹、欣华禽业纳入省级产业链体系一体发展。强化项目为王理念，以招商引资、金融支持不断助力产业延链补链强链。2021年12月30日，召开全市农业招商推介暨重点产业强链工程推进大会，8个强链招商项目现场签约121.45亿元，8家龙头企业贷款授信签约11亿元，神丹、正邦等头部企业在列。

【畜禽安全生产】 认真落实省政府出台的生猪产业链支持政策，用好政策手段和市场思维守牢动物疫病防控及畜产品质量底线，有效平抑“猪周期”、价格波动及“非洲猪瘟”等不利影响。落实生猪保供稳价“八条”措施，通过支持屠宰企业储备冻肉950吨、为规模猪场贷款贴息890.59万元，服务全市生猪养殖或屠宰企业跨省调运备案等综合措施，帮助行业提振市场信心。落实产能调控政策，全市以能繁母猪存栏量变化率为核心调控指标，落实省划定全市15万头能繁母猪产能目标和1500家以上规模养猪场的保障底线，强化应对生猪逆周期调控机制，防止产能大幅波动。持续抓实“非洲猪瘟”等重大动物疫病防控措施，落实“非洲猪瘟”防控措施十条，全市没有发生重大动物疫情。2021年，全市兽药、饲料和畜产品安全监测合格率均为100%。组织开展生猪违规调运、逃避检疫、偷卖病死猪等专项严打行动，切实保障畜产品质量安全。

【畜禽养殖废弃物资源化利用】 全市畜禽废弃物综合利用率达到98.13%，规模养殖场粪污处理设施装备配套率达到100%，大型规模养殖场粪污处理设施装备配套率达到100%；2021年，畜禽养殖场治理任务53家，全部完成并验收；完成中央环保督察反馈16个涉牧信访件现场核实处理，并按时完成整改。

【畜禽遗传资源普查】 2021年，全市7个县（市、区）、2660个行政村，共录入18个畜种、99个品种，畜禽群体数量661.02万头（只）。录入率达100%，新发现3个畜种（黄陂黄牛、大悟宣化黑猪及应城保丰鸡），畜禽群体数量4.42万头（只）。录入蜂资源2个品种，群体数量1.75万只。

农业机械化

【概况】 2021年，全市争取到中央农机购置补贴资金6232.15万元。全年全市共使用农机购补资金6348.63万元（含报废补贴188.84万元），占可用资金（5968万元）的106.38%，补贴机具4856台（其中补贴报废机具172台），受益农户2980户（含报废152户）。

【农机装备水平】 至2021年年底，全市农机总动力288.6万千瓦，同2020年相比增长3.07%。拖拉机保有量达5.41万余台(其中大中型拖拉机1.68万余台、小型拖拉机3.73万余台)、联合收割机8381台、插秧机6066台。各类配套农具91921部。农用植保无人机345架。

【农机作业水平】 精心组织好春耕、“三夏”“三秋”等重要农时农机作业。全市全年完成机耕作业量670万亩、机插(播)作业量385万亩、机收作业量570万亩；主要农作物耕种收综合机械化水平达78%。其中水稻综合机械化水平达84.34%、小麦综合机械化水平达90.71%、玉米综合机械化水平达63.61%、油菜综合机械化水平达74.24%。2021年12月，应城市成功创建“全国主要农作物生产全程机械化示范县”。

【农机安全生产】 坚持“管行业必须管安全、管业务必须管安全”和“谁主管、谁负责”的原则，深入开展农机安全生产专项整治三年行动，努力夯实农机安全宣传教育、源头管理、执法监控三道防线，全市农机安全生产形势稳定向好。2021年，全市累计年检机车2822台，发放跨区作业证1043份；开展农机安全检查302次，出动监理执法人员1198人次，排查农业机械1847台，下发整改通知书25份，消除各类隐患279起，收回已销号变型拖拉机号牌27副。

【农机科技推广】 以水稻、小麦、油菜三大主要农作物为重点，着力补齐水稻插(育)秧、小麦油菜机播和油菜机收短板，加大插(播)种、节水灌溉、植保、收获、烘干、秸秆处理等环节配套机械化技术及机具推广应用力度，加快形成示范带动效应，推动规模化、机械化、标准化、集约化生产，有力推进了农作物生产全程机械化进程。全年共举办相关现场会5次、推广新机具2300余台，农作物秸秆机械化处理利用率达到95%以上。

机播　　（市农业农村局 供图）

【农机服务组织】 积极培育壮大农机合作社等新型农机服务主体，强化指导服务，引导健康发展，全市农机专业合作社已发展到180家；深入开展农机合作社示范社创建活动，推进农机合作社规范化建设，提升管理和运营水平。2021年4月，孝感市振西农机专业合作社被省农机化科技创新联合会评选为全省“十佳农机专业合作社”；2021年6月，大悟富民农机专业合作社获国家农民合作社示范社称号；2021年11月，省厅遴选确定了15个省级“全程机械化＋综合农事”服务中心典型案例，孝感市有3个农机专业合作社入选(大悟县中旺农机合作社、汉川市张池农机专业合作社、安陆市玉洁农机专业合作社)；2021年12月，大悟中旺农机合作社被农业农村部农业机械化管理司推介为第三批全国“全程机械化＋综合农事”典型案例。

【农机教育培训】 广泛开展农机培训，采取线上培训与线下培训相结合方式，以农机合作社、农机大户、种粮大户为重点，从解决农村缺技术、机修难的突出问题入手，强化对农机从业人员的培训，送训到镇到村，到田间地头和农户家中。全年共举办水稻育插秧、油菜机收、机械化秸秆还田、新型机械化高效植保、机具保养与维修和农机安全生产等各类培训班85期，累计培训农机技术人员和农机手达1.2万人次。2021年12月，由市农业农村局举办，湖北职业技术学院承办的农机智能培训班如期举行，来自全市农机专业合作社、植保飞防等服务组织的50名农机手参加培训，为全面实施乡村振兴战略，加快推进农业农村现代化培养了一批农机化技能人才。

【农机技能大赛】 2021年12月，第六届全省农机职业技能竞赛在襄阳市举行。孝感市农业农村局派出由9名选手组成的代表队参赛，队员分别来自孝南、汉川、应城的3个农机(农业)专业合作社。经过精心组织，现场激烈角逐，孝感市代表队荣获团体奖（团体总分）第一名。此外，有7名队员分获单项奖励，选手代凌兰、李定刚还荣获巾帼奖、三八红旗手、湖北技术能手荣誉称号。总成绩实现历史性突破。

水 利

【概况】 2021，在市委、市政府的坚强领导下，全市水利部门全面深入贯彻新发展理念，认真落实习近平总书记“节水优先、空间均衡、系统治理、两手发力”的治水思路和关于治水重要讲话指示批示精神，扎实有效开展党史学习教育，举办了庆祝建党100周年暨党史知识竞赛活动，确立“我为群众办实事”项目122项并全部办结，着力解决老旧小区改造、农村饮水安全保障等群众急愁难盼的具体问题。埋头苦干、奋勇争先，推动孝感水利工作迈上新的台阶。

【水旱灾害防御】 2021年，孝感市先后遭遇“5·14”“8·12”“8·20”等多轮强降雨袭击，孝感、云梦主城区发生严重内涝，同时受上游来水影响，府澴河发生超警洪水。进入8月下旬，汉江中上游地区持续出现强降雨，降雨量超200毫米，引发汉江近10年最大秋汛。全市上下凝心聚力，干部职工日夜巡查防守，及时会商研判、抢排预泄、有效处置险情、精准调度工程，确保了全市江河湖库安澜。

【水利项目建设】 编制完成《孝感市“十四五”水安全保障规划》，谋划项目总投资427.5亿元。2020年全市共争取水利投资9.6亿元，居全省第二。“引徐济安”引水工程建成通水；应城市农村水系综合整治试点县项目、安陆解放山水库除险加固工程圆满完成年度任务；府澴河（童家湖段）堤防整治项目、汉江下游堤防除险加固一期工程（汉川段）推进顺利；府澴河流域系统治理工程完成了可研评审。

【水库】 孝感市有大型水库2座、中型水库16座。

【水生态保护】 认真打好碧水保卫战，开展水质净化和河湖空间管控行动，各级河湖长积极巡河履职，解决问题277个。启动“一河一策”编制工作，市级及5个县市区完成“一河（湖）一策”初稿编制。全市3.6万多处小微水体全面管护，完成3处长江流域非法矮围治理任务。全市255条河流、26个灌区、35座泵站、435座水库划界任务全面完成。累计退垸（田、渔）还湖11.28万亩，占目标任务（省厅批复任务11.27万亩）的100.1%，涉湖县级湖泊保护总体规划已全部批复。完成了中省环保督察、长江经济带警示片反馈涉水问题的整改销号。结合扫黑除恶专项斗争，常态化严打非法采砂，查处各类水事违法案件12起。全市共治理水土流失面积56.91平方公里，河湖水生态面貌有效改善。

【水资源管理】 加快合理分水，完成府澴河、汉北河（孝感段）水量分配方案编制和批复工作。全面推进节水型社会建设，完成水资源消耗总量和强度双控目标，汉川、孝昌和安陆3个县市完成县域节水型社会达标创建，市县两级节水机关创建工作全面完成，创建比例居全省之首。创新水法规宣传，在世界水日、中国水周宣传期间，市水利和湖泊局拍摄的《节约用水从我做起》视频短片获全国“节水在身边”短视频大赛优秀奖。编制《孝感市府河生态流量保障实施方案》，建立了跨区域生态流量泄放协调机制，合理统筹生活、生态和生产用水，全力保障河道生态流量。

【水利服务乡村振兴】 全市争取中省资金3.1亿元开展饮水安全提标升级工程和维修养护工程建设。监测并排查整改各类饮水安全问题，顺利通过了省级脱贫攻坚后评估考核。建立健全水费收缴制度，全市集中供水工程水费收缴率达95.5%。完成6处移民美丽家园示范村建设，1400万元补助资金全部落实到位。完成了23处重点灌区节水配套改造建设任务。完成大悟店岗和孝昌晏家河小流域治理任务。

【水利执法改革】 进一步深化“放管服”改革，涉水审批事项及时限大幅缩减。推进取水许可电子化转换，完成569本电子证照转换。全市完成农业水价综合改革面积102万亩，为省定目标任务的123.4%。依法征收水利规费。全市共征收水利规费2386.91万元，做到应收尽收。实施砂管信息化建设，全市共建成远程视频监控182处，实现了全覆盖。2021年，全省水行政联合执法座谈会在孝感召开，市水利和湖泊局在会上就河道采砂管理能力信息化建设工作做经验交流发言。

（撰稿：黄露）

林 业

【概况】 孝感市人民政府将国土绿化工作纳入了“五化”管理和“双保”事项，实行每月调度分析、年终任务结账。统筹国土绿化与“两山”示范县创建、森林城市创建、乡村振兴等工作，共完成国土绿化14.87万亩，占年度计划100.3%。其中，通道绿化0.52万亩;江河湖库岸线绿化0.71万亩;基地造林、退化林修复和封山育林6.63万亩;油茶低产低效林改造5.27万亩、城乡绿化1.74万亩。

【林长制建设】 市委、市政府高度重视林长制工作,印发方案和配套制度并召开高规格林长制工作动员大会,将林长制纳入2021年对县(市、区)党政目标综合考核项目,实行以奖代补。全市设立市级林长17人,县级林长167人,乡镇林长1059人,村级林长2658人,配套落实护林员3896人,四级林长巡林3800余次,设立林长制公示牌1307块,建立了"林长+检察长"协作机制、森林警长制,全域覆盖的林长组织体系全面建立。

【林业资源保护】 统筹林地林木保护利用,资源管护措施成效明显。2021年,全市违法占用林地和毁坏林木案件97件,与2020年同比下降68%,举证销号276个图斑,集中力量完成了92个图斑整改,无障碍移交刑事案件13起。全市48.8万亩公益林和16万亩天然林得到有效保护。完成了全市197株古树和7株名木的体检和复壮,安陆一棵3000年古银杏树入选湖北十大最美古树。完成了森林资源管理一张图与国土三调数据对接,将林业基础数据纳入了国土空间规划管理。制作孝感市野生动物保护公益宣传片,发放宣传年画和手提袋4000份,全面做好了22户禁食野生动物养殖户的转产安置,全市野生动物保护意识显著提高。

【森林防火】 完成了森林火险普查,得到省林业局通报表彰。设立森林防火检查站49处、防火哨所103处,开展无人机巡护10次,防灭火演练53次,国有林场等重点区域巡护实现全覆盖,森林防火宣传深入有效,火源管控进一步撂实,森林防火"防火码"、卫星监控平台等信息技术应用进一步深入,2021—2022年,森林防火期孝感未发生森林火灾,森林火灾受害率为零。

孝昌县邹岗镇绿托邦苗木种植基地　（孝昌县史志研究中心 供图）

【有害生物防控】 全市设置36个松材线虫病枯死松树标准监测样地,防治松褐天牛10万亩,2021—2022年"窗口期"内清理病枯死松树13.82万株,松材线虫病发生面积和死树数量实现双下降,美国白蛾防治面积34.5万亩,实现了有虫不成灾的目标,其他常发性病虫害维持在较低发生状态。深入开展森林植物检疫监督检查,种苗产地检疫率达到100%。开展常态化野生动物疫源疫病监测,全市未发生重大野生动物疫情。

【"两山"转化示范点建设】 大力支持孝昌花卉苗木、大悟油茶产业、以5个国家湿地公园,2个森林公园为核心的生态旅游业等特色产业。全市国家和省级林业龙头企业达到42家(其中国家级3家),2021年,孝感林业产业总产值达348亿元,同比增长了20%。大悟县抢抓"两山"试点县政策机遇,重点开展了三区("风景田园""红叶观光""休闲度假"景区)两园(九房沟湿地公园和油茶公园)建设,打造茶旅观光、林旅融合的靓丽名片,两山转化示范点建设稳步推进。

【国家森林城市创建】 市委、市政府将国家森林城市创建纳入"五城同创"重要内容,通过创森重点项目建设和绿色示范创建,全市新增绿地面积70余万平方米,城区绿化覆盖率提高到39.4%,城区人均公园绿地面积达到12.05平方米,受损弃置地生态修复1869.95亩,2021年,成功创建大悟、安陆2个省级森林城市,2个森林城镇,20个森林乡村,孝感城市森林生态体系基本完善,孝感创建国家森林城市36项指标已达标,符合验收标准。

（撰稿:王 华）

执行编辑:柯贤煌

工业

工 业

综 述

【概况】 2021年,孝感市每月对重点行业、重点企业运行情况持续跟踪监测,定期走访调研企业,及时掌握行业发展动态和趋势,及时发现和研判经济运行中的热点、难点和苗头性、倾向性问题,做到早准备、早发现、早处理。抓好本地过2000万元增长点投产达效,做好协调服务,尽快形成新的经济增长点。2021年,全市规上工业增加值同比增长18%,高于全省平均水平3.2个百分点,居全省第6位;全市累计工业用电量105.8亿千瓦时,同比增长22.36%,高于全省平均水平5.78个百分点,居于全省第3位。

(撰稿:张铮)

【产业链长机制建立】 出台《孝感市提升五大传统产业现代化水平推动五大战略性新兴产业倍增发展暨制造业产业链链长制实施方案(2021—2023年)》,确立食品、纺织服装、盐磷化工、纸塑包装、建材5条传统产业链和高端装备制造、新能源汽车及零部件、光电子信息、大健康、新材料5条战略性新兴产业链,实行"五个一"工作模式(一位市领导、一个牵头部门、一个专家团队、一个工作方案、一套支持政策),明确了技改强链、招商补链、协作延链、服务固链等"四大任务"。4月30日,孝感作为全省唯一市州参加湖北省产业链链长制新闻发布会并作情况介绍。2021年,全市引进十大产业链项目293个,总投资1141亿元,占新引进工业项目的86.7%、82.4%;十大重点产业累计增加值同比增长17.7%,光电子信息、新材料、大健康、纸塑包装等产业增加值增速高于全市平均水平,分别为37.1%、34.3%、25.8%、25%。

(撰稿:卢俊、尹峻琼)

【企业主体培育】 大力实施中小企业成长工程。加大对"小进规""新进规"的政策激励力度,完善规上企业培育库,对入库企业实行"一企一策"跟踪服务。强化运行监测、要素调度、包保服务,及时帮助中小规上企业破解生产经营中的各类问题,遏制企业停产退规。2021年,全市新增规上工业企业110家,全面超额完成年度目标,规上企业总数达1205家,居全省第6位。孝感市获省政府表彰为2020年度全省中小企业成长工程先进单位。着力培育优质企业。出台《关于促进中小企业"专精特新"发展的若干措施》,全年获批省级以上专精特新"小巨

12月3日,市经信局举办全市两化融合暨工控系统信息安全培训 (市经信局 供图)

人”74家，其中省级第三批获批60家，居全省第5位。2021年，全市获批省级智能制造、技术创新、服务型制造、隐形冠军等试点示范企业50余家(次)；华工高理获评国家级制造业单项冠军(产品)、三江万峰获评国家工业设计中心、红阳机电获评国家技术创新示范企业、4家企业(中广核拓普、维达、际华3509、双桥)获批国家级绿色工厂、大禹电气获评重点国家级专精特新“小巨人”企业，均实现“零”的突破。

(撰稿：单腾飞)

【产业动能释放】 县域经济壮实力。2020年度经济考核中，7个县(市、区)“三进二平二退”，3个一类县市全面进位，汉川再次进入全国百强。孝汉融合促协作。以孝汉同城融入理念统领产业发展，汉川与武汉经开区合作建设的武汉经开区汉川合作共建园即将签约落地，与武汉东湖高新区合作打造的长飞(汉川)科技园有20余家武汉光谷企业表明投资意向。全年共引进汉商、汉企投资项目120多个、总投资400多亿元；26家企业48项产品参加“湖北·商飞大飞机产业”培育大会，三江万山与武汉停车场及新能源汽车配套设施建设指挥部实现战略合作，孝汉产业同链水平明显提升。两化融合赋动能。累计建成5G基站2654个、5G汇聚机房172个；2020年度电信普遍服务试点项目基本完工；全市上云企业数量达到1200余家，220余家工业企业注册工业互联网标识解析二级节点；15家企业通过国家两化融合管理体系贯标认证，15家企业获评省级两化融合试点示范企业，5家企业入选省级“上云标杆企业”，1家入选省级工业互联网平台；孝感“5G智慧电力”项目入选“2021年中国5G+工业互联网典型应用案例”。

(撰稿：朱虹、董基伟)

【项目投资增资】 2021年，全市工业投资同比增长33%，居全省第3位，高于全省13.3个百分点；实施工业项目747个，较2020年同期增加191个。全市工业技改投资同比增长39.9%、居全省第9位，高于全省2个百分点；实施工业技改项目403个，较去年同期增加133个。出台《孝感市支持新一轮企业技术改造若干政策》。建立完善2021年度制造业高质量发展项目库，积极争取3个批次省级高质量发展专项，共36个项目1.39亿元，占全省总额的9.3%，远超孝感应有份额。

(撰稿：卢俊、尹峻琼)

【服务企业】 开展惠企政策宣传。编印《孝感市涉企惠企政策明白手册》。统筹链长制工作专班、“双千”工作队等力量，通过走访宣讲、网站微信、专题培训等形式广泛开展政策宣传。组织300余人次参加了新一轮技改政策、绿色制造示范企业创建、5G+工业互联网应用、两化融合等政策培训活动。开展“双千”活动。全市74家市直单位包保122家企业，共收集96家企业报送的100条问题困难，解决率达69%。开展“降收费”专项行动。制定责任清单，14项重点任务均已按时完成。督促各责任单位落实减税降费、减免租金等惠企政策，涉企保证金收费事项全面对标落实，拖欠企业账款全部清零，中小企业宽带和专线平均资费同比下降15%。开展电力服务提升行动。持续提升办电效能，压减办电时间，全市用户平均停电时间不超过13小时。组织全市454户参加电力市场化交易，为企业节约电费5000多万元。开展转供电改革，全面实现开发区、园区“零加价”工作要求，终端用户最大降价幅度达到55.82%。开展弱电线路改造。先后协调老澴河综合治理、槐荫大道改造、老旧小区改造、“五城同创”等重大市政工程通信基础设施迁改任务，迁建通信铁塔5座，拆除废旧线杆150余根、光缆2300余皮长公里，更新光交设备800余套，割接专线450余条、宽带8万余户。

(撰稿：马诗慧、董基伟)

【绿色安全发展】 突出绿色发展。配合做好中央和省环保督查；做好沿江化工、危化品企业“搬改关转”工作，市经信局获省指挥部表彰为表现突出单位；推进绿色制造体系，4家企业获批国家绿色工厂，居全省第2。突出安全生产。扎实开展工业、电力领域安全生产培训逾万人次，党组定期研究安排安全生产工作，部署重点领域、重点时段的工作任务；吸取十堰燃气爆炸事故教训，共排查工业、电力方面安全隐患500余条；对省暗访和市安委会通报问题307条，已全部督促整改到位。突出疫情防控。筑牢工业企业疫情常态化防控体系，主要做好工业企业疫情防控和医用物资保障专班日常工作，建立分级负责、部门协同、省市统筹的物资保障机制，通过医疗机构储备和委托代储的形式，共储备核酸检测试剂89万只、医用口罩500多万个，以及一批消杀物品、救治药品等；推进工业企业疫苗接种、场地防控、环境消杀等工作，压实防控责任，坚决防止企业出现聚集性疫情；主动配合流调，协调通信运营商核查手机号码91批次、4.9万余用户。

(撰稿：徐继英、卢俊)

食品饮料产业

【概况】 食品产业是孝感市传统优势产业，是全市工业经济的重要支柱产业。全市规模以上食品企业172

家，总资产168.21亿元，行业用工人数23103人。2021年，食品行业实现销售收入351.53亿元，其中农副产品加工业实现销售收入239.36亿元，食品制造业实现销售收入74.34亿元，酒、饮料和精制茶制造业实现销售收入37.82亿元；实现利润11.47亿元，实现税金7.54亿元。

【产业分布与规模】 孝感的食品饮料产业主要由汉川食品产业集群、安陆食品机械产业集群等省级重点培育成长型产业集群组成。汉川食品加工产业集群有规模以上工业企业61家，资产总额80亿元，从业人员超过2万人，在省内食品产业集群中仅次于武汉东西湖食品产业集群，位居第二位。安陆食品产业集群通过培育发展，集群企业达60家。其中，规模以上企业16家。

【主要产业集群】 汉川市食品加工业逐步形成了开发区食品饮料产业、城隍糖果产业、麻河莲藕制品、仙女山糕点、面粉制品、汈汊湖鱼类加工、里潭和垌冢等粮产区精米加工等六大区块。聚集了银鹭食品、达利食品、晋江福源等龙头企业，合兴包装、吉源制罐、友达胶带、捷达物流等配套企业。安陆食品产业集群已形成了以宝迪、禾丰、神丹、岑铭堂为龙头，以花中花米业、农腾饲料、潮汕食品等为支撑，以永祥、东方红、天星粮机为产业协作配套的优势产业集群。神丹公司以生产健康蛋、皮蛋、饲料为主，宝迪公司以生产血浆蛋白、冷鲜肉、SOD为主，禾丰集团以生产精米、果品糖浆为主，岑铭堂以生产各类休闲食品、饮料为主。神丹公司以超市销售作为神丹蛋品销售主渠道，产品进入了家乐福、麦德龙、沃尔玛、中百等1万多家超市，销售网络覆盖全国各地。

（撰稿：夏育红）

纺织服装产业

【概况】 纺织服装行业是全市第一大行业。2021年，全市共有纺织服装规上企业261家，占全市规上企业总数21.7%(占全省纺织服装企业总数的16.6%)。实现营业收入729.8亿元，占全市的24.56%(占全省纺织服装营业收入总额的23.8%)；实现利润27.9亿元、占全市的22.7%(占全省纺织服装利润总额的18.6%)；缴纳税收23.2亿元，占全市的23.9%。

【产业分布与规模】 孝感市纺织服装产业主要集中在汉川、安陆、云梦等地。汉川纺织产业基础较为扎实，有规上企业203家。其中，纺织企业94家(制线企业60家、染整企业7家、其他27家)；服装企业109家(时装企业45家，皮草企业64家)，纱锭规模达到300余万锭，有国家级绿色工厂企业1家，省级专精特新企业5家，隐形冠军5家(其中培育企业4家，示范企业1家)，智能制造企业2家，两化融合企业3家，被湖北省经信厅列为第一批全省“重点成长型产业集群”。马口镇是中国第四批“纺织产业集群试点地区”(全国仅13家)，被中国纺织工业协会授予“中国制线名镇”称号。年产涤纶纱线约15万吨，产量占全国生产总量的1/5。

【主要产业集群】 2021年，汉川有纺织服装企业3000多家，赢得“中国服装制造名城”的名声。汉川服装产业集群主要拥有德州科技园、裕华工业园、北河工业园、华中皮草城、浙江产业园、印染工业园等产业园区，其中“汉派荟”引领汉派服装走向时尚前沿。马口是“中国制线名镇”，拥有全国规模最大的缝纫线产业集群。汉川纺织服装企业初步打造了一批在市场上有影响的品牌，如鱼鹤、九连环、铁树王、鑫泰等，其中，“鱼鹤”商标被评为湖北省著名商标。安陆形成了以安棉、富棣田为龙头，以金丰纺织、赐梦服饰、伟鹏服饰等企业为支撑的产业集群。云梦皮草产业集群囊括皮草企业50余家，被授予全省外贸出口基地、国家外贸转型升级基地。

（撰稿：马诗慧、夏育红）

湖北米婆婆生物科技股份有限公司5G智慧生产车间　（市高新区 供图）

盐磷化工产业

【概况】2021年，孝感市依托丰富的盐磷资源，坚持新发展理念，以产业升级和结构调整为主线，以发展产业链和产业集群为抓手，以技改节能和技术创新为动力，壮大云应盐磷化工产业集群，优化盐磷化工产业结构，增强重点企业竞争实力，完善园区基础设施建设，推进行业节能减排，提高全市盐磷化工产业整体竞争力，逐步实现盐磷化工产业高质量发展。2021年，全市盐磷化工产业规模以上工业企业达97家，实现主营业务收入347.99亿元，同比增加13.73%，主营业务收入占全市的12.18%。利润收入18.70亿元，同比增加172.61%。税金收入9.69亿元，同比增加34.75%。

【产业分布】孝感市素有“膏都、盐海、磷山”之称，境内的岩盐资源分布面积约188平方公里，资源储量132亿吨（矿石），伴生芒硝7.53亿吨（折纯），主要分布于应城市、云梦县两地，具有品位高、埋藏浅、易于开采的优点，是湖北省最早勘探和开发盐资源的基地，也是我国内陆新兴的盐化工生产基地。应城盐卤资源主要分布在四里棚、东马坊及长江埠，岩盐分布面积140平方公里，占全市总国土面积的12.7%，资源储量280亿吨，埋藏深度300~800米，易于开采，氯化钠含量为45%~94%，在国内属品位较高的岩盐矿层。磷矿资源主要分布在大悟黄麦岭矿区及其周边，共有4个成矿带，资源储量1.51亿吨。

【应城盐化工产业】应城市依托丰富的矿盐资源，把发展壮大化工产业作为加快推进新型工业化的重要抓手，坚持扶优扶强的发展思路，以优势产业和优势企业（产品）为主攻方向，以资源整合和产业改造升级改造为重点，引导各类资本要素向盐化产业集聚，不断调整产业结构，产业特色和比较优势日渐凸现，形成了以盐业化工和精细化工为重点，具有比较竞争优势的化工产业集群。应城盐化工产业已拥有12家骨干企业，上市企业2家（双环、新都），总资产105.8亿元，原盐产能超560万吨/年，其中品种盐年产180万吨，是全国最大的品种盐生产基地；纯碱产能160万吨/年，是湖北省唯一的纯碱生产基地；拥有食盐定点生产和批发许可证6张，占全省的60%。盐化工产业链条逐渐延伸，已形成“盐—品种盐、盐—日化盐、盐—纯碱、盐—氯化铵、盐—氯化铵—复合肥”5条产业链，涵盖生产、销售、服务、售后全过程，新都公司是全国化肥行业唯一形成“盐—碱—肥”完整产业链条的企业。2021年，12家盐化企业在做好疫情防控的同时全年未停产，企业用工稳定在1.2万人，部分新项目投产新增就业岗位300人次。

【主要盐化工品牌】全市盐化工产品特色更加鲜明，久大、新都、中盐、长舟等公司形成10大系列300多个品种，食用盐、洗护盐、日化盐、保健盐等盐产品种类繁多，单质肥、复合肥、水溶肥等市场广阔，其中高端品种盐价格比工业盐高10倍以上。此外，制盐企业抓住盐改机遇积极打造知名品牌，“红双环”“红双圈”“自流井”等是中国名牌产品，“湖皇”“桂湖”“洋洋”“凯利丰”等是中国知名品牌，新都公司“益盐堂”是第一个在央视登陆的食盐品牌，久大公司“云应井盐”覆盖全国790个县（市、区）。

【产业园区建设】全市拥有云梦盐化工产业园、应城东城工业园、赛孚工业园、盐化工业园区为四大合规化工园区。园区内主要有久大制盐、新都化工、双环科技、中盐长江、广盐华源、长舟盐化、益盐堂、中盐长江、富邦科技、卓熙氟化科技等龙头骨干企业。园区已建成华能热电、园区污水处理厂等配套项目基础设施。建立并完善应急指挥、信息监测等服务平台。2021年，应城三大园区已签约引进项目30个，其中安陆搬迁入园1家。

【科技创新】全市盐碱产业积极推进两化融合，创新驱动不断增强。与国内30多所大学和科研单位共建产学研平台，建成院士专家工作站5个，11家企业入选全省首批“隐形冠军”培育企业。湖北富邦科技公司曾是一家小型化肥助剂生产商，如今通过科技创新，成为全球知名的农业生产全程服务企业。新都化工的三元硝基复合肥核心技术，是全国水溶肥标准制定者。久大应城公司与华中科技大学合作，建成了国内首套35音兆瓦富氧燃烧碳捕获工业示范装置。

（撰稿：徐继英、侯加凯）

纸塑包装产业

【概况】2021年，全市拥有纸塑包装规上企业129家，产值过10亿元的企业5家（金凤凰、维达、金红叶、恒大包装、恒安），总资产277.7亿元。2021年，完成销售收入369.6亿元，占全市工业比重的11.52%，实现税收10.2亿元，从业人员近21521人。产业拥有省级隐形冠军12个（舒氏集团、维达、合兴包装、恒大包装、华艺包装等），省级工业设计中心1

个(龙王根),国家级、省级两化融合11个(恒大药业、三洋塑胶、金凤凰、恒大包装、维达、中顺洁柔、京华彩印、兴龙包装、洋田塑料、合信包装、舒氏集团),国家级“专精特新”小巨人企业1个(恒大包装),省级智能制造企业2个(维达、恒大包装),省级技术创新示范企业1个(京华彩印)。

【纸品卫品产业】 2021年,全市纸品卫品产业集聚了生活用纸全国排名前5的企业:金红叶、维达、恒安、中顺、丽邦,卫生用品全国排名靠前的洁伶、千芝雅、豪悦,包装用纸中部第一的金凤凰等纸卫品及关联企业。印刷包装产业集聚了大胜达包装、荣成包装、合信智能包装等一批行业龙头企业,产业规模和发展速度处于全省领先水平。

【新型塑料产业】 2021年,全市新型塑料产业集聚了富思特、祥源新材、易生新材料、三洋、宝丽庄等重点企业,产业处于发展阶段,企业呈现小而散的特点。

(撰稿:杨先波、张星)

建材产业

【概况】 建材工业是国民经济的重要基础产业,孝感砂石、水泥熟料、螺纹钢、混凝土、预拌砂浆等建材资源丰富,同时在涂料、板材、管材以及门窗、家具等行业均有一定规模,构建起了较为完善的产业链条根基。2021年,全市建材行业有规上企业194家,实现营业收入248.6亿元,同比增长7.4%,占全市的8.4%,利润总额10.2亿元,同比增长0.2%,平均用工1.57万人。

【重点企业与产品】 永和安门业位居全国十大门业品牌前列;保丽家具被列入“全国家具出口百强企业”;全市装配式生产企业年产能达155万立方米;爱仕达位列全国炊具小家电品牌第二名,占据全国5%以上的市场份额;中都、宏阳企业商混绿色生产、绿色建材均达双“三星级”;宏阳砂浆绿色建材达三星级。

【建材产业门类】 2021年,全市建材产业门类多,涉及建筑建材方方面面。主要形成了以永和安、欧宅、好莱客、乐华厨卫、爱仕达、安心智能等企业为代表的家居厨卫产业,以中都商混、宏阳砂浆、金达钢铁、大展钢铁、黎明钢构、澴川矿业、白兆山水泥、三棵树等企业为代表的建筑材料产业,以及以宇辉中工、澴宇装配、楚之星杭萧钢构、康欣科技等企业为代表的装配式建筑产业。

(撰稿:张铮)

高端装备制造产业

【概况】 全市高端装备制造业以粮油机械装备、特种工程装备和节能环保装备行业特色较为明显,主要分布在市高新区、安陆市、孝南区等地。2021年,全市高端装备制造产业有企业73家,实现营业收入89.1亿元,利润3.1亿元,税收2.9亿元。

【产业园区】 2021年,全市拥有三江产业园、航天重工装备产业园、安陆粮机产业园3个高端装备产业园区。三江产业园,涵盖特种车辆、摩托艇、机器人等产品;航天重工装备产业园涵盖重型矿用自卸车、挖掘装载装备、采矿装备等矿用车产品;安陆粮机产业园集聚了近30余家粮机企业(含规下),涵盖收粮机、播种机、碾米机、榨油机等系列农机产品。

【重点企业】 航天重工、三江万峰、顶裕节能、永祥粮机等9家企业获批省级“隐形冠军”;安心科技、大禹电气2家企业获批省级及以上专精特新“小巨人”企业;天星粮油、中碧环保、骏腾发3家企业获批工信部工业企业知识产权运用能力培育工程试点企业;三江红峰获批全国质量标杆;三江红阳、三江万峰2家企业获批省级技术创新示范企业。

(撰稿:尹峻琼)

华工高理生产车间　　(市经信局 供图)

新能源汽车及零部件产业

【概况】 孝感是中国最大重型高机动越野车生产基地，拥有国内唯一的重型高机动越野车跑车试验场，也是国家特种车辆产业聚集基地和军民融合发展示范基地，制造主体在孝感的航天三江集团是我国汽车资质最全的整车企业之一，拥有1~6系列底盘和整车资质。市高新区是汽车产业的主要集中地，汇聚了三江万山、三江瓦力特、航天重工等3家整车企业及车灯行业全球排名前两位的日本小糸和意大利马瑞利、汽车用电线组件全球市场占有率排名第一的日本矢崎、日本电子制造服务业排名第一位(世界排名12位)的日本希革斯、日本第二大的汽车弹簧制造商日本中央发条、台湾勤美达、华工高理等50余家零部件企业。

【主导产品与市场】 新能源汽车及零部件产业主导产品为重型商用车(含重型货车及大中型客车)和重型越野车底盘、汽车驾驶室、车架、车桥、活塞环、差速器、冲压件、内饰件、座椅、汽车灯具、仪表、电子线束、电子传感器等60余种产品。市高新区已成为全国最大的重型平板车生产基地，重型平板车和越野车底盘分别占国内市场的70%和60%，特种差速器占国内60%的市场份额；航天重工矿用车制造领域属世界首创，填补了大吨位重型矿用自卸车产品国内自主创新空白，实现产品替代进口；三江瓦力特沙漠油田车填补国内空白。

(撰稿：刘青龙)

光电子信息产业

【概况】 2021年，全市光电子信息产业共包含规上企业85家，实现营业收入194.7亿元，同比增长36.3%；税金及附加4.5亿元，同比增长24.2%；利润15.5亿元，同比增长54.2%。全市电子信息产业利润率达7.94%，高于全市规上企业利润率3.79个百分点。

【产业集群建设】 2021年，孝感把握湖北打造"光芯屏端网"世界级产业集群的重大机遇，深度融入光谷科技创新大走廊建设，围绕孝感区域战略布局和产业布局，推进电子信息产业特色化、集群化发展。市高新区光电子产业初显成效，激光产业园聚集了领创激光、希欧、万力威等重点企业，日商产业园重点发展车用电光源，逐步加强与光谷的协作配套和融合发展。汉川光通信产业不断壮大，初步形成了以楚天实业、中广核拓普、锐邦光电、烽火博鑫等企业为龙头的光通信产业集群。推进孝昌安陆印刷电路板产业，依托龙腾电子、全成信电子、金绿科技、利之达科技等企业，延伸"芯"产业上下游产业链，初步形成孝感市电路板产业的聚集园区。云梦安陆电子新材料产业形成合力，云梦中一科技、安陆中科铜箔等企业全力推进铜箔主导产品的技术升级和产能扩大，已具备年产2万吨电解铜箔的生产能力，逐步形成华中地区及至全国最大的电子产业基础材料(电子铜箔)研发、制造基地。

(撰稿：熊文俊)

华中光电产业园　　(摄影：孟畅)

大健康产业

【概况】 2021年，大健康产业规模以上工业企业35家，营业收入49.38亿元，同比增长16.2%；利润总额1.84亿元，同比增长6.4%；平均用工人数4264人，同比持平。

【重点企业】 孝感市健康产业获批省级专精特新小巨人2家(福星药业、银华药业)；省级隐形冠军3家(诺克特、福星药业、回盛生物)；国家级、省级两化融合重点企业3家(诺克特、回盛生物、瀚思生物)；工信部工业企业知识产权运用试点4家(午时药业、诺克特、恒天4药业、回盛生物)。依据《省人民政府办公厅关于印发支持新一轮企业技术改造若干政策的通知》文件精神，2021年度，省级制造业高质量发展专项申报中，孝感的大健康产业有美林药业、回盛生物、康正药业、亨德利医疗器械等企业的9个项目列入重点申报项目。美林药业二期扩建项目第一批获210万元补贴，后续将获补贴320万元。

（撰稿：瞿小杰）

新材料产业

【概况】 2021年，孝感市纳入统计的新材料企业109家，实现年营业收入277.88亿元、利润总额10.63亿元、税金12.28亿元、用工15.7万人。其中，主营业务为新材料的企业23家，其中，主要分布在应城（6家）、汉川（5家）、云梦（5家）、孝昌（3家）、孝南（2家），高新区和安陆市各有1家新材料生产企业。涉及新材料生产加工的企业86家。

【产业集群建设】 孝感市新材料产业在产业体系中的重要地位日渐凸显，新材料在化工、轻金属、陶瓷、石墨、建筑等领域均有广泛应用，纳米材料、玻璃钢、石墨材料、焊接材料也逐步形成产业基地和产业集群，云梦新材料产业集群发展成为湖北省重点成长型产业集群。

（撰稿：朱虹）

电力工业

【概况】 孝感电网覆盖孝感市地理范围，是鄂东北受端电网的重要组成部分，也是三峡电力外送的重要通道。孝感电网以汉川电厂、知府电厂、500千伏孝感变电站、500千伏仙女山变电站为电源点，孝感电网分别与武汉、荆门220千伏电网保持联络，形成以220千伏变电站为骨干网架，以110千伏和35千伏变电站为分支的分区供电格局。

2021年年底，孝感电网有500千伏变电站2座（孝感变、仙女山变），主变压器3台，容量300万千伏安；有35~220千伏变电站168座，主变压器277台，变电容量1005万千伏安，线路313条（不含支线），长4244公里。孝感电网220千伏线路实现环网运行，网络供电可靠性、运行灵活性及电能输送能力得到增强。

2021年，全市电网安全稳定运行，电力供应正常。在疫情防控、迎峰度夏度冬、防汛、恶劣天气等重大急难险重保电任务中，国网孝感供电公司积极履责，确保全市电力可靠有序供应。2021年1月7日，孝感电网最大日负荷达252.6万千瓦，同比增加16.62%，创孝感电网冬季日负荷历史新高。7月20日起日最大用电负荷在220万千瓦以上，8月2日最大日负荷达283.7万千瓦，同比增长3.16%，创孝感电网负荷历史新高；自7月6日起日用电量在4000万千瓦时以上，8月2日最大日电量5665万千瓦时，同比增长3.69%。

【电网设施规模】 2021年，孝感电网35~220千伏公用变电站有168座、变压器277台，35~220千伏公用输电线路313条、4245公里，电网配电变压器36873台、配电线路16067公里。

表4　**2021年孝感电网35~220千伏公用变电站规模一览表**

地区电网	年份	220千伏			110千伏			35千伏		
		变电站（座）	变压器（台）	容量（万千伏安）	变电站（座）	变压器（台）	容量（万千伏安）	变电站（座）	变压器（台）	容量（万千伏安）
	2021	17	27	468	70	101	439	81	149	98

表5　**2021年孝感电网35~220千伏公用输电线路规模一览表（不含支线）**

地区电网	年份	220千伏		110千伏		35千伏	
		条数（条）	长度（公里）	条数（条）	长度（公里）	条数（条）	长度（公里）
	2021	58	1218	133	1453	122	1574

表6　**2021年孝感电网配电设施规模一览表**

地区电网	年份	配电变压器		配电线路（公里）	
		台数（台）	容量（万千伏安）	合计	其中：电缆线路
	2021	36873	1114	16067	862

【电力建设】 全市发电总装机574.27万千瓦，同比增长8.81%。其中，火电占比69.39%，风电占比15.83%，光伏占比14.6%，水电占比0.18%。境内电厂年发电量208.88亿千瓦时，同比上升21.68%。新能源装机182.53万千瓦（占比32%），同比增长32%，其中风电装机90.89万千瓦，光伏83.83万千瓦。

国网孝感供电公司与3个县级政府签订战略合作协议，开展服务在孝特高压建设“党建心连心发展手牵手”活动，在全省率先完成4条过境特高压工程属地协调。《孝感市电力设施布局规划（2021—2035）》、配网管理示范区建设。强化项目储备，完成可研17项、核准19项，500千伏孝感北工程纳入国网湖北电力有限公司“十四五”规划库。固定资产投资10.49亿元、同比增长27.9%，其中主网建设投资7.76亿元，35千伏及以上基建项目34个，新建变电站全部为智能变电站；投产110千伏及以上项目6个、配电网项目268个，完成政府代建工程4项、迁改线路28条。强化基建“e安全”与“安管2.0”平台应用，实施基建安全质量量化考核，参加国网湖北电力有限公司配网工程设计竞赛获第二。10千伏及以下配电网建设与改造8个批次投资4.06亿元，新建及改造10千伏线路411公里，新建及改造配变451台、容量9.49万千伏安，新建及改造低压线路532公里。配电网供电能力进一步提升，10千伏线路联络率达到70.83%，“N-1”联络率达到64.70%，配网自动化覆盖率达到91%，农配网户均容量2.51千伏安/户。

【用电结构】 2021年，全市全社会用电量162.00亿千瓦时，同比增长16.54%（高于全省增幅1.27个百分点），增幅全省第四。其中，2021年全行业用电量（第一、二、三产业）达130.78亿千瓦时（占全社会的81%），由于2020年基数较低，行业用电同比大幅增长21.37%。其中，2021年，第一、二、三产业和城乡居民生活用电量分别为1.85、107.56、21.37和31.22亿千瓦时，同比分别增长17.94%、22.39%、16.78%和-0.14%。第一、二、三次产业和城乡居民生活用电比例结构为1.72∶66.40∶13.19∶19.27，占比分别较2020年同期上升34.8%、上升4.78%、上升0.18%、下降27.09%。11个行业类别全部增长，除农业增长7.76%外，其他行业同比增幅超过13%。

表7

全市全社会用电情况表

指标名称	本年用电量	用电增长率
全社会用电总计	1619954	16.54%
A、全行业用电合计	1307799	21.37%
第一产业	18477	17.94%
第二产业	1075580	22.39%
第三产业	213741	16.78%
B、城乡居民生活用电合计	312155	-0.14%
城镇居民	157637	3.05%
乡村居民	154518	-3.19%
全行业用电分类	1307799	21.37%
一、农、林、牧、渔业	32241	7.76%
二、工业	1058482	22.36%
（一）采矿业	9538	4.85%
（二）制造业	803545	22.89%
2.食品制造业	18831	24.17%
5.纺织业	113822	24.08%
6.纺织服装、服饰业	28976	51.76%
10.造纸和纸制品业	64781	52.30%
14.化学原料和化学制品制造业	210437	-0.63%

续表 7

指标名称	本年用电量	用电增长率
15.医药制造业	21425	18.81%
17.橡胶和塑料制品业	48088	21.30%
18.非金属矿物制品业	40446	13.13%
19.黑色金属冶炼和压延加工业	57680	68.82%
20.有色金属冶炼和压延加工业	1996	-31.38%
21.金属制品业	43209	25.39%
27.计算机、通信和其他电子设备制造业	45815	53.10%
(三)电力、热力、燃气及水生产和供应业	245399	21.47%
1.电力、热力生产和供应业	229037	21.14%
其中:电厂生产全部耗用电量	172999	31.24%
线路损失电量	55920	-2.27%
三、建筑业	21756	23.52%
四、交通运输、仓储和邮政业	45718	14.55%
五、信息传输、软件和信息技术服务业	12216	21.54%
六、批发和零售业	51312	22.79%
七、住宿和餐饮业	15330	21.56%
八、金融业	1189	15.16%
九、房地产业	7989	32.62%
十、租赁和商务服务业	2401	48.49%
十一、公共服务及管理组织	59164	13.95%

【工业用电】 全市工业用电量105.85亿千瓦时(占全社会的65%),由于去年基数较低,工业用电同比大幅增长22.36%(高于全省增幅5.78个百分点),增幅全省第三,拉动全社会用电增长13.92个百分点,其中,制造业用电量同比增长22.89%。40个工业门类中有37个用电同比增长,有34个增幅超过10%;其中黑色金属冶炼和压延加工业增长68.82%,计算机、通信和其他电子设备制造业增长53.10%,造纸和纸制品业增长52.30%,金属制品业增长25.39%,食品制造业增长24.17%,纺织业增长24.08%,橡胶和塑料制品业增长21.30%,医药制造业增长18.81%,非金属矿物制品业增长13.13%,化学原料和化学制品制造业增长-0.63%。

【供电服务】 全市电力系统稳妥应对供电紧张形势,主动配合政府做好有序用电工作,促请政府出台《孝感市2021年度迎峰度冬有序用电方案》,在全省"供紧需旺"两端挤压的形势下,实现全年"不拉闸、不限电",为孝感疫后重振提供了坚强支撑。圆满完成了"两会"、"三考"、建党百年等重大活动保电任务。

【供电改革】 积极落实国家政策,助力推进全市"转供电"改革,促请政府出台《孝感市"转改直"专项行动工作方案》。全面完成汉川五个工业园区9036户"转改直"改造任务,全年减少终端用户用电成本2435万元,公司由"转改直"经验总结打造的"汉正模式"成为全省"样板",获省委书记和省长批示肯定。深入推进电价改革,规范及时公告代理购电价格,结算代理购电客户电量5.93亿千瓦时。

【供电服务指挥体系建设】 2021年全市供电系统打造高效、协同的供电服务指挥体系,深化"1+7"市、县两级供电服务指挥中心建设,建成10

个供电服务站、8个配网抢修班，构建高效“大服务”运转体系。客户投诉同比下降77.3%，58家供电所实现“零投诉”，百万客户投诉连续4年全省排名最优。以客户需求为导向，业扩全流程管控系统上线运行，实现业扩全过程监控、预警和督办，高、低压用户平均办理时长同比减少0.81天、0.28天。推行“阳光业扩”服务、水电气用能联动报装、“不动产+用电”一体化过户等服务基本实现，“刷脸办电”“零证办电”全覆盖。加快数字化升级，落实“功能布局、设备配置、服务提供”三项标准，完成9个营业厅升级建设。完成HPLC改造142.2万户，客户档案数字化159.7万户。线上办、指尖办成为“新常态”，“网上国网”注册户数排名全省第一，各期“充电日”活动成效均位居全省前列，客户服务数字化指数保持在全省第一梯队。

【长湖220kV变电站获2021年度中国电力优质工程奖】 5月，长湖220千伏变电站工程获评“2021年度中国电力优质工程”，并于10月顺利通过“中国安装优质工程(安装之星)”专家组现场复查，该奖项是中国电力行业优质工程最高奖。该工程为湖北电网首座220千伏全装配式变电站示范工程，通过全面推行“标准工艺”设计，提升变电站装配式建设水平，围绕创优目标，遵循策划先行、样板引路、过程控制、一次成优的创优理念，突出重点部位、主控项目、关键环节的管控，确保质量过程始终处于受控状态，应用新技术、新材料、新工艺、新设备，提高工程建设“技术含量”。

【孝感电网首座分散式风电场送电成功】 11月29日，孝感电网首座分散式风电场10千伏毛冲风电场送电成功。该项目位于应城市三合镇，由华能应城热电有限公司投资建设。装机容量6兆瓦，安装2台3兆瓦的风力发电机组，风力发电平均等效年利用小时数2186小时。风电场以一回7.5公里10千伏线路接入赵畈110千伏变电站，所发电力电量在应城电网消纳。

8月14日，湖北孝感供电公司驰援随州的抢险人员在随州市随县柳林镇对受灾的10千伏古56开关太平线进行立杆、组装金具、展放导线　　（摄影：黄煜）

【“未来配电网示范区”建设在全省率先推进】 全力推进孝感东城未来配电网等示范区工程建设，在全省率先实现示范区“频繁停电零台区、低电压零用户、优质服务零投诉、停电管控零计划”的“四零”目标，创下5个全省及全国领先技术：率先实现无人机技术配网应用全覆盖，率先实现动态接地选线技术准确率100%，率先实现5G技术配网遥控、智能分布式等高级应用，率先实现不停电作业突破7000次大关，率先成功研发营配数字化融合终端。配网运行指标连续两年争得全省标杆，故障停运、用户平均停电时间年均下降率分别超过20%、50%。全力优化配网运维抢修管控体系，初步完成双向互动配电网、智能微电网新技术研究，助力新型电力系统建设。

【“孝心服务”品牌建设】 国网孝感供电公司孝心共产党员服务队始终践行“立孝德、行孝道、尽孝心、讲孝行”的“四孝服务”，将善孝的实践融入为民服务、电网建设、社会责任，在供电保障和优质服务方面取得明显成效，在抢险救灾、疫情防控等急难险重的任务里冲锋向前。孝感市委常委、宣传部部长对孝心共产党员服务队作出批示肯定。服务队荣获“国家电网有限公司优秀共产党员服务队”“国网湖北省电力有限公司金牌共产党员服务队”等称号；服务队队员荣获“中国青年志愿者优秀个人奖”和“孝感市道德模范”等称号，公司这张“金名片”越擦越亮。

（撰稿：李旭东）

执行编辑：柯贤煌

商贸

商 贸

综 述

【概况】 2021年，在市委、市政府坚强领导下，全市商务系统以习近平新时代中国特色社会主义思想为指导，弘扬伟大建党精神，沉着应对百年变局和世纪疫情，务实进取、攻坚克难，奋力实现商务经济发展好于预期、增幅高于全省平均水平，为全市经济冲刺“全年精彩”做出了商务贡献。

【社零消费企稳复苏】 社零总额完成1197.6亿元，同比增长22.1%，占年度目标的106.2%。消费动力不断提振。与全省同步启动孝感市“相约春天”系列活动，一季度一主题，组织开展丰富多样的促消费活动。认真做好孝感市“中秋档、国庆档、双十一、双十二档”四轮消费券发放工作，累计总领券数273.37万张、金额9225.05万元，累计核销金额5340.64万元，核销率达57.73%，累计拉动消费2.6亿元，拉动消费杠杆率达5倍。消费氛围日益浓厚。组织企业参加首届中国国际消费品博览会、第30届食博会、第四届楚菜博览会。全年新增限上单位419家，是年度任务的5.2倍。在省商务厅支持下，孝感农产品进入全国供应链，孝感米酒与百盛集团（肯德基、必胜客）签订战略合作协议。湖北神丹公司被确定为第一批全国供应链创新与应用示范企业；获批1个公益性农贸市场（菜市场）项目，7个农商互联农产品供应链项目获批资金782万元。农贸市场“焕新升级”。市政府与新合作邻里商业管理有限公司签署了合作框架协议后，市商务局积极协调孝南区、高新区与新合作供销一家（武汉）商业管理有限公司对接，就菜市场新建和运营进行合作洽谈。截至2021年年底，市市场服务中心5个菜市场均完成设计，有1个开工改造。

【对外贸易创新发展】 外贸进出口135亿元，同比增长22.3%，占年度目标的111.3%；其中出口首次突破百亿元大关，达115亿元，同比增长25.1%，占年度目标的113.6%。政策保障更加有力。把全面扩大对外开放作为事关孝感全局和长远发展的30项重点工作之一，印发《孝感市全面扩大对外开放三年行动实施方案》和年度计划。与中信保湖北分公司签订年度合作要点，与中国轻工工艺品进出口商会签订战略合作协议，帮助企业规避和降低国际贸易风险。品牌创建实现突破。推动孝感米酒入选第二批中欧地理标

市商务局组织企业参加第30届中国食品博览会暨交易会 （市商务局 供图）

志,2021年,孝感米酒出口欧盟增长20%以上。孝感市被认定为省级“孝感市加工贸易产业园”“孝感市汉川市外贸转型升级基地(皮草服装)。支持服务力度加大。举办农产品出口政金企对接会,5家银行与5家出口企业现场签订授信协议,授信金额1.1亿元;与阿里巴巴国际站孝感服务中心一起,举办跨境电子商务业务培训,邀请省专家开展国际贸易“单一窗口”实操培训活动;针对汉川涤纶纱线出口外流情况,向省政府专题报告,推动出台税务10条、金融“特色贷”等举措。市场开拓双线推进。组织参加广交会、进博会、服贸会等国家级重点展会。同时,务实组织参加武汉(汉口北)交易会、华创会“湖北产品走出去”专场活动、迪拜世博会“湖北日”活动,取得良好成效。

【利用外资积极有效】 2021年,全市实际利用外资3.58亿美元,同比增长22.6%,占年度目标的105.42%,总量居全省第3位,仅居武汉、襄阳之后(其中外商直接投资FDI居全省第2位,仅次于武汉)。大力引进外资。全市新设立外商投资项目14个;合同外资金额1.64亿美元;孝感市在全省招商引资电视电话会上获评全省利用外资工作突出市州。持续完善外资服务。完成市外商投资企业协会换届选举,建立外商投资咨询服务工作台账,共为企业解决问题30余个。开展“金融面对面”工程,组织11场银企对接活动,帮助7家外资企业融资1.6亿元。汉川经济开发区获批国家级经开区。积极组织企业参加中非博览会。组织孝感市2家外经企业参加在长沙举行的第二届中国—非洲经贸博览会,其中孝感市湖北禾丰粮油集团有限公司在莫桑比克投资农业项目情况和成果在湖北展厅进行了展示。

【电商经济加快发展】 支持邮政公司整合农村物流快递网络,打通快递下乡“最后一公里”。加快直播电商发展,依托“孝感优选”开展全市首届网2020年货节活动,精心筛选20余款地方特色农产品参加线上销售和直播带货,“小朱配琦”(朱广权+李佳琦)直播带货孝感米酒,全方位引爆网友关注。组织19家企业携带孝感麻糖、孝感米酒、应城豆丝、云梦鱼面、养颜桃胶等数百种孝感特色农产品集中参展第七届武汉电博会,亮出孝感“电商名片”。

国内贸易

【概况】 2021年1—12月,全市社零总额1197.6亿元,同比增长22.1%,高于全省平均水平(19.9%)2.2个百分点,完成省定年度目标的106.2%。

【市场主体培育】 3月,组织召开全市社零运行及一季度“开门红”工作会议,邀请统计部门作了关于社零评估指标及纳统相关工作的专题培训,为实现一季度“开门红”奠定基础,争取全年工作主动权。同时,每月在社零统计窗口期与统计部门合署办公,加强督办在库企业、指导新入库单位熟练掌握统计规则,依法依规统计,做到应报尽报,坚决不漏报。2021年,全市年度新增商贸单位419家,是2020年的1.6倍;净增商贸单位317家,是2020年的7.2倍。

【商业领域消费促进活动】 根据湖北省“相约春天赏樱花”系列消费促进活动要求,于3月8日同步启动孝感市“相约春天”系列活动,并制订全市2021年全年消费促进计划,指导各地结合当地特色,开展内容丰富、形式多样的消费促进活动。组织开展2021“相约春天赏樱花”经贸洽谈活动孝感专场,吸引众多客商莅临孝感参观考察和经贸对接。做好本市湖北消费券发放工作。积极按照湖北消费券发放时间节点,落实孝感市活动保障资金,扩大全市零售业、餐饮业单位参加活动覆盖面,鼓励商家同步开展折上折、抽奖、优惠券、满减等叠加优惠促销活动,放大消费券效应。全市四轮湖北消费券(普通券)总领券金额9225.05万元,总领券数273.37万张,累计核销金额5340.64万元,核销率达57.93%,拉动消费2.6亿元,拉动消费杠杆率达4.9倍。为支持汽车消费、零售餐饮消费、以展助销、零售实体壮大、新型消费扩容提质等全力促进消费增长,营造良好的消费环境,经请市政府同意,出台了《关于提振重点消费促进消费增长的措施》文件。大力发展农村电子商务,开展农产品直播带货活动,扩大了农产品网络品牌化和知名度。“全国网2020年货节”期间,孝南区、大悟县商务局通过网上联动直播销售本地特色农产品,4个多小时的直播共销售商品4万余件,销售额60余万元。

【产销对接活动】 组织孝感名特优农产品企业参加在杭州、南京、黄冈、十堰等地举办的农产品产销对接活动,助推农产品上行,扩大农产品市场。还参加首届消费者博览会、第30届中国食品博览会、绿色消费品博览会、第四届楚菜博览会、汉口北商品交易会等展会,以展促销,扩大了市场,提升了孝感知名度。参加消博会的麻糖、米酒等产品受到了国内外客商的热烈追捧和青睐,现场达成成交额近100万元,达成后续购销合作意向1200余万元;食博会现场达成成交额219万元,意向签约额3764万元。

第四届楚菜博览会上湖北神丹食品有限公司与中百集团签订1亿元的供销合同

（市商务局 供图）

【市场保供及节假日市场监测】 在春节和湖北短时疫情防控期间，每日收集汇总全市重点保供商超生活必需品销售和储备情况，并上报省商务厅、市防控指挥部供领导决策参考，保障市场供应。组织蔬菜批发市场、重点商超多渠道采购，做好生活必需品储备和供应。每周、每旬、每月督促商贸流通企业报送市场监测相关报表，及监测节假日市场营销情况。

【储备肉管理】 根据省商务厅要求，4月，对全市活猪养殖基地进行筛选，推荐了6家企业申报省级储备肉活猪储备基地场，为省级储备肉管理工作贡献力量，应城市永盛畜牧有限责任公司入围。完成2020—2021年度市级冻猪肉储备任务。会同市发改委、市农业农村局、市财政局已完成市级冻猪肉储备800吨任务，遴选确定了2021—2022年度储备企业，4月，根据省商务厅要求推荐了6家企业申报省级储备肉活猪储备基地场，为省级储备肉管理工作贡献力量。

【立项争资】 引导、鼓励商贸流通企业开展农贸市场、供应链建设，并积极争取国家、省项目资金支持。2021年，向省商务厅申报了公益性农贸市场项目、农商互联农产品供应链项目和蔬菜（莲类）产业链项目，共获得支持项目12个，支持资金1000余万元。另外，湖北神丹健康食品有限公司2021年7月被商务部等8单位评选为首批全国供应链示范企业（全国仅94家）。

【商务领域疫情防控】 指导城区大型商超、集贸市场和县市区开展进口冷链食品及高风险货物疫情防控工作，并进行督查督办。2021年以来，根据市防控指挥部要求，为全面加强进口冷链食品市场监管领域疫情防控，进口冷链食品督查专班4个小组对孝感城区、各县（市、区）、市直三区商超、集贸市场、酒店宾馆及餐饮单位、冷库、客运站、药店共109家市场主体重点对场所的常态化防控情况、从业人员疫苗接种情况、进口冷链食品“四全”“六专”“三证一码”管理情况、直接接触冷链食品从业人员的核酸检测情况、“鄂冷链码”赋码全覆盖等情况进行了明查暗访，发现问题201个，全部整改到位。

【家政服务业】 成立了孝感市家庭服务业协会；孝感市家政录入商务部信用信息平台情况良好，全市有25家家政服务企业，2257名家政服务人员录入商务部家政服务信用信息平台，其中1275名家政服务员完成身份验证和授权。积极组织家政企业参加“湖北工匠杯技能大赛”。

【成品油市场监管】 加强加油站审批工作。新建开办3家加油站，竣工验收并办理成品油零售经营批准证书16家，变更换证50家。开展成品油专项整治，排查227家，查处案件62起，没收油品53.7吨（汽油1.5吨，柴油52.2吨），扣押非法改装车6辆，罚款金额1.10万元，关门停业13家，依法拆除非法加油站（点）47家，行政拘留4人。

对外贸易

【概况】 2021年，全市外贸进出口135亿元，同比增长22.3%；其中出口115亿元，同比增长25.1%；进口20亿元，同比增长8%。进口、出口分别完成年度目标任务的111.3%、113.6%。继续做好自贸区经验复制工作，赴仙桃保税物流中心进行调研，为孝感申请保税物流中心（B型）进行前期调研。指导5家外贸综合服务中心开展工作，为全市外贸企业免费提供报关、业务咨询等相关服务，协助省厅第三方对高新区外综服务中心开展绩效评价工作。

【提升跨境贸易水平】 与中国信用保险公司湖北分公司签订《2021年度

合作要点》,全力做好小微企业出口信用保险全覆盖工作,鼓励大中型企业自主投保,帮助企业规避和降低国际贸易风险。与中国轻工工艺品进出口商会签订了战略合作协议。联合市地方金融工作局、市农业农村局举办“金融支持农产品出口春风行动”孝感市金融“面对面”工程政金企对接会,开展金融支持农产品出口优惠政策宣讲,现场5家银行分别与5家农产品出口企业签订授信协议,授信总金额达1.1亿元。市领导带队调研汉川涤纶纱线出口外流情况,形成书面调研报告,推动税务部门出台10条举措、金融部门推出专属金融产品“特色贷”。

【开展业务培训】 联合阿里巴巴国际站孝感服务中心、孝感市外综服务中心举办“2021年孝感市跨境电子商务业务培训”活动。邀请省电子口岸运行服务中心的专家开展国际贸易“单一窗口”实操培训活动,开展专题授课并现场为企业答疑解惑。以全市全面扩大对外开放工作领导小组名义,召集16家市直相关单位、15家外贸企业讨论修改《进一步做好稳外贸稳外资若干举措》,制定《孝感市全面扩大开放三年行动实施方案》,帮助骨干企业、重点板块的出口率先突破。

【培育外贸主体】 2020年7月孝感米酒入选第二批中欧地理标志协定保护名录。2021年,孝感米酒出口欧盟增长20%以上。推荐惠洋电器等12家企业申报免除海关税款担保事务进出口企业。全年新增外贸出口实绩企业88家。汉川皮草产业园成功申报成为省级外贸转型升级基地,高新区成功申报省级加工贸易产业园。

【申报外经贸专项资金】 严格落实对外贸易企业奖助政策,降低企业开拓国际市场及出口商品的成本。积极组织企业申报国际市场开拓、进口贴息、公共平台建设等各类项目资金,确保中省外经贸专项资金得到全面落实。2021年度,中央外经贸发展专项资金中已明确到项目单位的(市直中小企业境外展会项目7个,出口信用保险项目2个)152万元,因素法分配资金加工贸易67万元,中小企业开拓国际市场121万元。认真落实《市人民政府关于促进外贸持续稳定发展的意见》(孝政办发〔2017〕57号)精神,兑现市直24家企业、结构优化奖和重点出口企业奖102.1万元。组织开展2021年省级外经贸发展专项资金申报工作。孝感市获得切块省级外经贸发展专项资金240万元。

【开拓国际市场】 组织企业参加第129届、130届广交会。其中,第129届广交会参展企业40家,获得展位77个;第130届广交会受疫情影响,改为线下展和线上展相结合,孝感市参加线下展的企业11家,展位25个,线上展参展企业39家,展位77个。分8批次组织47家企业参加2021荆楚云展。组织70家单位、151人参加第四届中国国际进口博览会。超额完成了省交易团给孝感下达的目标任务,达成成交意向2000多万美元。

外商投资

【概况】 2021年,全市新设立外商投资项目14个,同比增长100%,合同外资金额16415万美元。实际利用外资35870万美元,同比增长22.65%,总量居全省第三位,仅次于武汉、襄阳,分别高于黄石、荆州、宜昌10772万、14546万、18978万美元,增幅高于全省平均水平,高于武汉、襄阳。实际利用外商直接投资(FDI)14052万美元,居全省第二位。注册外资大项目占比高。新设14家外资企业中,合同外资1000万美元以上企业6家,占比42.86%。外资到资大项目支撑强。实际到位外资超过1000万美元项目11个,累计26367万美元,占全市总到资的76%。新注册外资项目到资快,本年新注册京顺、华润、泰森分别到资1601万美元、1720万美元、1650万美元。开放平台建设取得新突破。6月,汉川经济开发区获国务院批复,跻身国家级经开区,为孝感市首家国家级经济技术开发区,对孝感市构筑高层次

3月25日,2021“相约春天赏樱花”经贸洽谈孝感专场活动在孝感宇济大酒店举行
(市商务局 供图)

对外开放平台，扩大利用外资具有十分重要的意义。

【外资项目招引】 领导高位推动。市主要领导带队赴上海开展招商活动，推动华中马瑞利扩能、丰树食品智能制造产业园等重点意向外资项目。紧盯重点产业。围绕纸品、食品、汽车零部件等外资集聚发展的重点产业，积极开展招商。投资15亿元的麦当劳供应链智慧产业园项目2021年已注册泰森食品、新夏晖供应链、宾堡食品3家外资企业，泰森食品已开工建设；落户日商产业园区，总投资1亿美元的勤美达汽车零部件项目已建成投产；恒安集团总投资50亿元卫生用品产业园项目、总投资50亿元生活用纸产业园项目同一天开工和签约。抢抓活动机遇。组织参加2021“相约春天赏樱花”经贸洽谈暨世界500强对话湖北活动，市领导在湖北省轻工产业合作项目洽谈会上作推介，全力捕捉项目信息。同时，举办孝感专场活动，邀请众多客商莅临孝感参观考察并开展经贸对接。参加省厅组织的日本企业家交流座谈会，积极向参会日商推介孝感基本情况及日商产业园建设发展情况。

【外资项目跟踪和到资纳统】 持续跟踪重点外资项目进展，开展“点对点”服务保障，认真落实领导干部联系企业、包保项目制度，对企业提出的问题和困难积极研究解决。紧密跟踪永旺城市综合体、肯德基供应链、西卡新材料、华润新能源、泰森食品、新夏晖供应链、方德泡绵等一批在谈拟建在建外资项目，争取尽快落地见效。集中梳理近三年来新签约外资项目进展情况，建立投资5000万美元以上外资大项目包保工作台账。召开外资统计工作视频会，深入学习外商投资统计相关业务知识，进一步规范全市外资统计工作。强化与外管、市场监管、经信、发改、统计等部门沟通，全面掌握现有外资企业到资情况，力争应统尽统。

【服务外资企业】 出台了稳外贸稳外资若干措施，进一步加大对外资企业支持服务力度。建立外商投资咨询服务工作台账，市、县两级共为企业解决困难问题40余个。全面做好2020年度外商投资企业年度信息报告工作，加强业务指导，督促填报并协助解决填报过程中的问题，开展2021年度外商投资信息报告市县两级联合监督检查。深入全市重点外商投资企业，动态掌握外资企业生产经营状况，协调解决企业面临的困难和问题，指导企业用足用好国家、省、市出台的减税降费、金融支持、用工用能等各项惠企政策。开展“金融面对面”工程，深化政银企合作，最大限度发挥政策效力，帮助企业化解融资难题。2021年以来，外资企业通过银企对接活动，获得1.9亿元以上融资支持。指导外商投资企业协会高质量完成换届选举工作，通过协会平台宣传外资相关政策，征集营商环境堵点问题，发布安全生产提醒，动员参加广交会、进博会等重大活动，真正发挥协会的“平台”与“娘家”作用，搭建政府企业沟通的桥梁。

（撰稿：徐永波、秦小六）

招商引资

【概况】 2021年以来，在市委、市政府的大力支持下，全市招商引资工作取得了较好成绩。从新签约项目来看，全市新签约亿元以上项目409个，项目总投资2648.38亿元，分别较2020年同期增长27.81%、26.05%，分别占全年任务数的136.33%、132.42%。总投资10亿元以上项目47个（含50亿~100亿元项目7个、100亿元以上项目3个）。签约亿元以上工业项目338个，总投资1384.73亿元，分别占总数的82.64%、52.29%。从纳统情况看，全市纳统新增企业法人（有在建项目）127个，开工项目190个，投产项目144个，资金到位率34.71%。纳统开工项目中，1亿~10亿元项目185个，10亿~50亿元项目5个。

【招商引资“一号工程”】 孝感市委、市政府始终坚持“大招商”的理念，单独组建了招商局，并成立了招商服务中心，在人、财、物方面给予全力保障，招商引资工作顺利由商务局“带着管”变为招商局“专门干”。市委、市政府主要领导带头落实招商引资“一号工程”，对重要客商亲自接待、重大项目亲自对接、重大招商活动亲自带队、重大问题亲自协调解决，带队赴省外考察马瑞利集团、清控科创、厦门优传等企业12批次，接待五洲特纸、优传供应链集团、红珊瑚药业、康佳集团、矩阵科技等企业到孝感市考察20余批次，高效促成投资40亿元的清控科创（孝感）创新基地、投资10亿元的耐德高端装备生产制造等一批项目签约。

【强化招商责任】 及时调整市招商引资工作领导小组成员，召开全市招商引资工作大会，印发了《孝感市2021年招商引资工作方案》，对推进全市招商引资工作做了全面动员部署，明确合同引资2000亿元的年度招商任务，作为硬任务、硬指标，细化分解到6个招商团队、88个市直单位和7个县（市、区）、3个功能区，由市领导分别领衔带队组团招商，集中力量和资源打整体战，招商引资工作从“散兵、单兵作战”转向“联合、体系作战”。建立“强制外出招商引资”工作机制，将各县(市、区)、市直“三区”领导外出招商作为硬性要求，定期对各地招商工作情况进行通报，形成全市上下狠抓招商的浓厚氛围。

【健全招商机制】 围绕打造现代化的招商引资工作体系，建立招商网络、工作运行、政策支持、保障服务、考核评价五大体系，出台了驻外机构招商、代理招商、招商引资专项基金管理、产业链招商、智谋人才库、招商信息管理等一系列招商引资管理办法，组建招商小分队，先后考察厦门湖北商会、深圳孝感商会、粤港澳招引平台等商会及招商平台，逐步形成了招商引资工作领导小组牵头抓总、行业部门全部参与、驻外机构或商会立足驻地面向全国的招商引资组织体系。

【聚焦招商重点】 聚焦重点产业。强化行业责任，建立抓行业必须抓招商、抓产业必须抓招商的责任机制，引进食品、纺织服装、盐磷化工、纸塑包装、建材、高端装备制造、新能源汽车及零部件、光电子信息、大健康、新材料十大产业链“强链、补链、延链”项目293个，总投资1141.42亿元，占工业项目的86.68%、82.43%，产业链精准招商成效显著。聚焦重大项目，梳理招商信息，筛选五洲特纸、厦门优传等35个符合孝感市产业发展方向的目标企业重点突破，每个项目明确一名市政府领导包保、一个专班推进的工作措施，高效促成投资200亿元的中国电建抽水蓄能一体化项目、投资120亿元的华港(空港)国际产业园、投资100亿元的新发地农产品国际冷链交易中心、投资90亿元的国电长源电厂四期和投资65亿元的华润风光电储一体化、投资60亿元的华耀世纪红色文旅、投资52亿元的东西汉湖渔人码头文旅产业园、投资50亿元的恒安纸品产业园等一批项目签约，重大项目落户效果明显。聚焦重点区域。依托驻京办、驻沪办、驻汉办、深圳孝感商会、厦门湖北商会等，精准对接京津冀地区、长三角城市群、武汉城市圈、粤港澳大湾区、海峡西岸等区域开展招商引资。

【拓展招商渠道】 充分发挥社会专业机构在招商中的作用，与厦门湖北商会、粤港澳招引平台合作开展代理招商，组建了1000名成员的市招商引资智谋人才库，大力推行中介招商、商会招商等招商方式。组织参加2021“相约春天赏樱花”经贸洽谈会暨世界500强对话湖北、武汉火红夏日经贸洽谈暨第二季度招商引资签约大会、第十二届中博会、厦洽会、楚商大会、上海进博会等活动，组织四次全市集中签约活动，共签约项目132个，总投资1164.61亿元，利用各类活动契机积极对接客商，有力打响了孝感招商品牌。突出汉孝同城招商，用好高新区中国光谷·孝感产业园和武汉经开区·孝感汽车及零部件产业园的两大“金字招牌”，抓住背靠武汉天河国际机场机遇，依托汉孝产业园等产业平台，引进汉商、汉企投资项目148个、总投资707.05亿元，初步形成了电子信息和汽车零部件企业向孝南区、高新区，物流企业向临空区，化工企业向云梦、应城，食品加工和纺织企业向汉川、安陆转移的发展格局。

【优化招商环境】 树立招商项目全生命周期管理理念，贯彻落实国家和湖北省优化营商环境一揽子政策措施，坚持项目秘书制、审批限时制、“五化”管理制“三大机制”，有效打通项目建设中的堵点、痛点、难点，促进项目早落地、早开工、早见效。坚持重大项目市领导、工作专班联系包保工作制度，实行重点招商引资项目全程代办服务，对全市签约重大招商引资项目进行督查，及时跟踪项目进展情况，限期解决企业反映的突出问题，当好有呼必应、无事不扰的“店小二”，实现真情招商、环境留商、以商招商。2012年，孝感协丰公司成立，投资建设的日商产业园汇聚了世界500强企业日本矢崎、车灯行业世界排名第一的日本小糸等日资企业30家，2021年，继续追加投资40亿元，打造有协丰特色的内资产业集聚区，项目达产后预计将实现产值30亿元、税收过亿元。

(撰稿：孙静馨)

粮食安全

【概况】 2021年，全市发改部门围绕中心、服务大局，在市委、市政府正确领导下，在省发改委和省粮食局的指导支持下，压实粮食安全责任，强化地方储备粮管理，加强流通监管，全面完成全年各项工作任务。

【粮食安全保障】 严格落实全市新增市县级4650万公斤粮食储备规模。汉川华粮、大地等仓储设施建设项目顺利完工。市本级、安陆市、云梦县、孝昌县4个粮食应急储备保障中心项目开工建设，放心粮油、应急加工、仓储物流、军粮供应、粮食监测“五位一体”粮食供应应急体系逐步完善。

【粮食收储供应】 全市收购粮食10.95亿公斤，同比多购0.55亿公斤，增长5.3%，完成10亿公斤年度目标任务。同时全面完成1.2亿公斤地方储备粮入库任务。扎实做好常态化疫情防控粮油保供稳市工作，全市粮油市场整体运行平稳。

【粮食产业经济】 加强对2018—2020年项目督办，项目完工率98.7%，资金拨付率95.46%。全面实施粮食行业龙头培育计划，会同市农业农村局制定了稻米和菜籽油产业链实施方案，持续推进"走出去"行动计划，组织龙头企业参加第十七届粮食产销协作福建洽谈会和22届荆楚粮油精品展示交易会活动。通过年审和遴选共有6个产品获得2021年"荆楚好粮油"产品称号。

【"优质粮食工程"行动】 实施"优质粮食工程"以来，争取中央奖补资金2.59亿元，撬动社会投资13.8亿元，建设粮食产后服务中心项目92个，扶持中国好粮油项目163个。创"中国好粮油"产品1个，"荆楚好粮油"产品6个。推进"德安府"大米、"爽露爽"米酒、孝昌"太子米"等一批特色粮油产品与"荆楚大地"品牌共享。

【粮食流通监管】 全面推行"双随机一公开"，涉粮举报案件查处率100%。加强政策性粮食销售出库环节的监督检查，坚决打击"出库难""转圈粮"和恶意违约等行为。完成2021年新收获小麦、油菜籽质量调查，扦取并检测样品414批次。全年地方储备粮出入库检测56批次，检验率100%。

（撰稿：高勋玲）

供销合作

【概况】 2021年，全市供销社系统持续深化供销合作社综合改革，围绕服务"三农"和促进乡村振兴，聚力健全服务农民生产生活综合平台，不断拓展服务领域，全市供销社系统实现商品销售总额168亿元，汇总利润7951亿元，所有者权益6.02

9月8日，"首衡城·华中国际食品产业新城"项目现场　（摄影：晏美华）

亿元，各项主要经济指标均保持平稳增长。在全省综合业绩考核中孝感市处于第二方阵前列，7个县级社全部获得优胜单位表彰。

【综合改革落实】 市供销社严格落实部门责任，围绕深化供销社综合改革这条主线，研究部署，指导督办，全力推动改革政策落实、项目落地。强化工作指导。市供销社年初召开全市系统工作会议，对2021年综合改革工作进行部署，建立起深化改革重点任务完成情况通报机制和县级领导联系县市区工作机制，先后印发《任务完成情况通报》2次，县级领导共到县（市、区）供销社开展调研督导8次，并按照市政府主要领导"不到位的问题不放过，改革的价值导向不得偏离"的批示精神，下发关于加快组建农合联的《督办函》，督导各县市区供销社加快完成各项综合改革任务。应城、孝昌在全省22个试点县综合改革终期评估中综合排名分别为第11名、第16名。扎实推进"三位一体"综合合作试点。市供销社以"三位一体"综合合作试点为突破口，将大悟县供销社成功推选为全省供销社试点单位，将云梦县供销社作为全市供销社试点单位。组织召开专题工作推进会，制定《大悟县生产、供销、信用"三位一体"综合合作改革工作方案》，分别于1月27日和10月22日与孝感市农商行、工商银行签订战略合作协议，并协同对方下发《关于在协议框架内加强战略合作的通知》，推动全市供销社加强与金融机构的合作，助力"三位一体"试点工作顺利开展。4月26日，组织全市供销社赴云南昆明参加"三位一体"培训班，交流学习全国优秀经验，并撰写学习报告，谋划孝感市"三位一体"推动路径。11月4日，大悟县供销社推动"三位一体"做法得到省供销社表扬肯定，在全省供销社系统"三位一体"综合改革试点调度培训现场会上作典型交流发言。

【农业社会化服务】 推进"两中心一站"建设工程，服务网点稳步增加。依托基层社新建成汉川新堰、大悟环城等10个基层服务网点，推动形成一批功能完备、设施齐全、机制健全、运行高效的乡镇为农服务综合体。参与全产业链生产，服务质量不断提升。聚焦健全农业社会化服务体系，着力向农民提供全产业链农业社会化服务，产前提供农资配供、统一育秧、机耕机种,产中开展测土配肥、技术指导,产后实施机耕收割、烘干贮藏、购销服务,持续开展“保供稳价打假促春耕”“送肥下乡促春耕”等活动,逐步擦亮供销社为农民打工服务品牌。提高土地托管率,服务面积不断增长。全市系统充分发挥县域运营中心、乡镇惠农服务中心、村级惠农服务站的农业社会化服务网络功能,实现土地托管面积83.28万亩,配方施肥面积40万亩,统防统治面积47万亩,农机作业面积63万亩,高效完成农业社会服务“五化”管理重点项目任务。

2021年,市供销社在孝南区福星城广场举办“庆丰收 感党恩”农民丰收节
(市供销社 供图)

【农村现代流通体系】 稳步恢复传统流通阵地。积极推动大悟县生产物资配送中心及网点建设项目、云梦县农村生活生产应急物资智能储备中心项目开工建设。依托27个连锁配送企业,6个农产品交易市场,27个配送中心,965个经营服务网点,全市系统实现农产品批发市场交易额达35.9亿元,农产品进城、工业品下乡得到有效促进。持续拓展新渠道农村电商。各地借助自身优势领域,充分加强与供销e家、淘宝、“832”等系统内外传统电商平台和快手、抖音等新兴自媒体平台合作,安陆引进快手入驻电商产业园,云梦开通“供销e家·云梦特色馆”、京东“中国特产·云梦馆”等网上大宗农产品交易专馆,拓宽地方农特产品网销渠道,提升电商营销水平。全市系统电子商务销售额34.6亿元,同比增长7.8%。积极组织“产销对接”活动。9月23日和10月27日先后举办“庆丰收 感党恩”主题活动和“促进城乡消费 服务乡村振兴”农产品产销对接活动,12月3日,组织系统23家农业经营主体、80余种农副产品参展第30届中国食品博览会暨中国(武汉)国际食品交易会,以展示展销、直播带货、线上促销等方式,搭建农产品销售绿色通道,拉动城乡消费。

【再生资源回收】 积极开展再生资源回收体系建设。市供销社主动谋划推进,在城区新建再生资源回收网点4个,全市系统实现再生资源回收额21亿元;还以社有企业银棉公司为载体,通过招商引资,引进江苏斯瑞资源循环利用有限公司(中国天楹股份有限公司),达成在孝感合作建设规范化再生资源回收体系的意向。积极参与农业面源污染治理工作。持续推进化肥、农药减量增效。重点推进废弃农膜、农药肥料包装废弃物等可回收废弃物应收尽收。2021年,全市供销社系统销售有机肥9.1万吨,同比增长28倍;共回收废旧农膜372吨,农药包装废弃物134吨。

【社有资产管理】 推动社有资产管理专业机构全覆盖。指导推动市社及7个县级供销社社有资产管理委员会全部成立,履行社有资产管理职责,加强对社有资产运营管护,确保社有资产保值增值。建立完善社有资产数据库。依照省社“建档立卡”工作部署,对全市系统社有资产开展全面、彻底清理核实,建立社有资产数据库,共录入资产卡片391张,房屋总面积28.37万平方米,土地总面积71.96万平方米,实现一项资产一张“电子身份证”,基本形成全市系统社有资产“一张网”“一个平台”“一套系统”。常态化开展审计监督。市社聘请专业机构对联丰、银棉、春绿等公司进行专项审计,进一步规范企业财务基础工作,掌握社有资产运营情况,构建起“审监合一”的社有资产管理模式。

【基层组织建设】 推进联合合作,扩大“农合联”覆盖面。2021年,全市供销社牵头成立农合联4个,发展基层社社员数3.2万人。推动“三个清零”专项行动,通过开展摸底调查,建立“空白”清单,逐一填“空”补“漏”,绘制全市系统基层服务网络地图。共新建村级综合服务社187个,恢复乡镇基层社11个,改造薄弱基层社8个,建设“四有”基层社53个,新领办创办农民专业合作社41家。实施“培育壮大工程”,提升基层运行质量。4家农民专业合作社获评全省系统示范社，7家农民专业合作社获评全国总社示范社，3家合作社获评农业农村部示范社，孝昌县景农联合社获评湖北省农村现代流通服务网络体系建设先进集体。

【消费扶贫】积极对接农副产品网络销售平台，助推农产品线上网销。指导各县（市、区）供销社积极培育“三品一标”农产品，积极与各方电商平台对接，销售当地农特产品，督导大悟县供销社、孝昌县供销社力推51家企业共计1693款农产品上线“832平台”，销售额3583.3万元。开设线上消费帮扶专区7个，销售额达6143.71万元。履行部门职责，巩固优化线下扶贫阵地。全市供销系统2021年前三季度设置扶贫专区专柜8个，销售额达367.93万元。举办或参与的产销对接活动19次，签订合约48份，意向成交额1593.83万元。

（撰稿：付玉）

石油销售

【概况】2021年，在市委、市政府的正确领导和大力支持下，中石化孝感公司以习近平新时代中国特色社会主义思想为指导，以庆祝建党100周年为强大动力，充分汲取党史学习教育的智慧和力量，细化“3510”战略规划，确立“十四五”发展蓝图，贯彻落实省公司党委决策部署，克难攻坚、顽强奋战，全力服务孝感经济社会发展。全年销售成品油30.87万吨、天然气498.4万方，实现非油品基础品类营业额1.42亿元，实现销售收入29.63亿元，上缴税收1709万元，公司保持总体安全平稳、有序发展的良好态势。

11月9日，中石化湖北石油分公司与孝感市人民政府签订《战略合作框架协议》

（市中石化公司 供图）

【油气营销】油气经营紧跟省公司战略指向，立足区域市场，依托营销平台，深耕市场、精耕客户。狠抓客户开发。制定网约车客户开发流程以及配套激励政策，全年累计开发网约车客户2300多个，实现日均6吨汽油保底销量。转化客户信息建档成果，联系拜访各地农机部门，全年累计开发农业灌桶客户2400多个，实现灌桶销售3904吨。狠抓客户维护。理顺县市公司层面非机出业务机制，组建“1+1+N”营销团队，排查、联系、走访流失大客户，全年累计回签50多家客户用油采购协议，挽回30多家沉睡单位客户，其中物流类大客户6家，实现月均100余吨柴油保底销量。狠抓打非治违。协调推动市政府清理整顿成品油市场，配合各地职能部门联合执法行动55次，查封散装或固定黑窝点14个，查扣流动或改装加油车8辆，查封自建罐33个，罚没非法经营油品200余吨，有力净化市场环境。

【非油经营】非油经营紧贴省公司“三方案两意见”，高度关注毛利额，紧盯店销提升和产出比，持续推进脱虚向实。非油线条薪酬兑现实现自给自足，全市系统“卖非油挣工资”的信心更加坚定。高标准落实主题营销活动，“水世界”活动超额完成自有品牌水销售任务，“双十”活动5天达成销售额767万元、2个月实现销售额2718万元。自主开展多场直播带货，累计实现销售额100余万元。深化交叉营销，“易积分”销售额稳居全省系统前三。结合实际开展多次清库活动，优化门店商品结构，处理商品损耗等遗留问题，减轻门店销售负担。

【效能管理】宣传贯彻推进湖北石油HSE管理体系运行，严格危废物管理，落实安全积分考核，强化库站员工“五懂五会五能”培训，组织开展风险识别和隐患排查，“百日安全无事故”“五查五严保安全”专项行动取得成效，全年未发生上报等级安全环保事故。发挥公司自身优势，细化考核办法，加强运输接卸环节管理，强化低温时间段配送提醒，跟踪落实超耗判定赔付，年度零售损溢率考核排名全省系统第二位。争取市政府职能部门政策支持,容缺办理历史遗留加油站证照,补办零售经营许可证3个、土地证2个。

【改革发展】 按照“大党建、大经营、大安全、大发展、大支撑、大财务、大监督”的指导思想,优化机构设置,整合工作职能,精简机关部门数量至7个。统筹县市公司综合管理岗位设置,“两班倒”模式调整车站油库大班制,用工总量比2020年度同比优化79人,完成省公司核定目标。促成省公司与孝感市政府战略框架合作协议签订,拓展运营合资公司平台,力促发展共赢。直属第一加油城LNG项目克服排他性困局艰难建成,孝昌李集站、花园站2个光伏发电项目和安陆大鹏、大悟孝北站、汉川武高、城东站等4座站充电桩建设按期完成,综合能源服务转型取得阶段性进展。新建洗车网点8座,7个县(市、区)洗车服务结点成网,实现交通要道、核心地段、主力大站洗车业务全覆盖。完成4座加油站“司机之家”建设,“人·车·生活”生态圈日益完善。

【法治建设】 积极落实企业作为基本社会单位和市场主体的法治责任,规范专职法律事务机构的日常运行。发挥外聘律师作用,严格审核把关“三重一大”事项的合法合规性。全面普及法律知识,认真开展法律尽职调查,针对性发布法律风险预警提示。把牢合同审查关,加强对合同流程的跟踪提醒,强化合同标准文本的使用,追踪合同备案率、履行及时率和终结率,合同管理“五率”稳居全省系统前5名。依法合规推进历史遗留问题解决,大悟城北站土地无偿收回决定经行政复议被依法撤销,避免480万元的投资资金损失。

(撰稿:余汛天)

执行编辑:柯贤煌

经济管理

经济管理

宏观经济管理

【概况】2021年,孝感市发展改革部门站位发展全局,立足综合经济部门职责,做好规划编织、经济运行、项目建设、粮食能源保供等各项工作。全市经济运行稳中竞进,主要预期目标全面完成,实现"十四五"良好开局。

【规划编制】 历时2年编制而成的《孝感"十四五"规划纲要》于5月正式发布实施。市发改委承担的6项专项规划发布实施。组建工作专班,对孝感市中心城区2025年经济社会发展预期及2035年远景目标开展了系统研究。

【经济运行监测】在2021年,孝感市获评全省服务业发展贡献市;全市地区生产总值2562.01亿元、增长13.4%,增速高于全省平均水平0.5个百分点;规上工业增加值、固定资产投资、社会消费品零售总额分别增长18.0%、24.5%、22.2%,分别高于全省平均水平3.2个、4.1个、2.2个百分点。创新驱动深入实施。全市申报高新技术企业220家,入库科技型中小企业633家,转化科技成果128项,技术合同交易额55.3亿元,8家企业获评国家级示范,全年实现高新技术产业增加值406.38亿元。消费价格运行在合理区间。全年居民消费价格(CPI)总水平比2020年上涨0.6%,低于全国平均水平0.3个百分点,高于全省平均水平0.3个百分点。营商环境持续优化。市、县两级共清理文件795件,审批时限综合压减率86.6%。工程建设项目招标实现全流程电子化,武汉城市圈政务服务实现"跨城通办"。加快推进区域性统一评价成果应用,10个评价事项已全部获批,共有330个项目在工程建设项目审批平台应用评价成果。

【投资项目建设】以"三区拉练""四看四比""五化管理"倒逼项目建设,加强项目策划,大力争取资金,全市固定资产投资平稳恢复。2021年全市固定资产投资同比增长24.5%,增速高于全省平均水平4.1个百分点,居全省第8位,居武汉城市圈第4位。在2021年全省投资及重点项目建设目标考核中,孝感居全省第6位,获全省"贡献奖"全年争取上级竞争性资金96亿元,争取重大事项和试点示范41个。全市17个省级重点项目和省委、省政府督办产业项目共完成投资超80亿元,完成年度计划50%以上。全年新开工亿元以上项目213个,完成投资266.5亿元。沿江高铁孝感段即将全面开工,武汉枢纽直通线及孝感南站、祉星纸业、武汉地铁延伸至临空区等一批重大项目前期工作加快推进。

【能源保供】 抽调1名副县级干部进驻汉川电厂,实时掌握电力供应情况。加强煤气和运力资源争取,以最快速度、最短时间提高煤气库存水平,并在保障供应稳定的基础上,全力确保能源生产安全。向上争取新能源项目16个、获批容量规模206.4万千瓦,居全省第二;应城、云梦获批国家级整县屋顶分布式光伏开发试点。

【绿色发展】 全面落实推进中部崛起、淮河生态经济带等国家战略在孝感落实落地,以降碳为总抓手,实现减污降碳协同增效,完成省定双控目标任务。承担的中省环保督查反馈问题整改任务全部销号。

(撰稿:高勋玲)

审 计

【概况】2021年,市审计局以政治建设为统领,聚焦主责主业,紧盯重大政策落实、财政资金绩效、民生资金和项目、国企经营管理、重大项目建

11 月 29 日，孝感市审计局开展“12 · 4”宪法宣传日主题活动
（市审计局 供图）

设、权力规范运行六大重点开展审计监督，在更高层次上有效发挥了“治已病、防未病”的作用。孝感市审计局全年完成本级计划和交办审计项目 142 项。审计（调查）查出主要问题金额 186541 万元，其中查出违规金额 17245 万元，管理不规范金额 169296 万元。审计处理处罚金额 74335 万元，其中，应上缴财政 8193 万元、应调账处理金额 56979 万元、应缴纳的其他资金 8853 万元。审计促进整改落实有关问题资金 34029 万元，其中促进增收节支 7280 万元。审计移送司法机关、纪检监察机关和有关部门处理事项 11 件，已处理落实 2 件。向市委、市政府提交审计结果报告、审计专报、问题建议类信息 15 篇，被领导批示采用 15 篇次，推动出台制度办法 36 项。2021 年，孝感市审计局继续保留“全国文明单位”荣誉称号，被评为“七五”全国普法先进工作单位；吴涛被中共湖北省委、湖北省人民政府评为“全省脱贫攻坚先进个人”；李磊、曾筝、陈勇分别被湖北省审计厅评为“审计案例分析能手”“内部行家管理能手”“计算机审计能手”称号。市高新技术开发区和市商务局领导干部经济责任审计项目，分别被评为 2021 年度全省审计机关优秀审计项目一等奖和三等奖。

【电子数据审计】 2021 年，市审计局认真探索新的审计领域，组织开展了域内第一个电子数据专门审计项目——全市信息化建设专项审计。为完成好这项任务，项目审计专班开展审计调查，充分了解审计对象和内容，收集整理大量信息，精心组织分类实施。通过审计，发现 2020 年全市信息化建设项目存在 21 个管理方面问题，促进了项目整体按计划和方案要求落地。实施审计对象数据管理，组织全市审计机关开展处理各地 2020 年度财政总预算、指标、国库集中支付以及非税业务数据的标准化工作；对全市 2021 年上半年度电子数据进行标准化处理，汇总各审计机关采集的财政报表，完成数据报送工作。为市本级相关审计项目提供数据处理和综合分析。其中，采集和转化市水利局、市经信局、市发改委等一、二级预算单位 60 多套财务账套和预算账套，采集全市停车收费审计项目业务数据；在市妇幼领导干部经济责任审计中，采集分析医院系统数据；对黄石农商行资产负债损益审计项目开展数据审计；完成市本级社保基金审计数据分析，对医保数据、多家医院的药品、耗材入库、出库以及库存等数据进行处理。

（撰稿：蒋涛）

【政策落实跟踪审计】 聚焦重大政策贯彻落实，围绕市委、市政府中心工作，重点关注重大民生政策资金保障情况，检查各部门落实重大政策措施和宏观调控部署的具体举措、执行进度、实际效果等，促进政策落地生根和不断完善。组织完成孝感市 2020 年保障性安居工程、信息化建设工程专项资金、公共停车收费、对口援疆跟踪审计等审计项目。督促 1 亿余元安居工程闲置资金被盘活用于棚改、老旧小区改造，推进部分安居工程项目有序进展。市政府采纳审计建议，组织专班深入研究并推进解决智能共享停车建设存在的问题，确保重大政策措施落实到位。

（撰稿：王嘉清、徐惠芳、胡春林、蒋涛）

【财政审计】 狠抓预算编制、预算批复、预算下达、资金拨付、项目实施、绩效评价等关键环节，从重大民生项目、重大投资项目、重点支出等方面入手，采集部门预算指标数据、非税收入数据、国库集中支付系统数据，以部门预算指标数据为源头，以部门重点专项资金支出为线索，以国库集中支付资金流向为渠道，以预算单位为目的地，全面加强市本级财政预算执行、部门预算执行等审计。在市本级财政预算执行审计中延伸审计了市公路局、市楚澴中学等 8 个部门的财政财务收支情况。同时，结合领导干部经济责任审计，开展了对孝感市高级中学、市发改委、市经信局、市交通运输局、市文昌中学、市水利湖泊局、市供销社 7

个单位的部门预算执行审计。审计查出预算执行率偏低、应收款项长期未清理、未按规定缴纳相关税费等问题,督促相关部门在新编制预算时调整执行较慢、绩效较差、结余较大等问题金额9400万元。

(撰稿:李磊、陈公安)

【重点民生资金和项目审计】 组织完成市本级基本医疗和基本养老保险基金审计,以及全市城乡居民医疗保险基金审计调查。审计查出4人涉嫌欺诈骗保99.32万元,已移送公安机关立案。查出将城乡居民医疗保险基金311万元用于医疗救助、部分机关事业单位拖欠养老保险费266万元等问题。审计专班督促相关单位收回少计利息和追缴被骗取的医保、养老保险基金等资金1000余万元,按政策规定将市本级24名重残人员纳入当年医保范围,调整清理市本级重复参保人员114人,推动全国统一的医保信息平台在孝上线。2021年3月,根据省审计厅安排,组织安排人员对京山市2018—2020年乡村产业发展专项资金管理和使用情况进行了审计,审计查出问题涉及产业政策措施落实不到位;产业资金闲置;虚报项目投资额;多头重复申报项目套取产业发展资金;挤占、挪用产业发展资金;产业项目应招未公开招标和工程实施进度缓慢;部分龙头企业和村级扶贫产业项目带动能力不足、应分红未分红等问题。

(撰稿:倪爱民、吴涛)

【资源环保审计】 完成市水利和湖泊局领导干部履行水资源保护责任审计。重点关注领导干部贯彻中央、省、市重大政策措施、完成目标任务、履行责任等方面情况,审计发现市水利和湖泊管理局在节约用水管理、取水监管、河湖长制等方面存在计量统计监管不严、未对市级重点监控用水户进行有效监控等问题,市水利湖泊局根据审计建议,督促相关单位完成10眼非工业自备井封井工作,为5家企业(单位)安装了计量水表,将市级重点监控的27家用水单位接入省水资源信息管理系统,促进区域内水资源得到依法、合理、有效的管理、保护和利用。

(撰稿:林静霞)

6月29日,孝感市审计局在汉川市领导干部经济责任审计查看企业

(市审计局 供图)

【国有企业和金融机构审计】 在澴川国投专项审计调查项目中,对澴川国投及其下属部分子公司2020年资产负债损益情况开展了审计调查,重点关注佳兴公司砂石生产经营情况,审计查出澴川国投存在经营能力不强、财务管理和砂石经营管理不到位、公司资金管理支付未严格执行等问题。督促澴川国投加强对二、三级企业单位的银行账户和资金管理,顺意、顺和公司积极开展债权催缴,共收回账款3113万元。2021年9月,根据省审计厅部署,组织人员对黄石农商行2020年度资产负债损益情况进行了审计,重点关注金融机构资产管理、贷款审核及管理等方面,审计查出贷款三查制度执行不严,违规办理展期以及对担保公司代偿能力审查不严,形成不良贷款或损失;违规审批系统内农商行发放股权质押贷款;抵债资产管理不善,底数不清等问题,督促被审计单位立行立改,及时追回各类贷款资金0.82亿元。

(撰稿:杨露、吴涛)

【固定资产投资审计】 完成政府投资审计项目10个,审计投资总额38.41亿元,核减投资额4.75亿元。审计发现临空区市政工程虚假签证草袋围堰(涉及金额496.38万元)、闵集社区外墙保温层未达到设计厚度(涉及金额447.33万元)、城市污水提标项目虚增设备价款617.62万元、后湖渠治理未达到可研效果等个性化问题。作为全国6家政府投资审计转型试点单位之一,审计署投资司提前安排孝感市审计局试用三套软件。在11月审计署举办的研讨班上,金正谋代表孝感市审计局做《多维打造“1+N”模式 推动孝感投资审计规范转型》的经验交流发言。

（撰稿：王嘉清）

【经济责任审计】 完成对市发改委、市经信局、市水利和湖泊局、市交通运输局、市供销社、市妇幼保健院、市文昌中学、市高级中学、孝昌县经济开发区、孝昌县公安局、汉川市马口镇等11名市管领导干部、5个县（市、区）审计局领导干部的经济责任审计。审计发现有关部门单位存在专项资金闲置、行政审批不规范、国有资产出租出借不规范、违规收取费用等问题。审计建议相关部门单位认真执行国家财经纪律、落实优化营商环境政策，加强财务管理，规范资产出租、管理行为，督促相关单位清收往来账款1500余万元，促进孝昌县经济开发区偿还企业欠款100余万元。

（撰稿：李磊）

【涉外审计】 根据省审计厅安排，配合组织完成法国开发署贷款襄阳市东津新区水污染综合治理工程项目公证审计。重点关注国外贷援款财务收支、项目执行和绩效情况，揭示和反映了项目单位在工程重大变更管理方面存在决策不当、造价管控不力、工程价款长期不结算等系列问题，深入分析项目前期准备不充分、项目执行期频繁调整、重大变更后不按程序签订补充协议商定结算单价等问题，并对今后更有效利用外国政府贷款提出了审计建议。

（撰稿：陈公安）

【内部审计】 2021年，市直专兼职内审机构共196个，配备专兼职内审人员114人。其中，专职机构4个，专职人员27人。全年完成内部审计项目264个，审计发现问题总金额2.99亿元，促进问题整改涉及金额2.39亿元。

（撰稿：段海燕）

国有资产监督管理

【概况】 2021年，市政府国资委制定落实《国资委2021年度党风廉政建设工作要点》《国资委2021年度党委党建工作责任清单》，切实加强领导班子思想建设、组织建设、作风建设。积极参与全市平安综治建设，完善安全生产和预防重大风险责任制及责任追究制度。配合市政府做好“清、减、降”专项行动，优化营商环境政策供给，有序推进剥离国有企业办社会职能和改革遗留问题处理。巩固拓展脱贫攻坚成果，加强城乡社区治理，常态化抓好疫情防控，稳步推进国资国企改革工作。

【国企改革三年行动】 根据中、省改革工作部署要求，成立国企改革三年行动工作领导小组，强化组织领导，召开全市国企改革三年行动工作推进会，制定《孝感市国企改革三年行动实施方案（2020—2022年）》，明确目标任务，提出工作要求。强化督查考核，制定《孝感市政府国资委出资企业2021年落实国企改革三年行动改革任务考核表（试行）》和《国企改革重点量化指标采集表》，将国企改革落实情况纳入巡察范围，督促各地、各市属出资企业严格落实主体责任，提出工作目标，制定落实方案。9月起，组建两个工作专班，全面督促各县（市、区）、各出资企业落实三年行动情况。

【经营性事业单位改制转企】 根据《关于如期完成从事生产经营活动事业单位改革的工作方案》（孝办发电〔2020〕21号）要求，配合孝感市委编办开展经营性事业单位转企改革工作，与原主管部门签订移交协议。指导6家事转企单位完成工商注册登记、公司章程制定、产权占有登记等手续。建立健全企业公司法人治理结构，重点对企业党建入章、董事会和经理层建设等内容进行规范。

【市属国有企业脱钩改制】 改制前，共有17家市属国有企业分散在各行业主管部门管理，未理顺国资监管关系。2019年，市国资委向市委、市政府提议启动市属国有企业改革。

市国资委召开国企改革三年行动推进会 （市国资委 供图）

2020年，孝感市委、市政府以“两办”名义印发《孝感市市直国有企业改制实施方案》（孝办发电〔2020〕39号）。17家市属国有企业结合实际，选择公司制改革、资本重组、增资扩股、清算关闭四种改革形式，至2021年年底，完成国有企业改制工作。至此，市政府国资委履行出资人职责的企业由原来的2家增加到16家，实现了市本级经营性国有资产集中统一监管目标任务，理顺了市本级国资国企监管关系。8月，组织编印了《孝感市国有资产监督管理政策法规汇编》，更好地指导出资企业按照现代企业标准，完善法人治理结构，规范企业党委会、董事会、监事会运作，切实保障企业经理层行使管理生产经营职能。

【国有资产监管】 统一全市企业国有资产数据填报口径和标准，分析汇总县（市、区）和市属国有企业数据，每月动态监测出资企业主要经济指标，评估防范企业各项风险，推动建立级次完整的国有资产统计数据库。清理完成出资企业拖欠农民工工资及中小民营企业应收账款，全力开展出资企业涉稳风险防范化解工作。

【国有企业党的建设】 全面推行“党建入章”，落实国有企业“党委会先议董事会后决”制度，保障企业党委领导核心和政治核心地位。开展建党一百周年系列庆祝活动，积极推荐国家级、省级和市级“两优一先”表彰对象，登记造册“光荣在党50年”纪念章，组织国资国企系统合唱团参加全市庆祝建党100周年歌咏会。部署全国国有企业党的建设工作会议精神贯彻落实情况“回头看”，通过“七个对标”，组织国有企业深入查摆问题、制定问题清单，切实整改销号。扎实开展清廉国企建设，压实企业主体责任，通过重大投资项目廉政谈话、开展财务专项检查等途径，强化党风廉政建设。认真开展党史学习教育活动，结合国资职能深入开展“我为群众办实事”活动。选优配强领导班子，9月，组建工作专班深入各企业开展党建工作综合调研，指导部分企业换届选举，充实领导力量。

国土资源管理

【耕地保护】 完成对各县（市、区）“十三五”耕地责任目标情况考核，向省三厅局报送了《2016—2020孝感市人民政府耕地保护责任目标期末考核自查评估工作报告》。对自然资源部下发的疑似图斑逐一进行核实举证，664个图斑的举证资料均已通过省级审查，并上报自然资源部审核。对耕地资源进行了摸底核实，为永久基本农田红线划定工作打好基础。100%落实耕地占补平衡。加强设施农用地管理，在国家设施农用地监管平台备案项目6843个，位居全省前列。

【土地要素资源保障】 报请市政府印发《关于加强土地要素指标调剂交易管理的实施意见》（孝感政办函〔2021〕59号）和《孝感市强化土地要素保障三年行动方案（2021—2023年）》（孝感政办函〔2021〕47号），统筹建立完善土地指标管理和调剂交易制度。打好年度计划、增减挂钩指标、增存挂钩指标和耕地占补指标“组合拳”，全力保障建设项目用地需求。2021年，市域内共调剂耕地占补指标3334.85亩（其中旱地686.85亩、水田2468亩），争取使用省级重点项目年度计划1.23万亩、省级统筹耕地占补指标7667.45亩，全市共报批征地4.74万亩，是2020年的2.25倍，是“十三五”年均征地面积的2.36倍，创有记录以来历史新高，落实了孝汉应高速、武大高速、沿江高铁等项目征地报批。开展全域国土综合整治项目建设。孝南朱湖、应城杨河2个自然资源部全域国土综合整治项目试点新增耕地面积6842亩。2021年申报的安陆木梓、孝昌小河等4个乡镇和汉川县域全域项目全部获批省级试点，其中安陆、孝昌全域项目试点预计新增耕地6779亩，汉川市全域试点预计新增耕地1.28万亩。

【土地集约节约高效利用】 制定孝感中心城区2021年度土地供应计划，

孝感朱湖办事处获批“全域国土综合整治国家级试点”
（市自然资源和规划局 供图）

出台孝感中心城区土地“净地”供应实施意见。全年全市供应各类国有建设用地28263亩，其中出让15567亩，价款89.0亿元。市本级供应土地3546亩，其中出让供地2536亩，总价款34.3亿元。土地有偿使用率55.1%。对全市批而未供土地34811亩建立台账，分类提出处置办法，全年完成批而未供土地消化处置7224亩，处置率为20.86%。对自然资源部监管系统反馈的1832亩闲置土地，通过收回闲置土地、上传项目建设现状等方式，督促完成消化处置闲置土地1543.57亩，处置率84.24%。全力推进工业用地“标准地”出让全覆盖，促进工业项目快速落地、加快投入产出效益。全年全市供应工业用地10778亩，属于开发园区范围供应工业用地为8475亩，其中实施“标准地”出让7734亩，“标准地”出让面积占比91.3%。参与全省国土资源节约集约示范省创建，完成孝感市落实国土资源节约集约示范省创建工作终期考核评估。加强政府公示地价体系建设，印发《关于调整政策性住房上市补缴土地出让金征收标准的函》。

【生态修复】 编制《孝感市国土空间生态修复规划(2021—2035年)》《孝感市矿山地质环境恢复治理和生态修复规划(2021—2025年)》及年度实施方案(简称“两规划一方案”)。开展长江干支流废弃露天矿山地质环境恢复治理，涉及历史遗留废弃露天矿山22个，总面积156.74公顷。开展废弃露天矿山地质环境恢复治理和生态修复，涉及历史遗留矿山共计104个，总面积为850.04公顷。申报国土空间生态修复项目，向省厅积极申报废弃矿山环境恢复治理类项目2个，其中纳入省级项目库1个。

【违法用地整改】 开展土地卫片执法整改。共消化违法耕地面积3270.87亩，全市违法比例从年初50.28%下降到2.31%。开展土地例行督察反馈问题整改。土地例行督察问题340个已整改337个，整改率99.12%，整改到位率从高到低全省排第2位。实现例行督察整改零约谈目标。开展农村乱占耕地建房专项整治。新增农村乱占耕地建房问题57个，已整改到位53个，整改到位率92.98%。开展违法用地案件查处。市局挂牌督办土地违法案件8宗；直接立案查处违法占地案件5宗，罚款1235万元，申请法院强制执行1件，向市纪委监委移送问题线索1件追究行政责任3人，移送公安机关立案查处追究刑事责任8人。

【矿产资源管理】 开展矿产资源国情调查，掌握全市磷、盐、石膏等8类矿产资源家底状况，完成矿产资源国情调查。编制孝感市“十四五”矿产规划，优化勘查开采布局、推进资源综合高效利用。实行矿产资源管理改革。指导安陆市推动朱家大冲矿区水泥用石灰岩矿“净矿”出让相关工作。完成了34家矿山矿产资源开发统计数据和50家矿山储量统计数据的审查上报，并组织专家对19份矿产资源储量相关报告进行了审查、备案。完成年度矿业权人勘查开采信息公示工作，公示率达到100%。对3宗采矿权进行实地核查，并对核查结果进行网上公示。开展绿色矿山创建。制定了绿色矿山建设三年行动方案。指导3家矿山入选国家级绿色矿山名录，绿色矿山创建率达86%。组织开展3家省库级绿色矿山实地核查工作。持续推进建筑石料保障供应，全年建筑石料总开采量近500万吨。

【地质灾害防治】 开展第一次全国自然资源风险普查。6个县(市、区)均开展地质灾害致灾调查与评估，完成历史年度地质灾害、综合减灾能力资料收集。开展地质灾害巡查。制定印发《孝感市2021年地质灾害防治工作方案》，落实“四位一体”地质灾害防治体系，全年派出工作组97批386人次，全市系统出动3436人次对全市401处地灾隐患点进行全覆盖巡查，紧急处置地质灾害灾情7起，紧急转移受威胁群众19户65人，未造成人员伤亡事故发生。开展地质灾害项目建设。积极申报项目资金，争取省级补助资金2批计1204万元，建成重大隐患点(区)二级专业监测点2处、三级专业监测点87处，地灾项目建成6个，在建4个。开展地质灾害防治宣传。组织开展地质灾害防治宣传、培训、演练活动，利用“4·22”世界地球日、“5·12”防灾减灾日、“6·25”土地日等宣传日，线上线下全方位宣传地质灾害防治基本知识。

【营商环境优化】 开展工业项目“拿地即开工”五证同发试点，通过业务重构、流程整合、并联审批，审批流程由3个减少到2个，审批环节由原来的7个减少到4个，审批材料由17件减少到8件，办理时限由49个工作日压缩至33个工作日。全市“拿地即开工”五证同发数23宗。优化不动产登记程序。推进“互联网+不动产登记”，推动不动产登记网上办、掌上办。99个不动产登记事项共减少申请材料238件，其中新建商品房转移登记、二手房转移登记、抵押登记等高频登记事项的申请材料逐步减少至1件；一般登记办理时限压缩至3个工作日、抵押登记办结时限压缩至2个工作日内办结；实体经济企业、小微企业登记即来即办；市本级、孝南、云梦率先实现不动产转移登记+水电气过户。2021年，全市办理不动产登记证书16.08万本、不动产登记证明

9.81万份。开展“店小二”专项服务行动,“有呼必应、无事不扰”,主动为企业送政策送服务。

【自然资源确权登记】 建成市本级及各县(市、区)数据库汇总建库。全市国土三调工作通过省级验收。宅基地和集体建设用地使用权确权登记通过省级抽检。全市宅基地应登记发证数85.18万宗,已发证数80.58万宗,登记发证率94.60%。集体建设用地应登记发证0.82万宗,已登记发证0.78万宗,登记发证率95.2%。开展水流自然资源统一确权登记。全市31个湖泊已确权18个,河流208条、已确权148条,水库376座、已确权182座。

(撰稿:汪华)

统　计

【概况】 2021年,孝感市统计局紧紧围绕市委、市政府中心工作,认真贯彻全省统计工作会议精神,深入开展党史学习教育,高质量完成各项任务,全市统计改革与发展取得了新成绩。

【常规统计】 注重时间节点,紧盯每月、每季和错月的GDP核算基础数据。注重部门衔接配合,及时向行业主管部门提供月报情况、存在的问题及工作建议。注重汇报沟通,积极争取省统计局对孝感的支持。全年全市主要经济指标实现了高开稳走,在经历了一季度的“开门红”后,上半年孝感在全省综合考评名列第一,三季度受国家统计督察影响,增幅略有下滑,但全年仍然实现圆满收官,主要经济指标全面完成年度既定目标,实现了“十四五”的良好开局。

【统计督察】 及时向市委常委会、市政府常务会议作出关于防范和惩治统计造假、弄虚作假系列文件精神解读及督察准备工作的专题汇报。向各县市区及相关市直部门下发了《孝感市防范和惩治统计造假、弄虚作假督察责任清单》,要求做深入自查、积极整改。依法依规做好统计违法案件的立案查处工作,共对39家工业企业罚款91万元,对1家严重失信企业进行公示。坚持常规统计数据质量检查与“双随机”执法检查齐头并进,全年共对94家企业(项目、单位)开展执法检查,对发现的问题,责令迅速整改。迎接国家统计督察,精心准备迎检资料和现场,代拟《国家统计督察发现问题整改方案》并以市“两办”名义下发各地和各相关部门,要求“先整先改”,举一反三。

【统计服务】 每月监测经济运行情况,紧盯发展质效,加强对趋势性、苗头性问题进行预警分析研判,有效服务市委、市政府决策和经济运行。主动服务推进“主城崛起”。及时印发《关于服务建设“武汉城市圈副中心”和“主城崛起、市区一体”发展战略的意见》。在《统计月报》开辟专栏,按月发布“主城区”工业、投资、商贸数据,按季度发布“主城区”GDP数据。安排1名年轻干部到高新区挂职锻炼,加强市统计局与高新区相关业务衔接。积极开展业务指导,全年协助孝南区、高新区、临空区分别纳统企业(项目)457个、190个和7个。开展社情民意调查,完成各类民调项目7个。

【统计基层基础建设】 持续深入推进统计运行机制改革工作。牢牢把握“部门分工负责”这个核心,按照管业务必须管统计、管行业必须管统计和谁主管谁负责的原则,明确各部门统计工作职责,实现通过落实“部门分工负责”推动“企业主责”的落实。夯实企业统计基础工作。及时督导各地按照《孝感市联网直报单位统计基础工作规范指南》要求,实现“三保障一台账”目标,保障源头数据质量。强化统计业务培训。11月25日,组织各县市区、市直各相关部门分管领导等180余人参加全市领导干部统计业务知识培训会议,进一步提升了全市领导干部的统计能力、找准统计工作的着力点。全面落实“四上”企业统计人员业务培训工作,全市“四上”企业培训各专业覆盖率达到100%。

(撰稿:曾　浩)

物价管理

【概况】 2021年,按照省发改委价格管理工作思路,认真贯彻落实市委、市政府关于优化营商环境工作部署,坚持问题导向,围绕群众关切、重要民生的价格问题,做好价费管理、调控和市场保供稳价等工作。

【稳价保供】 保持价格总水平基本稳定,进一步履职尽责,坚持常规调控与应急调控相结合,做好重要民生商品和大宗商品保供稳价工作,坚持动态报告、部门会商,及时将重要情况报告当地党委、政府,为政府决策当好参谋。同时,认真组织落实价格补贴联动机制、猪肉储备等工作,不打折扣,缓解价格上涨对低收入困难群众基本生活的影响。

【价格改革】 推进农业水价综合改革。印发《孝感市农业水价综合改革2021年度实施计划》《关于进一步明确“十四五”时期农业水价综合改革工作任务的通知》,全面完成省下达的改革年度计划任务。开展涉企降费减负工作。调整一般工商业用电价格降低企业成本，全年降低企业用电成本12082.85万元。降低孝感城区非居民用天然气销售价格，下调0.08元/立方米，全年为企业减负约710万元。开展转供电改革推进工作。全市共有开发区、园区、商业综合体转供电主体287个，涉及终端用户13452家。全市开发区、园区涉及转供电主体及终端用户，实现“零加价”全覆盖，终端用户最大降价幅度达到55.82%。积极推动政府定价管理的景区进一步降低门票价格，切实让利于民，推动全域旅游发展。会同教育、财政等部门，经过走访座谈、成本调查等程序，比照周边地市州课后服务收费水平基础上，制定课后服务收费标准。

【收费标准清单动态管理】 对《孝感市实行政府定价的收费标准清单》《孝感市实行政府定价的涉企收费标准清单》中涉及的收费标准、收费项目、政策文件进行更新，同时对收费清单中的政策文件进行了清理、完善。动态调整后的收费清单同步在湖北省政务服务网、孝感市发展和改革委员会官网进行公示，方便公众查询监督。

【成本监审调查】 完成孝感市直属机关幼儿园等单位成本监审工作，开展污水处理、医疗废物处置、养老服务等收费成本调查。完成直报县和调查县农产品数据上报，开展采报价、农产品成本调查、农村价格等人员资料梳理、培训工作。

【价格监测】 启动应急价格监测机制，组建重要商品市场价格监测专班。对城区大型超市、农贸市场肉禽蛋菜等主要农副产品市场价格变化情况开展持续监测，建立粮油、肉蛋、蔬菜等多个品种市场价格日报告制度。应急监测期间，累计采集价格监测数据1600余条，确保市场供应充足、价格稳定，满足当前群众生活、疫情防控需求。

【价格认定】 全年共完成价格认定案件25件，价格认定金额104.95万元，不予以受理1起，终止价格认定1起，协助外省认定中心办理1件。同时组织全市价格认定工作人员开展两次线上价格认定业务培训。

（撰稿：高勋玲）

市场监督管理

【概况】 2021年，市市场监管局在市委、市政府和省局的坚强领导下，围绕优化营商环境，培育发展市场主体；突出“四大监管”，守住高质量发展安全底线；持续提升品牌，打造质量强市核心竞争力；突出机制创新，营造公平竞争的市场秩序；强化责任担当，全面加强自身建设，统筹推进疫情防控和市场监管工作。8月，省长王忠林在该局上报的市场主体发展信息上作出批示。11月11日至12日，孝感市知识产权保护工作代表湖北省，迎接国家知识产权保护工作考核组一行6人的考核。市委、市政府主要领导、分管领导16次研究市场监管工作，就市场主体培育、质量强市、知识产权强市等工作作出指示批示，检查调研“四大安全”。先后获评全省打击侵权假冒工作先进集体、全省卫生先进单位、全省节水先进单位、全省市场监管系统食品安全快速检测技能竞赛优秀组织奖等荣誉称号，2021年食品安全工作考核评价为“优+”等次，市市场监管综合执法支队获评全省市场监管系统扫黑除恶专项斗争先进单位，“爽露爽”商标成功获得驰名商标认定，汉川河蟹、汉川龙虾成功注册地理标志集体商标。孝感麻糖、安陆皮蛋获得第三届湖北省地理标志创新暨品牌培育大赛金奖，孝昌血桃获得银奖。孝感市三江航天红阳机电有限公司2项发明专利分别荣获第22届中国专利奖优秀奖、首届湖北专利金奖。

【市场主体培育】 比照全国、全省最优标准，个体办照立等可取，企业办照做到“五减一优”（减环节、减时限、减材料、减跑动、减费用、优服务）。企业开办由企业设立登记，公章备案刻制、申领税票、员工参保登记、公积金缴存登记5个环节整合到1个；全市企业开办全部做到1天办结；企业开办申报材料由11件减为2件；办理企业登记由跑动5次减为1次；免收企业印章、税务经税盘费用，企业开办零成本；完善办事指南，免费送印章，推行住所（经营场所）信息申报承诺制，实行导办、帮办服务。开展专题督办，一周一通报，一月一抄报。12月9日，提前22天完成省定市场主体发展任务。2021年，全市新增市场主体60233户，同比增长87.75%。截至12月底，全市实有市场主体36.4万户，同比增长15.79%；全市万人市场主体拥有量为853家。12月31日，市政府办公室印发了《关于进一步加快市场主体培育的若干措施》（孝感政办发〔2021〕33号）（以下简称“《措施》”），提出了市场主体培育目标、主要措施和具体要求。

【“证照分离”和“一业一证”改革】 统筹全市“证照分离”“一业一证”改革全覆盖试点工作，530项涉企业经营许可事项，审批权限在市级及以下的涉企经营许可115项，已按四种方式实施改革111项。全市共推送“证照分离”信息73664条,惠及市场主体63885家。对市场监管部门的10项涉企经营许可事项,已按照审批改为备案、优化审批服务两种方式进行改革,办结时限压减67%,申报材料精简28%,共办理业务192件。11月30日,召开全市“一业一证”和深化“证照分离”改革工作协调会议。

【企业纾困帮扶】 推进股权质押、知识产权质押融资。办理股权质押60件、知识产权质押登记6件,助企融资40.93亿元。加强市场主体信用修复,办理行政处罚不良信用修复企业3家,办理移出异常名录企业465家。组织开展转供电收费专项整治行动,印制“一书、三表”(承诺书、转供主体基本情况明细表、传供电终端用户登记表、转供电收费情况公示表),建立工作责任体系,督导各县(市)区市场监管局、市市场监管综合执法队推进落实。检查转供电单位1473家,立案查处34件,涉嫌违规收费金额1127.91万元,全部退还,通过媒体公开曝光9件转供电主体违规加价典型案例。

【食品安全监管】 压实企业主体责任,汇编主体承诺自查、监督抽检、培训考核、信用分级监管、小作坊提档升级、农村食品监管等重点工作手册,随机监督检查和飞行检查35家生产企业和17家流通企业,交叉检查全市13家肉制品生产企业。强化风险分级工作,全市食品生产环节信用等级分类611户,流通环节风险分级12756户。强化小作坊规范监管,指导7家小作坊提档升级。开展农村食品专项整治,全市共检查农村食品生产单位510户,食品经营单位4120户,下达整改通知书268份,查处违法案件52件。强化春秋季校园食品安全专项检查,培训793所学校、幼儿园食品安全负责人,排查1129家学校食堂,下达整改通知书410份,立案29起。开展“明厨亮灶”建设,新建“互联网+明厨亮灶”餐饮单位1129家,量化分级B级及以上达95%。坚持问题导向,聚焦公众关注度高、不合格率高、消费数量高的米面油、调味料,加强食品安全监督抽检。开展“食品快检进超市、进社区”免费快检活动,全市快检21425批。全市完成各项监督抽检12075批次,不合格率2.66%。其中,食用农产品完成4659批次,不合格率2.38%(省局考核要求2%);监督抽检完成7116批次,不合格率2.95%(省局考核要求2.41%)。

【药品安全监管】 严格落实药品安全属地管理责任,细化监管频次,确保药品零售环节监督检查覆盖率100%。加强药品监督抽检,规范药品抽检要求、程序、环节,完成抽检药品460批次,全部合格。其中,应急抽检42批次、中药材饮片41批次、药品零售及使用环节377批次。强化疫苗流通、使用全流程监管,检查疫苗配送单位8家、新冠疫苗接种单位57家。开展二类精神药品、中药饮片、含兴奋剂药品经营专项整治,检查零售企业和医疗机构1649家次。加强开展防疫医疗器械安全监督检查,检查经营企业26家、使用单位24家。开展医疗器械质量安全风险隐患排查,排查风险隐患221个。开展医疗器械备案后产品核查,检查7家一类医疗器械生产企业11个产品。开展化妆品专项整治,责令2家医美机构7个问题整改到位。查处药品、医疗器械、化妆品案件办理154件,位居全省第2位。

【产品质量安全监管】 科学制定11类产品155个批次产品质量监督抽查计划,强化质量安全风险防控。开展新冠肺炎防护物资、危化品及包装物、容器检查、成品油质量专项检查,督促汉川、安陆、孝昌3家危化品企业搬迁整改。加大不合格产品后处理力度,综合运用公告、约谈、整改、处罚等手段,完成7批次不合格产品后处理。加强生产许可

12月18日,市市场监管局执法人员到应城检查禁塑工作

(市市场监管局 供图)

3月25日，市市场监管局执法人员开展危化品专项监督检查。图为执法人员对湖北葛化华祥化学有限公司进行检查　　（摄影：周荣华）

证管理，配合完成11家食品相关产品证后实地核查。截至12月底，全市取得工业产品生产许可证36张、食品相关产品121张。印发《孝感市质量基础设施“一站式”质量服务窗口试点建设工作方案》，选取市民之家、市公共检测检验中心、湖北特检院孝感分院、湖北纤检孝感分局设立“一站式”质量服务窗口，孝感市7个县（市、区）及9个综合技术服务机构质量基础设施“一站式”服务窗口全面挂牌运行，涵盖全市范围检验检测、标准、认证认可、计量、特种设备安全、品牌培育、质量培训、专利保护运用和注册商标等质量技术服务。开展质量提升行动，指导各县市区开展企业质量提升活动600家、卓越绩效导入50家、树立质量标杆6家。

【特种设备安全监管】 落实特种设备“四项行动”，加强特种设备从业人员资格清理、教育培训，压实企业主体责任。采取以会代训、分片指导等形式，推进特种设备安全监察平台数据清理。截至12月底，全市登记在册特种设备26853台，各类气瓶481474只，压力管道631.27公里。特种设备生产（含设计、制造、安装、改造、维修）单位45家，持有各类特种设备生产许可证59张。特种设备综合检验机构1家，气瓶检验机构2家。出动监察人员3569人次，检查单位1849家，下达安全监察指令书344份，立案47件。未接到特种设备安全事故报告。

统筹气瓶充装信息化工作与特种设备安全大排查大整治活动，组建专班对气瓶检测机构和充装单位进行明察暗访。全市共赋码气瓶25万余只，其中城区及孝南赋码气瓶近10万只。省局推广该局气瓶充装信息化工作经验。

【进口冷链食品和非冷链产品疫情防控】 强化进口冷链食品和非冷链产品疫情防控，坚持每周全面检查不少于1次，做到责任到人，监督到户，管理留痕。加强“鄂冷链”追溯平台推广应用，激活涉冷市场主体653家，实行进口冷链食品存量登记制和增量申报制，实现进口冷链食品从采购、运输、贮存、销售全过程信息化追溯管控。发挥药店“哨点”作用，督促各零售药店严格执行退热、止咳、抗感染药实名登记销售制度。出动执法人员11950人次，检查药店9728家，督促整改77家，全市累计上报药店4.5万家次，提供信息54.2万条。

【计量检验检测】 组织开展燃气行业计量器具专项检查，检查天然气、液化气充装企业58家，检查压力表705块、流量计271块、燃气报警器78台、灌装电子秤96台。开展万台加油机惠民行动，抽取28个加油站56条加油枪，检查结果全部合格，实现全市加油站在用计量器具100%登录强检平台，100%执行强制检定，加油站100%向社会公开进行诚信计量自我承诺，接受社会各界监督。组织开展光明计量进眼镜店、进学校、进社区活动，检查眼镜制配场所28家，检查焦度计、验光仪、验光镜片组等114台（件）。全市强检、非强检计量器具共36689台（件），其中强检30822台（件），非强检5867台（件），总合格率98.3%，其中，强检合格率99.6%；非强检合格率96.2%。

【标准化引领】 发挥标准化引领作用，引导孝南木质板、应城养殖和城区工业环保3个行业20多家企业开展对标达标质量提升行动。推进安陆鑫民、云梦万亩马铃薯、湖北中晟物流园区标准化试点示范项目建设。落实企业标准“领跑者”制度，组织开展全市地理标志类产品地方标准的制修订，完成市级地方标准6项、省级地方标准2项，团体标准4项，组织申报2项国家标准。落实企业标准自我声明公开制度，开展企业标准水平评估，组织培训50家企业的标准化骨干。

【放心消费创建活动】 印发《关于进一步推进放心消费创建活动的通知》,制定2021年放心消费在孝感创建活动重点工作内容,明确创建标准、创建目标和创建步骤,分解创建任务,明确时间表、线路图和创建举措。开展“3·15”国际消费者权益日系列纪念活动,公布2020年消费维权十大案例,发布消费提示9条,成立建筑行业消费维权办公室,建设通信消费教育示范基地,开展通信服务行业消费体察活动,普及消费知识,组织541家企业入驻“湖北‘3·15’消费投诉和解平台”,提升消费维权能力。规范“12315”热线受理处置行为,畅通消费者投诉举报渠道,做到受理规范、登记规范、处置规范、反馈规范。全市“12315”平台处理消费者投诉6411件、咨询26866件、举报2273件,为消费者挽回经济损失828.73万元。

【反不正当竞争】 聚焦重点领域、重点行业、重点区域,严厉打击和制止不正当竞争违法行为。加大商业秘密保护力度。通过开展法律培训、上门指导、发放宣传资料等形式,指导企业正确认知商业秘密范围,建立和完善保密协议等商业秘密保护内部管理制度。全年开展各类宣讲、培训、指导106次,建立商业秘密保护指导站等5个,开展跨部门协作8次。加大网络不正当竞争行为监管力度。实地检查兴盛优选、美团优选等在本地有网格站社区团购平台以及美团、饿了么平台骑手服务站,送达《关于严格遵守网络配送、社区团购秩序行政指导建议书》,督促规范经营行为,并签订承诺书。加大教育领域不正当竞争行为执法力度。深入194家校外教育培训机构,重点检查师资、培训效果、资质、所获荣誉等作虚假或者引人误解的商业宣传行为等不正当竞争行为。

9月22日,市市场监管局执法人员加强节日食品安全监管 (摄影:钱志强)

加大对仿冒混淆、虚假宣传、商业诋毁等不正当竞争行为的监管执法力度,重点查处口罩、额温枪等商品未经授权擅自使用特殊标志,企业或商品资质等作虚假或者引人误解的商业宣传等不正当竞争行为。2021年,检查经营主体859家(户),查处各类反不正当竞争案件13件。

【重点领域执法】 开展疫情防控相关场所、旅游市场价格行为专项检查,检查117家,发放告诫函18份。开展水电气等领域价费专项检查,检查市场主体149家。开展全市涉企违规收费专项整治,全市区检查中介服务机构40家,行业协会6家,供气单位10家,转供电单位128家,立案查处6件。通过强化合同备案、强化专项整治、强化合同评审、强化合同约谈、强化合同自律等“五个强化”,全面加强利用合同格式条款侵害消费者权益行为的监管,立案查处利用合同格式条款侵害消费者合法权益案件6件。加强网络交易测监管,督促处理6条长江禁捕线索。聚焦重点领域,强化广告监管,立案查处违法广告5件。持续开展假冒名优白酒、侵犯注册商标专用权、消防产品等专项整治,加强行刑衔接,加大故意违法、造成严重后果企业处罚力度,形成震慑力。全市市场监管系统办结行政处罚案件667件,涉案金额854.39万元。

【市场监管方式创新】 落实包容审慎监管,编制出台《首次轻微违法行为容错清单(2021年版)》,减轻、从轻或免予行政处罚市场主体490家。深入推进“双随机、一公开”监管,通过省级“双随机、一公开”监管平台共发起抽查任务370个,涉及抽查对象4457户。通过协同监管和联合惩戒,对失信市场主体在办理行政许可、银行贷款、土地供应、招投标、政府采购、财政补贴、获得荣誉等方面予以限制和禁入。配合司法部门办理股权冻结和解冻业务,全年共办理股权冻结38件,涉及金额27746.14万元,办理股权解冻5件,涉及金额6025万元。严格落实公平竞争审查制度,召开联席会议8场次,开展督查检查15次,下达督导函2份,开展第三方评估3次,组织培训8场次。联合应急管理、文化旅游、交通运输等市场监管领域九部门,依托湖北省“互联网+监管”平台,围绕精准施策、精准保障、精准识别、精准监管等“四个精准”,

建立健全联合监管机制，不断探索“互联网+监管”方式，提升监管规范化、精准化、智能化水平。

（撰稿：钱志强）

公共资源交易管理

【概况】 2021年，市公共资源交易监管各项工作有序推进，服务孝感高质量发展取得较好成效。2021年，全市各级公共资源交易中心进场交易2126项，交易规模266.73亿元，增收总额14.21亿元，节约总额6.64亿元。其中市公共资源交易中心进场交易261项，交易金额102.58亿元，节资总额1.47亿元，增收总额9.7亿元。

【优化营商环境】 全面推行电子招标投标、不见面开标，推进专家资源共享、远程异地评标常态化。市本级全年完成“不见面”开标（含资格预审）278次。政府采购实现从采购人录入项目计划到合同的备案全流程电子化，全年完成政府采购全流程项目21个。全年开展远程异地评标项目20个，其中主场7个，客场13个。积极开展“三减一降”。减环节，取消招标条件备案手续。减材料，简化招标前置条件、实施容缺受理。减时限，对“十大工程”项目投诉优先办理，明确20个工作日内办结。降成本，全面推行工程建设领域以保险、保函等替代现金缴纳涉企保证金。市本级108家投标企业以保函替代现金缴纳保证金，累计金额3789.6万元；积极落实政府采购工程招标免收“两金”政策，对进入平台交易的项目免收信息服务费。

【综合监管】 印发《开评标现场服务管理办法》《交易受理部业务工作流程》和《关于印发招标代理机构进场服务差错行为公示办法（试行）等三个办法的通知》，加强评标室管理，强化评委教育，提高评标质量。在全市范围内推行省招标投标电子监督平台，市、县两级公共资源局、部分行业监督部门已使用省电子监督系统实施电子监管。印发《加快推进疫后重振“十大工程项目”招投标工作措施》，加快推进项目落实落地。全市250个“十大工程”项目，完成招标项目183个，调整出库项目54个。

【联动监督】 完善异议投诉处理机制，受理投诉举报18件，均在20个工作日内完成。实施联合检查。印发《2021年度孝感市工程建设招投标“双随机、一公开”检查工作方案》《关于征集我市工程建设项目招投标领域违法行为线索的通告》，采取线上抽取、线下联合方式，在“湖北省互联网+监管‘双随机、一公开’监管平台”抽取40个项目，多部门依据职能对项目进行检查。

【行政执法】 规范执法依据。对权责清单通用目录、行政执法事项和自由裁量权目录、行政处罚流程图和执法文书范本进行更新，严格执行审慎包容清单，规范招标投标行政执法行为。增设问询室，实现制度、流程上墙，配备实时监控系统，制定问询室监控资料管理办法。开展联合办案。组织相关部门召开联席会1次、受理移交问题线索2件，发现应进未进案件1件，转包分包案件1件，受理投诉18件。配合市公安局破获了系列串通投标案件，抓获嫌疑人13人，涉案金额2.2亿元。加强信用监管。落实公共资源招投标领域信用监管相关要求，严格要求招标人、招标代理机构、投标人和评标评审专家实行事前“一项目一承诺”信用承诺制度，认真落实失信行为联合惩戒政策，联合惩戒转包分包投标企业1家，量化考核扣8分、惩戒期6个月，对43个公共资源招投标信用信息遗留问题进行整改和督办。坚持审慎包容。对在公共资源交易监管中发现的轻微或一般违法行为，综合考虑相关情况进行合理裁量，审慎行政处罚。

【巡视审计反馈问题整改】 统筹全市公共资源交易领域审计、巡视问题整改工作，制定工作方案，组织联席会议，督办问题整改。第三轮巡视问题整改中孝感涉及9个问题整改未达到销号标准的问题，通过召开巡视问题整改督办会、赴县市区现场督办、赴省局研判案情等方式进行督办，交办问题均已完成整改。

（撰稿：程 林）

建设投资管理

【概况】 2021年，在市委、市政府的坚强领导下，在市国资委的监管指导下，澴川国投集团深入学习宣传贯彻习近平新时代中国特色社会主义思想和中共十九届五中、六中全会精神，紧紧围绕孝感市“十四五”规划和国企改革三年行动要求总部署，激情奋战迎开局、千方百计抓经营、赓续攻坚推改革，着力打造“城市建设和市区经济的发动机、主城崛起的助推器”。全年实现营业收入9.76亿元、净利润0.86亿元。

【深化改革】 持之以恒抓改革，重构发展提质增效。在深入调研和外出考察学习基础上，直面澴川国投存在的迫切问题，积极寻找有效解决路径，向市委、市政府提交了《关于进一步强化澴川国投投融资及建设主力军作用的报告》,获市委、市政府主要领导批示指示,要求各地各部门大力支持澴川国投发展。12月17日,市委、市政府召开党政联席会议,专题研究澴川国投改革发展工作。旗帜鲜明提出支持澴川国投做大做强做优是重大的政治问题、经济问题、发展问题,审议通过了《关于做大做强做优澴川国投的实施方案》,形成了支持澴川国投发展的市委专题会议纪要,明确了澴川国投未来3~5年逐步实现“千亿级资产、百亿级产业、两百亿级融资、3A级信用主体”全面建成省内一流国企的发展目标,全面开启了澴川国投第二轮深化改革、重构发展。

【项目建设】 持之以恒抓建设,重大项目如期建成。集团牢固树立“项目为王”理念,坚持以“五化”管理为重要抓手,全过程精准化抓实抓细重点项目建设,老澴河安置区项目、老澴河水生态综合治理(一期)PPP项目、大悟采石厂、云湖社区项目等4个市级“五化”管理项目(其中采石厂和云湖社区项目为“双保”项目)全面建成出库,市委党校、南北沿河等重大项目如期建成,孝感城区停车项目积极推进,不断为城市建设增添新动能。

【融资保链】 在澴川国投主体信用评级荣膺AA+的基础上,围绕“规模做大、服务做优、债务做好、帮扶做实”推动融资势头持续向好。全年共获得融资授信159.21亿元、用信105.12亿元,为项目建设、还本付息刚性兑付提供了坚强的资金支撑。同时,做实支持主城崛起、服务“三区”发展,为孝南区长兴公司担保金额24亿元、为高新区高创投担保8亿元、为临空区丰翔公司担保3亿元。

【经营管理】 根据国家、省、市国企改革三年行动有关要求,制定并组织实施《澴川国投国企改革三年行动方案(2020—2022年)》,将党建工作要求修改完善写入集团公司章程、制定党委前置研究讨论事项清单、完善“三重一大”决策制度、贯彻落实市国资委制定的市属企业董事会规范运作办法等文件精神、大力推行扁平化管理等。完善企业风险防控体系,制定完善了包括党建、机关、人事、财务、融资、审计法务等内容在内的40项管理制度,并编印了《澴川国投管理手册》。加强重点领域关键环节风险防范,对工程建设、招投标、国有资产运营及交易、财务、融资等方面加强风险源头管控与过程监控,全面加强内部审计。实施市场化人才强企战略,启动实施任期管理,市场化选聘经理层副职,大力推进用工市场化,调整优化薪酬制度,建立企业年金制度。

【产业发展】 围绕集团产业高质量发展,大力实施“延链补链、壮链强链”工程,集团全产业链格局不断完善。砂石产业不断壮大。年产销河砂9.6万吨、碎石525万吨,有力保障了全市市政工程和重点项目建设需求,砂石产业实现产值近3亿元。工程咨询代建、公交客运、货物押运、商品房销售等传统产业提档升级。学前教育、社会零售新业态、市政设施建造、电动汽车服务、再生资源利用等新兴产业加快扩展。电动汽车服务公司新建成4个充电站、投运52座大功率充电桩,同时运维管理孝感城区18个充电站、442座桩。志森再生资源公司处理市区建筑垃圾5万余吨。

【安全生产】 集团始终牢牢紧绷安全之弦,压紧压实疫情常态化防控和安全生产责任,确保集团整体发展环境平安稳定。全面宣传各级疫情防控政策措施,抓实抓细公共场所(车辆)、项目建设工地、厂矿等重点部位防控措施落实,全员接种新冠疫苗率达100%,为疫情防控和员工健康加上“双保险”。突出重点领域、重要环节安全隐患排查,压紧压实安全生产责任制,全年未发生较大安全生产事故。

【企业党建】 围绕党史学习教育活动抓学习、办实事,为群众办实事300余件。热烈庆祝建党100周年,组织100余名职工参加全市庆祝建党100周年歌咏会。将党建与企业生产经营同谋划、同部署、同推进,促进党建与企业经营深度融合。加强党风廉政建设,对关键重点岗位廉政风险点进行排查。加强基层党组织建设,全年发展党员31名。

(撰稿:李望)

政府采购

【概况】 2021年,全市各级财政部门深入推进政府采购制度改革,充分发挥政府采购政策功能,持续优化政府采购营商环境,不断开创政府采购工作新局面。全年全市政府采购项目预算金额394069.35万元,实际采购金额347835.01万元,节约财政资金46234.34万元,资金节约率11.7%。全市政府采购授予中小微企业合同金额为334604.87万元,占全市政府采购规模的96.19%。其中授予小微企业的合同金额为302595.31万元,占授予中小微企业合同金额的90.43%。

【监督管理】 按照《政府采购法》和《关于定期开展对集中采购机构监督考核的通知》(鄂财函〔2017〕360号)要求,组织专班对孝感市政府采购中心年度政府采购工作进行了检查考核，对全市33家政府采购代理机构开展监督评价，对发现的问题依法处理并上网公开，维护了政府采购市场秩序。根据《湖北省财政厅关于开展政府采购评审专家资格专项清理工作的通知》(鄂财采发〔2020〕7号)要求，对市直579名评审专家资格证书进行了全面核查，提高了政府采购公信度。严格依法处理政府采购供应商投诉，投诉处理时间由法定的30个工作日压减至15个工作日，维护供应商的合法权益。同时，积极探索非强制性纠纷化解方式，向投诉双方宣传政府采购政策，引导投诉双方在平等自愿的基础上达成和解，提高采购效率。

【政府采购环境建设】 根据《财政部关于开展政府采购备选库、名录库、资格库专项清理的通知》(财库〔2021〕14号)文件和省厅要求，全面清理政府采购领域违反公平竞争的规定和做法。及时印发《孝感市财政局关于开展政府采购备选库、名录库、资格库清理工作有关事项的通知》文件。经过专项清理、重点核查，全市共清理了政府采购备选库、名录库、资格库8个，同时建立长效机制，协调政府采购中心对集中采购目录内的所有采购品目公开征集协议供应商，满足部门采购需求，进一步优化了政府采购营商环境。落实政府采购支持中小企业发展政策。对适宜由中小企业提供的采购项目和采购包，各部门预留年度政府采购项目预算总额的30%以上面向中小企业采购，其中面向小微企业占比达到60%。联合有关金融机构推进政府采购合同融资，全年向13家中小企业发放合同融资3763万元，有效缓解了中小企业融资难贵问题，支持了地方经济发展。启动政府采购意向公开工作，进一步提高了政府采购透明度，保障了各类市场主体平等参与政府采购活动。

【乡村振兴政策支持】 积极运用政府采购政策助力脱贫攻坚与乡村振兴有效衔接，指导各预算单位在全国“脱贫地区农副产品网上销售平台”(“832”平台)开通管理账号、交易账号，按照不低于15%的比例预留年度采购份额，通过采购脱贫地区农副产品，大力实施消费帮扶，推动脱贫地区农副产品进单位、进食堂。2021年，全市预算单位食堂预留金额1423.36万元，工会预留金额为1477.18万元，实际采购3759.37万元，完成采购计划的130%。市直单位食堂预留金额104.15万元，工会预留金额为154.34万元，实际采购327.58万元，完成采购计划的127%。

【信息化建设】 为保障常态化疫情防控形势下的政府采购工作，积极推进全市“互联网+政府采购”工作，市财政局协调市政府采购中心建立了政府采购电子化交易平台，实现了政府采购项目所有采购方式全程不见面网上开标，提高了采购效率和监管水平。推动政府采购中心启动政府采购网上商城建设，对于小额高频的采购项目方便采购人和供应商网上交易，让数据多跑路，群众少跑腿。2021年，各县(市、区)全面建成了电子化交易平台和政府采购网上商城，有力提高了全市政府采购信息化水平。

【政策宣传】 主动上门到市直有关单位宣传政府采购政策，帮助解决疑难问题。印发《政府采购工作提醒》《孝感市财政局关于落实主体责任 优化政府采购营商环境有关事项的通知》文件，向各预算单位进一步宣传落实支持中小企业、优化营商环境等各项政府采购政策。举办网络培训班，克服疫情防控影响，对市直单位政府采购业务人员进行政府采购政策培训。同时，加强报刊媒体宣传。

(撰稿：罗文光)

烟草管理

【概况】 2021年，全市烟草系统紧紧围绕“凝聚正能量，争创新业绩，实现新跨越”的发展思路，以“提质增效，抢前进位”为路径，以“三新”促“三高”，开启了“十四五”高质量发展新篇章。深入推进党史学习教育，将“我为群众办实事”实践活动作为学党史、悟思想的落脚点，“书记领题办实事”20余件；领导干部深入基层联系点帮助解决实际困难40余个；党员干部到驻地和结对社区党组织“双报到”，开展疫情防控、“五城同创”等工作300余人次。坚持从严治党，有案必查，共受理问题线索38件次，运用“四种形态”处理63人次，其中第一种形态49人次、第二种形态13人次、第三种形态1人次。主要运行指标实现“三个竞进提质”：经济指标竞进提质，实现税利13.98亿元，同比增长2.35%，上缴税金9.6亿元，同比增长3.04%；销售指标竞进提质，卷烟销量13.15万箱、达到预期进度，人均销量7.70条、全省排名进步6个位次，单箱值(含税)4.01万元，同比增加4.15%；专卖指标竞进提质，查处涉烟违法案件2564起、全省排名第2，查获非法卷烟1800件、同比增长27.12%，办理涉烟网络案件12起，同比增长9.09%。

【卷烟营销服务】 深入开展精准营销，月度销量预测吻合度始终保持在99%以上，客户订单满足率达到85%。社会存销比保持在0.23的合理水平,客户毛利率达到15.75%,市场呈现出库存合理、价格到位、客户盈利上升、信心提振的良好状态。深入开展“我与客户共成长”活动,市局成立客户服务中心,整合举报、投诉、咨询职能,进一步提升服务质效。全市组建优秀客户经理工作室3个,设立61个党员先锋岗,成立7个志愿服务队,结对帮扶困难客户82户,解决困难173个。深入开展终端建设,全市客户明码标价率达到100%,明码实价率达到98%以上;引导客户建立消费者档案55006个。

【卷烟打假市场整顿】 突出营造环境,市政府组织召开全市支持烟草行业发展暨卷烟打假市场整顿工作会议,熊征宇市长作出重要批示;市烟草专卖局与公、检、法、市场监管、交通、邮政等部门建立“联动联防、联打联治”执法协作机制,与江西九江市局、武汉市局建立联动打假机制。突出打假破网,超额完成“县县有网络案件”目标,“5 · 24”销售假烟网络案被列为全省第一批省督案件,涉及广东、湖北、浙江、福建等18省,案值达1080余万元,涉案网络成员达50余人。突出市场监管,做好“双随机、一公开”与“APCD”相结合,查处违法违规命中率达到13.49%,位列全省前列。开展保护未成年人免受烟侵害“守护成长”暨“楚天卷烟市场净化11号”专项整治行动,将电子烟监管纳入日常市场监管,劝退经营电子烟73家,清理校园周边经营户36户,查处向未成年人售烟案件1起。突出“放管服”改革,全市新办卷烟零售许可证2318户,网办率69.25%。物流服务更“优”。重点推进对标管理,库存周转次数28.40次,继续保持全省第一。开展物流技术创新,异型烟分拣效率从1800条/小时提高到4000条/小时,异型烟笼车装载率提升20%左右。

【烟草企业内部管理】 坚持不懈推进以标准化和质量管理为主要内容的综合管理体系建设,推动企业从传统管理到现代管理的转变。持续开展对标管理,3项指标排名全省前5,指标提升率21.43%。持续改进客户服务,零售户满意度同比继续提升。积极履行政治社会责任,选派10支工作队、21名帮扶干部驻点帮扶11个村,捐赠321.5万元帮扶资金用于乡村振兴。深入识别质量、安全、法律、财务、廉政五大风险点,并将其嵌入工作流程,建立起风险防控体系。深化法治烟草建设,未发生因案件办理瑕疵导致的行政复议和行政诉讼案件,未发生因审核失误而引起的法律纠纷,获得全省烟草商业系统“七五”普法先进单位荣誉称号。深化安全管理,构建“1+10+N”3级安全管理体系,解决基层安全设施隐患问题108条,通过全省系统安全生产标准化示范企业验收,实现了安全无事故目标。深化疫情防控管理,全市系统在岗人员新冠肺炎疫苗接种率100%。

(撰稿:张娣婧)

执行编辑:张可杰

财政·税务

财政·税务

财　政

【概况】 2021年,孝感市财政收入超预期完成,全市地方一般公共预算收入完成134.8亿元,占调整预算的102.9%,同比增长34.5%,恢复到2019年同期水平的99.4%。其中,税收收入完成106.2亿元,同比增长36.4%;非税收入完成28.5亿元,同比增长28.2%。税收占比78.8%,比2020年提升1个百分点。全市财政系统加大对部分行业清理整治,对非税收入征管全流程进行了全面梳理,进一步规范财政收入管理,提高了财政收入质量。

2021年,孝感市财政局被中国财政科学研究院评为新闻和财政科研宣传工作先进单位;被省委、省政府评为省级文明单位、全省脱贫攻坚先进集体;被省政府评为全省就业创业先进集体。

【服务企业发展】 推进产业高质量发展。整合设立市本级产业发展资金2亿元,支持全市高质量发展。兑现县(市、区)2020年"以奖代补"考核奖励资金4425万元,激励促进县域经济快速发展。兑现支持企业发展的系列奖补政策,累计兑付市级产业发展资金8654万元。加大对先进制造业的支持力度,配合经信局出台了《孝感市支持新一轮企业技术改造若干政策》,积极争取省级制造业高质量发展专项资金,市本级10个项目获省级资金2010万元支持。支持中小企业"专精特新"发展激励政策,配合市经信局拟定《关于促进中小企业专精特新发展的若干措施》,孝感市国家级"专特精新"小巨人企业1家,获中央专项奖补资金230万元支持。激发企业科技创新活力。出台了支持各类研发机构建设、支持孵化器和加速器建设、支持院士专家工作站建设、支持企业开展产学研合作等15条扶持政策,及时兑现科技创新奖补资金308万元。争取省级资金支持,市本级共争取省级科技创新奖补资金608万元。支持外贸企业做大做强。积极落实促进外贸外资奖补政策,兑现市直重点出口企业奖励和市直出口奖励资金240.1万元,涉及企业53家;争取中省外经贸发展专项资金1080万元。解决国企历史遗留问题。安排补助资金264.7万元,用于解决国有企业职教幼教退休教师待遇问题;拨付补助经费344.6万元,用于国有企业退休人员移交街道和社区实行社会化管理;安排补助资金63万元,推进国有企业家属区"三供一业"分离移交工作。

【落实社会保障政策】 落实稳就业政策。安排市直就业补助资金支出预算4236.03万元,用于提升公共服务水平、应对新冠肺炎疫情影响恢复和稳定就业、促进各类群体就业创业;从失业保险基金中向符合条件的企业落实稳岗返还资金共计969万元,促进了疫情防控期间就业稳定;落实职业技能培训政策,发放就业创业培训补贴3226万元。落实

全市财政工作座谈会现场　　（市财政局 供图）

社会保险政策。落实2021年机关事业退休人员与企业退休人员基本养老金调标待遇，在6月底前将退休人员养老金增资及时补发到位，落实城乡居民基础养老金提标政策，上调城乡居民养老保险基础养老金，从原来的每人每月108元提高至每人每月125元；落实阶段性实施失业补助金政策，对符合领取失业补助金人员发放失业补助金2599万元；阶段性降低失业保险、工伤保险费率政策延续实施1年；积极应对企业职工养老保险实行省级统筹后对本级的影响，及时归集上解结余资金。落实医疗保险政策。全市筹集大病保险基金31130万元，按进度已拨付大病保险资金28017万元，保障群众就医需求。落实救助救济政策。将困难残疾人生活补贴标准在原每人每月50元的基础上提高20元，达到每人每月70元，已拨付残疾人两项补贴资金382.85万元。落实卫生健康支出政策。按照公共卫生体系补短板工作要求，统筹使用抗疫特别国债、政府专项债券、新开发银行贷款、社会捐赠等资金，用于医疗机构传染病救治（含发热门诊改扩建）能力提升、疾控机构现代化建设，基层防控能力提升、卫生健康信息化建设等项目；支持落实新冠肺炎疫苗免费接种政策，拨付重点人群新冠肺炎疫苗采购和接种经费722.16万元，从本级医保基金中上解新冠病毒疫苗费用共计2612万元；巩固破除以药补医成果，履行政府办医责任，补偿市直7家公立医院980.8万元；完成市本级新型冠状病毒肺炎确诊和疑似患者医疗费用结算工作，拨付资金1073.52万元。落实社会福利政策。做好城区60岁以上老年人免费购买意外伤害险、80岁以上老龄人发放高龄津贴的经费保障工作；落实残疾人两项补贴提标政策；落实0~14岁残疾儿童康复救助政策；发展养老服务，做好困难老年人的托底保障。落实优抚安置政策。拨付市本级解决部分退役士兵补缴社会保险费29.03万元，拨付市直三区优抚等经费908.13万元、中央军队离退休人员补助及中央军队管理机构补助3186万元、企业军转干部政策补助792.48万元。

【惠民保供财政支持】 2021年，孝感市积极争取项目，支持商贸流通产业发展，上报《孝感市市直“中国好粮油”行动计划实施方案》，2家企业获省“优质粮食工程”奖补资金231万元；争取中央服务业发展专项资金（推动农商互联完善农产品供应链）199万元。落实粮食储备补贴政策，做好市级粮食储备工作，加强粮食风险基金管理，足额安排市本级粮食储备贷款利息、保管与轮换费用等财政补贴资金；依据粮食库存核查情况，兑付1200万公斤粮食储备补贴资金349万元。同时，配合省委巡视组和市委巡视组积极做好粮食购销领域腐败问题专项整治。完成物资储备工作任务。配合市卫健委与九州通公司、海王公司签订应急医疗物资储备协议，拨付中央应急物资保障体系建设补助资金908万元，建立市本级应急医疗物资储备体系；做好冻猪肉储备工作，安排储备补贴资金187.2万元，稳定猪肉市场供应；落实好省新增800万公斤粮食储备任务，足额安排新增储备任务的费用补贴资金。

【乡村振兴财政保障】 2021年，孝感市安排地方财政衔接资金8.4亿元，推动巩固拓展脱贫攻坚成果同乡村振兴有效衔接。全市争取高标准农田建设补助资金4亿元，落实耕地地力保护补贴资金4.2亿元，争取种粮农民一次性补贴7852万元，支持保障国家粮食安全。争取省级美丽乡村试点村18个、获得试点建设资金5400万元，组织申报新型村级集体经济扶持村89个、获得扶持资金3560万元，安陆市、孝昌县成功争取全省美丽乡村示范片建设试点资格，三年内各将获得奖补资金5000万元，已分别到位资金2000万元；争取省对农村公益性事业奖补资金3957万元、农村厕所革命整村推进奖补资金1013万元，筑牢了乡村振兴发展根基。

【全面预算绩效管理】 开展目标审核。市财政局印发《关于开展2021年市本级预算绩效目标审核工作的通知》，组织第三方专业机构人员于2月18日至3月31日赴市直各部门开展上门辅导审核服务，涉及73家部门的1200余个项目。开展绩效自评。起草《关于做好市本级2020年度中省资金绩效自评工作的通知》，印发《孝感市财政局关于开展2020年度市级财政支出绩效自评工作的通知》，要求市直各单位对2020年度已执行完毕的项目支出和市直部门整体支出开展绩效自评工作，范围包含73家市直部门的1000余个项目，涉及金额4.3亿元。同时要求各部门要督促资金使用单位对绩效自评发现的问题认真整改，并将绩效自评结果随部门决算一并在统一平台公开。开展绩效运行监控。8月9日，印发《关于开展2021年市级预算绩效运行监控工作的通知》，对市直各部门预算项目1—7月预算执行情况和绩效目标实现程度实行“双监控”。

【深化财政预算管理改革】 推动财政收入高质量发展。以市政府办公室名义印发了《关于推动全市财政收入高质量发展的若干措施》（孝感政函〔2021〕97号），从夯实培优财源基础、构建多元财源支撑、提升财政管理质效三个方面,明确了15条具体工作措施,支持主城“三区”拓展地方财源,切实推进“三区”财政收入高质量发展。加强财政收支管理。认真落实省财政厅《关于进一步严肃财经纪律加强财政收支管理的通知》(鄂财预发〔2021〕42号)精神,先后向市政府常务会议、市委常委会专题汇报,组织召开全市财政收入质量督办会,督促各地守住财经纪律的高压线和财政管理的红线,跟踪掌握查核各地组织收入情况,严查虚收空转、虚增收入、扩大收入范围等问题。健全服务主城“三区”机制。落实“市区一体、主城崛起”目标,到“三区”调研财政现状,关于“主城崛起”政策诉求、体制机制建议等,梳理市直与主城“三区”财政事权,服务主城“三区”经济高质量发展。深入推进财政事权和支出责任划分改革。出台全市交通运输领域、城区义务教育、市以下生态环境机构垂直管理等改革实施方案,推动相关领域财政事权和支出责任划分改革。统筹推进预算管理一体化建设。整合规范预算管理业务流程和管理要素,将基础信息、项目库建设与预算编制相结合,建立健全“项目储备、项目排序、项目整合、项目清理”全生命周期管理机制,不断提高预算管理工作的科学化和标准化水平。

【政府采购管理】 加强对政府采购代理机构的监督管理。6月,组织对全市33家政府采购代理机构开展监督评价,按照全国统一的评价指标体系对代理机构进行考评,对发现的问题依法处理并上网公开。加强对采购人联合检查。4月,对市商务局、市政务服务和大数据管理局等五家市直单位进行检查。5月,对市直28家单位开展了绩效评价工作,将政府采购作为绩效评价的重要内容,进一步强化采购人主体责任,规范了采购行为。加强政府采购评审专家管理。对市直579名评审专家资格证书进行了全面核查,对资格证书有问题的专家进行清退,提高了政府采购公信度。优化政府采购营商环境。开展政府采购备选库、名录库、资格库专项清理工作,全市共清理了政府采购备选库、名录库、资格库8个;落实政府采购支持中小企业发展政策,对适宜由中小企业提供的采购项目和采购包,各部门预留年度政府采购项目预算总额的30%以上,专门面向中小企业采购,其中面向小微企业占比达到60%,在政府采购评审中,对非专门面向中小企业的采购项目,对小微企业报价给予6%~10%(工程项目为3%~5%)的扣除,用扣除后的价格参加评审。提前启动政府采购意向公开工作。7月15日,在孝感市政务服务和大数据管理局及云梦县、安陆市开展采购意向公开试点,2022年1月1日起全面推行政府采购意向公开工作。落实政府采购支持乡村振兴政策。组织预算单位按照不低于15%的比例预留年度农副产品采购份额,通过“脱贫地区农副产品网络销售平台”采购脱贫地区农副产品,大力实施消费帮扶,推动脱贫地区农副产品进单位、进食堂。2021年,全市预算单位预留采购份额1423.35万元,工会预计购买1477万元,共实际完成3810万元,占预留份额的131%。

(撰稿:罗文光)

税　务

【概况】 2021年,全市税务部门在疫后重振中承压奋进、负重前行,积极发挥税收职能作用。市税务局党委积极创新抓党史党建,党史学习教育走深走心,庆祝建党百年有声有色,“党委带头学、中心组引领学、支部集中学、党员自觉学”的机制形成。全市税务部门累计组织各项收入305.12亿元,同比增长22.07%,增收55.17亿元。其中,税收收入完成198.17亿元,同比增长32.74%;社保费完成92.93亿元,同比增长2.8%;非税及其他收入完成14.02亿元,同比增长36.68%。全市税收收入总量全省排位第5,地方公共预算收入规模全省排位第4,增幅排位第6。完成经济税源和政策效应分析68篇,其中8篇分析报告获党委、政府领导批示肯定。

【减税降费】 2021年,全市共新增减税降费8.3亿元。推行“无申请退税”,257户纳税人享受这一便利。落实煤电企业纾困解难和制造业中小微企业延缓纳税,缓缴金额5570万元。

【纳税服务】 2021年,全市“互联网+政务服务”模式税务服务窗口下沉,实现115个乡镇便民中心服务全覆盖。纳税信用等级稳步提升,A、B级纳税人占比提高1.9个百分点,银税互动信用贷达15.6亿元。孝南“一站式”智慧办税服务入选“全省优化营商环境先行先试”项目。推进“高效办成一件事”,全市设新办注册登记联办、社保费一窗联办窗口18个。落实便民办税春风行动103条举措,“春雨润苗”专项行动为53户企业解决发展难题。组建“服务上市专业团队”,为11户“金种子”“银种子”上市后备企业提供服务。落实千户集团纳税服务首席联络员制度,建立“一对一、点对点”联系机制,推行“一二三”服务新举措。推进财行税等“十税合一”合并申报,应用情况良好。全市办税“好差评”主动评价率居全省首位，好评率100%。

【税费改革】 2021年，孝感市认真贯彻落实中共中央办公厅、国务院办公厅《关于进一步深化税收征管改革的意见》，细化方案，完善机制，对191个具体工作任务进行责任分工，2021年，完成其中67项任务。点面结合转变税收征管方式，初步建立了纳税服务、税源管理、风险应对“三位一体”税收征管新格局。实现征管档案电子化管理系统从试点到正式运行的转换，上线了“金税三期”社保费征管信息系统和“楚税通”，“以数治税”的能力明显提升。

【税费管理】 2021年，孝感市积极探索税费专业化管理新模式，建立“再生资源智慧税务监管平台”；在孝感城区实行房地产行业链税收一体化管理，管理成效初显；实行“一事联办”，提高车购税征收效率。分户开展网格化服务，为4156户纳税人核定发放增值税电子专用发票。全市办理出口退税49110万元，无纸化申报率96%，电子退库率100%。企业所得税、个人所得税年度汇算高质量完成。社保费“金三”系统标

9月10日，孝感市税务局成立城区税费服务调度中心　（摄影：杨进平）

准版上线“小双轨大双轨”工作落实到位，非税改革任务全面完成。水土保持补偿费、国有土地出让收入等四项非税收入划转税务部门征收实现平稳承接。

【依法治税】 2021年，全市落实三项制度，音像记录1800余次，审理重大税务案件8件，实施“首违不罚”事项222次，荣获市级2016—2021年度普法先进单位称号。运用“税务系统内部控制监督平台”，扫描发现税收执法过错数据130条，追究执法过错责任23人。强化风险应对，完成风险任务2619户次，查补税费20924万元、滞纳金1895万元。在全省率先成立警税大队，侦办税案32件、刑事立案10起，警税联合实体化运行模式被副省长徐文海、总局稽查局局长郭晓林等领导批示肯定。全市打虚打骗两年专项行动成果显著，入库税款、罚款及滞纳金7288万元，获全省“双打”表彰先进单位2个、先进个人6人。

（撰稿：蒋建强）

执行编辑：张可杰

金融

金 融

综 述

【概况】 2021年，全市金融系统按照"动起来、沉下去、跳得出、管得住"十二字监管方针，引领辖内银行保险业助力孝感经济高质量发展，取得一定成效。全市各项贷款比年初增长15.52%，增幅居全省第三；中央新闻媒体采访团来孝专题调研金融助力乡村振兴，刊发报道10篇；副省长宁咏在孝感调研时，对孝感市整村授信工作予以肯定；孝感全域成为省级金融服务乡村振兴创新示范区；孝感市成为全国深化民营和小微企业金融服务综合改革60个试点城市之一；金融"面对面"工程成为市委、市政府主推的一项重点工作，云梦农商行高风险机构顺利"脱困摘帽"。

【金融机构与网点】 截至2021年年末，全市共有银行业金融机构476个，银行从业人员7605人；全市共有保险机构358个（不含保险兼业代理机构），保险从业人员14744人。

【存款业务】 存款余额稳步增长。2021年年末，全市银行业各项存款余额3086.73亿元，比年初增加258.23亿元，居全省第五；增速9.13%，居全省第五。其中，全市对公存款余额731.29亿元，比年初减少13.39亿元。全市储蓄存款余额2355.44亿元，比年初增加271.61亿元，储蓄存款从规模、增量、增速上全面优于对公存款。分机构来看，各项存款余额较年初较多的是农商行、邮储和农行，分别增加65.22亿元、51.64亿元和42.58亿元；分地区来看，孝南（含市直）、汉川、安陆三地新增存款占全辖新增69.14%。

【贷款业务】 信贷投放高速增长。2021年年末，全市银行业各项贷款余额为1850.50亿元，比年初增加248.62亿元，居全省第五，为历年来最好水平；增速为15.52%，居全省第三，高于全省平均水平2.91个百分点。从贷款投向看，新增信贷较多的行业是水利环境和公共设施管理业、批发零售业，房地产业贷款余额较年初减少5.35亿元，行业结构进一步优化，城市基础设施投入逐渐加强。存贷比59.95%，较年初上升3.32个百分点。12月末，全市县域贷款余额1316.15亿元，比年初增加163.69亿元，增速为14.20%，低于贷款平均增速1.32个百分点；涉农贷款余额1021.50亿元，较年初增加106.20亿元，增速为11.60%，低于贷款平均增速3.92个百分点；全市银行业小微企业贷款余额806.14亿元，比年初增加120.90亿元，增速为17.64%，高于贷款平均增速2.12个百分点。

【保险业务】 保险机构经营承压。2021年1—12月，孝感市保险业机构保费收入累计达83.46亿元，同比下降0.46%，在全省各市州排名第7，占比4.43%。其中人身险保费收入63.00亿元，同比下降2.00%，保费收入在全省各市州排名第7，占比4.45%；财产险保费收入20.46亿元，同比增长4.60%，保费收入在全省各市州排名第8，占比4.39%。承保利润1.49亿元，较年初下降37.52个百分点。赔付支出累计24.72亿元，同比增长17.60%，其中人身险赔付支出10.58亿元，同比增长0.69%；财产险赔款支出14.13亿元，同比增长34.52%。人身险机构退保金累计12.94亿元，同比增长75.00%。

地方金融管理

【概况】 2021年，孝感市地方金融工作在市委、市政府的正确领导和省地方金融监督管理局指导下，坚持以习近平新时代中国特色社会主义思想为指导，认真落实国家金融工作方针政策和市委、市政府决策部

11月2日，市行政中心召开全市金融质量发展会议

（市地方金融工作局 供图）

署，聚焦服务实体经济，搭建银企对接平台，开展金融“面对面”工程政金企对接暨百亿融资签约活动，对接活动银行总授信额度255亿元；坚持打防并举，有效防控金融风险，开展“七进”等宣传活动累计1532次，参与群众19万余人次；进一步深化金融改革，完善金融政策体系，着力培育资本市场，为全市经济高质量发展贡献金融力量。

【地方金融政策体系建设】 2021年，孝感市研究出台提升金融功能“1+15”政策文件，形成《关于推进孝感市金融业高质量发展的实施意见》《孝感市金融业“十四五”发展规划(2021—2025年)》《孝感市筑台融资考评细则》《孝感市金融机构支持地方经济发展激励评价办法》《关于在全市开展农村承包土地的经营权抵押贷款助力乡村振兴的指导意见》《孝感市推进“整村授信”金融服务助力乡村振兴工作方案》《关于进一步完善防范化解金融风险工作机制的意见》《关于加强孝感市金融人才培训培养的意见》等为主要内容的地方金融政策体系。

【搭建银企对接平台】 2021年，孝感市开展金融“面对面”工程政金企对接暨百亿融资签约活动，通过金融助力全市经济“开门红”，对接活动银行总授信额度255亿元。举办民营企业专场、农产品出口企业专场、首衡城·华中国际食品产业新城专场等对接活动，总授信额度284.11亿元。指导县(市、区)举办35场银企对接会，现场签约62.19亿元，履约率达到94.3%。

【金融组织体系建设】 2021年11月，落实《孝感市引进银行业金融机构奖励办法》，协调引进湖北省农业信贷融资担保有限公司在孝感设立分支机构，已形成了在人行孝感中支、孝感银保监分局、市地方金融工作局的监管、服务下，银行、保险、证券、类金融机构等共同发展的较为齐备的金融机构体系，金融机构密集程度居全省地级市前列。全市现有金融市场主体125家。其中，银行业金融机构19家(村镇银行6家)，保险业金融机构36家，证券机构营业部13家，全市持牌小贷公司32家，持牌担保公司12家，持牌典当行9家，基金公司1家，资产管理公司1家，形成了初具规模的金融组织体系。

【信用信息平台建设】 2021年，为有效破解银企信息不对称问题，缓解中小微企业融资难、融资慢问题，孝感争取农行投资建设了“孝融通”中小企业信用信息平台。平台以银企对接、信用评测、风险预警、企业培育、跟踪督办为核心板块，依托平台的数据治理能力，为监管部门、金融机构、企业等各类用户提供高效、精准、智能的金融服务。“孝融通”中小企业信用信息平台于9月20日上线运行，截至12月末，实现线上融资9.52亿元。

【资本市场培育】 深入调查研究。6月，积极推动孝南区企业湖北欣柔卫生用品股份有限公司上市工作，主动协调解决了欣柔股份银行贷款、进出口证明等相关事项。8月，携同长江证券投资银行部到湖北龙王恨渔具有限公司、湖北欣柔卫生用品股份有限公司现场调研，对两家公司的生产经营及上市工作开展深入分析，做好企业上市“店小二”。组织辅导培训。组织上市后备企业积极参加省金融局、省上市办举办的相关培训；抢抓北交所政策窗口机遇，积极组织孝感市“专精特新”企业开展北交所上市专题培训。此外，积极协调落实上市奖励资金，祥源新材获省级上市奖励400万元，中一股份、优尼科光电、欣柔股份获省级报会报辅奖励共250万元。突出上市挂牌。建立健全上市后备资源体系，畅通绿色通道，大力支持企业上市挂牌。开展全市上市后备企业摸排工作，加强与龙腾电子、航聚科技等重点拟上市企业的沟通，加强与武汉股权托管交易中心的数据共享，积极协助祥源新材完成上市注册、发行。全市新增上市企业1家（祥源新材），新增过会待注册发行企业1家（中一股份），新增报辅企业1家（龙腾电子），新增省级上市后备“金种子”企业4家（累计达到10家），新增“银种子”企业2家（累计达到20家）。

【类金机构规范运营】 规范日常监管。进一步规范和优化业务流程，加快变更事项办理，建立管理台账，严把准入关口，定期督促企业信息披露，按时完成担保、典当、小贷企业各项国家、省、市报表统计上报工作。接受各类投资咨询150余次；审核上报股权、高管、经营地址等事项变更12家；申报退出小贷行业3家。加强部门联动管理。会同市场监督管理部门在全市联合开展清理非持证融资担保机构、融资租赁公司和商业保理公司分支机构专项行动。制定《市地方金融工作局“双随机、一公开”监管工作实施方案》，配合市市场监督管理局开展联合抽查活动，全市类金融监管领域实现“双随机、一公开”监管全覆盖、常态化。开展分类评级。5月，会同第三方会计师事务所对全市融资担保机构开展了分类评级工作检查，形成市级分类评级意见（拟定A级6家、B级2家、C级2家）。11月，完成了全市小贷公司分类评级工作（A级8家、B级11家、C级4家、D级4家）。

【融资担保管理】 会同市财政局出台《关于加强政府性融资担保体系建设，切实支持实体经济发展的通知》，加大政策支持力度，对小微企业和“三农”融资担保业务占比高、在保余额或户数增长较快、代偿率控制在合理区间的机构给予适当补偿。截至12月末，全市12家担保公司融资担保业务在保户数251家，在保余额6.15亿元。其中“4321”比例分险在保项目笔数71笔，在保金额2.19亿元。全市7家政府性担保机构其中3家免收担保费，4家融资担保费率全部降至1%以下，共减免担保费1835.25万元。

【金融风险防控宣传】 3月19日，举办全市领导干部金融素养提升培训班，组织各县市区和市直“三区”相关人员收看解读《防范和处置非法集资条例》视频，为5月1日起正式施行条例奠定基础。4月28日，在孝感日报专题刊发《远离非法集资、维护社会稳定》，解读《防范和处置非法集资条例》。印发《2021年防范非法集资宣传月活动方案》，6月，组织各县（市、区）及市直成员单位开展防范非法集资宣传月活动，增强人民群众对非法集资的防范意识和能力。开展“七进”等宣传活动累计1532次，参与群众19万余人次；在报纸杂志、广播电视上发布处非信息2万余次，微信、微博、抖音等网络宣传点击阅读量、转发量18万余人次；通过电子显示屏、公共交通广告、楼宇电梯广告宣传6万余次；发放传单、手册、赠品等24万余份。印发《关于做好2022年元旦、春节期间防范非法集资集中宣传活动的通知》，组织各地各部门开展“两节”防范非法集资集中宣传。

（撰稿：严格）

银　行

【概况】 2021年，全市银行系统坚持政治引领，党建先行，全面从严治党责任进一步压实，坚持服务经济，回归本源，货币政策传导质效进一步提升，坚持底线思维，强化监管，金融风险防控局面进一步好转，坚持优化服务，精准发力，金融服务质量进一步提高，坚持固本强基，稳中求进，内部管理水平进一步强化。截至11月末，孝感市各项贷款余额1812.19亿元，比年初增长13.1%，同比增长14.2%，分别高于全省平均增幅3.1个和2.6个百分点，贷款增幅居全省第5位；累计向符合条件的地方法人机构发放企业贷款延期激励资金825.48万元，受惠企业473户，提供信用贷款支持计划零利率再贷款1261.71万元，受惠企业187户；累计使用支农再贷款余额3.99亿元，支小再贷款余额27.44亿元，支小再贷款使用率达97.73%，居全省第一。

【中国人民银行孝感市中心支行】 2021年，人行孝感支行坚持政治引领、学习先行，扎实开展党史学习教育，组织召开专题会议6次，深入基层或管理服务对象开展现场调研18次。严格落实从严治党责任，落实党委书记与支行党组书记、分管领导与分管部门主要负责人谈话制度，切实做到党建工作与业务工作同谋划、同部署、同推进、同考核。重视意识形态阵地建设。开展意识形态阵地清理，通过微信群等新媒体平台推送正向信息上千条，宣传专栏出版2次，制作视频、音频、微刊、美篇20多篇。树立正确用人导向，把制度执行力和治理能力作为干部选拔任用、考核评价的重要依据，大胆选拔使用敢于担当作为的干部。持续推进党风廉政建设，深入开展专项监督，落实巡察整改，加强廉政教育。

货币政策。保持贷款稳定增长。坚持稳字当头，引导和督促银行合理安排信贷投放，保持贷款平稳增长、合理适度，实现贷款稳增长目标。截至11月末，孝感市各项贷款余额1812.19亿元，比年初增长13.1%，同比增长14.2%，分别高于全省平均增幅3.1个和2.6个百分点，贷款增幅居全省第5位。用好“两项直达工具”延续政策。落实好普惠小微企业延期还本付息和信用贷款两项直达实体经济的货币政策工作延期到年末的政策，保持对经济恢复的必要支持。截至11月末，全辖累计向符合条件的地方法人机构发放企业贷款延期激励资金825.48万元，受惠企业473户；提供信用贷款支持计划零利率再贷款1261.71万元，受惠企业187户。强化专项货币政策工具。创新支小再贷款质押模式，集中对下半年到期的支小再贷款进行一次性质押，提高了办理效率，做法在全省货币信贷工作会议上被分行肯定。截至11月末，全辖累计使用支农再贷款余额3.99亿元，支小再贷款余额27.44亿元，支小再贷款使用率达97.73%，居全省第一。

金融“面对面”工程建设。多方聚合政银企力量，推动构建“1+N”银企常态对接机制。举行全市金融“面对面”工程政银企对接启动暨百亿融资签约仪式，各银行机构分区域、分机构、分行业举办专场政银企对接会16场次，近200家企业与银行签订融资协议110亿元左右，做法被分行货币信贷与金融生态工作简报采用。精确化打击恶意逃废债。先后制定出台《依法打击(清收)逃废金融债务专项行动方案》《依法打击逃废金融债务“暴风行动”方案》，联合市中院、市公安局等部门开展打击逃废金融债务专项行动，做法被分行刘绍新副行长签批。2021年，全市共执行案件116件，清收不良账款6834.51万元，查封资产4201万元，行动期间共拘留6人，传唤24人。精细化开展“面对面”宣传活动。在孝感市门户网站开设金融“面对面”工程专栏，每月协助孝感市门户网站开展“行长面对面”访谈活动，已开展9期，并通过微孝天下公众号推广。在《金融时报》《孝感日报》上推介“面对面”工程，《当好金融店小二，推进“面对面”工程落到实处》被《金融时报》推介。

信贷服务。建立普惠小微企业“四张清单”工作机制。积极引导和督促各金融机构建立普惠小微企业贷款“授权、授信、受理回告、尽职免责”四张清单，优化贷款流程，公开办事进度，落实减环节、减时间、减资料工作要求，并在孝感政府门户网站、云上孝感向社会公示，方便市场主体对照查询。实施信用企业培植工程。采取“一企一策”的模式，重点帮助融资难融资贵的中小微企业实现融资或通过信用培植达到融资条件，孝感市进入信用培植名单企业99家，成功培植授信86家，贷款7.26亿元，超过省定70家的年度任务。开展“楚天贷款码”测试推广工作。根据分行工作安排，积极组织辖内银行机构进行功能测试，并召开楚天贷款码推广测试座谈会。全市市场主体已通过“楚天贷款码”提交456笔意向贷款需求，占全省提交意向贷款需求1859笔的24.52%。提升产业链、供应链金融服务。强化金融链长服务制度，汉川市支行、安陆市支行作为重点产业链金融服务工作牵头单位，深入企业分析产业链重点企业融资需求状况，积极协调政府性融资担保机构加大对重点产业链上下游纤维企业的融资增信支持。同时推动供应链票据业务落地，召开供应链票据融资政策推介会，请第三方公司专家进行业务辅导，向辖内汉川国电、航天重型工程装备、新都化工等10家重点企业宣传推广供应链票据业务。

信贷管理体制建设。发挥利率传导机制作用。强力规范和制止违规揽储、违规宣传，引导住房维修资金等公共资源类存款进行合规招投标，同时加强新利率报备系统上线及数据报备工作，推进利率市场化改革，畅通利率传导机制，系统数据上报完成率位居全省前列并在全省作经验推广。加快跨境人民币结算便利化进程。制定《跨境人民币结算“扩面增量”实施方案》，全面推进跨境人民币结算便利化进程，督促结算银行利用“政策+产品”组合服务企业、建立结算银行“分行+支行”工作模式推进“扩面增量”。2021年，全市跨境人民币结算企业48户，跨境人民币结算量合计14.50亿元，占本外币跨境结算总量的8.25%。落实房地产贷款集中度管理要求。组织召开房地产贷款集中度管理暨风险防范工作会议，督促占比超限的7个法人银行制定了过渡期调整方案，6个银行房地产贷款占比均有所回落，2个法人银行已经达标。落实新增贷款偏离度管理要求。严格按照分行要求对不达标的地方法人银行机构进行指导，对上半年新增贷款偏离度过大的孝感市农商行采取发放警示函、约谈主要负责人、关键时点上门指导等手段，纠正了地方法人银行机构对贷款投放的错误认识。

构建全方位风险监测体系。制定风险监测方案。制定2021年《孝感市银行业风险监测实施方案》，细化工作要求，明确银行业风险监测重点，全面反映全市银行业风险真实度，并对辖内13家法人银行开展流动性和敏感性压力测试，完成并上报地方法人银行2021年压力测试报告，通过测试划出辖内潜在风险较多的6家机构并加以关注。摸排金融风险隐患。对全辖银行分支机构风险、地方法人银行风险、类金融风险、保险业证券业风险等进行全面摸排，梳理、分析各类风险状况，形成风险分析报告上报分行。对重大风险事项动态扫描、持续追踪，及时上报应城市部分乡镇老年人听信谣言集中在ATM机取现、徐自升涉恶风险贷款案件、辖内某农商行董事被逮捕和辖内某国有行员工非法集资等共8件风险事件。落实央行评级制度。按季度按要求完成央行评级，形成央行评级季度分析报告，向金融机构反馈评级结果，将机构风险情况报送中心支行党委及地方监管机构，协调多方力量，压实主体责任，共同化解风险。

风险处置。开展央行评级达标活动。对一季度央行评级中云梦、应城两地风险较高银行进行约谈和指导，起草了《中国人民银行孝感市中心支行高风险机构清零实施方案》，各支行按照“一行一策”，制定促进辖内法人机构央行评级达标方案。截至三季度末，辖内法人银行机构整体评级结果较年初向好，5家机构的三季度央行评级结果较一季度上迁1级，其中云梦农商行由8级高风险机构变为7级中等风险机构。约谈高风险金融机构。加强地方法人机构风险早纠处置力度，对云梦农商行、安陆农商行负责人先后3次约谈，压实风险防范化解的主体责任，协调地方政府属地责任。压实金融机构化解责任。多次赴云梦开展风险化解协调会，建立风险攻坚日志，督促出台《云梦农商行风险处置工作方案》，形成《云梦农商行风险的专题报告》，上报风险化解情况报告，协调地方政府、省联社、监管部门共同推动风险化解，以发债、置换、核销、打包处置等多种方式化解风险、补充资本。

深层次存款保险制度建设。归集地方法人投保机构保费。顺利完成辖内地方法人投保机构保费归集工作。辖内13家地方法人投保机构交保费2606.68万元，更正1家地方法人投保机构往期费率申报数据，重新核定费率，补交保费72.04万元，充分发挥差别费率制度的公平性和有效性。开展存款保险宣传。开展《存款保险条例》颁布六周年宣传，在重点区域孝昌县“电诈”高发区季店乡、汉川老年大学等地方进行存款保险知识宣传。引导金融机构将存款保险宣传嵌入业务流程，建设银行、民生银行、汉口银行3家机构的23个网点全部使用存款保险明白卡，汉川农银村镇银行存折上打印宣传标语，存保宣传成效初显。

参与扫黑反诈活动。持续账户核查和管控。加强与公安部门协作，积极在信息共享、线索排查、风险联控、账户惩戒等方面发挥合力，联合印发《关于防范打击买卖、出租、出借银行卡或账户违法行为的通告》，全年配合公安机关冻结止付银行账户40772户，金额14.5亿元，累计完成市反诈中心下发12批次涉案账户核查和管控工作，对74户涉案企业账户、1481个涉案个人账户实施联合惩戒。严格进行警示问责。持续抓检查督导传达工作压力，累计通报全辖涉案账户情况6次，组织开展全辖支付结算领域涉赌涉诈风险“大起底”排查，现场检查9家银行、暗访59个网点，约谈7家机构分管行领导，对5个银行网点做出停止新开个人银行账户1~6个月的处理，指导相关银行内部问责110人次。开展扫黑除恶常态化工作。持续保持金融系统扫黑除恶线索排查、宣传教育、组织协调等工作落到实处，指导银行机构不断提高可疑交易报告质量，发挥好金融情报价值作用，督导金融机构依法从速配合开展司法协查，提升涉黑涉恶案件侦办效率。向公安部门移交案件线索28条。开展拒赌反诈宣传。开展制作《电信网络诈骗防范微课程》《非法买卖银行账户害人害己》等视频及海报，组织全辖468个银行网点开展阵地常态化反诈宣传。组织开展“反电诈、反洗钱”包校宣传，完成45所大中专院校和高中的反诈知识宣传。大力推广“国家反诈中心”App安装，组织金融行业从业人员全员安装。

提高金融服务质量。推进适老化支付服务。制定《老年人及弱势群体支付服务示范网点建设方案》，指导云梦县构建“金融机构+老年大学+志愿服务”老年群体金融教育示范基地，大悟县建立银行机构、乡镇网点、部分村级商户“三级联创”，推动适老化支付服务延伸到县域乡村。解决公民身份联网核查异常难题。与市公安局联合发布《关于公民身份信息联网核查异常情况工作的通知》，进一步强化宣传引导，通过线上线下多渠道发布公民身份信息联网核查异常情况处理公告，畅通全辖468个银行网点和128个公安派出所业务咨询投诉联系电话，力争将投诉问题解决在当事行和客户所在地。做好征信查询服务和推广应收账款融资平台。编印《征信制度汇编（商业银行）》下发金融机构，编印《征信柜面服务操作指引》下发人民银行各县（市）支行指导窗口业务操作和服务。截至11月末，共办理个人信用报告查询业务113407笔，企业人工查询3273笔，司法查询30笔，处理个人异议210笔，企业异议33笔。积极建设和推广应收账款融资服务平台工作，完成融资业务304笔，金额102亿元。提升外汇服务能力。对辖内企业从汇率避险意识、风险中性理念、套期保值产品和典型企业避险经验等方面开展宣传，企业应用金融衍生品进行汇率风险管理的热情高涨，截至11月末，远期结汇履约额4898万美元，同比增长54.51%，企业节约汇兑损失500万余元人民币。

加大乡村振兴力度。引导涉农

金融机构开展“整村授信”。引导孝感市农村商业银行提高“微贷授星”覆盖面，指导商业银行深入开展面向脱贫地区、脱贫人口的金融知识宣传活动，大力评选创建信用乡镇、信用村、信用户，广泛开展评级授信，提高脱贫人口信用意识，改善脱贫地区金融生态环境。截至三季度末，全市13家市直金融机构涉农贷款余额991.85亿元，比年初新增84.98亿元，其中新型农业生产经营主体贷款比同期多增26.08%，农户贷款比同期多增22.37%。开展创新中小微企业信贷模式先行区建设。围绕省委、省政府推进县域高质量发展的重点任务，突出金融支持的重点，指导乡村振兴重点帮扶县大悟县开展“创新中小微企业信贷模式先行区”建设并接受了省政府相关部门的验收。加大对建档立卡脱贫人口信贷投放力度。引导商业银行积极推广脱贫人口小额贷款，切实满足脱贫人口信贷需求，帮助贷款户发展生产和开展经营。截至三季度末，全市已脱贫人口小额贷款余额12.46亿元，本年新增贷款3.63亿元。加强对乡村振兴重点帮扶县的金融支持力度。积极加强对大悟县、孝昌县2个乡村振兴重点帮扶县的金融支持力度。截至三季度末，大悟县和孝昌县贷款增速分别为11.5%和11.8%，高于全省平均贷款8.5%的增速，基本实现了2021年“乡村振兴重点帮扶县各项贷款增速高于同期全省贷款平均增速”目标。

【中国银行孝感分行】 2021年，中行孝感分行以党史学习教育活动为抓手，主动融入孝感发展战略，按照“三比三看三提高”的工作要求，积极面对前所未有的疫情和内外部复杂的经济形势，坚持“党建引领、从严治行、精细管理、争先进位”经营方针，全行各项工作扎实推进、持续向好、质效提升。截至12月末，中行本外币各项存款(含理财)时点余额158.29亿元，比年初新增8.36亿元，日均余额(含理财)154.38亿元，比年初增长11.26亿元。四大行人民币日均存款市场份额11.57%，较年初增长0.13%。中行本外币贷款余额92.59亿元，比年初增长8.14亿元。四大行人民币贷款市场份额13.5%。不良贷款余额4686万元，比2020年同期下降1868万元。不良率0.49%，比2020年同期下降0.27%。低于孝感全口径金融机构1.66个百分点。实现拨备前利润2.16亿元，较2020年同期2.24亿元下降0.08亿元，净利润2.06亿元，较2020年同期1.12亿元增加0.94亿元。

业务发展态势。重点行业账户弥补空白。2021年一季度中行取得了孝感市级社保支出户资格，每月承接代发资金5000万元以上，有效提升了存款日均。三季度中行通过智慧政务场景建设带动，成功开立了云梦县医保支出专户。重点资金营销再获突破。2021年，中行成功中标了孝感市住房维修资金存放银行项目和安陆市住房维修资金管理系统建设项目，开立了孝感市住建局、大悟县住建局住房维修资金收缴专户，云梦、应城住建系统实现上线，2021年，已累计新增住房维修资金1.87亿元。同时公积金存款保持持续增长，截至2021年12月末，公积金存款余额已达到5亿元。公立医院营销多点开花。2021年，中行通过竞赛方案激励和授信政策支持，成功开立了孝感市第一人民医院、孝感市中医院、孝南区妇幼保健院、安陆市妇幼保健院四家重点公立医院，基本实现了全辖三大公立医院账户全覆盖。平台公司营销初见成效。阶段性承接航天科工财务公司结算资金50亿元，全力做大全量金融资产规模。授信资产项目稳中有增。紧紧围绕政府基础设施项目、地方支柱产业、医院客户、招商客户、中型企业做授信。2021年，为安陆顺安矿业提供中长期固定资产贷款1.7亿元、为大悟顺通矿业申报中长期固定资产贷款1.5亿元；为维达、恒安等4家纸业提供了近12.8亿元的授信总量、申请了11.9亿元流动资金贷款；为国电、华能、新都、孝棉等企业提供了不少于20亿元的信贷支持；累计为孝感辖内10家医院提供授信总量4.95亿元；累计为永润薄膜、回盛生物、金瑞达等4个招商企业提供1.52亿元授信总量、累计为神丹、爱仕达、绿色巨农等投放1亿元贷款。

现金管理业务。截至2021年12月末，中行现金管理日均余额15.51亿元，较年初增长8.76亿元，完成省分行下达计划的454%，现金管理签约实体账户达到180户，较年初新增40户，完成省分行下达计划的119.54%，在全省考核小组中位列第一。

个人存款业务。截至2021年12月末，中行个人人民币存款较2020年新增10.64亿元，市场份额较2020年提升0.09%，小组排名第4，四大行排名第2，个人人民币存款增速8.31%，四大行排名第1。

个人投资类业务。个金非息收入增长明显，板块考核排名第二。截至2021年12月末，中行投资类产品中收1089万元，计划完成率108.36%，较2020年同期新增233万元。

普惠金融业务。从客户清单、项目、产品三个方面着手进行分析，引导机构、客户经理进行突破；通过创新产品，丰富小微企业抵押品和贷款担保方式；提前做好总量年审获批和存量客户提款准备工作，有效控制和弥补存量客户因主动退出风险客户而形成的余额缺口；做好已批未提项目的逐户分析与客户沟

通，做到应提尽提。

消费金融转型。通过强化房贷客户、代发薪客户、公司授信客户清单管理，加强对机构的引导，督促客户经理逐户进行渗透，逐步实现消费金融业务批量获客，中银E贷和还款管家有效客户得到提升。

严控资产质量。截至2021年12月末，通过强化风险主动识别、贷后动态监控，识别经营异常客户湖北吉盛坊食品有限公司，提前做好风险化解措施，实现该潜在高风险客户260万元的稳妥退出。对潜在高风险双环科技、双环集团两家企业办理借新还旧6笔、总金额19420万元，办理宜化重组贷款1笔、总金额17130万元。通过加大宜化集团清收力度，实现提前还款6400万元，潜在高风险贷款敞口得到有效压降。累计清收表内不良9298.91万元，已超额完成省行下达7087万元的全年清收任务，其中公司不良清收6430万元、零贷不良清收1615.92万元、银行卡不良清收1252.99万元，同时，将5年多未得到有效处置的富思特债权实现处置，获得不良债权转让价款2520万元，并将表外不良项目云梦盛凡推进到司法处置并案执行，以及在2021年12月将安陆金伟门业推动到司法资产评估阶段。

【建设银行孝感分行】 2021年，建行孝感分行在孝感市委、市政府的坚强领导下和监管部门的大力支持下，着力加大对重点建设项目和重点骨干企业、城镇化建设、小微企业、按揭贷款、普惠金融的支持服务力度，各项业务也实现了平稳较快发展。截至2021年年底，一般性存款余额304.77亿元，比年初增加20.80亿元；年度累计投放大中型贷款27亿元，新增9.1亿元，有力地支持了实体经济发展。

推进“三大战略”。住房租赁业务项目取得两项突破，高创投诸赵社区二期人才公寓9300万元住房租赁贷款项目获得审批通过；安陆德安·中央公园公租房项目已成功落地运营。普惠金融贷款新增长点培育初见成效，善担贷新增0.81亿元；网络供应链贷款较年初新增1.6亿元；商户授信较年初新增277户，授信金额较年初新增7093.72万元；金融科技同比有较大进步。

数字化经营。实现网络金融业务收入3602万元，完成计划的101%；悦生活云平台场景上线数量第4；建行生活新注册用户计划完成率为111.4%，全省第4；电子支付加权交易额达到481.53亿元，计划完成率108%。用金融力量赋能社会，竭力舒缓经济发展和社会民生中的痛点和难点。依托大数据和高科技支持小微企业，在全省率先推出“农担贷”、“鄂叶云贷”、再担保分险贷、个体工商户贷，帮助千家小微企业和个体工商户走出困境。

助力乡村振兴。建行“裕农通”村口银行已实现全市2200个行政村全覆盖，共建设服务点3521个，农户足不出村便可享受便利的金融服务。创新涉农供应链产品2个，全口径涉农贷款余额较年初新增4.77亿元，完成年度综合经营涉农贷款新增计划的164.48%。开放共享的住房租赁平台，延伸到县市，新的租赁房源开始帮助更多的百姓实现“安居梦”。不断完善全行31个网点的“劳动者港湾”，成为环卫工人、出租车司机等户外劳动者歇脚喝水的地方。

（撰稿：王强华）

【农业银行孝感分行】 2021年，农行孝感分行继续强化大行担当，主动服从服务市委、市政府决策部署，高举信贷倍增的旗帜，全力办好“五个银行”，做实农行担当，为孝感发展和人民福祉注入了农行最强音。截至12月末，全行各项贷款比年初净增44.3亿元，两年净投放近100亿元，增量存贷比达到104.8%。其中普惠贷款比2020年净增5.2亿元，增幅36%；新增有贷户1260户，增量份额居四大行第1。

支持地方经济社会发展。践行省分行与市政府300亿元框架授信要求，全年累放贷款180亿元，全力支持地方经济社会发展，为孝感“打造副中心、争当排头兵”争作新贡献，为推动全面建设社会主义现代化强市新征程全面作为。深化区域发展布局。专门对接服务临空开发区和高新开发区建设，为孝汉应高速、武大高速等基础设施项目提供授信33亿元，助力打造孝汉一小时通勤圈；围绕两带协同，加大对汉江经济带和大别山经济带的信贷支持，聚焦应城化工产业集群，重点扶持新都化工、广盐华源等重点企业，投放贷款13.2亿元；聚焦安陆生活用水治理，为引徐济安项目、污水处理项目、金凤环保等发放贷款4.7亿元；聚焦大悟丰富的旅游资源，为十八潭项目放贷2.7亿元；聚焦汉川全国百强进位，当年新发放贷款9.7亿元；聚焦云梦上市企业培植力度，中一科技、优尼科光电等累计授信9.7亿元。支持产业转型升级。加大对优质企业和新兴产业支持力度，为祥源新材科技、湖北回盛生物科技等重点龙头企业累计投放贷款13亿元；大力服务福星集团、午时药业等孝感“旗舰”企业做大品牌，打造孝感品牌形象；积极支持惠洋集团、达利集团、银鹭食品、康欣新材料等招商引进骨干企业提档升级；为恒安集团、金凤凰等纸品企业放贷8亿元，放大了“华中纸都”美誉度。推进乡村振兴和绿色发展。提升惠农通工程服务质效，为城乡居民基本医疗保险和基本养老保险提供征收平台和金融服务，惠农通服务点774个。涉农贷款比年初净增11.8亿元,绿色信贷净增9.6亿元,增幅68%。

推行普惠金融服务发展模式。全力推动市政府重点项目“孝融通”中小企业信用信息平台正式上线运行,在平台上发布了16项线上信贷产品,打造小微金融服务技术平台,全面增强数字化金融产品服务小微企业的能力,通过“孝融通”成功为企业和个人放贷达9.5亿元。通过纳税e贷、首户e贷、账户e贷、抵押e贷等线上产品累计为600余户企业发放贷款3.8亿元。重点支持“双创”等小微企业信贷业务和符合“双控”标准的农业信贷担保业务,加强与政府担保公司、省农担公司和省再担保公司的合作。通过担保公司为小微企业和普惠农户放贷6884万元。通过商圈管委会、城市综合体管理者、政府职能部门、街道居委会、协会等批量获取商圈内小微企业名单,建立名单制营销客户清单。累计为安陆华美智造产业园、银湖科技产业园、汉川浙商产业园等27户小微企业发放厂房按揭贷款1.5亿元,解了客户燃眉之急。围绕孝感市重点成长型产业集群开展批量营销,广开获客源头,对接集群行业协会、市场监督、税务、经信委等组织机构,批量获取集群小微企业客户名单,开展批量营销,普惠客户数比年初净增1306户,累计用信6亿元。

实施“信贷倍增”计划。多向使力用心争取政策倾斜,通过高层互动,争取省农行对临空经济区套用武汉市信贷政策,在同等条件下优先审批和安排融资额度。为临空保利、全洲鸿博等项目发放贷款5.8亿元。“用足、用好、用活”优惠政策,普惠贷款最低按基准利率执行,疫情防控期间全部下调50bp,全行贷款收息率比2020年下降14bp,直接降低企业融资成本3400万元。减免企业评估费用,全年为36户小微企业减免评估费近68万元。紧扣展期政策落实小微贷款纾困需求,对有需要的60余户中小微企业存量贷款安排延期还本付息,有效地解决客户到期续贷问题。建立对话与合作机制。建立孝感区域联席会议制度,在市县两级定期召开政银企融资和融智的全面对接会,保证“信贷倍增”的日常联系和业务交流的顺利进行。用服务真心植入快捷办贷的服务“芯”片。在全市农行范围内选拔12名信贷业务精英,组建法人信贷业务营销尖刀团队,对全市重大信贷项目实行“集中使用”“跨区作业”。

打造“无感授信”新模式。紧密对接政府针对“整村授信”的统筹安排,创新推出《农行“整村授信”服务乡村振兴工作实施方案》,打造“整村推进、全面建档、无感授信、综合服务”无抵押贷款模式,以“千家万户”整村无感授信方式,面向全市种植养殖、生产加工、商贸流通农户发放30万元以内额度惠农e贷,以短、频、快的作风让“惠农e贷”业务迅速惠及全市,解决农户、家庭农场、集体经济组织等小额信贷需求。2021年共建档1277个行政村,农户信息建档4.5万户,预授信56.6亿元;累计为4923个签约农户授信13亿元;全行惠农e贷余额12.1亿元,较年初净增5.8亿元。

定制绿色金融新产品。2021年政府工作报告提出“碳达峰”“碳中和”理念,孝感农行以清洁能源发电企业纳入国家财政及相关部门审核公布的电价补贴清单为条件,按照“已确权应收未收的财政补贴资金额度”来确定贷款额度,创新设计出为符合条件的可再生能源发电企业提供资金周转的流动资金贷款创新产品——“可再生能源补贴确权贷”,并成功发放全国金融系统首笔“确权贷”6300万元。

推进“个贷量产”式投放。充分发挥网点营销主渠道和专业化服务主平台的作用,彻底下沉个贷业务,开展“2+N一篮子美味”营销、2公里生态圈建设,实现以贷引存、以贷引业,以红星美凯龙家居广场为试点,对入驻200余家商户采用“个贷量产”式投放,全行个贷余额91.3亿元,比年初净增17.8亿元,继去年超过建行今年又超过工行,个贷余额勇夺同业第一。

金融风险防控。对重点客户成立风险化解团队,主动开展客户风险排查,掌握客户经营现状,多途径帮助企业化解信用风险,盘活企业3户,贷款7980万元。围绕“两高一剩、潜在风险、负面展望、裸贷”客户等高风险客户梳理管控清单,实施动态管理,两年来全市累计化解风险企业10家,敞口金额8197万元。全面落实“限时办贷”制度,全面执行“实时管贷制度”,落实贷后“标准化作业”,创新“临检”模式,强化信用在线监测。截至12月末,全行不良贷款余额8280万元,不良率0.33%,实现不良“双降”。

(撰稿:杨先伟)

【农业发展银行孝感分行】2021年,面对各种挑战和考验,全市分行认真贯彻落实省分行党委和市委、市政府决策部署,全力服务乡村振兴战略,大力支持孝感经济发展,擦亮“粮食银行、农地银行、水利银行、绿色银行”品牌。全年累计申报获批贷款118.55亿元,同比多批46.13亿元;累计投放贷款70.62亿元,同比多投14.83亿元;贷款余额264.21亿元,比年初净增32.96亿元,增幅14.25%;年末已批未放贷款108.68亿元,同比增加50亿元。强力推进不良贷款清降,不良贷款比年初下降342.66万元,不良率下降0.04个百分点，连续2年实现不良贷款“双降”。持续推进全面风险管理和内控合规管理，依法合规经营理念深入人心，内部基础管理工作不断夯实，历史遗留问题逐步得到整改消化。强化效益观念和核算管理，扩大增收渠道，严控成本支出，经营效益稳步提升，贷款利息收入11.04亿元，同比增加1.28亿元，实现FTP利润2.05亿元，财务保持健康可持续。

落实国家粮食政策。全力做好粮食收购资金供应和管理工作，累计投放粮食贷款5.03亿元，支持收购粮食3.635亿公斤、移入小麦0.205亿公斤，市场份额达到66.09%，实现了粮油市场化客户7个县市区全覆盖。着力支持农业农村基础设施建设，助力全市补短板、强功能，发放基础设施贷款46.43亿元。大力支持生态环境建设，投放长江大保护贷款19.58亿元，净增10.78亿元，年末绿色信贷余额56.58亿元，净增5.93亿元。另外，还重点支持了一批老旧小区改造、农村物流建设等重大项目。全年支持中长期项目38个、累放贷款58.74亿元。

筹集支农资金。强化“存款立行、存款增效”和“抓存款是真功夫”理念，加大存款组织和管理力度。强化存贷款一体化营销，拓展增存空间，累计营销贷款客户自有资金大额存款10.46亿元；强化非贷客户营销，拓宽存款渠道，新营销非贷客户账户87个，营销财政性存款6.08亿元，年末非贷资金存款余额22.11亿元；强化债券资金营销，扩大存款来源，累计营销债券资金存款7笔、5.08亿元；强化闭环管理，争取资金合理留存，加大贷款企业上下游及关联客户账户营销，延伸资金留存链条，实现资金体内循环。年末日均存款余额稳定在50亿元以上，比5月19日增加1.37亿元。

调整贷款结构。调整优化贷款投向、贷款结构、贷款方式和客户结构，拓展贷款领域，实现农发行首个老旧小区改造项目（应城）贷款投放4.58亿元、首个全域国土综合整治项目（孝南朱湖）贷款投放2.6亿元。优化贷款结构，重点支持中长期建设项目，全年投放中长期贷款58.74亿元，占贷款投放额的83.18%。创新贷款方式，首次采取平台公司保证担保和民营企业抵押担保相结合的方式，支持湖北首衡农村流通体系建设中长期贷款项目。调整客户结构，坚持抓大不放小，新增支持国有企业9家、上市公司1家；加大普惠小微企业支持力度，累计投放贷款9290万元，同比增加762万元，新增普惠小微企业客户2家。

提高服务质效。全力推进“三大行动”“一战疫、四行动”等攻坚活动以及金融“面对面”工程，造声势，抓行动，见实效。为政府提供融智服务，促进各县（市、区）平台公司转型升级，为企业“量体裁衣”设计融资方案，发挥农发行在金融服务乡村振兴中的骨干和主力作用。争取贷款早受理、早调查、早审批、早投放，5月19日至年末，累计申报项目25个、金额114.3亿元，审批项目22个、金额102.5亿元，投放贷款56.48亿元，其间，投放额占全年累计投放额的80%。抢抓机遇开展营销，集中力量推进办贷，把控节奏投放贷款，既有力支持了项目建设和企业经营，又避免了年末集中放款，还提高了全行经营效益。持续巩固国际业务优势，结算量达2.59亿美元，位居全省第2位。

防范各类风险。实施多点发力，大力清收存量不良贷款，实现现金清收342.66万元，年末不良贷款余额下降至6192万元，不良贷款率比年初下降0.04个百分点。争取多方支持，妥善解决历史遗留问题，与恩施农商行的案件取得阶段性成果，成功化解与聚力公司因担保产生的被诉风险。采取多措并举，有效应对各类风险挑战，密切关注、跟踪处置，成功收回春晖米业省级商业储备粮风险贷款本息2300万元，成功收回葛化华祥逾期的防疫贷款3000万元；及时识变、科学应变，对出现风险信号的项目强化担保措施，对资金周转出现困难但生产经营正常的企业“放水养鱼”，在有效把控风险的前提下帮助企业渡过难关。

（撰稿：段俊杰）

【中国工商银行孝感分行】2021年，工行孝感分行主体指标保持平稳增长，经营效益保持优势，内控案防和基础管理更加精细。中国工商银行孝感分行辖属11个一级支行，下辖37个网点，其中，孝感市城区1个分行营业部和4个一级支行，下辖网点16个；县市6个支行，下辖网点21个。全年实现营业收入9.43亿元，比同期增加2288万元，实现拨备前利润6.32亿元，完成省行年末结账目标的101.99%，同比增加6494万元，实现净利润2.11亿元，同比增加8823万元。经营绩效和业务发展考评居全省第五。本外币各项存款余额420.59亿元，比年初净增19.55亿元。其中，储蓄存款余额295.08亿元，增量25.24亿元，对公存款余额125.5亿元，增量减少5.69亿元。本外币各项贷款余额200.75亿元，比年初净增11.71亿元。其中，公司贷款余额110.52亿元，增量10.93亿元，个人贷款余额83.32亿元，增量1.09亿元，票据直贴34亿元，票据融资余额6.9亿元，增量减少0.3亿元。不良贷款余额为26150万元（含信用卡），比年初下降9613万元，不良贷款率1.30%，比年初下降0.59百分点。全口径资产质量实现“双下降”。在银行业金融机构第七轮安全评估活动中，再次取得优秀等次排名同业第一，实现全年安全运营。

服务实体经济。大中型客户累计发放贷款52.72亿元，同比增加16.69亿元。年度投行业务流量8.6亿元，省行任务完成率172%。全力践行普惠金融，人行和银保监口径普惠贷款均较年初净增2.3亿元，省行任务完成率128%，连续4个季度完成普惠贷款投放任务。精准对接总行白名单客户，突破孝感市某单位数字供应链业务，普惠线上业务余额较年初净增3.3亿元。涉农贷款余额47.7亿元，较年初增加8.51亿元，增速21.7%，任务完成率居全省工行系统第一。

客户服务。开展"金秋拓户"劳动竞赛，重点服务乡村振兴、社保、代发客群、对公纳税企业。在全行开展乡村振兴"五个一"活动，建立和完善乡村振兴工作专班、工作内容、任务目标、考核方案，对接47个村镇，聘请乡村荣誉使者17人，发放兴村振兴卡1.9万张。开展金融服务进军营、进学校、进基层、进商户活动。

业务转型创新培育。办理10亿元优先股业务，链式带动普惠、票据业务。扩大日均金融资产，压降时点裸贷户，做好公司存款预测。践行科技赋能，快速推进RPA应用，先后完成开发借记卡发卡取数、资产统计取数、商户工商信息核对、个金中收报表、普惠动态指标查询、纪委融安E信涉案信息查询等6个项目。国际结算量、跨境人民币结算量、对公结售汇量、对公外汇存款净增额、国际贸易融资发生额排名同业靠前。线上化运营水平提升，网络金融专业考核评价综合考核排名全省工行系统第二，个人手机银行全量客户覆盖率同比提升5.4个百分点。社保医保等高频便民服务事项接入网点智能自助设备，融e购司法拍卖项目实现"零突破"。累计票据直贴金额34亿元。

风险防控。资产质量实现"双降"，不良融资余额比年初下降9613万元，不良率比年初下降0.59个百分点，累计清收处置1.6亿元。完善全面风险管理制度2个，召开风险管理委员会会议4次，个贷综合抵押办证率较年初提升7.42个百分点，个贷累计新逾期率低于省工行市州行平均水平0.14个百分点。内控案防管理持续强化，陈案风险进一步化解，开展"重点领域、关键环节"运营风险大检查，问题整改率100%。组织网格化全面排查4次、专项排查6次、智能化数据排查核实线索22条。反洗钱基础管理和自评估工作得到人行肯定。推动"9+X+4"风险体系下责任认定、违规问责"两委"机制落地，召开责任认定委员会5次，认定项目11个；违规问责委员会4次，审议事项7个。扎实推进电诈账户治理，压实疫情防控责任，平稳有效做好民事诉讼、征信舆情隐患管控。

【湖北银行孝感分行】 2021年，湖北银行孝感分行在总行党委的正确领导下，始终坚持错位经营差异化高质量发展战略，对内以加快发展、优化服务、强化合规为核心，对外以化解矛盾、争取支持、营造环境为重点，采取了大量卓有成效的措施，基本实现了年初提出的"工作业绩有新变化，员工士气有新变化，分行形象有新变化"的目标。存款规模稳步提升。各项存款时点余额171.8亿元，净增15.8亿元，完成总行下达的收官计划。日均余额159.9亿元，净增3.3亿元。其中，零售存款时点余额92.2亿元，净增15.3亿元，日均余额88.1亿元，净增10.6亿元；公司存款时点余额79.6亿元，比年初增加0.5亿元；日均余额71.8亿元，比年初下降7.3亿元。贷款投放快速增长。贷款余额95.4亿元，净增13.91亿元，计划完成率145%。其中，普惠小微贷款余额12.92亿元，净增1.25亿元；信用债新增投放2.7亿元。客户拓展有效推进。分行对公客户4340户，较年初新增818户；对公有效户1475户，较年初新增192户；高价值客户523户，较年初新增47户；机构动账户216户，较年初新增24户。分行个人有效户13.3万户，净增2万户；VIP客户3.5万户，净增0.4万户。全年营运安全平稳，无案件无事故。

业务工作。重点项目高效快速推进。认真落实孝感市金融"面对面"工作要求，加快推进重大项目信贷投放，全年累计新增投放重点项目21个，金额合计14.4亿元。普惠小微扭转被动局面。上半年，受批转核销影响，普惠小微贷款增长乏力，分行通过制定奖惩措施，实施帮扶督导，彻底扭转被动局面，全年实际新增近5亿元(还原批转核销3.68亿元)，全面完成总行下达计划。票据直贴业务增速喜人。四季度，分行成立票据团队，专门从事电子承兑汇票直贴业务，鼓励开展合规的银行承兑汇票等业务，扩大市场份额，3个月内全行票据直贴已突破7亿元。拓展客户夯实基础。成功开立市本级住建局住宅维修资金专户、孝昌县住建局城市更新和擦亮小城镇项目专户两个核心机构账户。对总行重点推动的工会会员卡营销一马当先，开立工会会员卡12591张，80%为行政事业单位和国企客户，计划完成率157%，排名全行第一；扫码付拓展质量同升，全年签约商户5647户，以此带来活期储蓄存款日均新增5030万元，理财销售4622万元，定期储蓄存款2亿元，信用卡826张，实现户均金融资产6.9万元，全行排名第二；国际业务全面开花，17家支行累计开立外汇账户41户，5家支行实现外汇结算业务“破零”。

风险防控。分行以孝感市委市政府专题支持湖北银行会议之机，争取支持，政银合作，完成总行下达任务的200%。积极争取总行政策支持，快速做好各项基础工作，转让核销力度明显增强。新增贷款严把“准入关”，贷款审批着眼关键风险点，贷款管理做实规定动作。风险贷款“一户一策”，分类处置，精准施策，该救就救、该诉就诉、该收就收，确保不出新的逾期。

信贷投放。2021年，分行的信贷投入在全市金融机构排名靠前，同比多投放近20亿元；风险化解力度在各家银行中稳居前列，为孝感市经济社会发展和金融风险化解做出了重要贡献，这也是分行能迅速获得认可的最重要原因。市委、市政府为给分行解困，3次召开专题会议，最后一次书记市长亲自参加，这是孝感分行历史上第一次。

内部管理。2021年，分行在内部管理上吸取历史教训，坚决摒弃粗放式经营管理方式，不打“擦边球”、不去“踩红线”，全面强化合规管理，让讲规矩变成全行干部员工的本能反应。加强内控合规考核。研究制定了一整套内控合规考核实施细则，每季度严格考核，并与绩效兑现挂钩，通过考核引导各支行和分行各部室提高内控合规管理水平。全面落实监督机制。盯重点，组织开展员工账户异常交易疑点排查、员工涉诉案件大排查，实时掌控全行干部员工异常行为和涉诉风险。重审计，重点开展支行财务管理、银行卡支付敏感信息安全管理两项专项审计，督促问题整改，规范内部管理。建制度，组织开展制度清理，查找制度漏洞，补齐内控合规机制短板。强审批，加强法律事务的合规性审查和问题整改，全面整改案件合规自查中发现的问题。提升基础管理水平。重点加强信贷档案管理，制定信贷档案移交、借阅流程图，对违规行为进行问责处理；加强征信管理，完善相关制度，开展全行检查；加强营运管理，加大检查通报督办力度，营运质量有较大进步，事后监督差错率同比下降。

【湖北孝感农村商业银行】 2021年，孝感农商行认真贯彻落实湖北省联社党委决策部署，在地方党委政府领导下，深入践行责任银行、合规银行、智慧银行“三大银行”战略，围绕“加快迈进全省农商行第一方阵”目标奋进，实现稳健发展。存、贷款规模稳步增长。截至12月末，全市农商行各项存款余额707.8亿元，比年初净增65.22亿元，增幅10.15%；贷款余额520.98亿元，比年初净增72.55亿元，增幅16.18%。存、贷款市场份额分别为22.93%、28.15%，均位列第一。经营质效稳中有升。实现净利润3.69亿元，缴纳税收2.15亿元。品牌形象稳步提升。“小微金融店小二”“乡村振兴主办行”品牌得到地方党委政府、监管部门等主要领导充分肯定；孝感农商行作为金融机构代表在孝感市金融业高质量发展会议上作典型交流。

开展金融“面对面”工程。积极推进孝感市政府金融“面对面”工程，按照《孝感市金融“面对面”工程实施方案》要求，以“面对企业全方位提供金融服务”“面对城乡建设多领域对接融资需求”“面对大众深层次提高社会金融素质”为抓手，不断强化工作措施，大力开展“百行进万企大回访”活动，大力推进“整村授信和派驻金融村官”工作，支持孝感疫后经济重振。参与各类政银企会议，加强政银合作，签订各类银政、银企协议56个，签约授信9.39亿元；拓展首贷客户8737户，放款7.72亿元，履约率达81.4%。

服务乡村振兴。积极与市、县及镇政府联合发文，以“村银共建+金融村官”“整村授信+微贷授星”和“四站合一+助农终端”三类模式推进整村授信，支持地方经济发展，发挥乡村振兴主办行作用。聚焦产业兴旺，大力支持农业产业化发展。全市农商行共与90户农业龙头企业、112户专业合作社、1864户农业产业大户及家庭农场建立信贷合作关系，新型农业经营主体贷款余额15.28亿元。聚焦生态宜居，大力支持美丽乡村建设。着力支持农村基础设施建设和乡村绿色发展，支持孝南金卉庄园、大悟金岭村、安陆伍欣甸园等休闲旅游业发展。聚焦乡风文明，大力支持乡村信用工程建设。大力推广“荆楚小康贷”，积极布设扫码付、手机银行等电子银行产品，改善和优化农村支付结算环境，让农民足不出户就能享受到高效便捷的金融服务。聚焦治理有效，大力推进村银共建。选派业务骨干担任“金融村官”，助力农村经济主体创业致富。在全市2099个行政村开展整村授信，207名“金融村官”持证上岗，对8.2万农户预授信，发放荆楚小康贷和农e贷2.02亿元。聚焦生活富裕，大力推进普惠金融。推进普惠金融服务下沉，加大对农户消费贷款支持力度，农户消费类贷款余额97.34亿元。打造“利农购”线上营销平台，推荐孝感米酒、云梦鱼面、大悟红茶、汉川莲蓬等114个地方农特产品上架“利农购”商城。

支持实体经济。认真落实金融稳企政策，响应湖北省委号召发起“实现全年精彩”冲刺战，加快信贷投放，全力支持实体经济发展。截至12月末，支持普惠小微企业比年初净增3802户，普惠型小微企业贷款比年初净增23.69亿元；涉农贷款比年初净增33.63亿元。千方百计对接客户。开展劳动竞赛活动,扎实对接城乡重点建设项目、无贷户、新型农业经营主体。新增信贷客户1.02万户,客户总数达到9.09万户。真金白银助企发展。积极运用支农支小再贷款、信用贷款、优惠利率贷款,开辟办贷绿色通道,为小微客户“解渴”。累计发放支农支小优惠利率贷款15.69亿元,累计发放普惠小微信用贷款15.65亿元。全心全意为企纾困。积极落实延期还本付息政策,通过调整还款付息安排、适度降低贷款利率、完善展期续贷衔接等措施纾困帮扶。

拓宽业务渠道。围绕存量客户、系统客户、他行客户、外地客户、潜在性客户等“五类目标”,制定营销专案。先后与孝感市工商联、公积金中心等12家单位建立战略合作关系;与孝感方子高中、妇幼保健院等单位建立小微企业贷款获客渠道;与市民政局对接,为市民政局推荐的商业协会提供金融服务。全市农商行净增福e贷8.09亿元、税e贷2.06亿元。

(撰稿:黎明)

保　险

【人民财产保险公司孝感分公司】 人保财险孝感分公司始终坚持“人民保险,服务人民”的光荣使命,主动服务乡村振兴、智慧交通、健康养老、绿色环保、科技创新和社会治理,致力于为实体经济发展和人民生活改善提供更加多样、更高品质、更方便快捷、更加温暖的保险服务。2021年,公司下辖10个县级机构、7个区县支公司城区营销服务部、35个区县农村营销服务部、9个警保联动交通劝导站。现有合同制员工376人,保险代理人员2000多人。

保费收入。2021年,孝感人保财险公司实现保费、利润“双超”,保费收入120533万元,排全省系统第四位,报表利润7000万元。赔付支出达到88345万元;上缴税款7767万元,居全市纳税企业第十六位,获市政府奖励。

服务实体经济。公司强化与政府职能部门对接,积极承接公共服务职能转移,服务实体经济发展。公司承保130多家企业建工安责保险,规模达到1359万元,引领全省系统;推动政府救助责任险规模超千万,实现社会责任与经营效益的同步提升。公司法人客户板块全年实现保费1.5亿元,增速24.73%,增速领先全省。

农业农村保障保险。2021年,公司农险保费1.98亿元,直接赔款1.1亿元以上,综合赔付率65.64%。提升主粮保障水平。承保水稻270万亩,其中水稻完全成本保险170万亩,覆盖率达到63%。承保小麦大灾保险8.18万亩,提供风险保障3700万元。保障重要农产品供给。承保能繁母猪14.8万头、育肥猪51.6万头、棉花1.7万亩、油菜20.9万亩。保障特色经济作物种植。承保茶叶1447亩、温室作物1816亩。巩固脱贫攻坚成果。推动大悟、安陆、汉川等地扶贫专项产业保项目落地,提供风险保障1亿元以上。助力平安建设,大力发展社会治安系列保险。将社会治安保险、四元民生和精神障碍患者监护人责任险发展纳入政府平安建设考核项目。2021年,3个险种乡镇场覆盖率分别达到86.16%、73.17%和93.5%,理赔金额近千万元。

医保一体化保障体系建设。与各级医保部门建立联合工作机制和专属团队,构建“基本医保+大病保险+医疗救助+补充医疗”一体化保障体系,公司承保社保项目17个。其中,大病项目2个,非大病项目15个,当年支付赔款3.07亿元,赔付率79.21%。

保险风险管控。全年共举办13场合规和警示教育,夯实思想防线。持续加强与市政府、金融工作局、公安机关、监管机构的信息沟通和汇报,建立涉稳风险协调配合工作机制,防范群体性事件发生。持续推进风险减量管理,助力防范化解交通安全、生产安全、自然灾害等方面重大风险。

【中国人寿保险公司孝感分公司】 2021年,中国人寿孝感分公司主动

7月8日,市人保公司开展“保险公众宣传日”活动　(人保财险孝感分公司 供图)

出击谋发展，重振团队建队伍，多点调控强管理，全面排查防风险，各项工作稳中向好，主要指标基本达成发展预期。全市系统实现总保费收入12.9亿元、同比增长5%，实现标保7053万元、完成年度预算的88%，实现首年期交保费1.98亿元、完成年度预算的83%，实现大短险保费10953万元、完成年度预算的101%，同比增长8%，续保8.5亿元、续收率为91%，同比增长9%。公司获得市政府颁发的“金融系统支持孝感经济发展贡献奖”，并获得由市委宣传部、卫健委颁发的孝感市第十一届“十大孝子”评选特别贡献奖，团险渠道被总公司评为业务发展地市级先进单位。

助力乡村振兴。市、县两级公司切实履行央企社会责任，提高政治站位，扎实开展脱贫攻坚和乡村振兴工作，共向11个扶贫点派驻扶贫干部29人，近4年来累计投入各类扶贫资金200余万元。按照金融助力脱贫攻坚和乡村振兴的系列部署，中国人寿孝感分公司切实履行行业职能和社会责任，为应城、云梦两个县市的2万名特定群体提供了健康保险保障，提供风险保额达30余亿元。

助力社会保障体系建设。以“打造有为央企，打造品牌国寿，打造受人民尊敬的保险公司”为主旋律，在服务民生领域奋力拓展，积极参与社会保障体系建设，努力提升全民人身保障水平。市、县两级公司在政府职能部门的主导下，相继拓展了汉川、应城、云梦3个县市大病保险，承保了173万人，提供风险保额5037亿元；承保了34万名学生，提供风险保额305亿元；承保了164万名城镇职工及居民，提供风险保额492亿元；承保了84.6万名老年人，提供风险保额234亿元；承保了3.6万名贫困人口，提供风险保额11亿元。

全市系统开办了“国寿福”“康悦百万医疗”等更多针对重大疾病的保险产品，做好与基本医保的衔接补充，提高城乡居民大病保险保障能力。开办了“防癌险”“特药险”“质子重离子”等适应特殊群体需要和支付能力的商业医疗保险产品，努力将医保目录外的合理医疗费用纳入保障范围。通过产品优化，保障全面，促进提升健康保险发展和服务水平。

助力社会民生事业。结合人身保险服务密集型的行业特点，进一步为社会提供充足的就业岗位，广泛吸收就业群体就业，提供营销员岗位达1500余个、安排高校毕业生达20余人。继续参与助老、助残等社会关爱活动，成功开展“十大孝子”评选活动，继续实施好“银龄安康工程”，为全市84.6万名60岁以上的老年人，提供意外伤害组合保险服务，继续把银龄安康工程打造成孝文化工作品牌。

个险渠道。个险渠道积极应对外部市场环境变化，坚持“请进来与走出去”相结合的业务拓展模式，搞好客户分类经营，不断满足不同客户群体保险消费需求。同时，遵循市场规律，理性回归保险发展本源，不断创新业务发展模式，推出“基因库”“医眼看重疾”“全癌清零”等公益项目，在普及健康知识的同时，不断提升全民人身保障水平。各发展单元始终坚持周单元经营不动摇，形成环环相扣的发展链条和快人一步、领先一路的发展节奏，努力保持发展的先进性。个险渠道实现首年期交保费1.66亿元，完成年度预算的85%；实现标保6725万元，完成年度预算的88%；实现短险保费3497万元，完成年度预算的91%。安陆支公司个险渠道引领全市系统发展潮流。高新收展成功实现重振再出发，整体发展不断向好。

团险渠道。进一步巩固政保业务阵地，全力打造老年险发展品牌，切实搞好学平险扩责增费工作，固本拓新，巩固挖潜，保持了团险业务的稳步发展态势。团险渠道在9月29日提前2个月时间，达成年度预算目标，赢得了全年发展主动。全市系统实现大短险保费10953万元，完成年度预算的101%。团险渠道累计实现短险保费7305万元，完成年度预算的107%。汉川和安陆支公司大短险保费规模分别达到2800万元和1600万元，位居全市系统前两位。

银保渠道。在巩固原有主代理渠道的同时，加大了邮政、邮储、农行、建行等渠道专销力度，实现了发展的新突破。在运作好“网沙”项目的同时，推出了“行沙”等项目，并探索外出展业模式，促进了渠道代理业务大发展。银保渠道实现首年期交保费3218万元，完成年度预算72%，同比增长42%。其中，5年期交1485万元，完成年度预算的84%，同比增长226%；标保达成328万元，完成年度预算的87%，同比增长147%。大悟支公司银保渠道在全市系统继续起到示范引领作用。

销售队伍建设。始终遵循队伍建设规律，以制度经营为根本，继续实施好队伍建设的“三大工程”，不断筑牢发展根基。坚持1457周单元模式不动摇，着力打开增员入口，固化常态招募。搭建100场创说会平台，其中分公司组织集中招募平台18场，线上招募20场，分支公司累计到会7100人，送训2799人，上号2095人（营销上号1008人、收展上号1123人）。开展了4期筹建负责人选聘活动，不断加快销售队伍发展步伐。个险渠道增员2129人，月均增员率为7.3%，季均有效人力1269人，其中营销803人、收展466

人。教培条线围绕新人、导师、主管3个层级销售人员，认真落实和固化新人培训、导师培育和主管培训等三条培训生产线。共举办95期创业签约班，培训新人2998人次；举办12期创业晋阶班，培训新人671人次；举办4期导师培训班，培训导师524人次；举办4期组经理晋级培训班，培训129人次。

经营管理。推进精准化资源配置。全市系统各项固定类费用支出保持与2020年度持平，新增固定资产投资预算进一步加强销售职场硬件建设，完成105万元装修改良项目和16万元综合设备采购工作，全力支持基层一线发展。同时，着力疫后重振，继续实施积极的财务政策，助力队伍持续发展，销售队伍投入比例较2020年度同期增长45%。落实高质量成本管控要求。按照“成本管控新三十条”实施细则，对分支两级发生的费用实行周汇报制，不允许未汇报的费用报销。同时，严格遵循年初各项费用预算政策，每周盘点分支两级费用投入情况，保证每月费用在创费预算额度内支出，以此保证年度预算收支平衡。提升运营增效。各柜面踊跃开展“送服务进职场”活动，全年共进职场88次。为VIP星级客户和65岁以上老人开通优先叫号服务。为324名重疾客户提供重疾一日赔服务，重疾一日赔案件占比达96.72%。开展柜员品质服务“微笑之星”季度评选，共评选出7位“微笑之星”柜员。实施“空中柜员”线上服务，开展临柜客户满意度评价活动。大力推广线上理赔、重疾一日赔，打造“快捷、温暖”理赔服务品牌，塑造良好企业形象，助力业务发展。提升经营效益。制定了《2021年短险经营管控办法》《关于进一步规范理赔各环节操作的通知》《四季度“重拳出击”短险效益管理办法》。建立柜面受理案件日报制，加大了报案信息管理和前置调查力度，及时打假，挤压水分。全年共调查案件1871件，同比增加412件，通过柜面初审、调查核实、理赔协谈，全年共协议和拒付短险案件54件，止损金额170万元，不予受理案件320件，止损金额337万元，合计止损507万元。

风险防范。开展保险市场乱象治理专项工作。对照方案要求和自查内容，组织分支两级公司和各条线，围绕销售行为、人员管理、数据真实性、内部控制4类问题、16种表现形式，举全司之力对2019—2020年业务认真开展自查整改工作，本次检查共发现3个问题，已全部整改完毕。开展销售风险排查工作。市、县两级公司坚持做到销售风险排查常抓不懈，对涉及销售误导等违规行为，坚决予以从严从重处理。对产说会、职场布置、办公场所和销售人员微信平台等信息开展现场检查，切实防范销售风险。同时，及时召开季度风险管理专题会议，通报职场风控系统运行情况，开展重点风险专项排查工作、落实监管风险提示、中介市场风险整治等工作。开展防范非法集资活动。按照防范非法集资宣传月活动方案要求，在全市系统集中开展了以“学法用法护小家，防非处非靠大家”为主题的防范非法集资宣传活动。全面贯彻落实《防范和处置非法集资条例》要求，进一步压实主体责任，引导大家主动远离非法集资，防范金融风险，共同守护美好生活。

（撰稿：丁忠治）

执行编辑：张可杰

交通·邮政·通信

交通·邮政·通信

交　通

【概况】 至2021年年底，全市公路总里程突破2万公里、农村公路总里程突破1.8万公里。全市公路通车里程达18074.027公里，其中高速公路475公里、一级公路385.029公里、二级公路1427.719公里、三级公路826.897公里、四级公路14959.382公里。2021年，公路路网密度达205.8公里/百平方公里。全市二级以上公路总里程约1932公里，实现所有建制村通二级及以上公路，公路路容路貌显著改观，通行能力不断增强。全市国省道路面技术状况指数PQI82.12。截至2021年年底，全市内河航道通航总里程546.8公里，其中三级以上高等级航道94.9公里、四级18.1公里、五级84.2公里、六级及以下349.6公里，拥有县级以上港口5个、港区8个、泊位18个，渡口97个。全市累计建成一级客运站3个、二级客运站11个、三级客运站3个、已实现所辖县(市、区)至少建有一个及以上二级客运站目标，市县乡村四级客运站场网络结点建设趋于完备。建成物流园区20个，全市投入运营物流园区(中心)达20个。

【交通基础设施建设】 高速公路建设。建成通车高速公路1条(武汉城市圈环线高速公路大随至汉十段)32.5公里，全市高速公路通车总里程达475公里，“四横(麻竹、福银、沪蓉、沪渝)二纵(京港澳、武汉城市圈环线)”高速公路骨架网基本形成，实现“县县通高速”，形成市域内半小时通勤圈，市区及各县市进出口形象得到根本性改观。硚孝高速二期、武(汉)大(悟)高速、孝汉应高速公路加快建设，京港澳高速改扩建工程、武汉至天门高速公路前期工作加快推进，孝汉应南延、北延和硚孝高速西延工程加快谋划，区域大循环正在加快形成。干线公路建设。建成一级公路90.18公里、二级公路13.37公里，全市二级以上公路总里程约1932公里，实现所有建制村通二级及以上公路，公路路容路貌显著改观，通行能力不断增强。G316孝南新铺至云梦伍洛段新建工程(即长兴三路延伸工程)计划2022年8月1日前建成通车，届时孝感城区干线公路外环将画圆，形成市域中小循环。农村公路建设。新建成农村公路1258.5公里，占年度计划(1094公里)的115%。成功创建“四好农村路”全国示范县1个(孝昌县)、省级示范县1个(安陆市)、省级示范乡镇3个(大悟县四姑镇、孝昌县邹岗镇、安陆市王义贞镇)。完成危桥改造234座，占年度计划的111%。全市农村公路总里程突破1.8万公里，农村公路养护基本实现全覆盖，实现了巩固拓展脱贫攻坚成果同乡村振兴的有效衔接。实施路长制示范线创建工程，

汉孝同城——孝汉大道　　（市交通局 供图）

农旅融合更加紧密。指导各县（市、区）紧密结合美丽乡村建设、人文历史文化、产城景融合发展，充分挖掘地域特色，开展路长制示范线创建，把示范路建成“自然风景绿廊、示范产业走廊、生态富民长廊、历史人文画廊”。全市成功创建路长制示范线7条，合计144.1公里，新增绿化面积约0.43万亩。全市累计建成路长制示范线432公里。干线航道建设。加快补齐港航基础设施短板，积极推进汉北河南垸至新沟段航道工程，按照“分段建设、分期招标”的要求，汉北河民乐至新沟段9.7公里和天鹅至麻河11.0公里的一期2个施工标段已于12月22日开工建设，该项目的建成，将实现孝感主城区和汉川、应城、云梦干线航道通汉江、达长江，全市水路运输能力将明显增强。客货站场建设。深入开展农村客运站亭“达标行动”，成功申报农村客运站建设项目8个，农村客运候车亭建设项目227个，全省排名靠前。孝感新都市物流园电商创业中心、湖北和其兴物流园（汉川）、苏宁易购电商产业园暨华中总部项目、长湖物流园区加快建设。全市客运站场建成1个（汉川市西江乡北河汽车客运站、23个农村候车亭竣工并通过验收），货运站场（物流园区）建成5个，客运零换乘、货运无缝衔接的目标正逐步实现。

【运输服务能力建设】 2021年，全市完成旅客周转量6.36亿人/公里、货物周转量68.99亿吨/公里，分别比2020年同期增长−37.7%和38.9%。城市公交优先发展。市政府印发《关于孝感城区优先发展公共交通的实施意见》《孝感城区公交发展补短板三年行动方案（2021—2023年）》，对城区公交优先发展明确时间表、路线图。客运服务能力增强。微循环、定制公交等多元化个性化的公交模式不断推出，相继开通孝感城区至汉孝产业园、临空经济区美珈职业学院等定制公交专线9条，提供“门到门”“点对点”服务；开通孝感城区到武汉的定制客运班线，为市民提供更加差异化、集约化、高品质的城市公共交通出行服务。农村客运发展稳中有进。全市所有建制村“村村通”客车保持率达100%，农村客运车辆总数达1841辆，其中公交车、公交化改造782辆，通村客运公交化率为42%，较2020年提高7%。城乡客运一体化有序推进，城区开通18路、20路公交线路，实现孝感城区周边乡镇公交全覆盖，为孝南区创建全域公交示范县奠定基础。加快推进孝感城区文化路、乾坤大道、复兴大道、槐荫大道54座公交站台及信息化建设。孝感城区公交线路达24条，营运车辆469辆，线路长度356.4公里，线网长度189.8公里。加快实施孝汉城际公交一体化，谋划线路10条，占全省的三分之一，开通汉川至蔡甸柏林、汉川至东西湖码头潭两条城际公交线路，积极推进孝感至东西湖、孝感至黄陂两条城际公交线路。货运服务水平持续提高。优化完善城乡物流枢纽节点布局，推进交邮合作，农村三级物流服务体系不断完善、节点覆盖率稳步提升，建成客货邮融合综合服务站14个。新批网络平台货运公司3家（嬴路物流、车联天下、捷源物流），累计批复11家，占全省总量的近50%，网络货运已成为汉川市第二大支柱产业，预计网络货运平台能为全市带来30亿元左右的税源。货运组织方式逐步优化。坚持以大宗货物运输“公转水、公转铁”为主攻方向，加快发展多式联运，成功培育一批如“孝感云梦—孝感汉川—江西九江”“孝感云梦—孝感汉川—江苏常熟”等“公转水”航线，“江苏连云港—武汉白沙洲阳逻—孝感汉川”等“水水中转”航线。汉北河南垸至新沟段航道工程、新都市物流园区等重大项目加快推进，以“公转水、公转铁”为核心的运输结构调整基础条件进一步夯实。

“四好农村路”建设——“全国美丽乡村路”观双线　（市交通局 供图）

【运输市场管理】 规范机动车驾驶培训行业经营行为。对全市48家机动车驾驶培训机构开展质量信誉考核，考核评级AAA驾校12家，AA驾校28家，A驾校7家，B驾校1家（停业整顿）。营运车辆动态监管。完成“两客一危”和农村客运车辆4G动态监控升级，委托第三方机构，对车辆运行状态和司机驾驶行为进行全天候、全过程监控；严格落实“两客一危”车辆动态监控违规信

“四好农村路”建设——孝昌县小观线　　（市交通局 供图）

息闭环处理规定，按月抽查考核通报，全省排名连续四个月保持第一；严厉打击道路运营车辆的违法行为，加强孝感城区出租车运营监管，建立出租车“红黑榜”制度，启动出租车驾驶员从业退出机制，依规对扣分满20分的3名驾驶员的从业资格延期注册，退出出租车经营；加快网约车合规化进程，办理网约车驾驶员从业资格许可证96件。开展交通秩序整治。结合“五城同创”，强化“三站”运输市场管理，开展大型执法行动38次，查处整治“黑车”、非法网约车和不规范经营行为1200起次。经过整治，城区交通秩序明显好转，服务质量明显提高。

【行业治理能力建设】 法治环境治理。全面落实行政执法“三项制度”，持续加强执法队伍教育培训和考核，择优推荐1名法制骨干参加全市行政执法培训班讲师团队伍，在全市集中宣讲交通运输法律法规。组织市综合执法支队120名执法人员全程参加2021年度孝感市行政执法培训班。市综合执法支队执法案卷被评为孝感市2018—2020年涉企行政执法案卷第一名。绿色交通建设。制定印发《市交通运输局关于分解2021年生态环境保护重点工作任务的通知》，中央第二轮环保督察问题方案制定、问题整改有序推进，所有信访件按时间节点销号。进一步巩固“港口和船舶污染防治、岸线资源清理整顿、非法码头治理”三大标志性战役成果，完成6家汽车尾气排放性能维护(维修)M站建设；在巡游出租车和农村客运汽车领域推广使用新能源汽车60台。科技“兴交”。投资5000万元在全市国省干线建成16处不停车治理超限超载点，在全国开启“科技治超”先河，形成“科技+路面”相结合的“大治超”格局。启用以来共查处超限超载车辆942辆，卸载货物3.74万吨，全市超载率由17%降至3%以内，杜绝了“百吨王”。

【平安交通建设】 健全风险防控体系。制定安全生产重大风险、管控措施两个清单，实施动态调整、分级管控，共梳理一般隐患1059处，风险点33个。开展自然灾害综合风险普查，路桥隧及码头属性信息、高边坡及775处风险点信息全部录入完毕，工作进度排名全省交通系统第一。建立整改督办机制。坚持“一周一暗访，一事故一通报，一案一追责”，采取“四不两直”、突击检查等方式，深入一线、深入企业，开展安全生产大检查、隐患大排查大整治行动，狠抓隐患问题整改销号，坚持边查边改、立行立改、举一反三，避免问题反弹复发，确保了隐患风险全部整改到位。运输企业源头管控。印发《关于进一步加强交通运输企业安全生产标准化建设工作的通知》，委托第三方机构，对全市36家“两客一危”企业进行安全生产标准化达标考核，通过27家，9家正在评估。投资200余万元对汉川鑫顺等3家场地进行改造升级，全市21家危货运输企业场地全面达标。依法注销湖北懿科等4家危货、水运企业经营资质。从业人员教育培训。对全市47家驾校、52个教练场、1687台教练车、1455名教练员资质资格重新核定，统一加装电子围栏，车载终端等信息化设备，坚决堵住驾培考试作弊漏洞。346名普通货运企业主要负责人、安全管理人员通过线上能力考核认定，超额完成省定目标任务。车辆船舶安全监管。对全市848台公交车安装安全隔离设施，消除乘客抢夺方向盘风险；汉川、应城、安陆3地516台农村客运车辆、城区900台出租车4G动态监控系统改造升级任务圆满完成；6条13台800公里以上长途客运班车全部退出市场，198台违法改装燃气出租车钢瓶重新检验合格；累计整治“三无”船舶6424艘、长期逃避海事监管船舶502艘，排查非退捕禁捕渔船282艘。深入推进道路客运市场、危险货物市场、打击非法营运等专项整治，整治各类违法经营行为222起。全系统未发生一次死亡3人及以上安全责任事故。

【交通改革】 优化营商环境。114项依申请和公共服务事项办理时间由法定时限2105天压减至626天，压减70.3%；将公交站点、维修业户、旅游客运企业等11个方面的基本

“四好农村路”建设——孝昌县田堂旅游公路　（市交通局 供图）

信息接入“鄂汇办”系统，向城区市民提供交通行业便民信息服务；实现道路旅客运输、普通货物运输以及危险货物道路运输驾驶员从业资格证补发、换发、变更、注销及诚信考核5项事项“跨省通办”“省内通办”。行业内行政事业性单位改革。市交通运输综合执法支队、市港航事业发展中心、市道路运输事业发展中心相继挂牌成立，市公路事业发展中心正在加快组建。经营类事业单位改革圆满完成，市公路工程设计院整体移交市国资委管理。国有企业改革顺利完成，孝感合力运输集团有限公司、孝感汽车客运集团整体移交市国资委，孝感市交通经济技术开发公司完成清算关闭。

（撰稿：付斌、李苏素）

物　流

【概况】 2021年，全市物流业发展工作坚持以习近平新时代中国特色社会主义思想为指导，深入贯彻落实省、市交通运输工作会议精神，按照“一核引领，三区示范，三轴扩展，多节点全覆盖”的物流空间发展格局和思路，紧盯“十四五”规划目标任务不动摇，大力推进物流项目建设，抢时间赶进度，真抓实干，坚决打好“十四五”开局之战，确保硬账硬结。

【重点物流项目建设】 2021年，省交通厅下达孝感市物流站场建设投资计划12800万元，实际完成投资12627万元，占年度计划的98.6%。孝感新都市物流园电商创业中心三方物流仓库、分拨中心、再生资源分拣配送中心基本建成，计划2025年完工；湖北和其兴物流园（汉川）自开始建设累计完成投资3400万元，占总投资的47.8%，已完成土地回填、围墙修建，力争2022年完工；苏宁易购电商产业园暨华中总部累计完成投资46561万元，占总投资的23.2%，项目一期二期已完工；长湖物流园自开始建设累计完成投资 8780 万元，占总投资的50%，已完成仓储面积3372平方米，零担配送楼、道路硬化3000平方米、综合楼3951平方米，正在进行钢结构场外加工、钢结构柱施工、钢结构梁施工、钢架构梁板、框架维护结构、部分水电安装施工；应城天黎物流园因土地流转手续不全，进度较慢。

【物流信息化建设】 “十三五”规划期间，全市已投入运营的临空物流产业园、新都市物流园、锦龙物流园、京邦物流园等19个物流园区（中心）在物流服务、车货交易、园区管理等方面信息化水平显著提高，互联网定制物流服务、车货跟踪系统、在线安全监管、车货交易手机App得到广泛应用，以互联网技术为纽带的全市物流服务网络体系正在形成。2021年，孝感市坚持试点示范引领，逐步健全网络货运在信息共享、运输组织、运营服务等方面的标准规范，引进培育了一批理念创新、运作高效、服务规范的网络货运物流企业。积极争取省交通运输厅支持，湖北小象物流服务有限公司、湖北我家物流服务有限公司、湖北路歌物流有限公司、云梦星联物流有限公司、湖北钰翔物流有限公司、湖北恰有商贸物流科技有限公司6家网络货运平台线上服务能力认定已获得省交通运输厅认可，预计上述6家网络货运平台能为孝感市带来30亿元左右的税源。

【大物流建设】 孝感以“依托大交通发展大物流、汇聚大产业服务新格局”为导向，以深化交通物流“降本、增效、提质”为主线，完善交通物流节点布局，畅通交通物流通道网络，促进交通物流融合发展，经过广泛调研，认真谋划，共上报7个交通物流项目纳入湖北省交通物流发展“十四五”规划货运枢纽（物流园区）项目库。其中，续建项目5个，分别为湖北长湖物流园、孝感新都市物流园、湖北和其兴物流园、苏宁易购孝感电商产业园、应城天黎宇彤物流园；新建项目2个，分别为孝昌县鄂北物流产业园、大悟县汉北物流创业园。

【物流业改革】 2021年，全市认真贯彻落实《孝感市人民政府关于促进道路货运产业发展的意见》(孝感政规〔2018〕1号)文件精神，充分释放政策红利，促进道路货运产业发展。依据《孝感市人民政府关于印发〈孝感市本级产业发展资金管理办法〉的通知》(孝感政规〔2017〕16号)文件精神，经企业申报，组织专班对申报项目的符合性、准确性、完整性进行审查，市政府兑现市本级2020年度道路货运产业项目奖励资金21.5758万元。

【孝感市物流业中长期发展规划编制发布实施】 自《孝感市现代物流业中长期(2020—2030)发展规划》编制工作启动以来，通过调研摸底、发放问卷、召开座谈会、征求修改意见建议、业内专家评审等形式，最终形成了《孝感市现代物流业中长期(2020—2030)发展规划》正式文本，已报送市政府专题会议审议及专家评审后正式发布实施。

(撰稿：付斌、李苏素)

邮　政

【概况】 2021年，孝感市深入学习习近平总书记“七一”重要讲话和中共十九届六中全会精神，认真贯彻新发展理念，主动融入新发展格局，统筹安全和发展，慎终如始抓好疫情防控，加快推进快递进村工程，全市寄递服务渠道安全畅通、平稳运行，为实现全市邮政快递业“十四五”开好局、起好步奠定了坚实基础，高质量发展步伐更加坚实有力。全年全市邮政业业务总量累计完成22.82亿元，同比增长25.95%；业务收入(不包括邮政储蓄银行直接营业收入)完成23.23亿元，同比增长25.97%。其中，快递业务量完成1.42亿件，同比增长41.19%；快递业务收入完成12.71亿元，同比增长39.64%。邮政行业、快递业务量收均稳居全省第二。行业运行平稳有序，全年无安全生产事故，绿色发展水平持续提升，在经济社会发展中的作用不断增强，市邮政分公司三里棚爱心驿站被中华全国总工会授予2021年“最美工会户外劳动者服务站点”荣誉称号。

【“快递进村”网络建设】 落实《孝感市“快递进村”三年行动方案(2020—2022年)》具体举措，实现乡镇快递网点全覆盖。孝感市建成村级服务点916个，建制村快递服务覆盖率达到93%，建成大悟县金岭村邮快合作示范点、孝昌县太子村商超融合标准点等示范推广典型。全市建成邮快合作站点共528个，邮快合作服务建制村数量占比69.26%。截至2021年年底，全市共有快递品牌15个，许可企业54家，分支机构78家，末端网点749家。全年快递末端网点新增占比达33.78%。农村快递业务收入同比增幅25.29%，农村快递业务量同比增幅7.93%。农村快递业务投递量全市占比22.96%，同比增幅41.53%。孝感市“邮政快递+米酒”项目年寄递量700万件、快递业务收入2600万元，“邮政快递+神丹皮蛋”年寄递量390万件、快递业务收入778万元。农村网络布局日益完善、快递进村工程推进行业新增长、助力乡村振兴成效初现。

【快递员群体权益保障】 2021年，孝感市组织开展快递车辆交通安全知识讲座3场次，惠及450余人。开展“快递青年服务暖心月”活动，省总工会到孝感召开快递从业人员劳动经济权益保障座谈会；深入参与“工会进万家”活动，多途径开展“冬送温暖、夏送清凉”等慰问活动、累计慰问困难快递从业人员400余人。协助快递企业集中办理电动三轮车牌照300辆、快递员驾照380个；协调多家保险公司为快递从业人员设计购买意外伤害险。推动完善“爱心驿站”服务功能，为快递小哥提供口罩和消毒液等防疫物资补给服务。建立快递员职业规划提升常态化机制，2名快递员获得快递工程专业技术职称，2名快递员当选市团代表。

【邮政业改革】 2021年，全市继续深化“放管服”改革，加快推进“互联网+监管”“互联网+政务”建设，邮政普遍服务审批实现政务服务“一网通办”，审批时效由2个工作日缩短至1.4个工作日，全年共完成11家许可企业新增、3家许可企业变更、13家许可企业注销、6家许可企业延续工作；新增、变更分支机构名录11家次；完成快递末端网点备案253家。加强对智能快件箱、快递末端综合服务站许可等新业态管理，全市共建98组智能快件箱(丰巢)，格口数9416个。行业申诉热线“12305”与孝感市政务服务便民热线“12345”顺利归并整合，全年受理用户申诉320件，为消费者挽回经济损失8.34万元。27家快递企业(网点)被市场监督管理局等五部门(组织)联合公示为“孝感市快递行业(第一批)放心消费创建示范企业(网点)”。

【绿色邮政建设】 2021年，全市深入贯彻实施“2586”工程，加强绿色邮政宣贯，推广应用免胶带纸箱和绿色环保包装袋。全市邮政业配置新能源车8台，使用“瘦身胶带”封装比例达到100%，电商快件不再二次包装率及循环中转袋使用率均超过90%。邮政快递网点配备回收箱204个，其他标准配置470余个，实现营业处理场所全覆盖。严格落实《固废法》及相关配套文件。开展绿色环保宣贯和专项行动，抽检网点37个，下发整改通知书4份，立案处罚1起，已责令整改到位。

【邮政监管】 全市严格落实“外防输入、内防反弹”工作要求，坚持“人物同防”，统筹开展寄递渠道疫情防控专项督导检测2次，对12类涉疫进口冷链食品开展排查3次，督导各企业落实疫苗接种应接尽接要求。组织从业人员开展集中核酸检测2次，从严落实重点行业抽检率，检测结果均为阴性。坚守行业安全监管底线不动摇，持续深入开展安全生产隐患排查和专项整治行动，加强“平安寄递”督导检查，强化生产作业、车辆通行、消防安全监管，压实安全生产主体责任，筑牢寄递行业安全防线。全年检查快递企业及营业网点289个，邮政支局网点26个，出动检查人员千余人次，排查安全隐患69处，行政约谈19家次，下达责令改正通知书44份，立案查处14起，累计罚款20.48万元。严格督导落实寄递安全“三项制度”，全市快递企业累计配置45台安检机（包含新增4台），生产场所安全设施设备配备率合格率达96%以上，实名收寄率99.8%以上。深化寄递安全综合治理，寄递渠道全年无重大安全事故发生，连续八年获评全市平安建设优胜单位。深入开展全市寄递渠道涉枪涉爆整治、网络市场整治、野生动植物、活体动物寄递联防联控，持续做好寄递渠道“扫黄打非”、打击侵权假冒和跨区揽件等寄递违法行为，全力防止违禁物品流入寄递渠道，确保寄递渠道安全畅通。

【行业综合治理】 法治邮政建设。组织开展习近平法治思想、国家重要法律法规和行业规章的学习宣贯，完成“法宣在线”网络学习、考试任务。集中开展《邮政业寄递安全监督管理办法》培训，认真开展“12 · 4”宪法宣传周系列宣传活动，扎实推进“八五”普法工作。深入贯彻《邮政行政执法监督办法》，严格落实案件会审和法律顾问等制度，全面提升依法行政能力水平。邮政普服监管。开展邮政代办局所专项整治活动，引导企业投入建设资金200余万元，推动4个代办局所提档升级，结束孝感邮政代办服务模式。持续巩固提升边远地区建制村寄递服务水平，深入督导建制村投递服务信息化监测工作，全市建制村投递频次达标率达到100%。核查省邮政普遍服务财政补助资金项目35个，确保资金使用到位。开展《辛丑年》《中国共产党成立100周年》等纪特邮票发行监督检查，印发通报1期，下达责令整改通知书1份，并督促整改到位。邮政市场监管。认真做好随机抽查和执法案件办理工作，全面实现邮政市场监督执法信息化管理。严格执行“双随机一公开”制度，联合公安、交通等部门开展快递市场秩序整顿专项行动，依法查处非法寄递包裹、买卖快递单号等突出问题。联合查办寄递渠道涉烟案件2108起，查获非法卷烟1557万支，案值1219万元。

（撰稿：饶从丽）

通　信

【中国联通有限公司孝感市分公司】 全年主营业务收入4.54亿元，同比增幅9.3%；收入市场份额17%，同比增加0.5PP。累计宽带新增3.4万户，同比增幅17%。积极开展异业合作，发展有效触点101家。聚焦“4+2+X”重点行业，在医疗健康、智慧教育、公检法军、政府信息化、农林水务等行业形成规模突破，创新业务发展进入新的“里程碑”。

网络基站建设。2021年，全市移动网共新增4G基站282个，电信向联通共享2354个4G覆盖小区，1000个5G宏站、148个室分。2021年，交付宽带端口8.09万线，其中自建端口2.11万线、BTO端口5.98万线。以“匠心网络贴心服务”专项行动为抓手，夯实基础，提升网络质量与支撑能力。对结构明显不合理的环路进行调整，全年优化改造现网中1个超大环和3个长链网元。完成了6个1G接入环升级至2G接入环改造工作。完成了应城至云梦、汉川马口至刘滩等5段骨干链路OLP/链路聚合保护改造，提升了骨干传输网络安全性。

服务能力建设。2021年，孝感联通运用客户感知端到端实时体验测评系统，对四大专业、11个场景进行量化分析，建立服务体系化数据模型，指导服务管理和优化，提升服务能力。2021年，共发现整治完成“三超”问题162处，口碑场景覆盖达标率100%，千户以上居民住宅覆盖达标率94.75%，VoLTE用户语音业务4G网承载比例96.27%，RRU在服率99.56%。年底，移网网络客户满意度得分8.80分，在全省排名领先。

深化划小改革。2021年，孝感联通以全面数字化转型为导向，细化指导意见、清晰改革路径，按照“激活力、提能力、促发展”的工作要求，分公众线、政企线、网络线三条专业线，研究制定了孝感联通“划小改革再出发”工作方案，迭代优化了7大模块23项目标，推动3条专业线复用机构、人力资源、渠道资源，互相赋能协同支撑，共同做大市场规模。

（撰稿：付志超）

【中国移动通信集团湖北有限公司孝感分公司】 2021年，实现运营收入

14.99亿元，上缴税收5100万元，累计开通5G基站1700个，5G信号已覆盖所有县城、所有乡镇镇区，移动电话用户数达到212万户。坚持以人民为中心发展思想，落实“三全”服务责任体系，开展满意度提升攻坚战和“阳光行动”，打造孝感服务行业窗口服务标杆，2021年，孝感移动客户满意度明显改善，行风纠风各类投诉指标均在管控内，恶意侵权行为零发生。

信息扶贫。深入落实国家乡村振兴战略部署和“四个不摘”工作要求，实施“数智乡村振兴计划”，落实平安数字乡村（社区）项目，完成脱贫攻坚工作任务。为3.3万户客户提供了移动看家服务，实施信息惠民，助力巩固脱贫成果。开展乡村振兴公益直播带货，帮助销售农副产品，近40万元。

重大通信及网络信息安全保障。在庆祝中国共产党成立100周年、孝感“两会”以及“军区演练”“建党百年晚会”“登山节”“丰收节”“银杏节”“医博会”等重大保障任务中实现了“零重大故障、零安全事件、零重点客户投诉”。

5G新型基础设施建设。落实国家“新基建”政策，加速5G新型基础设施建设投资及进度，全年共投入3.63亿元，推进网络广覆盖、深覆盖、厚覆盖，提升移动网络保障能力，实现孝南主城区5G连续覆盖及县市热点区域成片覆盖。强化党史教育与生产实践相结合，确立“我为群众办实事”28项重点内容，开展党员5G疑难站点攻坚，现已实现全市县城区全覆盖、乡镇良好覆盖、农村热点区域有效覆盖。加强与国网孝感电力战略合作，打造全省首个5G智慧电力项目标杆，荣获全国第四届“绽放杯”5G应用征集大赛应用安全专题赛一等奖，并入选“2021年中国5G+工业互联网典型应用”。

5G+应用工程。推进5G+应用工程实施，助推“数智孝感”项目建设战略落地，孝感5G智慧电力成功打造为全省5G应用示范样板，项目入选工业和信息化部“2021年中国5G+工业互联网典型应用”，为后续5G+行业应用提供新方案。

“断卡”行动。孝感移动积极探索基于“大数据”的技术手段，构建了一套反电信欺诈的防范技术体系，每月通过大数据分析模型关停疑似号码4000多个，复开的只有1000个左右。严格落实“断卡”行动及实名制入网要求，新入网客户达到100%实名办理，实现了有效管控。2021年获市打治电诈工作领导小组两次发函表扬。

孝感移动与湖北澴川国投集团签订5G＋战略合作协议。3月3日，孝感移动与湖北澴川国投集团签订5G＋战略合作协议，共同搭建数智孝感应用展示平台，推进5G、云计算、大数据、物联网、人工智能、区块链等应用建设，加快实现“数智孝感”的创新示范应用，助力孝感城市振兴做贡献。

【中国电信孝感分公司】 2021年，全市电信主营业务收入完成6.94亿元，较2020年增6.69%，上缴地方税收503万元。全年新增移动用户35万户，较2020年增长12.12%，宽带用户9万户，较2020年增长20.31%，天翼高清电视用户6万户，较2020年增长12.27%。2021年，越级申诉率目标要求低于144件，实际102件，达到目标管控目的。

5G新基建建设。实现孝感市6个县城（城区）和重点发达乡镇（镇区）5G全覆盖，县城及乡镇的基站建设总量为500+个，投资约7000万元。

电信机构改革。落实“总部机关化”问题专项整改。实施组织机构改革，分公司部门由23个调整精简至11个。推进政企改革，形成“8+1+1”的政企运营组织体系，推进云网一体化运营；通过揭榜挂帅，产生7个行业总监。

执行编辑：张可杰

城乡建设和管理

城乡建设和管理

综 述

【概况】 2021年,孝感市以项目建设为重点,以服务民生为根本,以行业管理为抓手,全力提效能、保安全、促发展、惠民生。围绕狠抓城市建设,城市功能品质不断提升;狠抓民生普惠,住房保障能力持续增强;狠抓行业管理,支柱产业发展稳健有力;狠抓村镇建设,农村人居环境日益改善;狠抓风险防范,住建领域形势总体稳定;狠抓深化改革,企业改制工作圆满完成;狠抓法治建设,依法行政理念不断增强。

【城市建设】 制定《孝感城区基础设施建设三年攻坚行动计划(2021—2023年)》,谋划建设项目137个、总投资426.45亿元。城市更新行动扎实开展。牢固树立海绵理念、海绵思维,着力彰显碧水绕城、绿树融城的海绵基因,大力打造会呼吸的水乡园林城市,海绵城市建设起势见效。重点片区建设统筹推进,坚持把老澴河、南部新城、邓家河三大片区作为主城崛起新支撑、点面结合新载体、创先争优新平台。

【住房保障】 超额完成2021年省厅下达孝感市保障性安居工程目标任务,开工各类棚户区改造556套,基本建成棚户区改造2119套,发放住房租赁补贴2715户。农村危房改造"应改尽改",申报改造计划273户,争取补助资金1509万元,年度改造任务完成。物业管理有力有效,新增规上物业企业2家,建立企业党支部206个,覆盖物业企业270个,企业党组织覆盖率84.11%。组建业委会2027个、业委会党组织1722个,组建率分别为71.75%、84.95%,位居全省第三,全市2825个住宅小区物业实现分类物业管理全覆盖。

【行业管理】 坚持"房住不炒",围绕稳地价、稳房价、稳预期"三稳"目标,持续加强预期引导,完善商品房销售价格会商机制,调整商品房预售许可形象进度,强化预售资金监管,房地产市场平稳发展。围绕打造建筑业强市,出台《关于建设建筑业强市的若干意见》,从龙头企业培育、创先争优激励、建筑市场开拓等8个方面,大力推进建筑业高质量发展,建筑业转型升级步伐加快。工程建设项目审批制度改革蹄急步稳,制定《孝感市工程建设项目审批制度改革优化提升方案》,推行工程规划许可、施工图审查、施工许可"豁免制",住建领域营商环境不断优化。

【村镇建设】 统筹102个乡镇开展"功能镇区"行动,规划项目941个、总投资40.31亿元,实施项目446个、投资15.44亿元,完成项目330个,完成投资10.48亿元,"功能镇区"行动有声有色。96个乡镇污水处理项目建成运行,主支管网总长达1000余公里,污水收集覆盖总户数21万余户,惠及人口近80万人,乡镇污水治理成果巩固拓展。123座乡镇压缩式垃圾中转站高效运营,年收集转运垃圾超过70万吨,无害化处理率超过95%,90%以上的村庄生活垃圾得到有效处理,农村生活垃圾治理成效明显。

【企业改制】 按照市委办公室市政府办公室印发《关于如期完成从事生产经营活动事业单位改革的工作方案》精神要求,局属3个从事生产性事业单位共193人经过改革成本测算、资产审计、人员安置等工作,并于6月底全部移交到市国资委。国有企业改革全面完成,局属国有企业5个涉及1036人,存在人员情况复杂、经营状况不均衡、管理不到位、历史遗留问题多等情况,通过争取政策、找出存在问题的客观原因,提出解决问题的办法,全部完成了改革任务。

【依法行政】 结合住建实际制定局2021年普法责任制清单，组织开展了“4·15”全民国家安全教育日、“宪法宣传周”、“以案释法”宣传活动，普法依法治理社会效果明显。公开《重大行政执法决定事项目录清单》，明确执法主体，规范执法程序，全年移送涉嫌质量安全、房地产市场、消防案件26件，“三项制度”深入推进。

（撰稿：何俊龙）

城乡规划

【规划管理体制机制建设】 顺应建立国土空间规划体系需求，成立市国土空间规划委员会，制定《孝感市国土空间规划委员会工作章程》。提请组建国土空间规划研究院，为国土空间规划、重大专项规划、规划技术指标审查等提供技术支撑服务。加强规划管理队伍建设，由中信设计集团、中南设计研究院、市城乡规划院共同选派11名业务骨干组建规划技术支撑团队，先后参与奥体中心、孝感南站选址、南部新城等重点项目规划设计，积极开展项目单体三维实景测绘、建筑单体三维建模和高新区、临空区控规优化完善。

【国土空间总体规划编制】 2021年，市政府常务会议审议市级国土空间总体规划（2021—2035年）文本，着力打造“一核两级三群”的集约城镇空间、“五区七带八园”的稳产农业空间、“两屏四廊多心”的绿色生态空间，完成规划编制市级法定程序，县（市）、乡（镇）国土空间规划同步落实；完成国土空间规划城市体检评估。推进孝汉同城“规划同编”，明确规划同编项目清单，主动与武汉市自然资源和规划局对接，共同推进武汉城市圈同城化规划编制。

【重点专项规划】 市委、市政府出台强化规划支撑实施意见、强化规划支撑三年行动方案和2021年度工作要点，加快推进东站片区、东城区7.8平方公里规划优化编制，形成初步成果；启动孝感至武汉快速通道系统设计，形成概念性方案供市领导决策。

【村庄规划编制】 结合“三项行动”，拓展负面清单内涵，近三年编制424个村庄规划编制，孝南区村庄规划编制案例入选全国乡村规划案例集名录。

【行政审批全程网办】 孝感市住建系统行政审批和公共服务事项74项，将原37个监管事项颗粒化形成287个监管子项；开展“多规合一”“多审合一”“多证合一”“多测合一”；率先在全省开展水电气接入外线并联审批；制定并于8月发布建设工程项目规划许可豁免清单。落实省扩权赋能强县改革要求，落实好自然资源、林业权力下放事项，确保县级接得住、用得好。推进工改审批提速。开展系统优化，强化省级系统对接，共受理651个项目申请，其中市本级247个、县（市、区）404个，均按时间要求落实办理。

【测绘地理信息化建设】 组织专班赴咸宁、安徽黄山等地考察学习测绘地理信息化、不动产登记信息化建设；加快“天地图·孝感”县级节点建设，基础测绘“十四五”规划形成规划文本，健全完善“多测合一”系统，18家中介机构进入“多测合一”项目库。开展业务流程再造，全面梳理局业务流程，推进业务流程全程网办。深入推进自然资源“一张网”（自然资源业务网）、“一张图”（自然资源一张底图）和“一个平台”（国土空间基础信息平台）建设。启动孝感主城区80平方公里实景三维试点，全面提升规划管理智能化、数字化水平。

（撰稿：王华）

城市建设

【海绵城市示范建设】 孝感市按照国家示范城市建设标准，围绕“一年打基础、两年见成效、三年创示范”目标，坚持“紧扣系统性、突出示范性、坚持创新性、注重持续性”创建原则和“五定三保障”工作要求（定标准、定制度、定项目、定资金、定责任，组织保障、资金保障、技术保障），系统化全域推进海绵城市建设国家级示范城市。积极构建“市领导小组+海绵办+海绵中心+中规院专家团队”的组织架构和“海绵中心一周一督办、海绵办半月一调度、领导小组一月一统筹、专家团队常态指导”的工作机制，海绵城市建设法规制度和标准体系逐步完善。制定以政府投资为主的《孝感市系统化全域推进海绵城市建设项目清单（2021—2023年）》，实施示范基础类项目30个；制定以社会投资为主的《海绵城市建设示范源头类项目库》，实施示范源头类项目43个，重点打造一批示范样板工程，会呼吸的水乡园林城市初具雏形。6月，孝感市成功入选全国海绵城市建设首批示范市，获得中央财政补助资金10亿元。

【实施城市更新行动】 围绕建设百万人口综合型区域中心城市，结合“五城同创”，深入实施城市更新行动，不断丰富城市形态、增强城市功能、发展城市经济、塑造城市文化，全面

建设中的董永路立交桥　　（市住建局 供图）

推动城市建设从“外延式扩张”向“内涵式提升”转变。谋划实施城区基础设施三年行动项目137个，总投资426.45亿元。后湖片区雨污分流综合整治工程一期、二期和王家澈泵站提升等工程顺利完工，204个老旧小区改造基本完成，城市“双修”有序推进，107国道孝感南段给水管线迁改工、八一水厂至二水厂供水联通、三水厂扩建、汉江原水管道复线、汉江取水泵站扩建等城区供水保障民生工程加快建设，公共供水管网漏损控制保持全省领先，孝感城区实施水改1.8万户，新增点火通气2万户。老澴河、南部新城、邓家河、黄龙湖等重点片区建设多点突破，逐步成为主城崛起新支撑、点面结合新载体、创先争优新平台。

【城市路网建设】 不断提升城市道路通达水平，强力打通城市交通“大动脉”，最大单体市政工程董永北路立交桥建成通车，董永三路市政工程完成，槐荫大道东延伸线、澴川路道路改造及配套设施工程、老澴河安置区周边道路市政配套工程、宝成南路桥工程建设提速增效。着力畅通城市道路“静脉”，扎实推进宝成路改造、长征路改造、孝三路拉通工程，改善城市道路“微循环”。

【排水防涝】 孝感市因地制宜构建“源头减排、管网排放、蓄排并举、超标应急”的城市排水防涝工程体系，不断提高城市防洪排涝能力，守好安全底线。制定《孝感城区2021年排水防涝联合应急处理工作方案》《孝感市城市内涝治理系统化实施方案》《关于进一步加强城镇供水安全管理暨迎峰度夏安全保供工作的通知》等文件，推动完成后湖、长征、玉泉、王家湾等老城区4条主干道和4条街坊支管部分路段、9条城市道路沿线排水系统、15个源头片区的雨污分流改造，老澴河污水泵站、王家澈泵站、城西泵站扩能提升，城区易涝点专项治理扎实推进，城市排水安全防线持续筑牢。

【行政审批改革】 全市建设审批事项从75项压减至44项，平均提速25%以上。推动出台《优化营商环境先行示范点创建工作指导方案》，孝南区产业项目建设工程单体竣工提前验收、汉川市施工图审查“豁免”清单、安陆市“拿地即开工”五证同发审批、应城市农民工工资信息化监管等入选全省优化营商环境先行区，工改工作在省、市作交流发言。“我要加装电梯”“申请公租房”等一事联办示范推进，用能（水电气）联动报装平台成功上线，工商用户建筑区划红线外用水用气工程安装实现“零投资”。

（撰稿：何俊龙）

城市管理

【概述】 2021年，孝感市以新发展理念为指导，以数字化赋能城市管理为引领，以改革创新为动力，以“五城同创”工作为抓手，突出抓好城市“十乱”专项整治行动和“十大”城市补短板工程，直接管辖城区十条主干道、8个重点区域和6类重要事项，较好完成了全年各项任务，为“十四五”开好局、起好步提供了坚强保障。2021年，市城管执法委被评为全省“普铁整治先进集体”、“七五”普法省级先进单位、全市窗口建设先进单位，槐荫公园党支部被评为全市先进基层党组织，五城同创、综治（平安建设）、网站管理等工作在全市考核中名列前茅，一大批党员干部受到省、市表彰，城市管理工作成效获得了各级领导的肯定和广大人民群众的深度认可。

【城市综合环境治理】 2021年，全市排查窨井盖隐患148598个，发现问题井盖607个，整治完成隐患井盖607个，完成率100%。基本完成48条背街小巷整治，完成率为109%。已完成燃气安全整改931处，11处正在整改，整改完成率98.8%。

城市精细化管理。市区城管部门全年共拆除各类违建2369处65630.67平方米，拆除破旧旱厕800余座，基本实现主次干道违建清零。尤其是对历史违建敢于“亮剑”，组织和联合拆除了北京路红十字会沿街、温州工业园、水利巷、彭家湾、孝天路、工农路等乱搭乱建，打通了道路“中梗阻”，一举消除了困扰市民多年的老大难问题。

市容市貌整治。规范占道经营、游摊游贩10000余次，取缔和劝离游摊游贩3000多次，劝导违规行为8000多起，清除乱牵乱挂1200多处，清理乱堆乱放600多处、各类垃圾杂物300多车，暂扣违规物品500多件，上级责任清单整改率达到95%以上。坚持疏堵结合，取缔了8个街道办事处先行片区内的马路市场，设置临时疏导点22个，做好跟踪服务，增加管理温度。

停车秩序整治。对路侧违停车辆发放提示卡14000多份，配合施划停车位3000多个，设置疏停桩285个，清理违规路障1000多个。在乾坤大道全线安装地桩，在城站路、玖坡广场等路段设置降坎40多处。联合街道和交警集中整治路侧违停行为，共查处违停机动车865辆、拖离1866辆，搬挪到指定位置2388辆，劝导违停行为8000多起。

空间秩序整治。清理违规、污损条幅广告1000多处，更换破旧店招200多处，清除破损围挡2500多米，修缮5000平方米，取缔占道遮阳伞、布幔、撑牌300多个，拆除违规户外广告200多处，铲除"牛皮癣"和小广告20000多处，督导居住小区安装便民信息栏36处。

噪声整治。以商业噪声、施工噪声、生活噪声整治为重点，劝阻噪声扰民800多起，制止商家违规促销350多起，处理噪声扰民案件200多件，噪声投诉率下降了85%以上。

燃气安全隐患排查。安排12名城管人员，专职参与城区燃气安全隐患大排查大整治，检查燃气场站、燃气灶具销售点、餐饮场所800多家，发现燃气安全隐患182处，现场督促现场整改。8月上旬，对孝感中亚燃气工程建设过程中未按规定整改的案件，给予10万元的顶格处罚，起到了强烈的震慑效果。

园林绿化管养。补植金森女贞、红叶石楠、金边黄杨等色块植物8000平方米20余万株，补植双狮毯、狗牙根等草坪地被20000平方米。集中修补、更换北京路、长征路等道路绿化带破损歪斜站石1150米。董永公园补植乔灌木100多株，改良草坪600多平方米；后湖公园改造西停车场安全护栏、消防通道，完善标志标线，补种补栽绿化4000余平方米，更换绿化苗木1000余平方米，投放36000尾罗非鱼苗控制绿藻生长；槐荫公园栽植藤本月季150余株、树桩月季150株，补植香水月季1500株，铺植草坪4800约平方米，在二期南段梅园新植美人梅60株，改补植小叶栀子、杜鹃、红叶石楠2400平方米。

市政设施维护。完成了孝汉大道、黄陂大道等主干道及人行道破损路面的修补修复，维修面积4.8万平方米；完成了各类井盖、雨水箅更换300余套；完成了城区210公里主干道排水管网的清疏任务和长征路、北京路、董永路、孝汉大道等主干道上16个易涝点的排水设施改造。进一步加强了排水泵站的维护运行管理，备齐各类防汛物资。全力排涝抢险，面对孝感突发的超强雨情，启动了防汛排涝应急响应，全体防汛人员实行24小时不间断巡查值守，及时处置各种险情，积极助排抽排渍水，最大限度地减少了暴雨造成的影响，保障了城区正常的生产生活秩序。

城区环境卫生整治。坚持"水冲洗作业、车清扫吸附、人捡拾保洁、机喷雾抑霾"作业模式，采取机械化清扫、冲洗和人工清扫作业相结合，做到车行道每日机扫2次、人行道每日大扫2次，主干道每天保洁时间不低于16小时，次干道不低于12小时。安排13台洒水车采取错峰作业，每日洒水5次，2台雾炮车全天候循环喷雾抑霾，27台高压洗路车对10条主干道的十字路口、公交站台、人行辅道每周循环冲洗一次。全年中转出城垃圾共计29.6万吨（其中生活垃圾25万吨、建筑垃圾2万吨、大构件垃圾0.6万吨，装修垃圾2万吨），收集道路乱堆乱放大件垃圾和建筑垃圾1500多车。

垃圾分类管理。持续推进垃圾分类，编印2021年垃圾分类指导手册1万份、宣传页2万份，合理规划装修垃圾、大件垃圾、废旧纺织物和绿化垃圾堆放点、集散点布局，建成2个示范片区和8个示范社区。

【城市基础设施建设】 2021年，全市建设停车泊位30261个，完成率108%。建成"口袋公园"16个（含市直），完成率133%。

静脉产业园配套项目建设。静脉产业园生活垃圾焚烧发电厂项目于2020年10月21日点火运营，截至2021年年底，已发电约1.8亿度。园区科普馆于2020年10月建成投入使用，至2021年年底，已接待省市领导、党政机关、周边群众、普通市民、在校学生共计50多批次共6000多人。园区公共配套建设进入园区道路施工阶段，园区1号、4号、5号道路已修建完成，2号路和6号路于2021年12月1日开工建设，整个园区道路于2022年3月以前全部建成通车。生态公园完成施工图设计及预算编制审核，计划2022年5月以前完成施工。二期餐厨等子项工程中餐厨及厨余项目预处理车间主体结构已到顶，栈桥结构完成⅔，1月20日具备餐厨垃圾进料条件，年底前二期项目4个子项土建主体结构施工将全部完成，预计2022年6月底完成全部调试，正式投产运营。

槐荫大道综合改造工程。槐荫大道综合改造工程西起河口大桥，东至董永路，全长7.18公里，概算投资6.45亿元。主体工程于2020年9月15日正式开工建设，将原有老旧路面拓展为22米宽的双向6车道路面，增设3处地下通道，更新换代33座公交站，实现光缆改迁、电力工程、通信工程等改造升级。至2021年年底，槐荫大道已经全线贯通，孝感城市东西向主轴线面貌焕然一新。槐荫大道立面改造和重要节点改造项目总投资约2.03亿元，主要内容包括对临街建筑立面清洗刷新，拆除防盗网，规范空调外机，整改强弱电线路，整理太阳能、空调、天然气等管线，拆除违建物，对道路沿线店招进行更换，并对孝感一中西侧等13个重要节点进行改造。至2021年年底，已启动市废旧回收公司、宇济城中城、九真客运站3个试点的改造整治，预计2022年6月底前完成项目全部建设。

停车设施建设。完成智慧停车第一期施划泊位7100个，第二期施划泊位2300个。完成智能共享停车总体规划编制、停车大数据平台、孝感市"笑停天下"停车App建设，董永路停车楼主体工程基本完成，航天医院、中心医院停车场规划设计通过审批，基本建成严桥社区、孝感宾馆、董永公园、滚子河桥东面四个平面停车场。

园博园项目建设。省园博会孝感园博园项目占地面积2245平方米，概算投资300万元，建设内容主要包括展区铺装、绿化工程等，目前已基本完工。

【城市执法规范化管理】 落实行政执法公示制度，提高执法的透明度。落实执法全过程记录制度，购置执法记录仪93，对讲机72部，现场执法人员人手一部记录仪，实现城管执法可留痕、可追溯。落实重大执法决定执法审核制度，制定了重大案件预审会制度，对重大违规行为查处坚持集中研究、民主决策。配套设置了3间案审室、1间问询室、1间装备室，保证执法公开公正。通过强化规范化管理，解决了一大批长期悬而未决的历史遗留问题。积极推进信访法治化建设，全年共受理市民信访投诉1000余件，件件做到有落实，群众诉求有回应。加强"两案"办理工作，全年承办市人大、政协建议提案共20件，全部在规定的时限内办理完毕，见面率、满意率均为100%。全年立案派遣146797件，结案130907件，结案率89.18%，按期结案率99.95%；受理12345市长热线交办件1369件，处置率98.54%；"孝感随手拍"微信公众号市民上报案件22661条，比2020年度同期增加9314条，新增关注人数610名，当年兑现话费奖励39600元，累计奖励138780元。

【中央环保生态督查反馈问题整改】 2021年，中央环保督察反馈孝感市生活垃圾处理工作存在规划项目建设滞后，渗滤液大量积存；运行管理普遍缺位，运行台账弄虚作假，渗滤液直排时有发生，环境风险隐患突出等三个方面问题。据此，孝感市梳理出四大类七小项共计15个具体问题，按照"五化管理"的要求，明确了责任单位、责任人、整改时限和整改措施，对标对表强化全面整改。截至12月，14个问题全部整改到位，汉川市生活垃圾焚烧发电项目已启动建设程序，预计2023年年底前建成运行。对管辖范围内200多家酒店、餐馆油烟净化装置安装等情况进行全面检查核验。开展夜间烧烤督查4次，19家实现归店经营。加强施工现场管理和渣土车辆管理，共联合交警综合执法23次，处理违法车辆和行为69起，督促清扫污染路面200多处，完成建筑垃圾处置核准现场勘察17处，扑灭露天秸秆、垃圾焚烧32起。

【"5·26我爱路"铁路安全宣传月主题活动】 2021年，在持续巩固高铁、普铁整治成果的基础上，认真落实"双段长责任制""地铁联席会议制度"，积极推进铁路沿线绿化规划建设，狠抓安全宣传教育。自5月开始，联合铁路部门对铁路沿线防护网以外500米可视范围内的轻硬漂浮物等进行认真普查，对存在的安全隐患积极整改销号。5月26日，在武孝城际铁路槐荫站举行了"5·26我爱路"铁路安全宣传月主题活动启动仪式，各县市区也同步启动了宣传月活动，从5月26日开始至6月26日，开展为期一个月的集中宣传。

（撰稿：刘鹏）

村镇建设

【农村生活垃圾治理】 市住建系统不断健全"村组保洁收集、乡镇清运压缩、县市转运处理"的农村生活垃圾收运处置体系，完善垃圾收集、集并、转运设施设备，123座乡镇压缩式垃圾中转站高效运营，镇村保洁清运人员达到1万余人，年收集处理生活垃圾超过70万吨，90%以上村庄生活垃圾实现无害化处理。推进农村生活垃圾分类减量，建成乡镇农村分类规范收集点354个、农村乡镇可回收物回收点229个，创建省级农村垃圾示范村20个。积极推进农村生活垃圾治理市场化，全市乡镇生活垃圾治理市场化覆盖率达到70%以上。

【乡镇生活污水治理】 孝感市坚持厂网一体、建管一体，标本兼治、内外兼修，全市96个新改建乡镇污水治理项目在全省率先完成整体验收并

沉湖镇福星广场鸟瞰　　　　（市住建局 供图）

实现商业运行，污水管网普及率、污水收集率、污水处理率等技术指标持续保持全省前列。污水处理厂总规模达到19.78万吨/日，主支管网建成总长度1032公里，年处理生活污水达5000吨以上，惠及人口近80万人，实现乡镇污水全收集、全处理、全达标。在线监测全部接入省住建厅平台，实时数据传输完整正常。各县（市、区）均制定相关管理制度，出台污水处理设施运行管理办法、绩效考评工作方案、污水处理费征收办法及标准等，各项目公司污水处理厂运行维护管理制度、管网维护管理制度、成本控制办法、应急预案、安全生产管理等制度体系逐步完善。

【农村危房改造】 孝感市以排查"房屋建造年代、结构类型、建造方式、安全状况"等基本情况为重点，积极开展住房安全鉴定，累计完成90.62万栋农房的登记建档。委托专业机构，对预判危险性房屋开展安全等级鉴定，鉴定为C、D级危险房屋9607栋，完成整治9436栋，整治率达98.22%，整体进度位于全省前列。巩固拓展脱贫攻坚与乡村振兴有效衔接，推动出台《关于进一步加强农村低收入群体等重点对象住房安全保障工作的实施意见》和《关于切实做好农村低收入群体等重点对象住房安全保障动态监测的通知》，排查锁定上报新增低收入群体等六类重点对象危房273户，做到农村危房改造"应改尽改"。

【开展"擦亮小城镇"行动】 按照《孝感市"擦亮小城镇"建设美丽城镇三年行动实施方案》，结合"功能镇区"建设，以"七补齐"（补齐规划缺失、公共环境、基础设施、公共服务、城镇风貌、产业发展、治理水平等方面短板）为重点，统筹102个乡镇开展擦亮小城镇行动，谋划项目941个、总投资40.3亿元，已开工项目446个，完工项目330个，完成投资约10.5亿元，一批人文美、产业强、环境优、秩序好、功能齐的小城镇雏形初现。"擦亮小城镇"工作经验在宜昌召开的全省"擦亮小城镇"现场会上作交流发言，孝昌邹岗镇、应城东马坊、安陆洑水镇、云梦倒店乡、大悟新城镇5个乡镇获评省级"擦亮小城镇"示范乡镇。

（撰稿：何俊龙）

乡村振兴

【概况】 为深入贯彻习近平总书记关于"三农"工作的重要论述，全面落实"坚持农业农村优先发展，全面推进乡村振兴"战略举措，市委、市政府从孝感实际出发，统筹巩固拓展脱贫攻坚成果和实施乡村振兴战略两大任务，主要领导亲自谋划、亲自部署、亲自推动，在深入调研、多方研讨、反复论证的基础上，于2020年12月创造性提出开展"功能镇区、和美乡村、实力产业"三项行动（以下简称"三项行动"），作为孝感全面推进农业农村现代化的总牵引和总抓手，作为推进巩固拓展脱贫攻坚成果、全面实施乡村振兴战略的孝感方案。全面对标乡村振兴战略"五大振兴"（产业振兴、人才振兴、文化振兴、生态振兴、组织振兴）目标任务和省委、省政府提出的"脱贫不返贫，振兴不掉队"工作要求，先后制定印发《中共孝感市委孝感市人民政府关于开展"功能镇区、和美乡村、实力产业"三项行动全面推进乡村振兴加快农业农村现代化的实施意见》《乡村振兴"功能镇区、和美乡村、实力产业"三项行动实施方案》，让"三项行动"的发展思路实现战略对接、理论对标、实践融合。功能镇区就是通过加快小城镇建设发展，把乡镇建成服务农民的区域中心；和美乡村就是把保障和改善民生、促进农村和谐稳定作为根本目的，推进自治、法治、德治"三治融合"，构建和谐乡村社会；实力产业就是围绕孝感市粮油、蔬菜、畜禽、水产、茶叶、林果等优势产业，实施"五个一"（"一袋米""一枚蛋""一杯茶""一头猪""一篮菜"）强链工程，着力打造5个过百亿农业产业链。

【规划与管理】 坚持系统谋划、分步实施、整体创建、年度参评，各地每年按20%的数量，确定乡镇场、村（社区）参与创建，压茬推进，五年实现全覆盖，2021年，全市确定23个乡镇参与创建功能镇区、385个村

(社区)参与和美乡村创建。制定《孝感市村庄规划建设负面清单》,共计41条,合理界定刚性管控要求,明底线、画红线,适度引导弹性空间,让负面清单执行起来更“接地气”,更好实现“控负导正”。制定了《乡村振兴“三项行动”考核细则》,即任务清单,共计13大类47条,其中功能镇区4大类13条,和美乡村4大类16条,实力产业5大类18条,让各地、各相关部门在工作中有章可循、有据可依、有标可比,对标对表抓实抓细。

【功能镇区建设】 按照“一镇一规划、一镇一方案”的要求,全市共谋划项目941个,总投资40.3亿元。已开展项目446个,总投资约15.4亿元。已完成项目330个,完成投资约10.5亿元。充分利用自然人文禀赋,将“孝”的基调、“绿”的理念、“美”的元素,以及红色文化、乡土文化融入城乡建设中,立足镇情,围绕群众生老病死、衣食住行,以解决办事、就医、子女入学、留守老人吃住、生活设施“五个不便利”为导向,全面提升功能品味。安陆市烟店镇擦亮李白故里名片,确立“唐风古镇”特色定位,对接白兆山AAAA级景区和五言陆色农业观光园,按盛唐建筑风格改造集镇沿街800多间房屋,利用闲置农房改建乡村民宿,实现“村民变房东,房东变股东,股东变老板”,特色旅游小镇初具规模。

【和美乡村建设】 2021年,全市新创建省美丽乡村示范村90个、整治村357个。村庄生活垃圾收集和无害化处理率超过90%,卫生厕所普及率达93%。通过换届调整901名村党组织书记,组织建设不断优化。农村地区安装视频探头总数达1.5万个,实现了道路节点、人员聚散地、矛盾隐患点、事故多发地全覆盖,农村治安纠纷警情同比下降2.1%。开展法治宣传活动1000余场次,发放宣传资料10万余份(册)。整体推进村级债务化解工作,全市集体收入超过10万元的行政村达到1598个,负债10万元以下的374个村全部实现债务清零。建立各类红白理事会2245个,20万余农户评为十星级文明户,邻里关系、乡风文明有效改善,农民幸福指数有效提升。大悟县夏店镇朝阳村、云梦县城关镇西王村、安陆市洑水镇殷棚村获评第二批全国乡村治理示范村。汉川市杨林沟镇柏枝村、孝昌县花园镇冯山社区、大悟县三里城镇望山村获评第八批全国民主法治示范村(社区)。

【实力产业建设】 着力建设主导产业突出、规模效益显著、产业链条健全、综合竞争力强的优势特色产业集群。2021年,全市新增规模以上农产品加工企业23家,创建国家级农业产业园区1个、全国农业创新创业园34个,认定省级现代农业产业园10个、省级产业联合体14个。全国一村一品示范村镇14个,全市一村一品专业村镇56个,覆盖从业农户53026户、种植面积23.9万亩、水产养殖面积14.6万亩。汉川、应城小龙虾集群已纳入国家产业集群支持项目,安陆香稻、汉川莲藕已入省产业集群后备项目库,获批国家产业强镇示范项目5个。打造了中华老字号2个、中国驰名商标6个,隐形冠军4家(神丹、爽露爽米酒、神霖麻糖、龙王恨鱼饵),培育了“二品一标”435个,孝感米酒连续2年入选央视品牌强国工程,孝感香米、孝感米酒、汉川莲藕获评省优质区域公共品牌。

【宣传推介】 孝感市“三项行动”创新实践经验得到省政府办公厅、省乡村振兴局肯定和推介,10月26日、11月18日,省乡村振兴局在《湖北乡村振兴简报》,省政府办公厅在《政务要情》先后刊发孝感市“三项行动”工作经验。

11月16日、12月6日,湖北电视台对孝感市乡村振兴“三项行动”进行了专题采访报道。12月中旬,孝感市“三项行动”工作通过省委特色目标考核,应城市获评“中国乡村振兴示范市”。与湖北电视台孝感站、湖北日报孝感分社建立合作关系,聚焦国家、省级主流媒体重点推送孝感市“三项行动”典型人物、典型案例、典型经验,2021年在中、省

安陆黄巷村　　(市住建局 供图)

各类媒体上宣传乡村振兴“三项行动”共计194篇(条)。

【开展乡村振兴“三项行动”】 2021年,市委、市政府主要领导分别到各县(市、区)走访调研,先后召开市委常委会9次、市政府常务会6次、专题会5次,研究部署乡村振兴“三乡行动”。2月19日,召开全市三级干部大会暨市委农村工作电视电话会议,会议直达镇、村一线,市政府三位分管副市长分别就规划编制、和美乡村、实力产业、功能镇区做辅导报告。6月25日,在应城市召开全市乡村振兴“三项行动”现场推进会,总结上半年,部署下半年。11月26—28日,举行乡村振兴“三项行动”“路长制”拉练活动并召开考评工作会,会前,市领导率队用两天半时间深入31个项目现场进行考评;会上,市领导对拉练考评结果进行通报、点评,市委主要领导对全力推进“三项行动”各项工作落实落地落细做安排部署。注重统筹整合中省项目资金、地方财政配套资金、发行债券、土地增减挂钩指标交易、提取土地出让金、农村产权制度改革红利、市场主体捐助、村组和农户自筹等八个方面的资金60多亿元,集中投入乡村振兴“三项行动”,破解资金难题。围绕巩固脱贫攻坚成果和乡村振兴“三项行动”,对市直部门、县(市、区),镇、村、企开展考核,对2021年度推进巩固脱贫攻坚成果和乡村振兴“三项行动”排名靠前的县(市、区),分别奖补120万元,90万元和60万元,功能镇区奖励前10位的示范乡镇场各50万元,和美乡村奖励前30位示范村(社区)各10万元,实力产业奖励20家优秀龙头企业各10万元,激发各地创建热情。

(撰稿:胡颖)

蔡畈村帮扶就业车间,稳就业促增收。图为夏店镇荣辉鞋业

(市乡村振兴局 供图)

建设科技与建筑节能

【概况】 将绿色建筑与建筑节能发展目标纳入建设工作综合考核内容,制定《孝感市建筑节能与绿色建筑发展年度工作目标责任考核方案》,对全市建筑节能与绿色建筑发展目标任务进行细化分解,确保目标任务层层分解、压力层层传递、责任到边到底。全年新增建筑节能能力8.72万吨标煤,占全年任务4.65万吨标煤的187.5%;新增节能建筑524.09万平方米,占全年任务235万平方米的223%;竣工绿色建筑(含星级绿色建筑和超低能耗建筑)495.29万平方米,占全年任务141万平方米的351.2%;可再生能源建筑应用面积221.14万平方米,占全年任务112.5万平方米的196.5%;既有建筑节能绿色化改造96.33万平方米,占全年任务17万平方米的566.6%;完成散装水泥供应量258.5万吨,占全年任务242万吨的106.9%,水泥散装率达到68.7%;预拌混凝土供应量718.2万立方米,占全年任务431万立方米的166.6%;预拌砂浆应用量64.15万吨,占全年任务7万吨的916.4%。

【绿色建筑】 全市城镇新建民用建筑全面执行《绿色建筑设计与工程验收标准》(DB42/T1319—2021),积极推进绿色建筑星级标识申报工作,出台《孝感市绿色建筑标识认定和管理实施细则》,组织引导符合条件的项目申报绿色建筑星级标识,取得预拌混凝土绿色生产星级评价标识13家(其中三星级2家),6个产品获得星级绿色建材评价认证(其中5个产品获得三星认证),取得绿色建筑星级标识9个(其中二星级2个)。积极推动全市绿色建筑集中示范和高星级绿色建筑项目示范创建,3个省级绿色生态城区示范创建项目(孝感临空生态城区、安陆西城新区、大悟高铁新区)有序推进。

【建筑节能监管】 孝感市全面加强建筑节能和绿色建筑多方联动监管体系建设,把日常监管与绿色建筑星级标识创建工作紧密结合,抓实抓好新建建筑施工阶段节能监管。规范建筑节能设计、施工图审查、材料产品性能检测等行为，全面执行节能标准。完善建筑节能设计审查和新技术、新产品、新设备推广应用管理制度，加强建筑节能分部工程专项验收备案。强化参建各方责任主体对建筑节能质量的管理，严肃查处违反建筑节能强制性标准的行为。坚持日常巡查、季度检查、专项抽查的工作方式，共发出建筑节能季度检查通报4次，下达建筑节能监督抽查记录200余份、建筑节能整改通知书22份、督办通知书1份。组织开展全市在建工程项目建筑节能与绿色建筑发展检查，抽查项目29个(其中居建项目20个、公建项目9个)，下发反馈意见清单7份，并对检查情况在全市进行了通报。

【预拌混凝土市场管理】 孝感市组织开展《孝感主城区预拌混凝土(砂浆)布点专项规划》编制工作，编制《孝感市预拌混凝土生产质量控制指南》，规范孝感主城区预拌混凝土和预拌砂浆市场管理。坚持对孝感城区预拌混凝土(砂浆)企业开展周巡查，每季度对全市预拌混凝土(砂浆)企业进行专项抽查，形成常态化管理。5月25日至6月18日，围绕市场行为、资质条件、生产质量控制、绿色生产、安全生产等5个方面，市住建系统对全市45家预拌混凝土企业进行全覆盖生产质量控制专项检查。下达专项检查反馈问题清单42份，整改率达到100%。9月16日至27日，市住建系统对全市48家预拌混凝土(砂浆)企业进行全覆盖检查，下达反馈整改意见书8份，对3个县市区涉及的4个企业下达行政执法建议书3份，并将督办检查情况印发通报。

【“禁实”和“禁现”】 全市贯彻落实《孝感市扬尘污染防治管理办法》(市政府4号令)及相关文件精神，扎实开展“禁现”工作，孝感中心城区在建工程砂浆“禁现”率达到90%以上。完成2021年度5个县市区、11个乡镇“禁实”达标验收，其辖区范围内新建建筑全部使用非黏土实心砖，无黏土砖生产企业。孝感城区和各县市区城区在建工程全部使用新型墙体材料，“禁实”率达100%。

【可再生能源应用】 全市执行新建居住建筑和政府投资新建公共建筑至少应用一种以上可再生能源的规定，充分发挥政府投资项目的示范引领作用，强化居住小区、公益性建筑、保障性住房以及大中型公共建筑示范带头作用，积极推动太阳能、浅层地能在建筑中的应用，优化建筑用能结构。对具备应用条件的居住建筑，引导项目单位同步规划设计并安装太阳能热水系统、光伏发电，与主体建筑同步验收、同步投入使用。高新区棚户改造二期工程5个安置小区、48小学光伏发电安装总面积13280平方米，装机容量为1323.9千瓦，全面投入使用后每年可发电124.5万千瓦时。孝感云湖社区和西湖明珠傲梅阁楼可再生能源应用光伏发电安装面积1200平方米，装机容量108.75千瓦，投入使用后年发电11.4万千瓦时。

【绿色建材研发与认证】 孝感市以绿色评价和认证为抓手，抓好绿色建材创建试点，宏阳、中都、全洲扬子江的预拌混凝土，宏阳的干混砂浆，汉川和润环保材料公司的蒸压加气混凝土砌块获得三星绿色建材评价认证；着力引导建材产品提档升级，积极推动高性能混凝土的研发和实际应用，指导宏阳新型建材、远大、晟世等企业开发透水混凝土、全轻保温混凝土等新产品。大力推广磷石膏尾矿综合应用，积极推动湖北川冶宏基建材有限公司、湖北泰晟建设投资有限公司磷石膏绿色环保建材研发生产项目落地。

【行业宣传与培训】 孝感市充分运用中心信息网站、微博、微信群、QQ群、LED显示屏、宣传牌、悬挂横幅，制作预拌混凝土绿色生产短视频等多种形式集中展示建筑节能和绿色建筑成果，助力实现双碳目标；利用法治宣传日、建筑节能宣传周、日常巡查等形式共发放《孝感市建筑节能与绿色建筑宣传手册》500余份；向县市区行业管理机构、预拌混凝土企业和施工单位发放《预拌混凝土质量控制要点》单行本436本。协助省住建厅举办“规范生产行为、推动绿色发展”孝感巡讲会，各县市区行业管理机构人员和预拌混凝土企业技术人员共计182人参会；邀请省建科院专家对一线监管人员进行《绿色建筑设计与工程验收标准》详细辅导讲解；举办全市预拌混凝土企业实验室主任技能大赛；组织监管人员在崇文广场项目现场与企业管理人员开展了节能施工工艺、绿建关键技术等内容的互动式业务练兵活动；组织孝感城区17家预拌混凝土(砂浆)以及装配式建筑企业40余人对《机制砂应用技术规范》(DB42/T1761—2021)进行了培训；邀请省建科院专家在临空区佳兆业项目现场，面向临空区在建工程项目的建设、施工、监理等相关单位50余人，对《绿色建筑设计与工程验收标准》进行贯标。

(撰稿：何俊龙)

建筑市场

【概况】 孝感市出台《关于建设建筑业强市的若干意见》，从龙头企业培育、创先争优激励、建筑市场开拓等8个方面，强力推动建筑业大市向建筑业强市迈进。2021年，全市新增建筑业企业一级总承包资质企业8家、达32家，一级资质企业实现各县市区层面的全覆盖；新增建筑业纳统企业22家、达243家，总承包和专业承包资质建筑企业共957家，完成建筑业产值400.51亿元，同比增长14.68%。全市全年外出从事建筑劳务人员约40万人，年创劳务收入220亿元。建筑业转型升级步伐加快，全市共有宇辉中工、湖北澴宇、毅匹玺华誉、天欣木结构、杭加新材料等9家装配式生产企业，实现了PC构件、钢结构、木结构装配式生产企业类型的全覆盖，年合计设计生产能力达170万立方米，钢结构制品5.88万吨。2021年，新开工装配式建筑项目总应用面积80.52万平方米，连续四年超额完成省住建厅下达的既定目标任务。"孝感建造"品牌持续擦亮，荣获中国建设工程鲁班奖（国家优质工程）1项（孝感市文化中心项目）、省建设工程"楚天杯"9项。

【建筑市场管理】 孝感市强化建设工程招标投标监管，全年完成市本级及"三区"建设工程招标投标75个标段，总中标价21.8亿元，市本级房屋建筑和市政工程应招标率、应公开招标率、应监理率均为100%。组织开展建筑市场巡查和"三包一挂"专项整治，积极推行标后参建各方主体负责人约谈制度，持续规范建筑市场行为。提升施工许可审批服务质量，落实《告知承诺审批制度》，施工许可法定时间由15天压缩至1~2天，市本级核发施工许可41份。开展建设领域拖欠工程款问题隐患排查和建筑民工工资支付情况检查，严格执行建设工地实名制管理等"五项制度"。

【质量安全管理】 全市住建系统落实工程质量安全监管责任，常态化开展日常质量安全监督巡查、安全综合检查、重要时间节点重要环节部位质量安全监督，开展政府投资在建工程项目质量随机抽查、预防高处坠落等九大行动，下达质量安全监督文书共计723份，整改、回复率实现100%。加强质量安全信息宣传预警，发布各类宣传预警信息111条，服务人数达718人。加强特种作业人员和安管人员考试考核，组织特种工及安管人员考核考试9次，参加考试人数共9324人。强化"名录"管理，15家建筑起重机械"一体化"企业、23家作业脚手架和支撑脚手架搭设企业纳入"名录"管理，12个超规模危大工程建立台账并备案。开展建筑工地围挡集中整治专项活动，加强在建工程项目建筑工地围挡及标语设置检查督办，向城管执法部门移交违法违规问题线索10条。

【造价咨询服务】 市住建局向社会公开发布建筑材料价格信息12期，每期3367项，涵盖建筑装饰、安装、市政、园林、海绵城市等专业工程，及时为建筑市场主体合理确定工程造价提供依据，引导企业积极防范因价格上涨带来的工程造价风险。组织造价咨询类专家对20多个政府投资工程项目进行初步设计工程概算评审，提出造价意见和建议178条，基本实现优化完善设计方案及工程概算、合理确定工程造价和节省投资的目标。与市场监管局联合开展全市造价咨询企业"双随机、一公开"执业质量检查，规范造价咨询市场秩序。推进造价服务进企业，为建筑市场主体提供造价政策解答及纠纷调解服务50余次，深受市场好评。

【城建档案服务】 全市住建系统深入施工现场开展业务指导225次，参加51个单位工程项目联合竣工验收，接收审核79个单位工程竣工档案，核发建设工程档案合格证79份；接待档案查阅利用110人次，利用档案400余卷。加强城建档案业务管理，收集整理归档工程项目档案2000卷，完成档案数字化加工扫描2044卷，共计132942页。落实地下管线信息年度更新机制，积极开展年度地下管线修补测，更新70余公里地下管线数据。依托地下管线综合管理信息系统，不断完善地下管线信息查阅与跟踪服务机制，为70家单位提供地下综合管线图查阅与管线信息查询服务80人次。

（撰稿：何俊龙）

执行编辑：秦 荣

科技

科 技

综 述

【概况】 2021年，孝感坚持把科技创新摆在全市高质量发展的核心位置，大力实施创新驱动发展战略，着力创建创新型城市，全力打造全省区域创新创业新高地，聚合力、创品牌、育主体、筑平台、强保障，科技创新综合实力快速提升，科技创新为经济高质量发展提供了有力支撑。全市国家高新技术企业达到465家，评价入库科技型中小企业633家，科技型企业主板上市9家，“瞪羚”企业17家，省级以上技术创新平台达到210个（其中国家级7个），企业孵化载体达到195家，组建省级产业研究院1家、市级创新联盟4家。全市实现高新技术产业增加值406亿元，占GDP比重达15.86%。在2021年度全省科技创新综合考评中，孝感市、孝南区、安陆市表现优秀，汉川市、应城市进位显著受到省委、省政府通报表扬。

【科技创新】 市委、市政府高规格召开了全市科技创新大会，先后出台“黄金15条”“澴创人才计划”“加强人才发展激励促进科技创新若干措施4个文件”等系列政策，营造了浓厚的科技创新氛围。大力推进创新型城市创建、农业科技园区建设和高新区提能升级，强化品牌创建，区域创新体系建设力度显著提高。抢抓政策机遇，强化合作共建，主动对接武汉，借助武汉丰富科技创新资源，推动孝汉同城、科技同兴。突出企业创新主体地位，围绕企业需求量身定制专业化服务，推动企业创新发展。强化多部门协调联动，整合科技资源，科技赋能广度显著提高。

【科技体制改革】 根据孝感科技创新工作实际，整体推进国家创新型试点城市、国家知识产权强国建设试点市、国家农业科技园区“三大国字号品牌”创建工作，推动财政资金与金融资本同向发力，推动主城县域联动创新，形成了有效的经验做法。孝感除建成国家高新区外，汉川开发区获批国家经开区。孝感建成国家级农业科技园区，获得科技部批复授牌。孝感荣获全省科技创新先进市，安陆、孝南荣获全省科技创新先进县（市），应城、汉川荣获全省科技创新进位先进县（市）。

【科技生态建设】 2021年，市委、市政府高规格召开了全市科技创新大会，出台“黄金15条”“澴创人才计划”“加强人才发展激励促进科技创新若干措施4个文件”等系列政策，促进科技创新政策与财税、金融、产业、人才、土地、知识产权等政策进一步协同，营造有利于科技进步和科技创新的政策环境。政策从研发平台、孵化载体、科技型企业培育、科技成果转化等方面加大奖补，真金白银支持创新主体发展。市级财政新设立800万元科技研发与成果转化专项资金，进一步释放主体创新活力。政策突出人才在科技创新活动中的支撑作用，加强对“高层次、急需紧缺人才和产业领军人才”的引进，对于顶尖人才团队实行“一事一议”，最高给予500万元奖励资助。实施“澴创人才计划”，市本级拿出1000万元支持产业创业人才、企业创新人才和事业单位创新人才，充分激励人才开展科技创新。

【开展“百年回望，中国共产党领导科技发展”主题科技周活动】 5月21—28日，市委宣传部、市科技局、市科协联合举办“百年回望，中国共产党领导科技发展”主题科技活动周活动。这次的科技活动周以科学普及与科技创新同等重要为主线，组织开展流动科技馆巡展、主题科普宣传、全国科技工作者日、气象科普进校园、科普进社区、创新政策宣讲、科技下乡等系列科普惠民活动，营造浓厚的创新创业氛围，为孝感创建国家创新型城市凝聚合力。

诺克特药业特色植物活性成分提取中试基地环形提取器 (市科技局 供图)

科技创新

【概况】 2021年,科技体制改革以孝感国家农业科技园区建设为主要任务已完成年度目标,核心区入驻规上企业46家,其中涉农高新技术企业22家、省级以上农业产业化龙头企业13家,高新技术产值达81.6亿元,综合产值108亿元,年实现利润6亿元,科技成果转化和引进农业新品种、新技术、新工艺200项,园区总投资24.72亿元,其中核心区9.16亿元、示范区15.56亿元。龙头企业带动能力明显提升,农产品加工示范基地、乡村振兴创新示范基地、创业基地辐射带动能力显著增强。2021年度,孝感国家农业科技园区被科技部验收通过。

【创新体系建设】 创新型城市创建。2021年,孝感市出台《孝感市创建国家创新型城市工作方案(2021—2023)》《进一步激发全市科技创新活力的若干措施》《孝感市支持新一轮企业技术改造若干政策》等文件,健全科技创新奖补机制,进一步完善"1+2+N"科技创新政策体系,提高科技创新政策供给质量。同步启动了湖北省创新型城市创建工作,市政府向省科技厅报送了申请创建湖北省创新型城市的函。4月6日,孝感市科技创新暨创建国家创新型城市推进大会召开,要求把科技创新摆在全市发展全局的核心位置,统筹贯通,补齐短板,合力攻坚,加快推进国家创新型城市创建,为打造武汉城市圈副中心提供有力的科技支撑。国家农业科技园区建设。

【创新主体培育】 2021年,孝感市推行"部门+中介"服务模式,主动协调财政、税务、市场监管等部门,充分发挥科技中介机构"助手"作用,结合科技中介机构的市场优势,在合力培育创新主体、合力开展创新政策宣传培训、合力健全科技管理服务体系等方面不断完善工作机制,进一步畅通科技服务企业的"最后一公里"。建立高新技术企业申报和科技型中小企业入库后备信息库,做到培育一批,动员一批,认定评价一批,储备一批,提高了申报工作质量。对全市首次申报的高新技术企业和科技型中小企业开展走访全覆盖,组织集中培训活动8场次,培训企业近540家,发放政策资料600多册,有效提高了创新主体对相关政策的知晓率。2021年,全市高新技术企业达到465家,比2020年增长22%;入库科技型中小企业达到633家,比2020年增长67.46%。全市科技领域围绕创新主体培育兑现的奖补资金规模超过2000万元,为相关主体创新发展提供了有力支持。大力开展孵化器、众创空间等孵化载体建设,全市新获批国家创新型产业集群1家,省级孵化器1家,各类孵化载体孵化培育科技型创业企业300余家。精心组织创新主体争取各级各类科技项目支持,争取省级以上科技项目38项,获得资金支持1810万元,为相关企业创新发展提供了有力资金支持。

【创新平台建设】 2021年,孝感市科技局与武汉市科技局合作,共同策划建设孝感(武汉)离岸科创中心,充分利用武汉科技成果、人才、项目等资源,打造研发、孵化、展示等多功能、跨区域协作平台。推动湖北盐产业技术研究院与武汉轻工大学合作开展技术研发和科技成果转化工作,目前已储备重大科研成果11项。组建孝感产业技术研究院、粮油机械制造产业技术研究院,其中,孝感产业技术研究院已申报省级。组织江北机械等细分领域龙头企业与高校院所共建企业创新联合体3个。组织长征装备、福星生物等企业与中科院、华中科技大学等高校院所合作,深入开展新型研发机构建设,2021年已申报省级企校联合创新中心29家,新建市级企校联合创新中心35家。孝感市共建成省级以上技术研发平台130余家,其中省级产业研究院1家(湖北省盐产业技术研究院),省级重点实验室2家(红阳特种焊接技术实验室、湖北工程学院特色果蔬重点实验室),省级成果转化中试研究基地5家。

全市建成孵化器、众创空间25家，其中国家级1家、省级14家。

（撰稿：吴　俊）

科研及成果转化

【概况】 2021年，孝感市县科技部门深入研判中、省科技项目政策精神，建立了实施一批、申报一批、储备一批的工作机制，推进各类科研项目实施。全年全市争取中、省科技计划项目38项，获得无偿资金支持1810万元，较2020年度增长16.78%。这些项目的成功实施，带动各类创新主体研发投入1.5亿元，攻克技术难题50余项，创造各类知识产权130余项。其中，航天重型工程装备有限公司承担实施的2021年度湖北省重点研发计划项目“高性能重载智能网联车辆控制关键技术研究”，针对智能网联下的重载车辆整车控制，从“重载智能网联车辆的感知定位与实时建图、多车辆多任务优化调度与路径规划、重载智能网联车辆的健康状态监测与故障预警、多种类物料低残余率自适应快速自动装卸”四个方面展开研究，通过关键技术攻关与示范应用，实现重载智能网联车辆自动驾驶系统的集成与融合，为推进智能网联车辆产业化进程提供关键技术支撑。孝感科技型企业研发生产的温度传感器、特种汽车等产品，在国内外具有较强影响力。

【科技成果及转化】 2021年，全市共转化各类科技成果118项，完成技术合同登记55.29亿元，成功获批省级成果转化中试基地4家，即：湖北诺克特药业股份有限公司特色植物活性成分提取湖北省中试基地，湖北回盛生物科技有限公司兽用发酵原料药湖北省中试研究基地，湖北美林药业有限公司心血管类应急药物湖北省中试基地，湖北神丹健康食品有限公司蛋品高值化加工技术和装备湖北省中试基地，全市省级以上科技成果转化中试基地达到5家。湖北省盐产业技术研究院与天津科技大学、益盐堂（应城）健康盐制盐有限公司、孝感广盐华源制盐有限公司等高校和企业，签署了成果、技术、专利入库及转化协议，储备了11个待转化成果。

【技术合作】 2021年，市科技局积极推动湖北亨德利医疗器械有限公司与湖北工程学院达成开展“造口袋医用水胶体辅料研发”项目合作协议，双方将重点围绕健康医疗等领域展开深度合作，共同打造高水平产学研合作平台，推进成果转化产业化，构建产、学、研、金、服、培多功能融合的新阵地，助力区域经济高质量发展。

【“线型高分子材料制品回收利用和降解”技术应用】 2021年，湖北航天长征装备有限公司为解决现有包装材料不容易分解回收、废弃物污染环境的问题，经科技部门牵线及持续跟进，与中科院长春应用化学研究所就“线型高分子材料制品回收利用和降解”达成合作，成果转化金额达300万元。双方合作以来，项目运行情况良好，企业不但成功解决了高分子塑料材料导致环境污染的技术问题，还通过回收再利用原料制备高附加值的滚塑产品，实现了良好的经济效益和社会效益。

（撰稿：吴　俊）

科研人才

【概况】 2021年，孝感积极实施百名博士联百企专项行动，先后邀请中南民族大学、武汉轻工大学负责人来孝就科技人才合作事宜进行了磋商。新吸纳30余名武汉专家人才加入百名博士联百企专项行动，零距离服务孝感科技型企业创新发展。全年累计推进科技成果在孝转化过百项。

【科技人才引进】 2021年，孝感依托科技研发平台扎实推进柔性引才工作，湖北省盐产业技术研究院引进天津科技大学邓天龙教授团队，主持开展“富硒植物盐”项目研究与开

航天重工全球最大吨位无人驾驶自卸卡车　（市科技局 供图）

富邦OPC亚太研发中心　　（市科技局 供图）

发,作为省级科技创新专项,已进入产品中试阶段,第一批中试产品200吨已交付完毕,第二批400吨订单正在生产中;由武汉轻工大学王学东团队主持的“健康代盐小分子肽的研究与开发”已完成立项,进入正式研究阶段,申报了湖北省重大科技专项项目——《植物有机硒食用盐新产品关键技术研究》。

【开展科技人员服务企业专项行动】 2021年,全市496名科技特派员在孝领衔创办农民专业合作社277家,累计推广农业新产品、新技术122项,在助力脱贫攻坚和乡村振兴中发挥了重要作用。疫情过后,为帮助全市科技型企业、农民专业合作社能够快速恢复生产,组织省市县三级科技特派员网上指导抗疫和生产技术服务,累计为群众带去科技防疫信息2.1万余条。孝南的省级科技特派员张洪涛、孝昌的市级科技特派员周金云、安陆的县级科技特派员胡想明等11人指导一线抗疫和生产的典型事迹在全省科技系统得到宣传推广。

（撰稿:吴俊）

科技投入

【财政科技投入】 2021年,孝感市地方财政科学技术支出99236万元(本级为14660万元,孝南区21007万元,孝昌1174万元,大悟5306万元,安陆3295万元,云梦12996万元,应城15641万元,汉川25157万元),其中本级属于研发投入的财政支出为39万元。全市地方财政科技支出同比增长为−12%。

【社会科技投入】 2021年,孝感市全社会研发投入经费为39.53亿元,同比2019年增长了6%,在全省排名第5位,2020年度研发投入强度(研发经费占GDP的比重)为1.80%,在全省排名第6位。

【科技金融】 2021年,市科技局与交通银行、民生银行等股份制银行及市政和信用担保公司签订战略合作协议,银行机构为科技型企业提供包括流动资金贷款、中长期项目贷款、项目临时周转贷款、银行承兑汇票、贴现以及保理等综合化金融支持,在授信额度、期限配置、贷款方式等方面给予倾斜。帮助100余家科技型企业与金融机构实现成功对接,其中60家企业与金融机构建立了授信关系,帮助科技型企业融资超过10亿元。全市共有5家上市企业,11家新三板挂牌企业,290家四板挂牌企业,其中在武汉股权托管交易中心股份企业板挂牌企业达257家,排在全省第4位;培育5家省级上市后备“金种子”企业,18家省级上市后备“银种子”企业。

（撰稿:吴俊）

知识产权保护

【概况】 围绕湖北省知识产权重点工作任务,健全知识产权保护体系,提升全市知识产权效能,优化知识产权保护环境,知识产权工作取得明显成效。2021年,全市新增专利授权5709件,同比增长33.1%,有效专利拥有量达17820件;全市有效发明专利2353件,全市万人高价值发明拥有量达到1.25件,居全省前5位。全市企业专利荣获中国专利奖优秀奖1项,首届湖北专利奖金奖1项,湖北省高价值发明专利大赛优秀奖1项。2021年年底,在国家对湖北省委省政府知识产权保护工作检查考核中,孝感代表湖北省委省政府迎接了考核组的实地检查,湖北省荣获优秀等次。在省委对地方政府知识产权行政保护绩效考核中,孝感市获得优秀等次。在2021年国家知识产权行政保护绩效考核中,孝感市位居全国第45位,全省第一位。

【知识产权大保护格局建立】 孝感市委、市政府高度重视知识产权保护工作,2021年6月出台《关于强化知识产权保护的若干措施》，并将知识产权保护绩效纳入对各级党委政府绩效考核、优化营商环境评价体系，建立25个市直部门组成的孝感市知识产权联席会议制度，分管副市长担任召集人，形成“高位推动、齐抓共管”知识产权大保护工作格局。

【知识产权保护管理】 在全市60个基层市场所及重点产业密集园区设立知识产权维权工作站，为辖区企业提供知识产权综合性维权服务。设置举报投诉箱97个，并公开举报投诉电话，为基层提供快速维权服务。在各县（市、区）设立知识产权纠纷人民调解委员会。2021年，办理线上线下知识产权侵权纠纷投诉案件93件；指导县（市、区）局办理专利案件11件。受理外部门外地区移送专利侵权案件3件；依管辖权及时向外部门外地区移送商标侵权案件3件。

【知识产权运用】 出台《孝感市知识产权质押贷款试点办法》，将质押贷款政策拓展到商标及版权；出台《孝感市促进专利转化助力中小企业创新发展专项计划实施方案（2021—2023）》，推进专利技术在中小企业转化应用；制定《孝感市专利转化专项计划资金管理办法》，对专利质押融资备案登记、专利产品备案登记以及专利托管、交易、作价入股等市场化运营活动明确资金支持标准。9月14日组织召开孝感市知识产权优化营商环境暨质押融资银企对接会。会上，湖北爽露爽等3家企业分别与湖北银行进行知识产权质押融资现场签约，签约金额共计2200万元。其中，专利质押融资项目1个，涉及金额700万元，专利质押融资工作实现零的突破。2021年，全市累计促成专利质押融资项目2个，质押融资金额突破1300万元，涉及专利12件。2021年3月，市知识产权局在全省知识产权专利转化专项计划推进会上作了典型经验交流发言。

【知识产权文化建设】 围绕“4·26”知识产权宣传周、知识产权服务万里行等系列活动，举办知识产权培训、竞赛、宣传及企业扫零活动等24场。累计发送宣传资料4000余份，信息近6000条，知识产权线上培训1千余人次。在全市57个市场主体及政府网站公开了知识产权保护制度。引进11家知识产权服务机构，促进公共服务全覆盖。拍摄孝感市知识产权保护与优化营商环境专题宣传片，大力宣传孝感市知识产权保护工作成绩。2021年，全市奖励知识产权示范企业资金250万元；奖励发明专利授权资金140万余元；争取省“三大工程”转化引导和发展资金120万元。

（撰稿：鲁小华、钱志强）

执行编辑：秦荣

教育

教 育

综 述

【概况】 全市有各级各类学校1417所，在校生67.57万人，教职工数5.62万人（专任教师4.46万人）。其中，幼儿园696所，在园幼儿122533人；小学448所，在校生282394人；普通初中186所，在校生131342人；普通高中56所，在校生69502人；中等职业学校20所，在校生29975人。特殊教育学校7所，在校生927人；高校4所，在校生38983人。

【校园建设】 孝感市教育事业发展“十四五”规划编制按计划有序推进，市直学校校园布局规划编制完成。继续实施“义务教育薄弱环节改善与能力提升”计划，完成投资3.46亿元，涉及学校271所项目383个。投入3674万元，孝感市工业学校产教大楼建设项目竣工验收。投入800余万元，新建、改建考点6个、考场300个和市级指挥平台。东城区澴川学校和黄香路小学正式交付孝南区使用。

【教师队伍建设】 印发师德师风建设实施方案，开展师德主题教育和“学党史、铸师魂”主题征文，参评征文354篇。全市招聘教师1371人。76名退休教师参加“银龄讲学计划”。全市农村骨干教师津贴发放2301万元，惠及3198名农村骨干教师。首次与黄冈师范学院定向培养优秀教师30名。全面实施中小学教师“县管校聘”管理改革，实行工作月报制度，组织开展专项督查，联合市委编办进行专题调研。全市102名中小学校长参加首届“槐荫教育校长论坛”。落实信息技术应用能力提升（国培）24625人、其他国培4220人，省培1407人。举办孝感教育大讲堂12期，培训8000余人次。开办国学论坛2期，培训500余人次。实施第二届教师梯级专业荣誉评选，五级专业荣誉共评选表彰1977人。开展中小学有偿补课和教师违规收受礼品礼金问题专项整治，《孝感市中小学师德师风建设情况调研报告》获市委优秀调研成果一等奖。

【教学研究】 组织开展“订单式”教学视导20次，随堂听评课共计260节、查阅资料1200余册、反馈总报告6场次，促进校本研修和联片教研活动的开展。送教下乡7次，各学科开展教学研讨活动19次，通过开展优质课评选、教师素养大赛、青年教师基本功大赛等，着力提升教师专业水平。探索“小初一体化”和“联片”教研模式，提高教学视导效果。制订《集体备课三年行动计划》，进行9批次学科集体备课展示活动，开展7次集体备课检查，评选集体

10月14日，孝感市举办首届槐荫教育校长论坛　　（市教育局 供图）

备课先进单位，增强学校开展集体备课的意识，提高集体备课的针对性、实效性。6项课题获得省教科规划办立项，2项为省重点课题。组织开展课题研究检查4次，组织课题现场开题5次，对14项课题进行中期指导，对23项省、市级课题结题。组织开展全市教育科研先进单位、个人及优秀成果评选活动，遴选推广优秀成果。

【教学质量管理】 制订教科研质量提升三年行动计划，建立完善教育质量评价体系。组建“名师+”研修共同体，授牌省级名师工作室3个、市级名师工作室35个，其他名师工作室85个。开展“订单式”教学视导15次、5次名师送教下乡活动。优秀课例获“湖北好课堂”106节，全省中小学班主任基本功和思政教师教学基本功展示特等奖1人、一、二、三等奖共12人。2021年高考特殊线上线4604人，同比增加269人。学科奥林匹克竞赛，4人荣获省一等奖。全市中考优秀率同比增长1.58%，合格率同比增长0.21%。技能高考再创佳绩，全市技能高考达到本科线286人，较2020年增加71人，高职高专线6475人，上线率96%。

【教育信息化建设】 省级数字校园7所、市智慧校园11所、市数字校园101所，县(市、区)级数字校园学校覆盖率达到80%。1个县(市、区)、3所学校分别入围全国网络学习空间应用示范区域(全省3个)和示范学校(全省10所)。获评全省“基础教育精品课”一等奖68节。举办教育信息化交流展示——e教县县行，评选全市中小学优秀首席信息官(CIO)9名、信息化型学科教师28名。开展学生信息素养提升实践培训，机器人代表队获全国创新之星(一等奖)。组织开展中小学实验教学改革实验区创建，评选实验区1个、实验校10所、名师实验室20个。《开展微视频在小学科学实验教学中的应用与实践研究》入选湖北省信息技术研究2021年度重点课题。

【体卫艺工作】 印发《关于进一步推进全市中小学体育艺术“一校一品”工作的实施方案》，召开现场推进会，评选优秀案例25个、“十佳示范学校”10所。积极举办孝感市青少年校园足球联赛。举行全市中小学健康促进行动启动仪式，对300余人进行中小学健康促进培训，对180余人进行中小学保健教师培训。举行“5·20中国学生营养日”、营养与膳食、控烟健康教育等主题活动，参加师生600余名。在全市开展“全国爱眼日”主题健康教育活动，共推荐防近健康教育课93节。制定儿童青少年近视防控暗访量化表，联合卫健、文旅、市场监管部门对各地近视防控工作进行暗访督查。投入200万元，建成全省首个综合防控儿童青少年近视科普指导中心。

10月28日，“学转英超”项目暨全市校园足球骨干教师培训活动开幕
(市教育局 供图)

【教育行政审批】 持续巩固提升9项“一事联办”事项办理成效，年办件总量32件，为企业群众累计减少跑动128次、减少提供材料1248份、减少填写项目3328个，社会反响好。设立“一窗通办”综合服务窗口。大力压缩审批时限，高中阶段教师资格认定由法定时间45天，压缩到13天；中职学历证明由法定30天，压缩到1天；高中阶段民办学校审批由法定90天，压缩到15天。公共服务事项承诺时限压减率超过70%，切实提高了审批效率，保证承诺兑现，增强了群众的获得感。

【校园安全】 市政府印发《加强中小学生身心健康和生命安全工作实施方案》，试点县(市、区)3个、试点学校12所、监测学生2万余人，初步建立青少年健康指数和学校健康促进工作体系。切实抓好教育系统疫情监控，坚持疫情日报告、零报告。全市投入“四个100%”建设资金约6500万元。组织完成10类18次考试，参考考生共计230679人，全面落实考点“1+3”(即1名疾控专家担任考点副主考,3名专业人员组成的研判小组)防疫要求,实现安全、平稳、顺利的工作目标。以防溺水、交通、食堂、消防、预防毒品、防校园欺凌等为重点开展主题安全教育、专项整治、百日行动。发放《致中小学生家长的一封信》和《暑期安全温馨提示函》63万份,发放防电信诈骗温馨提示100万余份、倡议书51万余份。开展安全演练3308场次,组织开展4000批次校园安全大检查,排查出各类安全隐患6875处,下发整改通知书723份,全部督促整改到位。全市中小学幼儿园A级食堂113所,B级食堂867所,省级“放心食堂”35所,市级“放心食堂”428所,明厨亮灶1026所。联合市消防救援支队编制消防安全教育读本。评选“平安校园”20所,9所学校获评“湖北省示范平安中小学、幼儿园”。

【法治建设】 全面推行行政执法“三项制度”,完善证明事项告知承诺制度,严格落实行政执法人员持证上岗和资格管理制度。全面完成“双随机一公开”联合督查和系统内督查工作任务,“互联网+监管”工作常态化顺利推进。开展《孝感市教育系统全面建立依法办学负面清单制度实施方案(试行)》落实情况专项抽查,加强教育系统诚信制度体系建设,推动依法行政、依法办学、依法从教落实落细。组织开展全市教育系统“宪法宣传周”系列宣传活动。开展全市中小学校现代学校制度建设落实情况专项督查并印发问题通报,全市实现完全学校“一校一章程”建设100%目标,中小学校内部治理结构逐步完善,运行机制更加顺畅,办学活力得到彰显。

【控辍保学】 选聘60名城区教师参加“三区人才支持计划”,助力乡村教育振兴计划。全市资助学生169306人次,资金15374.904万元。市委、市政府将控辍保学工作纳入对县(市、区)推进乡村振兴战略实绩考核内容,义务教育适龄儿童失学辍学实现动态清零。

(撰稿:熊庆国)

学前教育

【小区配套幼儿园治理】 制定《孝感市落实普惠及公办占比目标工作实施方案》,努力推动学前“两率”提升。全市争取中省专项资金8139万元,支持公办园建设、改善办园条件,扶持普惠性民办园发展。全市公办学位新增3513个。全市共新认定普惠性民办幼儿园113所,惠及幼儿21446名。省市级示范性幼儿园达50所。

【保教管理】 2021年,科学编制孝感市第四期学前教育行动计划,组织开展丰富保教活动。印发《孝感市推进幼小科学衔接工作实施方案》。开展幼儿园管理“县县行”活动,共督查园所16所。开展全市幼儿园户外自主游戏案例评选活动,共评选出一等奖7个、二等奖12个、三等奖12个。

【实施“万个公办幼儿园学位扩充”实事项目】 全力推进“万个公办幼儿园学位扩充”实事项目,印发《孝感市教育局等八部门关于贯彻落实〈湖北省“万个公办幼儿园学位扩充”实事项目实施方案〉的通知》。“万个公办幼儿园学位扩充”实事项目建成开园31所,在建29所。联合住建部门开展城镇小区配套幼儿园安全排查工作,消除安全隐患。

(撰稿:熊庆国)

基础教育

【义务教育】 开展《义务教育学校管理标准》专项督查,持续开展县域义务教育优质均衡发展创建和落实对标补短。充分发挥教育督导功能,将教师待遇落实情况、消除“大班额”等10项重点工作纳入督导范围。市、区义务教育学校管理体制依法调整到位,14所学校划转至孝南区及市直“三区”。组建孝感、黄冈、咸宁三地中考协作体,三地中考统一考试时间、统一命题、统一质量分析。全面推进学区化、集团化办学,选派学习团队参加国家教育行政学院“名校集团化”专题研修班学习。将全面推动学区制、集团化办学体

9月11日,孝南区中小学生校外教育基地正式投入使用　（市教育局 供图）

制改革列入对县(市、区)教育部门年度考核,印发推进情况通报,全市学区化、集团化覆盖率达84.47%。2021年全市义务教育阶段大班额较2020年下降11.18%,超大班额下降3.81%。

【高中教育】 稳步推动高中阶段学校考试招生制度改革,落实湖北省高校招生录取制度改革及参考使用综合素质评价结果配套制度,"新高考"首考平稳落地。大力推进学生生涯规划教育,帮助学生合理确定选择高考科目,将国家需要、高校需要和自身兴趣爱好、学科特长有机统一起来。印发《孝感市消除普通高中大班额专项规划(2021—2023年)》《孝感市2021年消除普通高中大班额工作方案》,压实消除"大班额"责任,继续实施普通高中学校改造计划。2021年,全市普通高中"大班额"较2020年下降12.64%,"超大班额"下降2.92%。组建了孝感市普通高中协作体和孝感市重点高中协作两个平台,体充分发挥了平台在质量分析、教学管理、课程设置、复习计划等方面的沟通功能和协调作用。出台《孝感市2021年普通高中体育艺术特长生招生考试工作方案》,实现了体育艺术特长生招生考试的"统一组织、统一标准、统一组考、统一录取",有力促进了全市普通高中特色发展。制定《孝感市民办高中招生奖励办法》,激发了民办高中的办学热情。

【特殊教育】 开展特色课程研究,发挥残疾人教育专家委员会及特殊教育资源中心作用,提高残疾儿童接受教育的安置率。印发《孝感市2021年巩固和提高特殊教育普及水平工作方案》,不断完善教育安置办法。落实"一人一案"档案管理,适龄残疾儿童义务教育入学率97.29%以上。全市5所特教学校开展职业技能培训,市特校挂牌"学前教育部"。全面推进融合教育,推动特殊教育资源中心建设,举办了首届"融合·康复"运动会。督促全市7个特殊教育资源中心建立随班就读指导机制,从教育安置、课程安排、康复训练、个案训练、评价方式、测试评估等工作定期到区域内普通学校进行指导,帮助建立资源教室,残疾学生获得感不断增加,家长和社会满意度不断增强。

【养成教育】 成立首届德育工作指导委员会,发挥骨干教师引领作用。制定《落实中小学"五项管理"工作实施方案》,印发《致家长的一封信》,落实中小学德育工作指南典型案例获教育部优秀案例1个、省级优秀案例3个。结合建党一百周年,积极开展新时代好少年评选及童心向党演讲等活动,全市10名学生获得新时代好少年称号。制定了《孝感市义务段学生阅读习惯培养实施方案》,评选书香校园15所、阅读之星100名,遴选"一校一品"示范校10所、优秀案例25个。开展了"孝行天下·书写孝感"首届中小学教师书法大赛活动,掀起了全市师生的书写热情。评选"最具影响力校训""最高传唱度校歌""最佳创意性校徽"各10个。认定首批校外劳动教育基地17个,孝感市成功入选中央电化教育馆"新时代学校美育劳动教育数字资源建设与应用众筹众创"共同体。全国校园足球特色学校(幼儿园)达到81所。

【"双减"工作】 联合市场监管、民政等七部门印发《孝感市学科类校外培训机构规范整治行动方案》,联合开展校外培训机构专项整治,共摸排校外培训机构935个,对710个培训机构开展了累计68次联合执法检查,发放整改通知书588份,终止培训业务238个,依法取缔违法违规培训机构30个。全市学科类校外培训机构数量压减149家,压减率达88.7%;应开展课后服务的468所义务教育学校全部开展服务,学生、教师参与率分别达到99.11%、96.79%,基本实现了全时段、全学段、全覆盖,家长对"双减"工作的满意度达到96.39%。

(撰稿:熊庆国)

职业与成人教育

【职教专业建设】 2021年,争取省级中职发展引导奖补资金两批次,共计3888万元,涉及9所中职学校,改善教育教学设施、实训设备和后勤保障条件。积极开展"1+X证书"试点。全市"1+X"试点学校14所、试点专业累计达128项,与29家培训认定企业进行网上培训和对接,初步建立起职业资格证书教学、培训、考核、认定和证书发放协同机制。共10所学校,20个专业进行了调整或增设,包括工业机器人技术应用、电梯安装与维修、音乐表演、运动训练等专业,全市共8所学校13个专业被省教育厅批准为中高职衔接"3+2"招生目录、获得招生资格。

【产教融合】 积极开展校企合作,采取"走出去、请进来"方式,探索"把企业建在学校,把学校办在企业"的校企合作模式,建立"上海电梯班""爱士达班"等校企合作班19个,每个专业至少联系对接3~5家企业或用人单位,全市参与校企合作的企业157个,校企共建的专业布点数51个,合作企业每年接受学生实习8000多人次。全市中职校长联系企业达900多家,加强学校与企业联动、对接,建立稳定的校企实习实训

10月19日，第二届湖北职教文化论坛暨中职学校文化建设现场推进会举办

（市教育局 供图）

基地和就业实习合作机制。联合在孝高校举办毕业生就业供需见面会，吸引企业1000多家，提供就业岗位5000多个，达成就业意向1000多人。9所中职学校16批次组织专业课教师到本地骨干企业现场学习观摩实践，提升教师教学针对性和校企合作融合度。起草《推进职业院校校企合作产教融合指导意见》。完成市政协关于《增强职业教育适应性》工作专题视察调研。开展《职业教育人才供给与产业需求情况》调研。

【职业技能培训】 全市共9所中职学校以脱贫人口为重点，采取送训下乡、集中办班等多种培训形式，为农民工、城乡再就业人员开办叉车、电工、焊工、育婴师、中式烹饪等技能培训30余期，培训学员近2000人，为企业行业在职人员开展业务提升培训1132人次，有力推动了就业创业工作。为农村基层两委培养骨干。2021年“一村多”项目完成计划招生480人。

【职教文化建设】 全省职教文化论坛及中职校园文化建设现场推进会在孝感召开。教育部、职教学会、知名企业等6位专家作专题报告。成立了9个职教专业中心教研组，召开全市中职德育工作研讨会。完成国、省中职教师发展培训计划78人次。同时，组织300多人次参加“职教论坛”“三教改革”“校企合作”等线上培训6期。孝感工校通过省教育厅教学诊改复核验收。举行全市第十三届中职学校职业技能大赛，17所中职学校656名选手参加比赛。举办“职业教育活动周”启动仪式，策划“职业体验日”“大国工匠进校园”“少年工匠心向党，青春奋进新时代”等活动80余个，5万多人参与。

（撰稿：熊庆国）

湖北工程学院

【概况】 2021年，学校校园占地面积1748亩，建筑面积72.59万平方米，教学科研仪器设备值2.57亿元，馆藏图书371万册。设有18个教学学院，举办1所独立学院，各类在校生20000余人。学校是国家“十三五”产教融合发展工程（应用型本科高校）重点建设高校、“互联网+中国制造2025”产教融合促进计划试点院校、首批湖北省2011计划高校，荣获“全国文明单位”“湖北省生态园林式学校”“湖北省文明校园”，位居2021软科中国大学排名第386位。学校现有在职在岗教职员工1300余人，其中专任教师915人，其中硕士研究生及以上学历（学位）789人、高级职称455人；省部级创新团队14个、教学团队9个，各类政府津贴获得者、楚天学者、湖北名师、澴川学者33人，国家和省级各类荣誉专家19人。《湖北工程学院学报》“中华孝文化研究”为教育部名栏。学校不断完善学科专业体系，坚持优先发展工学，打造农学、理学比较优势，实现经、法、教、文、理、工、农、医、管、艺等10大学科交叉融合、协调发展。建有农业资源与环境、材料科学与工程、光学工程、教育学、植物学5个省级重点学科。“生物质基功能材料”和“特色农业资源开发与高效利用”优势特色学科群获批“十四五”湖北省高等学校优势特色学科（群）。湖北省楚天学者计划设岗学科12个。本科专业64个，其中国家综合改革试点专业1个，全国高等学校特色专业3个，“国家卓越人才培养计划”专业2个，省级本科品牌专业4个，省级综合改革试点专业6个，省级战略性新兴（支柱）产业人才培养计划专业6个，“荆楚卓越人才”协同育人专业6个。1个专业入选国家级一流专业，现有省级一流专业19个，国家级一流本科课程3门，省级一流课程28门。

【湖北工程学院第二次党代会胜利召开】 高质量召开了第二次党代会，回顾并总结了学校第一次党代会以来取得的各项成绩和宝贵经验，选举产生新一届两委委员和党委领导班子成员、纪委领导班子成员。提出“申硕”“更大”“创一流”的“三步走”发展构想，按照“四个聚焦”（聚焦一个定位——地方性、综合性、应用型的办学定位、聚焦两个重点——“申硕”与“转型”、聚焦三项改革——人才培养制度改革、教育评价制度改革、干部人事制度改革、聚焦四类学科——引领学科、强基学科、新建学科、协同学科)、五大战略(“质量立校”战略、“人才强校”战略、“特色兴校”战略、“开放活校”战略、“服务荣校”战略)、六个湖工(“人文湖工”“绿色湖工”“智慧湖工”“开放湖工”“活力湖工”“幸福湖工”)总体部署,全力实施“八项工程”(“立德树人”工程、“学科建设”工程、“协同创新”工程、“人才集聚”工程、“开放发展”工程、“治理提升”工程、“文化引领”工程、“资源保障”工程),努力建设工程教育卓越、办学特色鲜明的国内应用型一流大学。

【应用型学科专业体系建设】 专业建设和课程建设加快推进,协同育人能力不断提升,人才培养质量保持较高水平。打造“两个负责制”升级版,教育教学基础进一步夯实,专业和课程建设梯队逐步完善。申报5个省级一流专业,1个中外合作办学本科项目,完成2个师范专业认证专家进校考察准备工作。获批国家级一流本科专业1个,省级一流课程15门,建成“春晖课栈”一体化课程平台,新建在线课程26门,学校再度被评为地方高校优课联盟“突出贡献单位”。获批教育部产学合作协同育人项目30项,省级教学研究课题9项。获批省级优秀基层教学组织4个,新增校外实习实训基地19个,608名学生参与“我选湖北·立业孝感”计划。学生获学科竞赛省级以上奖项508项,其中国家级47项,在2021年全国大学生电子设计竞赛中,再次刷新历史,荣获全国一等奖,并获湖北省本科组“TI杯”;全年立项大学生创新创业项目146项,其中国家级20项,省级60项;479名学生考研上线,其中被国外大学录取11人。开展“云招聘、云宣讲、云面试”,精准帮扶就业困难学生322人,高质量就业比例进一步提高。奋力推进申硕攻坚战,持续推进“双一流”建设,扎实推进联培研究生工作。坚定申硕目标,紧盯申硕核心指标,持续厚基础、强长项、补短板。制定并实施《2021—2023年申硕工作方案》,设立专项经费,完善考核办法。申硕工作各项核心指标稳中有进,全面提高。坚持内涵发展,新增“生物质基功能材料”“特色农业资源开发与高效利用”2个省级优势特色学科群,培育“乡村振兴规划与建设”“智能信息处理与新一代信息技术”校级优势特色学科群,遴选和建设26个学科优势特色(方向)领域,进一步厚实学科建设基础。获批省市“双一流”建设经费3580万元,进一步厚实学科建设基础。巩固与湖北大学联合培养工作,稳步推进“1+2”研究生培养模式改革,与三峡大学、湖北师范大学达成联合培养意愿;新增联合培养研究生52人,新增兼职硕士生导师44人;在校联培研究生产出7项高水平科研成果。

【产教融合发展】 科研水平逐步提高。修订《科研业绩与贡献管理办法》,实施积分管理,不断激发科研人员积极性和创造性。全年获批各级科研项目127项,其中国家级项目4项,省部级项目17项;新增省高校优秀中青年科技创新团队1项;争取纵横向科研经费4700余万元,发表高水平学术论文201篇,其中三大检索论文130篇,出版学术著作21部,获得知识产权授权95件,存量知识产权900余件;3项成果获批省科技奖,5篇研究报告分获孝感市优秀调研成果一、二、三等奖。大学科技园建设成效初显。依托工程实验实训中心,完成基础设施建设,优化功能布局,谋划建设集科技孵化、科技创业、新型研发机构、科技成果转化、实训培训于一体的大学科技园。与孝感市人民政府共建的“湖北省孝感市产业技术研究院”顺利推进;与孝感市国家高新区等80多家企业和研究平台达成入驻意向,为孝感市“打造副中心,争当排头兵”贡献湖工力量。“服务孝感行动计划”深入推进。孝感市成立校地共建产教融合工作领导小组,校地协助机制进一步完善,承接市“两馆”日常管理工作,受到市政府和广大市民好评。教学学院和科研单位主动对接服务对象,百名教授博士进企业、进农村、进社区,与孝感市党政机关和省内外企事业单位签署技术合作协议110余项,经费2200余万元,重大项目数量、经费额度较2020年度明显提升,其中合同金额过百万元项目6个。成功申报“湖北省基层农技人员知识更新培训单位”,入选“孝感市职业技能等级认定社会培训评价单位”,具备5种职业等级认定资格;争取各类服务地方项目10项,开展项目培训21项,经费370余万元。获批省教育厅“百校联百县”行动项目51项;积极为地方政府提供政策咨询,承担省社科研究项目18项,助推地方经济社会发展,思想库、智囊团作用进一步发挥。

【教师队伍建设】 高层次人才规模进一步扩大。全年引进博士25人,其中外籍专业人才2人,17名在职教师考上博士研究生且签订回校工作协议;聘请“澴川学者”5名、兼职教授4名,启动台湾籍高层次人才招聘工作。实施“春晖学者计划”,新增省政府津贴1人,获批“湖北产业教授”2人,入选省“三区”人才支持计划3人,获批“省属高校青年教师海外研修项目”2项,18名教师参加研修访学、专业培训、挂职锻炼。评聘295名“双师双能型”教师,聘请37名企事业单位人员兼职授课,“双师双能型”师资队伍建设不断加强。师资队伍建设水平不断提高。破除“五唯”痼疾,修订和完善了职称评审政策,开展了年度职称评审和岗位晋级工作。完成了480人岗位认定工作,做好了511名处级干部、副高职称教师档案专审工作。出台了《教师师德师风失范行为负面清单及处理办法(试行)》,师德师风建设进一步加强。召开退休教师荣休座谈会,教师荣誉制度进一步完善。

【校园建设】 全年筹措办学经费5.67亿元,积极争取高等教育债券和社会捐赠;工程实验实训中心、美术楼顺利竣工,新增教学用房近7万平方米;融资4400万元推进智慧校园建设,基本实现校园5G网络全覆盖。校图书馆荣获“湖北省高校图书馆先进集体”称号,学报编辑部在全国理工农医院校社科学报“四优”评比中获“优秀编辑部奖”。

(撰稿:晏云)

湖北职业技术学院

【概况】 2021年,孝感市坚持和加强党对学校工作的全面领导,紧紧围绕落实立德树人根本任务,深入推进“五育并举”,促进学生全面发展;大力推进“双高计划”项目建设,提高人才培养质量,服务区域经济社会发展;统筹推进疫情防控和学校事业发展,圆满完成年度各项工作任务,学校实现“十四五”良好开局。2021年,湖北职业学院荣获国家教材奖二等奖两项,牵头成立的湖北护理职业教育集团,2021年入选全国示范性职业教育集团(联盟)培育单位名单。学校护理虚拟仿真实训基地于2021年入选国家职业教育示范性虚拟仿真实训基地培育项目。

【“三全育人”综合改革】 学校召开思想政治工作领导小组会议暨“三全育人”工作务虚会,制定《学校“三全育人”综合改革建设方案》,坚持以理想信念教育为核心,以社会主义核心价值观为引领,以“五个思政”为抓手,不断创新育人体制机制,构建育人工作体系。积极探索项目化方式推动“三全育人”综合改革,打造特色育人品牌,形成全员全过程全方位育人新格局,收集、立项建设“三全育人”精品项目共59项,不断提升“三全育人”工作实效。

【思政课建设】 通过及时开展培训学习,集体研讨、集体备课等形式,强化思政课教育教学质量,不断增强思政课的思想性、理论性和亲和力、针对性。推进思政课程改革创新,学校思政课“三教”改革入选全国职业院校立德树人联合行动。强化课程思政建设,系统梳理各类课程思政元素,全面融入各专业人才培养方案,打造课程思政改革案例120个、建设课程思政示范课程50门。深入开展课程思政建设的研究与实践,学校被教育厅评为2021年湖北省省级课程思政教学研究示范中心。

【文化育人】 着力打造并形成“四季感恩”校园文化品牌,开展2021年“春之歌·永远跟党走”庆祝中国共产党成立100周年系列宣传教育活动,引导全校师生积极践行“为党育人、为国育才”教育方针,凝心聚力推动学校事业高质量发展。组织开展了“百村农民话小康”社会实践调研、“理想照耀中国”网络视听作品征集、拍摄制作活动等,完成校园室内标识建设项目一期工程设计、安装。以习近平总书记关于“德智体美劳”的重要论述为内容,完善“孝德文化广场”主题雕塑、标识等,丰富育人功能,提升以文化人工作实效。

【“双高计划”建设】 召开学校“双高计划”推进会,研究部署学校“双高计划”建设工作,出台管理制度,搭建管理平台,扎实推进“双高计划”建设任务;建立完善“双高计划”推进机制,加强“双高计划”督导检查,坚持一周一梳理、双周一调度、一月一通报、一季一研究,全面提升了“双高计划”建设质量和进度。

【专业及课程建设】 对接区域经济社会发展需求,建立专业动态调整机制,设置44个专业,涵盖11个专业大类27个专业类别,新增早期教育等2个专业,停招3个专业。申报软件技术、基层医疗卫生、建筑技术3个省级专业群,推进临床医学、现代农业装备应用技术、软件技术、建筑工程技术4个校级专业群建设。加快精品在线开放课程建设与应用,建成校级精品在线开放课程20门、基于平台的混合式优质课程65门、网上课程2982门,1078名教师、52896名学生使用职教云平台进行线上线下混合式教学。

【产教融合】 学校先后与湖北信义兄弟建设集团合作,共同打造党建带团建品牌,实施校企双主体人才培养,开展公益助学活动,与东风井关农业机械有限公司开展专业、岗位认知培训、与中国三江航天集团、中信通讯、华中数字化装备国家制造中心、湖北祥旭公司等著名企业建立了“产、学、研”深度合作关系,推进与TCL集团、京东物流产教融合、校企双元育人,共建智能大数据产业学院,建立企业教师工作站3个、专业实验室5个、创新创业基地2个、实践教育基地2个。

【深化教育教学改革】 突出以学生为中心,创新教学方法,充分调动学生学习主动性、积极性,创设"为学而教"课堂、"合作探究"课堂、"师生共同"课堂,大力推广案例教学、项目教学、情景教学,广泛运用启发式、探究式、参与式教学,突出学生能力培养。坚持岗课赛证融通,形成国赛带省赛、省赛带校赛的联动机制,以赛促学、以赛促教的训赛结合机制。2021年,学生参加国家级比赛项目5项,省级比赛项目4项,校级比赛项目5项,共获奖26人次,参赛获奖率96.30%,相比2020年获奖率提高7.01个百分点;获奖学生77人次,占参赛学生总数的96.25%。

【招生、就业与创业】 全年招收普通专科生5564人,高职扩招79人,学校招生规模相对稳定,各专业招生规模日趋合理;中职招生590人,"3+2"分段制及"五年一贯制"高职教育招生563人;2021年普通专科招生录取率99.48%,新生报到率92.93%。积极搭建线上线下就业平台,组织春秋两次招聘会,举办"湖北百校联动"专场招聘会等,共计提供岗位3万余个,学校初次就业率达到90.93%。深入开展创新创业教育,学校参加第七届中国国际"互联网+"创新创业大赛,获2个银奖、4个铜奖;学校11个创业团队获得省人社厅、教育厅创业扶持资金支持。

【教师队伍建设】 突出师德师风考核,将师德师风考核结果作为教师年终考核、职称评审、岗位聘用的重要依据。加大高层次人才和专业技能人才引进力度,制定《湖北职业技术学院关于引进和培养博士研究生管理暂行办法》,组织专班参加首届"才聚荆楚"高校专项公开招聘活动,全年分四个批次共招录教师49人,其中硕士研究生35人。加强教学团队建设,立项建设校级名师工作室4个、技能名师工作室4个、教学创新团队6个。实施"春雨青蓝工程",共选配52名中老年教师,与青年教师结对子,开展一对一业务指导和传帮带工作,教师素质能力有效提升,全年教师获得省级以上大赛奖励15人次,获奖比例83.3%。推荐选树先进典型,学校先后涌现出一批校级师德师风教书育人典型和教书育人楷模。

【基础设施建设】 推进南校区建设,完成南区路网连通、报晖渠改造,建成智慧报告厅。完成南校区图文信息大楼配套工程及食堂建设,并投入使用;基本完成南校区二期学生公寓建设,学生住宿条件得到较大改善。持续开展各校区维修改造,进一步改善师生学习生活环境。积极推进孝感养老服务业产教融合实训基地项目前期相关工作。加大教育教学保障力度,新增教学仪器设备值1087.79万元,新建、改建护理虚拟仿真实训中心、口腔实验室、AI人工智能实训中心、新能源汽车、新道TTC学练训赛一体化平台软件、大学生体质测试中心等6个实验实训室。加大信息化建设力度,开展银校合作,引入社会资金1900万元,推进校园数字化建设与改造升级,实施软件应用平台基础设施建设,促进信息技术与教育教学相融合,提升学校信息化水平。

【调整学校校区功能布局】 完成医学分院校区整体置换前期工作,有序推进医学分院整体搬迁,着力推动形成"医护专业东区集中、理工专业南区为主、财经专业西区不变、教育专业回归卧龙"的总布局。

【人才项目制度建设】 2021年,招收"一村多名大学生"275人,招收全科助理乡村医生52人,建立"4+N"的课程体系和"三轮交替"的教学模式,推动项目年度教育教学任务有效完成。2021年,学校首批"一村多名大学生"项目245名毕业,在村两委任职70人,自主创业41人,带动就业人员223人,为服务乡村振兴提供了有力的人才支撑。

【服务社会体制机制建设】 开展社会培训。充分发挥学校资源优势,加强与政府部门、行业企业的联系合作,开展了"工、农、医、学、兵"类等多层次、多规格、多形式的培训,完成培训3.85万人日,考试服务7.78万人次,取得了良好的社会和经济效益。打造品牌社会服务与培训项目,学校先后被授予"孝感市中小学保健教师专项培训定点机构""湖北省首批退役军人职业教育和技能培训承训机构"和"湖北省退役军人就业创业园地"。广泛开展技术服务,利用学校协同创新培育中心,对接"双高计划"建设任务,寻求专利技术转化,服务小微企业。

(撰稿:夏风云、朱莎)

执行编辑:秦 荣

文化·旅游·体育

文化·旅游·体育

综　述

【概况】 2021年,全市文化体育工作紧紧围绕市委、市政府中心工作,主动担当作为,较好完成各项工作任务。文化事业、体育事业、新闻出版事业、广播电视事业、社会科学事业新出现进一步繁荣的新局面。

【文化体育事业】 原创大戏《大悟烽火》《骄杨》《淬火》《孝·感天地》成功首演。奥林匹克体育中心、槐荫公园体育设施改造、董永公园内部景观旅游提升3个项目纳入《孝感城区基础设施建设三年攻坚行动计划》,老码头遗址保护与利用、古三军台桥修缮、文昌阁新建3个项目加速推进,足球公园建成开放。市县共建城市书房16座,建设(安装)全民健身示范工程15个、全民健身路径420套、农民体育健身工程95套。13名孝感健儿出征陕西全运会夺得1金1银,市体育局等8家单位获评全国群众体育先进单位。郑家湖墓地出土的现今中华"第一长文觚"被中科院评为本年度"六大考古新发现",评选第一批全市优秀历史建筑名录56处。创建"中国民间文化艺术之乡"1个、"湖北省民间文化艺术之乡"4个。

【旅游产业】 坚持项目为王、转型为纲,争做文旅产业主力军。全市接待游客2862.63万人次,实现旅游综合收入176.45亿元,分别同比增长32%、30%。新增AAAA级景区1家、AAA级景区2家、全国乡村旅游重点村1个、湖北旅游名镇和名村各1个、全市农旅养融合示范点8个;全市文旅行业安全形势始终保持平稳态势,历年来最大规模全省景区工作会在孝召开,孝感市被省政府办公厅评为"与爱同行·惠游湖北"先进市;发布红色旅游精品线路3条,推出新版旅游宣传片和旅游年票工会版。

【社会科学事业】 全市社会科学工作机构扎实开展理论学习、课题研究、社科普及等工作,努力为构建"主城崛起、两带协同、孝汉同城、多元支撑"区域发展格局,打造"武汉城市圈副中心"提供理论服务与智力支持。组织专家为地方党委、政府提供决策咨询与理论服务。扎实开展"社科专家回乡宣讲志愿服务活动"。开展纪念中国共产党诞辰100周年理论研讨活动,编辑出版《孝感红印》一书。

【大众传媒事业】《孝感日报》、孝感广播电视台、孝感市政府门户网站、孝感大数据中心等大众媒体,坚持习近平新时代中国特色社会主义思想,坚持改革创新,坚守主流思想舆论阵地,完成建党100周年、党史学习教育、乡村振兴、五城同创等重大主题的宣传报道任务,为孝感经济社会发展营造良好舆论氛围。

文化场馆

【基础设施建设】 市文化中心科技馆、群团之家对外开放,规划馆开放团体预约,档案馆入驻,保利剧院试运营大、小剧院。督促各县市区加大文化基础设施建设力度,尤其是汉川、孝昌、大悟等地"图、文、博"新馆建设,提高"三馆一站"及村(社区)综合性文化服务中心覆盖率及达标工作。全市有公共图书馆8个、博物馆(纪念馆)12个、群艺馆(文化馆)8个和美术馆1个,全市建有119个乡镇综合文化站。推进公共图书馆总分馆制建设,市县共建城市书房,其中主城区建设10座。

【场馆服务】 全年举办"澴川文化大讲堂"线下讲座12场和"孝礼雅塾"活动16场。提升文化"四馆两中心"免开服务水平,实行公共体育场馆免费或低收费开放,市图书馆获"全国文化旅游系统先进集体"表

文化中心图书馆一角——少儿亲子厅 （市文旅局 供图）

彰。全面推广“一部手机游湖北”，覆盖孝感36个景区和文化场馆。

（撰稿：王 昊）

公共文化

【公共文化服务体系示范区创建】 开展第一、二批省级公共文化服务体系示范区创新发展复核工作，做好2021年“荆楚文旅名县”创建工作。孝昌县成功申报第四批省级公共文化服务体系示范区创建试点，应城市正在申报第三批“荆楚文旅名县”，已完成现场答辩。

【群众文化活动】 在严格落实疫情防控措施的前提下，全年组织金秋新春巡回演出季、红色文艺轻骑兵、建党百年文艺演出等活动896场，开展戏曲进校园495场，放映农村公益电影32102场。推进全民健身“五项五进”，组织了湖北省首届社区运动会（孝感站）和湖北省“我要上全运”乒乓球、羽毛球项目孝感市地区选拔赛、孝感市广场舞公开赛。湖北省第八届楚剧艺术节（含楚剧展演）原定于2021年11月举行，因为国内疫情局部多发，经报省文旅厅、市政府同意，延期举行。

（撰稿：王 昊）

专业艺术

【艺术活动】 “孝感市庆祝中国共产党成立100周年廉政晚会”、“颂歌献给党”庆祝中国共产党成立100周年歌咏会、“阅百年历程·传精神力量”全民读书月朗诵会、“红色经典阅读进校园”、《孝感百年党史》原创主题展、全市红色讲解大赛、《追寻党在孝感的脚步》青少年研学等系列主题活动精彩纷呈。开展《美丽孝感》歌曲专辑的收录、制作工作，共收录15首具有代表性的歌曲，并出版发行。做好“记录小康工程”文艺作品收录工作。

【艺术创作】 新创作《大悟烽火》《骄杨》《淬火》革命历史题材剧目。协调音乐剧《孝感天地》、北路子花鼓戏《大悟烽火》分别在市文化中心大剧院进行试演和首演。并指导音乐剧《孝感天地》申报2021年国家艺术基金项目。组织4个舞台艺术作品参加第四届湖北艺术节评选，《大将军吴禄贞》《大悟烽火》《淬火》入围第四届湖北艺术节并参加展演，其中《大悟烽火》获得楚天文华奖提名剧目。开设庆祝建党100周年百场戏曲展播专栏。组织开展美术创作，4幅作品入选“壮丽航程——庆祝中国共产党成立100周年湖北优秀美术作品展”，并列入2021年度湖北省美术创作重点项目扶持工程优秀作品。

【专业艺术人才培养】 组织孝感舞台艺术人才和美术人才申报第三批湖北省舞台艺术人才和美术人才培养工程，其中湖北省（孝感）实验楚剧团韩创、大悟县楚剧团李加汉2人入选100名舞台艺术人才，孝感美术人才黄晓霞、李松林、熊胜利3人入选100名湖北美术人才。

（撰稿：王 昊）

文化遗产保护

【中华第一长文觚在云梦县郑家湖出土】 2020年5月，为了配合市政建设，云梦县博物馆对城关镇郑家湖工地进行考古勘探，意外勘测出地下有古墓存在。经国家文物局批准后，湖北省文物考古研究所联合云梦县博物馆，对郑家湖地下古墓进行考古发掘。

2021年9月23日，考古发掘人员在郑家湖274号墓棺椁间发现了木觚，木觚有断裂，沾满泥巴。9月24日下午，湖北省文物考古研究院专业人员专程到郑家湖墓地现场，对木觚进行清洗，木觚正反两面都

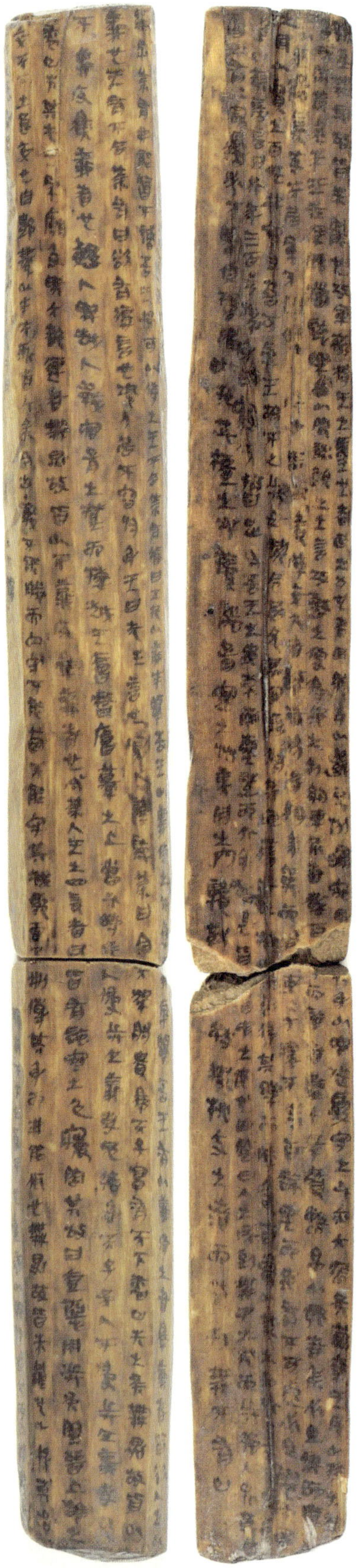

云梦出土的中华“第一长文觚”
(云梦县 供图)

有文字。9月25日，武汉大学简帛研究中心教授对木觚上的文字进行初步释读，觚文记载谋士筡游说秦王寝兵立义的故事。进一步考察，这段故事史书文献没有记载，木觚的重大价值由此被发现。

云梦县郑家湖墓地与楚王城城址及其周围的睡虎地、龙岗、江郭、大坟头等墓地形成一个有机整体，年代集中在白起拔郢至西汉初，揭示了当时南北人群频繁迁徙与交融互动，展示了秦文化与楚文化逐渐融合、统一于汉文化并汇入中华文明的历史过程，是多民族统一国家形成过程的一个缩影。“中华第一长文觚”木觚正反两面各七行，每行约50字，全文约700字，字体是典型的秦隶，载有谋士筡游说秦王寝兵立义之辞，“纵横”色彩浓郁，体例和文风与《战国策》《战国纵横家书》近似。该觚是年代最早的“中华第一长文觚”，其形制罕见，学术价值重大。觚文不见于传世记载，是一篇全新的策问类文献，丰富了战国后期政治史资料，是研究当时社会思想的珍贵文本。筡游说秦王事件展现了一幅东方国家与秦争斗、斡旋的历史画面，同时涉及春秋战国之际魏、越、吴之间的战争关系，其中所载的“魏越宿胥之野之战”等事件为首见。

【老澴河文化旅游区建设】 老码头、三军台桥和文昌阁项目先后完成立项、各类检测、评估、设计和施工招投标程序。老码头和三军台桥于当年10月底开工。

【历史建筑普查评定】 从3月开始，制订了历史建筑普查工作计划和实施方案，到县(市、区)进行了业务指导，成立专家委员会，9月底普查完成，共收录全市历史建筑221处，并整理完善了每处的信息资料。在此基础上，经过基层推荐、专家组评审、征求产权人意见、社会公示和集体研究等程序，遴选出了56处入选《孝感市第一批优秀历史建筑名录》。12月，市政府审定并公布。

【文物保护】 组织完成了全市石窟寺专项调查工作。重点深入大悟县和安陆市进行了石窟寺专项调查工作，共有5处石窟寺文物重新调查核实和录入了相关信息，提前保质保量完成任务。组织、策划和协调市文旅、公安和消防3部门联合开展全市文物安全大检查。联合市公安局内保支队，对全市博物馆纪念馆临时聘用人员进行登记并进行了背景审查，消除了博物馆聘用人员的安全隐患。

【考古发掘】 云梦县郑家湖考古项目由省考古所领队，孝感市和云梦县博物馆参与取得近20多年来的重要成果，共发掘战国和秦汉时期古墓葬114座，出土了800余件(套)精美的漆木器、青铜器、玉器和陶器文物，其中多件文物器物精美独特，有誉为“中华第一长文觚”、成套漆木器和彩绘木版画等，具有极高价值。郑家湖考古发掘是2021年湖北省最重要考古发现，国家文物局、省文旅厅和市政府领导亲临现场视察，国家文物局在云梦博物馆设立“出土漆木器保护重点科研基地工作站”。已获得中国社科院评定的年度“六大考古新发现”，申报国家文物局本年度“全国十大考古新发现”。另外，市博物馆组织对汉川和应城等地大型工程进行考古，为省电科院设计的2条输电线路进行沿线文物调查、为市高新区邓家河湿地公园范围内高埠桥进行调查，有力支持了地方经济建设。

【革命文物保存状况调查】 陪同省文化和旅游厅调查组对5个县(市)的

省级文物保护单位以上革命文物单位进行排查，上报了相关材料。组织全市文博系统参加全省革命文物工作视频会各地分会场会议，会后向市委宣传部上报了视频会精神和孝感革命文物保护及利用情况的汇报材料。

【文物保护和文物三防项目申报】2021年共上报省厅17项，其中文物本体修缮5项、三防项目11项、文物病虫害防治1项。组织全市非遗项目申报，全年共申报6项。组织专家完成对应城红旗人民公社旧址布展项目、孝南东王桥修缮项目和安陆钱冲革命旧址修缮项目的竣工验收。完成了全年市直建设工程项目联审平台上文物行政审批，同时完善了配套的审批告知承诺清单等制度。

【博物馆展陈】组织全市博物馆纪念馆完成了年度审核和信息公开工作。组织全市文物系统参加“全省珍贵文物说初心征文”活动，共收集市直和县市区文物系统13篇，优选其中4篇报省厅；落实省厅工作任务，开展全市被盗文物统计和上报工作，资料全部走密件渠道上报省厅；组织全市博物馆参加鄂豫皖三省红色文物讲解员大赛，市博物馆参赛选手获得1个优秀奖；组织参加全国“党的故事我来讲”红领巾实践体验活动，孝感7家革命博物馆纪念馆参加活动。

【非物质文化遗产保护】安陆府城街道（水墨漫画）入选“中国民间文化艺术之乡”，4地入选“湖北省民间文化艺术之乡”。市非物质文化遗产保护中心挂牌。组织开展全市第五批非遗传承人的推进和评选工作。组织全市非遗系统和文博系统开展“文化和自然遗产日”宣传活动。市博物馆开展了面向青少年的系列社教综合活动，市群艺馆在金卉庄园开展了非遗宣传和产品展示活动。指导市非遗中心对本年度非遗资金使用进行绩效评估，检查了汉川福星剧团和云梦县楚剧团利用非遗经费复排传统剧目的成果验收，复排的2个剧目进行了录像记录，并准备进行公演满足群众看戏需求。组织孝感非遗产品参加鄂湘赣皖四省非遗联展、湖北省文旅博览会、湖北省2021文化与自然遗产日宣传活动启动式非遗产品展销、赴江浙旅游推介等活动。积极协助汉川市黄龙湖文旅集团筹备中蒙俄万里茶道城市合作会议。黄龙湖马口陶传承基地和茶博物馆已经建成，其他接待场馆设施正在建设中。

大众传媒

【概述】2021年，孝感大众媒体坚持以习近平新时代中国特色社会主义思想和中共十九大精神为指导，以纪念中国共产党成立100周年为主线，坚持守正创新，强化主流媒体责任担当，认真做好党史学习教育、常态化疫情防控、打造武汉城市圈副中心、五城同创、乡村振兴“三项行动”等新闻宣传工作，新闻主业得到加强，舆论引导有力有效，媒体架构不断优化，融合发展不断提速，主流思想舆论阵地进一步巩固，为全面建设社会主义现代化强市营造良好舆论氛围。

【网络信息管理】2021年，孝感市制定出台《关于加快建立网络综合治理体系的分工方案》等文件，就孝感广电“红火蚁”宣传失误、孝感日报槐荫论坛负面图文信息等，对涉事单位负责人进行约谈问责，并依法依规作出处罚。

专项整治。对全市范围内3830家备案网站进行清理排查，按照娱乐、新闻、行业等类型分类造册，处置涉赌、涉黄网站36家。开展“护网2021”网络攻防演习。深入开展“清风行动”“扫黄打非·正道”“指尖上的形式主义”“历史虚无主义信息清理”等专项行动，不断强化网络执法，清理微博微信等各类账号550多个。

重要领域、重点时节网络管理。坚持“两个所有”，把各类自媒体组织起来、管理起来，建立重点行业领域自媒体管理工作机制，加强对行业领域自媒体的管理，网络空间更加清朗。严格落实省委网信办工作指令，认真做好专网值班值守，把握庆祝建党百年这一主题，突出“两会”、“五四”、“七一”、“八一”、“十一”、六中全会等重要节点，用好联席会议制度和常态化风险研判机制，加强对涉疫情防控、生态环保等重点领域的风险研判工作。

【孝感日报社】2021年，孝感日报社坚持以习近平新时代中国特色社会主义思想为指导，紧紧围绕市委、市政府推动孝感高质量发展重大决策部署，坚持政治家办报办网，以党建引领为主线，以创新宣传为根本，以深化改革为抓手，推进各项工作取得新成效。

党的建设。坚持“首题必政治”，党委会、理论中心组学习、支部主题党日坚持开展政治理论学习，每周一总编扩大会第一议题即为学习习近平总书记重要讲话、省市主要领导讲话精神等，形成常态机制。党委共组织16次集中学习，8次专题学习；党委书记为全体党员上党课2次；邀请市委党校专家辅导学习习近平总书记“七一”重要讲话1次；开展缅怀革命先烈接受红色教育等活动4次。落实意识形态工作责任制，严格执行“三审三校”制度，槐荫论坛建立“先审后发”机制。践行“我为群众办实事”，免费赠送“两报”5856份；自筹资金30余万元建设面积为1万平方米的日报周边小游园，共种植7个品种596株树木，如期完成主城区创森补短板绿化工作；参与社区“大党委”建设，给予资金支持红光社区道路硬化和文化广场建设，目前已顺利完工。推进槐荫论坛实践创新基地建设，社党委强化主体责任，领导班子与新的社会阶层人士交心谈心，积极落实联系制度；新媒体从业人员开展健康科普、就业招聘等直播活动30多场，开展公益直播带货90余期；服务社会服务群众，基地建设内容丰富，获省委统战部领导充分肯定。落实驻村帮扶工作，按照市委、市政府统一安排部署，社党委充分酝酿，根据单位实际，优先3名党员骨干派驻到新的驻点村开展帮扶工作，同时，认真落实“1+1”工作部署，同责任捆绑单位市文联加强沟通协作，形成工作合力。印发了《2021年党风廉政建设和反腐败工作要点》，制订了党风廉政建设五年计划，进一步强化“主责就是首责、守土必须尽责”的责任意识。对新调整的59名干部开展了集中廉政警示谈话。

新闻宣传。每周一召开总编扩大会，听取各平台一周重点策划和报道选题，商议部署本周采编工作。每天上午召开全媒体策划会，对当天重点策划、重点栏目及稿件进行安排部署，并形成策划会纪要。对市委、市政府重要会议、重大决策部署等重大主题宣传，召开专题策划会，安排落实采访、评论、版面编排等具体工作。加强重大主题宣传。围绕建党100周年，组织策划“初心的追寻”大型全媒体采访活动，推出23个专版报道；7月2日，《孝感日报》推出庆祝建党百年特刊，创意版式设计，全景式呈现建党百年庆祝大会盛况；推出“党员之家 初心传承”三代党员影像专版20余期，展示了全市20余个三代党员家庭的初心传承。此外，根据中国地(市)报协会的统一安排，与全国百余家地(市)报同步推出“奋斗百年路 百城访初心”系列专题报道，共计刊发系列稿件105篇。围绕脱贫攻坚，7月5日至12日，《孝感日报》分别从制度底色、产业带动、智志双扶、社会合唱、搬迁造福、走向新生活六个方面，以6个专版对全市脱贫攻坚工作进行了全方位的总结式报道，展现了各地脱贫攻坚工作经验，为推进乡村振兴营造浓厚氛围。还重点组织策划党史学习教育、打造武汉城市圈副中心、“三资一促”、乡村振兴“三项行动”、优化营商环境、“五城同创”、常态化疫情防控、党建引领基层治理、“我为群众办实事”、老澴河综合治理等一系列重大主题报道，充分发挥主流媒体优势，讲好孝感高质量发展故事。提升融合传播能力。报社微信、微博、抖音、视频号等新媒体各平台进一步创新表达方式，加强新技术应用，加大外宣力度，提升融合传播能力。围绕重大主题，抓住重大时间节点，加强策划，推出新媒体创意作品。同时，加大向“学习强国”、今日头条、长江云等外宣平台推介力度。截至12月中旬，“孝感日报”微信推送文章2200余条，微博发布内容7500余条，抖音视频号发布短视频800余条，上稿“学习强国”平台295篇。“孝感日报”微信《正式签订！汉孝同城又有大动作！》《云梦一建设工地发现秦汉时期古墓葬》《孝感至武汉，城际公交来了！》《外卖小哥拼命绕路，网友却怒赞》先后被《湖北日报》、湖北发布转发；《他穿着一身湿衣服赶往婚礼现场，原因竟是……》被《人民日报》转发。在国家网信办公开发布的最新版《互联网新闻信息稿源单位名单》中，“孝感日报”微信公众号、孝感网名列其中。

深化改革。逐步建立在党委统一领导下的报企分离、主辅分离的运行格局，领导班子和内设机构使用事业编制，其他原有平台逐步走向市场。调整理顺日报机构和岗位设置，内设机构由原有31个(含公司)核减至17个，行政类管理人员由41人核减到28人(不含领导班子人数)，把有生力量全部充实到采编一线。改革后，一、二级岗位共66名，核减44%。同时，清理注销所有与报社现有业务没有实质性关联、存在经营风险的公司6家。收回违规分配的4套福利房，并按照国有资产管理相关规定，逐步将产权变更归于报社名下。对拆迁改造中遗留的33户“报社承担终身物业费”问题，严格按市政府物业市场化改革要求，执行政策，情理法纪多管齐下，着力解决问题。

提质增效。7月19日至8月18日，孝感日报社组织开展为期一个月的“走进乡村看小康 三项行动促振兴”全媒体蹲点采访活动，把“学党史增四力”活动印在广袤大地上。推出了“功能镇区、和美乡村、实力产业(蹲点采访故事)”和“澴川大地看小康”系列报道，共刊发作品220余篇(幅)，新媒体平台累计阅读量超过50万人次。9月9日，组织开展蹲点采访活动专题研讨交流，邀请省新闻专家、市委宣传部及市直宣传文化单位相关负责人参加。报社新闻业务部室主任围绕“如何发挥骨干作用、守正创新、提高政治素养、提高宣传质量”发言，蹲点记者代表交流采访心得体会。通过研讨交流、专家点评、专题辅导，总结经验、查找不足，提升全体采编人员能力水平。制定《“全媒体人才示范培训班”实施方案》，不定期开展业务培训交流，全面提升新时代新闻采编、新闻摄影、音视频制作、新媒体传播等综合能力，努力达到"一专多能"的目标。常态化开展"四力"实践活动，在实践中增长才干、增长见识，不断增强政治判断力、政治领悟力、政治执行力。按照"浓墨重彩、大气磅礴、振奋人心"的宣传要求，完成市第七次党代会各项宣传报道任务。会前开设"喜迎党代会 奋进新征程"专栏，连续推出15篇主题报道，系统回顾孝感五年来经济社会发展成就。会中，报纸新媒体融合传播，运用图文、视频、动漫等多种形式，全方位报道各项会议议程、全面解读市委工作报告、开展代表访谈。会后，推出系列评论，及时开设"深入学习贯彻市第七次党代会精神"栏目，加强对全市各地各部门贯彻落实党代会精神的宣传。文字图片视频直播相得益彰。

（撰稿：张小兵）

【孝感广播电视台】 2021年，孝感广播电视台以习近平新时代中国特色社会主义思想和党的十九大精神为指导，发力主题报道，服务中心工作，加强对外宣讲，讲好孝感故事，推进媒体融合，扩大传播效应，圆满完成全年各项工作任务。

主题报道。充分发挥党媒优势，先后推出《奋斗百年路 启航新征程》《学党史、悟思想、办实事、开新局》《打造副中心 奋进新征程》《"五城同创"共建大美孝感》等18个专栏，刊播主题报道600余条。把党史学习教育宣传报道作为贯穿全年的重大政治任务，制作播出了60多期《习近平论中共党史》《一起学党史》等节目。开设《奋斗百年路 启航新征程》《学习贯彻十九届五中全会精神 育先机 开新局》《奋力夺取开门红》《"十三五"成就巡礼》等栏目，全景式回顾全市"十三五"规划期间的经济社会发展成就，全面展现全市高质量发展新作为。开设《"五城同创"共建大美孝感》专题专栏，推出10余期系列访谈节目，为全市"五城同创"营造良好氛围。推出《同城发展看孝感 奋力建设副中心》系列报道，从基础设施同城化对接、打造协作配套首选地、探访人才、金融、技术等市场要素的同城化流动等方面策划制作近20个选题。十集纪录片《治理一条河 改变一座城》取得良好的社会反响。短视频《老澴河之蝶变》播放量突破20万+，点赞量突破5000+。

对外宣讲。孝感台（广播）在中央台（中国之声）用稿共10条，在省台（湖北之声）用稿146条。孝感广播电视台在中央台播发新闻共38条，其中在《新闻联播》播发1条。在省级媒体播出新闻880余条，其中在湖北卫视《湖北新闻》栏目播发60余条，在湖北之声《湖北新闻》栏目播发30余条。在"学习强国"平台播发158条。与武汉城市圈8家广电台一起，联合开办了《城市圈之声》专栏，每周向专栏提供2~3条新闻稿件，宣传孝感在打造武汉城市圈副中心、推进孝汉同城发展的动态与成果。

媒体融合。传统媒体平台有综合、交通音乐2个广播频率；新闻综合、生活2个电视频道。新媒体平台有孝感广电现开办"孝感新闻网"1个新闻网站、"云上孝感"1个手机客户端、"孝视新闻眼"1个微博官方账号，开通"孝感广电、孝感生活、孝感广播"3个微信公众号；注册"学习强国"、人民网、新华社现场云、央视新闻移动网、央视频、广电云、长江云、斗鱼直播、今日头条、抖音、快手、UC头条、天天快报、蜻蜓、喜马拉雅15家第三方传播平台官方账号，初步形成多元传播新媒体矩阵。新浪官方微博"孝视新闻眼"粉丝达到9.8万人；孝感广电微信粉丝数16.4万人；"云上孝感"App用户数8.4万人；孝感广电抖音号持续增长，截至2021年年底，粉丝数达43.3万人；"孝感广电"视频号发布近200条短视频。全面推进广电旗下广播、电视、网站、微信公众号、App平台等媒介平台新闻采编融合发展，通过4K短视频、H5、高清航拍、抖音、微视频、微博、微信图文、网络直播、纪录片等多种形式，不断扩充传播手段，完善全媒体传播格局。全面发力短视频，"孝感广电"抖音号从零起步，用户数现已突破43.3万人，发布短视频1934条。利用"云上孝感"和"现场云"、央视频、新浪直播间等平台，开展政务、文化、商务等各类网络直播近50场。开设"在希望的田野上 美丽乡村行"专栏节目，通过网络现场直播全景式展示；举办"探秘智慧能源"——中国石化公众开放日（孝感站）直播活动，累计观看人次和点赞量均超百万；与武汉城市圈的8家兄弟台合作，开展了九城九小时联动大直播，通过央视频、人民网、头条号、抖音号等平台对孝感的文化底蕴、名优特产、城市发展进行展示，总观看量过千万次。

项目建设。全台整体高清化改造一期工程项目总投资560万元（市财政资金500万元），5月11日实现高清播出系统的信号切换，2个电视频道高清信号送至有线电视网络平台、IPTV平台，云上孝感App、地面数字电视的信号源于当天完成信号切换。5月中旬，IPTV平台（孝感电信、孝感联通、孝感移动三家通信运营商的IPTV网络）推送2个高清电视频道，8月初，孝感有线电视网络开通了2个高清电视频道。孝感广播电视台无线发射台站基础设施建设项目总投资200万元（其中中央财政资金120万元），5月完工验收。

内部改革。将原有的14个内设机构、3个二级单位,调整为13个内设机构、1个二级单位。这次改革,撤销了频道频率所设部室,设立融媒体新闻中心,下设编辑部、记者部、新媒体部,突出了新闻宣传主业;将非时政类节目制作、广告经营集中管理,纳入广电传媒集团,融合资源面向市场。完成了广电台29个正、副科级岗位的竞聘(14个正科、15个副科)和广电传媒集团21个中层管理岗位的竞聘(3个一级岗、18个二级岗),一批优秀的年轻骨干走上管理岗位,成为业务带头人。将原有的岗位精简为195个,完成了改革的预期目标。

【孝感市人民政府门户网站】2021年,孝感市门户网站发布信息2.1万条,访问量达848万人次,较2000年增长67%。在提升用网、管网水平方面,中心对智能问答、智能搜索、互动回应等功能模块进行优化升级,提升了用户体验感。市门户网站不断提升办网质量,严格按照细则指标做好网站建设,在年度全省政府网站及政务新媒体绩效评估中跻身优秀等次,位列市州第五名。在中国软件测评中心举办的第二十届(2021)地方政府网站绩效评估排名中,孝感市门户网站再次进入全国地市政府网站百强,位列第66名。

网站平台监管。2021年,网站管理中心建立并完善孝感市政府网站集约化平台日常监管制度,不断加强全市政务新媒体的日常监测工作,同时与市公安局网安部门、市政务服务和大数据局、政务云计算中心等部门形成联动机制全方位做好安全防护工作。截至2021年年底,孝感市政府网站集约化平台已入驻全市党群和政府网站70家,监测市本级到乡镇一级不同平台的政务新媒体共有205家,2021年二季度以来,监测问题政务新媒体家数为零。全年孝感发布微博处理求助、咨询、投诉等各类舆情信息60余条,孝感发布粉丝量达118万人。

重大专题宣传。开设《党史学习教育》《"五城同创"共建大美孝感》《奋斗百年路 启航新征程》《聚焦十九届六中全会》《"三项行动"促振兴》《喜迎孝感市第七次党代会》《孝感市金融"面对面"工程专栏》等12个专题栏目。为社会各界了解、参与、支持金融"面对面"工程,录播金融"面对面"工程在线访谈14期,为全面推进政务公开,进一步加强关系孝感市发展大局的重大政策和重大举措的宣传解读。中心还邀请了部分市直部门负责同志开展在线(视频)访谈。

"微孝天下"栏目宣传。开设了"孝感脱贫攻坚答卷""一起学党史""金融'面对面'工程在线访谈""奋斗百年路 启航新征程·数风流人物""优化营商环境部门在行动""党的十九届五中全会精神访谈宣讲""喜迎党代会"等9个专题专栏。常态化宣传疫情防控知识,制作大图海报"国庆中秋温馨提示丨防疫不打烊,过节不松劲"、"国庆小长假!这几件事还得说说",制作H5"@孝感人,全民防疫,请接力!我是第XX位响应者,共筑安全屏障防反弹!"达到5万余人接力,推送"一起苗苗苗!新冠疫苗接种,这些事情要知道!""孝感市新冠病毒疫苗接种提示""孝感市新冠疫苗定点接种门诊公布!"等系列图文信息宣传疫苗接种工作,并在微信公众号菜单设置接种点一键查询通道,方便群众查询。为庆祝建党100周年,制作发布学党史测试题,为推动党史学习教育高质量开展,营造良好的舆论氛围。制作《赓续精神血脉 传承红色基因 致敬孝感开国将军》系列H5,刊载孝感将军的英雄事迹,展现孝感的红色文化和精神。

微纪录片宣传。为了宣讲党史,追忆往昔,探寻中国共产党百年奋斗史上的湖北印迹,5月,湖北省人民政府门户网站携手各市州政府门户网站,联合制作了"党史上的荆楚记忆"系列微纪录片。6月23日,孝感首个微纪录片。"党史上的孝感记忆"正式上线,这是全省市州推出的第一个微纪录片。"党史上的孝感记忆"一经推出,就受到了高度的肯定和评价,阅读量在全省市"州"系列微纪录片中排名第一。

(撰搞:杨 珍)

【湖北广电孝感驻记者站】2021年,深耕孝感融合发展,合作机制长效共建。基于全媒体时代的大融合发展方向、基于孝感市"黄金三年"高质量的发展要求,不断落实新要求、宣传新思想、打造新特色、实现新融合,充分利用湖北广电全媒体矩阵,广播、电视、报刊、新媒体等多平台多形式进行传播。全年在中央台共播发新闻36条,在湖北广播电视台湖北新闻播发新闻121条、湖北十分播出20条,长江新闻播出节目450条,同时全年完成了《直通孝感》节目24期,真正做到了服务地方经济发展,提升孝感市(州)美誉度、知名度,营造了良好的对外开放形象。

文化产业

【文化旅游业发展】积极推进与鄂旅投、新长城文旅集团、中建三局、省体育产业集团、中体产业等招商项目对接。鄂旅投董事长吴静带队来孝考察双峰山、临空区的文旅项目,3个项目在全省文化和旅游重点项目招商大会上签约,1个项目在湖北体育招商引资推介会上海专场签约。在建重点文旅项目64个，另有竣工项目2个。奥林匹克体育中心、槐荫公园体育设施改造、董永公园内部景观旅游提升3个项目纳入《孝感城区基础设施建设三年攻坚行动计划》正抓紧推进。完成《孝感市文化和旅游十四五发展规划（送审稿）》，正配合市“十四五”办做好规划环评，待省级规划出台后，对照修改完善报批。

【市场主体培育】 启动市级文化产业示范园区（基地）创建工作。起草了《孝感市文化产业示范园区管理办法（试行）》（征求意见稿）、《孝感市文化产业示范基地管理办法》（征求意见稿）。做好产业孝汉同城化工作，重点做好鄂旅投来孝投资的服务保障工作。督促指导全市文化旅游体育行业服务业纳统工作，完成2021年服务业市级“五个一百工程”动态调整，完成孝感市2021年规上服务业企业年度入库摸底，全市有5家企业拟新纳统。起草了《孝感市促进文化和旅游夜间消费实施方案》（征求意见稿）。

文化市场管理

【优化营商环境】 坚持“双随机一公开”，加强行业信用体系建设，深化“放管服”改革，对23个行政审批事项压减审批时限80天，直接减掉政务服务事项申请材料73项。梳理1项设立许可事项告知承诺制和13项实行告知承诺制的证明事项。严格执行市场相关准入负面清单，认领、完善文化、旅游、广电、体育行业涉及的168个监管事项、171个实施清单监管事项。市广播电视监测站等4家单位荣获全省广播电视系统先进集体。“双注销”的旅游办案经验全国交流、办案方法全国推广，平安文化市场综合执法年度考评全省第三。

【提升执法办案能力】 11月16日至19日，举办全市执法业务培训和案卷评查活动，全市60多名一线执法人员、案卷审核人员和参评案卷的办案人员参加培训。12月6日至12日，全省执法案卷评查培训活动在孝感举行，借鉴和推广了孝感的经验和做法。文旅部举办的2021年第二期全国文化市场综合执法师资巡讲培训（总第54期）上，支队1名队员作为入库师资为全国文旅执法人员授课，另外2名执法人员在培训会上就支队办理的1件网络文化案件作评查交流。8月，与黄石支队联合申报的关于旅游案件办理的课题被省厅作为唯一课题上报文旅部，经专家评审入选文旅部文化市场综合执法规范化课件课题，将制作成视频课件供全国执法人员学习。

11月8日，孝感市3个项目在湖北省文化和旅游招商引资推介会上签约
（市文旅局 供图）

【坚持文明公正执法】 收到各类投诉举报85起，受理72起，处理完成72起，投诉人满意率100%。详细掌握“四街三区”文旅市场分布情况，绘制了城区文化旅游市场电子地图，实行大片区小网格管理模式，将工作责任细化到科室、大队，每个经营场所由两名以上执法人员监管，明确第一责任人。同时，为解决执法人员少的问题，科室人员在完成本科工作的同时，全部下沉执法一线参与执法。严格执行《文化市场综合执法人员履职管理规定》，坚持行政执法三项制度（公示制度、执法全过程记录制度、重大执法决定法制审核制度），坚持办案的分级审核和重大案件的集体讨论制度，所有文化行政执法案件全部搬到全国文化市场技术监管与服务平台上，统一使用文旅部规范性行政执法文书。充分发挥执法装备、执法App和移动执法平台使用效率，执法办案现场全程平台操作、执法文书现场打印、执法全过程音视频记录；购买无人机，用于广电非法安装地面卫星设施、文物保护单位的巡查。

【开展专项整治】 在开展疫情防控、安全生产日常巡查及“两节”、“两会”“五一”、清明、端午等重要节点的检查外，组织开展多项专项整治行动。在全省率先完成旅游网站和网上旅游信息核查注销工作。孝感支队关于在线旅游的“双注销”办案方式作为典型经验在文旅部举办的旅游网站整治案情督办会上交流发言，办案方法作为工作模板在全国推广；11月21日，湖北省首期在线经营旅行社业务网络集中巡查以案施训活动在孝感举行，借鉴和使用孝感的办案方法；整治中，支队人员边学习、边实践，办理了张某某未经许可从事旅行社业务的案件，对当事人给予4万元罚款、没收违法所得的处罚，实现文旅执法融合后旅游案件办理的突破。

【守牢防疫和安全生产底线】 毫不松懈抓好常态化疫情防控和安全生产工作，文旅行业安全形势始终保持平稳态势；落实意识形态工作责任，确保广播电视安全播出，建立局、台、网定期协商机制，市广播电视监测站等4家单位荣获全省广播电视系统先进集体。

（撰稿：王 昊）

出版(版权)管理

【扫黄打非】 市“扫黄打非”办制定印发了《孝感市贯彻落实〈湖北省关于进一步落实意识形态工作责任制切实履行“扫黄打非”工作责任的实施方案〉的实施细则》，强化党管“扫黄打非”意识形态工作责任，促进“扫黄打非”工作组织保障有力。突出“扫黄打非·净网·清源·护苗·秋风·固边”五个专项行动，聚焦网络“扫黄打非”主战场，筑牢“新风”“正道”网络阵地。根据湖北省2021年“扫黄打非”行动方案部署，及“扫黄打非·新风2021”集中行动安排，2021年“扫黄打非”进基层要优化基层站点，提质增效。在中小学校建成“扫黄打非·护苗”工作站。根据省《关于印发〈2021年鄂豫皖“扫黄打非·大别山工程”区域联防协作行动方案〉的通知》部署，10月27—29日，协调组织开展了孝感（大悟县、孝昌县）、随州（广水市）、信阳（罗山县）三地联防联控行动。市“扫黄打非”办运用《孝感日报》、孝感宣传、市门户网站等相关媒体，围绕市“扫黄打非”集中销毁、集中检查等大力正面宣传引导。

【农家书屋工程建设】 推进农家书屋出版物补充更新。依据《湖北省新闻出版局关于做好全省2021年农家书屋出版物补充更新工作的通知》要求，及时下发了通知，明确了农家书屋出版物更新完成时间、采购目录、采购合同签订、发行单位等情况。大部分县(市区)完成了农家书屋出版物补充更新。组织开展了元旦、春节期间农家书屋阅读活动，积极营造节日期间农村文化氛围。云梦元旦、春节期间农家书屋阅读活动在全国农家书屋网给予转发，孝昌、汉川等单位分别组织不同阅读活动。组织开展了“书香农家 全面小康”喜迎建党100周年读书征文活动，全市各地通过网上报送征文200多篇。开展了“我的书屋·我的梦”农村少年儿童阅读活动，活动组织了诵读、征文、绘画、书法比赛，且向省局报送优秀作品60多篇参加全省评选活动。深入推进农家书屋融入新时代文明实践中心，融入综治、文明等基层治理阵地，实现资源共享。经进一步优化整合，现有农家书屋2293家。根据省委常委、宣传部部长许正中领办的湖北省“十大惠民、四项关爱”惠民实事项目，主动协调省业务处室与市所属县（市区）联系，增强组织领导，提高办事效率。于11月27日提前完成逆向增资的806家数字农家书屋的建设任务，形成推动农家书屋提质增效的工作合力，实现线上线下融合互动，有效增加数字化阅读产品和服务供给。

【全民阅读活动】 组织举办了孝感市“4·23”世界读书日活动。4月23日，市全民阅读办围绕庆祝建党100周年，以“学党史 悟思想 办实事 开新局”为主题，在大悟县黄站镇熊畈小学举行了红色经典诵读启动仪式。熊畈小学50名小学生在老师的领颂下，齐声朗诵红色经典诗作《新华颂》；市委宣传部党员干部集体朗诵配乐诗《读中国》；市委宣传部、市全民阅读办向熊畈小学捐赠红色经典系列图书200册、篮球10个、足球10个、书包65个等文体用品。熊畈小学教师代表发出阅读倡议，积极开展诵读红色经典，传承奋斗精神，凝聚时代力量，学党史、感党恩、听党话、跟党走。开展青少年爱国主义读书教育活动。根据《关于开展湖北省第二十一届青少年爱国主义读书教育活动实施方案》，制定印发了《关于开展孝感市第二十一届青少年爱国主义读书教育活动的通知》，各地中小学校围绕“新时代爱国卫生运动与传染病防治”开展青少年读书征文、演讲、才艺、绘画等线上线下读书活动。在全省决赛活动中，市三支代表队全部获得省二等奖的好成绩，市组委会获得了全省最佳组织奖。通过活动开展，培养青少年热爱祖国、热爱家乡，引导青少年砥砺强国之志、实践报国之行。组织举办了“9·28”孔子诞辰日经典诵读活动。根据省全民阅读办工作安排，市全民阅读办于9月28日在安陆市涢东学校举办了“9·28”孔子诞辰日经典诵读活动。活动现场，学生代表身着汉服端正衣冠、集体肃立向孔子和师者行鞠躬拜师礼，表达了对孔子的怀念、敬仰和对师者的感恩之情。朗诵了《孔孟之道 从我飞扬》、课本剧《风行草偃》、音乐情景剧《老师妈妈 妈妈老师》等节目。通过活动开展，培育学生深厚的民族情感，增强文化自信，自强不息、好学上进、知书达礼、仁爱善良的新时代好少年。

【版权管理】 积极推进软件正版化换装。根据政府机关等行政单位计算机使用正版软件换装工作计划，主动协调市保密局、财政局等主要成员单位，积极推进计算机软件安可系统换装工作，确保了年度市计算机软件正版化换装工作的完成。深入开展“剑网2021”专项行动。围绕网络文学、音乐、影视、软件等重点领域，以及图书、音像制品、电子出版物等重点产品，协调各职能部门严厉打击网络侵权盗版行为。全年共查办两起侵权盗版案件，共罚款3000元。积极打造版权示范园区。积极协调“湖北之海文化艺术有限公司”创建湖北省版权示范园区（基地）工作，促进版权文化产品高质量发展。

【印刷发行行业管理】 开展印刷发行行业年度核验。根据省委宣传部关于印刷发行年度核验通知，先后完成了142家印刷企业、227家发行单位、3家报刊单位、2家期刊、18家连续性内刊单位的年度核验。开展了报纸期刊的社会效益评价考评。通过国家、省考评，全市报刊社会效益评价良好，无不良反映。完成了市所属报纸、广播电视媒体记者证换证工作。

【报刊审读】 坚持审读工作制度，落实对市公开发行的《孝感日报》《孝感晚报》《湖北工程学院报》进行审读，共撰写审读报告12篇，召开审读会议1次。特别对国际国内发生的一系列重大、敏感新闻事件，始终保持清醒的政治头脑，要求审读员进行重点跟踪审读，把握好政治导向，及时纠偏，确保了不出问题。目前，所审读报刊无严重违纪问题发生，报刊舆论导向正确。

【行政审批】 行政审批优中更优。主动推进“互联网+政务服务”工作，构建全流程一体化在线服务平台。新闻出版行政审批职权13项，严格按照市优化要求办理。实现了行政许可和公共服务事项“不见面审批”，办事“最多跑一次”甚至“一次都不用跑”的优化效果。隐性壁垒排查到位。扎实开展了市场准入负面清单制度落实和隐性壁垒排查，持续破除市场隐性准入壁垒。做到了“单外无单”，推进“一网通办”。依法监管服务市场。在做好行政审批流程精简和审批快捷的同时，加强事后监管和提供公共服务。对信用体系不健全、发育不良的企业，坚决采取果断处理措施，营造依法依规营商办事的浓厚氛围。作风营商优中显优。全年行政许可事项做到了不推迟、不拖延。在服务态度上，工作人员微笑服务、耐心服务。杜绝“吃拿卡要”现象，全年所属行政审批事项无投诉问题发生。

（撰稿：唐 勤）

旅游行业管理

【项目建设】 2021年，全市在建文化旅游项目64个，其中新开工项目9个，续建项目55个，计划总投资945.6亿元，完成投资27.8亿元。新签约项目17个，计划总投资69.9亿元。84个农旅养融合试点共有常年从业人员8917人，其中农民工7639人，带动周边农户11971户，吸收贫困户就业757户。孝南卓尔小镇·桃花驿民宿、双峰山生态养生、途居露营地、安陆李白文化研学旅行、应城鳖稻养生、大悟乡村自驾游、孝昌运动休闲、汉川天屿湖度假等一批农旅养融合催生出来的旅游新业态受市场追捧。

【品牌创建】 全市共有国家AAAA级旅游景区8个：观音湖生态文化旅游度假区、孝感市双峰山旅游度假区、孝感市天紫湖生态度假区、安陆白兆山李白文化旅游区、湖北汤池温泉、湖北金卉庄园景区、十八潭生态旅游度假区、中原军区旧址。另有大别山（大悟）红叶景区、安陆盛世闻樱景区被湖北省文旅厅列入创建国家AAAA级旅游景区名单。2021年，湖北省文化和旅游局长座谈会暨旅游景区培训班在汉川天屿湖举行，会议发布《湖北省人民政府办公厅关于表扬2020年“与爱同行 惠游湖北”活动先进单位的通报》，孝感市获评先进市（州），孝南区被评为先进区，金卉庄园和大悟十八潭景区入选优质服务景区。十八潭景区成功创建AAAA级旅游景区，天屿湖、爱漫文旅小镇2个景区通过AAAA级创建景观质量评审；新增AAA级景区3家（刘震将军纪念馆、鄂中革命烈士纪念馆、钱冲古银杏国家森林公园）。孝昌县田堂村获评全国乡村旅游重点村。安陆市烟店镇、大悟县北山村分别成功创建湖北旅游名镇、湖北旅游名村。新增农旅养融合发展示范点8个；孝感途居露营地成功创建4C自驾车旅居车营地。对全市旅游民宿集聚性发展进行合理引导，积极开展星级民宿创建工作。

【旅游安全】 坚持把抓好常态化疫情防控作为基本前提，严格落实旅行社、星级宾馆、旅游景区、公共文化场馆疫情防控措施，层层压实“四方责任”，严防疫情输入和传播，实行领导包保责任制，一个县级干部包保一个县（市、区），定期督导和跟踪活动开展情况。采取全面排查与专项整治、定期排查与日常巡查、单位自查与专家评估相结合等方式，扎实开展安全风险隐患大排查大整治。

【优化旅游环境】 设立全域旅游发展扶持专项奖励资金，从A级景区、度假区、旅游名村名镇、星级酒店、农旅养示范点、旅游消费、旅游人才、旅游商品等二十多个层面实施奖励。参加省厅组织的中三省推介，参展第二届荆楚乡村文化旅游节及中国（武汉）文化旅游博览会，打造孝感特色文旅品牌、乡村旅游品牌，进一步提升孝感城市知名度和美誉度。

（撰稿：王 昊）

旅游资源

【人文历史资源】 孝感具有深厚的孝文化底蕴，是中国孝文化之乡。古代二十四孝中有三孝（董永卖身葬父、黄香扇枕温衾、孟宗哭竹生笋）的故事发生在孝感。孝感是董永与七仙女《天仙配》故事的发源地，南朝宋孝建元年（454），因此地“孝子昌盛”遂置县名孝昌，后唐同光二年（924）改孝昌为孝感。是楚文化的重要发祥地之一，境内有古遗址460多处，楚王城是楚文化的标志和典范，门板湾遗址距今5000多年，是20世纪中国文物考古重大发现之一。孝感具有光荣的革命传统，中原突围打响解放战争第一枪，走出了徐海东、刘华清、刘震、聂凤智等50位开国将军。1949年5月，中共湖北省委、湖北省人民政府在孝昌县花园镇成立。孝感文化资源富集度高，广泛分布于全市各个区县，其中以“三孝”为代表的孝文化，安陆白兆山李白为代表的诗仙文化，鄂豫边区革命烈士陵园、宣化店谈判旧址、新四军五师旧址、红旗公社等为代表的大别山红色文化，门板湾、夏家寨、禹王城、楚王城等为代表的楚文化，云梦皮影、三节龙·跳鼓舞、汉川善书、孝感雕花剪纸等为代表的国家非物质文化遗产，都是具有全国意义的特色性资源。皮影国家级传承人秦礼刚多次代表文旅部、省文旅厅出国做文化交流表演。

【自然资源】 孝感市主要的旅游资源分为7大类，16亚类，32种旅游资源基本类型。主类拥有率为88%，亚类拥有率为48%，基本类型拥有率为21%，在市域空间呈“大融合、小集中”的分布状态。地势北高南低，由大别山、桐柏山向江汉平原过渡，呈坡状地貌。大体上一成低山、三成平原、六成丘陵。北部以山地森林为主，主要分布在大悟、孝昌和安陆，海拔在200~500米之间，最高山峰在鄂豫交界处的五岳山和孝昌县境内的双峰尖；双峰山森林公园、钱冲古银杏森林公园和大悟县山地森林三处大型森林群落及其他的小型森林景观，与独特的地理格局相搭配，营造出良好的生态观光度假环境。南部以平原湖泊为主，主要分布在汉川及孝南、应城、云梦南部，系江汉平原之东北隅，海拔在50米以下，河湖交错其间，全市境内流长在10公里以上的河流86条，大的水系有“一江三河”（汉江、府河、澴河、汉北河），境内有湖泊17个，较大湖泊有6个内湖（汈汊湖、王母湖、野猪湖、龙赛湖、东西汊湖、老观湖）和1个跨界湖（童家湖）；汉江、汉北河、府河、澴河、大富水等孕育着生态水乡城市的文化，山水城自然相生，孕育出独特的水乡文化气息，不同种类的水域资源为未来的旅游发展业态提供了多种可能性。初步探明的主要矿产有七大类23种，膏、盐、磷矿被誉为“孝感三宝”，特别是纤维石膏储量8800万吨居亚洲第一。国家二级保护动物5种，国家一级重点保护树种2种、二级6种，省级珍贵濒危树种31

畅游十八潭　　（市生态环境局 供图）

种。孝感属亚热带季风气候，年平均气温大体在 15.5℃~16.5℃，全年无霜期 225~257 天，70%降水集中在 4—9 月。

（撰稿：王 昊）

线路开发

【精品线路】“春赏百花，回归自然”一日游线路：双峰山景区—十里苗木长廊—绿托邦生态园—卓尔桃花驿（中餐）—道店民俗村—怡荷园—金卉庄园（晚餐）。

“春意盎然，文脉绵长”一日游线路：孝南朱湖国家湿地公园—云梦祥山博物馆—云梦胡金店万亩油菜花—安陆盛世闻樱（中餐）—白兆山李白文化旅游区—大唐田园（晚餐）。

“桃李芬芳、春色怡人”一日游线路：盛世闻樱景区—伍欣甸园—五言陆色观赏桃花—白兆山李白文化旅游景区（中餐）—大唐田园观赏油菜花、海棠花等。

“樱花浪漫，牵手春天”一日游线路：十八潭—五峰山野樱花群落—五岳山野樱花群落—金岭村（中餐）—北山红叶观光园。

“踏青寻春、海棠花开”一日游线路：孝昌卫店镇卫店社区和三湾村（千亩油菜花）—卫店镇大堰村管氏茶叶苗木基地（海棠花）—王店镇韵鹤生态园（海棠花）。

“山水之间、动感春天”一日游线路：孝昌观音湖大门樱花长廊、桃园、李园—小观山禅寺下、刘震将军纪念馆侧（桃花、梨花）—观音湖绿林源生态农庄（中餐）—陈井村（李花、桃花）—王家河（油菜花）—观音阁（樱花）—金盆湖乡里乡村（晚餐）。

“花漾孝感、春日满园”二日游线路：双桥花山（金钱菊）、双桥古镇—十八潭（中餐）—恋山农庄（牡丹园，晚餐住宿）或福禄居生态农林（特色美食、民宿、帐篷露营、烧烤电影）—第二日：半兵卫生态观光园—金岭村（中餐）。

“春日暖阳、笑看花开”汉孝二日游线路：金卉庄园—卓尔小镇 · 桃花驿（中餐）—东方木龙田园综合体—双峰山生态旅游度假区—双峰山途居露营地（晚餐、住宿）—第二日：云雾山。

“春暖花开，亲水养生”二日游线路：汤池温泉旅游景区—楚珍园—龙池山庄（中餐）—爱漫文旅小镇—老观湖生态湿地公园—田水湾度假村（晚餐、住宿）—第二日：天屿湖国际休闲社区（中餐）—黄龙湖马口窑文化艺术小镇。

“生态观光、农旅融合”二日游线路：十八潭—恋山农庄（中餐）—悦尔牡丹园（梨花、牡丹花、芍药花）—福禄居生态农林（野樱花、晚餐、民宿、帐篷露营、烧烤电影）—第二日：半兵卫生态观光园（茶园观光）—金岭村（油菜花、桃花、中餐）。

【孝汉融合发展】 结合“孝汉同城”专题调研活动，以双峰山为试点，与周边武汉景区（点）形成精品旅游线

安陆“赏花经济”　　（市生态环境局 供图）

路。升级孝感市旅游年票,将木兰花乡、锦里沟、凤娃古寨、张公山寨、姚家山等14家武汉市景区纳入其中,大大增加了孝感旅游年票的价值,深受游客的喜爱。

(撰稿:王 昊)

体育场馆

【公共体育设施建设】 全市共投入资金近500万元,购置(维修更换)全民健身路径400多套,农民健身工程90多套;新建新全民健身示范工程16个,其中国家援建2个,省局命名11个,县市区投资自建3个,所有工程全部于2021年10月底建成,通过验收并投入使用。投资5000多万元,新置入建设体育场地面积约49000平方米的孝感槐荫体育公园改造项目正式启动。孝昌县体育馆建筑规模12000平方米,总投资1.2亿元的3241座体育馆完成基础建设,进入内部设施设备安装阶段。大悟县方舱体育馆占地面积13743.4平方米,建筑面积9930.81平方米,总投资8263万元,设计座席3000座,可开展篮球、羽毛球、乒乓球等运动,该项目主体基地建设部分全部完工,进入内部设施设备安装调试阶段。全市人均体育场地面积达到2.2平方米,经常参加体育锻炼人数比例达到40%,每千人拥有社会体育指导员2.2名,全民健身公共服务体系水平不断提升,人民群众的获得感和幸福感进一步增加强。

【孝感市奥林匹克体育中心建设】 孝感市奥林匹克体育中心总投资约15亿元;建设规模为"一场二馆",即30000座乙级体育场、8000座乙级体育馆、1500座乙级游泳馆;地下室约46000平方米。该项目已完成立项、选址、总体方案设计、投资主体和后期运转方式等方面的工作。

(撰稿:王 昊)

孝感市输送的运动员赵佳怡(左4)参加第十四届全运会,获体操女子U14组团体第二名、女子团体第六名、女子个人全能第七名 (市文旅局 供图)

群众体育

【全民健身赛事活动】 全市各地在严格遵守防疫规定的前提下,坚持线上线下结合、传统新兴并举,开展群众喜闻乐见、丰富多彩的全民健身赛事活动。企业组广场舞2个项目的比赛,分获第五名和三等奖的好成绩,属孝感成年人组整队参加全运会历史最好成绩。组织开展2021年湖北省首届社区运动会(孝感站)比赛、2021年湖北省"我要上全运"乒乓球、羽毛球项目孝感市地区选拔赛、2021年"奔跑吧,少年"湖北省青少年系列体育赛事活动(孝感地区)启动仪式等多项全省体育比赛。组队参加了"我要上全运"2021年湖北省三人篮球、气排球比赛等湖北省群众体育类比赛10多项20次以上的比赛。举办了2021年孝感市市直职工运动会、2021年孝感市"五项五进"活动等多项传统体育赛事活动。

【健身健康融合教育】 探索全民健身与全民健康深度融合的协同联动机制,利用电视、报纸、新媒体等宣传手段,大力宣传全民健身文化,积极倡导主动健康意识,号召人民群众通过健身增强体质,有效预防新冠疫情,推动健康关口前移意示。一年来,在开展全民健身赛事活动的同时开展国民体质监测工作,并联合卫生健康委,举办健康知识大宣传活动,逐步转变群众从生病被动就医到主动健身增强体质预防疾病。

【指导员培养】 全市先后开办了柔力球、户外、广场舞、太极拳、网球、篮球、游泳等项目的社会体育指导员培训班,共培训二级社会体育指导员400余名、三级社会体育指导员1500余名。全年组织社会体育指导员深入机关、企事 业单位、学校进行科学健身指导达120多次。

(撰稿:王 昊)

竞技体育

【人才培养】2021年，全市共有各类少儿体校9所，开展体育后备人才训练项目23项，现有注册运动员1400余名，以市体校为龙头的孝感青少年人才输送格局逐步形成，截至10月底，孝感累计向湖北省足球运动管理中心后备梯队输送85人，共有7人先后入选国青、国少集训队；创新“三集中”模式共建四个足球精兵梯队，运动队伍共有5支，教练员8名，在训运动员112名；注册成立了湖北孝之队足球职业俱乐部，为参加2022年中冠足球联赛打好基础；命名了20所孝感市体育传统项目学校，紧紧依托各级体育传统项目学校开展体育后备人才培养工作，以体育传校为阵地，体教融合发展平台正在形成。

【体育竞赛】 共有13名孝感籍运动员入选第十四届全运会湖北省代表团，征战2021年陕西全运会决赛阶段比赛，获得1金1银的好成绩（胡小龙获第十四届全运会三人篮球冠军、赵佳怡获女子体操团体亚军），属近10年来孝感运动员在全国综合性运动会上取得最好成绩；组队参加了“2034”杯全国小学生足球大会总决赛、“匠心杯”全国青少年足球邀请赛（U12）、“海清杯”全国青少年足球邀请赛（U10）等全国性体育赛事；组队参加了2021年湖北省青少年篮球冠军赛、“我要上全运”2021年湖北省三人篮球、气排球比赛等10多项30次以上全省青少年类体育比赛，并获得三人篮球中年组全省冠军；举办“奔跑吧少年”孝感市青少年阳光体育主题健身活动赛事活动8场，参加人数1450人，影响带动7000名青少年参与健身活动。

（撰稿：王昊）

天屿生态湖　　　　（摄影：匡文杰）

体育产业

【产业品牌】 龙王恨参获评“湖北十大体育产业品牌”。应城国家矿山公园—爱漫文旅小镇、双峰山旅游度假区、湖北金卉庄园生态旅游景区、天屿湖参评“湖北体育旅游十佳目的地”。

【招商引资】推荐5家企业申报2021年省体育产业引导资金，争取到省级资金72万元（龙王恨、金卉庄园、双峰山途居、应城体育中心、天屿湖），推荐1家企业申报国家体育旅游示范基地（天屿湖）。组团参加了“GZLFZ”2021湖北体育招商引资推介会上海专场活动、“GZLFZ”湖北荆门体育产业发展大会。

（撰稿：王昊）

执行编辑：秦荣

卫生健康

卫生健康

综　述

【概述】 2021年，市卫健委认真贯彻落实中共中央国务院、省委、省政府和市委、市政府关于常态化疫情防控和卫生健康工作系列决策部署，始终坚持以人民为中心，全面履行疫情防控职责，持续深化医药卫生体制改革，深入推进健康孝感、疾控体系改革和公共卫生体系两大建设，全市卫生健康事业持续健康发展。孝感市连续六届十二年被评为“全国无偿献血先进市”，孝感市妇幼保健院护理班组荣获“2021年全国五一巾帼标兵岗”，市中心血站机采组被授予“2019—2020年度全国血站系统表现突出采血班组”，市卫健委被授予“2020年全省扫黑除恶专项斗争先进单位”“2021年度市直单位目标考核优胜单位”。汉川市人民医院被省卫健委核定为三级甲等综合医院。

【医疗卫生体制改革】 继续推进公立医疗机构药品、耗材“零差率”工作。推动公立医院医保支付方式改革。推动孝感市中心医院、安陆市普爱医院开展人事薪酬制度改革试点。全面推开县域医共体建设。全市网格化组建医共体13个，成立理事会、监事会21个，成立内设管理机构53个，建成业务中心68个，覆盖乡镇卫生院（社区卫生服务中心、县域内其他医疗机构）123家。推动医疗集团、医共体、专科联盟和远程医疗协作网建设，形成医疗机构间分工协作、资源共享模式，提高县域内城乡医保住院就诊率、基层总诊疗量占比，全市基层总诊疗量占比达到66.4%。督促二级以上医疗机构设立公共卫生科，促进医卫融合发展。全市32家二级以上医疗机构成立公共卫生科。

【农村（社区）卫生服务体系建设】 全市累计创建“国家级示范社区卫生服务中心”2家、“湖北省群众满意的社区卫生服务中心”2家，有7家基层机构达到“社区医院”建设标准，有71家乡镇卫生院达到“优质服务基层行”标准。根据《孝感市定向培养全科助理乡村医生实施方案的通知》（孝感政办函〔2018〕61号），依托湖北职业技术学院培训优势，连续3年开展免费定向培养全科助理乡村医生工作，累计招生333人，首届毕业生121人已经到岗，优化了乡村医生队伍结构，缓解了乡村医生老龄化问题。按照《湖北省“万名大学生乡村医生配备”项目实施方案》，计划3年（2021—2023年）配备611名大学生乡村医生，通过订单定向培养、社会招聘、上级机构派驻、学历提升四种方式，实现一村一名大学生乡医，提高乡村医生整体服务能力。落实村医养老保障，对在岗村医购买养老保险给予财政补助，对到龄离岗村医提供生活补助。

疾病防控

【新冠肺炎疫情常态化防控】 始终保持指挥体系激活状态，坚持“外防输入、内防反弹”的总策略不动摇。强化国内中高风险地区来孝返孝风险人群排查管理，全年排查推送信息52万余条，健康管理6.1万人。综合流调队伍共有282支1901人参与，储备隔离点211个14897间。开展新冠疫情常态化环境监测与从业人员监测和应急监测，截至2021年12月共采集各类环境样品86.2万余份。应检尽检重点人群累计检测578万余人次。截至2021年12月，全市累计接种新冠病毒疫苗826.2334万剂次。开展疫后关爱康复活动，对全市1439名新冠肺炎疫后康复患者开展复查体检和干预。

【传染病防治】 全年全市无甲类传染病报告，报告乙、丙类传染病19种16551例，死亡49例。发病率为

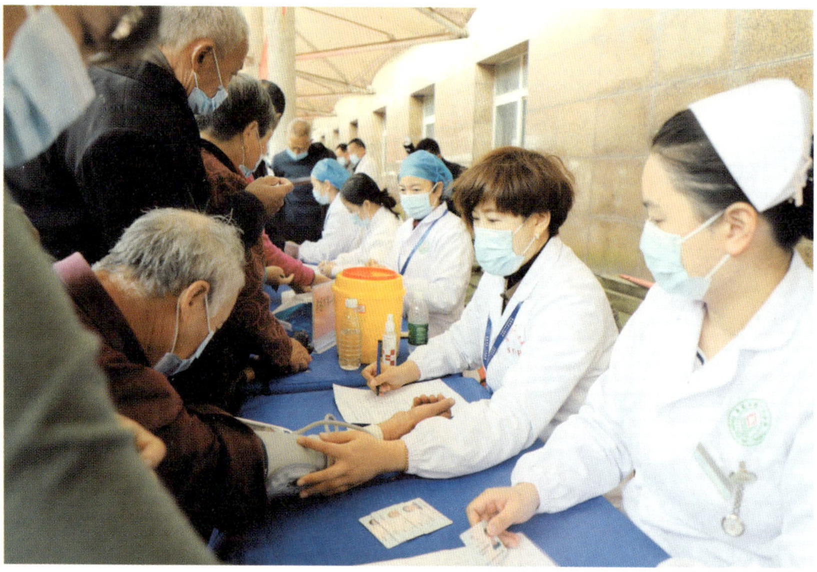

10月16日,孝感市第一人民医院医护专家团队到祝站开展"323"攻坚行动发布会暨大型义诊、健康讲座活动 (市卫健委 供图)

387.58/10万,死亡率为1.15/10万,病死率为0.3%。区域麻防工作健康持续发展。根据《湖北省2021年麻风病防治工作要点》,对区域内280多名麻风休养员和家属、密切接触者进行健康体检。区域麻风病信息管理工作质量不断提高,荣获"2019—2020年全国麻风病防治管理信息系统工作先进集体"。不断加强免疫规划接种,免疫规划全市实种66.15万剂次,新生儿建档23184人;开展春、秋季托幼儿童和新入学儿童预防接种证查验工作。艾滋病防治取得新进展。市直及各县(市、区)均继续开展娱乐场所100%安全套项目工作,孝感市孝南区益邦社会工作服务中心以政府购买服务的形式开展"娱乐场所暗娼干预"及"男男同性恋干预"项目,取得了良好的效果。为耐药结核病患者争取到了门诊视同住院报销的医保政策,为全国耐药结核病最为优惠的医保政策,全市对高中阶段学生以及寄宿制初中入学新生进行了肺结核PPD皮试集中筛查,共计筛查学生57650人,查出学生肺结核患者15例。慢病防治工作稳中求进。孝南区正积极申报创建国家慢病综合防治示范区,安陆市已通过市级评审,并完成了省级现场验收;汉川市、应城市、云梦县各项监测工作有序开展,大悟县积极推进监测工作开展,为创建做准备,全市猝死率6.35‰,重大慢病过早死亡率12.22%,人均预期寿命达79.53岁。

【精神卫生防治】 全市严重精神障碍报告患病率5.39‰,规范管理率90.43%,面访率94.25%、服药率93.41%、规律服药率79.79%、精神分裂症服药率94.03%,精神分裂症规律服药率80.51%,体验率63.26%,各项指标均在全省前列。开展春季和秋季预防专项行动及多轮督导,成立了"323"攻坚行动精神卫生防治中心办公室以及专家委员会,创建运行孝感市心理援助网络App,丰富完善心理援助中心各种测评治疗手段,升级心理热线电话服务平台、配置先进的3D沙盘、设置心理援助公众号、配备最为完善的心理测评系统。在120指挥中心开通24小时"12320"热线电话,并同时开通24小时值班值守心理热线电话、心理咨询热线与在线问诊。

【食源性疾病监测】 食源性疾病监测网报告监测病例一共1805例。哨点医院中心医院上报食源性疾病病例200例,任务完成率100%,食源性疾病病例样本检测200例,任务完成率100%,其中共检出3例沙门菌阳性。27家定点监测医院一共上报1625例,完成全年市级工作目标任务的106%。

人口和生育

【概况】 2021年,孝感市总人口510.73万人(全员人口系统生成),出生25777人,人口出生率5.04‰,死亡率2.65‰,人口自然增长率2.39‰。孕产妇死亡率5.46/10万,较2020年同期大幅下降。全市常住人口中,60岁及以上人口占20.8%,其中65岁及以上人口占15.1%。老年人口规模大、增长快的特征明显。截至年底,开展托育服务的机构180家,其中已注册登记133家,备案通过33家,全市共有托位9373个。每千人口拥有婴幼儿托位数1.57个,超额完成2021年度健康湖北建设考核责任指标。

【人口发展】 将每千人拥有0~3岁婴幼儿托位数指标作为全市经济社会发展10项重大民生指标之一,纳入乡村振兴"功能镇区"考核指标。整合17个部门和单位力量,建立全市婴幼儿照护联席会议制度。联合市民政局、市市场监管局制定推进托育机构登记备案和日常监督措施;市发改委积极争取国家普惠托育项目;市教育局积极推进幼儿园开设托班和托育人才培养;市住建局将托育设施建设列入老旧小区改造。全面取消生育证办理,落实生育登记制度,对群众确实需要办理生育证的,由各地出具生育证明。对出生医学证明办理、计生证明出具和新生儿户籍等工作提出规范要求，简化程序，方便群众。定期开展人口形势分析，组织开展生育政策实施效果评估和婴幼儿照护服务研究、人口数据质量评估、人口预测分析，充分发挥人口监测服务职能，健全人口监测预警制度，明确监测内容、手段、主体。依托全员人口信息系统，用好信息化大数据等新技术，加强平时监管，提高监测质量。巩固人口统计监测队伍，加强业务培训，提升监测能力。

【优生优育服务】 依托影响群众健突出问题“323”攻坚行动，加强孕前优生健康检查和产前筛查，实现围产期、产前、产后一体化管理服务，进一步提高优生优育服务水平。健全完善辖区内新生儿疾病筛查网络，扩大新生儿疾病筛查病种范围，逐步推广串联质筛查技术，遵循自愿与知情选择原则，对所有活产新生儿按照要求开展新筛儿疾病筛查。推进妇幼保健机构等级评审，加大妇幼保健机构规范化建设力度。推进安全产房建设，重点提升产科服务能力，切实降低孕产妇和婴儿死亡率，减少孕产妇分娩并发症、新生儿窒息和产伤，全力实现《健康湖北行动（2020—2030年）》各项目标，制定下发《关于进一步规范公共场所母婴设施建设管理服务的通知》，母婴室建设进一步提档升级，全市共新建母婴设施138个。

【托育服务】 指导孝南区出台加强生育健康服务、购买母婴平安保险、给予生育经费补贴、延长生育护理假期、推进母婴设施建设等十项优惠政策和13条有利于婴幼儿照护服务的工作措施。将孝南区妇幼保健院改建成一家拥有150个托位的高标准公立托育服务示范机构。同时采取民办公助模式，在城区选择四所民营幼儿园向下延伸3岁以下托育服务。以各级妇幼保健机构为依托成立婴幼儿照护服务指导中心，负责婴幼儿照护服务的专业技术指导工作。对托育服务机构依法加强安全、消防、餐饮、卫生、服务等方面监管，并充分考虑婴幼儿照护服务特点，合理确定监管方式、流程和频次。将各部门履职过程中形成的行政检查、行政处罚、行政强制等信息以及司法判决、违法失信等信息进行归集共享。将婴幼儿照护服务机构及其工作人员信用信息纳入全市公共信用信息服务平台，实施守信联合激励和失信联合惩戒。对虐童等违法违规行为零容忍，对相关个人和直接管理人员实行终身禁入，并严格按照有关法律法规和政策规定追究责任。

【关心关爱计生家庭】 2021年5月10日，市政府出台《关于解决孝感城区中、省改制企业退休职工计划生育奖励政策落实历史遗留问题的实施方案》。全年全市累计确认农村奖扶对象22448人，共计发放资金2155万元；累计确认特别扶助对象2950人，累计发放资金2445万元；当年新增特别扶助家庭一次性抚慰金235人，发放资金129.5万元。落实《关于进一步做好计划生育特殊困难家庭扶助工作的通知》，健全计划生育特别扶助金标准动态增长机制，扎实推进特殊家庭联系人制度、就医绿色通道、家庭医生签约服务“三个全覆盖”。在重大节假日特别是庆祝建党100周年期间，严格落实信访日报制，强化属地管理责任。全市普遍实施计生特殊家庭住院护理补贴保险，按照每人每年不少于90天，每天不少于100元给予保险赔付。

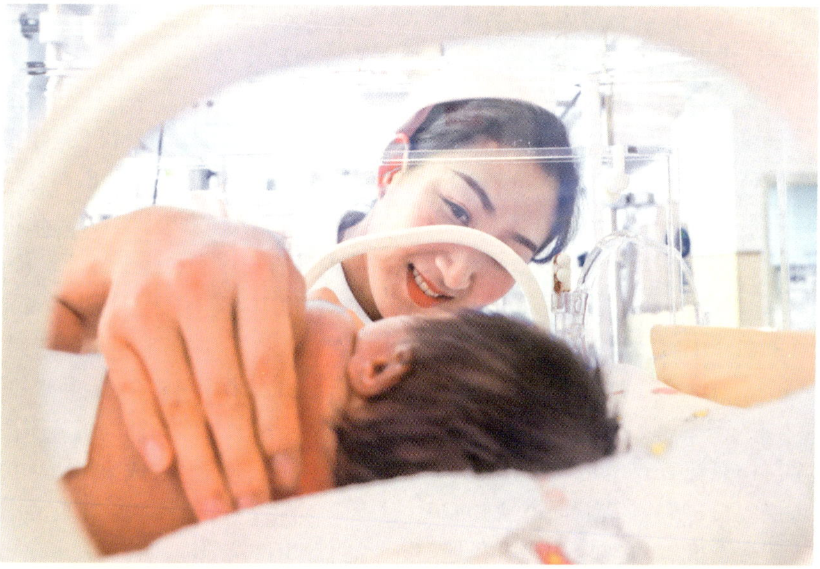

5月7日，护士在新生儿蓝光箱旁照护新生患儿　（市卫健委 供图）

妇幼保健

【发展规划】 认真落实《妇女儿童发展规划》，在实施三孩政策以后，高危高龄产妇比例较高的情况下，孕产妇死亡率、婴儿死亡率、5岁以下儿童死亡率未出现反弹，处于持续优化态势，核心指标优于全省平均水平。应城市、安陆市被评为“全国妇幼健康优质服务示范县”，孝昌县被评为“湖北省妇幼健康优质服务示范县”。孝感市妇幼保健院、应城市妇幼保健院成功入选为首批国

11月3日，孝感市第一人民医院将接种工作"搬"进校园，设立校园临时接种点，让孩子们不出校门就能接种疫苗（市卫健委 供图）

家分娩镇痛试点医院。

【项目建设】积极争取建设项目与资金，加快妇幼健康服务体系基础设施建设步伐，全市共计7家妇幼保健机构纳入国家建设项目，妇幼保健机构基础设施条件得到较大改善。孝感市妇幼保健院总投资6.11亿元，设置床位710张，总建筑面积9.6万平方米。云梦县妇幼保健院被纳入国家建设项目，获得项目资金1200万元；应城、安陆、汉川、云梦、孝昌5家县级妇幼保健院获得国家妇幼保健机构能力建设项目，每个机构补助200万元；孝南区、大悟县妇幼保健院整体搬迁改扩建新院工程已经开工建设。安陆市、孝昌县妇幼保健院新院整体搬迁工程已经竣工。

中医药

【概况】2021年8月27日，汉川市、云梦县、大悟县中医医院被省卫健委正式核定为三级中医医院。评出市级中医重点专科31个。推荐24个市级中医重点专科参加湖北省县级中医医院省级中医重点专科评审。大悟县中医医院在省内率先通过胸痛中心和卒中中心验收。应城市中医医院通过了卒中中心验收。2021年8月，孝感市、云梦县2家中医医院接受省卒中中心现场验收检查，同时开展了胸痛中心网上申报。

【基础设施建设】孝感市中医医院航空院区2021年8月正式投入使用。应城市中医医院门诊楼综合楼2021年5月完成门诊辅楼建设，8月项目主体工程正式动工。云梦县中医医院传染病区改扩建工程于2021年3月28日正式开工。安陆市中医医院康复大楼于2021年11月底完成整体验收投入使用。大悟县中医医院精神卫生中心和孝昌县中医医院门诊大楼项目已纳入发改部门"十四五"储备项目。推荐申报2022年省卫健委中医药项目22个。

【人才队伍建设】全市共举办23期基层中医适宜技术培训班，共培训基层人员878人，结业证书发放426人。在全市启动"知名中医"和"基层名中医"评选活动，共评出县市级知名中医58名，基层名中医12名，市级第二届知名中医20名和首届基层名中医5名。加强文荣群和彭慕斌、黎国生3个全国名老中医药作室建设。推荐2人申报全国第七批名老中医药专家指导老师。推荐1人申报全国名中医候选人。完成8个省级中医药科研项目验收结题工作。114人参加湖北省中医医术确有专长人员医师资格现场考核。开展"三堂一室"创建工作。大悟县完成中医院名医堂和高铁新区国医堂建设，全市共申报推荐19个知名中医工作室。组织开展全市中医药大赛活动，选派5支代表队分别参加省中医药大赛的中医传统技能大赛、中药技能大赛、中医养生功法大赛、中医经典大赛等。11月27日，孝感市选手晏璐、黄思宇分别在全省中医药大赛之中医传统技能大赛基层医疗组中荣获三等奖和优秀奖。

【中药材产业发展】与市农业农村局联合推荐大悟县湖北华龙生物制药有限公司和孝昌县湖北李时珍医院制剂集团中药产业有限公司申报2021年度湖北省中药材产业发展资金项目。协助市农业农村局推荐大悟野菊花和安陆银杏申报湖北省"十大楚药"道地药材。

【中医药防控新冠肺炎疫情】组建市级新冠肺炎集中隔离点中医药疫情防控专班，孝感市中医医院主任医师、湖北省中医名师张双斌任组长，指定各地中医医院负责煎煮新冠肺炎隔离人群预防中药汤剂，各集中隔离点负责领取配送中药汤剂，保证集中隔离人员隔离期间每日服用预防中药汤剂；同时，成立了市中医药应急医疗队，每周联合市驻点督导组和中医药专家巡查组开展集中隔离点中医药巡查工作。组建由

160人组成的市级中医药应对公共突发卫生事件和疫病防治人才库。

医政管理

【医疗质量和安全管理】 加强全市医疗质控体系建设和管理，发挥临床质控中心指导、检查、考核、评价和监督职能，提高临床医疗质量和技术水平。到2021年年底，全市成立市级医疗质量控制中心35个。加强院感管理，加强院感培训，落实院感防控措施，防止医院感染交叉和疾病传播。进一步规范医疗废物管理，督促全市医疗卫生机构规范做好院内医疗废物分类收集、暂存、转运、登记全过程管理，规范实验室医疗废物管理，定期组织专班开展督导检查。

【“互联网+医疗健康”服务】 全市二级以上综合医院开展分时段预约诊疗，扩大远程医疗覆盖范围，各县（市、区）第一人民医院、湖北航天医院与上级支援医院开展远程医疗协作；市中心医院及孝南区、汉川市、应城市、云梦县、安陆市等医共体牵头医院与辖区部分基层医疗机构组建远程医疗协作网。孝南区、汉川市、应城市、云梦县、安陆市、孝昌县等地开展医联体内电子健康档案和电子病历共享，全市二级以上医疗机构实现同级医疗机构检查检验结果互认，全市县域医共体内检查检验结果互认。推进“互联网+护理”服务，充实优质护理和专科护理内涵，全市100%县级以上公立医院、30%以上基本医疗机构开展了优质护理服务。

【医疗机构药事管理】 加强基本药物配备使用，开展公立医药品配备使用监测和短缺药监测、预警，加强医疗机构用药质量安全管理。加强抗菌药物、麻精药品、药品效期、高危药品、辅助用药等重点药品临床应用监管，推进医疗机构合理用药。

【公立医院绩效考核】 全市5家三级公立医院和8家二级公立医院参加了国家组织的网上绩效考核。推动医院评审工作，2021年6月，汉川市人民医院被省卫健委评审确定为三级甲等医院。开展“民营医院管理年”活动，规范民营医院执业行为，提升民营医院管理的规范化、科学化和专业化水平，保障民营医院医疗质量和医疗安全，促进社会办医持续健康规范发展。

【临床重点专科建设】 启动全市2021—2025年周期临床重点专科建设。2021年度孝感市获得省级临床重点专科19个、省县级临床重点专科7个、省级临床重点建设专科1个、省县级临床重点建设专科1个7、推广多学科联合诊疗服务；评审市级临床重点专科86个。

【医德医风建设】 推进“荆楚卫健清风行动”常态化工作和2021年纠正医药购销领域和医疗服务中不正之风工作，巩固纠风工作齐抓共管、综合治理的格局。市卫健委、医保局联合开展定点医疗机构医保基金专项治理“回头看”暨医保总控考核；卫健、市场监督、医保等部门联合开展不合理医疗检查专项治理行动，遏制不合理医疗检查现象，改善人民群众就医体验。

【“平安医院”建设】 强化各级各类医疗机构内保工作，推进二级及以上医疗机构安检工作，加强警医联动建设。加强医疗质量安全管理，预防与化解医疗纠纷。完善医疗机构重点人群管控机制，不断提升医疗机构各类安全事件预防、预警能力。将医院医疗安全和医疗质量管理、医院安全生产、突出问题专项整治等工作有机结合，严厉打击涉医违法犯罪，参与开展“扫黑除恶”工作，积极维护良好执业环境，保障医务工作人员安全。

【无偿献血和血液保障】 开展‘6 · 14’无偿献血主题宣传，推进无偿献血招募工作。提高血站服务能力水平，推进“智慧血站”项目建设，推动血费直报工作，加强血液信息化建设和安全管理，增强紧急情况下的血液应急保障能力。全市自愿无偿献血率、医疗机构成分用血率达到100%。2021年，孝感市被国家卫生健康委、中国红十字会总会、中央军委后勤保障部卫生局授予2018—2019年“全国无偿献血先进城市”。

市疾病预防控制中心

【概况】 2021年，孝感市遵循科学防控，精准施策，严格落实新冠肺炎疫情各项防控措施，认真开展各项主题活动，全面扎实推进各项疾病控制工作，全市无本土新冠肺炎疫情发生，传染病、地方病、慢性病、职业病等防控防治质量稳步提升。

【疫情监测】 严格按照省、市防指推送的中高风险地区来孝返孝风险人群开展追踪排查，采取医学观察、核酸和抗体检测等管理措施。每日开展审核网络直报新冠肺炎疫情日报表和零报工作，下载复核新冠肺炎病例卡片365次，审核报送日报表365期，报送疫情分析52期。2021年全市报告境外输入新型冠状病毒肺炎3例，2020—2021年累计密切接触者医学观察29163人。

【流调队伍建设】 2021年,孝感市疾控中心流调小分队共有14支队伍,共42人参与。流调队伍采用"2+1"模式,每队由疾控中心专业技术人员担任队长,由两名疾控人员和一名公安人员组成。其中:孝感市疾控中心共计28名专业技术人员参与。2021年,中心参加国家、省新冠肺炎疫情防控培训会议共计16次,开展内部学习及培训、演练共计9次。

【外环境监测】 2021年全市疾控机构开展新冠疫情常态化防控环境与从业人员监测和应急监测,共采集各类环境样品709335份,包括重点从业人员84759份、医疗机构262287份、公共场所114848份、冷链食品178191份、冷链食品屠宰加工企业32024份、农贸市场37126份。新冠病毒核酸检测结果均为阴性,检测结果每周对社会进行公布,共对外公布了52期。其中:市疾控中心2021年完成采集样品共计63441份,包括开展监测冷链食品及环境样品55932份,重点人群监测7509份。新冠病毒核酸检测结果均为阴性。

【新冠肺炎疫苗接种】 加强疫苗配送。截至2021年12月,市疾控中心累计新冠疫苗运转50余次,入库数878.0873万剂次,出库配送至各县市区、市直各接种点350余次。大力开展疫苗接种。全市设置新冠疫苗接种单位(临时接种点)152个,全市可动员预防接种人员2806名,预防登记人员955名。截至2021年12月31日24时,全市累计报告接种新冠疫苗826.2334万剂次。

【疫情应急处置】 及时有效现场调查处置涉输入性新冠肺炎病例疫情5起(应城1起、安陆1起、汉川3起)、涉进口冷链食品新冠肺炎阳性调查处置1起。快速处置涉重庆奉节阳性人员途径孝感的排查管控、涉K973车次发现阳性人员后拟同乘人员在孝感落实隔离管控的应急处置。

【疫情保障和援助工作】 抓疫情防控保障。按照市防指统一部署,切实做好全省公务员招考、全省事业单位招考、高考、中考、高等教育自学考试、会计执业资格证等考点考试以及各类大型活动启动仪式、大型会议、党代会、"两会"的疫情防控工作等共38场(次),选派专业技术人员共200余人次,全力为各类活动有序开展保驾护航。参与疫情防控援助。受国家联防联控机制综合组调派支援福建泉州、莆田,内蒙古额济纳新冠肺炎疫情防控;受省联防联控机制综合组调派6名专业人员支援荆门新冠疫情防控。

【传染病防控】 传染病疫情总体平稳:1—12月全市无霍乱等重大传染病报告。累计报告法定乙类、丙类传染病19种15077例,死亡46例,报告发病率为306.14/10万,较2020年同期下降1.44%, 报告死亡率0.93/10万,报告病死率0.31%;突发公共卫生事件处置及时有效。截至12月31日,2021年全市共报告突发公共卫生事件5起,4起一般级别、1起未分级,均进行流调处置;疫情报告、免疫规划与艾滋病防治管理规范。2021年传染病网络直报系统机构网络登录率100%,开展传染病监测分析12期,印发全市网络直报质量通报2期。12月组织对七个县市区开展传染病网络直报质量综合评估。圆满完成各类监测:一是全年开展疫苗冷链运转,共运转到各县市区疾控中心及市直接种单位107次,收集上报县市区疫苗计划688500支,运转了免规疫苗共计621126支。二是全市报告AEFI病例741例,报告覆盖率县100%,乡镇报告覆盖率84.75%。三是全市已完成免疫规划疫苗接种63.03万剂次,保障了疫苗接种率。四是疫苗针对疾病监测。全市报告麻疹病例16例,病例个案调查处置完成率100%。报告AFP病例11例,报告发病率1.43/10万,狂犬病病例1例。五是全年全市乡镇级预防接种单位的信息系统覆盖率达到100%,37个产科接种单位建档信息完整率为99.06%。艾滋病防治工作常抓不懈:2021年上半年新增本市HIV感染者235例,累计2342例。2021年,全市共完成艾滋病主动监测10452人,完成率147.2%(10452/7100),累计发现感染者43人。2021年孕妇筛查全市已经完成46201人,完成全年任务数的86.8%(46201/53200)。2021年,全市羁押人员检测全市共完成4239人,完成全年任务数的121.1%(4239/3500)。全市累计发现阳性196人,任务完成率(196/180)108.9%;累计新增抗病毒治疗252人,完成省下达任务的(252/200)126.0%。对全市531家娱乐场所开展了高危行为干预工作,已干预涉性人员数为3692人,发放健康证2538人。完成MSM人群监测1000余人,干预1200人次。

【地方病、慢性病防治】 血吸虫病防治:全市查螺、询检、血检、粪检、人群扩大化疗指标完成率均超过100%。全市计划救治晚血病人救治率98.2%,用去救治经费314.83万元;4月,汉川市、孝南区、东西湖区三市(区)血防人员集中开展了血防沦河水系联防联控现场交叉查螺以及野粪监测工作,并召开了联防联控研讨会。5月组织了血防信息化查螺及靶向灭螺新技术培训，提升了全市血防信息化能力。11月，举办了以“精准防控固成果，血防精神代代传”为主题的主题党日活动；血防风险监测和质量控制。对4个疫区县（市、区）分别开展了省级、市级2021年春季查、灭螺质量控制考核工作，同时上报了全市2021年春季查灭螺质量控制工作报告。坚持每周一急感零报告制度，截至年底，全市急感报告为零。慢性病防治：碘监测、死因监测及防控及时有效。完成全市盐碘、尿碘监测及市级复核工作。孝感市2021年合格碘盐食用率94.99%，儿童甲肿率0.5%，各县（市、区）均达到了持续消除碘缺乏病标准。印发了死因监测计划、方案，举办了全市死因监测工作培训班，开展了2018—2020年死因监测漏报调查工作及半年死因监测工作专项督导，全市年均粗死亡率约为6.35‰；积极推进慢病示范区创建及全民健康生活方式行动。安陆市已完成示范区市级评审工作，准备迎接省级现场验收。孝南区、云梦县、汉川市、大悟县参加了第六届“万步有约”健走激励大赛；全市启动全民健康生活方式行动的县市区覆盖率已经达到100%。各县（市、区）按照要求积极开展各类慢病主题宣传活动；开展“323”攻坚行动。成立孝感市影响群众健康突出问题攻坚行动专家委员会，设立了管理办公室及7个相关专病防治办公室。中心联合各专病防治中心摸清了全市主要指标基线水平，主动收集上报各专病防治办公室的工作动态及有关数据。

【健康教育】 大力开展卫生宣教：结合新冠疫情常态化防控和国家卫生城市创建，共制作12期宣传栏，18块宣传展板，中心网站、微信公众号发布防控重要提醒、健康科普知识、疾控信息、监测通报671篇。开展健康巡讲进机关、社区、学校和企业。2021年全市组织开展了健康巡讲活动5次，听讲群众1000余人，现场发放各类宣传资料15000份。积极开展健康素养及烟草流行监测：2021年云梦县承担了国家居民健康素养、烟草流行监测项目工作，在省级指导下按进度有序开展。其余县市区在市级指导下按照市级监测方案继续开展辖区健康素养监测工作。认真开展控烟工作：设置戒烟门诊。孝感市中心医院作为湖北省健康素养促进行动项目戒烟门诊之一，在呼吸内科设立了戒烟门诊，继续按照省级要求开展戒烟相关工作。开展控烟宣传和公益广告项目工作。开展第34个“世界无烟日”宣传工作，协助爱卫办对各县（市、区）持续开展无烟机关、无烟卫生健康系统创建工作。5月底在全市中小学开展“拒吸第一支烟，做不吸烟的新一代”主题签名活动。全市开展宣传活动覆盖10.4万人次参加活动，发放宣传资料4.3万册。开展职业卫生等专业培训：对企业开展第19个《职业病防治法》宣传活动，累计开展培训8场次，主题宣讲活动48次，警示教育活动8次，张贴宣传画200张，悬挂宣传横幅及播放口号30余条，滚动播放视频超100小时，发放宣传材料2000余份，宣传受众人数5000余人。做好第七届“全民营养周”宣传活动。累计发放宣传折页、读本1200余份，摆放展板30余张，宣传横幅3条。11月，举办了全市职业健康专业技术人员培训班，共60余人参加了培训。

【消杀工作】 开展医院消毒监测：对孝感市中心医院进行了医院消毒监测，采集样本84份，样本合格率88.10%；获得各类参数190个，参数合格率96.24%；开展四害密度监测：制定了《孝感市四害密度监测方案》，共开展鼠类监测6次，蟑类监测6次，蝇类监测7次，蚊类监测7次，登革热项目监测7次，每月都按要求上报监测数据，从4月开始向国家监测网上报蚊类监测数据；病媒生物防制工作有新进展：制定并由市创建办印发《孝感市创建国家卫生城市病媒生物防制实施方案》《孝感市创建国家卫生城市病媒生物防制技术方案》《孝感市创建国家卫生城市病媒生物防制百日行动方案》；在城区开展病媒生物防制百日攻坚行动：认真开展统一药物杀灭及滋生地治理行动，新建灭鼠毒饵站9850个。每月参与“五城同创办”对城区“六小”行业、建筑工地、市场、公园等11类场所的病媒生物防制等创建工作情况的督导检查，并由市创建办进行通报。

【职业病防治与卫生监测】 职业病防治进一步加强：对26家企业共计1359名涉尘、涉毒作业人员进行了职业健康体检，并建立了职业健康监护档案。共接受职业病诊断申请40例，诊断12例。2021年10月，职业健康监护和职业病诊断通过省级考核。体检工作有序进行：开展放射体检对全市185家医疗机构和企业开展放射工作人员体检，共体检1188人。全年为134家医疗机构的放射工作人员换发了个人剂量计，累计换发剂量计3200人次。开展从业人员体检工作。中心2021年共开展从业人员体检16851人。完成饮水监测项目：2021年，共对市政供水采样84份，对辖区内涉及45家二次供水单位进行了水质抽检，合格率97.8%（44/45）。采集城区中小学及幼儿园直饮水水样17份，其中检测合格12份，合格率70.6%。完成食源性疾病监测项目指标：2021年，在食源性疾病网报监测病例共1805例。哨点医院中心医院上报食源性疾病病例200例，任务完成率100%，食源性疾病病例样本检测200例，任务完成率100%。27家定点监测医院一共上报1625例，完成全年市级工作目标任务的106%。另外有119家乡镇卫生院上报食源性疾病病例180例，全市在食源性疾病监测网上注册的146家医疗机构中，已全部上报了病例，食源性疾病病例监测上报工作开展率为100%。2021年孝感市共上报食源性疾病暴发事件5起，均及时开展了流调并规范处置。

【卫生检验与质量管理】 完成各项检测任务：根据疫情常态化防控要求，全年共完成人体咽拭子样本6869份；环境及物品49730份；阳性复核标本44份。按要求制定全年食品安全风险监测工作方案，完成食品安全风险监测样品379份，报告监测数据1873个。流感病毒及新冠多病同离监测样品1777份，其中核酸检测阳性样品219份，细胞分离134侏，鸡胚株62株。外环境禽流感检测94份，阳性17份。手足口监测187份。致病菌识别网60份样本复核，43份样本的药敏和分子分型(PFGE)。艾滋病筛查样品2163份；艾滋病病人淋巴细胞CD4+检测1415份；梅毒1300人份；丙肝400份；艾滋病确证229份。完成生活饮用水及相关样品201份；盐碘和尿碘复核样品210份；血铅样品217份；公共场所38家；医院消毒监测210份。实验室管理更加规范：按期做好中心实验室资质复查换证工作，对实验室现有设备340多台套进行检定、校准和核查并编制了相应的作业指导书，同时督促重要仪器设备管理员及时做好仪器使用和维护。6月中心顺利通省级疾控系统资质认定专业组的现场验收，共获得303项检测参数的认可。质量管理再上新台阶：全年共完成9批26项的省级和国家主管部门下发的实验室盲样考核，均获得合格以上好成绩。

【中心管理运转】 强化行政管理：与各科室签订责任书，实行目标管理，认真落实规章制度，行政、人事、科教、信息、车辆等管理秩序井然，保障中心工作的正常开展。强化综防综治：一是对各科室作好安全提示，对中心院内、实验室重点部位及项目建设工地开展安全巡查。二是对消防器材、消杀器械进行了维保，随时做好防火、防汛等准备工作。三是规范冷库设备设施，对存放新冠疫苗的库房内均配置了货架、设置了标签、设立了三区（待检区、合格区、不合格区），进一步改善库房环境，保证了中心各项工作的安全无事故。强化财务管理：对免疫规划、预防性体检、预防接种、新冠项目、建设项目等项目收支进行了明细核算。加强项目资金绩效目标管理，开展项目绩效评价。为进一步规范中心采购行为，重新修订了中心采购管理制度，理顺了采购程序，提升了中心采购规范化标准化水平。对单位固定资产每月进行资产折旧，进一步加强了资产的管理。

【疾控项目建设】 孝感市疾病预防控制中心业务综合楼项目2019年2月10日正式动工建设，总建筑面积9398平方米，总投资4300万元，项目已完成竣工验收。中心实验楼项目2020年1月28日正式动工建设，计划2022年8月竣工。项目总建筑面积12000平方米，总投资1亿元，主体结构已封顶，二次构造和墙体施工已完成，完成投资5240万元。

【公开招考】 2021年中心公开招考的25人完成了笔试、面试、体检、考察等环节，现已全部上岗工作。2021年11月26日，为加强新入职人员管理和思想教育，使新入职员工尽快了解中心的基本情况，熟悉工作制度和流程，提高职业素养和专业技术水平，中心组织了多次新入职职工岗前培训。

【新冠疫苗安全保障】 中心进一步规范疫苗冷库设备设施，安装铁丝网、底门封口等改善库房环境，加强疫苗管理与巡查工作，全力保障新冠疫苗储存安全；成立新冠疫苗配送保障专班，加班加点、核对准确无误扫码入库，加紧完成新冠疫苗的配送工作，全力保障了全市广大群众的疫苗接种需求。

市妇幼保健院

【概况】 2021年，市妇幼保健院进一步加强全院职工的质量意识，持续推进“优质服务”，不断健全质量体系建设，强化核心制度执行，有力促进了医疗、护理、感染控制等管理水平全面提升。接诊门诊总人次276165人次，住院总人次7406人次，较2020年上升11.67%；全年投诉率为十万分之1.1，比2020年减少了十万分之0.7。

【医疗质量安全】 建立健全相关制度、规范服务流程，加大核心制度的执行落实力度，加大了处方、抗菌药物管理，严抓病历质量，积极推进临床路径工作，加强医疗投诉及纠纷处理和应对能力，医护人员不断努力提升自身业务水平和沟通技巧，从客观因素上减少医疗纠纷的发生率，相比2020年，2021年医疗纠纷数量大幅下降。

【护理服务】 全面落实“五制”护理，护理责任制落实率100%，跟医查房制（危重患者）落实率80%，床边工作制落实率100%，临床导师制落实率70%，授权管理制执行率100%。重新修订护理质量安全考核标准，定期护理质量考核，并进行汇总、持续改进，强化“三基三严”培训、督查工作。

【医院感染管理控制工作】 认真贯彻落实《医院感染管理办法》，组织医院感染管理委员会督查指导，认真排查隐患，医院各科室有力配合，切实抓好科室消毒隔离技术操作、无菌技术操作及检查考核，临床科室及时认真填写和上报科室院感病例，做好院感病例的监测与分析，指导临床科室控制医院感染。2021年，院感病例共5例，院感率0.07%，全院无医院感染暴发流行，有效将医院感染控制在较低水平有效降低医院感染率的发生。

【药事管理】 在坚持医改政策药品零差价、两票制的基础上，继续推进药品带量采购工作。按省药政药采工作要求，药品网上采购率达到97.64%。国家基本药物配备占比37%，销售额占比36%。基药配备使用比64%。全年药占比16.2%，就2020年下降1个百分点。定期开展处方点评，指导临床抗菌药物的合理使用。

【新冠肺炎疫情常态化防控】 依据省市疫情防控相关制度、文件，及时修订和完善市妇幼保健院感染管理相关制度和措施，同时对特殊科室如手术室、发热门诊、内镜等疫情防控高风险科室的诊疗流程进行多次修订并要求相关科室执行。2021年，上报发热信息8471条，上报核酸信息26.5万条；结合医院实际情况，采取一系列措施，织密织牢公共卫生治理网，确保了疫情防控与日常医疗安全服务两不误，组织两次大型全员核酸演练，保障了演练顺利进行，信息无误上报。迎接省、市、区疫情防控专家组督查10余次，面对检查出的问题，第一时间做出整改。

【妇幼核心指标】 2021年，全市产妇数24676人，辖区活产数24915人，机构活产数23137人，婴儿死亡人数38人，死亡率1.53‰；五岁以下儿童死亡人数67人，死亡率2.69‰；孕产妇死亡1例，孕产妇死亡率4.05/10万，各项指标均优于全省平均水平。全市孕产妇艾滋病抗体检测24676人，住院分娩产妇检测率为100%，阳性2例，梅毒检测24676人，梅毒检测率为100%，梅毒感染孕产妇16人，乙肝检测24676人，孕产妇乙肝表面抗原检测率为100%，检查出乙肝表面抗原阳性产妇1053人，所生儿童数均按照实施方案要求免费注射乙肝免疫球蛋白。

【“323”出生缺陷攻坚行动】 市妇幼保健院是孝感市“323”出生缺陷攻坚行动工作的牵头单位，按照《孝感市“323”出生缺陷攻坚行动工作方案》要求，2月开展全市出生缺陷防治工作调研，起草撰写调研报告，为出生缺陷防治工作打下基础，4月与各县（市、区）建立完善出生缺陷防治工作机制，对每月信息上报做出工作安排。5月召开出生缺陷防控工作会议，并进行专题培训。6月举办全市出生缺陷防治系列技术培训班。7月组织召开推进会，对全市出生缺陷防控工作进行梳理，对完成指标进行通报，发现问题落实整改。10月，为进一步规范新筛工作，下发《进一步规范全市新生儿遗传代谢疾病筛查工作的通知》，明确各级机构职责。出生缺陷一级预防全市完成免费婚前医学检查人数12522人，任务完成率100.1%，完成免费孕前优生健康检查人数19935人，任务完成率97.5%，出生缺陷二级预防全市产前筛查人数20260人，超声产前筛查人数38707人，出生缺陷三级预防全市新生儿疾病筛查24634人，筛查率98.87%，筛查出阳性病例，甲状腺功能减低症（CH）为29例；无确诊经典型苯丙酮尿症（PKU）；无确诊先天性肾上腺皮质增生症（CAH）；确诊葡萄糖-6-磷酸脱氢酶缺乏症（G6PD）57例；地中海贫血确诊292人。串联质谱筛查率21.34%，确诊2例。听力筛查23455人，筛查率94.14%，各项指标均优于全省平均水平。

【医疗项目建设】孝感市妇幼保健院东城院区建设顺利推进，即将全面竣工。至2021年年底，门诊楼室内装修完成95%；医技楼室内装修完成80%；住院楼室内装修完成75%；月子中心一层大厅装修施工中。上述工程安装作业同步进行。生殖中心主体结构完成，院区室外雨污管网施工完成，景观铺装垫层施工中。孝感市妇幼保健院（儿童医院）东城院区门诊楼、医技楼、住院楼、健康管理中心及报告厅进入精装修、室外配套设施阶段，全年完成产值7493万元（五化报告数）。2021年拨付项目资金5121.303万元（含工程形象进度款及各项服务类款项），其中：中央资金1000万元，工行贷款4121.303万元。孝感市妇幼保健院（儿童医院）东城院区生殖医学中心，占地面积8亩，建筑面积8530平方米，总投资6000万元。包括门诊、实验室、档案库、行政办公、地下工程等。于9月开工建设，12月29日主体建筑封顶，进入设备安装，内外装修阶段。全年完成产值1050万元。

市中心医院

【概况】 2021年,孝感市中心医院以建设鄂中城市群一流三级甲等综合医院为发展目标,坚持常态化疫情防控,以学科建设、医疗质量为抓手,不断加强医院内涵建设,推进医院精细化管理,持续强化“一个引领”,始终坚守“三个底线”,紧紧围绕“三项建设”,聚焦年度重点工作,“五个持续推进、提质转向”,高质量发展布局与趋势逐步明朗,实现了“十四五”良好开局。2021年,全院门诊量123.03万(含18万左右体检人次)人次,出院病人6.7万人次,手术4.1万台次,床位使用率76%,平均住院日8.16天。全年总收入12.57亿元,新购置万元以上设备273台套价值4756万元,医疗设备资产总价值达6.16亿元,省级重点专科20个,市级重点专科39个,医院总体收入持续增长,综合实力稳步增强。

【新冠肺炎疫情防控】 医院始终把严格落实疫情防控工作作为头等大事,树立了“疫情是1,医疗服务是0”的观念。严格闭环管理,加强疫情常态化防控内部管理体系,每月召开院感专题会议;增加补充感控科缺编人员和专业,开展疫情防控学习、培训和应急演练,累计达14000余人次,做好应急人员和物资储备工作,优化科室布局。全院全员核酸检测和疫苗接种全覆盖,职工核酸检测近13万人次,全员新冠疫苗二针接种率达99%。以最大决心、最快速度、最实措施完成防控督导和整改工作,实现了医务人员和住院患者“双零感染”目标。

【“清廉医院”建设】 医院始终以“市委巡查整改”和“清廉医院”建设为抓手,整改完成了市委第三巡察组反馈的3个方面12条34项问题,出台了清廉医院、医德医风建设等一系列制度,推出了十大举措和十四类重点任务,与“十进十建”活动深度融合,推动清廉宣传教育制度化、常态化。共查处了44人,其中副科级及以上干部26人,均根据相关规定给予了相应处理。

【安全生产】 做好了医院内部医疗质量安全、护理质量安全、生物实验室安全、医疗废物处置安全、消防安全、综合治理及保卫保障安全、基建施工安全、水电气设施安全、信息安全等方面自查、自纠、整改工作。全年医院医疗事故、重大火情、信息安全、重大安全生产事故为零。

【学科体系建设】 强化专科建设,修订了一系列临床学科建设制度,对各专业、专科、病区进行规范调整,呈报了有关7个专业创建委市共建省级区域医疗中心的报告。完善科学考核体系,调整了医院综合目标考核实施方案,运用DRGs进行医院医疗质量和服务能力测评,整体数据质量位于全省排名第一区间。强化内涵建设,突出发展中心专业亚专业,神经内科下设6个亚专科组,呼吸内科下设8个亚专科组,形成了医院服务品牌。

【人才梯队】 制定完善了中层干部选拔、任用、竞聘、管理等一系列机制,完成了全院在职中层干部的考核,免职了43名中层干部,选拔任用了21名护士长、副科级干部77名、储备干部49名。制定了以学科建设为导向的人才培养机制,对医学博士研究生、硕士研究生优先选拔和着重培养,对临床高学历人才按年龄层次、技术专长、职称类别进行了有效分流。

【基础项目】 内科综合楼提前2个月投入使用,东城医院项目于5月顺利开工。主院区重点建设项目有9个,已完成雨污分流工程,医技楼临床医技科室改造、智慧医院项目改造、智慧停车场、健康管理中心、草铺卫生服务站等正在积极推进中。

【医院行政管理】 医院全面开展“四清”工作,以自查和聘请第三方机构相结合的方式,对人员、资产、合同、岗位进行梳理和清查工作。启动全院定编定岗工作,完成了医院大部制改革,对科室职能进行重新划分和界定,把原29个行政科室融并为23个,根据学科现状及发展对临床、医技科室进行专业划分改革,共设置37个学科,增设6个新病区。开展减能降耗,2021年医院用水电量、天然气用量、医疗废物处置量同比均有下降。持续开展“下临床服务”、满意度调查、“随手拍”等工作,引进共享充电宝、雨伞、微波炉等自助便民设施,开通营养食堂上线扫码点餐系统,患者和职工满意度不断提高。医疗管理水平不断提高。制定了院级和各专业委员会指标,完成了呼吸与危重症医学科国家规范化、省市级临床重点专科、省级产前诊断中心评审等工作;组建了3个MDT小组;推进各学科亚专科建设,加快了医院中医药发展规划落地和协调机制的运转;完成孝感市神经外科质量控制中心创建工作、第四届医师节等活动。开展基层医院疾病预防技术指导,完成了五个防治中心共计17000例筛查任务,启动了5个中心联盟工作。加强病历质量管理,质控病案总体合格率持续上升,甲级病案率达98.75%,二日归档率达81.19%。医疗纠纷122例,医疗纠纷补偿案例27起,赔付额71.4万元,现已逐步在医院手术科室推行了医疗意外保险工作。铸造优质护理服务体系。推进微孝护理品牌创建工作，将孝文化融入护理服务中，加强对病人的人文关怀，给患者营造了“舒心、安心、放心”的康复环节。建立“以质量为中心、以全员参与为基础”的质量管理体系，持续监测国家级/院级/科级护理敏感指标分别为88/37/65项，达标率达92%，全年无重大护理不良事件发生。护理亚专科建设初步取得成效，重视个案管理、慢病管理，有效降低了疾病并发症，改善了患者生活质量。成功开展了循证护理工作，已完成“肿瘤靶向治疗皮肤不良反应的预防及管理证据总结”项目。扩充服务广度。提前启用内科综合楼和地下停车场，争取到澴川国投投资建设停车楼；升级改造全流程网上医院系统；医技检查预约时间平均缩短至3天；实施老人就医十大举措；优化门诊服务流程，实行无假日门诊服务，增设儿童发热门诊，优化方舱疫苗接种服务，规范军人、残疾人等特殊群体就医流程。优化多媒体分诊叫号系统，完成了HIS系统等多项改造升级。制定孝感市健康体检质量控制等相关标准，新增医联体成员单位2家，实现了与上级医院和基层医院互联，共享国家健康医疗教育培训云平台资源，与云梦县人民医院已建立专科联盟协议，促进医疗资源下沉。

【医院人才战略】 加大了人才引进力度，积极争取到湖北省第十批“博士服务团”省肿瘤医院邓康俐博士到泌尿外科挂职主任；组织召开了人才恳谈会，引进临床医学硕士研究生29人，临床护士93人，其中护理研究生1人，急诊本科医师2人。新增专业技术二级岗位专家2名，专业技术三级岗位专家3名；开展了高级职称自主评审，正高级职称32人、副高职称66人。对200多名干部考察对象进行了信息核查、核实，做好了干部任职后管理和年度考核工作。

【医院运营管理】 充分发挥公立医院绩效考核“指挥棒”作用，成立了运营管理部，以院、科为基础，实行两级两道责任制，创设两级管理体系，持续以月、季度综合目标考核手段进行全面管理，严格测算、监督和落实医保政策、运营审核、采购机制的执行、设备投入的成效以及科室服务项目的成本核算等，药占比、耗占比、住院平均日持续下降，三、四级手术率持续提高。深入开展医院经济管理年及政府采购管理三年行动，牢固树立过“紧日子”的观念，完成各类招标采购任务62项，总金额2845.48万元。启动全面预算管理工作和绩效改革工作，强化成本管控意识。推进医保工作落到实处，完成医保人员登记结算56586人次、住院医保总费用7.67亿元，完成了医保新旧系统切换、限制性药品目录系统改造、报销系统数据库对接等工作。开展工程预审、结算、协助第三方外审等项目150个，共计送审额8564.13万元，审结额7450.85万元，核减率达到13%。开展经济责任审计项目12个，提出合理化建议63条，并进行延伸审计，为医院挽回经济损失13.50万元。由于工作突出，医院获“全省内部审计高质量建设试点单位”。

【特色亮点】 经医院医学伦理委员会会议讨论，年度准入临床项目131项，成功申报“2021年湖北省自然科学基金项目”1项、“2021年孝感市自然科学计划项目”57项。骨Ⅰ病区、普外Ⅲ病区、眼科和神经外科联合开展的新技术，填补了孝感市临床医学的空白。实用新型专利13项，发表论文88篇，其中中国科技核心期刊论文55篇，一级学会论文19篇，SCI论文5篇。成功获批各级各类继续医学教育项目106项，其中国家级6项、省级29项。持续推进住院医师规范化培训、全科医师转岗培训工作，临床医学专业本科生毕业年考研升学率高达69.7%，位列武汉科技大学教学医院的前列。承担了多所院校157名医学生的实习任务。护校招生人数再次刷新纪录，达到了120余人。

（撰稿：程艳君）

执行编辑：裴再文

社会民生

社会民生

劳动就业

【概况】 2021年,全市城镇新增就业人数完成8.4万人,完成年度目标的179%;城镇失业人员再就业人数5万人,完成年度目标的384%;就业困难人员再就业人数3.36万人,完成年度目标的525%;城镇登记失业率为3.35%,控制在省定5.5%以内。"我选湖北·立业孝感"计划引进大学生实习实训14440人,完成年度目标的176%;新增高校毕业生就业7229人,完成年度目标的106%。

【就业供需平台建设】 春节后,将愿意留在本地就业的6.38万人,通过打电话、入户、发短信等服务方式,帮助劳动者与企业精准对接,破解返乡劳动者就业与企业招工难题,实现供需精准对接。定期举办"春风行动""就业援助月""民营企业招聘月"等招聘活动,不定期组织开展线上、线下招聘会以及高校毕业生洽谈会,形成多频次小规模招聘模式,为企业和劳动者搭建平台,充分服务企业用工促进劳动者就业。全市通过线上+线下相结合的方式,共组织招聘活动296场,提供岗位31万多个,吸引求职者181万人次,帮助企业解决用工需求约4.2万人。其中,市直共举办54场招聘会,帮助1800多家次企业提供招工平台。深入开展"6+1"劳务协作,积极推进与省外南京、苏州、张家港等地劳务转移对接,市内落实孝南—大悟、汉川—孝昌结对关系。全年全市外出务工脱贫人口135213人,占2020年年底132368人的102.15%。

【就业优惠政策】 降低失业保险和工伤保险费率政策延续至2022年4月30日,惠及单位3705家、涉及职工245275人,减征金额9410.6万元。落实失业保险稳岗返还政策。全市稳岗返还2665家1219.21万元,稳岗位11.99万个,其中市直1000家426.13万元,稳岗位3.84万个。落实社保补贴。全市落实社保补贴42004人,发放补贴7150万元。落实吸纳就业补贴政策。全市落实一次性吸纳就业补贴2323人,落实补贴资金232.3万元。

【创业带动就业】 鼓励引导返乡创业。出台《关于开展"返乡创业致富带头人"扶持项目申报工作的通知》,争取省级财政资金360万元,新增返乡创业4288人。推进创业担保贷款扶持创业。全市发放创业担保贷款26916万元,扶持创业1456人,带动就业19593人。落实一次性创业补贴1530人765万元。加强创业

2月19日,市区"春风行动"首场线下招聘会在万达广场举行

(市人社局 供图)

2月5日,孝感市举办“网上春风行动”直播带岗招聘会　（市人社局 供图）

载体建设。湖北卓越集团、湖北博大电商园两家园区被认定为市级创业孵化基地,获一次性奖补资金共计60万元;南方国际复评为省级大学生创业孵化示范基地,获省级奖补资金80万元;双创中心改变运营方式节约财政资金80余万元。为入驻市级创业孵化示范基地的62家企业发放场地、水电补贴共计39.7万元。以创业活动营造就业浓厚氛围。先后开展双创服务周系列活动、“返乡创富带头人”创业项目评选活动、“孝感市创业明星”评选活动。评出30个优胜创业项目落实扶持资金60万元,选树25名创业典型。

【就业技能培训】 一方面,开展登记失业人员和就业困难群体等九类人员就业培训。全市共培训九类人员22099人,发放培训补贴1684万元。另一方面,开展企业员工职业技能提升培训。通过广泛开展政策宣传,主动上门与企业对接服务送政策,摸清企业需求,提升技能培训针对性和实效性。推行线上线下结合的培训方式,实行理论知识以线上培训为主,实操性强的职业技能培训实行线上学习线下实训融合开展。全面推进企业新型学徒制培训,坚持以企业培训需求为导向,变配送式为“点单”式,以精细化服务满足个性化需求。同时联合推进行业系统业务能力培训,会同应急管理局、民政局、退役军人事务局等行业主管部门,推进行业系统业务能力培训提升,构建大培训格局。全市开展职业技能提升培训28482人、落实培训补贴资金3420.32万元。

【就业帮扶政策】 扩大范围发放失业保险补助金待遇。全市共发放失业补助金64717人次,发放金额5782.53万元。其中,市直共发放6520人次、851.79万元。发放失业保险金,全市共领取失业保险金18719人次,发放失业保险金2358.61万元,其中市直失业补助金36777人次3283.15万元。代缴医疗保险费209.53万元。开发公益性岗位,促进就业困难人员就业。全市开发公益性岗位安置就业困难人员1558人,发放补贴7165.28万元,其中市直96人,发放补贴159.16万元。

【就业服务平台建设】 建设孝感市智慧就业监控服务平台,初步掌握了全市约330万名劳动力和约34万家市场主体实名制基本信息,在疫情下开展精准就业服务中发挥了重要作用。加强基层社区平台建设。市直选择了10个社区,投资近50万元,搭建基层工作平台,切实打通服务群众“最后一公里”。急速推进零工驿站建设,为灵活就业人员提供优质服务。全市建成零工驿站9家,场所面积共631平方米,日均进场人数共562人次,工作人员共29名,累计提供就业信息610条和维权服务36人次。汉川市零工驿站建设优质经验做法被湖北快报采用。

社会保险

【概况】 2021年,全市参加城镇基本养老保险87.2万人,参加城乡居民养老保险266.2万人,参加失业保险24.5万人,参加工伤保险33.4万人。其中,市直参加城镇基本养老保险11.9万人,参加城乡居民养老保险6.7万人,参加失业保险5万人,参加工伤保险8万人。

【社保降费】 2021年,孝感市按照国家和省政策要求,切实做好阶段性降低和减免企业养老保险、失业保险、工伤保险缴费政策。孝感市人社局、财政局、税务局联合印发《关于做好2021年阶段性降低失业保险、工伤保险费率工作的通知》(孝人社发〔2021〕8号),主动与相关部门进行沟通协调,做好失业保险、工伤保险继续按原阶段性降低费率政策执行的系统调试工作,确保受惠企业政策红利应享尽享。2021年,全市减免两项社会保险费16537万元,其中失业保险费11045万元、工伤保险费5492万元。

【参保对象扩面与养老金提标】 积极推进“全民参保登记”计划。实施精准扩面,重点做好中小微企业和广大农民工、灵活就业人员、新业态从业人员的参保服务,全市城镇基本养老保险、失业保险、工伤保险等险种参保规模,较2020年扩面5.13万人。按期完成调待工作,实现企业养老保险17连增。完成了全市28.93万机关、企事业单位退休人员基本养老金调整，有力保障了广大离退休人员基本生活，维护了社会稳定。城乡居民基础养老金提标7元，共为73万人发放养老金11.62亿元，为72.09万人调整待遇城乡居民补发养老金2575.59万元。通过社保卡发放率达96.56%。

【养老保险改革】 巩固机关事业单位养老保险制度改革成果。积极推进公益二类事业单位参保工作和"乡改""老机关"制度平稳衔接，完成了"老机保"参保人员衔接及重复缴费返还工作；确保了按时、足额准确用新办法计发退休"中人"待遇；完成了市直职业年金的账实匹配工作。做好退役士兵补缴工作。积极协助相关部门做好退役士兵参保工作，扎实服务好退役士兵养老保险参保和补缴工作。

【工伤保险经办】 2021年，全市工伤保险参保人数达到33.4万人，完成任务的108.4%。新开工工程建设项目工伤保险参保率95%以上，尘肺病等重点行业工伤保险参保率70%以上。实施预防五年行动计划，孝感市人社局牵头，联合市经信局、财政局、住建局、交通运输局、卫健委、应急局、总工会等八部门联合印发了《孝感市工伤预防五年行动计划（2021—2025年）实施方案》（孝人社发〔2021〕14号），确定市交通运输、建筑、电子、机械4个工伤预防重点领域、25家工伤预防重点企业。2021年，全市受理工伤认定申请1177起。其中，认定工伤1157起，不予认定工伤20起。工伤待遇支出864.6万元。全年先后组织9次劳动能力等级鉴定，鉴定729人（含病退鉴定4次257人）。

【社保代缴】 巩固拓展社保扶贫成果，积极做好脱贫人口、困难群体社会保险帮扶，助力全面实施乡村振兴战略。以省级下发困难群体数据为基准，比对融合部门推送数据，确定全口径基础数据人数。对于代缴身份存在疑问的人群，研究形成共识，下发社区复核验证。为校准居保系统标识人群与税务系统申报人群一一对应，以代缴资金出处确定标识类型，临时性去除多重标识。2021年度，困难群体应代缴117448人全部完成养老保险费代缴工作，做到了"应保尽保、应代尽代"。

【基金管理风险防控】 加强业务经办管理，落实"三个全面取消"要求，做好风险防控。对组织机构控制、业务运行控制、基金财务控制、信息系统控制、内部控制的管理与监督方面定期开展风险排查，确保风险管理无漏洞。开展社保风险基金防控排查工作。对照省发7大项38个子项目、机关养老保险6大项30个子项目及第二轮机关养老保险疑点数据，市人社局共提取并核查了企保疑点数据3171条、机保共疑点数据546条，经省检查组核实，均无违规情况。开展专项稽核核查，防止冒领工作。完成了全市2021年人社部稽核部级考核平台共四期疑点数据的处置及上报工作，其中疑似违规领取养老待遇112人、重复领取养老金90人、服刑人员共2073人，2021年，共追回金额320.63万元。积极争取中央转移支付和企业养老保险调剂金支持，提升社保基金抗风险保支付能力。截至2021年年底，全市企业养老保险基金结余64.64亿元，静态可支付21.62个月。其中，市本级结余23.32亿元，可支付49.62个月。

【优化社保营商环境】 大力推进"多证合一"改革，实现"一照一码走天下"；推进"一网覆盖、一次办好"建设，实现"一网、一门、一次"办；积极推动数据共享和互联互通，推进社保关系转移持续顺畅持续推进部转移平台的使用，加大转移接续平台超期业务清理工作，业务超期情况得到根本好转。2021年，全市应下载部级平台转移业务11761件，实下载11688件，下载率为99.38%，应审核业务11761件，实际审核11086件，审核率达到94.26%。2021年，全市社保转入发出联系函13203份，办结反馈11203笔；社保转出接收联系函3562份，信息表回复3562笔，回复率为100%。部级转移接续平台的应用

10月15日，企业保险集中系统上线并应用　　（市人社局 供图）

和推广，进一步规范了业务操作流程，规避了手工操作、线下操作风险。

医疗保险

【概况】 2021年，孝感市医疗保障局始终坚持以人民群众为中心，深化医疗保障制度改革，完善医疗保障政策，强化医保基金监管，全力保障参保群众权益，推进全市医疗保障事业高质量发展。孝感市医保基金监管信用体系试点建设被国家医保局总结评估结果为优秀，圆满完成了试点建设任务，形成了富有特色和成效的“三全一动”医保信用管理“孝感经验”，相关经验在全省范围内推广。全市基本医保参保434.79万人（职工41.71万人、居民393.08万人）。其中，市本级基本医保参保24.02万人（职工10.52万人、居民13.50万人）。

【医保基金运行】 2021年，孝感市基本医疗保险基金运行总体平衡、略有结余。但受疫情及新冠疫苗政策影响，医保基金运行压力增大、风险增强。全市城镇职工医保基金征收18.68亿元，支出16.68亿元；当期结余2亿元，累计结余27.42亿元。全市城乡居民医保基金征收35.9亿元，支出34.68亿元；当期结余1.22亿元，累计结余20.18亿元。

【全国医保基金监管信用体系试点建设】 2019年，孝感市被确定为国家级基金监管信用体系建设试点城市，市医保局充分发挥在全国最早探索和启动试点的先发优势，建立了信用监管制度，扩大了信用监管范围，对两定医药机构、医保医师药师、参保人五类主体管理做出具体规定，并在两定服务协议中增加了信用管理和诚信医保相关内容，实现了试点建设“四有”（有指标体系、有管理系统、有配套制度、有经费保障）目标，达到了评价结果“三高”（可信度高、应用率高、满意度高）效果，提高了医保基金监管效能，2021年，孝感市医保基金监管信用体系试点建设被国家医保局总结评估结果为优秀，完成了试点建设任务，形成了富有特色和成效的“三全一动”医保信用管理“孝感经验”，相关经验在全省范围内推广。

【医疗保障制度改革】 深入贯彻落实医疗保障制度改革要求，成立了由市政府市长任组长的孝感市医疗保障制度改革领导小组，以市委、市政府名义出台了《孝感市深化医疗保障制度改革责任清单》（孝办发电〔2021〕16号）文件，制定了22大项80小项改革工作任务，细化了141条落实措施，明确了改革的重点任务、责任单位和完成时限，进一步促进全市医保事业高质量发展。

【居民医保市级统筹】 在2020年《孝感市全民医疗保障实施办法》基础上，出台了“两个细则”（《孝感市城乡居民基本医疗保险实施细则》《孝感市职工基本医疗保险实施细则》）文件，细化了实施措施、完善了操作流程，形成了全市统一的医保政策体系。经报请市政府批准和市审计部门同意，对全市7个县（市、区）居民医保基金进行了清理审计，对基金历年收支结余情况进行了统计、测算和分析，摸清了全市居民医保基金底数。在前期调研基础上，出台了《孝感市城乡居民基本医疗保险基金市级统筹实施办法》《孝感市城乡居民基本医疗保险基金市级统筹业务经办工作流程》《孝感市城乡居民基本医疗保险基金管理绩效考核办法》等文件，全面推进居民医保市级统筹，实现了居民医保在全市范围内统收统支，增强了医保基金抗风险能力。

【新医保信息平台建设】 医保信息系统不统一、碎片化严重制约了全市医保事业健康发展，市医保局以国家省局建设全国统一的医保信息平台为契机，成立信息化建设领导小组，制定“信息化建设、数据清理、汇聚点建设”三大方案，完成老系统备份、前置机配置及新系统测试联调及全市两定机构报装。对全市医保部门、两定医药机构、医保医师和药师、医保病种等进行赋码，动态录入部门名称等基础信息。组织全市医保经办机构、定点医药机构推进15项信息业务编码贯标落地，协调医院完成耗材前15位编码贯标。11月初，新的国家医疗保障信息平台系统经省医保局验收正式在孝感上线运行（在全省先期上线），解决了过去医保信息系统标准不统一、数据不互认，系统分割、难以共享的历史遗留问题，为优化医保公共服务提供基础支撑。

【核酸检测和疫苗接种纳入医保】 3次调整落实新型冠状病毒核酸检测和抗体检测价格政策，将核酸检测费用由年初的132元/人次调整至40元/人次，降幅69%；将抗体检测费用由40元/项调整至25元/项，降幅37.5%，减轻了群众出行等检测费用负担。将新冠肺炎疫苗及接种费用纳入医保支付范围政策，做好新冠病毒疫苗及接种费用拨付工作。全市上交新冠疫苗费4.92亿元，核对汇总并拨付疫苗接种费0.57亿元，保障了全市疫苗接种顺利推进。

【基本医疗保险筹资标准调整】 执行省局文件要求，根据《市人民政府办公室关于做好2021年，城乡居民基本医疗保险和养老保险征收工作的通知》文件，2021年，城乡居民基本医疗保险人均财政补助标准增加30元，达到每人每年不低于580元，原则上个人缴费标准同步提高30元，达到每人每年320元，为提高待遇保障水平提供坚实基础。

【脱贫人口医保】 将脱贫人口全部纳入基本医疗、大病保险、医疗救助保障范围，保障脱贫人口应保尽保、应助尽助、应报尽报。2021年，全市脱贫人口31.43万人，参保率100%；对特困人员、低保全额资助，对返贫致贫人口定额资助，共资助参保313688人，资助率100%；全市脱贫人口享受待遇236163人次（住院81842人次、门慢门特154321人次）；县域内、政策范围内住院费用53682万元、报销48256万元、报销比例91.3%；县域内、政策范围内门慢、门特费用4886万元，报销3826万元，报销比例82.8%。

【医药服务改革】 持续开展药品耗材集中带量采购。超任务份额完成集采任务，组织医疗机构参与国家、省及省际联盟组织的药品集采共10批、耗材集采共7批，其中，药品集采已执行7批，涉及260个品种，平均降幅约57.3%；耗材集采已执行4批，涉及冠脉支架和扩张球囊、一次性精密输液器、医用胶片、人工关节和骨科创伤等6类耗材，平均降幅约89%。调整执行新版基本医保药品目录。对执行国家、省医保药品目录有关事项和意见作了进一步明确，同时对医疗机构制剂和省内试点企业生产的中药配方颗粒纳入基本医保支付范围作了相关说明，更好满足群众基本用药需求。建立完善国家谈判药品“双通道”管理机制。全市开通“双通道”定点医疗机构8家、定点零售药店12家，“双通道”55种药品取消先行自付比例按乙类管理，保障了谈判药品供应和患者合理用药需求，减轻了患者费用负担。

11月2日，国家医疗保障信息平台在孝感上线　（市医保局 供图）

【打击“欺诈骗保”】 通过发放宣传资料、专题培训、知识点测评、“互联网+宣传”等多种形式，提高群众特别是农村地区医保政策知晓率，提高医疗机构合理使用医保基金意识，提高企业依法参保和维权责任，营造了良好的基金监管氛围。全市共有定点医药机构1417家（不含村卫生室、诊所），检查定点医药机构1417家（检查覆盖率100%），追回医保基金4076.65万元，并处违约金54.93万元、行政罚款38.23万元、其他处罚18.76万元。其中检查定点医疗机构218家，处理209家（含解除医保服务协议1家，暂停医保服务协议14家），追回医保基金3963.05万元，并处违约金54.93万元、行政罚款36.63万元、其他处罚15.71万元；检查定点零售药店1199家，处理365家（含解除医保服务协议1家，暂停医保服务协议35家），追回医保基金113.60万元，行政罚款1.6万元；处理参保人7名，追回医保基金14.75万元，行政罚款0.19万元。欺诈骗保举报奖励1人次，主动公开曝光欺诈骗保案例27起（含“三假”案例11起）。

【提升医保服务质效】 深入推进“一网通办”，实现网办项目“应上尽上，全程在线”，实现事项办理材料和时效“双硬减”，直接减掉居民基本医保登记表、异地就医登记表等10项表格；单位（职工）参保登记和信息变更从3个工作日缩减至1个工作日；手工零星报销、职工医保个人账户一次性支取从15个工作日缩减至6个工作日；慢性病申报认定办理缩短至10个工作日。全面推进“一事联办”，印发《孝感市“医疗费用报销”一事联办工作方案》，结合新医保系统上线推进“基本医保、生育保险、医疗救助对象医疗费用手工报销和新生儿参保登记”联办。建立“店小二”专线服务机制，设立了全市“店小二”专线热线，专人负责受理企业、群众政策咨询、意见建议等诉求，确保企业群众咨询与诉求问题得到高效办理。推进异地就医直接结算，扩大异地就医定点医疗机构范围，新增省级异地就医定点医疗机构2家（汉川圣仁爱医院、安陆妇幼保健院）。开通市中心医院、一医院、航天医院3家门诊费用省内异地就医直接结算，实现异地门诊费用直接结算。

社会福利

【农村低保和特困供养】 2021年，孝感市对农村低保和特困供养人员采取兜底线的措施，推动完善农村低收入人口动态监测和分类帮扶机制。加强数据比对，及时跟进摸排。指导督促各地开展巩固社会救助兜底脱贫成果“回头看”，完成民政部两轮反馈数据摸排，定期与乡村振兴部门“三类人口”进行数据比对，全面排查未纳入兜底保障范围的对象，确保“应兜尽兜、不漏一人”。截至12月底，全市现有“三类人口”9319人，其中纳入农村低保3810人、特困供养45人，临时救助122人。推进信息共享，建立监测平台。组织有关技术公司开发上线孝感市低收入人口监测平台，通过孝感市政务数据共享交换平台逐步汇集共享医保、教育、住建、人社、残联、乡村振兴等部门相关数据，探索建立线上预警推送、线下排查反馈机制。分类救助帮扶，保持总体稳定。继续对完全丧失劳动能力或部分丧失劳动能力且无法通过产业就业获得稳定收入的农村脱贫人口实行政策性兜底保障。截至12月底，全市纳入农村低保和特困供养的农村脱贫人口91723人，分别占现有农村低保和特困供养总人数、农村脱贫总人口的55.4%、29.3%；临时救助农村脱贫人口1918人次，累计发放救助资金4.68亿元。

【社会救助机制建设】 2021年，孝感市社会救助机制以保基本、救急难为根本，全面落实困难群众基本生活救助政策。加强组织领导，完善协调机制。报请市政府印发《关于健全完善全市困难群众基本生活保障工作协调机制的通知》，指导督促各地调整完善县级困难群众基本生活保障工作协调小组，积极发挥县级困难群众基本生活保障工作协调机制作用，累计开展“一事一议”11次，解决个案问题25个。出台评估办法，调整公布标准。以市政府名义制定印发《孝感市社会救助对象家庭经济状况评估认定办法》，明确和规范社会救助家庭经济状况评估认定的对象、指标、方法、程序及结果运用；报请市政府调整并公布2021年度全市城乡低保、特困供养、孤儿养育和低收入家庭认定标准，保持城乡低保、特困供养、孤儿养育标准“达标不降”。分类精准施保，推进特困扩围。指导督促各地加强动态管理，精准落实“重点救助”、低收入家庭重病重残“单人施保”政策，适度放宽特困人员“无劳动能力”“法定义务人无履行义务能力”认定条件，改进低收入家庭认定工作。截至12月底，全市现保障困难群众19.51万人，累计发放救助资金9.1亿元。其中，城市低保对象1.72万户、2.85万人，发放低保金1.47亿元，月人均补助标准381元；农村低保对象8.03万户、14.43万人，发放低保金4.77亿元，月人均补助标准253元；特困供养人员2.23万人，发放供养金2.85亿元，城市月供养标准1240元，农村月供养标准900元；累计认定低收入家庭487户、1415人。改进临时救助，提高救助时效。指导督促各地落实分类分档救助办法和乡镇(街道)临时救助备用金制度，下拨乡镇(街道)临时救助备用金1000万元，实施临时救助10051人次，发放临时救助资金1760万元，人均救助标准1751元。修订完善《孝感市困难群众临时救助实施办法》，进一步完善优化分类分档救助办法及标准，取消临时救助申请户籍地限制，由常住地、急难发生地实施临时救助。开展走访慰问，体现关心关爱。先后组织开展春节困难群众全覆盖救助性慰问、“四大家”领导走访慰问困难群众、党史学习教育“我为群众办实事”走访慰问困难群众活动，累计发放慰问资金6542万元。推动各地为救助对象免费开通救助金发放到账短信提示，有关做法被省厅作为典型案例推荐上报民政部。

6月17日、19日，市救助管理站分期举办形式多样、内容丰富的救助机构“开放日”活动

（市民政局 供图）

【社会救助监督管理】 2021年,孝感市社会救助监管工作以堵漏洞、建机制为重点,推进深化监督管理长效机制和规范化建设。开展专项清理,突出监管重点。按照民政部和省民政厅关于开展农村低保专项治理巩固提升行动要求,组织各地清理排查低保备案管理“三类人员”,取消超出保障条件75人,建立备案管理台账588人;清理排查银行账户与保障对象姓名不一致对象31人;清理排查银行存折(卡)他人代管情况,建立他人代管银行存折(卡)备案台账1602人。强化信息核对,抓好线索核查。督促各地开展上半年集中核对工作,累计核对11.9万户、23.96万人,其中预警0.5万户、1.46万人;坚持每月开展一次死亡人口信息比对,清退死亡对象2355人;核查处理省厅运用省纪委监委大数据源比对反馈问题线索1181条;配合做好运用“乡村振兴和民生领域政策落实监察系统”开展监督检查线索核查和问题整改,全市共反馈疑似问题线索3332条,其中农村低保11条、特困供养89条、临时救助3232条,经初步核查全部查否。全年累计清退不符合条件低保对象7417户、12873人。规范政务公开,接受社会监督。指导督促各地按照民政部《社会救助领域基层政务公开标准指引》和省政府办公厅《关于推进社会公益事业建设领域政府信息公开的实施意见》有关要求,落实县、乡、村三级公开公示制度,规范社会救助政务公开行为,增强政策知晓度和工作透明度。

应城市城北街道办事处韩湾村老年人日间照料服务中心 (市民政局 供图)

【基层社会救助能力建设】 补短板、强弱项,着力提升基层社会救助经办服务能力。加强学习培训。举办全市社会救助工作培训班,先后两次组织各县(市、区)社会救助机构主要负责人赴武汉、黄石、宜昌考察学习社会救助工作。强化走访探视。组织各地走访摸排分散供养特困人员19534人,加强对分散供养特困人员特别是重病重残对象的走访探视和关心关爱,推动建立重病重残对象联系帮扶制度。排查城乡低保、特困供养人员中三级以上精神、智力残疾人员12826人,逐一确定帮扶联系人。应城市、孝南区积极探索由第三方专业服务机构为分散供养特困人员提供就医陪护、清洁卫生、日常走访等服务。推进购买服务。全市累计安排政府购买服务资金980.94万元,实施社会救助服务项目20个,其中事务性12个、服务性8个,由第三方专业服务机构开展救助对象家计调查、困难对象摸底排查、特困人员能力评估、送医陪护、心理疏导、走访探视,派遣基层社会救助服务人员。

【社会救助领域“放管服”改革】 扩大下放试点。稳步推进城乡低保、特困供养、临时救助审核确认权限下放乡镇(街道)试点,规范下放行为,加强备案监管。新增城乡低保审核确认权下放试点乡镇12个(累计达到44个),新增特困供养审核确认权下放试点乡镇14个,新增临时救助审核确认权下放试点乡镇20个(累计达到34个)。推行告知承诺。全面推行社会救助申请告知承诺制,推动“减材料、减环节、减时限、减跑动”。推进“一网通办”。指导督促各地完成市、县、乡、村四级社会救助政务服务事务认领,加强与政务服务统一受理平台对接,全市所有乡镇(街道)全部通过政务服务受理平台进行救助事项受理和录入。开发上线孝感市社会救助入户核查App和救助对象电子地图,推进“网上办”“掌上办”。

(撰稿:师婷婷)

住房保障

【保障性住房建设】 不断健全以公租房、保障性租赁住房和共有产权住房为主体的住房保障体系,逐步完善多主体供给、多渠道保障、租购并举的住房制度。超额完成年度保障性安居工程省定目标,全市开工各

孝感高新区董永社区棚户区改造二期项目　　（摄影：晏美华）

类棚户区改造住房556套，开工率100%；基本建成2119套，完成率109.96%；发放租赁补贴2715户，完成率102.84%。

【公租房运营管理】巩固拓展政府购买公租房运营管理服务国家级试点城市成果，围绕“数据多跑路，群众少跑腿”，积极搭建“智慧住保”信息化平台，升级改造住房保障业务管理信息系统，推动实现线上电子合同、维修线上报修、手机App便捷入户巡查全覆盖。依托市政务信息资源交换共享平台，构建与民政、公安、人社、工商等部门信息资源共享机制，优化公租房申报、审核、分配、腾退全流程服务，稳步提升公租房运营规范化、精细化、信息化管理水平。

【“公租房幸福小区”创建】将西城嘉园、红光嘉园、高新嘉园等15个公租房小区纳入“公租房幸福小区”试点，对试点小区引入人脸识别技术，安装高清视频监控设备、楼宇门禁设备，分类实施小区门、单元门、入户门“三门”智能化管理，有效防范公租房转租转借，提升小区安全保障，实现“以房管人，以人查房”良性互动。在高新嘉园公租房小区举办“建党70周年”演讲比赛，组织中秋茶话会，举办“共建和谐幸福小区，红心向党喜迎国庆”文艺会演活动，共建和谐友爱幸福小区，切实增强小区住户获得感、幸福感。

【公租房信息系统贯标联网】高效推进公租房系统数据清理和补录工作，对历年公租房建设分配和管理数据及资料进行全面清理核实、更正和补齐。公租房房源录入38638套，完成率100.77%；政府房源录入25541套，完成率109.61%；保障家庭录入26282户，完成率114%；配给合同录入23670户，完成率102.67%。公租房房源和计划关联的政府投资公租房录入24126套，完成率103%。

（撰稿：何俊龙）

公积金管理

【概况】2021年，孝感市牢固树立以人民为中心的发展理念，牢牢把握“房住不炒”的定位和“住有所居”的目标，以党史学习教育为契机，围绕高质量发展主题，服务于孝感市市委、市政府工作大局，努力推动全市公积金各项工作争创一流、走在前列。各项指标超额完成。住房公积金归集、提取、贷款超额完成日历进度，增值收益净增额增长明显。全市公积金归集新增人数2.23万人，完成年度计划的172%；新增缴存额34.8亿元，完成年度计划的116%；发放个人住房贷款4295笔15.4亿元，完成年度计划的154%。形成增值收益2.52亿元，完成年度计划的142%。全市实有账户数26万，归集总额257亿元，归集余额128亿元，贷款总额130亿元，贷款余额75亿元，累计形成增值收益14.7亿元，累计为政府提供廉租房（公共租赁住房）建设补充资金9亿元。

【公积金管理政策建设】积极回应群众关切，通过多种渠道，广泛征集缴存群众的政策需求，深入开展调查研究，征求多方意见，进一步优化公积金政策。2021年，发布调整公积金使用政策（孝公管委发〔2021〕1号）、商转公管理暂行办法（孝公管委发〔2021〕2号）、调整2021年度公积金缴存基数（孝公管委发〔2021〕3号）等规范性文件，践行为民宗旨，以公积金政策高频次供给助推民生福祉持续改善，为实现“住有所居”提供有力支撑。

【信息技术建设】全面落实住建部“跨省通办”8个高频事项开发与应用。对接住建部“手机公积金”微信小程序，实现“手机公积金”直接申请全国公积金异地转移接续。自主开发实现了单位开户网厅和微信全程网办。与市场监管、公安等五部门开启企业开办注销“一事联办”机制。加大电子证照等重点数据汇聚与应用，拓展数据共享的深度和广度，消除信息壁垒，减少办事“来回跑”，为缴存职工提供便捷服务。

【公积金管理机制改革】加快推进“一网通办”“一窗通办”“一事联办”“全省通办”等各项通办联办业务。

深入开展"清、减、降"工作，明确规范性文件有效性和时效性，梳理12个公积金政务服务事项审批时限由34个工作日缩减到16个工作日，全面推行证明事项告知承诺制。依托合作银行，将公积金业务前台延伸到合作银行网点，形成住房公积金业务主城区全覆盖、"三区"同延伸的整体布局，实现公积金业务"就近办"。

（撰稿：周先娥）

供水用水

【供水量】 供水量指各种水源工程为用户提供的包括输水损失在内的水量。按水源类型分地表水源、地下水源和其他水源统计。

2021年，孝感市总供水量33.97亿立方米，其中地表水供水量33.67亿立方米，地下水供水量0.22亿立方米，其他水源0.08亿立方米。

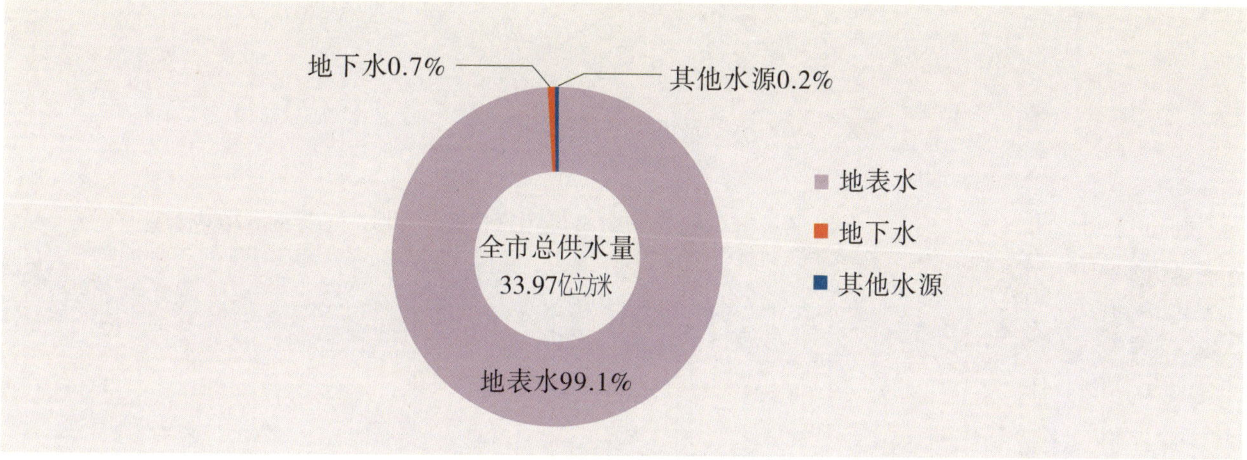

图7 2021年孝感市供水量比例图

表9　　2021年孝感市行政分区供水量表　　单位：亿立方米

行政分区	供水量				
	地表水源	地下水源	其他水源	总供水量	
				当年值	与2020年比较(±%)
孝南区	5.40	0.05		5.45	82.3
孝昌县	2.44	0.0044		2.44	9.9
大悟县	2.53	0.0002		2.53	3.8
安陆市	3.20	0.0008		3.20	32.4
云梦县	4.04	0.02		4.06	65.3
应城市	3.95	0.05	0.08	4.08	37.6
汉川市	12.11	0.10		12.21	17.3
全市	33.67	0.22	0.08	33.97	31.2

【用水量】 2021年，孝感市总用水量33.97亿立方米，按老口径统计，其中农业用水16.97亿立方米，占总用水量的50.0%，工业用水9.89亿立方米（包含火电用水量6.33亿立方米），占总用水量的29.1%，生活用水7.11亿立方米，占总用水量的20.9%。

按新口径统计，生产用水28.53亿立方米，占总用水量的84.0%，生活用水2.34亿立方米，占总用水量的6.9%，生态用水3.10亿立方米，占总用水量的9.1%。

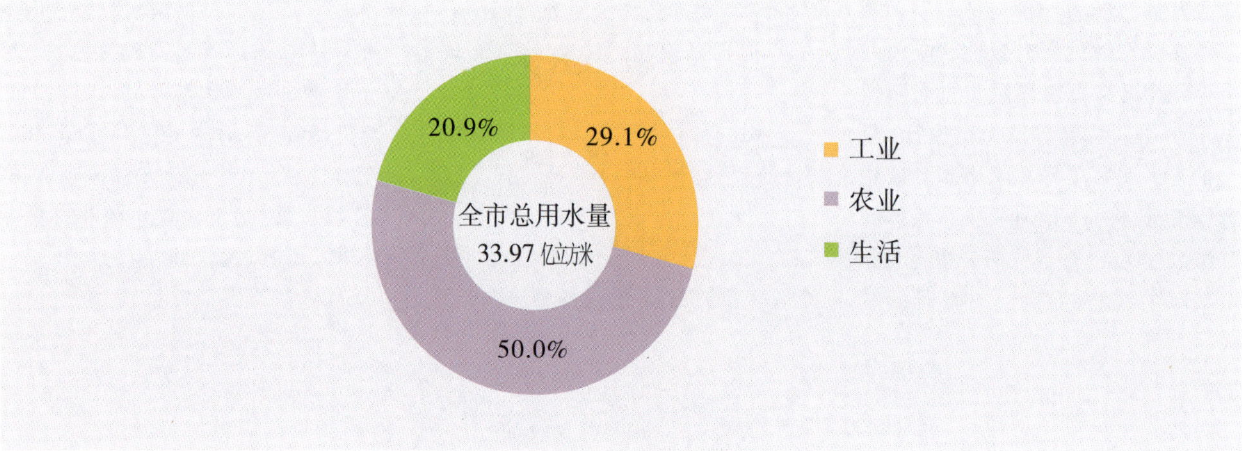

图 8 2021 年孝感市用水量比例图

表 10　　2021 年孝感市行政分区用水量表　　单位:亿立方米

行政分区	老口径			新口径			总用水量	用水比例(%)
	工业	农业	生活	生产	生活	生态		
孝南区	0.82	2.19	2.44	3.37	0.62	1.46	5.45	16.1
孝昌县	0.07	1.95	0.42	2.18	0.24	0.02	2.44	7.2
大悟县	0.25	1.70	0.58	2.24	0.26	0.03	2.53	7.4
安陆市	0.44	2.30	0.46	2.93	0.24	0.03	3.20	9.4
云梦县	0.49	1.69	1.88	2.35	0.24	1.47	4.06	11.9
应城市	0.45	3.15	0.48	3.80	0.24	0.04	4.08	12.0
汉川市	7.37	3.99	0.85	11.66	0.50	0.05	12.21	35.9
全市	9.89	16.97	7.11	28.53	2.34	3.10	33.97	100.0

【耗水量】 耗水量指在输水、用水过程中,通过蒸腾蒸发、土壤吸收、产品带走、居民和牲畜饮用等各种形式消耗掉,而不能回归到地表水体或地下含水层的水量。

2021 年,孝感市总耗水量 11.90 亿立方米,耗水率 35.0%,其中农业灌溉耗水量 7.59 亿立方米,林牧渔畜耗水量 0.99 亿立方米,工业耗水量 1.48 亿立方米,居民生活耗水量 0.98 亿立方米,其他耗水量 0.86 亿立方米。

表 11　　2021 年孝感市行政分区耗水量表　　单位:亿立方米

行政分区	孝南区	孝昌县	大悟县	安陆市	云梦县	应城市	汉川市	全市
耗水量	1.86	1.21	1.22	1.51	1.26	1.96	2.88	11.90

【水资源利用】 孝感市水资源总量 41.64 亿立方米,其中地表水资源量 40.20 亿立方米,地下水资源量 12.10 亿立方米。实际利用水资源量 33.97 亿立方米,其中客水资源利用量 8.96 亿立方米,地下水资源利用量 0.22 亿立方米。

【用水指标】 2021 年,孝感市人均总用水量 795 立方米,万元 GDP 用水量(当年价)133 立方米,农田灌溉亩均用水量 355 立方米,万元工业增加值用水量(当年价,含火核电)107 立方米,城镇生活人均日用水量 184 升,农村生活人均日用量 98 升。

表 12　2021 年孝感市行政分区用水指标表

行政分构	人均总用水量（立方米）	万元 GDP 用水量（立方米）	农田灌溉亩均用水量（立方米）	万元工业增加值用水量（立方米）	城镇生活人均日用水量（升）	农村生活日均用水量（升）
孝南区	552	112	389	60	195	100
孝昌县	505	142	392	20	178	95
大悟县	520	129	459	72	195	100
云梦县	935	175	431	67	198	95
应城市	855	94	371	27	160	105
安陆市	643	111	408	45	166	90
汉川市	1352	162	251	195	183	100
孝感市	795	133	355	107	184	98

说明：人均用水量、万元 GDP 用水量未除生态

社区建设

【概况】 2021 年，全市深入推进城市社区工作者队伍建设、“三方联动”工作机制、环境和物业管理委员会建设、楼栋长管理等工作，依法依规完成村（居）民委员会换届选举，加强村级协商议事和民主管理，开展乡镇勘界，完善主城区行政区划设置，举办 2 次村（社区）干部培训，多次召开调度会、专题会，着力提升全市基层政权建设、城乡社区治理和区划地名管理水平。

【农村（社区）疫情防控机制建设】 从市民政局、市农业农村局抽调专人，组建工作专班，在市民政局集中办公，明确了职责任务。制定了《关于成员单位联系指导各战区农村（社区）疫情防控工作的通知》，由市委组织部、市委直属机关工委、团市委、市委老干局、市民政局、市农业农村局、市卫健委、市住建局、市文旅局、市乡村振兴局等成员单位联系指导县（市、区）农村（社区）疫情防控工作，常态化下两周一联系指导，紧急状态下一周一联系指导，出现确诊病例驻点联系指导。建立平急转换机制，常态化下市民政局 2 人和抽调 1 人负责农村（社区）防疫组日常工作及常态化值班；启动应急机制情况下根据需要抽调成员单位 1~2 人，全脱产集中办公，24 小时值班值守。加强社区人员排查。组织村“两委”干部、驻村第一书记、乡村振兴工作队员全面走访在家村民，了解村民动向，及时沟通在外务工村民，劝阻在外人员服从当地防控要求，减少流动，不返乡、缓返乡。积极动员社区（村）网格员、下沉党员、志愿者对外省来（返）孝人员开展“扫楼式”、地毯式、拉网式摸排，确保不漏一户、不落一人。

【城乡社区治理】 联合市委组织部、湖北工程学院培训孝感主城区社区党组织书记和新招录社区工作者 195 名。各县（市、区）和市高新区社区工作者培训达到全覆盖。印发了《孝感市城市社区工作者履职考核指导意见（试行）》，各县（市、区）、市高新区已出台了城市社区工作者履职管理实施办法，并按要求开展履职考核工作。在全市 209 个城市社区建立健全在社区党组织领导下居民委员会、业主委员会、物业服务企业“三方联动”工作机制，完成 209 个社区居民委员会下设环境和物业管理委员会。加强楼栋长履职管理。开发了孝感主城区楼栋长履职管理微信小程序，设立孝感市社区治理专项基金 100 万元，对孝感主城区小区长、楼栋长进行话费（流量）补贴。

【村（居）民自治】 推进村（居）民委员会换届选举工作。市、县、乡三级列支财政预算 2045 万元保障全市村（居）民委员会换届选举工作。以市委、市政府两办文件印发了《全市村（社区）“两委”换届工作实施方案》。征订中组部、民政部印制的《村“两委”换届工作指导手册》45 本，编印《孝感市村“两委”换届选举试点工作资料汇编》1700 本、《孝感市社区“两委”换届选举试点工作资料汇编》400 本。组建 5 个专班对全市村（社区）“两委”换届工作进行巡回督导。对全市 150 名村（社区）“两委”主职干部进行培训，提升村（社区）“两委”主职能力。加强村民自治创新试点工作。在 1602 个村开展议事协商活动，落实村务公开制度。在

家庭教育进社区　　　　（市民政局 供图）

168个村(社区)开展以落实村规民约为主要内容的积分制管理试点。加强村级民主管理。孝昌县龙泉村被民政部确定为全国村级议事协商创新实验试点单位。完善村民(代表)会议制度,推进民主选举、民主协商、民主决策、民主管理、民主监督实践。强化村民委员会基层群众性自治组织功能,增强村民自我管理、自我教育、自我服务能力。出台孝感市基层群众性自治组织出具证明事项清单。印发了《不应由基层群众性自治组织出具证明事项清单(第一批)》,进一步明确基层群众性自治组织出具证明事项清单,提升基层群众性自治组织服务水平。

【区划地名管理】 以市政府办公室名义印发了《完善主城区部分行政区划设置工作方案》。制定了《孝感市孝南区设立丹阳街道工作实施方案》。制定了《孝感市孝南区部分乡镇街道行政区划调整工作实施方案》。聘请华中师范大学专业团队4次进行实地调研,对孝感市主城区部分行政区划设置工作进行科学性、可行性、合理性分析论证。广泛征求社会公众等意见,召开了10场座谈会,实地走访了13个社区征询居民群众意见。完成3张行政区划图制作(调整前与调整后及区位图),形成《专家论证报告》《风险评估报告》和《征求社会公众等意见报告》。通过宣传栏、宣传单、互联网等多种载体对地名文化加以宣传,制作了《地名里的孝感》等9部专题片,编纂出版了《应城地名文化博览》等12本书籍。依托中国·国家地名信息库,完善乡村地名信息,对地名来历、含义、历史沿革等信息进行查漏补缺、核实修改、补充完善地名1731条、删除地名32条。依法依规开展地名标准化工作,完成地名清理整治任务。推进乡镇勘界,完成村级管理线核实、乡级界线勘定、县级界线细化和市级界线分段核实等工作任务。省级界线已全部完成单方细化工作,孝昌县、应城市、云梦县已埋设界桩,安陆市、云梦县、大悟县、应城市、孝昌县全部完成地名更新。

（撰稿:师婷婷）

慈善事业

【概况】 2021年,全市慈善组织累计接收各类善款3118.4万元。其中,市慈善总会99.5万元,孝南区119.5万元,汉川市550万元,应城市78.9万元,云梦县46.6万元,安陆市298万元,大悟县384.2万元,孝昌县1063.7万元。

【慈善机构管理】 下发《关于做好慈善会换届工作的通知》,要求各地要着眼高质量发展,立足高起点谋划,坚持高标准建设,积极争取党委、政府的重视支持,切实补齐慈善会组织建设短板,同时以换届为契机,组织好慈善资金募捐工作。截至2021年12月,全市已完成换届工作的单位共有4家,分别为孝感市慈善总会、孝南区慈善会、孝昌县慈善会。根据《民政部办公厅 关于开展慈善组织(基金会)2020年度年报年检工作的通知》要求,对认定为慈善组织的基金会、社会团体、社会服务机构开展年度审查工作,进一步规范了慈善资金使用,加强慈善组织自我监督和外部监督。同时,完成了孝感市2020—2022年度符合公益性捐赠税前扣除资格的社会组织申报工作,全市共有16家社会组织获批公益性捐赠税前扣除资格。

【慈善法规宣传】 根据《省民政厅关于认真学习贯彻宣传〈湖北省慈善条例〉的通知》要求,在"中华慈善日"和"湖北慈善周"期间,通过举办培训讲座、悬挂横幅、张贴标语、摆放展架、散发宣传片、媒体报道等多种形式开展慈善宣传教育活动,普及慈善法律法规,弘扬慈善文化,营造良好慈善氛围。

【慈善活动】 全年全市慈善组织投入资金用于乡村振兴1637.6万元,资助项目17个。开展"幸福家园"村社互助项目,激活268个村社互助基金,发布众筹项目35个,筹集善款297万元,拨付配捐资金5万元,省级已拨付善款295.7万元。实施"童享阳光"困境儿童助养计划,申领200个名额。安排拨付"童享阳光"困境儿童助养计划项目配套资金67.1万元，助养困境儿童共计291人（含孝昌县慈善会安排21.8万元，助养困境儿童91人）。筹措资金177.5万元，资助贫困学生789人次。筹集资金32.2万元，对全市67名因患重大疾病的困难群众实施慈善生活救助。投入资金307万元，走访慰问困难群众680人次。资助农村福利院建设。对7所农村福利院拨付资助款21万元，用于改善养老服务设施，改善特困供养对象居住、饮食条件。

（撰稿：师婷婷）

退役军人事务

【概况】 全市退役军人事务工作坚持以习近平新时代中国特色社会主义思想为指导，深入贯彻落实中共十九届五中全会精神，全面贯彻落实全省退役军人工作会议和市委六届十一次全会精神，扎实开展"法律政策落实年"活动，紧扣一条主线、围绕两个目标、健全三大体系、履行四项职能、实施五大工程，全力推进孝感退役军人事务领域治理体系和治理能力现代化，各项工作成效明显。

【管理服务体系建设】 制定《2021年孝感市退役军人服务中心（站）星级创建工作方案》，大力实施"151"工程，2021年，服务对象在100人以上的村（社区）退役军人服务站达到三星级以上，服务对象在500人以上的村（社区）退役军人服务站达到四星级以上，服务对象1000人上的乡镇（街道）退役军人服务站达到四星级以上。安陆市在全市率先落实退役军人服务站星级创建奖补措施，对乡镇服务站达三星6万元、四星8万元、五星10万元奖补，对村（社区）服务站达三星1000~2000元给予奖补。申报大悟县宣化店镇退役军人服务站、应城市杨岭镇退役军人服务站、孝南区广场街道退役军人服务站省厅等退役军人服务站为全省红色精品"退役军人之家"。建立市、县两级退役军人事务部门领导班子成员"联乡蹲村结户"工作制度。

【拥军崇军建设】 组织开展春节、八一走访慰问驻孝部队活动，慰问物资190万余元，市委、市政府、市双拥工作领导小组向驻孝部队和全市退役军人致慰问信。成立孝感市关爱退役军人协会，吸纳52个单位会员、10个个人会员，市政协原主席刘义明当选协会会长。广泛动员社会各界开展2021年度"尊崇关爱·情暖老兵"退役军人关爱基金募捐活动，全市已募集资金102.88万元，位列全省第一。近年来，全市累计筹集退役军人关爱基金413.45万元，其中抗美援朝老英雄王清珍是孝感市首枚纪念章颁发获得者。深入开展最美退役军人学习宣传活动，孝南区退役军人鲁锋荣获全省优秀共产党员、"荆楚楷模·最美退役军人"称号。展开"缅怀英烈，网上寻亲"烈士寻亲行动，帮助刘家彝、雷楚新2位汉川籍烈士成功找到亲属。隆重举行"9·30"烈士纪念日向烈士敬献花篮仪式，市"四大家"领导、烈属、老战士、劳模、先进人物代表，机关干部、企业职工、学生代表等120余人参加纪念活动。全市共有512个单位、学校、群团组织，5.8万人参加清明祭英烈活动，各级烈士纪念设施保护单位共接待党政机关、学校、企业事业单位、社会团体等开展清明祭扫、支部主题党日活动、党史学习主题教育活动共计2000批次、约16万人次。在孝感日报开辟《百年党史红色孝感——孝感市革命烈士故事集》专栏20余期，宣传烈士纪念设施和烈士故事，赓续革命薪火、传承红色基因。

【党史学习教育】 开展专题宣讲，组织市直系统全体党员观看了中央宣讲团成员曲青山的首场报告会实录，邀请部队师职退休干部葛振作了《孤胆雄师与党旗精神，新四军第5师抗战概况》辅导报告，邀请市史志研究中心副主任胡雪城为市直退役军人事务系统全体党员干部宣讲了孝感党史《风展红旗如画》。开展专题活动，市直退役军人事务系统全体

10月14日，孝感市首届"军创杯"退役军人创业创新大赛举行

（市退役军人事务局 供图）

党员干部、局老干部代表到安陆市赵家棚抗日烈士陵园,举行了“永远跟党走”主题教育活动,向烈士敬献花篮,瞻仰烈士事迹,重温入党誓词,走访了退役军人就业创业基地和退役军人代表。开展“我为群众办实事”活动,开展走访慰问困难退役军人活动,全市各级走访慰问困难退役军人,组织干部职工到结对的星火社区及本局责任路段打扫环境卫生3次,2名干部参加义务献血800毫升。

(撰稿:陈小钢)

民族宗教事务

【概况】 全市深入学习宣传贯彻中央民族和宗教工作会议、省委民族工作会议精神,以一宫社区宣传长廊为示范,采取多种形式加强对中华民族共同体意识的培训宣传,孝感高中“铸牢中华民族共同体意识”做法受到省民宗委通报表扬;民族团结示范创建深入开展,全市建成民族团结示范单位9个,其中国家级1个(汉川市山后湾社区),省级8个;设立少数民族国家通用语言文字暨政策法规培训点11个;少数民族流动人员服务管理成效明显,应城、云梦增设了少数民族流动人口综合服务站,孝棉集团被命名为全省“鄂疆交融发展实践创新基地”。

【宗教事务管理】 2021年,孝感市宗教事务“一单四制”(一个任务清单,实行交办制、台账制、销号制、通报制)工作模式全面推行。宗教场所法人登记工作扎实开展,宗教活动场所建设进一步规范;严厉打击处置非法传教活动;宗教领域政务服务事项“一网通办”和宗教工作服务平台数据更新有序推进;支持宗教团体加强自身建设和人才培养,组建天主教爱国会并召开第一次代表会议,培训宗教界代表人士200余名;积极组织参与天主教武汉教区“祝圣”工作,受到省通报表扬。

(撰稿:刘黄薇)

民间组织

【社会组织登记】 按照严格登记、严格监管的要求,将社会组织登记执法监督工作纳入《全市民政工作要点》,市本级成立登记5家、变更登记23家、注销登记6家、下发整改通知书34份、公开曝光48家、向55家社会组织业务主管单位去函、现场走访3家市直单位,全年共撤销社会组织3批次共29家。各县(市、区)成立登记(含宗教活动场所)88家、变更登记90家、注销登记50家、撤销登记119家、下发责令整改通知书238份。

【社会组织整治】 对外发布《孝感市关于开展打击整治非法社会组织有关事项的公告》,向17个部门印发《关于做好打击整治非法社会组织专项行动有关事项的通知》。共清理整治18家非法社会组织,对外公布涉嫌非法社会组织名单3批次8家。印发《关于深入贯彻落实行业协会商会乱收费专项清理整治工作动员部署电视电话会议精神的通知》,积极向行业协会商会宣传国务院《关于进一步规范行业协会商会收费的通知》精神,未发现违规涉企收费行为。印发《孝感市民政局关于在行业协会商会领域组织开展“我为企业减负担”专项行动的通知》,发布《孝感市民政局关于清理整治行业协会商会乱收费有关事项的公告》,联合市市场监督管理局开展行业协会商会现场检查,引导部分行业协会商会制定了“降收费”行动方案。全市行业协会商会通过减免规范收费共为企业减轻负担297万余元,惠及企业1224家。印发《关于继续做好民办非企业单位“非营利性”专项整治工作的通知》,随机抽查民办非企业单位12家,下发整改通知书12家,实现民办非企业单位抽查审计全覆盖。开展违规评选评奖清理工作,未发现社会组织有违规评选评奖相关线索和违规事项。制定印发《市民政局关于开展全市“僵尸型”社会组织专项整治工作的通知》,共统计“僵尸型”社会组织524家(七站八所268家),整改完成331家。

【社会组织机制建设】 持续加强对社会组织的财务监管,委派第三方事务所开展2021年度财务抽查审计工作,随机抽查市级社会组织30家,下发整改通知书30家。市直社会组织财务抽查基本实现全覆盖。制定印发《关于开展社会组织领域风险防范化解工作的通知》,从总体目标、防范重点、防范措施、有关要求等方面进行安排,切实维护社会组织领域稳定。孝感市政府印发《孝感市社会组织工作联席会议制度》《孝感市社会组织资金监管机制》《孝感市社会组织联合执法机制》,各县(市区)均以政府名义印发出台“一制度二机制”,进一步加强了社会组织工作统筹协调,促进社会组织健康有序发展。

【引导社会组织发挥作用】 印发《关于广泛引领和动员社会组织参与乡村振兴的通知》《孝感市社会组织参与乡村振兴倡议书》,引导公益慈善组织、志愿服务组织、社会工作服务机构、行业协会商会开展消费扶贫、爱心捐赠、社区志愿服务、乡风文明推广、扶老济困专业社会工作服务等活动，制订工作计划50余项，累计投入资金近600万元。印发《孝感市培育发展社区社会组织专项行动实施方案（2021—2023年）》的通知。将培育发展社区社会组织工作列入市民政局党史学习教育“我为群众办实事”项目清单，定期督办工作进展。各地红白理事会、村民议事理事会、乡风文明理事会等社会组织在为群众办实事、解难题、参与基层社会治理等方面取得明显成效。

（撰稿：师婷婷）

城乡居民收入与支出

【城乡居民收入增长幅度】 居民收入较快增长。城镇常住居民人均可支配收入38911元，较2020年增长10.0%；农村常住居民人均可支配收入19346元，较2020年增长13.2%。城乡居民人均可支配收入比缩小。城乡居民人均可支配收入比值为2.01，比2020年缩小0.06。

【城乡居民收入结构特点】 城镇和农村居民工资性收入分别增长10.4%和16.2%，对收入拉动作用最大，分别拉动城乡居民人均可支配收入增长6.4和5.2个百分点。城镇居民人均工资性收入23753元，对城镇常住居民可支配收入增长的贡献率达63.4%，拉动城镇常住居民可支配收入增长6.4%，是城镇居民收入增长的主要力量。农村常住居民人均工资性收入6358元，同比增长16.2%；人均经营净收入7560，同比增长11.3%；人均财产净收入429元，同比增长2.3%；人均转移净收入4999元，同比增长24.4%。其中工资性收入对增收贡献率最大，达36.3%，拉动农村常住居民收入增长5.2%，为增收主导因素。

【城乡居民消费支出增长幅度】 2021年，孝感市城镇常住居民人均消费支出28395元，比2020年增长24.7%，较城镇常住居民可支配收入增速高14.7个百分点；农村常住居民人均消费支出15602元，比2020年增长22.1%，较农村常住居民可支配收入增速高8.9个百分点。城乡常住居民“八大类”消费支出均呈增长态势。

【城乡居民消费支出结构特点】 城乡居民食品烟酒消费支出较2020年同期分别增长16.9%和16.4%。城镇居民恩格尔系数（消费支出中人均食品烟酒消费支出占比）为38.2%，比2020年下降0.9个百分点；农村居民恩格尔系数为38.6%，比2020年下降0.8个百分点。城乡居民衣着消费支出快速增长，全年衣着消费支出较2020年分别增长28.5%和23.2%。全年交通通信支出和医疗保健支出较2020年同期分别增长31.4%和38.6%。城乡医疗保健较2020年分别增长32.6%和25.6%。教育文化娱乐消费全年同比增幅50.5%。教育是居民家庭消费的重点，学龄教育、课外辅导以及各种兴趣班也随市场需求不断增多。文化娱乐方面，居民文化消费渠道丰富、种类多样。此外，随着收入的稳步增长，人们的娱乐生活日益丰富多彩，健身、旅行等休闲娱乐活动不断成为消费新热点。

（撰稿：罗　明）

执行编辑：裴再文

生态环境建设

生态环境建设

综　述

【概况】 2021年是“十四五”开局之年，全市生态环保部门在市委、市政府和省厅的正确领导下，强化责任担当，积极履职尽责，全市生态环境质量稳步提升。全市空气质量优良率84.7%，高于省定目标任务2个百分点；$PM_{2.5}$浓度为33微克/立方米，同比下降5.7%；13个国控断面水质全部优良；土壤环境质量总体安全可控；省定化学需氧量、氨氮、氮氧化物、挥发性有机物减排任务全面完成，交出“全年精彩、全面精彩”答卷，实现了“十四五”良好开局。

【生态示范创建】 编制《孝感市创建国家生态文明建设示范市规划(2021—2027年)》，印发《孝感市创建生态文明建设示范市三年行动方案(2021—2023年)》和《孝感市创建省级生态文明建设示范市2021年度实施方案》。成立工作专班，对照考核指标查漏补缺。安陆、应城、大悟、云梦等地生态县创建通过了省厅现场评估验收，孝昌创建规划通过了专家评审，汉川、孝南已启动生态创建工作，2021年，全市14个乡镇、34个村被省环委会办公室命名为省级生态乡镇和省级生态村。对府、澴河（孝感段）开展流域生态补偿监测、考核，扣减水质保证金275万元，奖励考核提升县市合计390万元。

【突出问题督察整改】 坚持问题导向，主动攻坚克难，在全市开展生态环境突出问题及涉环保信访件“大起底、大排查、大整改”活动，共“起底”生态环境突出问题188个，涉环保信访件3455件，交办重点问题105个，重点信访件1559件，组建由市纪委监委、市委督查室、市政府督查室牵头的联合督查专班，下沉到各县市区进行现场督察，均得到有效解决。按照中央约谈要求，迅速整改曝光的环境问题，黄龙湖违规填湖占湖整改工作已于2021年6月完成省级验收。积极配合中央第二轮生态环境保护督察，成立由市委书记、市长为组长的领导小组，围绕曝光的典型案例，立行立改，黄麦岭环境整治确定8个重点项目，已完成6项，余下2个项目正在按计划推进；部分县市积存的垃圾渗滤液已全部处理完毕。截至年底，第一轮中央环保督察、中央环保督察“回头看”和省委环保督察反馈问题共125项，已完成109项，剩余16项按序时进度推进；交办信访件共472件，1件未完成。省委环保督察“回头看”反馈问题56个，已整改21个；交办的信访件86件，已办结70个。中央第二轮环保督察反馈问题24个，已制定整改初步方案，正在有序推进整改；交办的187件信访件，已办结133件，阶段性办结54件。

【生态环境保护规划】 编制发布了孝感市“十四五”生态环境保护规划以及水、气、土、生态创建4个专项规划，形成了以综合规划为统领、各专项规划为支撑的规划体系，为未来5年发展谋篇布局。以孝感市人民政府的名义发布了《孝感市“三线一单”生态环境分区管控实施方案》《孝感市中心城区声环境功能区划方案》，划定了高质量发展红线。

【重大生态项目建设】 积极谋划、申报生态环境修复保护、绿色低碳循环发展、环境基础设施提标改造等生态文明建设领域重大项目9个，总投资25.1亿元。2021年，对上争资1.93亿元，较2020年增长82%。

【优化生态营商环境】 出台支持“市区一体、主城崛起”十大举措，实行环评豁免、告知承诺、优化服务、简化审批“四项服务”，发布优化营商环境公开承诺书，落实环评审批正面清单、重点排污单位名录和生态环境监督执法正面清单，全面实行轻微违法不予处罚，助推孝感打造武汉城市圈副中心。

【协调服务实体经济】 通过提前主动介入、建立联系和上门服务等举措，对“祉星纸业浆纸一体化”“武汉地铁延伸孝感临空区工程项目”“双环合成氨升级改造”等项目提供全面指导，协调解决项目环评审批可能存在的突出问题和制约因素，推动企业依法依规高质量发展，让企业不走弯路、减少时间和投入成本。主动牵头纸塑包装、“一枚蛋”产业链发展，全力推进纸塑和禽蛋产业“强链补链延链”。

环境监测

【概况】 2021年，孝感市环境监测网络共设有监测站8个。其中，国家二级站1个，即湖北省生态环境厅孝感生态环境监测中心(以下简称“孝感生态环境监测中心”)；4个正科级跨县域环境监测机构(第一、二、三、四环境监测站)，分别负责市区、汉应、云安、孝北区域。2021年，主要开展了集中式饮用水源地、地表水、环境空气质量、降水酸度、城市环境噪声、污染源、湖泊水质调查、农村环境质量、土壤环境质量和生态环境质量等方面的监测工作。

【监测点位布设】 大气环境监测网点。孝感市环境空气质量监测网共设有10个监测点位，其中市文化路站、湖北工程学院站(两个站点)为国控监测点位；孝昌县开发区站、孝昌县桃园路站、安陆市涢水路站、安陆市府东南路站、应城市家和小区站、云梦县龙岗路站、大悟县前进大道站、汉川市滨湖大道站(八个站点)为省控监测点位；两个国控站点监测结果的平均值代表孝感市城区空气质量的平均水平。水环境监测断面。2021年，水环境监测是对孝感市全域内汉江、府河、澴河、汉北河、大富水、竹竿河、滠水、漳水等8条河流以及汈汊湖、东西汊湖和野猪湖3个湖泊进行地表水常规监测。在8条河流(汉江、府河、澴河、汉北河、大富水、竹竿河、滠水、漳水)上共布设监测断面数24个，其中国控点位13个、省控断面7个，市控断面4个。共布设湖库监测点位数4个，全部为省控点位。集中式饮用水源地。孝感市所辖的7个县市区共有10个集中式饮用水源地，其中1个地级以上城市集中式生活饮用水水源地，9个县级城镇集中式生活饮用水水源地。噪声监测点。2021年对孝感市声环境功能区进行12个点位的定点监测，交通噪声在11条主要交通干线设置51个监测点，区域环境噪声在城区内设置监测点165个。

表13　孝感市城市空气质量监测点位表

序号	城市名称	测点名称	控制级别	序号	城市名称	测点名称	控制级别
1	孝感	文化路	国控	6	安陆市	安陆市府东南路站	省控
2	孝感	东城区	国控	7	应城市	应城市家和小区站	省控
3	孝昌县	孝昌县开发区站	省控	8	云梦县	云梦县龙岗路站	省控
4	孝昌县	孝昌县桃源路站	省控	9	大悟县	大悟县前进大道站	省控
5	安陆市	安陆市涢水路站	省控	10	汉川市	汉川市滨湖大道站	省控

表14　2021年孝感市地表水监测断面情况表

序号	监测水体	监测断面	断面属性	序号	监测水体	监测断面	断面属性
1	大富水	应城公路桥	国控	13	滠水	蜘蛛店村	国控
2	府河	隔蒲桥	国控	14	汈汊湖	汈汊湖湖心	省控
3	滠水	大悟河口	国控	15	野猪湖	野猪湖湖心	省控
4	竹竿河	宣化北岗	国控	16	东西汊湖	汉川湖心	省控
5	汉北河	新沟闸	国控	17	东西汊湖	应城湖心	省控

续表 14

序号	监测水体	监测断面	断面属性	序号	监测水体	监测断面	断面属性
6	汉江	小河	国控	18	大富水	天鹅镇	省控
7	澴河	万安闸	国控	19	澴河	丁河桥	省控
8	澴河	余家坡	国控	20	澴河	大悟水文局	省控
9	府河	鲢鱼地泵站	国控	21	汉北河	南垸良种场	省控
10	澴河	河口大桥	国控	22	漳水	清明河	省控
11	府河	蔡河村	国控	23	汉江	新沟(郭家台)	省控
12	府河	太平沙	国控	24	溾水	河口(北门港)	省控

表 15　集中式饮用水源地地点一览表

城市	水源地名
孝感市	孝感三水厂水源地
汉川市	汉川市城区二水厂饮用水源地
汉川市	汉川市城区三水厂饮用水源地
应城市	汉江分水水源地
应城市	短港水库饮用水水源地
安陆市	解放山水库水源地
孝昌县	孝昌县金盆水库饮用水源地
云梦县	云梦县城区饮用水源地(同孝感三水厂水源地)
大悟县	王家冲水库水源地
大悟县	姚河水库

表 16　全市城市声环境噪声监测点位表

城市名称	区域环境噪声监测点(个)	交通噪声监测点(个)	功能区噪声	
			点位名称	功能区类别
孝感城区	165	51	孝南区政府大院	32:2 类
			中心医院	32:2 类
			城市中央广场	32:2 类
			城铁东站广场	34:4a 类
			066 水塔下	32:2 类
			市电视台旁	34:4a 类
			民邦槐荫东岸市规划院	35:4b 类
			凤凰天仙城	31:1 类
			王母村	31:1 类
			渔歌村	31:1 类

【城市环境空气质量监测】　为落实《国务院〈关于应发打赢蓝天保卫战三年心动计划〉的通知》精神，根据生态环境部确定的地级以上城市按照《环境空气质量标准》开展监测，监测项目包括二氧化硫、二氧化氮、

可吸入颗粒物、一氧化碳、臭氧、细颗粒物六项。二氧化硫、二氧化氮、可吸入颗粒物、一氧化碳、臭氧和细颗粒物采用每天24小时连续自动监测。2021年，孝感市城区空气优良率总体上与2020年相比有所下降，全年实际有效监测天数为365天，其中达到《环境空气质量标准》(GB3095-2012)二级以上的天数为309天，2021年空气指标优良率84.7%，比2020年下降3.2%。其中，空气质量优天数为99天，良天数为210天，轻度污染为52天，中度污染为4天，分别占全年的27.1%、57.5%、14.2%、1.1%。超标56天中，26天以臭氧(O_3)为首要污染物，24天以细颗粒物($PM_{2.5}$)为首要污染物，6天以可吸入颗粒物(PM_{10})为首要污染物。

表17　2021年各区域主要污染物年均值　单位：微克/立方米(实况)

地区	$PM_{2.5}$	PM_{10}	O_3	NO_2	SO_2	CO
孝昌县	37	70	144	16	6	0.9
汉川市	41	69	147	20	8	1.4
安陆市	37	67	140	20	9	1.4
应城市	38	65	136	19	7	1.1
孝南区	33	58	150	20	7	1.4
云梦县	39	73	137	20	10	1.1
大悟县	39	65	145	25	6	1.6
均　值	38	67	143	20	8	1.3

表18　2021年各区域空气优良天数统计(含上一年)　单位：天

地区	2020年	2021年
孝昌县	293	317
汉川市	289	288
安陆市	316	320
应城市	299	307
孝南区	321	309
云梦县	277	302
大悟县	329	321

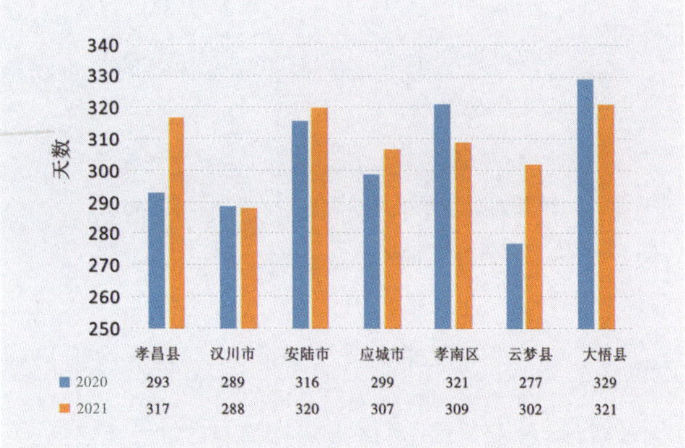

图9　2021年各区域空气优良天数对比示意图

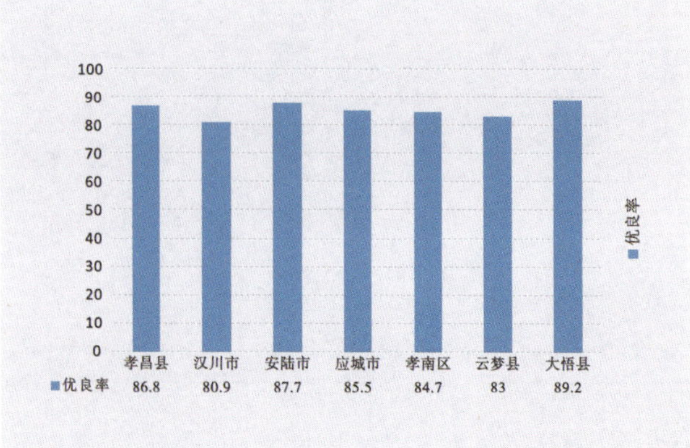

图10　各区域空气质量优良率对比示意图

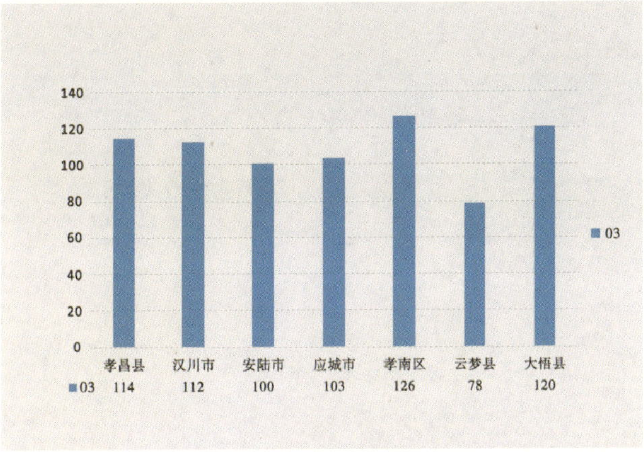

图11　各区域首要污染物为臭氧的天数统计对比示意图

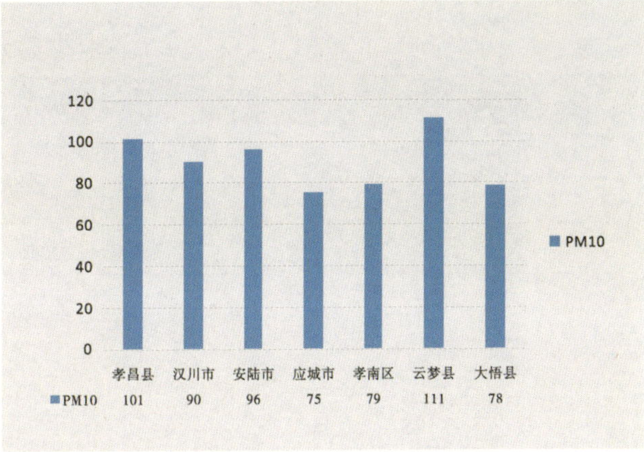

图12　各区域首要污染物为可吸入颗粒物的天数统计对比示意图

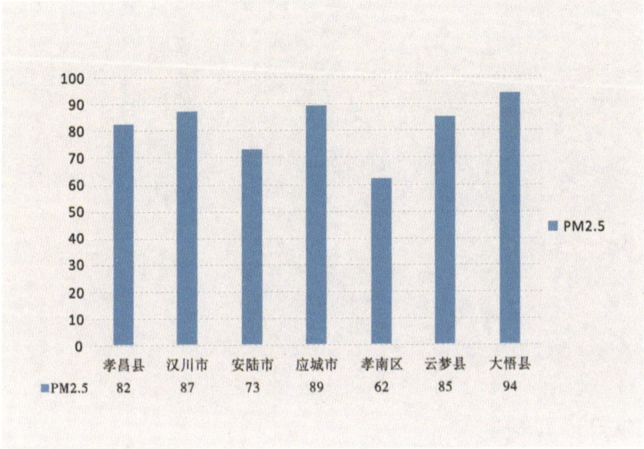

图13　各区域首要污染物为细颗粒物的天数统计对比示意图

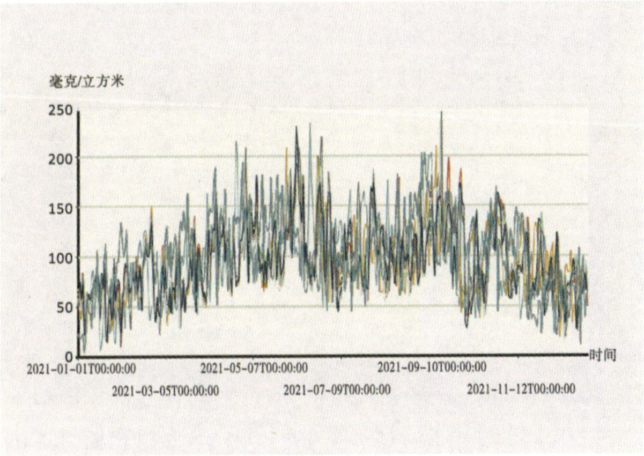

图 14 各区域全年臭氧浓度变化趋势图

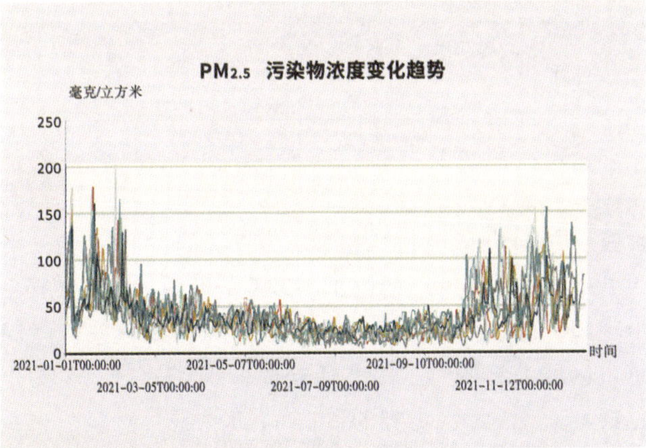

图 15 各区域全年细颗粒物浓度变化趋势图

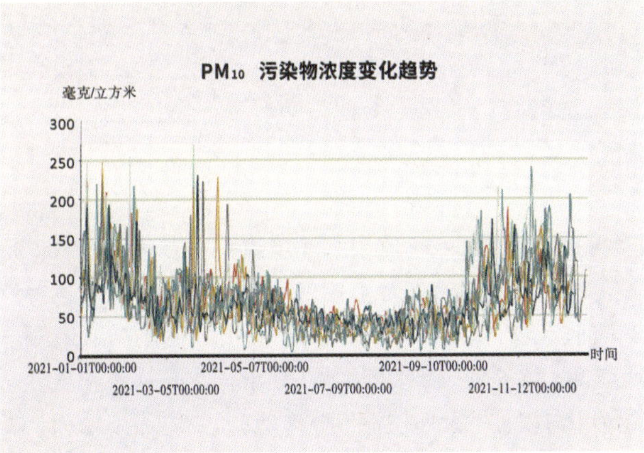

图 16 各区域全年可吸入颗粒物浓度变化趋势图

【降水监测】 2021 年，孝感市降水监测网对全市 3 个县市区城区进行降水监测中，共收集降水样本 46 个样本。必测项目为降雨量、pH、硫酸根、硝酸根，选测项目为电导率、氟、氯、铵、钙、镁、钠、钾。必测项目逢雨必测，省控点位选测项目每月至少进行 2 次监测，市控点位能开展选测项目的城市要开展监测。2021 年全市各降水 pH 值 5.98~8.78，电导率 0.48~27.4 毫秒/米，硫酸根离子浓度范围在 0.32~14.4 毫克/升，硝酸根离子浓度范围在 1.14~27.3 毫克/升，氯离子浓度 0.38~8.25 毫克/升，氟离子浓度 0~1.60 毫克/升。2021 年，全市降水 pH 均值 5.98~8.78，全年未出现酸雨，和 2020 年相比变化不显著。

表 19　　孝感市降水监测点位表

行政区	点位名称	点位代码	备注
孝感城区	孝感生态环境监测中心	401	省控
孝昌县	丰山背景点	403	省控
大悟市	大悟县监测站	601	省控

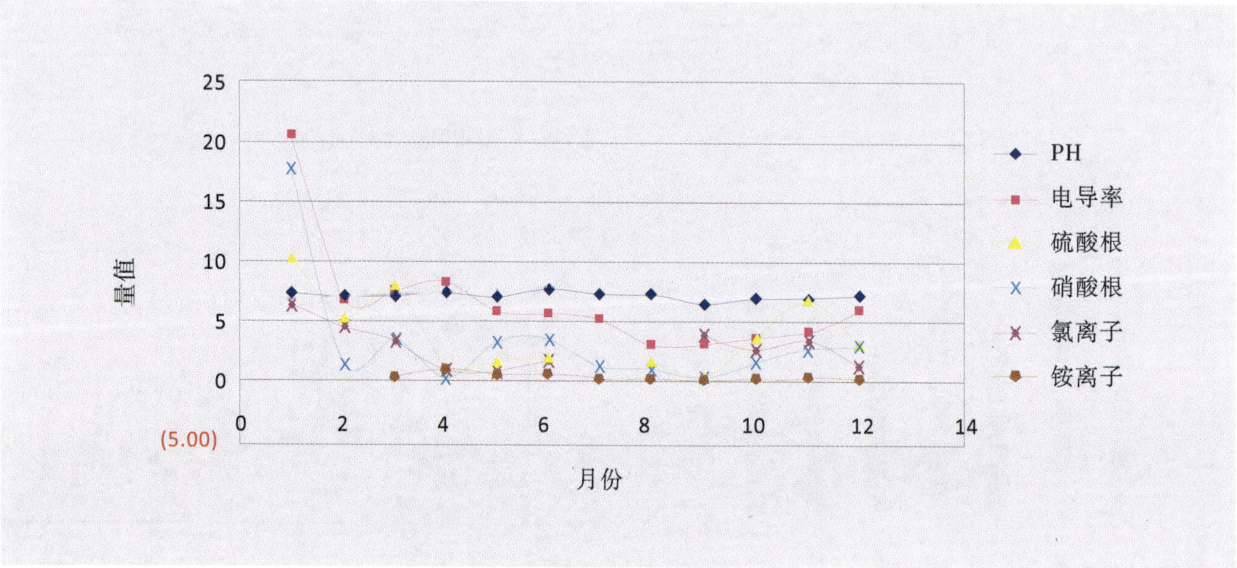

图 17　2021 年孝感市降水离子成分月均变化图

表 20　　孝感市降水主要成分和上一年对比值　　单位:(毫克/升,pH、电导率除外)

年份	pH	电导率	硫酸根	硝酸根	氯离子	氟离子
2020	6.96	5.91	3.10	2.86	2.84	–
2021	7.18	6.02	3.86	3	2.75	0.39

【水环境质量监测】 地表水环境监测。2021 年,孝感市对市控以上的 8 条河流(汉江、府河、澴河、汉北河、大富水、竹竿河、滠水、漳水)、3 个湖泊(汈汊湖、东西汊湖、野猪湖)进行了监测工作。二十四个重点监测断面每月监测一次,在所监测的 24 个断面(点位)中:Ⅱ类水质 6 个,Ⅲ类水质 14 个,Ⅳ类水质 4 个。24 个监测断面(点位)中水质符合Ⅰ~Ⅲ类的断面数为 20 个,所占比例为 83.3%,劣Ⅴ类水质断面数为 0 个。在所监测的 24 个断面(点位)中,有 22 个断面(点位)能够达到相应功能区划要求,断面(点位)功能类别水质达标率为 91.7%。在所监测的所有断面中,出现超标的项目有总磷和氨氮,孝感市区域水质主要污染物为:总磷和氨氮。

全市主要河流(湖库)水环境质量。汉江 2 个断面共监测 24 次,水质符合Ⅱ~Ⅲ类的占 100%,水质总体为优。府河 4 个监测断面共监测 48 次,水质符合Ⅲ类的占 69%,为Ⅳ类的占 23%,为Ⅴ类的占 8%,水质总体为轻度污染,主要超标因子为高锰酸盐指数、化学需氧量。澴水 5 个断面共监测 60 次,水质符合Ⅱ~Ⅲ类的占 75%,为Ⅳ类的占 19%,为Ⅴ类的占 3%,为劣Ⅴ类的占 3%,水质总体为良。汉北河 2 个断面共监测 24 次,水质符合Ⅱ~Ⅲ类的占 75%,为Ⅳ类的占 25%,水质总体为良。大富水 2 个断面共监测 24 次,水质符合Ⅱ~Ⅲ类的占 79%,为Ⅳ类的占 4%,为劣Ⅴ类的占 17%,水质总体为良。滠水 3 个断面共监测 36 次,水质符合Ⅱ~Ⅲ类的占 94%,水质总体为优。竹竿河 1 个断面共监测 12 次,水质符合Ⅱ~Ⅲ类的占 100%,水质总体为优。漳河 1 个断面共监测 12 次,水质符合Ⅱ~Ⅲ类的占 92%,

水质总体为优。野猪湖1个断面共监测12次，水质符合Ⅲ类的占75%，水质总体为良。汉湖1个断面共监测12次，水质符合Ⅲ类的占58%，为Ⅳ类的占25%，为Ⅴ类的占17%，水质总体为良。东西汉湖2个断面共监测24次，水质低于Ⅳ类的占63%，水质总体为轻度污染，主要超标因子为高锰酸盐指数、化学需氧量、生化需氧量和总磷。

2021年1—12月，孝感市主要水体Ⅰ~Ⅲ类水质类别比例在58.3%~91.7%之间；劣Ⅴ类水质类别（严重污染）比例从1月的8.3%到12月的0%，有显著变化。

表21　　2021年孝感市地表水监测结果评价表

序号	监测水体	监测断面	功能类别	水质现状	超标项目	序号	监测水体	监测断面	功能类别	水质现状	超标项目
1	大富水	应城公路桥	Ⅱ	Ⅱ		13	滠水	蜘蛛店村	Ⅲ	Ⅱ	
2	府河	隔蒲桥	Ⅲ	Ⅲ		14	汈汊湖	汊湖湖心	Ⅲ	Ⅳ	总磷
3	滠水	大悟河口	Ⅲ	Ⅱ		15	野猪湖	野猪湖湖心	Ⅳ	Ⅲ	
4	竹竿河	宣化北岗	Ⅱ	Ⅱ		16	东西汊湖	汉川湖心	Ⅳ	Ⅳ	
5	汉北河	新沟闸	Ⅲ	Ⅲ		17	东西汊湖	应城湖心	Ⅳ	Ⅳ	
6	汉江	小河	Ⅱ	Ⅱ		18	大富水	天鹅镇	Ⅲ	Ⅳ	氨氮
7	澴河	万安闸	Ⅲ	Ⅲ		19	澴河	丁河桥	Ⅲ	Ⅲ	
8	澴河	余家坡	Ⅲ	Ⅲ		20	澴河	大悟水文局	Ⅲ	Ⅲ	
9	府河	鲢鱼地泵站	Ⅳ	Ⅲ		21	汉北河	南垸良种场	Ⅲ	Ⅲ	
10	澴河	河口大桥	Ⅲ	Ⅲ		22	漳水	清明河	Ⅲ	Ⅲ	
11	府河	蔡河村	Ⅲ	Ⅲ		23	汉江	新沟（郭家台）	Ⅱ	Ⅱ	
12	府河	太平沙	Ⅲ	Ⅲ		24	滠水	河口（北门港）	Ⅲ	Ⅲ	

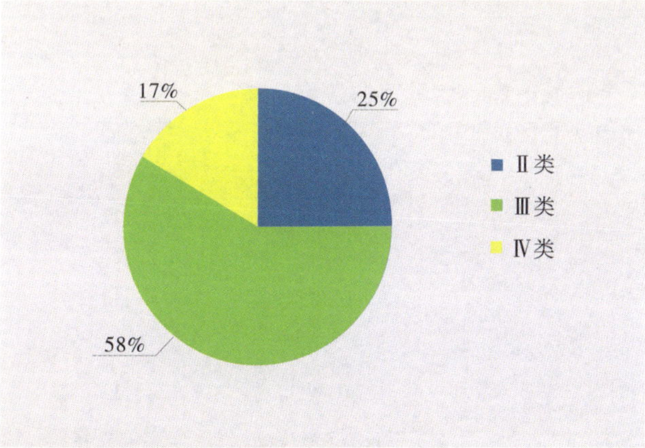

图18　2021年全市区域水质类别比例

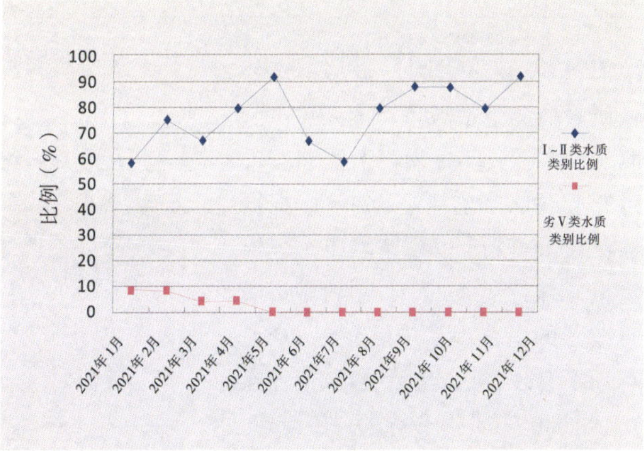

图19　2021年1-12月孝感市Ⅰ~Ⅲ类和劣Ⅴ类水质类别比例变化

地下水质量监测。2021年，孝感市主要工业园区及其周边的监测数据作为地下水质量依据。全市主要设置安陆市经济开发区、汉川市经济开发区、孝南区经济开发区和云梦县盐化工业园共四个地下水质量监测点，监测点位14个。根据监测数据，孝感市地下水环境质量总体较好，存在部分工业园区点位地下水污染超标问题。安陆市经济开发区地下水检测中硝酸盐（以NO_3计）部分超标、菌落总数部分超标、总硬度部分超标，其他项目指标均达标；汉川经济开发区地下水检测各项目指标均达标；云梦县盐化工园地下水监测有2个点位超标超标项目分别为总大肠菌群和硒。各园区规划区域地下水现状质量能够满足《地下水质量标准》中Ⅲ类要求，区域地下水环境质量良好。

表 22　　地下水监测点位信息一览表

序号	区域	监测点	点位数量
1	安陆市	安陆市经济开发区	3
2	汉川市	汉川市经济开发区	3
3	孝南区	孝南区经济开发区	5
4	云梦县	云梦县盐化工业园	3

城市集中式饮水水源地水质监测。孝感市所辖的7个县市区共有10个集中式饮用水源地其中1个地级以上城市集中式生活饮用水水源地,9个县级城镇集中式生活饮用水水源地。孝感市1个重点城市集中式饮用水源地由孝感生态环境中心每个月进行一次采样监测,9个区县集中式饮用水源地由县级监测站每个季度进行一次采样监测。监测项目共61项,并统计取水量,湖库型水源地增测叶绿素a和透明度。地级以上城市集中式生活饮用水水源地于6—7月进行一次水质全分析监测;县级城镇集中式生活饮用水水源地,每两年(第双数年)开展一次水质全分析监测。

孝感市饮用水水质主要控制指标为pH值、高锰酸盐指数、氨氮、总磷、挥发酚、石油类、铁和砷8项指标。根据监测数据,2021年,城市集中式饮用水源地水质污染物浓度监测结果全部达标,2021年,孝感地区城市集中式饮用水源地水质达标率稳定达到100%。

表 23　　集中式饮用水源地地点一览表

城市	水源地名	城市	水源地名
孝感市	孝感三水厂水源地	安陆市	解放山水库水源地
汉川市	汉川市城区二水厂饮用水源地	孝昌县	孝昌县金盆水库饮用水源地
汉川市	汉川市城区三水厂饮用水源地	云梦县	云梦县城区饮用水源地(同孝感三水厂水源地)
应城市	汉江分水水源地	大悟县	王家冲水库水源地
应城市	短港水库饮用水水源地	大悟县	姚河水库

【城市声环境质量监测】　城市声环境质量监测包括城市功能区噪声监测、城市区域环境噪声监测和城市道路交通噪声监测。2021年,根据监测数据分析,孝感市城市声环境质量总体优于2020年。制约城市噪声改善的主要因素依然存在,产业布局不合理,社会生活噪声、商业噪声、建筑施工噪声有待进一步治理。

城市区域环境噪声环境质量。2021年,孝感市城市区域环境噪声声源以交通噪声为主。孝感市城区共设置区域环境噪声监测点位165个,城市区域环境噪声范围在47.4~72.7dB(A),总体点位达标率为55%。区域环境噪声2020年质量等级“较差”,2021年质量等级“一般”,2021年较2020年有所上升。

表 24　　全市城市声环境噪声监测点位表

城市名称	区域环境噪声监测点(个)	交通噪声监测点(个)	功能区噪声	
			点位名称	功能区类别
孝感城区	165	51	孝南区政府大院	32:2类
			中心医院	32:2类
			城市中央广场	32:2类
			城铁东站广场	34:4a类
			066水塔下	32:2类
			市电视台旁	34:4a类
			民邦槐荫东岸市规划院	35:4b类
			凤凰天仙城	31:1类
			王母村	31:1类
			渔歌村	31:1类
			方鹏社区	33:3类
			湖北舒氏集团南城厂区	33:3类

表 25　　城市区域环境噪声总体水平等级划分表　　单位：dB(A)

等级	一级	二级	三级	四级	五级
昼间平均等效声级(Sd)	≤50.0	50.1 ~ 55.0	55.1 ~ 60.0	60.1 ~ 65.0	＞65.0
夜间平均等效声级(Sn)	≤40.0	40.1 ~ 45.0	45.1 ~ 50.0	50.1 ~ 55.0	＞55.0

表 26　　2021 年孝感市区域环境噪声监测统计结果表

城市	网格总数(个)	网格覆盖面积(KM^2)	最小值 LeqdB(A)	最大值 LeqdB(A)	平均等效声级 LeqdB(A)	质量评价
孝感城区	165	59.4	47.4	72.7	59.7	一般

城市道路交通声环境质量。2021 年，孝感市城区道路交通声环境质量等级均为“好”。城市交通干线噪声范围在 62.2—73.0dB(A)之间，年平均值为 67.6dB(A)，总体点位达标率为 85%。道路交通噪声 2020 年与 2021 年均为“好”，基本保持稳定。

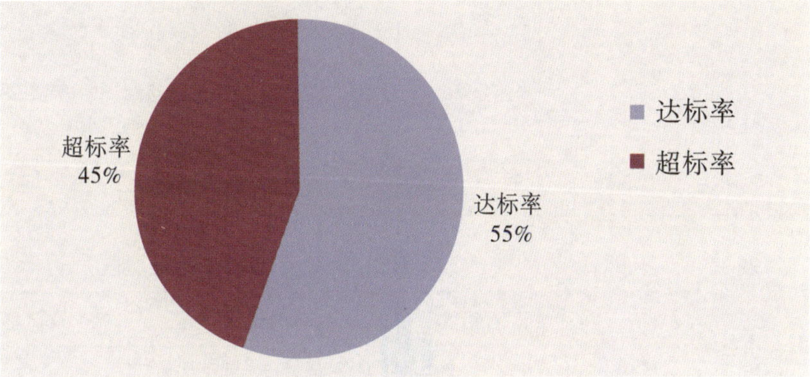

图 20　2021 年孝感市区域环境噪声达标率分布图

表 27　　道路交通噪声强度等级划分　　单位：dB(A)

等级	一级	二级	三级	四级	五级
昼间平均等效声级(Ld)	≤68.0	68.1 ~ 70.0	70.1 ~ 72.0	72.1 ~ 74.0	＞74.0
夜间平均等效声级(Ln)	≤58.0	58.1 ~ 60.0	60.1 ~ 62.0	62.1 ~ 64.0	＞64.0

说明：道路交通噪声强度等级“一级”至“五级”可分别对应评价为“好”“较好”“一般”“较差”和“差”

表 28　　2021 年孝感市道路交通环境噪声监测统计结果表

城市	监测有效点位	监测总点位	总路长(KM)	平均路宽(M)	平均等效声级 LeqdB(A)	质量评价
孝感城区	46	51	63.1	27.7	67.6	好

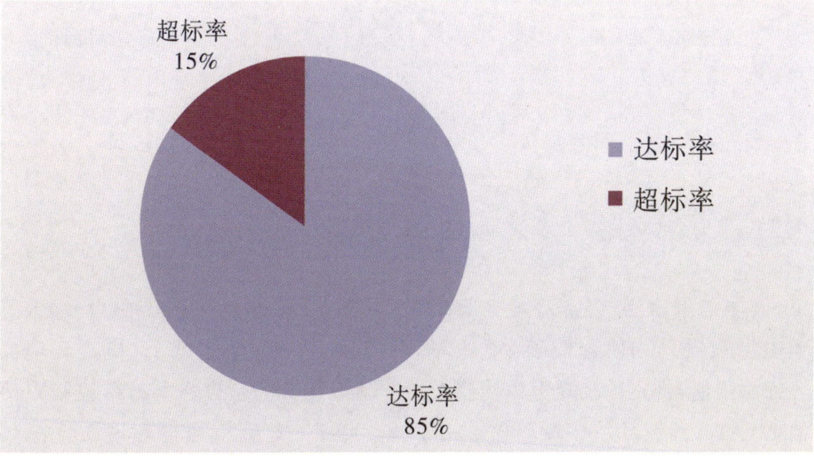

图 21　2021 年孝感市交通噪声达标率分布图

城市功能区声环境质量。2021 年，孝感市城区功能区声环境质量一类区昼间达标率为 91.7%，夜间达标率为 25%；二类区昼间达标率为 75%，夜间达标率为 75%；三类区昼间达标率为 100%，夜间达标率为 100%；四类区昼间达标率为 100%，夜间达标率为 66.7%。功能区噪声按照有效值同比分析为：2020 年、2021 年一类区昼间分别为 54.5dB(A)、52dB(A)，有所改善；2020 年、2021 年，一类区夜间分别为 40.2dB(A)、48dB(A)，有所下降。2020年、2021年二类区昼间分别为57.7dB(A)、58dB(A),基本稳定;2020年、2021年二类区夜间分别为50.6dB(A)、48dB(A),有所改善。2020年、2021年四类区昼间分别为51.2dB(A)、60dB(A),有所下降;2020年、2021年四类区夜间分别为42.8dB(A)、52dB(A),有所下降。

表29　城市功能区声环境质量标准表　单位:LeqdB(A)

声环境功能区类别		适用区域	昼间	夜间
0类		特别需要安静的区域	50	40
1类		需要保持安静的区域	55	45
2类		需要维护住宅安静的区域	60	50
3类		需要防止工业噪声对周围生活环境产生严重影响的区域	65	55
4类	4a类	高速公路、一级公路、二级公路、城市快速路、城市主干道、城市次干道、城市轨道交通(地面段)、内河航道两侧区域	70	55
	4b类	铁路干线两侧区域	70	60

表30　2021年孝感市城市功能区噪声达标率表

类别	1类区(居民区)		2类区(混合区)		3类区(工业区)		4类区(交通干线)	
	昼间	夜间	昼间	夜间	昼间	夜间	昼间	夜间
有效值dB(A)	52	48	58	48	53	48	60	52
监测点次	12	12	16	16	8	8	12	12
达标点次	11	3	12	12	8	8	12	8
达标率(%)	91.7	25	75	75	100	100	100	66.7

【土壤环境质量监测】2021年,孝感市土壤环境质量采用主要工业园区及其周边的监测数据作为依据,全市共设监测点4个,点位数量46个。根据监测数据,孝感市4个监测点项目检测评价结果均达标,孝感市地下水环境质量总体较好。

表31　土壤环境质量检测点位信息表

序号	区域	监测点位	点位数量
1	安陆市	安陆市经济开发区	6
2	汉川市	汉川市经济开发区	25
3	孝南区	孝南区经济开发区	11
4	云梦县	云梦县盐化工业园	4

【辐射环境监测】2021年,孝感市国控电离辐射环境监测结果表明,空气吸收剂量率处于孝感市本地天然本底涨落范围内。孝感市电磁辐射环境自动监测站(孝感市生态环境局楼顶点位和孝感熊家嘴变电站点位)监测结果表明,各点环境电磁高频电场强度月均值远低于《电磁环境控制限值》规定的公众曝露控制限值12V/m。各点环境工频(50Hz)电场强度月均值远低于《电磁环境控制限值》规定的公众曝露控制限值4000V/m。各点环境工频(OHz)磁感应强度月均值远低于《电磁环境控制限值》规定的公众曝露控制限值100uT。孝感市辐射环境质量总体上良好,环境电离辐射水平保持稳点,环境电磁质量状况良好。

表 32　2021 年孝感市国控电离辐射环境自动监测站 空气吸收剂量率月均值范围和标准差

监测点位	年度小时均值最大值（nGy/h）	年度小时均值最小值（nGy/h）	月均值范围（nGy/h）
孝感市槐荫大道站	93.3	58.6	64.5~65.9

【农村村庄环境监测】 2021 年，孝感市农村环境质量监测工作选点共 7 个，分别分布在 7 个县（市、区）。

表 33　2021 年孝感市农村环境质量监测工作选点分布表

序号	县（市、区）	村庄名称
1	孝昌县	杨岗村
2	应城市	祝墩村
3	云梦县	三港村
4	汉川市	新华村
5	安陆市	文桥村
6	孝南区	菱角湖生产队
7	大悟县	双桥村

孝感监测中心对村庄饮用水源、环境空气、土壤、生活污水处理设施出水、县域出入境地表水按季度进行了采样监测。县域河流湖库以村庄为点位布设单元，每季度监测一次，全年 4 次，监测项目为《地表水环境质量标准》表 1 的基本项目共计 24 项。环境空气每季度监测一次，全年 4 次，以村庄为点位布设单元，在居民区布设 1 个监测点位，监测项目为：二氧化硫、二氧化氮、可吸入颗粒物、细颗粒物、臭氧和一氧化碳，每次连续监测 5 天。土壤质量五年监测一次，避免在施用农药、化肥后立即采样。以村庄为点位布设单元，每个村庄在基本农田、园地、饮用水源地周边各布设 1 个监测点位，在重点区域土壤中选测两类各布设 1 个监测点位，共选择 5 个不同类型监测点，监测项目为 pH、阳离子交换量、镉、汞、砷、铅、铬元素的全量。

表 34　2021 年各村县域河流湖库水质状况表

时间		水质状况
2021 年	一季度	小河为Ⅱ类，渔子河水库库心、石刭、汈汊湖湖心均为Ⅲ类
	二季度	界牌水库为Ⅱ类，二姜桥、余家坡、渔子河水库库心、义河渡口、南垸良种场、平林、蔡河均为Ⅲ类，雷福闸、两千七、黄庙村均为Ⅳ类，朱湖湿地、七姜水库均为Ⅴ类
	三季度	界牌水库、渔子河水库库心、石刭均为Ⅱ类，雷福闸、两千七、黄庙村、二姜桥、余家坡、清明河桥下、白合、义河渡口、南垸良种场、平林、蔡河、清水河、小河、汊湖湖心均为Ⅲ类，朱湖湿地为Ⅳ类，七姜水库为Ⅴ类
	四季度	二千七、石刭、小河均为Ⅱ类，黄庙村、二姜桥、七姜水库、界牌水库、余家坡、渔子河水库库心、义河渡口、南垸良种场、平林、蔡河、清水河均为Ⅲ类，雷福闸、清明河桥下、白合、汈汊湖湖心均为Ⅳ类，朱湖湿地为Ⅴ类

表 35　2021 年各村环境空气质量状况表

时间		空气质量状况
2021 年	一季度	菱角湖生产队、阳岗村、双桥村、三港村、祝墩村、文桥村、新华村均为二级
	二季度	菱角湖生产队、阳岗村、双桥村、三港村、祝墩村、文桥村、新华村均为二级
	三季度	祝墩村为一级，菱角湖生产队、阳岗村、双桥村、三港村、文桥村、新华村均为二级
	四季度	文桥村为一级，菱角湖生产队、阳岗村、双桥村、三港村、祝墩村、新华村均为二级

表 36　　2021 年各村土壤环境状况表

时间	土壤环境状况
2021 年	文桥村、祝墩村、三港村、双桥村、阳岗村、菱角湖生产队均低于规定的风险筛选值和管制值标准

表 37　　2021 年千吨万人水质状况表

时间		地表水			地下水		
		点位数量	优良比例（达到或优于Ⅲ类）	丧失使用功能（劣于Ⅴ类）	点位数量	优良比例（达到或优于Ⅲ类）	丧失使用功能（劣于Ⅴ类）
2021 年	一季度	45	77.78%	0	4	100%	0
	二季度	40	75%	0	7	57.14%	0
	三季度	50	76%	4%	13	76.92%	0
	四季度	50	72%	14%	13	69.23	0

【环境监测能力建设】 建设完成重点排污口视频监控系统，构建水环境智能分析平台，通过大数据汇集重点污染源、地表水水质、河湖库水文等信息，对全市水环境进行预测、预警，切实维护水生态安全。新改建 7 座长江经济带水站，实现跨界断面全覆盖；新改建 6 座饮用水源地水站，全天候管护饮水安全。健全水环境监测体系，推动 42 座水站建设。首台大气移动走航车投入使用，健全细颗粒物与臭氧协同控制监测网络，启动非甲烷总经自动监测、工业园区专项监测、细颗粒物与挥发性有机物组分协调自动监测、交通污染专项监测 4 项监测能力建设，提升大气污染防治精细化管理。完成了市级土壤环境监测能力建设项目。

污染防治

【空气污染防治】 2021 年，孝感市启动编制《孝感市二氧化碳排放达峰行动方案》，朱湖国家湿地公园被确认为湖北省首批近零碳排放商业试点。2021 年，孝感市生态环保部门以臭氧污染防治为重点，抓好点源监管，采取巡查督办、走航监测等方式加强对重点工业园区和行业企业的监测，对各县市区重点涉气企业开展“点对点”帮扶。全年走航监测 85 次，开展夜间突击检查 36 次，下发通报 4 次，组织“回头看”5 次。抓好移动源污染防治，对全市 18 家机动车综合性能检验检测机构开展全覆盖检查，杜绝排放不合格车辆继续违法使用，对辖区内 134 家加油站开展油气回收检查。抓好面源监管，每月随机对城区在建工地、主要道路和渣土运输车辆进行检查，每季联合城管、交通等部门对餐饮油烟净化装置、汽车喷涂企业废气收集处理设施运行情况进行随机抽查，常态开展扬尘、餐饮油烟、汽车喷涂等面源监管，综合运用各种检查方式，加强扬尘管控，督促相关单位和企业落实扬尘防治“六个百分百”要求，下发督办函 7 期。

【水污染防治】 针对年初部分国控断面水质下降情况，及时督办预警，加强风险管控，下发预警督办通知 6 次，通报 12 期；对重点流域、水质断面及工业园区整治、饮用水水源地保护、支流沟渠治理等情况开展现场督导检查 60 余次。完成了重点湖泊底泥调查和排污口排查溯源工作，3 个省控重点湖泊有 2 个（汉湖、东西汉湖）水质保持稳定，1 个（野猪湖）水质明显改善，达到优良。加强饮用水水源地保护，对双峰山旅游度假区滑石冲水库饮用水水源地完成了技术审查工作，批复大悟县 7 个百吨千人饮用水水源保护区，积极与武汉对接推进沦河备用饮用水水源地保护区划定工作，力保饮水安全。

【土壤污染防治】 开展土壤污染详查，顺利完成重点行业企业用地调查行政验收。完成 17 家土壤污染重点监管企业隐患排查工作。率先制定并印发了《农村生活污水处理设施运行维护长效管理实施办法（试行）》，715 个村完成了不同形式的生活污水治理，治理率达 32.6%，超过全省平均水平。严格建设用地土壤污染风险管控，组织专家组先后对 4 个疑似污染地块(汉川市南河乡龙燕村电镀厂遗留地块、安陆市航达航空科技发展有限公司安陆分公司、湖北展宏锌业环保股份有限公司、孝南区复兴轧钢厂地块）的土壤污染状况开展调查评估，推进汉川龙燕村受污染地块修复治理，完成农村黑臭水体 10%治理任务，补齐固废无害化处置能力短板弱项，加强垃圾填埋场、危废处置场监测监管。

环保监管

【环保执法】 围绕《2021年全市生态环境执法工作要点》《2021年度现场执法检查计划》《2021年重点项目清单》，孝感市环保执法部门通过交叉执法检查、专项执法检查、信访投诉核查、开展“零点行动”“利剑行动”等执法检查，严厉打击环境违法犯罪行为，全市生态环境系统共立案92件，罚款金额为1239万元，实施查封扣押17件，限产停产5件，移送行政拘留案件10起，移送涉嫌环境污染犯罪案件4件，罚没金额居全省第七，适用《环境保护法》配套办法案件数量全省排名第二。

【入河排污口整治】 印发《孝感市长江(汉江)入河排污口溯源整治工作方案》，在汉川市召开了全市入河排污口整治工作推进会，制定上报汉江入河排污口溯源整治实施方案，组织专班开展了现场核实核查，确保如期完成各项目标任务。截至2021年年底，生态环境部交办的孝感市754个入河排污口溯源、命名和编码工作已完成，初步完成制定溯源整治方案，按照入河排污口标牌设置规则拟树标牌69个；已完成整治247个，其中取缔30个、完成工程整治13个。

【核与辐射、危废专项执法】 开展辐射监管例行检查12家，对通信基站电磁辐射环保工作进行核查，召开全市5G通信基站环境保护工作推进会，开展了“4·15”全民国家安全教育日核安全宣传活动，上报了《2015—2020年核与辐射类建设项目环评清单》、通信基站环境保护核查情况、省厅环评质量核查抽查的辐射类项目报告表文件，开展了危险废物整治“执法+服务”活动，严厉打击违法排放、倾倒、处置危险废物的环境违法行为。

【排污总量管理】 孝感市拓展排污总量来源，通过强化企业减排、协调企业转让存量、严控企业排放标准等措施，全年共挖掘争取二氧化硫746.61吨，化学需氧量1473.91吨，氮氧化物1449.768吨，氨氮183.46吨，解决了汉川祉星纸业、云梦葛化华祥等98家企业排污总量来源。制订了《孝感市强化环境资源保障三年行动计划(2021—2023)》，开展排污权交易试点工作，实现市域内统筹，组织72家企业开展排污权交易工作，签订交易合同金额477.5万元。

【环保宣传】 媒体宣传。充分利用网站、公众号、纸质媒体加大环保宣传，全年被省生态环境厅网站采用稿件168件、市生态环境局网站发布信息800余条，公众号发布稿件930件，《孝感日报》、孝感电视台采用100余件。成功举办了“六五”环境日系列活动，以图片展的形式对“十三五”全市生态环境工作进行了为期一个月展览宣传，得到了市民好评。组织召开了1次污染防治培训班、2次新闻发布会，1次政风行风热线上线活动。

开展“送法入企”活动。孝感市、县两级共开展“送法入企”80余次，组织学习宣讲、沟通交流、普法测试40多次，发放《中华人民共和国长江保护法》《中华人民共和国行政处罚法》《排污许可管理条例》《固体废物污染环境防治法》等法律法规4800余份，现场与企业负责人进行了沟通交流，督促企业落实环境污染治理主体责任，增强环保法律意识，促进企业规范治污。与市高新区联合开展了企业“面对面、心贴心”座谈交流活动，为25家工业企业代表颁发了“孝感市生态环境保护廉政执法监督员”聘书，共创“廉洁执法、依法行政”良好氛围，做好执法帮扶“最后一公里”，推动企业提升污染治理水平，实现绿色高质量发展。

(撰稿：焦　琛)

执行编辑：刘希平

区域协调发展

区域协调发展

区域发展

【概况】 市委六届十一次全会对标全省区域发展布局，提出并实施“主城崛起、两带协同、孝汉同城、多元支撑”区域发展布局，分别组建专班，出台系列实施意见和行动方案，基本完成全市区域协调发展“四梁八柱”，明确了新时代孝感高质量发展“路线图”。

【主城崛起】 围绕到2025年孝感主城区经济总量占全市比重超过20%，重点从健全机制、厚植产业、扩大容量、完善功能、赓续文脉等方面，推进主城“三区”做大做强，全面提升经济首位度、融合度和城市凝聚力，打造全市高质量发展主引擎和市域经济核心增长极。制定实施“主城崛起”2021年度工作方案和三年行动计划，明确9项年度工作任务、8项重点任务，建立健全13项工作机制，推动体制共推、机制共融。强化孝南区、高新区、临空区一体化发展，深入推进“五城同创”，重点推进邓家河、老澴河、南部新城三大片区建设，“百万人口”城市发展框架初见成效。孝南区投资过百亿元的恒安纸卫品产业园开工，市高新区激光产业园等20个项目加快建设，市临空区美珈职业学院一期工程全面竣工。深入推进“五城同创”，槐荫大道新改扩建完成，20多条背街小巷改造提升，主城区在“四个再造”中实现能级跃升。

【两带协同】 立足县域特色，优化产业布局，全力打造汉江经济制造业高质量发展带和大别山绿色产业高质量发展带，加快形成南北“两带”协同发展格局。坚持季度拉练、“四看四比”，强化全域统筹和过程管控，推动县域经济竞相发展。建立年度重大项目清单，入库项目191个，总投资1300多亿元。大力发展5条传统产业链和5条战略性新兴产业链，引进十大产业链强链、补链、延链项目141个。实施重点农业产业“五个一”强链工程，以“功能镇区、和美乡村、实力产业”三项行动推进乡村振兴，积极培育壮大香稻等8条农业产业链。深化扩权赋能强县改革，重点做好管理权限“应放尽放”和“双直达”改革，不断提升县级承接和管理服务能力，进一步增强县域统筹资源能力，有效增强县域发展活力。

【孝汉同城】 围绕“规划同编、交通同网、科技同兴、产业同链、民生同保”，健全孝汉同城化体制机制。将“孝汉同城”作为事关孝感全局和长远发展的30项重点工作之一，成立高规格的领导小组，书记、市长任组长，各县（市、区）成立相应工作组织架构，落实专门人员和经费，构建“15341”的作战体系。高质量编制完成孝汉同城化发展《实施意见》《三年行动方案》《年度工作要点》，明确“五个同城化”具体路径，形成“市级统筹、县级主体、上下联动、全域一体”的推进格局。签署武汉城市圈城市生态环境、政务服务“跨市通办”、孝汉疾控一体化、文化和旅游一体化全面战略合作等一系列协议。全面推进交通基础设施互联互通，率先与武汉地铁集团签订市域（郊）铁路建设框架协议，硚孝高速二期、武大高速、孝汉应高速、京港澳改扩建等一批重大交通项目顺利推进。积极推进产业共建，全面承接武汉产业转移，孝南区汉孝产业园、高新区激光产业园、长飞汉川科技园、武汉经开区汉川合作示范区等一批汉孝合作产业平台加快建设，其中，规划面积27平方公里的汉孝产业园落户项目59个、已投产30个，长飞科技园年产1.5万公里光纤项目实现一年建成投产。

【多元支撑】 坚持应急与谋远相结合，从构建协同高效的保障体系入手，着力加强规划、平台、要素、动能、环境容量保障。编制全市国土空间总体规划，同步搭建国土空间“一张图”实时监督信息系统，实施“亩产论英雄”，持续推动土地资源节约集约利用。孝南区、应城市、安陆市三地获批国家全域国土空间综合整治项目。2021年，新增供地1.96万亩，有效增加用地指标，保障重大项目用地需求。建立多渠道、多元化、多层次投融资平台，与深交所湖北基地、省高投联合举办祥源新材上市推广活动，协同长江证券对欣柔股份、龙腾电子、米婆婆生物、龙王恨渔具等一批企业开展上市培育。全市共11家“新三板”挂牌企业，325家企业在武汉股权托管交易中心挂牌。扎实推进金融“面对面”工程，获批全国深化民营和小微企业金融服务综合改革试点城市。深入开展“千名干部进千企”活动，市“四大家”33位市级领导干部带头走访服务38家重点企业，74家市直部门200余名干部联系对接122家企业。全市$PM_{2.5}$平均浓度下降9.4%，空气质量优良天数位居全国前列，水质优良比例达92.3%，“武汉北生态屏障”作用凸显。

（撰稿：高勋玲）

县域经济发展

【概况】 孝感市孝南区、汉川市、应城市属于第Ⅰ类，云梦县、安陆市属于第Ⅱ类，大悟县、孝昌县属于第Ⅲ类。2021年，考核评价指标体系包括“综合质效、创新发展、协调发展、绿色发展、开放发展、共享发展”等6大类27项42小项指标，不同类型县(市、区)执行统一评价指标体系。2021年考核评价指标更加凸显新发展理念，强化“速度为王”，42个评价指标中，有26个规模评价指标、16个增速评价指标，更加注重主要经济指标增量评价。综合评价按不同类型县（市、区）分类赋予权重，分值均为100分，更加突出综合质效考核，三类县(市、区)该类比重平均为56%。同时，根据综合经济实力、经济结构、产业发展基础、主体功能等方面的差异，三类县(市、区)在五大发展理念等方面分值权重略有不同。

【县域经济综合评价考核位次】 汉川、应城、孝南在23个Ⅰ类市区中，分列第6、第14、第17，呈现“一前、一中、一后”的形势；安陆、云梦在25个Ⅱ类县市中，分列第10、第17，呈现“一中一后”的形势；孝昌、大悟在30个Ⅲ类县市区中，分列第12、第22，呈现“一中一后”的形势。孝感市7个县(市、区)呈现“三进一平三退”发展态势，应城、安陆、孝昌实现进位。

表38　2019—2021年度省反馈情况表

县(市、区)		2019年度省反馈情况		2020年度省反馈情况		2021年度省反馈情况	
		进/退位	排序	进/退位	排序	进/退位	排序
一类(23个)	孝南区	−2	20	+7	13	−2	17
	汉川市	0	10	+6	4	0	6
	应城市	−3	16	+2	14	+2	14
二类(25个)	云梦县	−7	17	0	17	−2	17
	安陆市	+1	10	−3	13	+1	10
三类(30个)	大悟县	−2	12	0	12	−10	22
	孝昌县	−1	20	−1	21	+9	12

【县域经济整体指标】 从6大类指标排位看，综合质效排序在很大程度上影响整体排位，如全省各县(市、区)该类指标的前7名基本占据了各类县(市、区)整体排位的前7位，孝感市7个县(市、区)有5个县(市、区)该类指标的排名与其整体排位基本一致。孝感市整体排位靠前的为创新发展指标，居中的为综合质效、协调发展、开放发展指标，靠后的为绿色发展、共享发展指标。

表 39　综合质效排序表

县(市、区)		综合排序	综合质效排序	创新发展排序	协调发展排序	绿色发展排序	开放发展排序	共享发展排序
一类(23 个)	孝南区	17	17	10	7	19	17	11
	汉川市	6	4	8	16	16	10	19
	应城市	14	13	20	4	20	15	13
二类(25 个)	云梦县	17	17	17	12	22	5	22
	安陆市	10	15	2	21	11	14	6
三类(30 个)	大悟县	22	22	14	13	28	14	23
	孝昌县	12	6	7	15	29	16	22

从具体指标看，增速指标优于规模指标，如人均地区生产总值增速、工业投资占固定资产投资增幅、地方税收占地方一般公共预算收入增幅、内资增速等指标，整体排位靠前。从发展形势分析，主要呈现以下三个特点：综合实力整体提升。从人均 GDP 增速来看，7 个县（市、区）中有 5 个排位靠前，特别是应城市在第Ⅰ类排第 1 位，孝昌县在第Ⅲ类排第 2 位。从“亩产论英雄”绩效来看，6 个县（市、区）排位靠前，汉川市、孝昌县分别在第Ⅰ类、第Ⅲ类中排第 1 位，安陆市在第Ⅱ类排第 2 位。从常住人口城镇化率来看，5 个县（市、区）排位靠前。发展环境提质增效。从金融信用环境指数来看，4 个县（市、区）排位靠前。从实际利用外资及增速看，4 个县（市、区）排位靠前。从科技创新综合指数看，孝南区、安陆市分别在第Ⅰ类、第Ⅱ类排第 1 位。居民收入稳步增长。从城镇常住居民人均可支配收入完成额来看，4 个县（市、区）排位靠前。从农村常住居民人均可支配收入增幅来看，7 个县（市、区）均处于中等偏上水平，尤其是孝昌县、大悟县两个贫困县，巩固脱贫攻坚成效明显，农村常住居民人均可支配收入增幅指标分别居第 1 位、第 2 位。

国家级开发区建设

【概况】 2021 年，孝感拥有两个国家级高新区，即孝感国家高新区、汉川经济技术开发区。孝感高新区是 2012 年 8 月经国务院批准成立的国家级高新区，扩展为“一区四园”，一区指孝感国家高新区，四园分别是核心园区（孝感高新技术产业开发区）、云梦园区、孝南园区和应城园区。高新区依托国家新型工业化产业示范基地、国家特种汽车高新技术产业化基地、国家循环化改造示范试点园区、国家级科技企业孵化器等“国”字号示范基地，发展形成了以军民融合为引领的汽车及零部件、高端装备制造、光电子信息三大主导产业。2021 年 7 月，省级汉川高新技术产业开发区升级为国家经济开发区，更名为汉川经济开发区，由北桥科技工业园、新河工业园和生态农业园三大园区组成。汉川经济技术开发区积极落实省委部署，推动武汉城市圈同城化发展，在双方签订合作框架协议基础上，积极推进两地合作发展。武汉经开区汉川合作区已列入武汉城市圈合作产业园区。

【孝感国家高新区】 孝感高新技术产业园区。2021 年，实现地区生产总值 131.12 亿元。开发区内企业个数达到 1655 家，共有从业人员 21167 万人。规模以上工业企业 108 家，（四上企业 168 家）规模以上工业总产值达到 185 亿元，同比增长 25.1%；规模以上工业增加值 44.7 亿元，同比增长 20.9%。完成固定资产投资 93.6 亿元，同比增长 26.6%，其中，完成基础建设投资 35.6 亿元，同比增长 18.5%；完成招商引资总额 220 亿元，同比增长 12.5%。实现利税总额 21.36 亿元，同比增长 35.1%。

孝南园区。2021 年，实现地区生产总值 180 亿元。开发区内企业个数达到 150 家，共有从业人员 2 万人。规模以上工业企业 32 家，规模以上工业总产值达到 158.97 亿元，同比增长 26.4%；规模以上工业增加值 33.2 亿元，同比增长 7.5%。完成固定资产投资 86.24 亿元，同比增长 26.2%，其中，完成基础建设投资18.2亿元,同比增长28.6%;完成招商引资总额112亿元,同比增长14.3%。实现利税总额13.28亿元,同比增长31.3%。

云梦园区。2021年,实现地区生产总值115.5亿元。开发区内企业个数达到258家,共有从业人员8.5万人。规模以上工业企业91家,规模以上工业总产值达到195.16亿元,同比增长14.5%;规模以上工业增加值39.38亿元,同比增长16.8%。完成固定资产投资106.1亿元,同比增长45.2%。其中,施工项目个数44个,同比增长10%。实现利税总额14.8亿元,同比增长9.6%。

应城园区。2021年,开发区内企业个数达到2168家,共有从业人员1.35万人。规模以上工业企业22家,规模以上工业总产值达到39.79亿元,同比增长18%;规模以上工业增加值9.79亿元,同比增长17.8%。完成固定资产投资24.59亿元,同比增长10%。其中,完成基础建设投资11.84亿元,同比增长7.1%;完成招商引资总额60亿元,同比增长23%。实现利税总额4.67亿元,同比增长50.1%。

【汉川经济技术开发区】 2021年7月,汉川经济开发区获批升级为国家经济开发区。全年实现地区生产总值606亿元。开发区内企业个数达到12240家,共有从业人员22万人。规模以上工业企业415家,规模以上工业总产值达到1452.9亿元,同比增长34.1%;规模以上工业增加值318.5亿元,同比增长20.9%。完成固定资产投资168.2亿元,同比增长19%,其中,完成基础建设投资43.1亿元,同比增长16.5%;完成招商引资总额587.4亿元,同比增长1.04%。实现利税总额93.6亿元,同比增长22.1%。

省级开发区建设

【概况】 孝感有省级开发区4个,即湖北安陆经济开发区、湖北大悟经济开发区、湖北孝昌开发区、湖北云梦隔蒲潭工业园。湖北安陆经济开发区内企业个数达到1468家,共有从业人员0.79万人;湖北大悟经济开发区内企业个数达到68家,共有从业人员1.1万人;湖北孝昌经济开发区内企业个数达1446家,共有从业人员3.68万人;湖北云梦隔蒲潭工业园园区内企业个数达到49家,共有从业人员0.15万人。

【湖北安陆经济开发区】 2021年,实现地区生产总值45.6亿元。开发区内企业个数达到1468家,共有从业人员0.79万人。规模以上工业企业19家,规上工业总产值52.3亿元,同比增长25.42%;规模以上工业增加值15.3亿元,同比增长7.75%。完成固定资产投资20.11亿元,同比增长36.8%,其中,完成基础建设投资1.5亿元,同比增长5%;完成招商引资总额30亿元,同比增长88%。实现税收总额1.9亿元,同比增长19.93%。

【湖北大悟经济开发区】 2021年,实现地区生产总值47.68亿元。开发区内企业个数达到68家,共有从业人员1.1万人。规模以上工业企业29家,规模以上工业总值52.93亿元,同比增长32.54%;规模以上工业增加值14.82亿元,同比增长33.51%。完成固定资产投资15.5亿元,同比增长38.5%,完成招商引资总额42.8亿元,同比增长51.85%。实现利税总额3.5亿元,同比增长59.5%。

【湖北孝昌经济开发区】 2021年,实现地区生产总值51.33亿元。开发区内企业个数达1446家,共有从业人员3.68万人。规模以上工业企业24家,规模以上工业总产值达到28.58亿元,同比增长53.08%;规模以上工业增加值6.9亿元,同比增长54.36%。完成固定资产投资32.46亿元,同比增长44.4%,其中,完成基础建设投资22.19亿元,同比增长57%;完成招商引资总额32.2亿元,同比增长−7.3%。实现利税总额2.66亿元,同比增长22.58%。

【湖北云梦隔蒲潭工业园】 2020年,云梦隔蒲潭工业园获省政府批复设立。2021年,实现地区生产总值10.4亿元。园区内企业个数达到49家,共有从业人员0.15万人。规模以上工业企业7家,规模以上工业总产值达到9.2亿元,同比上升130%;规模以上工业增加值5.2亿元,同比上升271.43%。完成固定资产投资18.4亿元,同比增长196.5%,其中,完成基础建设投资3.2亿元,同比增长15.3%;完成招商引资总额16.28亿元,同比增长56.54%。实现利税总额1.2亿元,同比增长58.2%。

重点开发区和功能区建设

【孝感高新技术产业开发区】 2021年,以党史学习教育贯穿全年工作始终,持续推进“我为群众办实事”实践活动开展。完成社区“两委”换届任务。党工委、管委会班子实现平稳更替。积极争取了教育中心等机构的设立获批。深化办事处管理体制改革,“六办两中心”挂牌运行。招聘了一批人员,充实了队伍,兑现了绩效考核。全力强化了基层保障,有效推动了执纪监督。高新区获市直单位目标考核优胜单位,市平安建设优胜单位,通过市文明单位复审。

经济发展。2021年，高新区实现地区生产总值(GDP)131.12亿元，同比增长14%；规上工业总产值303亿元(含军工)，同比增长25.1%；规上工业增加值同比增长20.9%；固定资产投资完成93.6亿元，同比增长26.6%；其中，工业投资31.8亿元，同比增长40%；技改投资14.3亿元，同比增长69.6%，增幅居于全市第一。

发展动力。高新技术企业达105家(全市466家)，新入库科技型中小企业103家(全市633家)。高新技术产业增加值42亿元(预计数)，同比增长18%，总量居于全市第三。累计省级以上专精特新"小巨人"企业20家，占全市(80家)的四分之一，其中，国家级1家(大禹电气，全市共7家)。新获批省级以上两化融合类试点示范企业24家(全市116家)，其中，工信部两化融合管理体系贯标试点企业4家、制造业与互联网融合发展试点示范企业1家〔全市其他县(市、区)均无〕。省级及以上科技创新平台达69家，其中，国家级研发机构6家。获批2021年全国园区循环化改造示范试点、企业创新积分制试点单位资格。编制完成《国家高新区绿色发展专项行动实施方案》。

营商环境。营商环境全面优化，弘扬"店小二"服务精神，以一流环境赋能高质量发展。推行惠企政策无申请兑现，"五证同发"成常态，全面实施"六项行动"，推广"楚税通"App应用，政务营商环境明显提升。高新区创业服务中心由合格(C类)晋升为良好(B类)，市场营商环境有序。全市首个涉外警务室——日商产业园警务室揭牌。法治化营商环境持续优化。高新区宜业宜居、创新发展美誉度大幅提升。

民生红利。筑牢常态化疫情防控线。加强了安全生产工作。在槐荫办事处召开了全市城市创建现场会。民生政策全面落实，航天医院新门诊大楼和应急救援中心、东城医院、儿童医院正在加快建设，槐荫卫生服务中心投入使用，诸赵社区城市书屋已经建成并试运行。持续推进综治信访维稳，平安建设，坚持"大平安大联动，共享共治"理念，搭建"桥梁"、展示"窗口"、守护"一园"平安，平安底盘更加稳固。高新区实验小学秋季开学招生。鲁迅学校主体工程加快建设，规划第35学校启动筹备。市直丹阳中学、体育路学校、航天小学划转到高新区管理，均衡教育更上台阶。

(撰稿：易飞、王锐)

【市临空经济区】 2021年，全年固定资产投资完成15.08亿元，招商引资额211.2亿元，完成财政总收入1.65亿元。全年共落户亿元项目23个，合同引资额211.2亿元，重点跟踪储备项目60余个，计划总投资近300亿元；新开工项目9个，新签约亿元以上投产项目3个，实际利用外资1767.5万美元。

产业发展。坚持"项目为王"，突出产业引领，全力打好项目落地服务攻坚战。定期开展季度集中开工活动。通过集中开工活动倒逼项目建设快落户、快建设、快投产，形成全区上下聚焦项目建设、加快临空发展的热潮。8月和11月，分别举行三季度和四季度重大项目集中开工活动，共有17个工业项目集中开工建设，共计总投资64.5亿元。实行项目包保责任制。区领导班子成员挂帅、各办局主要负责人任项目秘书，全程提供"保姆式"服务。定期约谈。对"五化"平台上项目建设滞后企业发督办函，对企业负责人进行约谈，10月，区工委、管委会主要负责人对7家建设滞后项目负责人进行约谈，限期整改，加快项目建设进度。

高科技产业园建设。佳兆业空港科技城项目已完成投资8.5亿元，已落地企业13家。1.1期已开园，深圳阿美特科技、泰格尔智能装备、银康医疗、极能新能源、深圳海太光缆5个项目已入驻；1.2期主体工程建设即将完工，湖北宣尚佳科技、港股上市公司海伦司创新实验中心、叶子冷链科技、弘润创思机械、大门智能安防、慕立新材料包装、全质食品自动化生产线制造7个项目已签约；1.3期厂房主体结构基本完成。交投天河智谷产业园9月底工程竣工，已有远大智能交通、斯恩科精密机械、武汉鸿海源科技、浙江柳小妞智能科技、武汉振佳宇恒机器人、广东鸿泰压铸模具等9个项目落户。新引进的华港产业园项目一期285亩已完成征地拆迁场平，所特自动化缝制设备制造、奥力专用汽车、荣新智能物流装备用品3个项目已进场进行主体工程施工；华港产业园二期255亩已完成征地拆迁，正在进行场平，爱特制能维修设备生产、国蒙汽车零部件生产等4个项目已签约入驻；华港产业园151亩科创城项目正在进行拆迁、场平、设计。兰彬医疗项目进入设备安装阶段，即将投产。红和复合材料军民融合项目已完成一期主体结构施工。蓝河水处理环保设备制造、天成医疗、晨康信医药等项目已进场施工。

现代物流园建设。开展物流企业整顿清理专项行动，督促已运营的5家物流企业按照合同约定建成华中地区转运中心、结算中心，目前已初见成效。申通公司正在实施改扩建项目，新增投资6.5亿元全面升级仓储设施，将湖北公司总部及结算中心迁至临空区，可实现年税收2000万元，目前已拆除原仓房一栋，办公楼、三栋智慧仓库正在进行基础施工。加快在建物流项目建设进度，苏宁孝感临空电商产业园项目二期已基本完成主体工程;华融广德冷链物流项目已完成投资1.5亿元,4栋厂房主体工程完成,进入设备安装阶段;复星国药医药物流已完成投资的50%。天山农夫供应链完成场平、设计,即将进场施工。

教育科研园项目。孝感美珈职业学院项目已完成投资近10亿元,一期工程全部竣工,获得省政府批复、教育部备案,2021年9月已招生开学;二期工程征拆、施工正在加紧同步进行。武汉轻工大学临空校区项目已进行多轮洽谈,正在商定投资协议,即将签约。

工业项目建设。临空区牢固确立重抓制造业项目的鲜明导向,通过招引和落地更多的制造业项目助推区域经济高质量发展。2021年以来成功签约了捷享新能源、海太瑞成光缆、泰达峰新能源、东玻低辐射玻璃、东拓物流智能装备等17个工业项目,全部为制造业项目,投资意愿强,科技含量高,固定资产投资强度大,亩均税收预期效益可观。

园区平台发展。进一步完善招商引资机制,以园区为载体集聚创新资源和要素,推进招商引资工作市场化,提高招商引资工作质效。引进华港(空港)国际产业园和清控科创(孝感)创新基地2个项目,同时充分发挥交投天河智谷产业园和佳兆业空港科技城项目作用,依托企业专业、人才及资金等方面的优势,围绕产业链打造企业聚集区。

重点项目进展。强化征地拆迁、土地储备、资金等要素保障,确保重点项目顺利推进。将征地拆迁工作由"全域拆迁"优化调整为"点对点拆迁,适度超前",真正做到征迁围绕项目转,把有限的资金用在刀刃上。2021年以来累计征拆房屋394户7.3万平方米,征地3193亩,确保重点项目建设顺利推进。筹资购买土地指标1694.58亩,已供地15宗,面积1357.44亩,保障了美珈学院二期、长江传媒文化科技园一期、传佳音智能终端、天成医疗、天然气、污水处理厂等一批重点项目用地需求。优化了公司组织架构,扩充了人才队伍,做实了公司资产,完成了债转股工作。丰翔公司资产负债率为51%,为下一步公司融资发债、缓解资金压力打下了良好基础。

民生保障。始终把保障和改善民生作为工作的出发点和落脚点,坚持以人民为中心,加强法治临空、平安临空建设,努力建设富裕、和谐、美丽的新临空。强化抓疫情防控就是抓发展的理念,加强常态化科学精准防控,优化疫情防控各类应急预案。全力维护社会和谐稳定,以维护群众信访权益、解决群众实际问题为落脚点,做到一案一办法,化解矛盾,解决重点信访人员的问题诉求。全年累计发放城乡低保金共计345.3万元,特困供养金共计156.6万元,残疾人两补资金共计115.4万元,为高龄、失能老人发放补贴86.6万元,为优抚对象发放抚恤补助164万元。启动退垸还湖工作,实退围垸面积7800余亩,房屋面积约14500平方米,涉及农户100余户,实施环境综合整治,扯除清理围网5处。

【双峰山旅游度假区】 2021年,度假区工委、管委会积极构建"核心驱动、两翼腾飞、三区并举"的发展格局,加快绿色转型,推进国家级旅游度假区、孝汉同城先行区、孝感绿色发展示范区建设,聚焦旅游主业,统筹抓好疫情防控、项目建设、乡村振兴、森林防火、综治维稳等工作,旅游经济和社会事业稳步推进,步入高质量发展的新时期。全年接待游客102万人(次),实现"十四五"良好开局。

旅游转型。全面深化改革,优化景区管理,按市场化、企业化形式运作。多领域拓展"两山"转化通道,开发户外运动、森林康养、乡村旅游产品,丰富度假业态。双峰山现代农业园采摘游开园迎客;途居双峰山露营地开业一年来运营良好,获评国家"五星级汽车自驾运动营地",接待游客20余万人次;双峰山茶叶综合加工厂正式投产;双黄公路沿线增加农家乐10余家。成功举办为期2个月的首届森林康养旅游节。做好节假日期间的游客服务和社会稳定工作,景区保持和谐稳定。

生态环保。践行"绿水青山就是金山银山"发展理念,严控生态保护红线。完成中央生态环保巡察问题整改、枯死松树砍伐和松线虫防治。实施矿山环境修复、地质灾害隐患点治理与土地综合利用工程。全面落实林长制,构建林业生态信息化管理体系。建立"五户一联防、十户一联保"的防火责任机制,实行网格化管理,加强巡逻和火源管控。出台禁止区内燃放烟花爆竹的规定,执行24小时值班和领导带班制度,加强重点地段监控。全年没有出现火情火警。

孝汉旅游。以途居露营地为桥头堡,深化孝汉旅游融合。与武汉黄陂建立合作机制,在旅游产业的规划、市场开发方面与"木兰景区群"一体化发展。双峰山纳入湖北、武汉市旅游一卡通,实现旅游线路、指示牌、纪念品相互宣传推介。联合推出了双峰山与黄陂锦里沟、姚家山、清凉寨、云雾山景区一日游、两日游、七天游一体化旅游精品线路,游客中武汉客人占80%以上。

"三资一促"。成立"孝汉同城""两带协同"工作专班,出台三年行动方案,谋划"孝汉同城"项目11个,"两带协同"项目26个,两项总投资规模为50亿元。招商引资发布招商信息40余条,出外招商30余次,接待企业团队考察50批次,对接鄂旅投、杭州赛石集团等重点招商企业8家。投资1亿元的双峰山盆景植物园一期工程已完成，二期正在进行。投资3亿元的青龙洞开发已签约。“百果”采摘园、孝爱文化产业园等项目仍在跟踪洽谈，投资总规模约30亿元。特别是鄂旅投集团，对投资双峰山意愿强烈，专班已先后7次到景区考察，已与市政府签订战略框架协议，对双峰山正在做详细投资项目。争取中省乡村振兴资金2335万元，实施项目34个。争取省级旅游发展资金100万元，大别山试验区500万元，森林火灾应急能力建设资金970万元。孝文化体验观光园纳入省服务业培育项目。争取发债资金1亿元。观湖山庄资产已与杭州赛石集团达成合作意向。依法推进、安全稳妥做好“9·2”集资案件的化解工作。

乡村振兴。做好巩固脱贫攻坚成果同乡村振兴的有效衔接，接受了省交叉检查和第三方评估。落实“四个不摘”政策要求，全年累计发放城乡低保、特困供养等各类政策资金418.39万元，惠及1512人。全面启动度假区美丽乡村建设，建成上湾、滑石、剥岸“和美乡村”。积极稳妥接收双峰中学回归双峰山管理，中考成绩有较大提升。压实路长制、河湖长制责任，投资300余万元，绿化美化双黄旅游公路4.5公里，完成防汛抗灾工作任务。

（撰稿：杨金华、石晨）

执行编辑：刘希平

县（市、区）概况

县(市、区)概况

孝南区

【概况】 2021年，孝南区辖8个镇、4个街道、2个乡、2个办事处及1个省级开发区。全区共有172个行政村、76个社区。全区面积1020平方公里，年末耕地总面积4.65万公顷，其中常用耕地面积3.41万公顷。据公安部门统计，2021年，全区年末总人口79.33万人，比2020年减少5068人，其中，男性人口41.2万人，占总人口比重为51.9%；年内出生人口5143人，人口出生率6.48‰；死亡人口4600人，人口死亡率5.8‰(注：人口数据为公安年报数)。

全区实现地区生产总值356.91亿元(现价)，按可比口径计算，增长12.9%。其中，第一产业增加值43.67亿元，增长8.8%；第二产业增加值102.01亿元，增长15.4%；第三产业增加值211.23亿元，增长12.6%。三次产业结构由2020年的13∶28.2∶58.8调整为12.2∶28.6∶59.2。

全区地方财政总收入34.26亿元，同比增长21.5%。地方一般公共预算收入21亿元，同比增长25.7%。地方一般公共预算收入中税收收入17.81亿元，同比增长27.6%，税收收入占地方一般公共预算收入的比重为84.8%，比2020年提高1.2个百分点。全年完成地方一般公共预算支出58.59亿元，同比下降1.1%。完成民生类支出48.42亿元，占全部支出的82.6%。其中：教育支出9.3亿元；科学技术支出2.2亿元；卫生健康支出8.5亿元；城乡社区支出4.97亿元；一般公共服务支出6.79亿元。

【农业与农村经济】 2021年，全区实现农林牧渔业总产值80.14亿元(现价)，同比增长12.5%。全年实现农林牧渔业增加值47.55亿元，按可比价格计算，比2020年增长9.5%。全年农作物种植面积6.7万公顷，同比增长2.2%。其中，粮食面积3.25万公顷，增长0.04%；棉花面积1606.67公顷，下降6.6%；油料面积1.71万公顷，增长6.9%；蔬菜面积1.41万公顷，增长3.1%。全年生猪出栏23.33万头，同比增长59.4%；大牲畜出栏5299头，同比下降11.5%；家禽出笼844.44万只，同比增长7.3%；生猪存栏11.84万头，同比增长18.2%；各类肉产量3万吨，同比增长31.9%；禽蛋产量2.49万吨，同比增长6.4%。全年水产品产量7.12万吨，增长1.4%；淡水养殖面积1.02万公顷。

【工业】 2021年，全年实现全部工业增加值79.60亿元，按可比口径计算，增长20.1%。规模以上工业企业增加值同比增长21.6%。全区规模以上工业企业170家，完成工业总产值304.01亿元，同比增长25.0%。全年规模以上工业企业实现主营业务收入262.6亿元，同比增长31.6%。实现利润总额16.4亿元，同比下降5.7%(注：工业数据为月报数)。

全年完成固定资产投资(不含农户)202.20亿元，增长27.1%。其中：5000万元以上项目完成投资120.79亿元，增长8.7%；5000万元以下项目完成投资7.54亿元，增长348.3%；全区资质以上建筑业企业109家，实现建筑业产值135.5亿元，同比增长12.4%。全年房屋施工面积284.3万平方米，同比下降54.2%。其中：新开工面积107.3万平方米，同比下降71.6%；房屋竣工面积34.3万平方米，同比下降91.9%。房地产开发投资73.88亿元，增长59.4%。按产业划分，一产业完成投资0亿元，同比下降100%；二产业完成投资43.79亿元，同比增长40.0%；三产业完成投资158.41亿元，同比增长24.4%。全年商品房销售面积76.99万平方米，同比增长8.5%。其中：商品住宅销售面积73.5万平方米，同比增长11.8%。全年商品房销售额51.1亿元，同比增长10.1%，其中住宅销售额47.9亿元，同比下降14.2%。

【商贸服务业】 2021年，全区实现社会消费品零售总额184.72亿元，同比增长22.6%。按限额分，限额以上单位零售额87.93亿元，同比增长50.8%；限额以下单位零售额96.79亿元，同比增长4.7%。全年外贸进出口总额3.36亿美元,同比增长29.8%。其中，外贸出口1.57亿美元，同比增长33.1%；进口1.78亿美元，同比增长27.0%。利用外资6785万美元，同比增长18.2%。全区年末市辖区银行业金融机构本外币各项存款余额1029.33亿元，同比增长10.9%；各项贷款余额727.14亿元，同比增长18.6%。全区公路通车里程3036公里，其中高等级公路56公里，一级公路104公里，二级公路219公里，三级公路82公里，四级公路2077公里。农村通公路行政村比重、行政村公路通畅率均达到100%。

全区售电量(不含城区、下同)197313万千瓦时，同比增长29%。其中：大工业用电129213万千瓦时，同比增长41.5%；非、普工业用电13003万千瓦时，同比增长27.8%；农业生产用电3148万千瓦时，同比增长23.3%；居民生活用电38341万千瓦时，同比增长3.4%；非居民用电3768万千瓦时，同比增长15.4%；商业用电8989万千瓦时，同比增长18.6%。

【科技教育文化卫生】 2021年，全年完成重大科技成果转化22项；申报高新技术企业44家，获批37家；规模以上高新技术企业83家。全年技术合同登记交易额达9.78亿元。全年高新技术增加值增长24.6%。

全区共有幼儿园138所，在园幼儿24650人；普通小学56所，招生10586人，在校生57007人，毕业生6925人；初中24所，初中招生8620人，在校生23345人，毕业生5300人；普通高中5所，招生2648人，在校生7503人，毕业生2306人。高中阶段教育毛入学率99.1%，九年义务教育完成率100%。全区公共图书馆、博物馆各1个。全年放映电影4730场，观影141.9万人次。全年共接待游客680万人次，旅游综合收入50.1亿元。孝南区选手分别在全省青少年射击、拳击、游泳、篮球、柔道等项目省级锦标赛中，共获得3金8银2铜的好成绩。

全区共有卫生机构37个(不含村卫生室、诊所)，其中医院11个，卫生院12个，疾控中心、妇幼保健院各1个。全区共有卫生工作人员4618人，其中卫生技术人员4024人。新生儿死亡率0.66‰，5岁以下儿童死亡率2.65‰。

【劳动就业和社会保障】 2021年，全区城镇新增就业9485人，失业人员再就业4288人，城镇登记失业率控制在3.49%。城乡居民养老保险39.65万人，城乡居民基本医疗保险58.8万人，社会保险扩面30305人次。社会保险待遇及时足额发放率、社会保险待遇社会化发放率均达到100%。居民最低生活保障已保人数27287人，其中城镇居民城市最低生活保障人数7345人。全区城镇常住居民人均可支配收入41688元，同比增长10.1%。全区农村常住居民人均可支配收入22360元，同比增长13.4%。

全年共完成环评审批127家，通过环保验收的企业有65家，新建“环评”和“三同时”执行率均达到100%。工业废水排放达标率达到99%，工业固体废物综合利用率达到97.5%，主要污染物总量减排完成率100%。全年$PM_{2.5}$平均浓度33微克/立方米，空气质量优良率84.7%。全年立案查处环境违法案件9起。

【领导干部能力素质提升工程“孝南工作十则”】 2021年，区委区政府基于区乡换届领导班子基本调整到位后，大量新、老面孔走上新的岗位，能否转换角色更好地履职尽责；孝南干部在一届接着一届奋斗中形成较好的实干作风，得到广泛认同，需要将这些好经验、好做法进行传承发扬，应对新时期面临的新任务新要求；大家是推动孝南“十四五”发展的“关键少数”，需要对标对表中央“五位一体”总体布局、省委市委区域发展战略和区委目标定位，展现新形象、干出新业绩，才能不负期待、不辱使命，达到立规于心、授技于身、笃实于行的效果等。在此形势下区委区政府在全区领导干部中提出领导干部能力素质提升工程“孝南工作十则”。具体内容：

举成事之纲：用心用行讲政治，事业为先践初心；

固成事之本：守土尽责交答卷，激情干事争一流；

夯成事之基：坦诚相待聚人心，令行禁止立规矩；

谋成事之道：带头示范作表率，深入调研听意见；

为成事之要：攻坚克难不怕事，严格自律守底线。

通过“孝南工作十则”实施，全区领导干部站在“两个一百年”奋斗目标的历史交汇点上，站在孝南一届一届接续奋斗走到今天的新起点上，站在“十四五”开局起步的关键节点上，肩扛为民服务、造福一方的政治责任，胸怀舍我其谁、激情奋斗的历史担当，把握人生出彩、成就梦想的宝贵机遇，砥砺奋进、顽强拼搏，为建设和谐美丽幸福的新孝南作出新的更大贡献。全年主要经济指标全面超额完成既定目标，与正常年份增速相比均实现倍增，GDP超历史净增51亿元，地区生产总值356.9亿元，增长12.9%(总量全市第三)；规上工业增加值67.6亿元，增长21.6%(增幅全市第三)；固定资产投资202.2亿元，增长27.1%(增幅全市第一)；社会消费品零售总额184.7亿元，增长22.6%(增幅全市第一)；

财税质量全市领跑，一般公共预算收入、税收占比分居全省第十二、第九，财政总收入34.3亿元、增长21.9%（总量全市第二）；地方一般公共预算收入21亿元、增长25.7%（总量全市第一）；城镇常住居民人均可支配收入41688元、增长10.1%（总额全市第一）；农村常住居民人均可支配收入22360元、增长13.4%（总量、增幅全市第三）。税收占地方一般公共预算收入比重84.8%（全市第一）；17个乡镇财政收入全部过1500万元，其中过5000万元14个、过亿元8个、过2亿元4个、过3亿元2个。全区90多个集体获得省级以上表彰，在全市13项“以奖代补”考核中，孝南9项工作获得奖励，其中7项第一，共获奖补资金1215万元，奖项和奖金全市最多。

【雕花剪纸作品《中国梦》获金奖】 2021年5月，孝感雕花剪纸研究所作品《中国梦》参加2021年第一届武汉城市圈剪纸作品征集大赛荣获金奖。该作品始创于2017年，创作的灵感来源于习近平总书记在十九大报告中指出的“实现中华民族伟大复兴是近代以来中华民族最伟大的梦想”。中国梦是国家民族的梦，也是每一个中国人的梦。以实现国家富强，民族振兴，人民幸福为目标。作品以天安门、和平鸽、鲜花、气球与灿烂的烟花为背景，展现了中国人民奋发图强、努力拼搏、热爱和平、希望社会和谐的愿景。

【大型现代楚剧《淬火》在武汉首演】 2021年7月10日晚，湖北省原创大型革命题材现代楚剧《淬火》在武汉京韵大舞台精彩首演。两个小时的戏再现大别山烽火岁月，讲述旧社会戏班艺人在革命熔炉中里淬变成为革命战士的感人故事。

该剧由湖北省演艺集团指导，湖北省戏曲艺术剧院、孝感市文化和旅游局、孝南区文化和旅游局联合出品，湖北省戏曲艺术剧院楚剧团、湖北省实验楚剧团创作演出。剧中讲述的故事发生于抗日战争时期，大别山地区楚剧名角“七岁红”带领的戏班，在动荡战乱中屈辱求生。为加强抗战文艺宣传，新四军第五师首长委派梁若谷组建抗战楚剧队，梁若谷出面邀请“七岁红”出山，但遭到婉拒。在血与火的斗争中，在以梁若谷为代表的共产党人的感召下，“七岁红”明白了“家国”二字的真正含义，他终于走出了自己固守的精神壁垒，脱下戏服穿上军装，在革命和部队的大熔炉里，淬变成为坚定的革命战士……“从生活出发，用现实主义的手法塑造生动鲜明的艺术形象，并努力呈现出崭新的艺术面貌。”该剧导演张俊杰介绍，该剧在遵循中国戏曲传统审美原则、保留楚剧唱腔神韵的基础上，进行了一些大胆的突破和探索，比如大量借鉴了话剧、舞剧、民间歌舞、影视镜头切换等表现手法，目的就是要打造好听好看、具有现代审美品格的“新楚剧”。

【孝南区获评湖北省营商环境优异县市区】 2021年8月，孝南区获评全省营商环境优异县市区和进位明显县市区。孝南区坚持把优化营商环境作为“十四五”开局起步的“头号工程”来抓，制定任务书、路线图、时间表，挂图作战，全力打造孝南营商环境“金字招牌”。2021年，孝南区涉企保证金仅保留工资保证金一项，数量全国最少，减少企业占押资金2亿元；政务服务标准化建设纳入国家试点；人社窗口获评全国优质服务窗口。“智慧办税”“单体竣工提前验收”“矛调中心建设”“自助政务服务”4项改革被认定为省级先行区事项，数量全省第二。“免申快享”目录清单有32项定制“菜单”，数量全省最多，兑现时间全省最短。“不动产登记及其相关业务联动办理”共9项，全省最多。推出了“533”审批制度改革、“七诉合一”“九门联动”“十大行动”等25项创新举措。孝南区从营商环境全省第三方评价一般县（市、区），一跃跨进全省优异行列。

【《孝南年鉴（2020）》获国家二等和湖北省优秀等次年鉴】 2021年12月，根据中国地方志指导小组、中国地方志学会印发的《关于对第八届全国地方志优秀成果（年鉴类）的通报表扬》、湖北省文化和旅游厅印发的《关于湖北省年鉴编纂出版质量评审结果的通知》，《孝南年鉴（2020）》编纂出版质量分别获评国家二等年鉴和湖北省优秀等次年鉴。

《孝南年鉴2020》全面翔实地记述了2019年孝南区的基本情况及发生的各种大事、要事、新事和有影响的事，反映了全区人民在改革开放、经济建设以及社会发展中的新成就、新进展、新经验。本年鉴为领导提供决策依据，为社会各界提供信息资料，为宣传、研究和建设孝南服务，为编史修志积累史料。采用分类编辑法，设类目、分目、条目3个层次，设有14个类目、95个分目、884个条目，以条目作为记述的基本形式。记述2019年1月1日至2019年12月31日内容。形成的资料是由孝南区各乡镇人民政府、街道及东山头和朱湖办事处、湖北孝南经济开发区、区直各部门提供审核。各单位供稿报送《孝南年鉴》编辑部，由年鉴编辑部初审，专班复审，《孝南年鉴》编纂委员会终审。

（撰稿：鲁米娜）

汉川市

【概况】 汉川市辖2个街道办事处、1个经济开发区(新河镇)、6个乡、13个镇、3个国有农(养殖)场。国土面积1663平方公里。2021年,汉川市先后获得赛迪全国百强县(第97位)、全国投资潜力百强县市(第15位)、全省除四害先进城区、全省投资和重点项目建设贡献市县、全省公共文化服务体系示范区、全省民间文化艺术之乡的县(市)、全省外贸出口先进县(市)、"中国服装制造名城"、全省县域经济工作成绩突出单位等一批荣誉称号。

全市年末户籍总人口(公安局户籍人口)1044213人,其中女性485696人,非农业户籍人口256755人。年末总户数324176户。年内出生人口5476人,人口出生率5.21‰;年内死亡人口7834人,死亡率7.45‰;迁入999人,迁出10000人,暂住人口13199人。年平均人口1051002人,人口自然增长率-2.24‰。0~17岁人口185827人,18~59岁人口646003人,60岁及以上人口212383人。60岁及以上人口占总人口比重为20.34%。

年末全市常住人口88.66万人,其中城镇人口54.52万人,城镇化率达到61.49%。

2021年,全市地区生产总值(增加值、产值除注明外,均为现价)为753.12亿元,按可比价格计算,比2020年增长14.8%。其中,第一产业增加值84.20亿元,增长8.4%;第二产业增加值392.52亿元,增长16.8%;第三产业增加值276.41亿元,增长14.2%。三次产业结构由2020年的11.8:51.8:36.4调整为2021年的11.2:52.1:36.7。人均地区生产总值为84152元,按可比价格计算,比2020年增长24.6%。

【农业与农村经济】 2021年,全市农林牧渔业现价总产值为159.07亿元,可比增长11.9%。实现增加值(含农业服务业)93.83亿元,可比增长9.4%。

全市全年粮食总产量52.59万吨,增长0.9%,连续11年稳定在5亿公斤以上;播种面积124.34万亩,增加2.06万亩。

全年棉花总产量0.24万吨,增产26.3%;种植面积3.46万亩,减少0.03万亩。油料总产3.48万吨,减产0.09万吨,降幅2.5%;油料总播种面积20.19万亩,增加1.41万亩。蔬菜总产量112.96万吨,增长8.9%;种植面积43.36万亩,比2020年增长5.1%。

全年生猪出栏56.83万头,增加18.17万头;家禽出笼2900.77万只,减少20.6%;禽蛋产量3.17万吨,减少4.8%。

全年水产品产量15.61万吨,增加0.8%。

年末,全市拥有农业机械总动力86.28万千瓦;全市拥有大中型拖拉机3747台、联合收割机3698台。全年有效灌溉面积128.87万亩。化肥施用量(折纯)3.93万吨。

【工业】 2021年,全市规模以上工业企业有447家,全年完成总产值1563.01亿元,增长24.5%;其中,轻工业完成产值1187.56亿元,增长25.3%;重工业完成产值375.45亿元,增长22.1%。规模以上工业增加值按可比价格计算同比增长20.9%。

从"5+5"产业链看,2021年,全市规模以上工业中,纺织服装业实现产值712.98亿元,同比增长28.2%;食品加工业实现产值170.85亿元,同比增长27.2%;包装印刷业实现产值101.24亿元,同比增长30.2%;金属制品业实现产值160.68亿元,同比增长10.2%;电力能源业实现产值79.40亿元,同比增长25.2%;光通信业实现产值78.82亿元,同比增长15.9%;泛家居业实现产值100.09亿元,同比增长43.2%;智能装备业实现产值42.91亿元,同比下降10.7%;生物医药业实现产值29.82亿元,同比增长23.7%;新材料业实现产值86.21亿元,同比增长27.3%。

全年规模以上工业销售产值比2020年增长24.8%,产品销售率为96.5%。

高新技术产业增加值(现价)为158.78亿元,占GDP的比重为21.1%。

年末,全市具有资质等级的建筑企业19家,实现总产值24.30亿元,同比增长30.6%。

全市固定资产投资额(不含农户)同比增长26.7%。其中,工业投资同比增长34.9%,工业技改投资同比增长41.3%,房地产业投资同比增长5.3%,500万元以上项目完成投资同比增长29.6%。

分产业来看,一产业完成投资同比下降150.6%,二产业完成投资同比下降34.9%,三产业完成投资同比增长16.0%。

全年全市商品房销售面积49.5万平方米,比2020年增长33.4%;商品房销售额27.9亿元,增长42.4%。

【商贸服务业】 2021年,全市社会消费品零售额266.76亿元,同比增长22.1%。其中,限额以上企业(单位)消费品零售额65.54亿元,增长53.8%。

全市外贸进出口总额(海关数)63531.9万美元,增长30.4%;其中出口62668.5万美元,同比增长31.0%;进口863.4万美元,同比下降21.4%。全市招商引资额(含省内资金)为660亿元;实际利用外资10149万美元。

全市交通设施投资11.65亿元,改建、新建公路里程196公里,年末公路通车里程4500.94公里,农村通公路行政村比例达到100%。

年末全市出租汽车拥有量360

辆，公共汽车拥有量188辆。

电信业务总量4.37亿元，增长4.7%；邮政业务总量1.96亿元，增长19.5%。全年报纸发行数2.66万份，杂志期发数0.74万份；邮寄函件180.07万件。年末固定电话用户数为4.16万户，下降13.3%；其中城镇2.03万户，农村2.13万户。移动电话用户达64.69万户。互联网用户77.01万户，增长13.8%。

全市完成财政总收入41.30亿元，同比增长24.0%。其中，地方一般公共预算收入25.66亿元，同比增长24.1%。在地方一般公共预算收入中，税收收入20.97亿元，同比增长24.6%，占地方一般公共预算收入比重为81.7%。财政支出74.31亿元，同比增长1.6%。

全市年末金融机构各项存款余额538.98亿元，增长9.8%，其中居民储蓄存款余额404.34亿元，增长14.3%。全年各项贷款余额为303.79亿元，增长10.3%。

全年市财产保险公司和人寿保险公司合计保费收入44151万元，已决赔款20130万元。

【科技教育文化卫生】 2021年，全市共有幼儿园164所，在园幼儿24519人；普通小学113所，招生9177人，在校生59862人，毕业生10247人；初中招生10466人，在校生30550人，毕业生6771人；普通高中招生3810人，在校生12562人，毕业生3916人；中等职业教育招生1853人，在校生5401人，毕业生1775人。适龄儿童入学率为100%，九年义务教育完成率为99.45%。

全市拥有各类专业技术人员41886人，其中，中级职称以上12680人。拥有科技馆2座，科研院所2家；省级科技孵化器2家，省级科技创新团队2家。科学技术支出25339万元，增长0.7%。新增专利授权数1104项。现有高新技术企业89家，高新技术产品(项目)222个。

全市拥有文化馆1个，博物馆1个，剧场影剧院1个，公共图书馆1个。全年组织各种专场文艺演出45场，观众6万人次；组织艺术展览4次，观众0.4万人次。拥有广播电台1座，电视台(站)1座。广播电视人口综合覆盖率达100%，全市有线电视入户数20.7万户，其中有线电视使用户数为7.9万户。全年共发行各类图书261.43万册，公共图书馆藏书量23.69万册。

全市拥有A级景区2家，省级度假区1家，文物保护单位68家，星级农家乐7家，农旅养融合示范点4家，旅行社(含分社、门市部)24家。全年旅游接待人数246.4万人次，比2020年增长52.9%；旅游综合收入16.35亿元，增长129%。

全市拥有各类卫生医疗机构538个，卫生技术人员5348人，其中执业医师1553人，执业助理医师439人。全年普查血吸虫人数14.58万人次，其中患病人数1855人；灭螺面积达2719万平方米。农村改水累计受益率79.6%。

全市共有体育馆1个，社会体育指导站37个。全年全市运动员在大型比赛获奖18人次。全年共举办运动会28场次，参与人数为1.1万人次。

【劳动就业和社会保障】 2021年，全年全市城镇常住居民人均可支配收入39768元，同比增长9.9%；农村常住居民人均可支配收入22309元，同比增长12.5%。

全年开展转业、转岗培训370人、就业前培训1081人；实现下岗职工当年再就业9868人，新增就业人数8667人，城镇登记失业率3.1%。

年末，全市参加城镇职工基本养老保险21.1万人；参加城乡居民养老保险49.5万人；参加医疗保险86.9万人；参加工伤保险6.1万人；参加失业保险3.7万人，发放失业保险金206.13万元。

民政事业费支出22453.6万元，其中城镇最低生活保障支出4187.98万元。享受社会救济对象人数42000人，其中城镇居民最低生活保障7093人。各类收养性单位25家，社区服务机构总数543个。

【产业发展】 建立了“5+5”产业链链长制，形成了纺织服装、金属制品、食品加工、包装印刷、电力能源五大支柱产业和光通信、泛家居、新材料、生物医药、智能装备五大快速成长产业集群的产业发展新格局。纺织服装、食品加工业入选湖北省“重点成长型产业集群”，市经济开发区升级为国家级经济技术开发区。

【“三资一促”】 坚持大员招商、全员招商，不断加大“走出去、请进来”招商力度，全年完成招商合同引资660亿元。共争取上级竞争性资金11.75亿元，争取到位各级各类财政资金24.6亿元、各类债券资金9.5亿元。投资173亿元的祉星纸业、投资80亿元的汉川电厂四期等一批重大项目正式落户。

【城乡建设】 推进“四城并进”“五城同创”，实施城乡品质提升行动，打造“品位城市、品牌城市、品质城市”。推进60个城乡重大民生和基础设施项目建设。实施功能镇区、和美乡村、实力产业“三项行动”，完善城镇功能，提高乡村善治能力，提升农业产业化水平，以农业农村现代化抬高全域高质量发展的底板。

(撰稿：钱小玮)

应城市

【概况】 应城市辖5个街道办事处、10个镇、1个良种场、1个经济开发区。国土面积1103.38平方公里。2021年年末全市户籍总人口62.42万人。全年出生人口3526人,出生率5.66‰;死亡人口4721人,死亡率7.56‰,人口自然增长率—1.91‰。全年全市实现地区生产总值433.50亿元,比2020年增长12.9%(按2020年不变价计算,下同)。其中:第一产业实现增加值64.80亿元,增长9.1%;第二产业实现增加值180.52亿元,增长10.7%;第三产业实现增加值188.18亿元,增长16.5%。三次产业结构由2020年的15.2∶42.6∶42.2调整为14.9∶41.6∶43.4。

2021年,应城市深入贯彻落实党中央决策部署和省委、孝感市委工作要求,锐意进取、克难攻坚、拼搏赶超,加快推动疫后重振和高质量发展,各项事业开创新局面、取得新成效,位居中部地区县域经济百强县市第68位,实现了"十四五"良好开局。

全年PM_{10}平均浓度65微克/立方米,$PM_{2.5}$平均浓度38微克/立方米,优良天数比例为85.5%。大富水、汉北河、府河、老府河、东西汉6个考核断面水质全部达标,达标率100%,县级以上饮用水水源水质达标率100%。全年平均气温17.9℃,极端最高气温37.8℃,极端最低气温-7.2℃。最大日降雨量118毫米,全年平均日照时数142.8小时。

【农业与农村经济】 2021年,全市实现农林牧渔业总产值112.18亿元,可比增长11.94%。实现农林牧渔业增加值66.99亿元,比2020年增长9.4%。农业产值42.23亿元,林业产值0.61亿元,牧业产值33.21亿元,渔业产值29.06亿元,农林牧渔服务业产值7.05亿元。年末耕地面积97.43万亩,粮食种植面积77.95万亩。造林面积33210亩。全年粮食产量35.25万吨,增长1.91%;棉花产量0.059万吨,下降14.10%;油料产量3.63万吨,增长19.54%;蔬菜产量66.40万吨,增长3.18%;水果产量1.42万吨,增长1.84%;茶叶产量412吨,增长5.91%;水产品产量7.17万吨,增长1.03%。生猪出栏40.01万头,增长72.46%;家禽出笼1554.35万只,下降0.79%。

【工业】 2021年,全年实现全口径工业增加值168.13亿元,比2020年增长9.3%。全市161家规模以上工业企业全年实现增加值143.43亿元,比2020年增长10.2%。全年完成规模以上工业总产值636.4亿元,增长18.6%,其中驻应中省属工业企业完成总产值47.7亿元,增长56.4%;市直工业企业完成总产值63.8亿元,增长37.3%;开发区工业企业完成总产值39.8亿元,增长19.7%;办事处和镇办工业企业完成总产值485.2亿元,增长13.8%。全年规模以上工业企业电力消耗25.5亿千瓦时,比2020年增长2.8%。2021年,规模以上工业主要产品产量为:农用氮、磷、钾化学肥料100.1万吨,纯碱174.5万吨,涂料31.4万吨,塑料制品3.1万吨,原盐399.3万吨,人造板3.3万立方米,家具57.3万件,合成氨73.8万吨,大米63.3万吨,服装305.3万件,精制食用植物油1.3万吨,饲料4.0万吨,氮肥(折含氮100%)100.1万吨。

全市规模以上工业企业实现营业务收入529.6亿元,比2020年增长8.4%;实现利润24.3亿元,增长69.9%;实现利税101.72亿元,增长9.0%。营业收入过5亿元企业41家,过10亿元企业6家。全市规模以上工业企业经济效益综合指数539.01%。

全市具有资质等级的建筑企业12家,全年实现建筑业增加值12.39亿元,比2020年增长34.2%。全年完成6家建筑企业资质和安全生产许可延续申报,对未取得施工许可证擅自开工的项目下达停工整改通知书33份。共受理监督工程68项,下达隐患整改80份、停工整改7份。

全市固定资产投资总额(不含农户)比2020年增长26.9%。其中,房地产开发投资额比2020年增长166.6%。按产业划分,第一产业投资比2020年增长25%,第二产业投资比2020年增长50.6%,第三产业投资比2020年增长0.4%。基础设施投资下降16.5%,民间投资增长39.0%。

【商贸服务业】 2021年,全市实现社会消费品零售总额188.5亿元,比2020年增长22.4%。分行业看,限上批发业完成67.2亿元,增长48.7%;限上零售业完成13.2亿元,增长29.1%;限上住宿业完成3.9亿元,增长40.9%;限上餐饮业完成5.8亿元,增长61.2%。分城乡看,城镇实现零售总额19.8亿元,增长54.6%;乡村实现销售额2.4亿元,增长32.9%。

全市完成公路客运周转量7428.89万人公里,货运周转量37414万吨公里。年末全市公路总里程(等级公路)2261.23公里,其中高速公路67.44公里。

全市邮政业务营业收入10913万元,比2020年增长15.69%;通信营业收入24910万元,增长5.8%;移动电话用户36.45万户,增长0.7%;互联网宽带用户12.91万户,增长9.8%;固定电话用户14215户,下降43.6%。

全市名胜风景区和文物保护区5个。全市国内旅游人数435万人次,增长44%;实现国内旅游综合收入24.88亿元，增长34%。汤池游客接待量48万人次，增长14%；汤池温泉旅游总收入7200万元，增长16.0%。

全年全市实现财政总收入25.65亿元，比2020年增长49.5%；其中税收收入23.19亿元，增长57.8%。一般公共预算收入15.46亿元，增长38.8%；其中税收收入13亿元，增长49.8%；各项税收占地方一般预算收入比重达到84.1%。一般预算支出46.20亿元，下降3.7%。年末金融机构各项存款余额373.18亿元，比年初增加14.33亿元；其中居民储蓄存款余额295.86亿元，比年初增加32.54亿元。金融机构各项贷款余额205.74亿元，比年初增加25亿元。全年保险行业实现保费收入30105万元，其中人身险保费收入16426万元，下降1.1%，赔款支出3655.95万元，赔付率22.3%；财产险保费收入13679万元，增长29.8%，赔款支出9486万元，赔付率69.3%。

【科技教育文化卫生】 2021年，全年教育经费支出68610万元，比2020年增长0.1%。全市教职工3648人，其中专任教师3597人。全市幼儿园47所，在园儿童11966人；普通小学34所，教职工1794人，其中专任教师1772人，招生4041人，在校学生25617人，毕业生4243人；普通初中22所，教职工1195人，其中专任教师1180人，招生4217人，在校学生11954人，毕业生3461人；普通高中3所，教职工534人，其中专任教师524人，招生2106人，在校学生6502人，毕业生2282人。中等职业教育招生670人，在校学生1627人，毕业生432人。义务教育普及程度100%，完成率98.5%，初中毕业生升学率99.1%。

全市实现高新技术产业增加值76.79亿元，比2020年增长22.5%。申报高新技术企业21家，新增7家累计44家，入库科技型中小企业达到92家。全年兑现2020年度科技创新奖补资金744万元、科技创新人才资金200万元。科技成果转化协议20份，合作金额达到620万元。

全市图书馆1个，公共藏书13万册，电子图书8万册，全年接待读者9万人次，外借图书8万册。体育馆1个，体育场地1262个。全年举办大型群众文体活动6次，举办体育赛事3次。

全市共有医疗卫生机构55个(不含村卫生室)，其中医院8家，乡镇卫生院15个，中心卫生院3个，个体门诊23个，其他专业公共医疗机构6个。医疗卫生机构床位数3532张，病床周转次数31.3次，其中医院床位数3175张。卫生技术人员数4225人，其中执业(助理)医师1313人，注册护士1855人，卫生防疫人员183人。

【劳动就业和社会保障】 2021年，全市城镇常住居民人均可支配收入40539元，比2020年净增3816元，增长10.4%；农村常住居民人均可支配收入23115元，净增2699元，增长13.2%。全市城镇新增就业9958人，城镇登记失业率3.58%。全市城镇职工基本养老保险111502人，城乡居民养老保险306710人，城镇失业保险43800人，工伤保险37624人。参加城镇职工基本医疗保险57854人，城乡居民医疗保险474071人，生育保险34165人。

年末，全市共有各类市场主体34645户，比2020年增长20.44%，市场主体数量居孝感市第5位。全年"双随机、一公开"抽查35项，抽取检查对象567家，已检查并公示结果317家，公示率55.9%。全年立案查处各类违法违规案件181件，其中一般程序案件83件，简易程序案件98件；受理信访、投诉、举报594件，为消费者挽回经济损失182.7万元。全市专利申请132件，发明专利13件，分别增长164.7%、108%；商标申请注册259件，增长1.09%；有效注册商标3923件，其中驰名商标2件，地理标志证明商标2件，孝感市知识产权优势培育企业6家。

(撰稿：夏容)

云梦县

【概况】 云梦县位于江汉平原东北部。南北间距52.8公里，东西间距19.8公里。辖9个镇、3个乡、2个省级经济开发区(工业园)，22个社区居民委员会、171个行政村，全县面积604平方公里。陆地面积37973公顷，占总面积的80.5%，水域及水利设施用地面积11802公顷，占总面积的19.5%；是湖北省面积最小的县，人均土地0.1公顷。2021年，全县户籍总人口55.78万人，其中城镇人口15.79万人，农业人口39.99万人。全县常住人口为42.61万人，城镇化率57.12%。

2021年，在中共中央和省委、市委的坚强领导下，县委、县政府紧紧依靠和团结带领全县人民，统筹推进"五位一体"总体布局、协调推进"四个全面"战略布局，埋头苦干、砥砺奋进，圆满完成既定目标，与全国同步全面建成小康社会，踏上了社会主义现代化强县建设的新征程。讲政治、铸忠诚，"两个维护"落地落实；抓发展、稳增长、综合实力持续提升；补短板、守底线，三大攻坚成效明显；解民忧、重治理，持续改善民生福祉；抓改革、增动能，发展活力充分聚集；抓党建、强引领，政治生态逐步优化。科学统筹疫情防控和经济社会发展，全县经济持续稳定恢复，高质量发展取得新成效。

2021年，全县完成生产总值231.16

亿元，按可比价格计算增长12.1%。其中：第一产业完成增加值48.35亿元，增长9.0%；第二产业完成增加值79.41亿元，增长10.8%；第三产业完成增加值103.40亿元，增长14.6%。三次产业结构由2020年的21.7∶35.5∶42.9调整为20.92∶34.35∶44.73。

在第三产业中，交通运输、仓储及邮电业增长26.4%，批发和零售业增长12.9%，住宿和餐饮业增长25.6%，金融业增长6.5%，房地产业增长13.9%，其他服务业增长13.5%。

【农业与农村经济】 2021年，全年全县实现农业总产值83.16亿元，按可比价格计算，比2020年增长12.3%；实现农林牧渔业增加值50.14亿元，按可比价格计算，比2020年增长9.3%。

全年粮食种植面积为39.06千公顷，比2020年增长1.1%；棉花种植面积1.5千公顷，增长—13.8%；油料种植面积10.07千公顷，增长7.8%；蔬菜种植面积20.38千公顷，增长—0.2%。

全年粮食总产量24.76万吨，比2020年增长1.7%；棉花总产量0.36万吨，增长−0.1%；油料总产量2.78万吨，增长7.3%；蔬菜总产量93.84万吨，增长0.7%。

全年生猪出栏25.86万头，增长20.1%；家禽出笼751.53万只，增长−35.8%；禽蛋产量5.73万吨，增长56.1%；水产品产量5.5万吨，增长3.8%。

【工业】 2021年年末，全县拥有规模以上工业企业104家，规模以上工业增加值同比增长(按可比价计算)10.2%。

全年规模以上工业完成总产值229.88亿元，比2020年增长(按现价计算，下同)9.57%。实现销售收入159.15亿元，增长−20.42%；利润总额3.95亿元，增长−25.37%。工业总产值中农产品加工业产值107.99亿元。

全县规模以上工业总产值中，按隶属关系分：中省工业产值2.26亿元，同比增长−3%；县直工业产值7.6亿元，同比增长20.46%；开发区工业产值88.71亿元，同比增长36.16%；乡镇工业产值131.31亿元，增长−3.46%。

全年全县固定资产投资比2020年增长24%。全县一、二、三产业投资同比分别增长154.1%、−6.3%、57.0%，第一、二、三产业完成投资占总量百分比为8.4∶43.5∶48.1。

全县纳入统计的资质总承包和专业承包建筑业共完成总产值11.2亿元，比2020年同期增长3.04%。

全年全县商品房销售面积38.11万平方米，比2020年增加53.4%；商品房销售额15.6亿元，增长17.3%。

全年全县实现财政总收入19.63亿元，增长40.9%。一般公共预算收入12.72亿元，增长34.0%，其中，税收收入10.23亿元，同比增长48.4%。一般公共预算支出35.69亿元，同比增长−15.3%。

年末全县金融机构各项存款余额287.21亿元，增长10.05%。其中，居民储蓄存款余额238.96亿元，增长12.33%。金融机构各项贷款余额123.36亿元，增长23.22%。其中，短期贷款22.46亿元，中长期贷款87.92亿元。

【商贸服务业】 2021年，全县实现社会消费品零售总额142.04亿元，增长20.9%。其中，限额以上单位实现零售额14.87亿元，增长−6.1%，占10.47%；限额以下实现127.17亿元，增长25.1%，占89.53%。

全年全县外贸进出口总额28.44亿元，比2020年增长31.11%。其中，外贸出口27.23亿元，同比增长29.01%；进口1.22亿元，同比增长105.79%。实际利用外资2057万美元，增长96.28%。

2021年年底，全县公路总里程1889.529公里、路网密度312.9公里/百平方公里，其中高速公路18.0公里、一级公路52.453公里、二级公路116.87公里、三级公路104.412公里、四级公路1529.736公里、等外公路68.051；内河航道总里程78.5公里、港口1个、生产性码头泊位2个、渡口15个；客运站11个，其中一级客运站1个，二级客运站1个、四级客运站1个、五级客运站8个，货运站1个。

【科技教育文化卫生】 2021年，全年财政教育支出61807万元，比2020年增加2669万元，增长4.5%。年末全县共有幼儿园82所，在园幼儿13164人；普通小学46所，在校生29806人；普通初中19所，在校生13717人；普通高中4所，在校生7049人；职业中学2所，在校生1368人；特殊教育学校1所，在校生64人。

2021年，全县共有44家高新技术企业。全年实现高新技术产业增加值23.03亿元，占GDP比重为9.96%。

全县拥有艺术表演团体1个，全年表演场次50场；文化馆(站)14个，博物馆1个，公共图书馆1个，藏书33.7万册；体育馆(场)1处，举办各类运动会8次，参加人数1800人，向省、市输送运动员6人。

全县年末拥有卫生医疗机构23个，执业医师935人，平均每千人口执业医师2.19人。全县医疗机构病床数2828张，平均每千人口拥有医疗卫生机构床位数6.64张。

【劳动就业和社会保障】 2021年，全县城镇居民人均可支配收入39689元，增长9.7%，比2019年增长9.3%，两年平均增长4.5%；农村居民人均可支配收入22589元，比2020年增长12.7%，比2019年增长9.4%，两年平均增长4.6%。

2021年，全县参加城镇职工基

本养老保险67558人，其中，在职职工43980人，离退休人员23578人；参加城乡居民养老保险166037人；参加城镇职工医疗保险36184人，参加城乡居民基本医疗保险429633人。

（撰稿：罗彩平）

安陆市

【概况】 安陆市辖9个镇、4个乡、2个街道，1个省级开发区。全市国土面积1352.8平方公里，耕地面积6.49万公顷。年末，全市总户数19.67万户，户籍总人口59.87万人，其中城镇13.38万人，男性30.92万人。全市常住人口48.92万人，常住人口城镇化率57.2%。全年出生人口3472人（男性1861人、女性1611人），人口出生率5.34%。全年实现地区生产总值288.32亿元，按可比价格计算，同比增长13.9（下同）。其中：第一产业增加值45.54亿元，增长8.3%；第二产业增加值105.46亿元，增长20.2%；第三产业增加值137.32亿元，增长11.4%。三次产业结构由2020年的16.7∶35.4∶47.9调整为15.8∶36.6∶47.6。

对接全省十大农业产业链、孝感市“五个一”农业产业链，发展禽蛋、生猪、香米3条特色农业全产业链和银杏、白花菜、南乡萝卜、蓝莓、食用菌、吉阳大蒜6个特色农产品，新增农业产业化龙头企业5家、累计达到58家。安陆被列入全国蛋品生产体系建设示范县和农业生产全程社会化服务试点县市；神丹食品、禾丰粮油、欣华禽业进入全省十大产业链奖补范围；孝感国家农业科技园安陆核心区通过科技部验收；神丹公司入围全国首批供应链创新与应用示范企业，楚丰泉源获评第七批国家农业产业化重点龙头企业；创建全国“一县一业”蛋鸡产业示范样板县（市），国家蛋鸡产业技术体系“一县一业”推进工作会在安陆召开；新认定“两品一标”（绿色食品、有机农产品和农产品地理标志）产品3个，“安陆皮蛋”获第三届湖北地理标志金奖；棠棣镇入选2021年全国农业产业强镇创建名单（香稻）。

【农业与农村经济】 2021年，全年实现农林牧渔业现价总产值84.4亿元（含农林牧渔服务业），增长11.8%。其中，农业产值31.64亿元，增长8.54%；林业产值3.01亿元，增长24.21%；牧业产值34.63亿元，增长11.72%；渔业产值7.82亿元，增长16.5%；农林牧渔服务业产值7.32亿元，增长17.49%。全年农林牧渔业现价增加值48.48亿元，增长8.9%。全年粮食种植面积64.20千公顷，增长1.71%；油料种植面积11.37千公顷，增长7.37%；蔬菜种植面积10.95千公顷，增长5.09%；棉花种植面积1.36千公顷，增长4.62%。全年粮食总产量44.18万吨，增长0.9%；棉花产量946吨，增长6.9%；油料产量2.66万吨，增长5.9%；蔬菜产量32.74万吨，增长6.82%。全年生猪出栏74.04万头，增长60.9%。年末，生猪存栏38.53万头，增长10.09%。生猪稳产保供工作在省委农村工作会议上作交流发言。全年肉类总产量7.67万吨，增长26.73%。全年禽蛋产量3.35万吨，下降3.89%；水产品产量2.83万吨，增长2%。

全年用于巩固拓展脱贫攻坚成果，推进乡村振兴资金共计13930万元，安排项目85个。出台产业奖补实施方案，对自主发展产业的脱贫户、“三类人员”和市场主体进行奖补，个人奖补金额最高5000元，市场主体最高20万元。开展消费帮扶工作，全市认定73个供应商330个农副产品，832平台交易额300.71万元，安陆专馆及湖北消费帮扶公共服务平台（含湖北特色馆）交易额262.62万元。全市脱贫劳动力外出务工10203人，按省外500元/人标准、省内县外300元/人标准，发放一次性交通补助263.36万元。开展脱贫劳动力职业技能培训，其中就业创业培训33人，企业“以工代训”94人。对通过市场渠道难以实现就业的872名脱贫就业困难人员进行兜底安置就业，发放公益性岗位补贴520.65万元。26家扶贫车间吸纳226名脱贫劳动力就地就近就业，吸纳就业占用工总人数的53.1%。全市脱贫户人均纯收入14765元。实施乡村振兴战略，重点建设洑水、烟店、李店3个功能镇区，启动赵棚、木梓、巡店、王义贞4个功能镇区建设，完成其他功能镇区规划。多元筹措资金，建设13个省级美丽乡村示范村、11个“和美乡村”创建村。安陆市农村危房改造工作获国务院激励嘉奖，全省唯一；成功创建全省“四好农村路”示范县。

【工业】 2021年，全市94家规模以上工业企业全年实现总产值173.26亿元，增长33.8%。七大主要产业产值156.07亿元，增长34.2%。其中，医药食品产业57.07亿元，增长3.5%；金属制品产业47.99亿元，增长89.8%；粮油机械产业5.75亿元，增长17.6%；建材加工产业17.63亿元，增长29.3%；光电子信息产业20.57亿元，增长89.4%；汽车零部件产业3.6亿元，下降16.5%；新材料产业3.46亿元，增长57.5%。全年规模以上农产品加工业实现产值65.32亿元，增长8.9%，其中农产品加工园区产值56.84亿元，增长7.5%。全年规模以上工业增加值增长25.4%，工业企业产销率94.8%。全市23个工业行业大类有13个行业增加值保持增长，其中有色金属冶炼和压延加工业、电力热力生产和供应业、计算机通信和其他电子设备制造业、金属制造业、医药制造业分别增长 145.1%、125.1%、85%、12.4%、9.4%。全年规模以上工业企业用电量 54314 万千瓦时，增长 24.3%；原煤消费量 17.89 万吨，增长 18.16%；综合能源消费量 23.02 万吨标准煤，增长 24.76%。年末，全市共有资质以上建筑业企业 24 家，实现总产值 23.9 亿元，增长 45%；房屋施工面积 129.8 万平方米，下降 11.8%。其中，新开工面积 52.5 万平方米，下降26.5%；竣工产值15亿元，下降43.5%。

全年固定资产投资总额(不含农户)增长 29.6%。其中，500 万~5000 万元项目投资额增长 124.1%，5000 万元以上项目投资额增长 28.3%，房地产项目投资额下降 11%。分产业看，第一产业投资增长 74%，第二产业投资增长 54.7%，第三产业投资增长 4.8%。全市工业投资和技改投资分别增长 54.7%、57.8%。

【商贸服务业】 全市市场主体发展到 33302 户，增长 20.71%；市场主体增量 6546 户，增长 144.99%。其中企业 986 户，增长 40.86%。全年全市社会消费品零售总额 143.7 亿元，增长 22.1%。其中，限上批发业销售额 11.91 亿元，增长 31.6%；限上零售业销售额 8.32 亿元，增长 19.5%；限上住宿业营业额 0.51 亿元，下降 8.7%；限上餐饮业营业额 0.88 亿元，增长 14.82%。全年外贸出口总额 8.98 亿元，增长 13.44%；实际利用外资 2145 万美元，增长 6.45%。

年末，全市拥有省级旅游名村 2 个(碧山村、钱冲村)，AAAA 级景区 1 个，AAA 级景区 2 个；旅行社(含门市部)2 家，星级酒店 3 家，共有接待床位 1 万余张。全年接待旅游人数 322 万人次，增长 15%，创旅游综合收入 22.7 亿元，增长 15%。

全年道路建养总投资 3.21 亿元(不含高速建设投资费)。全市公路线路总里程 2570 公里，其中高速公路 2 条 64.1 公里，国道 1 条 23.8 公里，省道 5 条 192.4 公里，县道 14 条 225.2 公里，乡道 87 条 433.8 公里，村道 1630.8 公里。境内有铁路线路 2 条，总里程 54.5 公里(汉丹铁路 24.9 公里，汉十高速铁路 29.6 公里)。全年全市拥有客运车辆 194 辆，客位 3730 座(其中新能源车 23 辆 586 座)；货物营运车辆 601 辆，运载吨位 5109 吨。全年实现客运量 281 万人，旅客周转量 9240 万人公里。

年末，全市共设邮政营业网点 19 个，建成优质邮政便民服务站 12 个；农村投递邮路 31 条，投递路线总长度 1860 公里；县城以上投递邮路 28 条，投递路线总长度 830 公里。全年投递快递包裹 198 万件，收寄快递包裹 153 万件，处理报刊投递 538.2 万份，处理挂号邮件 10 万件、平信 25 万件。全年实现邮政业务总收入 1.13 亿元，增长 10.51%。其中金融类业务收入 8942 万元，增长 12.93%；寄递类业务收入 828.7 万元，增长 18.76%。

全年完成财政总收入 17.74 亿元，增长 49.1%。地方公共财政预算收入 11.53 亿元，增长 45.5%，其中税收收入 9.17 亿元，增长 38.6%。年末，全市金融机构人民币各项存款余额 371.94 亿元，比年初增加 33.08 亿元，比年初增长 9.76%。其中，储蓄存款余额 306.43 亿元，比年初增加 35.52 亿元，比年初增长 13.11%。全市金融机构人民币各项贷款余额 208.23 亿元，比年初增加 18.89 亿元，比年初增长 9.98%。

【科技教育文化卫生】 全市拥有国家级创新密集区 2 个(孝感国家农业科技园区安陆核心区、国家火炬计划安陆粮食机械特色产业基地)，国家级重点实验室 1 个，省级工程技术研究中心 4 个，省级企业技术中心 4 个，校企共建研发中心 2 个，省级基础条件平台 1 个，省级星创天地 4 个，省级企校联合创新中心 2 个，省级乡村振兴科技创新示范基地 1 个，国际合作示范基地 1 个，入库国家科技型中小企业 72 家。全年研究与试验发展经费支出 6.43 亿元，共转化科技成果 17 项，完成技术合同登记 6.61 亿元。全市有高新技术企业 47 家，实现高新技术产业增加值 26.82 亿元。连续六年评为全省“科技创新优秀县市”。

年末，全市拥有中小学校 176 所(含幼儿园)，教职工 6190 人，专任教师 4950 人，招生 18082 人，毕业 17952 人，在校学生 70921 人。其中：普通高中 5 所，教职工 781 人，专任教师 726 人，招生 2593 人，毕业 2419 人，在校学生 7694 人；中等职业学校 2 所，教职工 211 人，专任教师 189 人，招生 1527 人，毕业 1060 人，在校学生 4391 人；普通初中 21 所，教职工 1629 人，专任教师 1534 人，招生 4491 人，毕业 4502 人，在校学生 13536 人；小学 56 所，教职工 1681 人，专任教师 1575 人，招生 5220 人，毕业 4479 人，在校学生 30226 人；特殊教育学校 1 所，教职工 13 人，专任教师 12 人，招生 5 人，在校学生 104 人；幼儿园 91 所(公办 28 所，民办 63 所)，教职工 1875 人，专任教师 914 人，招生 4246 人，毕业 5492 人，共有在园儿童 14970 人。全市学龄儿童入学率 100%，九年义务教育完成率 100%，初中毕业生升学率 95.3%，高中阶段教育毛入学率 92.3%。

年末，全市有公共图书馆 1 个(总藏书 11.9 万册，其中电子书藏量 9.1 万册)，博物馆 3 个(含李白纪念馆)，文化馆 1 个，乡镇综合文化站 16 个；全市“三馆一站”覆盖率 100%，基层文体广场面积达到 158.02 万平方米。年末，全市有广播电视台 1

座，广播综合覆盖率100%，电视综合覆盖率100%。年末，全市有体育民非组织2个、多功能运动场13个、村级(社区)文体广场313处。全市体育场地面积124.17万平方米，人均体育场地面积2.18平方米，全市体育健身器材覆盖率100%。

年末，全市有各类医疗卫生机构266个(含村卫生室、诊所)，其中医院24个(市直医院4个、卫生院13个、社区卫生服务中心2个、民营医院5个)，专科疾病防治所1个，疾病预防控制中心1个，卫生监督局1个。全市共有卫生技术人员3110人，其中执业医师和执业助理医师1282人、注册护士1525人。医院、卫生院共有床位2970张，其中乡镇卫生院床位758张。全年医疗机构总诊疗213.84万人次，其中医院99.17万人次(民营医院6.57万人次)、基层医疗机构114.66万人次；出院6.95万人，其中医院4.97万人(民营医院0.49万人)、基层医疗机构1.97万人。全年国家免疫规划疫苗接种率达95%以上。

【劳动就业和社会保障】 2021年，全市城镇常住居民人均可支配收入38710元，增长10.7%；农村常住居民人均可支配收入19390元，增长13.2%。全年新增城镇就业10454人，城镇失业再就业8509人，就业困难人员再就业5244人，城镇登记失业率3.55%；新增高校毕业生创业就业11人，新增返乡创业600人。

年末，全市社会保险参保104万人次，其中，参加城镇职工基本养老保险8.8万人，参加城乡居民基本养老保险36.6万人，参加基本医疗保险52.4万人(职工参保4.42万人、居民参保47.98万人)，参加失业保险2.7万人，参加工伤保险3.5万人。年末，全市社保卡持卡62.3万人，其中电子社保卡21.04万人。

全市共发放企业养老金2.6万人70134万元，发放机关事业养老金0.6万人37219万元，发放城乡居民养老保险金9.3万人16137万元，社会化发放率100%；全年受理农民工工资拖欠案86件，处理各类劳动人事争议案件102件，仲裁办案时效内结案率100%。

年末，全市有社会福利机构23所(城市社会福利院1所、民办社会养老服务机构7所、公建民营1所、农村福利院14所)，总床位4526张，年供养1257人；有农村互助式养老活动中心135所，城市社区居家养老服务中心16所。

年末，全市城镇最低生活保障标准提高至620元/人·月，在册城市低保对象1362户1852人，全年发放保障金942.5万元；农村最低生活保障标准提高至5280元/人·年，在册农村低保对象9052户16044人，全年发放保障金5499.8万元；农村特困供养保障标准提高至900元/人·月，农村特困供养对象2955人，全年发放供养金3668.2万元；社会散居孤儿养育标准提高至1300元/人·月，集中供养孤儿养育标准提高至2100元/人·月，为165名在册孤儿发放救助金253.6万元。全年为5061名残疾人发放生活补贴367.95万元，为8698名残疾人发放护理补贴1026.5万元。全年资助2.1万名农村特困、低保、孤儿等对象参保参合，临时救助439人。

【生态文明】 2021年，年末，全市森林面积28341.46公顷，森林覆盖率21.29%，提高0.34%；森林蓄积量185.49万立方米，增长4.32%。年末，全市建成区总面积为19.87平方公里，绿地面积765.65公顷(公园面积为230.9公顷)，建成区绿地率38.53%，建成区人口19.98万人，人均公园面积11.53平方米。

年末，全市在运营城市工业污水处理厂1个，日处理能力1.5万立方米，污水处理率100%；乡镇生活污水处理厂13个，水质自动监测站4个，环境空气质量自动监测站2个(其中大气复合污染自动监测站1个)。全市城市生活垃圾无害化处理率100%。全市地表水主要河流监测断面水质达标率100%；城市空气质量优良天数比例87.7%，PM_{10}平均浓度为67微克/立方米，$PM_{2.5}$平均浓度为37微克/立方米。

(撰稿：孙亚东)

大悟县

【概况】 大悟县辖3个乡、14个镇和3个区(经济开发区、高铁经济试验区、悟峰山度假区)、265个行政村、8个城市社区、9个城镇社区，土地面积1986平方公里。据县公安局统计，2021年年末全县总户数187218户，总人口609602人。总人口中，男性325775人、女性283827人；城镇人口197614人，乡村人口411988人。全年出生4115人，死亡5094人；迁入509人，迁出5573人。全县全年完成生产总值(现价，下类同)196.19亿元，比2020年增长(按不变价计算，下类同)9.0%。其中：第一产业完成增加值49.83亿元，第二产业完成增加值42.53亿元，第三产业完成增加值103.83亿元，分别比2020年增长8.9%、5.1%、10.6%，三次产业占比由2020年的26.1∶23.1∶50.8调整为25.4∶21.7∶52.9。

【农业与农村经济】 全县农林牧渔业总产值85.86万元，比2020年增长12.0%；实现增加值50.77亿元，比2020年增长11.6%。农作物总播种面积82837.2公顷。主要农作物粮食产量298803吨，比2020年增长4.1%，其中：夏粮32989吨，比2020年增长10.7%；稻谷261850吨，比2020年增长3.3%。棉花251吨，比2020年增长3.7%；油料62551吨，比2020年增长3.1%，其中：花生50938吨，比2020年增长1.3%。蔬菜327462吨，比2020年增长1.3%；水果14521吨，比2020年增长2.1%。

全县山场总面积108283.87公顷，有林地面积68016.8公顷，封山育林面积13970.4公顷，当年造林面积2342.67公顷。年末茶园面积14623公顷，本年新增茶园面积1237.73公顷。年末板栗面积39125.8公顷，油茶面积9571.73公顷。全年茶叶产量7139吨，比2020年增长9.0%；板栗40623吨，比2020年增长2.0%；油桐籽2650吨，比2020年增长2.4%；乌桕9968吨，比2020年增长0.8%；白果985吨，比2020年增长10.2%；油茶籽14559吨，比2020年增长7.4%。

全年生猪出栏28.90万头，比2020年增长37.5%；牛出栏1.56万头，比2020年增长3.7%；羊出栏4.82万只，比2020年增长11.6%；家禽出笼444.20万只，比2020年下降5.4%。禽蛋产量20574吨，比2020年增长3.4%；水产品产量26368吨，比2020年增长3.0%。主要畜禽产品猪肉22746吨，比2020年增长40.0%；牛肉2348吨，比2020年增长3.8%。大牲畜存栏52972头，比2020年增长41.9%；猪存栏172200头，比2020年增长20.3%；蜂蜜217吨，比2020年增长80.8%。

【工业】 完成工业增加值32.27亿元，受新冠疫情影响，比2020年下降16.9%。规模以上工业企业70家，完成工业总产值89.03亿元，比2020年增长11.2%。实现营业收入76.92亿元，比2020年增长13.6%。实现利税总额10.54亿元，比2020年增长88.1%。产品销售率为96.6%。规模以上工业主要产品产量中，风力发电124407万千瓦时，比2020年增长0.1%；光伏发电12400万千瓦时，比2020年增长15.7%；钢结构18001吨，比2020年增长82.4%；花岗岩板材1918946平方米；天然石料26065立方米；磷酸二铵194193吨，比2020年增长7.3%；茶2913.8吨，比2020年增长105.6%；人造板140386.4立方米，比2020年增长16.7%；光电子器件177933万只，比2020年增加132.6%。

全社会固定资产投资比2020年增长12.1%。其中工业投资比2020年增长1.0%，工业技改投资比2020年增长32.1%，民间投资比2020年增长36.2%，500万元以上固定资产投资比2020年增长10.6%；房地产开发投资比2020年增长17.1%。

【商贸服务业】 全年实现社会消费品零售总额1145244万元，比2020年增长22.2%。其中：限额以上批发零售业企业完成零售额230479万元，比2020年增长39.8%；限额以上住宿餐饮业企业完成零售额19030万元，比2020年增长58.4%。全年实际利用外资2326万美元，比2020年增长6.9%；外贸出口10460.5万美元，比2020年增长45.8%。

全年完成财政收入194010万元，比2020年增长29.1%，其中公共预算收入103037万元，比2020年增长26.6%。在公共预算收入中，税收收入80541万元，比2020年增长35.2%。全年累计财政支出408393万元，比2020年下降17.3%。年末金融机构人民币各项存款余额273.10亿元，比2020年增加21.02亿元，增长8.3%；其中住户存款余额239.72亿元，比2020年增加25.15亿元，增长11.8%。金融机构人民币各项贷款余额150.50亿元，比2020年增加18.73亿元，增长14.2%。

编制完成《大悟县“十四五”生态环境保护规划》及水生态环境保护、大气污染防治、土壤污染防治、秸秆禁烧工作方案。投入13547万元实施环境综合整治等生态环境保护项目24个。全年空气优良天数比例为89.2%，$PM_{2.5}$平均浓度为39微克每立方米，PM_{10}平均浓度为65微克每立方米。年末有国家级生态镇1个、生态村2个，省级生态乡镇6个、生态村51个，市级生态乡镇7个、生态村159个。

全县公路通车里程4466.594公里，其中高速公路96.2公里，国道49.221公里，省道280.26公里，县道314.204公里，乡道390.418公里，村道3319.782公里，专用公路16.509公里。

【科技教育文化卫生】 全县有各级各类学校171所，其中高中6所，中职1所，初中18所，九年一贯制学校6所，小学73所(教学点87所)，幼儿园66所，特教学校1所。全县各级各类在校学生76810人，其中高中生9763人，中职生2697人，初中生17221人，小学生34551人，幼儿12530人，特教学生48人。

全县有线电视用户6.11万户，卫星用户4.9万户，无线用户5.8万户。电视综合覆盖率98.8%、广播综合覆盖率100%。农村电影放映4463场次，观众36余万人次。

全县累计接待游客450万人次，同比增长60.7%；旅游综合收入25.2亿元，同比增长125.0%。创建国家AAAA级景区1个。

全县医疗卫生机构314家，其中，二级医疗机构6家，卫生机构2家，一级综合医院3家，专科医院1家，乡镇卫生院15家，社区卫生服务中心3家，卫生所5家，社区卫生服务站2家，医务室10家，村卫生室259家。全县执业(助理)医师982人，执业护士1351人。

【劳动就业和社会保障】 全县城镇常住居民人均可支配收入33901元，比2020年增长9.3%；农村常住居民人均可支配收入14269元，比2020年增长14.9%。城镇新增就业8843人，城镇失业人员再就业4517人，困难人员再就业2255人。城镇登记失业率控制在2.56%。企业职工、工伤、失业三项保险参保87142人次，征费3.08亿元。机关事业单位养老保险参保11438人，征费19835万元。城乡居民参保22.4万人，征费5108.39万元。

劳动仲裁立案处理114起，调解63起，裁决51起，挽回经济损失110余万元。受理群众举报案件207起，为3837名劳动者追回拖欠工资2330万元。

办理婚姻登记3499对，其中，结婚登记2814对，离婚登记685对；补发婚姻登记证1076份，补发离婚登记76对。

【乡村振兴】 统筹整合资金6.2亿元，落实“一摘四不摘”要求，消除返贫致贫风险1061户3618人。有序实施河口、新城、夏店3个“功能镇区”示范乡镇40个项目建设。稳步推进新城严河、芳畈白果树湾、宣化店河西3个“和美乡村”示范点，黄站刘河、东新万岭、高店桃源、大新土桥、吕王刘院等农旅融合发展特色鲜明。粮食、油料作物产量稳步增长，创建农业绿色高质高效示范面积6万亩，新建高标准农田4.68万亩。有茶产业龙头企业16家，建改高标准油茶示范基地4.5万亩。举办第二届茶文化旅游节，获评全国区域特色美丽茶乡，入选全国“百县·百茶·百人”榜单，2条路线入选全国百条红色茶乡旅游精品路线。生猪产业年产值达20亿元以上。新增中药材基地300亩。村级化债省定市定任务提前完成。获批国家级示范专业合作社1个。

【“三资一促”】 争取中央、省预算内项目资金8.7亿元，“大数据中心+风光储一体化”项目作为湖北省唯一试点上报至国家发改委；“三库”平台在库项目102个，储备库项目转化率43.3%，建设库项目转化率50%。招商引进项目50个，合同引资226.12亿元，占市定目标任务的125.62%，上海电气、中国电建等大型央企国企签约落户。国资国企改革稳步推进，创新优化县属国有企业“1+9”布局体系，探索实行“国控公司管资产、主管部门管业务、国有公司管经营”的模式，推动国有资源资产化、资产资本化、资本市场化，获批民生、城建、生态修复等重点项目融资23.85亿元。筛选实施县级重点项目88个，开工率达83%，32个项目基本建成，铭源科技、中源楚城等项目加快推进。

【主导产业】 金属材料产业链加粗延伸，特缆铜业、振润铝材等项目落地投产，皓润新材料与宝武欧冶链金实现战略重组。京华彩印、广桦包装等印刷包装企业生产经营稳定向好。大朋智能电子、万唯智能电子等一批项目建成投产，智珅织造二期“数字化”技改扩能项目加快推进。农产品深加工产业园逐步壮大，鑫普润、正邦屠宰及肉制品加工厂等项目落户，农产品深加工产值达45.5亿元。建成4万千瓦宣化风电场，78个村级光伏电站加快建设，风电光伏年发电量17亿度。新增规上工业企业11家，支柱产业企业占规上企业数量55%以上。十八潭AAAA级景区创建通过评定验收并荣获省级“优质服务景区”，北山红叶景区、中原军区旧址景区分别入选全省“金色赏秋之旅”和“红色记忆之旅”经典线路，“一红一绿”旅游品牌效益凸显。

【城区建设】 礼山健身步道即将竣工，“一河两岸”向南延伸改造有序实施，澴河体育公园加快建设。澴河三桥扩宽全面推进，澴河四桥开工建设。泉水路、长征中路改造、城市排水防涝设施铺设、国宾府片区道路及管网配套建设有序推进。阳平工业园污水处理厂扩建工程加快推进，科亮污水处理厂工艺改造完成并达标运行。华园小区、新民小区、育才巷片区等10个老旧小区道路硬化、雨污分流等设施改造加快推进。孝大线天然气管道贯通运行。建设5G基站167座。加强建筑工地扬尘治理，32个在建工地基本达到“六化”标准。铁腕推进违占违建源头管控，拆除违占违建面积3100余平方米。

【生态保护】 6个地表水上级考核断面累计达标率83.3%。县城区集中式饮用水源水质达标率100%。畜禽养殖废弃物资源化综合利用率达92.1%。阳平柳林历史土法炼砷遗留污染地块综合治理修复项目被纳入全省正面典型案例。建成5个垃圾分类试点。完成矿山治理20个、生态修复500亩。实施“两区两园三线”植绿补绿5000亩，完成补植补造7000亩、岸线绿化20公里。建设高铁经济试验区干线、新彭线、彭店水库环库公路及3条农旅融合示范线绿色通道105公里。乡镇道路绿化率达73.5%，村庄绿化率达33%，护林防火工作成效被中央电视台新闻频道专题报道。严守耕地红线，建立实行耕地保护“红黄牌”制度。严厉打击环境污染违法行为，限期整改企业15家、立案查处企业8家。

【营商环境】 大力推进“高效办成一件事”和“清减降”专项行动，政务服务事项压减后即办率86.2%,部门综合时限压减率91.8%。优化营商环境先行示范点创建扎实推进,省定3个事项、市定1个事项办事流程全省最优。企业开办实现“照、证、章”同步发放、简易注销“一网通办”。率先在全市办成“跨省通办”事项1件。“多测合一”“多规合一”“不动产转移+水电气过户”一体化改革稳步推进。成立服务专班41个,协调解决企业反映问题96个。组织政银企对接11场次,帮助企业获得贷款3.4亿元。减税降费5707万元。实行用水用气红线外报装“零收费”、工商业用户建筑区划红线外用气安装“零投资”。新增市场主体3200余个。培育科技型企业22家。

【民生保障】 常态化新冠疫情防控科学精准,未发生本土新增确诊病例。新妇幼保健院加快建设,方舱医院主体工程基本完成,鄂北紧急救治医疗中心、疾控中心实验室、人民医院感染楼投入使用,县中医医院获评三级中医医院。大力实施“323”攻坚行动,居民健康建档率达84.2%,家庭医生签约率为82.3%,困难群众医保综合报销比例稳步提高。新增城镇就业8843人,城镇失业人员再就业4517人,困难人员再就业2255人。社会保险参保47.93万人。发放各类救助对象补助资金达1.3亿元。依法追回农民工工资1030万元。完成175处村级养老设施示范创建,“关爱留守儿童”项目获全国妇联推介。“两类学校”建设稳步推进,一中二期项目基本建成,县职教中心主体竣工,泉水实验学校开工建设。建成7所乡镇幼儿园,10个义务教育薄弱环节能力提升项目稳步推进。招聘163名农村教师。中高考成绩稳步提升,高考过特殊线428人。抚恤优待政策全面落实,宜化店镇退役军人服务站获评全省百家红色精品“退役军人之家”。举办“百年荣光 薪火相传”等建党100周年庆祝活动,《光荣流血》入选全国重大红色文化题材,北路子花鼓戏《大悟烽火》成功首演并获省第四届艺术节楚天文华奖提名剧目。开展盗抢骗、黄赌毒、食药环等专项整治,办理行政案件1482起、刑事案件260起。政法队伍教育整顿深入开展。应急指挥中心和防灾救灾宣传教育基地建成投入使用。

（撰稿:王彬　田志军）

孝昌县

【概况】 2021年,孝昌县辖花园镇、陡山乡、邹岗镇、丰山镇、周巷镇、小悟乡、小河镇、王店镇、卫店镇、季店乡、花西乡、白沙镇等共12个乡镇和1个省管经济开发区、1个国家AAAA级生态旅游区。全县共有189个村、30个社区。全县面积1191.48平方公里。2021年年末,孝昌县总户数215838户,户籍人口657050人(其中城镇111394人,乡村人口545656人)。全年出生4542人(其中男性2458人、女性2084人)(人口数据为公安户籍年报数)。

全县全年实现国内生产总值171.70亿元,按可比价计算比2020年同期增长17.5%。其中,第一产业增加值44.77亿元,增长8.7%;第二产业增加值45.10亿元,增长40.3%;第三产业增加值81.83亿元,增长12.7%。三次产业结构由2020年的28.6∶21.5∶49.9调整为26.0∶26.3∶47.7。一产业比重下降2.6个百分点,二产业比重上升4.8个百分点,三产业比重下降2.2个百分点。

全年完成地方公共财政预算收入完成10.53亿元、同比增长43%。在地方公共财政预算收入中,税收收入9.18亿元,同比增长57.7%,税收收入占地方公共财政预算收入的87.0%,比2020年提高8个百分点。全县一般公共预算支出完成44.3亿元,同比下降8.9%。

【农业与农村经济】 全年实现农业总产值79.73亿元,比2020年同期增长12.2%;实现农林牧渔增加值47.11亿元,同比增长9.2%。全年粮食种植面积59.10万亩,同比增长0.1%,实现粮食产量25.40万吨,同比增长2.6%;油料播种面积29.97万亩,同比增长5.9%,实现油料产量5.19万吨,同比增长5.5%;蔬菜种植面积16.08万亩,同比增长4.5%,实现蔬菜总产量48.70万吨,同比增长4.7%;水果产量7.98万吨,同比增长5.0%;实现茶叶产量1414吨、同比增长6.7%。

全年生猪出栏37.67万头、同比增长59.6%;水产品产量2.34万吨,同比增长8.6%;家禽出笼643.88万只,同比下降28.8%。

【工业】 全县规模以上工业企业48家,全年完成规模工业总产值109.24亿元、同比增长99.6%,实现规上工业增加值22.63亿元,同比增长71.7%;工业投资17.83亿元,同比增长69.9%;工业技改投资3.93亿元,同比增长54.4%。实现工业销售产值109.93亿元,比2020年增长97.4%;工业产品销售率为100.63%,上涨1.11%。

全年全社会固定资产投资完成62.94亿元,较2020年同期增长26.2%。其中,5000万元以上固定资产投资完成38.06亿元、同比增长38.4%;5000万元以下固定资产投资完成9.50亿元、同比增长63.6%;房地产开发投资完成15.38亿元、同比下降7.1%。

【商贸服务业】 全市全年实现社会

消费品零售总额103.96亿元，增长22.2%。按所在地统计：城区实现零售额78.37亿元，增长21.9%；乡镇实现零售额25.59亿元，增长23.3%。按行业统计：批零和贸易业实现销售额91.97亿元，增长24.1%；住宿和餐饮业实现销售额11.99亿元，增长9.6%。全县居民消费价格总指数(CPI)为100.6%，其价格指数水平比2020年上涨0.6个百分点 。分类别看，食品烟酒类价格下降0.8%，衣着类价格上涨2.5%，居住类价格下降0.1%，生活用品及服务下降0.2%，交通和通信类价格上涨3.6%，教育文化和娱乐类价格上涨3.1%，医疗保健类价格下降0.6%，其他用品和服务类价格下降2.3%。

全县金融机构各项存款余额242.75亿元，同比增幅5.1%，连续3年平均增幅达6.11%；各项贷款余额131.73亿元，新增贷款20.26亿元，同比增幅18.2%，增幅高于全市平均水平2.7个百分点，连续3年平均增幅18.86%，增速保持市前三位；13家保险经营机构实现保费收入3.24亿元。

【劳动就业和社会保障】 全年城镇新增就业6940人，完成目标任务的115.67%；困难群体就业2925人，完成目标任务的139.29%，城镇登记失业率控制在3.49%的较低水平。孝昌县花园社区、阳岗社区分别被湖北省人社厅授予“省级充分就业星级社区”和“省级充分就业社区”。全年发放创业贷款143笔2553万元，带动就业572人。为53名就业困难人员发放创业补贴11.6万元。为16名脱贫户发放返乡创业一次性补贴8万元，为9名脱贫人员发放创业担保贷款160万元。为2484名困难人员通过公益性岗位实现托底保障就业，其中脱贫人口1364人。孝昌县恒通创业物流园被省人社厅授予湖北省返乡创业示范园，孝昌县卓豪种植专业合作社、孝昌县虎岭茶叶种植专业合作社被省人社厅授予湖北省创业示范项目，孝昌县劳动就业管理局被省人民政府授予湖北省就业创业先进集体。

全县城镇常住居民人均可支配收入33955元，同比增长10.5%，位列全市第二名，比全市平均增幅(10.0%)高0.5个百分点，比全省平均增幅(9.7%)高0.8个百分点；农村常住居民人均可支配收入13927元，同比增长15.1%，位列全市第一名，比全市平均增幅(13.2%)高1.9个百分点，比全省平均增幅(12.0%)高3.1个百分点。

【科技教育文化卫生】 全县有学校76所，其中高中4所，中职1所，特校1所，九年一贯制学校12所，十二年一贯制学校1所(卓宇)，初中14所，小学及教学点43所。共有中小学生47165人，其中小学生32812人，初中生14353人，普通高中生8386人，中职生2306人。全县共有幼儿园79所，其中公办26所，共有在园幼儿16407人，班级573个。全县在编教师3652人，其中义务教育阶段教师3018人，非义务教育阶段教师634人。

至2021年年底，全县公路里程3992.8公里，路网密度328公里/百平方公里，其中高速公路59.6公里，一级公路59.6公里，二级公路180.6公里，三级公路293公里，四级公路3400公里。截至2021年年末，孝昌县拥有公交车53辆(其中纯电动公交车25辆)，公交线路4条，从业人员58人，新开通3条公交车校园专线，投入16台公交车精准对接，服务清溪学校师生出行。出租车93辆(其中更换了到期的77台出租车，采购新能源出租车10辆，其他出租车6辆)，有客运线路105条，运行客车256台。其中省级线路5条，市际线路17条，县级线路24条，县内59条。2021年全年运送旅客达105万人次，同比下降13.3%。全县所有行政村全部实现通客货车，“村村通”进一步巩固并常态化运行。

全县共有医疗卫生机构347个，其中：综合性医院6家，专科医院2家，乡镇卫生院12个，社区卫生服务中心1个，村卫生室295个，社区卫生服务室7个，门诊部2个，诊所、卫生所、医务室20个，专业公共卫生机构2家。全县共有医疗卫生人员3175人，其中，卫生技术人员2455人，执业(助理)医师1021人，注册护士1003人。全县医疗卫生机构共有床位2480张。

全县社保参保总人数达到35万人。其中，企业职工养老保险参保24137人，完成目标任务的111%；机关事业养老保险参保9452人，完成目标任务的102%；城乡居民养老保险参保290770人，完成目标任务的96%；工伤保险参保34169人，完成目标任务的112%；失业保险参保11000人，完成目标任务的100%。社会保障卡持卡60.77万人，完成目标任务的101%。四项社会保险累计核定总收入4.6亿元，发放支出社会保险待遇5.8亿元。企业职工和机关事业单位人员退休待遇分别实现十七连增和六连增。将工伤保险以政策执行日费率为基础下调50%，同比降低企业工伤保险费支出120万元。为全县44家企业支出稳岗返还资金35.99万元，涉及企业职工3666人。社会保险基金安全运营，全年未发现重大基金风险要情。

全县共累计检测13类重点人群372913人次，其中发热门诊患者(8419人次)；密切接触者(79人次)；境外入境人员(3580人次)；定点医院、发热门诊工作人员(26702人次)；口岸检疫和边防检查人员(0人次)；集中隔离医学观察场所工作人员(3550人次)；密切接触者的密切接触者

(1264人次);中高风险地区来孝返孝人员(26458人次);新住院患者及陪护人员(53917人次);其他医疗机构工作人员(22032人次);直接接触冷冻冷藏冷链食品的从业人员(12968人次);监管场所、福利机构和养老机构管理对象或服务对象、工作人员(10820人次);密闭或密集场所工作人员(30412人次)、低风险返乡及其他人员(172712人次)。全县共抽检冷链冷冻食品和外环境核酸检测样本共计48981份(冷冻食品20010份,环境28971份),累计排查国内中高风险地区来孝人员37685人,推送隔离1451人。三站一场隔离364人,村社区摸排隔离2627。集中隔离4442人,核酸检测26458人次,全部阴性,截至12月31日24:00,还有27人集中隔离。全年共接种新冠病毒疫苗第一剂次365793人,第二剂次339142人,加强免疫第三剂次56059人,共计760994剂次。其中18岁以上人群第一剂次288029人,第二剂次278125人,加强免疫第三剂次56059人,共计622213剂次。3~11岁第一剂次46700人,第二剂次29880人,共计76580人。12~17岁第一剂次31064人,第二剂次31137人,共计62201剂。

【乡村振兴】 持续深化定点帮扶和区域协作,做好易地扶贫搬迁“后半篇”文章,组织脱贫人口外出务工5.4万人次,实现消费扶贫5960万元,落实光伏扶贫收益分红2498万元,两不愁三保障成果持续巩固;推进所有功能镇区规划编制,基础设施建设与公共配套服务加快完善。启动107国道南段路长制示范线建设,完成8个和美乡村试点建设,孝昌入选国家乡村建设评价样本。一批水利补短板项目加快推进,孝昌获评全国节水型社会达标建设县;建立农业“四大特色产业”链长制,太子米、茶叶等品牌加快整合,新增省级农业产业化龙头企业2家、省级林业产业化龙头企业1家、五星级休闲农业示范点3个。

【环境质量】 水环境质量状况,全年全县2个国控考核断面水质为Ⅲ类,累计达标率为100%。城区集中式饮用水水源地金盆水库水质为Ⅱ类,水质状况良好,水质达标率为100%。大气环境质量状况,2021年环境空气质量优良率为86.8%(市定77.4%),全市排名第3位,同比增加5.4%,改善幅度全市第二。PM_{10}平均浓度为70微克/立方米(市定71微克/立方米),全市排名第5位,同比下降1.4%,改善幅度全市第二。$PM_{2.5}$平均浓度为37微克/立方米(市定40微克/立方米),全市排名并列第2位,同比下降9.8%,改善幅度全市第一。土壤环境状况,孝昌县无重金属减排任务,全县受污染耕地安全利用率完成市定目标要求,未发生因疑似地块或污染地块再开发利用且造成不良社会影响的事件。

(撰稿:晏志顺)

执行编辑:刘希平

人物

人　物

市县领导成员

(截至2021年12月31日)

中共孝感市委及其工作部门领导成员

中共孝感市委员会

书　记　吴海涛
副书记　熊征宇　陈惠霞
常　委　吴海涛　熊征宇
陈惠霞　江　浩
杭　莺(女)　余德芳
程　涛　刘红兵
吴　琼　刘　敏(女)
贺卫东

市委秘书长、副秘书长

秘书长　余德芳
副秘书长　龚　勋
纪检组组长　严　毅
副秘书长　周开岑

市委办公室

副主任　乔从友　陆国雄
盛文昌

市委保密委员会

专职副主任　熊道勋

市委组织部

部　长　杭　莺(女)
纪检组组长　段晓枫(女)
副部长　文益博　肖　扬
方向伟　李安明
部务委员　周冠城

市委宣传部

部　长　张汉平
副部长　傅晓波
纪检组组长　李金安
副部长　胡光辉　董想明
彭爱平　湛卫锋
网信办副主任　余志斌

市社会科学界联合会

主　席　傅晓波
副主席　张　莉(女)

市委统一战线工作部

部　长　江　浩
副部长　盛　夏
纪检组组长　付建国
副部长　刘世琴(女)　卢红霞(女)
易　萍(女)　刘志生

市民族宗教事务委员会

主　任　卢红霞(女)
副主任　葛本彪

市委政法委员会

书　记　陈惠霞
副书记　郭　斌　罗剑锋
纪检组组长　刘晓燕(女)
副书记　汪兴田　郑伯云
汪望勋　万鸿青
政治部主任　杨泽堂
委　员　樊　华　王秋隆
陈　显

市委政策研究室

主　任　刘金安

市委外事工作委员会办公室

主　任　张　骅(女)
副主任　戴晓清　徐业洲

市机构编制委员会办公室

主　任　胡　杨
副主任　刘敬章　王志田
吕芬芳(女)

市委直属机关工作委员会

书　记　李显忠
纪工委书记　黄程晓
副书记　张　燕(女)　向济强
工会工作委员会主任　彭美芳(女)

市信访局

局　长　周开岑
副局长　高红艳(女)　林　琳

市委机要和保密局

局　长　王毅斌

市委老干部工作局

局　长　肖　扬
副局长　王　红(女)
市委离退休干部工作委员会专职副书记
严中明

市委党校(市行政学院、市社会主义学院)

市委党校第一校长　吴海涛
市委党校校长、市行政学院院长
杭　莺(女)
市社会主义学院院长　贺卫东
党委书记、常务副校(院)长　杨介文
副校(院)长　曹　勤(女)　高晓胜

教育长　鲁以雄
市社会主义学院副院长　盛　夏

孝感日报社
社　长　（缺）
总编辑　（缺）
副总编辑　刘雪原　胡　剑
张德平
副社长　彭刚红

市史志研究中心
主　任　郭保东
副主任　胡雪城　彭艳霞
总编辑　胡翔华

市档案馆
馆　长　徐　军
副馆长　张心泉

孝感广播电视台
台　长　黄文辉
总编辑　鲁汉平
副台长　钟长革(女)　鲁红平
副总编辑　冷海涛
总工程师　周泽波

孝感市人大常委会及其工作机构领导成员

孝感市人大常委会
主　任　周先来
副主任　陈鸿杰　杨军安
王建华　喻　辉(女)
吴　琼

市人大常委会秘书长、副秘书长
秘书长　（缺）
副秘书长　李高林
纪检组组长　彭照明
副秘书长　胡燕侠(女)　刘　伟(女)

市人大常委会办公室
副主任　蒋　焱　熊大校
市人大常委会调研室
主　任　杨　博
副主任　宋红波(女)　刘　川
市人大常委会信访办
主　任　姚文教

孝感市人民政府及其工作部门领导成员

孝感市人民政府
市　长　熊征宇
副市长　邓道伟　刘　敏(女)
吴　婕(女)　张志敏
叶　华　郭　斌
帅　逊　石必成

市人民政府秘书长、副秘书长
秘书长　董明炜
纪检组组长　刘敦喜
副秘书长　朱圣华　黄　炜
林成儒　乐卫国
李振文　艾继武
蒋　伟

市人民政府办公室
副主任　张　琳(女)

市发展和改革委员会（市粮食局）
主　任　翁　晔
纪检组组长　宋　锋
党组成员　张江生
副主任　万火清　王耀芳
吴廷武　朱　斌
聂　丹
总经济师　涂江波
党组成员　胡波明

市教育局
党组书记　张忠胜
党组副书记、局长　管志刚
副局长　王建军　殷世德
丁　萌

市科学技术局
局　长　杨炎峰
副局长　熊村清　李家舜
傅思源　鲁晓丽(女)

市经济和信息化局
局　长　刘自海
副局长　叶剑刚　邱　鹏
李　卿
总工程师　李　军

市公安局
局　长　郭　斌
纪检组组长　周文学
副局长　罗水华　赵海涛
张劲松
政治部主任　周爱萍
党委委员、孝南分局局长　刘永新
工会主任　张晓军

市民政局
局　长　邹巧琳(女)
副局长　张志耕　王　军(女)

市司法局
局　长　陈　显
副局长　张海宏　马安家
付军良

市财政局
局　长　程　军
纪检组组长　谢　攀
副局长　罗培平　谭永茂
张胜杰　胡志高
总会计师　周　毅

市人力资源和社会保障局
局　长　谢东安
副局长　汪书清　张晓云(女)
罗冬堂　田晓军

市自然资源和规划局（市林业局）
局　长　吴　鹏
副局长　罗志文　陈兴民
鲁　潘　胡　华(女)
祝斌乔　罗亚平
廖　武
总工程师　吕　宏
总规划师　陈　强
自然资源专职副总督察　胡昌劼

市生态环境局
局　长　汪　飞
副局长　昌国平　鄢启明
艾　俊　余梦平
总工程师　周伊兰(女)

市住房和城乡建设局
局　长　程培毅
纪检组组长　黄凤高
副局长　刘永才　张津华

杨迎春　黄红平
常　青(女)
党组成员　杨银泉　李锦才

市交通运输局
局　长　王广刚
副局长　朱光辉　左振中
杨正合
总工程师　杨　杰

市水利和湖泊局
局　长　袁长祥
纪检组组长　魏清荣
副局长　张汉明　汪胜安
周兴秋　曾凤祺(女)

市农业农村局
局　长　林小冰
副局长　钟　喆　陈汉熙
钟　犇　郭少明
杨厚爽　张建波

市商务局(贸促会)
局　长　余小丽(女)
副局长　唐安琼　汪玉平
张方欣
贸促会主任　左明新
副主任　张　庆(女)

市文化和旅游局(市广播电视局、市体育局)
局　长　胡　飞
副局长　周　谦　谢军甫
喻修银

市卫生健康委员会
党组书记　黄　骏
主　任　蔡凤珍(女)
纪检组组长　殷福明
副主任　郭　洪　吕彦平
杨银生　郑佑保
蔡全民
党组成员　王志农　胡伟清(女)
公共卫生总师　冷宝华

市退役军人事务局
局　长　刘茂洲
副局长　胡春明　胡昌茂

孙贵新

市应急管理局
局　长　胡征国
副局长　主　力　张敬文(女)
余海泉　张守权

市审计局
局　长　金正谋
副局长　褚艺红(女)
党组成员　彭　斌

市城市管理执法委员会
主　任　叶　雄
副主任　冯雨民
纪检组组长　谢兰萍(女)
副主任　郑文革　柯军平
廖振文
党组成员　官建军

市人民政府国有资产监督管理委员会
主　任　刘晓钊
副主任　童　蓉(女)　隗　锋
总经济师　江学谦

市市场监督管理局(市知识产权局)
局　长　殷　实
副局长　彭兆军　周志文
王清平　付红武
党组成员　周美祖　程　勇

市统计局
局　长　张　晓
副局长　胡启明　付文广
方良才
总统计师　陶武辉

市医疗保障局
局　长　孙家明
副局长　梅郁芬(女)

市人民防空办公室
主　任　杨国元
副主任　李晚霞(女)　陈晓军

市人民政府研究室
主　任　刘祖怡
副主任　章志海

市乡村振兴局
局　长　谈树亮
副局长　汪学军　蔡国平
何　煦

市地方金融工作局
局　长　邓　俭
副局长　肖波清

市政务服务和大数据管理局(挂市公共资源交易监督管理局牌子)
局　长　刘代菊(女)
副局长　李继才　李建红

市招商局(市委军民融合发展委员会办公室)
局　长　熊建平
副局长　史江勇　王　筠(女)
李亚清(女)

市委军民融合发展委员会办公室
主　任　熊建平
副主任　史江勇　王　筠(女)
李亚清(女)

市机关事务服务中心
主　任　韩照方
副主任　黄　琼　陈　波(女)

孝感住房公积金中心
主　任　朱光洪
副主任　车宇慧(女)

市农业科学院
党组书记　刘华林
副院长　刘红平

市农业技术推广中心
主　任　丁志强
副主任　钟　犇　郭少明

市公共检验检测中心
主　任　李继才
副主任　徐亚洲　王艳树

市供销合作社联合社
主　任　朱进军
副主任　韩文彬
监事会主任　潘　波

湖北澴川国有资本投资运营（集团）有限公司

总经理　陈　情

党委专职副书记　丁燕英（女）

纪委书记　龙华桥

副总经理　盛汉平　易锦文　蔡　君

财务总监　林　涛

湖北政和基金投资管理有限公司

董事长、总经理　黄　炜

副总经理　刘方平　刘功新　郭　振

市人民政府驻北京联络处

副主任　文　俊　王　萍（女）　陆学胜

市人民政府驻武汉办事处

副主任　贺子安　吴旺华（女）　牛为民

政协孝感市委员会及其工作机构领导成员

政协孝感市委员会

主　席　（缺）

副主席　肖建海　万忠鑫　武荣楚　周千亮　戴杰群　陈　实（女）　袁华江

市政协秘书长、副秘书长

秘书长　（缺）

纪检组组长　付志敏

副秘书长　黄长辉　武斌洲　张丽萍（女）　胡文涛

市政协研究室

主　任　张志云

副主任　王　菡（女）

中共孝感市纪律检查委员会孝感市监察委员会领导成员

书　记　江　浩

副书记　黄　晶（女）　郭振兴　饶章威

常　委　李万斌　周远鑫　王　志　滕亚斌　王奎三

监委委员　李慧芬（女）　易卫斌

市委巡察工作领导小组办公室

主　任　王　志

副主任　梁　军　胡咏英（女）

市委巡察组

专职组长　李保权　朱传碧

专职副组长　李传国　夏良才

孝感市中级人民法院孝感市人民检察院领导成员

市中级人民法院

院　长　王秋隆

副院长　王　洁

纪检组组长　杨　军（女）

副院长　罗锦骏　许志耕　郭先文　李雪飞

政治部主任　吴克松

市人民检察院

检察长人选　匡茂华

副检察长　叶　蕾（女）　周　伦　胡泽英（女）

纪检组组长　段鹍鹏

政治部主任　李汉文

孝感市民主党派领导成员

中国民主同盟孝感市委员会

主　委　李晚霞（女）

专职副主委　熊秀红（女）

中国民主建国会孝感市委员会

主　委　蔡凤珍（女）

专职副主委　戴琴荣（女）

中国国民党革命委员会孝感市委员会

主　委　冯雨民

中国农工民主党孝感市委员会

主　委　戴杰群

专职副主委　张　兵（女）

市总工会

主　席　贺卫东

常务副主席　田洪年

副主席　李朝霞（女）　祝月华　魏　了

经费审查委员会主任　肖继玲

共青团孝感市委

书　记　陈　祥

副书记　叶　刚　陈志明

少先队总辅导员　赵智捷

市妇女联合会

主　席　蔡桂红（女）

副主席　韩彩玲（女）　袁　晴（女）

市妇儿工委办公室专职副主任　梁燕芳（女）

市文学艺术界联合会（市作家协会）

主　席　王顺利

副主席　沈腊梅（女）

市科学技术协会

主　席　陈　实（女）

党组书记　周敦清

副主席　郑俊杰　吕　青（女）

市工商业联合会（总商会）

主　席（会长）　（缺）

副主席（副会长）　屠　文（女）　刘永红

市残疾人联合会

理事长　徐泽明

副理事长　朱丽玲（女）

市归国华侨联合会

党组书记、主席　陈　娟（女）

专职副主席　陈霜红（女）

市红十字会

党组书记　胡新平

常务副会长　戴杰群

副会长　彭丹丹（女）

孝感高新技术产业开发区、市临空经济区、市双峰山旅游度假区领导成员

孝感高新技术产业开发区
工委书记　贺卫东
工委副书记、管委会主任　舒　俊
管委会副主任　王　飞　陈小平　李海蓉(女)　黄　海　熊德龙

市临空经济区
工委书记　邱显春
工委副书记、管委会主任　马　跃
纪工委书记　杨子舟
管委会副主任　尚洪涛　张　华　连　莲(女)　杨玫芳

市双峰山旅游度假区
工委书记、管委会主任　郑　杰
工委副书记、管委会副主任　梁红清
纪工委书记　张文平
管委会副主任　吴兰君

部分中省垂直管理单位领导成员

市税务局
局　长　夏玉辉
副局长　张少强　陈　光
总经济师　李　忠
总会计师　吴发章

市气象局
局　长　向辽元
副局长　吴涛涛　邹伦星
总工程师　邓兴旺
纪检组组长　张　涛

国家统计局孝感调查队
队　长　宋克传
副队长　夏玉珊
纪检组组长　王鹏飞
副队长　鞠海涛

市烟草专卖局
局　长(经理)　史广礼
副局长(副经理)　叶景军　骆向前
纪检组组长　张南方

市水文局
局　长　李忠安
纪委书记　戴　琳
副局长　王　靖　张　虎　黄俊雄

电信孝感分公司
总经理　宗　宁
副总经理　洪鸷鹏　谢　涛　熊　涛

移动孝感分公司
总经理　胡　春
副总经理　许　莉　黎　红　郭兆虎

联通孝感分公司
总经理　吴倬旻
副总经理　李朝晖　王　峻　谭家军
纪检组组长　田兴雷

市供电公司
总经理　邓晓风
副总经理　张　宁　徐大全
纪委书记、工会主席　杜　峰
副总经理　任重远　王成智　马先俊

中石化孝感分公司
经　理　常志峰
副经理　朱文帜　王　薇
经理助理　程福斌

市邮政管理局
局　长　杨正合
副局长　胡祥祯

孝感市所辖县(市、区)领导成员

孝南区
区委书记　夏齐勇
副书记　张全民　沈小博
常　委　夏齐勇　张全民　沈小博　李　三(女)　周显甫　邱成凯　胡忠文　殷进东　吴华国　蔡　辉　刘俊军
人大常委会主任　姚惠萍(女)
副主任　洪少清　周文波　秦俊英　张德儒　周炎春　宋园堂
区　长　张全民
副区长　殷进东　吴华国　刘永新　赵红芬(女)　侯昱峰　阚　巍　郭红燕(女)　石　钧
政协主席　陈义华
副主席　宋志刚　李玲玉(女)　胡长家　沈秋菊(女)

汉川市
市委书记　黄建军
副书记　戴少平　周孟浩
常　委　黄建军　戴少平　周孟浩　胡　涛　邢梁钧　赵岳军　谢栋梁　冯汉金　肖艳霞　鞠鹏程　黄　敏
人大常委会主任　黄汉桥
副主任　王长华　陈国姣　周忠厚　漆兆华　孙向阳　李学文
市　长　戴少平
副市长　肖艳霞　鞠鹏程　涂　磊　熊淑红　袁　冲　黄国华　余志平
政协主席　曾耀华
副主席　方　兵　张念恩　段利华　乔云植

应城市
市委书记　徐长斌
副书记　胡光怀　徐高峰
常　委　徐长斌　胡光怀　徐高峰　鲁　瑛　王　磊　王　辉　李艳霞　郭殿明　孙志刚　周冬凌　徐安平
人大常委会主任　李碧华
副主任　丁阳春　樊　超　许继国　周新源

普　伟　胡　娟
市　长　胡光怀
副市长　王　磊　周冬凌　胡　慧　王　涛　吴新洲　盛必胜　褚亚敏
政协主席　陈晓明
副主席　程三荣　程想法　许　明　邓　涛

云梦县

县委书记　高文峰
副书记　方　超　尹　亮
常　委　高文峰　方　超　尹　亮　詹建军　李国强　胡海波　毛石峰　刘　勤(女)　李霏菲　向文轩　龚华雄
人大常委会主任　栾　玲(女)
副主任　柯　晔　江爱武(女)　万献忠　祝　捷　石燕桃(女)　黄新民
县　长　方　超
副县长　詹建军　龚华雄　汪文伟　李　伟　吴险峰　万清平　许　露(女)
政协主席　杨红成
副主席　孙秀丽(女)　田绪海　汪　强　陈　飞

安陆市

市委书记　李先乔
副书记　黄国威　罗明海
常　委　李先乔　黄国威　罗明海　袁江涛　周国红　蔡建奇　王　甜(女)　柳　斌　董　庭　徐保成　李延舜
人大常委会主任　徐小林
副主任　陈　鹏　费智秀(女)　池青峰　梅建波　周红兵　陈建明
市　长　黄国威
副市长　董　庭　徐保成　金福银　徐祎霞(女)　李晓鹰　田文涛　时运泰　曾　光
政协主席　罗　旋
副主席　鲍　力(女，蒙古族)　杨伦鉴　辛卫东　刘海波

孝昌县

县委书记　胡　斌
副书记　李惠芬(女)　洪　鹏
常　委　胡　斌　李惠芬(女)　洪　鹏　余亮明　汪长春　王益贤　李玉平　王　荣　李志平　陈少忠　吴明智
人大常委会主任　蔡传杰
副主任　邹松明　张贵平　易　昕　鲁　军　卢丽娟(女)　沈保东(无党派)
县　长　李惠芬(女)
副县长　李志平　赵　冰　黄艳红　殷国武　杨金波　雷　松(挂职)　李海钰(挂职)　张　璟(女)　吴明智
政协主席　陈　兴
副主席　程敏珍(女)(无党派)　李琼铃(民建)　宁国平　万　骏

大悟县

县委书记　余海群
副书记　鲍克明　夏　军
常　委　余海群　鲍克明　夏　军　叶华敏(女)　文　凡　易学文　刘　志　郑艳田　李戈亮　杜　荣　丁辉锋
人大常委会主任　程文正
副主任　殷　茵(女)　徐　佩　徐　辉　刘从明　杨　宏　周保国
县　长　鲍克明
副县长　文　凡　杜　荣　谭彦伟　陈　亮　刘海华　詹立早　曹　建　明　娟(女)　胡　泊
政协主席　刘圣堂
副主席　李　进(女)　姚百林　华玉祥　喻　容

先进模范人物

全国五一劳动奖章获得者

李　红　女，孝感市实验小学校长

全国巾帼建功标兵

张　荔　汉川市人民检察院二级检察官

全国维护妇女儿童权益先进个人

袁　晴　孝感市妇联党组成员、市妇儿工委办专职副主任

戴琳霞　孝感市孝南区人民检察院第二检察部副主任、未成年人检察办公室负责人

中国好人榜

关腾飞　男，湖北省孝感市云梦县人，退伍军人，因舍身救人而牺牲，2021年1月入选“中国好人榜”

藏文根　男，湖北省孝感市孝昌县人，见义勇为的贫民英雄，2021年5月入选“中国好人榜”

涂雪松　男，湖北省孝感市孝南区人，创办民间公益组织回报社会，2021年6月入选“中国好人榜”

刘建波　女，航天三江万峰公司无线电装接工，被誉为“导弹芯片绣花女”，2021年7月入选“中国好人榜”

胡三枚　男，湖北省孝感市汉川市马鞍乡农村福利院院长，甘做孤寡老人的“贴心人”，2021年8月入选“中国好人榜”

王胜勇　男，湖北省孝感市孝南区疾病预防控制中心职工，坚守防“艾”18年，2021年10月入选“中国好人榜”

湖北五一劳动奖章获得者

万秋菊　女，湖北神丹健康食品有限公司加工一车间生产主任

胡海方　男，海发建设集团有限公司董事长

刘栋梁　男，中交二航局孝感项目部技术总监

荆楚工匠

段建平　男，湖北祥源新材科技股份有限公司研发主管

樊艳芳　女，湖北省应城市公安局刑侦大队副中队长

湖北省三八红旗手标兵

饶婵悦　孝昌县兴达种植专业合作社理事长、孝昌县妇联兼职副主席

湖北省三八红旗手

兰翠丽　孝感市国土资源研究院总工程师

黄伟文　孝感市孝南区司法局广场司法所所长

尹　晶　孝感市大悟县东新乡党委宣传委员、统战委员

舒　阳　孝感市高新技术产业开发区丹阳办事处党建办公室主任、分丝社区党委书记

冯映真　湖北省云梦县中医医院工会主席兼护理部主任

刘建波　航天三江万峰公司电装车间印制板组组长

代凌兰　应城市陈氏农机有限责任公司销售经理、应城市新农人农机专业合作社农机维修技师

第八届湖北省道德模范

关腾飞　男，湖北省孝感市云梦县人，退伍军人，因舍身救人而牺牲，2021年1月入选“中国好人榜”

荆楚楷模

肖　飞　男，应城市公安局内保大队副教导员，一级警长

张　荔　女，汉川市人民检察院检察官

邹宽桥　男，安陆市雷公镇水产水利农机服务中心主任

湖北“新时代好少年”

陈博文　男，孝感市实验小学五年级学生

逝世人物

杨应彪　（1932—2021）男，湖北武汉人，1932年10月16日出生，1949年7月参加工作，1952年6月加入中国共产党，1994年5月离休，离休时任孝感行署副专级调研员，享受副地（局）级待遇。2021年3月27日逝世。

刘济民　（1924—2021）男，安徽宿州人，1924年12月21日出生，1939年3月参加工作，1941年1月加入中国共产党，1983年11月离休，离休时任孝感地区经委副主任，享受副地（局）级待遇。2021年3月12日逝世。

执行编辑：易秀云

统计资料

统计资料

行政建制表

表 40

单位:个

	乡镇场街合计	乡镇	街道办事处	农林牧渔场	村民委员会	村民小组
孝感市	115	95	13	7	1629	21581
孝南区	17	11	4	2	200	2951
孝昌县	12	12			219	3474
大悟县	17	17			265	3685
云梦县	12	12			133	1640
应城市	16	10	5	1	245	3237
安陆市	15	13	2		227	2837
汉川市	26	20	2	4	331	3701
市　直					9	56

居民恩格尔系数表

表 41

单位:%

年度	城镇居民恩格尔系数	农村居民恩格尔系数
2012	43.68	43.56
2013	42.11	42.32
2014	41.16	41.26
2015	40.38	40.93
2016	40.08	40.54
2017	39.10	39.40
2018	38.20	38.60
2019	37.70	38.00
2020	39.80	39.70
2021	37.27	37.90

单位从业人员、在岗职工和工资情况表

表 42　　　　单位:人、万元、元

	单位年末从业人员	在岗职工年末人数	年平均从业人员数	年平均在岗职工数	从业人员工资总额	在岗职工工资总额	从业人员平均工资	在岗职工平均工资
孝感市	846370	817737	836611	800739	5165988	5002456	61749	62473
孝南区	167706	156388	160260	151457	961752	922161	60012	60886
孝昌县	41200	40083	41477	39704	231794	226253	55885	56985
大悟县	64905	57174	65060	55754	374160	324204	57510	58149
云梦县	83532	81148	82533	78319	467731	449277	56672	57365
应城市	91418	90518	90581	88146	526701	518343	58147	58805
安陆市	92389	92305	92240	90304	529374	523727	57391	57996
汉川市	179424	179407	176915	176690	1075926	1086909	60816	61515
市直	125796	120714	127545	120365	998550	951582	78290	79058

表 43

农林牧渔业总产值表

单位:万元

	按 2021 年现价计算	按 2021 年可比价计算
农林牧渔业总产值	6859721	6819649
一、农业产值	2856880	2731308
1、粮食	700522	656010
2、棉花	24091	21341
3、油料	180575	167637
4、麻类	34	35
5、糖料	1345	1349
6、中草药	20573	20504
7、蔬菜	1522254	1480951
8、食用菌	15843	16011
9、花卉	9604	9604
10、盆景园艺	5463	5306
11、水果(含果用瓜)	132819	126123
12、食用坚果	46647	42849
13、茶及饮料原料	192986	179510
14、香料原料	522	524
15、其他农作物	3602	3554
二、林业产值	232022	231562
三、牧业产值	2045721	2262192
四、渔业产值	1167056	1028382
五、农林牧渔服务业产值	558042	566205
在总产值中:		
粮棉油产值	905188	844988
多种经营产值	5954533	5974661

说明:根据 2016 年农业普查数据进行了修正

工业增加值指数表

表 44

年份	增加值指数(2020 年=100)	规模以上
1990	104.3	111.9
1991	121.1	126.3
1992	119.5	107.4
1993	122.1	165.8
1994	132.4	127.0
1995	136.9	93.5
1996	127.1	162.6
1997	123.4	130.1
1998	118.6	104.7
1999	115.2	113.1
2000	113.2	110.7
2001	113.9	113.5
2002	111.9	112.5
2003	112.0	113.4
2004	113.0	115.8
2005	117.6	119.3
2006	116.9	122.0
2007	120.6	125.8
2008	122.6	127.6
2009	122.8	126.9
2010	123.2	125.0
2011	120.8	123.2
2012	116.1	117.0
2013	113.2	113.6
2014	110.8	111.0
2015	109.4	109.3
2016	109.1	109.1
2017	105.7	105.7
2018	108.5	108.7
2019	109.6	109.7
2020	93.3	94.7
2021	116.2	118.0

说明:根据第四次全国经济普查结果,对 2006—2018 年地区生产总值及行业的历史数据进行了修订

500万元项目加房地产固定资产投资完成情况表

表45

指标名称	固定资产投资 增幅(%)	民间投资 增幅(%)
一、计划投资		
1.计划总投资	8.6	14.1
其中:本年新开工项目	103.3	113.5
2.自开始建设累计完成投资(5000万元以上项目加房地产)	10.7	17.1
二、自年初累计完成投资	24.5	35.5
其中:新开工项目完成投资	133.8	153.2
其中:国有经济控股	−7.6	0.6
其中:基础设施投资	15.6	58.7
其中:住宅	6.8	24.2
1.按登记注册类型分		
内资企业	24.2	37.9
国有企业	4.2	
集体企业	−100	−100
股份合作企业	4.3	4.3
联营企业	35.4	35.4
集体联营企业	35.4	35.4
有限责任公司	19.2	55.5
国有独资公司	−2.3	
其他有限责任公司	22.1	55.5
股份有限公司	67.7	81
私营企业	32.2	32.2
私营独资企业	−9.6	−9.6
私营有限责任公司	32.2	32.2
私营股份有限公司	36.2	36.2
其他企业	88.4	88.4
港、澳、台商投资企业	82.1	32.3
合资经营企业(港或澳、台资)	100.2	29.7
港、澳、台商独资经营企业	74.3	
港、澳、台商投资股份有限公司	62.3	62.3
外商投资企业	−4.1	−100
中外合资经营企业	−38.3	−100
外资企业	63.8	
外商投资股份有限公司	−83.2	−100
个体经营	482.7	482.7
个体户	482.7	482.7
2.按建设性质分		
(1)新建	24.6	47.1
(2)改建	23.4	14.4
(3)改建和技术改造	24.7	40.6
3.按构成分		
建筑安装工程	24.7	39.1
设备工器具购置	40.1	41.5
其中:购置旧设备	71.3	71.3
其他费用	1.5	5.7
其中:房屋建筑物购置费	−45	−52.6
其中:建设用地费	−1.5	8.4
4.按国民经济行业分		
农、林、牧、渔业	57.2	82.2
农业	−4.9	−23.9

续表 45

指标名称	固定资产投资	民间投资
	增幅(%)	增幅(%)
林业	597.8	597.8
畜牧业	121.9	122.9
渔业	−19.5	163.7
农、林、牧、渔服务业	−38.3	−33
采矿业	126.7	5914
非金属矿采选业	126.7	5914
制造业	30.9	31.7
农副食品加工业	26.8	25.4
食品制造业	81.5	72.3
酒、饮料和精制茶制造业	39.1	105.1
纺织业	82.8	83.3
纺织服装、服饰业	29.1	30.1
皮革、毛皮、羽毛及其制品和制鞋业	81.6	81.6
木材加工及木、竹、藤、棕、草制品业	−82.1	−81.9
家具制造业	9.9	9.9
造纸和纸制品业	−10.5	−53.2
印刷业和记录媒介复制业	35.7	34.8
文教、工美、体育和娱乐用品制造业	−8.6	−0.3
化学原料及化学制品制造业	62.5	87
医药制造业	54.5	52.2
化学纤维制造业	−100	−100
橡胶和塑料制品业	71.9	71.6
非金属矿物制品业	47.8	45.3
黑色金属冶炼及压延加工业	91.5	91.5
有色金属冶炼及压延加工业	−26.5	−26.5
金属制品业	16.8	13
通用设备制造业	23.1	27.9
专用设备制造业	−1.9	−6.1
汽车制造业	−17.2	−2.3
电气机械和器材制造业	56.8	55.6
计算机、通信和其他电子设备制造业	64.8	60.2
仪器仪表制造业	−100	−100
其他制造业	22.5	22.5
废弃资源综合利用业	12	77.2
电力、燃气及水的生产和供应业	47.5	5.6
电力、热力生产和供应业	37.2	7.2
燃气生产和供应业	294.4	−4
水的生产和供应业	59.9	−33.4
建筑业		
批发和零售业	57.9	83.5
批发业	210.3	273.4
零售业	−36.7	−33.5
交通运输、仓储和邮政业	33.3	279.7
铁路运输业	−65.2	
道路运输业	32.4	1194.7
装卸搬运和运输代理业	−100	−100
仓储业	88.2	104.3
住宿和餐饮业	−32	−32
住宿业	−2.9	−2.9
餐饮业	−61.7	−61.7
信息传输、软件和信息技术服务业	201.2	−100
电信、广播电视和卫星传输服务业	473.7	
互联网和相关服务业	−90.9	−100
金融业	−73.4	−100

续表 45

指标名称	固定资产投资	民间投资
	增幅(%)	增幅(%)
货币金融业	−73.4	−100
房地产业	22.6	40.5
租赁和商务服务业	68.1	66.9
商务服务业	68.1	66.9
科学研究和技术服务业	−51.4	−74.9
专业技术服务业	−87.2	−100
科技推广和应用服务业	16.6	53.8
水利、环境和公共设施管理业	1.9	7.4
水利管理业	−28.9	
生态保护和环境治理业	−16.5	−30.5
公共设施管理业	13.9	41
居民服务和其他服务业	−35	162.5
居民服务业	−26.1	
其他服务业	−100	−100
教育	−5.4	−31.4
卫生和社会工作	8.5	−50.4
卫生	43.1	1316.2
社会工作	−70.5	−70.5
文化、体育和娱乐业	−19.1	2.2
文化艺术业	64.2	
娱乐业	−22.1	1.3
公共管理、社会保障和社会组织	−65	−95.9
国家机构	−46.3	
群众团体、社会团体和其他成员组织	−99.8	−99.8
基层群众自治组织	−100	−100
三、新增固定资产	22	24.7
四、项目个数(个)		
1.施工项目个数	31	34.4
其中:本年新开工	111.7	123.2
2.本年投产项目个数	54.5	48.3
五、本年资金来源合计	22.3	30.9
1.2020 年末结余资金	46.3	29.1
2.本年资金来源小计	20.4	31
(1)国家预算内资金	10.5	32.2
其中:中央预算资金	22.8	
(2)国内贷款	−23.4	41.6
(3)债券	−100	
(4)利用外资	0.6	−64
(5)自筹资金	23.9	30.3
(6)其他资金来源	41.8	32.4
六、各项应付款合计	83.2	76.1
其中:工程款	75.4	37.7
七、结构性投资		
1.工业	33	31.4
2.工业技改	39.9	32.4
其中:制造业技改投资	37.8	33.3
3.高技术制造业	7.4	6.3
4.高技术服务业	−14.4	−83.2
5.社会领域	−7	−16.3
6.装备制造业	17.5	19.4
7.消费品制造业	32.3	27.3
8.高耗能制造业	50.2	59.1

按地区分社会消费品零售总额表

表 46 单位:亿元

	零售总额	城镇	#城区	乡村
2011 年	494.27	389.87	289.91	104.40
2012 年	576.62	458.07	356.18	118.55
2013 年	659.22	522.99	407.29	136.23
2014 年	728.20	578.97	473.18	149.23
2015 年	836.10	664.36	540.06	171.74
2016 年	929.39	703.64	540.20	225.75
2017 年	1030.35	781.42	601.31	248.93
2018 年	1148.46	869.27	673.16	279.19
2019 年	1278.66	966.63	752.03	312.03
2020 年	981.24	739.75	576.56	241.48
2021 年	1197.60	911.97	714.44	285.63

说明:1. 2010 年贸易统计方法制度改革,报表内"市、县、县以下"统计分组改为"城镇、乡村,城镇列其中:城区"。

2. 依据全国第四次经济普查结果,对 2011—2019 年社零总额及分组数据进行修订。

民用车辆拥有量表

表 47 计量单位:辆

	总计	营运	非营运	校车	预约出租客运	其中		
						进口	个人	新注册
总计	558801	19952	537349	1412	88	7761	530864	5032
一、汽车合计	358432	17719	339213	1412	88	7500	332131	2380
载客小计	326349	7075	317774	1412	88	7471	307701	2153
大型	2370	1705	182	483	0	4	78	2
中型	2195	1032	234	929	0	8	311	0
小型	321233	4338	316807	0	88	7417	306772	2151
微型	551	0	551	0	0	42	540	0
载货小计	30267	10572	19695	0	0	29	23567	218
重型	4814	4139	675	0	0	13	1976	26
中型	2143	1808	335	0	0	0	1767	3
轻型	22576	4235	18341	0	0	16	19108	189
微型	18	2	16	0	0	0	18	0
三轮汽车	18	2	16	0	0	0	18	0
低速货车	698	386	312	0	0	0	680	0
专项作业车	1816	72	1744	0	0	0	863	9
二、摩托车合计	199436	1326	198110	0	0	261	198598	2638
普通	186941	1325	185616	0	0	261	186128	1170
轻便	12495	1	12494	0	0	0	12470	1468
三、挂车合计	924	905	19	0	0	0	127	14
重型	909	895	14	0	0	0	126	14
中型	13	10	3	0	0	0	0	0
轻型	2	0	2	0	0	0	1	0
四、其他类型	9	2	7	0	0	0	8	0

财政收支情况表

表 48　　　　单位:万元

县市区	财政总收入			地方一般公共预算收入			一般公共预算支出		
	2021 年	2020 年	增幅	2021 年	2020 年	增幅	2021 年	2020 年	增幅
孝感市	2217292	1654641	34.0	1347721	1001700	34.5	4052985	4252623	−4.7
孝南区	342626	280992	21.9	210037	167061	25.7	585945	592277	−1.1
孝昌县	179020	120537	48.5	105281	73614	43.0	442849	481121	−8.0
大悟县	194009	150236	29.1	103036	81364	26.6	408391	493546	−17.3
云梦县	196270	136596	43.7	127205	94926	34.0	356913	421148	−15.3
应城市	255269	168971	51.1	154649	111388	38.8	462042	479911	−3.7
安陆市	177365	118961	49.1	115324	79252	45.5	438205	419444	4.5
汉川市	412961	333021	24.0	256630	206786	24.1	743087	731512	1.6
市本级	459774	345329	33.1	275559	187309	47.1	615553	633664	−2.9

表 49

教育事业基本情况表

	单位	2010 年	2011 年	2012 年	2013 年	2014 年	2015 年	2016 年	2017 年	2018 年	2019 年	2020 年	2021 年
国家财政性教育经费	万元	230340	271147	369058	379634	463269	476254	556083	592251	618554	625558	651780	654523
教育经费总投入	万元	302528	346266	441115	449052	540400	549031	636778	705765	736229	742850	771326	802094
在园幼儿数	万人	9.9	11.6	12.2	11.6	11.8	11.82	12.39	12.75	12.20	12.95	12.83	12.25
学前教育毛入学率	%	60.82	70.27	83.4	85.7	87.6	89.9	92.3	92.8	95.15	95.75	96.55	96.83
小学学龄儿童净入学率	%	100	100	100	100	100	100	100	100	100	100	100	100
初中阶段毛入学率	%	98.56	100	99.5	99.2	99.4	99.41	99.46	99.52	99.55	99.7	99.73	99.79
初中三年巩固率	%	97.35	98.1	95	96.6	97	97.5	97.98	97.79	98.35	97.95	99.39	99.93
高中阶段毛入学率	%	86.5	86.58	87.67	89.32	90.58	95.58	95.43	96.48	96.71	97.02	97.27	97.37
九年义务教育完成率	%	98.7	99.5	99.76	96.6	97.03	97.5	97.98	97.79	—	—	—	—
成人识字率	%	99.4	99.4	99.41	99.42	99.44	99.46	99.47	99.51	99.55	99.61	96.8	96.9
学校数													
普通高等学校数	所	3	3	3	3	3	3	3	3	3	3	3	3
中等职业教育学校数	所	27	27	26	18	16	17	17	17	17	17	19	20
普通中学数	所	212	219	222	219	218	220	222	226	227	231	235	242
小学数	所	668	649	595	517	473	450	453	456	456	450	450	448
专任教师数													
中等职业教育学校专任教师数	人	2275	2014	1080	1115	1052	1126	1156	1184	1089	1154	1194	1246
普通中学专任教师数	人	20407	21147	19783	19236	19016	18306	18000	17754	17762	18151	18599	19404
小学专任教师数	人	18499	17876	16702	16878	16852	16603	16121	15454	14524	14306	13811	14074
学生数													
高中阶段在校学生数	万人	17.1	14.28	11.95	9.1	9.21	6.72	6.49	6.44	6.44	6.5	6.66	6.95
中等职业教育在校学生数	万人	6.7	4.33	2.78	2.02	2.18	2.13	2.14	1.98	2.10	2.38	2.77	3.00
普通中学在校学生数	万人	32.3	30.92	21.12	19.04	17.57	17.12	17.16	17.65	18.00	18.45	19.03	20.08
小学在校生数	万人	30.8	53.18	24.39	24.06	23.91	24.7	25.56	26.16	27.14	27.83	28.25	28.24

全省及市州地区生产总值表

表 50

	2021 年(亿元)	同比增长%
全省	50012.94	12.9
孝感市	2562.01	13.4
武汉市	17716.76	12.2
黄石市	1865.68	13.0
十堰市	2163.98	11.5
宜昌市	5022.69	16.8
襄阳市	5309.43	14.7
鄂州市	1162.30	12.9
荆门市	2120.86	10.8
荆州市	2715.52	12.0
黄冈市	2541.31	13.8
咸宁市	1751.82	12.8
随州市	1241.45	12.0
恩施州	1302.36	11.7
仙桃市	929.90	6.3
潜江市	852.74	12.3
天门市	718.89	12.1
神农架	35.24	10.1